Erik Eggers (Hrsg.)

Handball
Eine deutsche Domäne

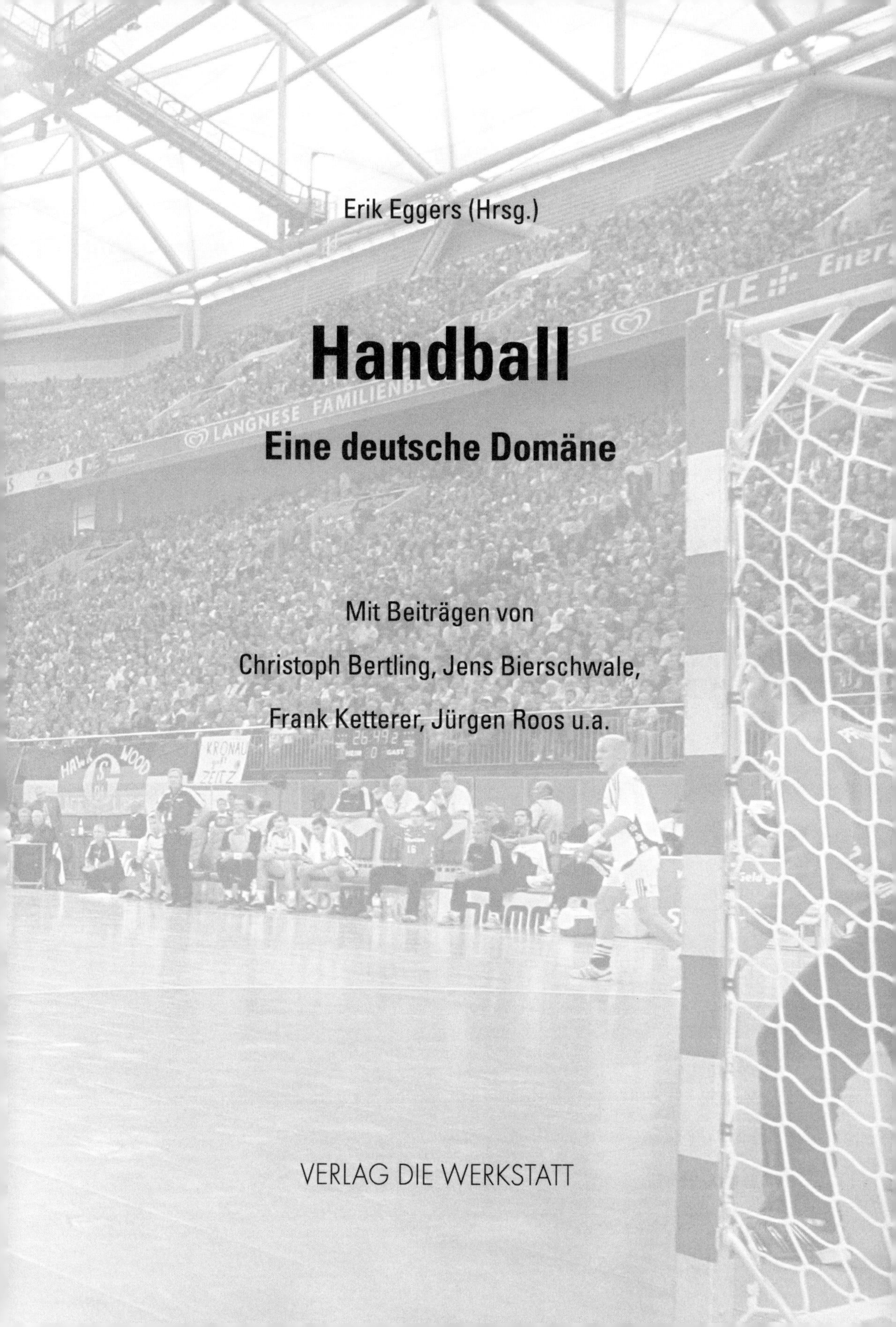

Erik Eggers (Hrsg.)

Handball
Eine deutsche Domäne

Mit Beiträgen von

Christoph Bertling, Jens Bierschwale,

Frank Ketterer, Jürgen Roos u.a.

VERLAG DIE WERKSTATT

Bibliografische Information der Deutschen Bibliothek
Die Deutsche Bibliothek verzeichnet diese Publikation in der
Deutschen Nationalbibliografie; detaillierte bibliografische Daten
sind im Internet über http://dnb.ddb.de abrufbar.

Copyright © 2007 Verlag Die Werkstatt GmbH
Lotzestraße 24a, D-37083 Göttingen
www.werkstatt-verlag.de
Alle Rechte vorbehalten.
Satz und Gestaltung: Verlag Die Werkstatt
Druck und Bindung: Westermann Druck, Zwickau

ISBN 978-3-89533-558-7

Inhalt

Geleitwort von Heiner Brand 9
Vorwort von Erik Eggers 10

Kapitel 1
Ein neues Spiel entsteht 13
Die Vorläufer in Deutschland 13
Vorläufer im Ausland 19
Das Kriegsprodukt: Vom Raffball zum Handball 21
Torball, das Frauenspiel von Max Heiser 23
▷ Porträt: Max Heiser – ein Pionier mit tragischen Zügen 26
Die „Versportlichung" und „Vermännlichung" des Frauenspiels Handball
 im Jahre 1919 28
1920: Konkurrenz belebt das Geschäft: Die Institutionalisierung des
 Handballs in den Verbänden 32
▷ Porträt: Carl Schelenz – der „Vater des Handballs" 34

Kapitel 2
Handball in der Weimarer Republik – Boom 38
Ein „ungeheuerlicher" Siegeszug – Die Etablierung des Handballs in
 der deutschen Sportszene 38
Die Trumpfkarte der ersten Handball-Propagandisten: Das „deutsche" Spiel 41
Der Aufschwung des Handballs in den Sportverbänden 43
Das Handballspiel in der Deutschen Turnerschaft (DT) 44
Die Deutsche Sportbehörde für Leichtathletik (DSB) 45
Handball in den Vereinen des Arbeiter-Turn- und Sportbundes (ATSB) 48
Handball in den konfessionellen Sportverbänden 50
Handball in der Reichswehr und bei der Polizei 50
▷ Exkurs: Mit ganzer Kraft gegen Vorurteile:
 der jüdische Handballer Sally Grosshut 52
▷ Exkurs: Die missglückte Länderspiel-Premiere –
 Das 3:6 im Jahr 1925 gegen Österreich 54
Am Ende der Weimarer Republik: Erste Krisen 57

Kapitel 3
Handball im Nationalsozialismus 63
Die Schein-Autonomie (1933-1945) 63
▷ Porträt: Richard Herrmann – Der „Handball-Führer" 70

▷ Porträt: Otto Kaundinya – der erste Star des Handballs 73
▷ Exkurs: Das olympische Feldhandball-Turnier von 1936 77
▷ Exkurs: Eine neue Sportart entsteht – Hallenhandball 81
▷ Exkurs: Februar 1938 – Die erste Hallenhandball-WM in Berlin. 84
▷ Exkurs: Die erste WM im Feldhandball 1938 –
  Totale Dominanz der Deutschen 88
▷ Porträt: Hans Keiter 92

Kapitel 4
Handball in Kriegszeiten 94
Ein Länderspiel als Kondensat politischer Konflikte. 94
Mitgliederschwund in den Vereinen durch NS-Konkurrenzorganisationen. 95
Frauenhandball bleibt Stiefkind 95
Unliebsame Probleme: Brutalisierung und „Vereinsfanatismus". 97
Die Gleichschaltung des Weltverbandes IAHF im Jahre 1938 98
Im Krieg 99
Historische Niederlagen. 101
Der „totale Krieg" beendet alle Handball-Aktivitäten. 102

Kapitel 5
1945-1975 – Eine Sportart stirbt, eine neue wird geboren:
Vom Feld in die Halle. 104
Nachkriegsjahre 104
Taktische Krise und Regelkonfusion. 107
Die Blüte des Feldhandballs: Die Weltmeisterschaft 1955 in der BRD 108
Der Durchbruch des Hallenhandballs 112
Ein besonderer Fall: das Saarland 116
Der Handball in den Mühlen der Sportpolitik:
  Die gesamtdeutschen Mannschaften 1958-1961 117
Das Ende des Feldhandballs: Die 1960er und 1970er Jahre 120
▷ Große Vereine: Frisch Auf Göppingen. 126
▷ Porträt: Bernhard Kempa. 133
▷ Porträt: Heinrich Dahlinger. 137
▷ Porträt: Werner Vick. 139
▷ Große Vereine: Grün-Weiß Dankensen. 141
▷ Porträt: Herbert Lübking 148
▷ Große Vereine: VfL Gummersbach 151
▷ Porträt: Hansi Schmidt. 160
▷ Porträt: Die Brands – eine ungewöhnliche Handballfamilie. 163
▷ Porträt: Erhard Wunderlich. 166
▷ Exkurs: Die Olympischen Spiele 1972 in München – Fest und Debakel 169

Kapitel 6
Die 1970er Jahre 172
Krise und Blüte 172
Die Einführung der eingleisigen Bundesliga 1977 175
▷ Exkurs: Der liebste Feind – Bruder-Duelle zwischen BRD und DDR 178
▷ Exkurs: Das Märchen von Kopenhagen – Die Weltmeisterschaft 1978 181
▷ Porträt: Vlado Stenzel 187
▷ Porträt: Joachim Deckarm 191
▷ Große Vereine: TV Großwallstadt 195
▷ Porträt: Manfred Hofmann 201
▷ Porträt: Kurt Klühspies 203

Kapitel 7
Die 1980er Jahre 206
Segen der neuen Regeln und ein Boykott mit Folgen 206
▷ Exkurs: Das Wunder von Moskau 208
Regeländerungen 213
▷ Exkurs: Die WM 1982 – Enttäuschung im eigenen Land 215
Krisensymptome in der Bundesliga 220
Der Absturz in Raten: Nationalmannschaft von 1983 bis 1989 222
▷ Porträt: Andreas Thiel 225
▷ Große Vereine: Empor Rostock 228
▷ Porträt: Frank-Michael Wahl 235
▷ Exkurs: Handball in Westberlin – die Reinickendorfer Füchse 239
▷ Große Vereine: TuSEM Essen 247
▷ Porträt: Stefan Hecker 255
▷ Porträt: Jochen Fraatz 257

Kapitel 8
Von der Wiedervereinigung bis heute 260
Die Einheit 1989/90: Rettung für den DHB, Ausbluten der ostdeutschen Klubs . . . 260
Krisenerscheinungen und Kulturpessimismus 262
Kommerzialisierung und Professionalisierung 264
Handball und die Medien – eine schwierige Beziehung 266
Die „Schnelle Mitte" und ihre Konsequenzen 268
▷ Porträt: Horst Bredemeier 270
▷ Große Vereine: SG Wallau/Massenheim 272
▷ Porträt: Martin Schwalb 278
▷ Große Vereine: THW Kiel 280
▷ Porträt: Magnus Wislander 288
▷ Porträt: Noka Serdarusic 291

▷ Porträt: Uwe Schwenker 293
▷ Porträt: Klaus-Dieter Petersen 295
▷ Große Vereine: TBV Lemgo 297
▷ Porträt: Daniel Stephan 304
▷ Porträt: Christian Schwarzer 307
▷ Porträt: Volker Zerbe. 310
▷ Große Vereine: SC Magdeburg. 313
▷ Porträt: Stefan Kretzschmar 320
▷ Große Vereine: SG Flensburg-Handewitt 325
▷ Porträt: Lars Christiansen. 332
▷ Porträt: Jan Holpert 335
▷ Große Vereine: HSV Hamburg. 338

Kapitel 9
Die Nationalmannschaft seit 1992 347
Ein langer Weg zurück an die Weltspitze 347
Olympia-Turnier Athen 2004 352
Von Athen bis zur WM im eigenen Land. 355

Kapitel 10
Handball-Weltmeisterschaft 2007 in Deutschland 363
Ein Märchen in zehn Akten. 364
Die 17 Weltmeister in Kurzporträts 384
Fazit einer grandiosen WM. 393
WM-Statistik. 398
Farbsonderteil WM 401
▷ Porträt: Der Trainer Heiner Brand 409
▷ Porträt: Henning Fritz. 415
▷ Exkurs: Von Perspektiven, Chancen und Risiken einer
   boomenden Sportart – ein Ausblick 418

Statistik. 423
Internationale Länderwettbewerbe. 423
Rangliste deutsche Nationalspieler 425
Deutsche Vereinswettbewerbe. 426
Internationale Vereinswettbewerbe. 431

Quellen und Literatur 433
Autorenliste. 437
Herausgeber / Fotonachweis. 439

Hinweis: Alle namentlich nicht gekennzeichneten Texte sind von Erik Eggers.

Liebe Freunde des Handballs,

wer die spannungsreichen Spiele der Nationalmannschaft bei der XX. Weltmeisterschaft 2007 in Deutschland miterlebt hat, der bekam erneut einen tollen Eindruck von der Schönheit und Attraktivität unserer Sportart. Die Entschlossenheit und Wucht eines Kreisläufers wie Christian Schwarzer, die Tempogegenstöße und Trickwürfe von Flügelspielern wie Florian Kehrmann oder Torsten Jansen. Die Übersicht und Abgeklärtheit von Rückraumspielern wie Markus Baur oder Michael Kraus. Die wuchtigen Sprungwürfe eines Pascal Hens oder eines Holger Glandorf. Die Schlagwürfe eines Christian Zeitz. Die Abwehrfähigkeiten des Oliver Roggisch. Die blitzschnellen Reflexe von Torhütern wie Henning Fritz und Johannes Bitter. – Jeder einzelne Spieler meiner Mannschaft verkörperte all das in Perfektion, was den Handball unserer Zeit ausmacht: Athletik, Dynamik, Kraft, Technik, Entschlossenheit, Wille, Spielverständnis. Doch wie schon die vielen Erfolge der letzten Jahre, wäre auch unser sensationeller Triumph bei der Weltmeisterschaft im eigenen Land unmöglich gewesen, wenn wir nicht stets als homogene und geschlossene Einheit aufgetreten wären. Wir präsentierten uns immer als Mannschaft, und am Ende hat sich alles gefügt – darauf können wir wirklich stolz sein.

Dieses jüngste Kapitel findet selbstverständlich seinen verdienten Platz in dieser Handballgeschichte, genauso wie alle anderen Erfolge und Misserfolge der deutschen Nationalmannschaften. Das hier vorliegende Buch will mehr als nur die Großereignisse des Handballs nacherzählen und wird insofern viel zum Verständnis zur Entstehung, Entwicklung und aktuellen Lage unserer Sportart beitragen.

Mehr als 20 Millionen Deutsche, so viele wie noch nie, haben dem Finale vor großartiger Kulisse in der Kölnarena zugeschaut und mitgezittert. Wenn wir unseren Teil zu positiven und nachhaltigen Effekten für den deutschen Handball beigetragen haben, dann hat sich unser aller Einsatz gelohnt. Nun gilt es aber, diesen Boom auch gemeinsam zu nutzen. Ich wünsche mir, dass sich nun alle Verbände und Klubs von egoistischen Zielen freimachen und bei ihrer Arbeit immer die Gesamtsicht des Handballs im Auge behalten. Dann wäre viel gewonnen für unsere Sportart.

Ihr Heiner Brand

Vorwort

Schon vor drei Jahren, als die erste Auflage erschien, gab es eine Reihe von guten Gründen, die Geschichte des deutschen Handballs aufzuschreiben. Nicht nur, dass eine solche Überblicksdarstellung bis dato nicht publiziert worden war. Auch erlebte die Sportart schon damals einen Boom in Deutschland: Die Männer-Nationalmannschaft spielte so erfolgreich wie seit den späten 1970er Jahren nicht mehr, und bei den Olympischen Spielen in Athen hatten Millionen an den TV-Geräten mit Kretzschmar, Schwarzer & Co. mitgefiebert. Auch die Zuschauerzahlen in der Bundesliga hatten sich verdoppelt. Heute, nach dieser glanzvollen Weltmeisterschaft im eigenen Land, die alle bisherigen Dimensionen sprengte und so viele Zuschauer wie noch nie erreichte und emotionalisierte, sind noch mehr Gründe gegeben. Selbstverständlich wird auch das XX. Weltturnier in dieser Ausgabe angemessen gewürdigt; inklusive kurzer Porträts der 17 Weltmeister, des Trainers Heiner Brand und ausführlicher WM-Spielberichte.

Doch ist der Handball auch für den Historiker überaus interessant. Wurde diese Sportart doch erst während des Ersten Weltkrieges erfunden und zählt somit zu den jüngsten Spielsportarten, die in den 1920er Jahren die Massen erreichten. Ganz bewusst als Konkurrenzprodukt zum großen Bruder Fußball konzipiert, wurde Feldhandball damals popularisiert und von Berlin aus in viele andere Länder getragen – und deswegen kann man trotz wichtiger dänischer, schwedischer und tschechischer Vorläufer mit einiger Berechtigung auch vom Handball als einer „deutschen Domäne" sprechen. Warum Feldhandball nach einer letzten Blüte in den 1950er Jahren keine Freunde mehr fand und in 1960er und 1970er Jahren schließlich vom Hallenhandball abgelöst wurde; warum der Handball in den letzten Jahrzehnten ein eher dörfliches Phänomen war; warum nicht nur der deutsche Handball in den 1980er und 1990er Jahren in eine tiefe taktische Krise geriet und zudem in der Öffentlichkeit als brutal und hart abqualifiziert wurde; warum die Regeländerungen eine enorm wichtige Rolle bei der Modernisierung dieser Sportart spielten; und warum auch dieser Sport zuweilen in die Fänge der Politik geriet – auch das sind wichtige Dinge, die hier gewürdigt werden. Dieses Buch ist demnach keine statistikorientierte Chronik, sondern vielmehr ein erster Versuch, den Handball mit der nötigen Distanz auch in den jeweiligen gesellschaftlichen Kontext einzubetten.

Natürlich dürfen auch die Menschen, die diesen Sport geprägt haben und immer noch prägen, in einer Handballgeschichte wie dieser nicht fehlen. Max Heiser und Carl Schelenz, die Erfinder dieses Spiels, werden hier ebenso porträtiert wie die gro-

Henning Fritz, Pascal Hens, Christian Schwarzer, Markus Baur und Daniel Stephan nach dem Gewinn der Europameisterschaft 2004. ▶

ßen Persönlichkeiten Bernhard Kempa, Hein Dahlinger, Herbert Lübking oder Joachim Deckarm, dessen glanzvolle Karriere 1979 so tragisch endete. Genauso wenig werden die wichtigsten Träger dieser Sportart, die Vereine – so etwa FA Göppingen, VfL Gummersbach, TV Großwallstadt, TuSEM Essen, SC Magdeburg und der THW Kiel – vergessen. Fast jeder Fan findet hier die Geschichte und wichtigste Ära seines Lieblingsvereins beschrieben.

Ein solch ambitioniertes Werk wie dieses zusammenzustellen, war in vielerlei Hinsicht nicht einfach. Zum einen verfügte weder der Deutsche Handball-Bund (DHB) über ein Archiv, noch legen die meisten Vereine größeren Wert auf ihre Traditionen. Erhellende Jubiläumsfestschriften oder Vereinsbiografien liegen kaum vor. Mit einem Satz: Die Quellenlage war lausig. Deshalb möchte ich mich an dieser Stelle noch einmal bei den vielen namhaften Autoren dieses Buches für die exzellente Grundlagenarbeit bedanken; vor allem aber bei Fritz Fischer (Reinheim), der mir viele Fragen zum Feldhandball beantworten konnte, bei den stets freundlichen Mitarbeitern der Zentralbibliothek der Deutschen Sporthochschule in Köln und nicht zuletzt beim Bundestrainer Heiner Brand, der mir in einem längeren Gespräch ebenfalls viele wertvolle Hinweise gab.

Köln, im Februar 2007

Erik Eggers

Kapitel I

Ein neues Spiel entsteht

Die Vorläufer in Deutschland

Wie entstand Handball? Eine einfache Antwort auf diese Frage hatte auch Walfried Riekhoff nicht parat. Rund 20 in- und ausländische Spiele, verwirrend viele also, verortete der Hamburger bereits zu Beginn der 1940er Jahre als Urformen, als er seine detailreiche Dissertation „Historische Untersuchungen über die Vorläufer und Anfänge des Deutschen Handballspiels" in Angriff nahm. Als Wissenschaftler befand er diese relativ junge Sportart aus mehreren Gründen für untersuchungswürdig. Handball war innerhalb von wenigen Jahren zu einem Sport der Massen geworden, zumindest in Deutschland, und auch in anderen europäischen Ländern setzte es sich allmählich durch. Vor allem aber beanspruchten nun eine Reihe von Persönlichkeiten, das Spiel maßgeblich entwickelt zu haben. Die wahre Entstehungsgeschichte der jüngsten aller Massensportarten, die in den 1930er Jahren in Deutschland betrieben wurden, wollte Riekhoff nun auf wissenschaftlicher Basis klären. So durchforstete er nicht nur die vorhandene Literatur – vor allem die *Deutsche Turn-Zeitung* (DTZ) und Sportzeitschriften –, er korrespondierte auch mit den noch lebenden Figuren aus Pionierzeiten: so etwa mit Carl Schelenz, von allen nur als „Vater des Handballs" bezeichnet, und mit dessen Mitstreitern aus Berlin, die dieses Spiel geprägt hatten, bevor es sich an der Schwelle vom Ersten Weltkrieg zur Weimarer Republik erstmals großer Beliebtheit erfreute. Die ersten Vorläufer, fand Riekhoff heraus, reichten weit zurück. Angeblich sogar bis in die Antike.

Konrad Koch

Einer, der sich auf eine jahrtausendalte Tradition bezog, war der Braunschweiger Pädagoge Konrad Koch (1846-1911). Der hatte bereits 1874 das Rugbyspiel im Schulbetrieb ausprobiert und für gut befunden und wurde später als einer der Väter des deutschen Fußballspiels gefeiert. 1891, als Koch in einer Turnzeitschrift ein neues Spiel mit dem seltsam klingenden Namen „Raffball" vorstellte, verkaufte er das nun seinen Lesern als nachgerade ideales Schulspiel und stellte es in eine Linie mit dem antiken Wurfspiel namens „Harpastum", das die Römer gespielt hatten. Dieser Reflex auf die Antike war gegen Ende des 19. Jahrhunderts en vogue. Nicht nur in Literatur und Architektur beschworen gehobene europäische Bildungsschichten die intellektuelle Größe Griechenlands und Roms. Auch in dem nun erwachenden Bereich des Sports und des Turnens gehörte die Reflexion darüber zum guten Ton. Die Neuauflage der Olympischen Spiele 1896, die vom französischen Baron Pierre de Coubertin initiiert worden war, war dafür nur das bekannteste Beispiel.

Den ersten Hinweis im 19. Jahrhundert auf ein mannschaftsartiges Ballspiel, das man als Vorform des Handballs bezeichnen könnte, beinhaltete der „Katechismus der Turnkunst" von 1852. Dieser sah zwei Mannschaften mit je zehn bis zwölf Spielern vor, die ein „Mal" (also eine Art Auslinie) überspielen bzw. verteidigen sollten, wobei den Regeln nach das „In-Stellung-Laufen" und das Laufen mit dem Ball ausdrücklich erlaubt war. Beim Koch'schen Raffball, dessen Regeln schließlich 1912 festgezurrt wurden, standen sich am Rande eines bis zu 200 Meter langen Feldes je sieben Spieler gegenüber, die einen in der Mitte liegenden Vollball „aufrafften", um ihn irgendwie über die Mallinie des Gegners zu befördern. Es war zunächst ein vergleichsweise wildes, raues Spiel, verbunden mit vielen Prügeleien um den Ball. Überliefert sind Massenspiele aus Hamburg und Wien, in denen teilweise 100 Spieler in zwei Parteien um den Ball stritten. Doch die Zuschauer, die unübersichtliche Kämpfe dieser Art das erste Mal sahen, freundeten sich damit nicht so recht an.

Dass Koch ausgerechnet im Jahr 1891 den Raffball präsentierte, war kein historischer Zufall. Denn in dieser Zeit setzte das ein, was man eine Konjunktur neuer

Der Fußball auf dem Weg zum Zuschauersport: Ein Spiel zwischen Berliner und Dresdner Kickern auf einem Exerzierplatz (um 1890).

Spiele nennen könnte, und zwar nicht nur im Kaiserreich. Überall in Europa – so in Skandinavien, Frankreich und auch in osteuropäischen Ländern – wurden neue Spielformen erdacht und erprobt und oft auch bald wieder verworfen. Der rege Erfindergeist hatte damit zu tun, dass man im Zuge der beginnenden Industrialisierung, die die Menschen in den neuen, meist sehr einseitig angelegten Arbeitsprozessen zu monotonen Tätigkeiten zwangen, zunehmend nach adäquaten Freizeit- und Bewegungsformen suchte. In Deutschland wurde im Mai 1891 deshalb sogar ein Komitee gegründet, der so genannte „Zentralausschuss für Volks- und Jugendspiele" (ZA). Dieser hatte sich zur Aufgabe gesetzt, mit geeigneten Spielen zur Erneuerung der körperlichen Erziehung in den Schulen beizutragen und sie auf diese Weise zur, wie es hieß, „allgemeinen Volkssitte" werden zu lassen. Schlagball und Barlauf, die als einzige deutsche Ballspiele damals etabliert waren, erschienen den Theoretikern jedenfalls nicht als zukunftsträchtig.

Befeuert wurde der Aufschwung neuer Ballspiele vor allem aber durch den spektakulären Erfolg einer neuen Sportart: Fußball. Nicht nur im Kaiserreich, auch in der Schweiz, in Österreich, Italien, Spanien, Frankreich, Dänemark und in Schweden hatte dieser englische Sport um die Jahrhundertwende viele Anhänger gewonnen, ohne dass dies mit einer staatlichen Förderung verbunden gewesen war. Fußball entwickelte sich eigendynamisch „von unten", ohne massive Förderung durch Schulen oder andere Institutionen, und er beherrschte innerhalb von wenigen Jahren die von den Städten ausgehende europäische Sportszene. Natürlich lag für die Spieltheoretiker nun auch ein neues Wurf- und Fangspiel geradezu auf der Hand. „Wie ein roter Faden", urteilt der Sporthistoriker Hajo Bernett, hätte sich durch die vielen Spielexperimente die Absicht gezogen, „die Spielkultur zu vervollständigen, die Sportspiele in anthropologischer Hinsicht zu ergänzen". Die meisten Spiele, die nun gegen Ende des 19. Jahrhunderts entstanden, stellten demnach einen Reflex auf den unaufhaltsamen Siegeszug des Fußballs dar. Aber sie kamen „von oben": Die ersten Handballspiele waren nichts anderes als von Funktionären konstruierte, am Reißbrett entworfene Sportarten, reine Kunstprodukte, deren Mängel so lange abgeschliffen wurden, bis die Menschen daran Gefallen fanden. Am Ende dieser Jahrzehnte währenden Entwicklung dieser Wurf- und Fangspiele sollte es lediglich eine Sportart zu größerer Popularität schaffen: Handball.

Dass mit großer Energie nach einem Gegenentwurf zum Fußball gefahndet wurde, war auch ideologisch motiviert. In Berlin, Karlsruhe, Freiburg, Frankfurt und Hamburg, überall dort also, wo zuerst auf deutschen Wiesen gekickt wurde, fand der Fußball zwar schnell viele Freunde. Größer aber noch war die Ablehnung, auf die das Gekicke in vielen Kreisen stieß. Während die Fußballanhänger diesen englischen Sport als modern und zeitgemäß betrachteten, schon weil ihnen das liberale England als politisches, wirtschaftliches und gesellschaftliches Vorbild diente, löste der Fußball bei den englandfeindlichen Kreisen in Deutschland erhebliche Proteste aus. Als

Vermutlich ein Kreisturnfest um 1900. Freiübungen vom Vorturnertisch aus aufgenommen.

entschiedenster Gegner kristallisierte sich bald die stramm nationalorientierte Deutsche Turnerschaft (DT) heraus, die um 1900 mit rund 650.000 Mitgliedern in 6.500 Vereinen stärkste Organisation der Welt in diesem Bereich.

Die Turnführer, wie die Spitzenfunktionäre der DT genannt wurden, dominierten im Kaiserreich die wichtigsten Institutionen. Turnen war nicht nur in der Schule Pflichtfach. Auch im Militär wurde bis 1900 ausschließlich geturnt. Das hatte Gründe: War dieses Konzept der Leibesertüchtigung von Friedrich Ludwig Jahn um 1810 doch ganz bewusst als Mittel zur Wehrertüchtigung konzipiert worden, um damit die napoleonische Besatzungszeit zu beenden. Jahns Turner waren stolz darauf, im legendären Lützowschen Freikorps für die deutsche Freiheit gestritten zu haben und nun, da das Kaiserreich endlich 1871 gegründet worden war, als Vorstreiter der deutschen Nation zu gelten. Dieses spezifisch deutsche Konzept der Leibesübungen beinhaltete militärischen Drill und riesige symmetrische Grundformationen: Bei Turnfesten ahmten teilweise Tausende einem Vorturner nach, der auf einem Podest stand, Schritt für Schritt, Übung für Übung. Fußball hingegen stellte sich dem neutralen Betrachter schon in ästhetischer Hinsicht als seltsam unorganisiertes und geradezu wildes Spiel dar. Zwischen dem englischen Sport und dem Deutschen Turnen, das seit Jahrzehnten verankert war, existierten freilich auch in anderer Hinsicht gravierende Unterschiede: Während die Engländer das Tennisspiel, den Fußball oder Golf ganz ausdrücklich als Freizeitvergnügen und Selbstzweck betrachteten, wurde das

Turnen in Deutschland als Instrument angesehen. Zwei gedankliche Welten prallten aufeinander.

Die Folge waren scharfe Auseinandersetzungen. Wie sehr die Turner den Fußball als Einbruch in ihre Domäne und als gefährliche Konkurrenz betrachteten, bewies die berühmt gewordene Polemik „Fusslümmelei. Über Stauchballspiel und englische Krankheit". Darin verschmähte ein Stuttgarter Turnlehrer namens Karl Planck 1898 den Fußball als unnatürlich und auch unästhetisch: „Unsereiner erlaubt sich also nicht nur dieser Errungenschaft englischen Aftersports, sondern auch das Fußballspiel selbst nicht nur gemein, sondern auch lächerlich und widernatürlich zu finden. Am allerunnatürlichsten ist das ob seiner angeblich geringen Gefährlichkeit vielgepriesene und bei uns fast allein geübte Fußballspiel ohne Aufheben des Balls: deutsch: ‚association'."

Titelbild der Kampfschrift von Prof. Karl Planck gegen das Fußballspiel.

Den Fußballern schlug also teilweise blanker Hass entgegen. Daher sahen sich seine Befürworter dazu gezwungen, diese Sportart zu assimilieren, sie gewissermaßen „einzudeutschen". So wurden bereits gegen Ende der 1880er Jahre – mit geringem Erfolg – spezifisch deutsche Fußballregeln entworfen. Und der nationalistische Deutsche Sprachverein setzte 1904 – nun wesentlich erfolgreicher – eine allmähliche Germanisierung der englischen Fußballbegriffe durch. „Corner" beispielsweise hieß nun „Ecke", „Goal" mutierte zu „Tor". Diese Strategie bewährte sich. Und als die ersten Fußballfunktionäre ihren Sport als perfekte körperliche Grundausbildung für kommende Kriege anpriesen, schafften sie es sogar bald (ab 1904) in den Kanon der militärischen Grundausbildung. Fußball setzte sich langsam durch in Deutschland. Diese aufkommende Konkurrenz hatten also die deutschen Turner vor Augen, als sie eine Reihe neuer Ballspiele mit der Hand konzipierten, von denen hier nur die einflussreichsten angeführt werden können.

Da war zunächst das „Wiesbadener Torballspiel", das seit 1897 von Eduard Hagelauer weiterentwickelt wurde. Übereinstimmend berichten auch hier alle Quellen davon, dass die Bemühungen dieses Gymnasiallehrers darauf gerichtet waren, „analog zu den Strukturen des Fußballspiels ein neues Wurfspiel zu entwickeln" (Riekhoff). Es beinhaltete bereits jeweils elf Spieler, die ähnlich der damaligen taktischen Fußball-Aufstellung (fünf Stürmer, drei Läufer, zwei Verteidiger, ein Torwart) einen Ball ins Tor trieben. Hagelauer führte dieses Spiel 1908 den Turn-Funktionären als Alternative zum Fußball vor; das Regelheft, das 1920 publiziert wurde, gilt allerdings als verschollen. Parallel dazu – angeblich, ohne dass die Erfinder Kenntnis voneinander hatten – wurde 1911 das verblüffend ähnliche „Pforzheimer Torballspiel" kreiert. Sein Schöpfer, der Turnlehrer August Stober, platzierte die elf Spieler ebenfalls wie beim Fußball, auch das Spielfeld besaß identische Ausmaße. Eine wichtige Neuerung war beiden Spielen gemein: Ihr Regelwerk sah das Ball-Tippen vor.

Am anderen Ende des Deutschen Reiches, in Ostpreußen, entstand ein Wurf- und Fangspiel, das in der *Deutschen Turn-Zeitung*, dem Zentralorgan der DT, als „Königsberger Transformation des Fußballspiels" beschrieben wurde. Im Unterschied zu den anderen Spielarten hatte ihre Erfinderin, die Turnlehrerin Marie Mayer, dieses „Königsberger Ball" genannte Spiel als reine Frauenvariante konzipiert und es im September 1909 erfolgreich im „Königsberger Damen-Turnverein" vor „geladenen Gästen und Sachverständigen" getestet. Es war angepasst an die, wie es ausdrücklich hieß, „geringere Leistungsfähigkeit" des weiblichen Geschlechts: So war etwa das Spielfeld auf 50 x 30 Meter verkleinert, so dass die Frauen nicht so viel laufen mussten. Ein Torraum fehlte ganz, auch weil der Hohlball nicht geworfen, sondern mit der Faust oder mit dem Unterarm gefaustet wurde. „Königsberger Ball", das bald darauf in den „Preußischen Leitfaden für das Schulturnen" aufgenommen wurde, war also eher mit Faustball verwandt. Als wegweisend für die Entwicklung des Handballspiels aber galt diese Abart später, weil sie speziell für Frauen entwickelt worden war.

In den Jahren vor dem Ersten Weltkrieg vernahmen die Fußballer, die 1914 bereits über die stattliche Zahl von 200.000 Mitgliedern verfügten, noch einmal eine spürbare Intensivierung der turnerischen Bemühungen, ein konkurrenzfähiges Produkt zu entwickeln. Anno 1912 wurden endlich die Regeln des „Raffball" von Christian Hirschmann, Königlicher Inspektor und Lehrer an der Münchner Turnlehrerbildungsanstalt, festgeschrieben. Während Raffball immerhin recht erfolgreich war, errangen andere Spielformen nur regionale Bedeutung. So das 1906 am Bremer Lehrerseminar entwickelte „Turmball", das im Turngau Oldenburg noch in den 1920er Jahren in Punktrunden gespielt wurde. Dem „Deutschen Netzball" (1908) von Wilhelm Stier, das sich sehr am Faustball orientierte, blieb ebenfalls nur eine kurze Lebensdauer beschieden. Zum Zentrum der Spieltheoretiker der Deutschen Turnerschaft, die ein Pendant zum Fußball suchten, entwickelte sich nun aber die Reichshauptstadt Berlin. Besonders der rührige Berliner Turnlehrerverein forcierte nun die Feldversuche mit neuartigen Ballspielen. Als Basis aller Weiterentwicklung diente besagter Raffball, der bei einem Turn- und Spielfest im Herbst 1913 zu Werbezwecken vorgeführt wurde und viele Spieltheoretiker zu weiteren Überlegungen inspirierte. Aber auch ausländische Spielformen flossen in diese Überlegungen mit ein.

Vorläufer im Ausland

Denn nicht nur in Deutschland wurde an einem Wurf- und Fangspiel experimentiert. So auch in den skandinavischen Ländern, wo der Fußball in den 1890er Jahren genauso plötzlich und unerwartet wie in Deutschland in die bereits ausgebildeten Systeme für Leibeserziehung eingebrochen war. Wie die Deutsche Turnerschaft im Kaiserreich um die Hegemonie in Sachen Leibesübungen fürchtete, betrachtete dort die so genannte Schwedische Gymnastik, die von dem Pädagogen Per Hendrik Ling institutionalisiert worden war, den englischen Sport Fußball als gefährliche Konkurrenz. Und suchte ebenfalls schnell nach einer passenden Antwort.

Das älteste Zeugnis einer solchen Spielform im nördlichen Europa ist 1898 im dänischen Helsingör zu finden. Als der geistige Vater des „Haandbold" genannten Spiels gilt der 1866 geborene Turninspektor Holger Nielsen, ein namhafter Repräsentant der dänischen Sport- und Gymnastikbewegung. Hier fungierte, glaubt man Nielsens späteren Berichten, nicht allein der Fußball als unfreiwilliger Pate, sondern auch der Zufall: „Schon in den 90er Jahren ließ ich in der Schule Handball spielen. Da der Sportplatz weit von dem Schulgebäude entfernt war, wurde oftmals der Schulhof als Spielplatz benutzt. Wegen der zahlreichen Fensterscheiben war es verboten, vor der Turnstunde bereits das Fußballspiel aufzunehmen. Da der gesunde Spieltrieb der Jugend sich durch Gesetze nicht ersticken lässt, warfen die Schüler den Ball mit der Hand von Mann zu Mann und auf das Tor. Das Handballspiel wurde also von den dänischen Knaben erfunden. Mein persönlicher Anteil war es, das neue Spiel in ein System gebracht zu haben." Bei Nielsens Entwurf handelte es sich um ein Spiel auf einem nur 45 x 30 Meter kleinen Feld mit zweimal elf Spielern. Es existierte eine Abseitslinie, die, wie Riekhoff 1943 beschrieb, „ mit einer Länge von sieben Metern und einem Abstand vom Tor von fünf Metern einen Freiraum (Strafraum) bildete, der von den Spielern vor dem Ball nicht betreten werden durfte. Foulspiel wurde schon in ähnlicher Weise geahndet wie heute." Der harte Charakter dieses heutigen Spiels ist hier bereits vorformuliert: „Das uneingeschränkte Laufen mit dem Ball in den Händen ist erlaubt. Der Ballbesitzer darf mit den Armen umklammert werden. Der Ball darf ihm aus den Händen gerissen und geschlagen werden. Als Fehler im Verhalten zum Gegner gelten: Beinstellen, Treten, Schlagen und Stoßen mit den Händen, Rempeln von hinten und Reißen am Zeug. Verboten ist das absichtliche Berühren des Balles mit Beinen und mit Füßen." Bei Freiwürfen wurde der Ball auf den Boden geworfen und dann weggefaustet, Strafwürfe warfen die Akteure direkt auf das rund 2 x 3 Meter große Tor.

Pionier Nielsen unternahm viel, um sein Spiel zu popularisieren. Er initiierte diverse Demonstrationsvorführungen, so etwa 1904 bei einer Schulsportveranstaltung in Randers. 1906 publizierte der „Dansk Idraets Forbund", der Dachverband des dänischen Sports, dann die ersten Regeln des „Haandbold". Offenbar setzte es sich schnell durch im dänischen Sportalltag. Jedenfalls war bald von regelmäßig „mehr als 1000 Zuschauern" bei Spielen die Rede, und auch Sportbücher wie das 1912 publizierte „Idraetsbogen" stellten es vor. Nielsens Darstellung zufolge erfreute es sich später auch bei dänischen Soldaten großer Beliebtheit: „Während des Weltkrieges (1914-1918) spielten unsere Soldaten im ausgedehnten Grade Handball, weshalb ‚Gesetze und Anleitung für Handball' 1916 erschienen." Später, als um den wahren Erfinder des Handballs gestritten wurde, ging Nielsen davon aus, dass sein Spiel zumindest einige deutsche Vorläufer beeinflusst hatte. „Da ‚Haandbold' Anfang des Jahrhunderts recht oft bei Sportzusammenkünften vorgezeigt wurde", schrieb er 1942 dem Handballhistoriker Riekhoff, „habe ich den Gedanken, dass auch deutsche Sportsleute ihn gesehen haben. Jedenfalls habe ich im Jahre 1907, auf einem Ballspielfeld in Wiesbaden, eine Mannschaft von jungen Männern gesehen, die Handball anscheinend nach denselben Regeln wie die dänischen spielten." Belege dafür existieren allerdings keine.

Im Dunkeln bleibt ebenfalls, inwiefern der dänische „Haandbold" auf den schwedischen „Handboll" wirkte. Diese seit 1906 belegte Variante, die allerdings auf einem Fußballfeld gespielt wurde, war laut dem deutschen Turnhistoriker Edmund Neuendorff von dem Gymnastiklehrer Gunnar Wahlström in Karlskrona entwickelt worden. Nach einer anderen Quelle soll ein Spielinspektor namens Wallmark dieses Spiel zuerst im Hafenort Helsingborg getestet haben, danach bei Spielkursen an einem Seminar in Näss. Auch hier vermutete Nielsen später, dass sein Spiel als Vorbild gedient hatte, was aufgrund der geografischen Nähe (Helsingborg liegt direkt gegenüber von Helsingör) durchaus nachvollziehbar ist: „Es ist meine Überzeugung, dass das schwedische Handballspiel entstanden ist, nachdem schwedische Sportsleute das Spiel in Dänemark gesehen hatten. Man befürchtete jedoch damals, dass das Spiel nach den dänischen Regeln zu hart werden könnte, und deshalb legte man andere Regeln zurecht, aber auf der ursprünglichen Grundlage."

Den deutschen Turnern war zumindest das schwedische Handballspiel geläufig. Denn der Passauer Turnlehrer Theodor Dippold beschrieb dieses Spiel 1913 in der auflagenstarken *Monatszeitschrift für das Turnwesen* unter dem Titel „Schwedische Spiele", und er soll dieses Spiel vor dem Ersten Weltkrieg mit seinen Schülern nachgespielt haben. Auf jeden Fall war Dippold auch die Parallelität der Anstrengungen bewusst, als er bemerkte, „dass das gleiche Spiel an zwei weit voneinander gelegenen Orten entstanden ist".

Die dritte einflussreiche Variante aus dem europäischen Ausland hieß „Hazena" und war bereits 1892 zum ersten Mal im heutigen Tschechien gespielt worden. Die Ähnlichkeiten zum heutigen Hallenhandball sind bemerkenswert: Jede Partei besaß sieben Akteure, die in 2 x 25 Minuten den Sieger ausfochten. Das Feld war 48 x 32 Meter groß, die Tore 2,4 Meter hoch und zwei Meter breit, die Strafraumlinie war sechs Meter vom Tor entfernt. Der Einwurf wurde wie beim Fußball vorgenommen. Vor allem aber durften die Spieler bei Alleingängen den Ball höchstens drei Schritte tragen und im Stehen nicht länger als drei Sekunden halten. Danach musste der Ball hochgeworfen oder auf den Boden getippt werden, maximal aber zweimal nacheinander, dann musste der Ball weitergegeben werden. Hazena, dessen Regeln 1905 von dem Smichower Reallehrer Vaclav Karas entscheidend weiterentwickelt und schließlich 1909 in Prag veröffentlicht wurden, gehörte in den 1920er Jahren zu den beliebtesten Sportarten in der Tschechoslowakei. Über 260 zumeist tschechische Klubs, die aber auch von deutschen, österreichischen, polnischen und ungarischen Teams herausgefordert wurden, ermittelten ihren Meister. Auch Frauen spielten Hazena, das als ideale Ergänzung zur Leichtathletik betrachtet wurde.

Kaum erforscht hingegen wurde das handballartige Spiel, das bereits 1870 in der Ukraine betrieben worden sein soll. Auch in der Schweiz existierten diverse Vorformen. So taufte das dortige Militärdepartment 1912 ein angeblich dort entwickeltes Laufspiel namens „Handball". Bei den Spielen, die der Deutsche Herrmann Bachmann 1907 und 1908 in der Schweiz (Zürich) eingeführt hatte, dürfte es sich um Raffball-Varianten gehandelt haben.

Das Kriegsprodukt: Vom Raffball zum Handball

Ein populäres Wurf- und Fangspiel, das dem Fußball Konkurrenz machen sollte, lag also geradezu in der Luft, in Europa und auch in Deutschland. Die vielen Installationsversuche endeten freilich abrupt im August 1914. Die Realitäten zu Beginn dieses „Großen Krieges", wie die Zeitgenossen den Ersten Weltkrieg nannten, ließen schließlich einen normalen Spielbetrieb selbst der etablierten Sportarten wie den Fußball nicht mehr zu. Viele wehrfähige deutsche Männer meldeten sich nun freiwillig zum Militär, allen voran die aus den Sportverbänden. Der Deutsche Fußball-Bund (DFB) etwa berichtete in seinem 1915 erschienenen „Kriegsjahrbuch" stolz, über 85 Prozent seiner Mitglieder an der Front im Einsatz zu haben. Den Krieg fasste der DFB gar als „Riesenländerspiel" und „sportlichen Länderwettkampf" auf. Am Ende des Kaiserreichs war also nicht nur „der sportliche Geist in das Militär, sondern umgekehrt auch der Geist des Militärs in den Sport eingezogen", wie die Sporthistorikerin Christiane Eisenberg konstatiert hat. Angesichts der radikalen Militarisierung, von der nun die deutsche Gesellschaft ergriffen wurde, war jedenfalls an eine Weiterentwicklung neuer Sportarten nicht mehr zu denken – zumal nun auch die verschiedenen ideologischen Lager nicht mehr existieren sollten. Kaiser Wilhelm II. kannte nun keine politischen Parteien mehr, sondern „nur noch Deutsche". Trotzdem werkelten die Turner weiter an einem eigenen Spiel.

So stellte der Potsdamer „Turnlehrer und Vizefeldwebel" Ernst Schulz im August 1915 eine Modifizierung des Raffballs vor, das er, wie er später berichtete, bereits 1914 entwickelt und mit dem er in Versuchen „die besten Erfahrungen gemacht" hatte. Auch diese Neuheit war eine „Mischung von Raffball einerseits und Fußball und Hockey andererseits", in Wirklichkeit also ein Sample. „Verschiedene Spiele sind ineinandergeschoben und zugefügt worden, bis das Ganze da war", so erklärte es Schulz später. Auf einem 60 x 25 Meter großen Spielfeld waren jeweils elf Spieler wie beim Fußball angeordnet, die eine Abseitslinie zu beachten hatten. In zwei Punkten griff Schulz auf Hockey zurück, das seit 1910 in Berlin erste Anhänger gefunden hatte: Das Tor entsprach in seinen Maßen exakt dem Hockey-Tor (3,60 x 2,10m), und bei einem „Strafeckball" standen „alle Spieler des zu verteidigenden Tores hinter der Torlinie". Vor allem aber übernahm der Turnlehrer aus dieser Sportart den Acht-Meter-Schusskreis und funktionierte diesen um zum Wurfkreis, der nicht betreten werden durfte. Das Spiel war dennoch immer noch vergleichsweise statisch, denn „mit dem Ball in der Hand darf nicht gelaufen werden. Zwei Schritte sind erlaubt." Aber dieses neue Mannschaftsspiel rief Schulz zufolge „große Spielbegeisterung, kräftigste Durcharbeitung des ganzen Körpers, hervorragende Erziehung zur Spielgemeinschaft" hervor.

Einen Monat später, im September 1915, stellte der Vorsitzende des Turn- und Spielausschusses des Berliner Turnlehrervereins, W. Ruhnke, ein weiteres Spiel namens „Torball" vor, das ebenfalls auf Raffball zurückging. Warum Raffball ungeeignet war, führte Ruhnke aus: „Der Kampf um den Ball artet bei dieser Spielform gewöhnlich zu einer kleinen Prügelei aus." Der Schöpfer empfahl diese neue Variante nun, im Gegensatz zu allen anderen Raffball-Abarten, konkret als Hallenspiel, das dem späteren „Deutschen Handballspiel" laut seinem Historiker Riekhoff „beträchtlich nahe" kam. Auch wenn es verboten war, Gegner oder den in den Händen des Gegners befindlichen Ball anzufassen. Beim Schulz'schen Raffball hingegen war das ausdrücklich erlaubt. Der „Grundsatz des körperlichen Angreifens" erklärte sich für Schulz aus den angeblichen Notwendigkeiten seiner Zeit: „Der Krieg lehrt uns, dass wir den körperlichen Kampf geübt haben müssen; dass wir unsere Jünglinge nicht schonen dürfen in der Ausbildung gegenseitigen Kampfes Körper gegen Körper."

Doch Ende 1915 endeten zunächst die Bemühungen, ein kultivierteres Wurf- und Fangspiel für Männer zu kreieren. Das Spiel, das nach Ansicht der meisten Zeitgenossen den Erfordernissen des Krieges am ehesten entspach, war schließlich bereits vorhanden: Fußball. „Anspannung aller körperlichen und geistigen Fähigkeiten und Stählung der Nerven, die am Fußballspiel geübt sind", so formulierte es stellvertretend ein gewisser Kapitän von Karpff, „kommt den Ausübungen im Krieg zugute, darum ist es für die Jugend als Vorbereitung so wertvoll." Turner wie Schulz, der Ende 1915 zum Heeresdienst eingezogen und später kaum für seine Verdienste gewürdigt wurde, kamen zu spät mit ihren Anbiederungen. Zumindest hinsichtlich des Männerspiels.

Torball, das Frauenspiel von Max Heiser

Wenn bald nach Kriegsbeginn die Frauen verstärkt in das Blickfeld der deutschen Turn- und Sportbewegung gerieten, hatte das mit den veränderten gesellschaftlichen Realitäten zu tun. Während die Männer an der Front schossen und starben, arbeiteten zu Hause immer mehr Frauen in der Kriegsindustrie und übernahmen auch andere Aufgaben, die zuvor als klassische Männerberufe galten. Diese faktisch neue Belastung führte dazu, dass sich nun auch Turn- und Sportfunktionäre Gedanken um das nötige körperliche Rüstzeug der Frauen machten. Wie sehr in diesem Punkt der Krieg eine Rolle spielte, machte nicht nur Max Ring im Jahre 1915 deutlich: „Seit Jahren haben wir Turner uns im ernsten Leben auf den Kampf gerüstet, in dem sich unser teures Vaterland jetzt befindet", schrieb der Kreisturnwart in der *DTZ,* um unverblümt die Ziele für das Frauenturnen zu formulieren, „wir wissen aber, zur Aufzucht eines starken, wehrbaren Geschlechts bedarf es auch starker, gesunder Frauen. Zur Sicherung der Zukunft unseres Vaterlandes genügt es darum nicht, dass unsere heranwachsenden Jünglinge und auch die wehrfähigen Männer körperliche Übungen treiben; auch unsre Jungfrauen müssen wir zur tüchtigen Pflege, dem Zwecke leiblicher Ertüchtigung dienenden Übungen, veranlassen. Das deutsche Land kann nur starke, im Herzen mutige Frauen, voll Lebensfrische und Tatendrang, keine Modepuppen gebrauchen."

Es war daher kein Zufall, als ein gewisser Max Heiser im Jahre 1915 dem Berliner Publikum ein neues Frauenspiel präsentierte, das er ebenfalls Torball nannte. Heiser war Frauenturnwart im Kreis IIIb der DT, der den Raum Brandenburg und Berlin umfasste, und er testete sein Spiel zunächst mit Arbeiterinnen der Berliner Siemens-Werke. Diese Mixtur aus „Königsberger Ball, Pforzheimer und Wiesbadener Torball", wie Heiser sie selbst einmal nannte, wurde auf einem 50 x 20 Meter großen Feld gespielt, mit elf Spielerinnen, die wiederum nach der taktischen Formation des großen Bruders Fußball angeordnet waren. Als Wurfgerät diente ein möglichst schwerer Hohlball (Faustball oder Fußball). Das Tor war zwei Meter hoch und 2,50 Meter breit und wurde von einem vier Meter großen Wurfkreis umgeben. Die Spieldauer von 2 x 20 Minuten wurde von einer zehn Minuten langen Pause unterbrochen. Es gab Strafwürfe, wenn eine Partei in den eigenen Torraum warf, und in Streitfällen kam es zu den heute noch üblichen „Hochbällen". Dem (männlich dominierten) Zeitgeist folgend, wollte Heiser den Frauen aber keine allzu große Härte oder Körperlichkeit zumuten: „Jedes körperliche Angehen, jeder Angriff auf den Gegner war verboten. Wer den Ball hatte, war sein Besitzer, und der Gegner musste sich gedulden, bis auf Grund der Regeln der Gegner gezwungen war, den Ball abzugeben."

Die ersten Nachrichten zum Heiser'schen Torball waren im Sommer 1915 im *Nachrichtenblatt für den Berliner Turnrath* zu lesen, das ein „Wettspiel für Spielfest am 28. August 1915" ankündigte. Im Oktober 1915 erschien im Verordnungsblatt des

Kreises IIIb der erste Spielbericht: „Zum Schluss folgte ein Vorführungsspiel im Torball, um den Vereinen, welche dieses reizvolle Spiel nicht üben, Gelegenheit zu geben, es kennen zu lernen. Das Spiel, mit welchem 22 Spielerinnen beschäftigt werden können, kann den Vereinen nicht warm genug empfohlen werden. (…) Der flotte Verlauf des Vorführungsspiels zog viele Zuschauer an, die mit Interesse die wechselnden Bilder des Spieles verfolgten. Die Spielriege des Damenturnvereins von 1902 zeigte ein besonderes Zusammenspiel wie ihre Gegnerin, T.i.B. [Turngemeinde in Berlin, d. Verf.], konnte aber nicht verhindern, dass diese energisch und gewandt spielenden Turnerinnen das einzige Tor des Spiels für sich in Anspruch nahmen."

Obwohl nicht im offiziellen Spielkanon der Turner, spielten die Arbeiterinnen bei Siemens und auch Damen-Riegen Torball schon früher. Das behauptete jedenfalls später Else Schelenz, 1915 Mitglied im Berliner Turnverein von 1850: „Richtig ist, dass wir schon im Winter 1915 Übungsspiele mit Torball gespielt haben. Wir Turnerinnen haben selbst nie mit Regelwerk (…) gearbeitet. Dazu gehören wohl besonders die rührigen Vereine im Berliner Turnrath, BTV 1850, GutsMuths, Nord-West und Damenturnverein Brühl." Ihr Mann Carl Schelenz beschrieb diese „Übungsspiele", die auf dem Feld und in einer Exerzierhalle im Berliner Nordwesten durchgeführt wurden, etwas bunter: „Mit langärmeligen, weiten Blusen, Pumphosen und langen Strümpfen bekleidet und mit einem Faustball ähnlich großen Ball bewaffnet, stellten die Damen sich zum Wettspiel bereit. Diese fast unter Ausschluss der Öffentlichkeit durchgeführten Frauenspiele waren kulturell der Grundstein zur heutigen Spielgröße." Eine Punktrunde oder Ähnliches gab es freilich nicht. Heiser schlug im November 1915 lediglich „Gesellschaftsspiele" vor, wie Freundschaftsspiele damals hießen. 1916/17 kam es zu einer inoffiziellen Wettspielrunde unter Berliner Frauen-Riegen, daran beteiligt waren der Berliner TV 1850, der Damenturnverein von 1902, die Turnerschaft Alemannia, der Turnverein Gesundbrunnen und der Turnverein Nord-West. Hin und wieder gab es auch Berichte wie im März 1916, die den noch provisorischen Zustand des neuen Spiels verdeutlichten: „Das zum Schluss gezeigte Torballspiel Nord-West gegen den Berliner Turnverein, das letztere Abteilung mit 3:2 Toren gewann, wurde flott und lebhaft ausgeführt, in Angriff wie in Verteidigung der Tore. Hier wäre eine unterschiedliche Kleidung der Parteien für den Zuschauer noch wirkungsvoller gewesen."

Erst 1917 schließlich taucht in Deutschland der Begriff Handball erstmals auf. Den meisten Quellen zufolge war Heiser derjenige, der diesen Namen vorschlug. Überhaupt galt seine 1915 entwickelte Torballvariante, diese ausschließlich in Berlin betriebene „Winterbeschäftigung für Frauen", als wichtigste Vorform bei der Metamorphose des Handballs. Laut Sporthistoriker Hajo Bernett handelte es sich dabei um die Spielart, „die in ihrem Ideengehalt und ihrer äußeren Form als bestimmender Entwurf für das Frauenhandballregelwerk von 1917 bewertet werden muss". Die Regeln des Torball waren bereits 1916 noch einmal modifiziert worden. Sie galten aber

Verein für Spiel und Sport Hannover-Hainholz, 1. Damen-Handballmannschaft, 1928.

immer noch nicht als perfekt, so dass ihn der „Ausschuss für das Frauen- und Mädchenturnen des Berliner Turnraths" weiterentwickelte. Für Montag, den 29. Oktober 1917, 19.30 Uhr, lud dieser schließlich zu einer Sitzung im Lehrvereinshaus in der Alexanderstraße 41 in Berlin. Einziger Tagesordnungspunkt: „Vervollständigung und Berichtigung der Torballregeln." Das Manuskript mit der neuen Fassung sah zunächst die „Regeln für das Raffballspiel, Torball, Handball" vor, die Worte Raffball und Torball wurden dann aber handschriftlich gestrichen.

Mit diesen ersten Handball-Regeln verabschiedet wurde ebenfalls eine Art Wettspielordnung, die „Bestimmung für die Abhaltung der Handballspiele für die Damenabteilungen des Berliner Turnraths", den man als Basis des ersten regulären Rundenspielbetriebs im Berliner Frauenhandball bezeichnen muss. Sie wurden im November 1917 im Nachrichtenblatt des Kreises IIIb mit einem wohlwollenden Zusatz veröffentlicht: „Es ist allen Leitern unserer Frauen-Abt. dringend zu empfehlen, für Handball mehr Interesse zu zeigen und den angekündigten Spielen mit ihren Turnerinnen beizuwohnen." Unterschrieben hatte die neuen Regeln Max Heiser. Daher galt der Oberturnwart zumindest den Turnern als Vater des Handballs. Doch weil sich seine Schöpfung nicht durchsetzen konnte, musste er sich diesen Ruhm mit anderen Männern teilen.

▶ Porträt

Max Heiser – ein Pionier mit tragischen Zügen

Als am 29. Oktober 1917 in Berlin die ersten Regeln des Handballs veröffentlicht wurden, stand darunter sein Name: Max Heiser. Und dennoch galt es später als umstritten, ob der Frauenturnwart im Kreis IIIb der Deutschen Turnerschaft tatsächlich als alleiniger Namensgeber und damit Schöpfer des Handballs gelten durfte. Als es darum ging, die wahre Urheberschaft zu ermitteln, wies sein Konkurrent Schelenz immer wieder darauf hin, dass er selbst doch die entscheidende Weiterentwicklung zum „Kampf- und Männerspiel" geleistet habe. Heiser konnte auf alle diese Argumente nicht mehr reagieren. Er erlag, erst 41 Jahre alt, bereits am 15. Januar 1921 einem Gehirnschlag – lange bevor also der Handball zu einem Sport für die Massen mutierte. Aber nicht nur sein früher Tod besaß eine tragische Note.

Es ist nichts bekannt über Heisers Kindheit und Jugend, nur dass er am 22. Januar 1879 geboren wurde. Er hatte studiert und war Turnlehrer, und als Mitglied des Turnvereins Nord-West hatte er so etwas wie eine bescheidene Karriere als Funktionär in der mächtigen Deutschen Turnerschaft gemacht. Und hier, als Frauenwart, trat er im Sommer 1915 das erste Mal einem größeren Publikum in Erscheinung, als er den Berliner Turnern das neue Spiel namens Torball vorstellte. Anders als Schelenz gab Heiser freimütig zu, dass seine Kreation von diversen Spielen beeinflusst worden war. Die Regeln seien, schrieb er 1920, „zum Teil denen des Raff-, Korb- bzw. Fußballs entnommen". Das Besondere daran – dass es allein als Frauenspiel vorgesehen war – erwies sich zunächst als förderlich, denn die Deutsche Turnerschaft suchte nach einem passenden Ausgleich für die Frauen, die während des Krieges plötzlich in körperliche Arbeiten eingebunden waren. Deshalb fiel die Anregung Heisers, Torball mit Freundschaftsbegegnungen populär zu machen, auf fruchtbaren Boden. Bekanntheit über Berlin hinaus erreichte dieses Spiel jedoch nicht.

Regional beschränkt blieb auch das modifizierte Spiel, das seit 1917 „Handball" genannt wurde. Dass es auf den Grundlage des Torballs entwickelt wurde, ist Konsens unter allen Handballhistorikern. Aber später wurde bezweifelt, ob Heiser der alleinige Namensgeber gewesen war, denn auch Schelenz und König hatten maßgeblich an den von Heiser paraphierten „Bestimmungen für die Abhaltung der Handballspiels für die Damenabteilungen des Berliner Turnraths" mitgearbeitet, die im Oktober 1917 beschlossen wurden. Ob womöglich die Vorläufer „Haandbold" und „Handboll" namentlich als Vorlage gedient hatten, wurde nie geklärt, gilt aber als sehr wahrscheinlich.

Heisers Tragik lag nun darin, dass er sein Frauenspiel trotz intensiver Bemühungen nicht überregional durchzusetzen vermochte. Das lag wohl nicht nur an seinem „Vorgesetzten" als Funktionär, Doering, der ihn institutionell ausbremste, sondern auch an persönlichen Vermittlungsproblemen. „Heiser war ein ausgesprochener Träumer", schrieb der Funktionär Fritz Hassler 1940, „der stets mit neuen Ideen aufwartete, deren Verwirklichung ihm nicht gelang. Die Menschen, welche das Echo bringen sollten, konnte Heiser nicht begeistern und mitreißen. Es war mit Heiser genauso wie mit einem Ingenieur, der heute auf die glänzende Idee käme, auf die Siemensstadt noch einen mächtigeren Turm aufzubauen, um dem Zuschauer einen besseren Rundblick über das Reichssportfeld zu verschaffen, aber dann leider später nicht imstande ist, seinen Plan in die Tat umzusetzen." Vor allem aber erkannte der Turnfunktionär nicht das Potenzial, das der Handball – in versportlichter Form – als Männerspiel in sich barg. Noch 1920, als sich der Erfolg der Schelenz'schen Variante bereits angedeutet hatte, waren die Handballregeln Heisers „möglichst passend für weibliche Spielerinnen aufgestellt". Hier hatte er, keine Frage, eine historische Chance verpasst.

Heisers Versuche um die Einführung des Handballspiels seien unbestritten, meinte Carl Diem 1924, „ich glaube aber sagen zu dürfen, dass unmittelbar nach dem Kriege von einer Wirkung nichts zu spüren war. Jedenfalls blieb es Schelenz vorbehalten, das Spiel durchzuarbeiten und praktisch bei den Lehrgängen im Stadion auszuprobieren." Daher müsse Schelenz als eigentlicher Schöpfer des Handballs gelten. 1940 fiel Diems Urteil in einem Rückblick noch krasser aus: „Heiser hat nicht an eine großzügige Entwicklung des Handballspiels gedacht." Als uneingeschränkten Erfinder feierte ihn allein die Deutsche Turnerschaft, die auf diesem Wege auch ihren Willen ausdrückte, das Handballspiel als eigene Komposition zu reklamieren. Der Deutsche Turntag beschloss deswegen 1931, zu Ehren des „Begründers" des Handballspiels, „Max-Heiser-Gedenkspiele" durchzuführen. Warum die DT 1920 erst auf die Konkurrenz der Leichtathleten reagierte und nicht auf den einsamen Rufer aus Berlin gehört hatte, das Spiel in ihren Kanon aufzunehmen, wird wohl immer ein Rätsel bleiben.

Die „Versportlichung" und „Vermännlichung" des Frauenspiels Handball im Jahre 1919

Heisers Bemühungen, sein Spiel auch überregional bekannt zu machen und in den Ausbildungsleitfäden der DT zu verankern, fruchteten nicht. Die erste Punktrunde mit acht Damen-Vereinen begann zwar zügig, am 2. Dezember 1917 in einer Exerzierhalle im Berliner Nordwesten (die ersten Sieger der Saison 1917/18 hießen BTV 1850 und Damen-Turnverein v. 1902). Doch die meisten Turnpädagogen wie der Oldenburger Nikolaus Bernett erachteten den Heiser'schen Handball eher als „nettes Bewegungsspiel von untergeordneter Bedeutung". Auch der Turnwart des Kreises IIIb der DT, Alfred Doering, erkannte den Wert des Spiels nicht. Ihn bekniete Heiser immer wieder, das Spiel auf einer höheren Ebene der Deutschen Turnerschaft vorzustellen, etwa beim 1911 gegründeten Spielausschuss der DT. Doch blieb Handball vorerst ein auf Berlin beschränktes Phänomen. Immerhin schrieb der Kreis IIIb der DT (Brandenburg) am 5. Februar 1920 seine erste offizielle Frauenmeisterschaft aus.

Rund zwei Wochen später pries Heiser mit dem Aufsatz „Handball", das im offiziellen Organ des Kreises erschien, noch einmal vergeblich die Geschichte und Vorzüge seines Spiels: „Dieses Spiel, früher Torball genannt, erhielt, da der Ball hierbei im Gegensatz zum Fußball nur mit Händen geworfen werden darf, obigen Namen. Die Regeln sind z.T. denen des Raff-, Korb- bzw. Fußballs entnommen, jedoch möglichst passend für Spielerinnen aufgestellt, z. B. wurde jegliches Raufen um den Ball ausgeschaltet, so dass nicht rohe Gewalt, sondern lediglich Umsicht und Schnelligkeit, gepaart mit geschicktem Zusammenspiel über den Ausfall des Spieles entscheidet." Dennoch verschliefen die Turner in dieser Phase eine entscheidende Neuentwicklung: den Männerhandball.

Vor allem drei Personen stehen für seine Einführung: Carl Schelenz, Eugen König und Ernst Heinz. Sie alle entstammten dem Berliner Turnverein von 1850 und hatten schon während des Krieges den Plan entwickelt, den Heiser'schen Handball zu einer Männervariante umzuformen. Wie es dazu kam, das beschrieb später König, der Leiter der Leichtathletik-Abteilung des Vereins. Schelenz und er hätten, als sie im Winter 1916/17 als Verwundete von der Ostfront zurückgekommen seien, wahrlich nicht die geringste Lust verspürt, während der von ihnen besuchten Turnabende ihres Vereins BTV 1850 an den stilisierten, todlangweiligen Freiübungen teilzunehmen: „In eine Turnhalle gehört frisches Leben und munteres Treiben, auf keinen Fall aber das mechanische Auswendiglernen von 1000 Übungsphasen, die ein Turnlehrer mühsam ausgetüftelt hat." Die Übungen waren den „Spielteufeln", wie sie sich nannten, zu langweilig und zu stereotyp. Gemeinsam mit ihrem etwas jüngeren Freund Ernst Heinz tüftelten sie nun an einer Dynamisierung des Heiser'schen Handballs: Heraus kam ein härteres, schnelleres und vor allem viel körperbetonteres Spiel, das auf diese Weise von einem Turnspiel zu einem Sportspiel avancierte. Nicht umsonst zog es die drei Pioniere hinaus ins Freie, raus aus der staubigen Turnhalle. Die Regeln, die Schelenz, König und Heinz nun peu à peu auf der Treptower Spielwiese entwickelten, hatte König alsbald ausformuliert und sie 1917 dem „Ausschuss für das Männer- und Jugendturnen" des Berliner Turnrath vorgeschlagen. Doch der lehnte mit der Begründung ab, dass es mit Schlagball, Faustball und Barlauf bereits genügend Turnspiele gebe. All das geschah, noch bevor Heiser seine weichere Variante des Frauenspiels durchsetzen konnte.

Erst mit dem Kriegsende und der deutschen Kapitulation im November 1918 ergab sich eine völlig neue Situation. Zu Tausenden strömten die vielen Frontsoldaten zurück in die Heimat, und viele von ihnen waren beteiligt an den zahlreichen links- und rechtsradikalen Putschen und Aufständen, die nun die junge Weimarer Republik heimsuchten. Kaum jemand wusste so recht, wohin mit diesen Soldaten, die sich zunächst in Freikorps sammelten. Klar war angesichts des anstehenden Versailler Vertrags nur, dass lediglich ein verschwindend geringer Teil in der Reichswehr bleiben konnte. Dieses bedrohliche Potenzial überzähliger Soldaten zu kanalisieren, das verprachen in dieser Situation nicht nur politische Kräfte, sondern auch einige Sportfunktionäre. Allen voran Carl Diem, der Generalsekretär des Deutschen Reichsausschusses für Leibesübungen (DRA), der im Kaiserreich den so genannten bürgerlichen Sport als Dachverband zusammengefasst hatte. Am 1. Mai 1919 nahm der DRA seine Arbeit wieder auf. Und diente sich, ganz der militaristischen Tradition des Kaiserreichs gehorchend, als willfähriges Instrument der Politik und des Militärs an.

„Leibesübungen als Wehrpflichtersatz", forderte Chefideologe Diem unverblümt auf einer Vorstandssitzung des DRA am 14. Mai 1920, bei der auch Vertreter der Landesregierungen anwesend waren. Zudem sollte der Sport den verheerenden gesundheitlichen Zustand des Volkes gleich mit heilen: „Wir wollen uns immer wieder vor Augen halten, dass es nicht mehr genügt, die laufenden Bestrebungen des Volks ganz einfach zu fördern, sondern dass mit ganzer Energie eine völlige Umwälzung der Lebensführung, eine wichtige Erweiterung in der bestehenden Ansicht über Staatsbürgerpflichten erzwungen werden muss: der neuen Staatsbürgerpflicht nämlich für jedermann, sich körperlich sein ganzes Mannesleben – und das gleiche gilt für die Frau – zu schulen und rüstig zu erhalten. Wer militaristisch denkt, dem mag vor Augen schweben ein ganzes Volk in rüstiger Wehrkraft, wer wirtschaftlich denkt, ein ganzes

Carl Diem

Momentaufnahme aus einem frühen Spiel um die Berliner Handballmeisterschaft zwischen Spandau und Lichterfelde (1:0).

Volk in höchster Schaffensfreude, wer hygienisch denkt, ein ganzes Volk immun gegen Erkältung, Tuberkel- und andere Bazillen."

Natürlich steckte dahinter gleichsam der Gedanke, den Sport (und seine Funktionäre) aufzuwerten und dem Verband möglichst hohe Subventionen zu sichern. Diese Strategie war zunächst erfolgreich: Der DRA fungierte in dieser Phase als „geheimes Reichssportamt" (Christiane Eisenberg) mit eindeutig paramilitärischen Absichten und unterlief damit das Kontaktverbot, das der im Janaur 1920 in Kraft getretene Versailler Vertrag zwischen dem Militär und den Sportorganisationen vorsah. Historikerin Eisenberg zufolge setzte Diem den DRA gezielt dazu ein, um „mit Hilfe der Staatsautorität eine soziale Bewegung für die als wehr- und gesellschaftspolitische Allzweckwaffe präsentierten Leibesübungen zu mobilisieren". In drei Jahrzehnten, hatte Diem in einer DRA-Denkschrift bereits 1919 als Parole ausgegeben, sollte der Sport 15 Millionen Mitglieder zwischen 10 und 40 Jahren rekrutieren.

Von diesen Anstrengungen des DRA profitierte die neue Sportart Handball sehr. Denn auf dieser finanziellen und strukturellen Basis wurde nun der Handball als harter „Kampfsport" ausformuliert. Im Frühjahr 1919 erteilte Diem Schelenz, den er aus der Berliner Leichtathletik-Szene kannte, den Auftrag, Handball zu einem Männerspiel umzufunktionieren. Ziel war es, wie Riekhoff später urteilte, möglichst schnell „ein Fußballspiel mit der Hand auf großem Felde zu schaffen". Es lag nun nahe, dass Schelenz, als er im Deutschen Stadion vor allem ehemalige Soldaten in vielen Kursen das neue Spiel lehrte, auf seine Tests aus Kriegszeiten zurückgriff. Die Reform, die Schelenz nun dem Heiser'schen Spiel unterzog, gab dem neuen Spiel einen völlig neuen Charakter, weil Handball von seinem Charakter her nun ein „Kampfspiel" sein sollte.

Worin bestanden die wichtigsten Änderungen? Zunächst vergrößerte Schelenz das Spielfeld auf 100 x 60 Meter, was in etwa den Fußballfeldmaßen entsprach, und auch das Tor auf 2,10 x 5 Meter (wenig später noch einmal, auf die Fußballtormaße 2,44 x 7,32 Meter). Der 16,5 Meter große Strafraum war wie die 11-Meter-Strafstoßmarke ebenso dem Fußball entnommen wie die taktische Aufstellung mit einem Torwart, zwei Verteidigern, drei Läufern und fünf Angreifern. Auch der Einwurf wurde aus dem Fußball kopiert, genauso wie das Losen, welche Partei beginnen sollte. Schelenz führte eine feste Abseitslinie ein, die die Spieler nicht übertreten durften, bevor der Ball nicht in diese Zone gespielt worden war. Dauer des Spiels: 2 x 30 Minuten. Wurfgerät war ein Fußball. Vor allem aber übernahm Schelenz nun aus den älteren Torballspielen die Drei-Schritte-Regel, die das Spiel sehr viel dynamischer machten: „Erlaubt ist, die drei Sekunden Haltezeit durch ein Aufschlagen des Balles auf den Erdboden zu erneuen oder mit dem Ball in der Hand zwei Schritte zu laufen. Ebenfalls gestattet ist ein Vorwerfen des Balles, Hinterherlaufen und Wiederaufnehmen." Auch das Hineinspringen in den Wurfkreis gestattete Schelenz, solange der Ball vor dem Auftreten die Hand verließ. Die wichtigste Novität aber war, dass der Ball nun dem Gegner aus der Hand gestoßen werden konnte. Das sorgte dafür, dass aus der weichen Heiser-Variante nun ein „Kampfspiel" wurde, das es in dieser Hinsicht mit dem Fußball aufnehmen konnte. Der Feldhandball, wie er danach über Jahrzehnte hinweg gespielt wurde, war geboren.

In diesen ersten Kursen wurde Schelenz schnell bewusst, dass sich seine Handball-Variante durchsetzen würde. „Der Verfasser erlebte als Leiter dieser Kurse wieder dieselbe Begeisterung, welche seinerzeit die kleine Gruppe der Frauen-Mannschaften kundgab und jetzt die große Masse der heutigen Anhänger zeigen", lobte er sich selbst in einem drei Jahre später publizierten Lehrbuch. Zwar wirkte das Spiel im Vergleich zum Fußball noch relativ statisch, weil sich die Verteidiger nicht mit in den Angriff einschalten und auch nicht alle Stürmer in die eigene Verteidigungszone durften. Aber dieses äußerst laufintensive Spiel begeisterte in der Tat viele, die an der Front bereits Fußball gespielt hatten und nun mit dieser Neuschöpfung in Berührung kamen. Dass die Regeln sich stark denen des Fußball glichen, erleichterte das Verständnis sehr. In diesem Punkt profitierte der „kleine Bruder" vom großen Fußball.

Als weitere Initialzündung erwiesen sich die Handballforschungen an der Deutschen Hochschule für Leibesübungen (DHfL) in Berlin, die am 15. Mai 1920 in Anwesenheit von Reichspräsident Friedrich Ebert und zahlreichen hohen Militärs gegründet wurde und die zu den ehrgeizigsten Pro-

Lehrbuch von 1922.

jekten Diems gehörte. Als diese erste Sportuniversität der Welt ihre Arbeit aufnahm, wurde auch Schelenz als Fachlehrer für Leichtathletik angestellt. Aber natürlich leitete er dort nun auch die Handballkurse, die vom ersten Semester an gelehrt wurden. Dort begann, erinnerte sich Schelenz nach dem Zweiten Weltkrieg, „die erste Forschungsarbeit für die technische und taktische Gestaltung des Spiels", die erste wissenschaftliche Durchdringung. Sein Mentor Diem erkannte angeblich schon damals, „dass dieses Spiel auf Grund seiner natürlichen Einfachheit und der geringen materiellen Anforderungen in der Spielkleidung ein Volksspiel der Zeit werden könnte". In der Tat sollte es bei der Popularisierung eine große Rolle spielen, dass beim Handball kaum Ausstattung nötig war. Zur Not konnte man Handball auch ohne Sportschuhe spielen, was sich als ein Vorteil gegenüber dem Fußball herausstellte. Lederschuhe konnten sich damals wahrlich nicht alle Sportler leisten.

1920: Konkurrenz belebt das Geschäft – Die Institutionalisierung des Handballs in den Verbänden

Um aber die neue Sportart breiten Bevölkerungsschichten zuzuführen, fehlte noch ein entscheidender Schritt: die Aufnahme in den Kanon der Turn- und Sportbewegung. Allein regelmäßige Punktrunden und Meisterschaften auf überregionaler Ebene konnten die neue Sportart wirklich popularisieren. Diesen institutionellen Missstand zu beheben, versuchte Pionier Schelenz viel in diesem Jahr 1920. Sein Plan lautete immer noch, den Handball über die straff durchorganisierte DT beliebt zu machen. Doch selbst als Schelenz deren Berliner Spielwart, Franz Mees, auf seine Seite gezogen hatte, passierte nichts. Doering, mächtigster DT-Spitzenfunktionär in Berlin, verweigerte weiterhin offizielle Rundenspiele. Und ignorierte damit, dass die Turnvereine, die den neuen Männersport getestet hatten – zuallererst am 22. Februar 1920 im Spiel zwischen dem BTV 1850 Berlin und GutsMuths Berlin (4:1) –, ihn geradezu begeistert aufgenommen hatten. In seiner Not bat Schelenz seinen Mentor Diem um Hilfe.

Diem, der der deutschen Sportbewegung entstammte, wandte sich daraufhin im Sommer 1920 an die direkte Konkurrenz der Turner, den Verband Brandenburgischer Athletik-Vereine (VBAV) und schlug konkret eine Pokalmeisterschaft vor. Diese Initiative fand sofort positive Resonanz, zumal dem Verband das Handballspiel durch Demonstrationsspiele bereits bekannt geworden war. Bei einem VBAV-Stadionfest im August 1919 hatte das Frauenspiel „vor Tausenden begeisterten Zuschauern so viel spannende Augenblicke" geboten, dass sich sogar eine Tageszeitung wünschte, dass das Spiel „bald Allgemeingut aller werden würde, umso mehr, als es als Wettspiel vorzüglich geeignet ist". Am 13. September 1920 beschloss der VBAV die Durchführung einer Pokalrunde. Auffallend war, dass sich fast ausschließlich Vertreter von Berliner Turnvereinen für die Einführung einer Handballrunde engagierten; anwesend bei dieser Sitzung waren u.a. Vertreter von GutsMuths, dem Lübeckschen Turnverein, dem Turn- und Sportverein Schöneberg, der Charlottenburger Turngemeinde und der Berliner Turnverein von 1850, dazu mit W. Waernicke und F. Blankenburg zwei VBAV-Funktionäre und Franz Mees, Spielwart bei der Deutschen Turnerschaft.

Dass die große DT damals das Bedürfnis nach der neuen Sportart nicht ernst nahm, veranlasste Bruno Fühler, den späteren Handball-Funktionär, zehn Jahre später zu einem süffisanten Seitenhieb auf die verkrusteten Strukturen der mitgliederstarken Organisation: Die Ignoranz sei ein Beweis dafür gewesen, „dass, während die jungen aktiven Turner mit der Neuzeit gehen wollten, die alten Führer bremsten, sich an ihre Tradition klammerten und die Jugend nicht verstehen wollten oder konnten". Von den zehn Vereinen, die nun unter dem Dach des Leichtathletik-Regionalverbandes VBAV den ersten Handballmeister ausspielten, gehörten tatsächlich neun (!) der Deutschen Turnerschaft an. Gestartet wurde die erste Punktrunde im Männerhandball bereits am 7. November 1920. Insgesamt acht Männer-, und jeweils vier Frauen- und Jugendmannschaften nahmen daran teil. Parallel akzeptierte die Deutsche Sportbehörde für Athletik (DSB), das institutionelle Dach der deutschen Leichtathletik, die ersten verbesserten allgemein gültigen Regeln für den Feldhandball und veröffentlichte sie.

Was folgte, waren wütende Reaktionen seitens der Deutschen Turnerschaft. Deren Funktionäre warfen den Leichtathleten nun vor, ihnen das Turnspiel Handball gewissermaßen gestohlen zu haben. „Erst als die Anmaßung des Sports uns um dieses unser letztes Winterspiel bringen wollte", schrieb DT-Spielwart Doering im Januar 1921 erbost in der *Deutschen Turn-Zeitung*, „erwachte der Turnmichel und erkannte das Kleinod, das er fast leichtfüßig verschenkt hätte, in seinen wahren Werten und wirbt nun in heißen Bemühungen, um es dauernd zu besitzen." Dass vor allem er die Aufnahme des Handballs in den Turnkanon gebremst hatte, erwähnte Doering freilich nicht. Auf jeden Fall erwachte, nachdem die Sportbewegung den Handball zumindest auf regionaler Ebene eingeführt hatte, plötzlich nun auch die Turnbewegung. Geradezu in Rekordzeit etablierte die DT nun den Handball als offizielles Turnspiel in seinen 16 Kreisen. „Der Vorstand des Turnausschusses hat den Kreisen empfohlen, das Handballspiel mit in den Meisterschaftsbetrieb aufzunehmen", hieß es bereits am 25. November 1920 in ihrem Fachorgan, und dass die Kreisturnwarte dafür Sorge tragen sollten, bis zum 1. Mai 1921 ihre regionalen Meister zu ermitteln. Eine Endrunde um die Deutsche Meisterschaft wurde für den 18. August 1921 in Hannover anvisiert. Anfang Dezember 1920 veröffentlichte die DT die Spielregeln. Was Schelenz seit Jahren angestrebt hatte, eine Handball-Spielrunde in ganz Deutschland, wurde nun innerhalb von wenigen Wochen durchgezogen. Dieses plötzliche Engagement der Turner, das nur mit der enormen Konkurrenz zur Sportbewegung zu erklären war, bedeutete den endgültigen Durchbruch einer neuen Sportart.

▶ Porträt

Carl Schelenz – der „Vater des Handballs"

Der Tod kam plötzlich. Im Anschluss an ein leichtathletisches Training, das er geleitet hatte, brach Carl Schelenz in der Nacht nach seinem 66. Geburtstag mit einem Herzinfarkt zusammen. Wegbegleiter empfanden dies als fast logisches Ende einer Karriere, die stets eng mit der Leichtathletik verbunden war und in der er den Feldhandball erfunden hatte. Schelenz und der Sport – das war im Grunde untrennbar, eine Symbiose. Und so sang die *Deutsche Handballwoche*, als Schelenz am 7. Februar 1956 gestorben war, wahre Hymnen auf die Verdienste des Berliners. Als „Vater des Handballs" bezeichnete ihn in seinem Nachruf Bundespressewart Günter Millermann. Schelenz habe geschafft, was nur wenigen vergönnt sei: in seinem Leben „etwas zu schaffen, das über das eigene Leben herausragt in die Nachwelt hinein. Carl Schelenz ist dies geglückt in seiner Arbeit an der Gestaltung des Handballspiels, das durch ihn seinen zukunftsweisenden Charakter bekommen hat." Der Präsident des Deutschen Handball-Bundes, Ernst Feick, pries in der gleichen Ausgabe die menschliche Wärme des Pioniers („Heiter und beschwingt war er, stets von väterlicher Güte, besaß er menschliches Verständnis und übte sportliche Toleranz") und erklärte, warum Schelenz so erfolgreich gewesen war: „Seine idealistische Auffassung vom Sport begründet sich nicht zuletzt auf seiner vielseitigen und sehr erfolgreichen sportlichen Betätigung seit frühester Jugend."

In der Tat: Der 1890 geborene Schelenz trat schon 1898 dem Berliner Turnverein von 1850 bei. Ihn interessierte aber nicht das Turnen, sondern nur der Sport. Von Jugend auf spielte er Fußball im Berliner Ballspiel-Club, in dem er es als Mittelläufer 1917/18 sogar in die erste Mannschaft brachte. Noch talentierter war er in der Leichtathletik: 1916 (6,61 m) und 1917 (6,39 m) brachte er es zur Deutschen Meisterschaft im Weitsprung, 1918 im Hochsprung (1,75 m); außerdem erzielte er beachtliche Ergebnisse im Dreisprung und im Diskus. Schon während des Ersten Weltkrieges, aus dem er 1916 als Verwundeter zurückkehrte, beschäftigte er sich dann intensiv mit der Sportart, die sein Lebenswerk werden sollte: Handball. Das Heiser'sche Frauenspiel kannte er früh, weil er die damit experimentierende Damenriege des BTV 1850 beobachtete. Schon damals dachte er gemeinsam mit seinem Freund Erich König an ein Männerspiel, aber die Verantwortlichen im Berliner Turnrath winkten ab. Immerhin war er schon indirekt beteiligt, als Heiser 1917 zum ersten Mal Handballregeln veröffentlichte. Seiner Frau Else zufolge, die er im BTV 1850 kennen gelernt und die dort zu den ersten Handballerinnen Deutschlands gezählt hatte, soll er sogar den Begriff „Handball" kreiert haben.

Gewürdigt wurden Schelenz' theoretische Gedanken zum Handball aber erst von Carl Diem. Der DRA-Generalsekretär und Prorektor der Deutschen Hochschule für Leibesübungen (DHfL) bat ihn im April 1919, auf dem Gelände des Deutschen Stadions in Berlin aus dem Frauenspiel ein „Kampfspiel" für Männer zu machen. In den folgenden Kursen bewies Schelenz sofort seine herausragenden Qualitäten als Lehrer und Spieltheoretiker, denn es dauerte nur ein paar Monate, bis er das neue Handballspiel für Männer als entscheidende Weiterentwicklung vorstellen konnte. Daraufhin holte ihn Diem im Sommer 1920 als Dozent für Leichtathletik zur DHfL, an der er schon im ersten Semester auch das Fach Handball lehrte. In den Jahren danach kehrte Schelenz  regelmäßig zur Sportuniversität zurück und entwickelte das noch unausgereifte Spiel weiter. Dazu publizierte er zahlreiche Lehrbücher (das erste erschien 1922) und Aufsätze zum Handball, auch in seiner Eigenschaft als Spielwart der DSB (1921-1923).

Die meiste Zeit aber verbrachte er damit, seine Erfindung als „Wandersportlehrer" bekannt zu machen. Diese Aufgabe führte ihn bald durch ganz Europa. Bereits 1920 stellte er den Feldhandball in Wien und Graz vor, wo es begeistert aufgenommen wurde. Er reiste nach Ungarn, nach Estland, nach Polen, nach Rumänien und in die Tschechoslowakei und goss dort die ersten zarten Handball-Pflänzchen. Zunächst handelte es sich dabei vor allem um Besuche bei „auslandsdeutschen" Vereinen, er lehrte das Spiel also in Gebieten, in denen sich eine deutsche Minderheit über Turnen und Sport um Identifikation bemühte. Es ging anfangs nicht vorrangig um den Sport, wie seine vielen Lehrgänge bei der Reichswehr (so etwa im Spätherbst 1920 in Königsberg) belegen. Dass Handball damals eine paramilitärische Komponente besaß, bewies auch Schelenz' Mission 1921/22 in Oberschlesien, „in dem schwere Kämpfe tobten", wie Schelenz später erzählte: „Unruhe herrschte damals im ganzen Lande. Es war zur Zeit der Aufstände und Abstimmung. Wilde Horden zogen durchs Land, stifteten Unruhe, raubten und plünderten. Die deutschen Sportvereine konnten nur unter schwierigsten Verhältnissen den Vereinsbetrieb aufrechterhalten und

Spiele durchführen. Oft kam es vor, dass deutsche Spiele gestört, deutsche Sportler verprügelt und zu Krüppeln geschlagen wurden, und der deutsche Sport war aufs Schwerste gefährdet." Handball wurde als Wehr-Ersatz betrachtet. Was das anging, folgte Schelenz fast blind der erzkonservativen Ideologie des von ihm verehrten Carl Diem.

Schelenz beeindruckte seine Schüler in den 1920er Jahren nicht allein mit seiner brillanten Methodik, er galt auch als glänzender Praktiker. 1921 hatte er bereits „nach einer harten Runde" die regionale Meisterschaft in Berlin errungen; als seinen größten Erfolg als Spieler bezeichnete er indes die Deutsche Meisterschaft 1928 mit dem Deutschen Handballklub Berlin, der als Erster die Dominanz des PSV Berlin brach. Kaundinya, Schelenz, Zabel – so hieß der damals bewunderte „Innensturm". Als 1925 das erste Länderspiel gegen Österreich anstand, fiel Schelenz die Rolle als Betreuer automatisch zu; in den Jahren 1926 bis 1933 war er auch offiziell „Reichstrainer", der einmal im Jahr eine Mannschaft gegen Österreich zusammenstellte. Keiner bestritt später den großen Einfluss dieser „Schule Schelenz", die sich Jahrzehnte auswirken sollte. Denn auch im Frauenbereich versuchte sich Schelenz erfolgreich als Trainer; so coachte er beispielsweise den Deutschen Meister 1924, den Werksklub Siemens Berlin, dem er ebenfalls als Mitglied angehörte.

Schon bevor 1933 die NSDAP die Macht an sich riss, hatte Schelenz seine unumstrittene Rolle als Theoretiker jedoch verloren. Nun drängte vor allem sein Musterschüler Otto Kaundinya auf eine Reform des Spiels, das sich in einer taktischen Krise befand. Kaundinya übernahm auch 1934 das Amt des Reichstrainers. Schelenz aber propagierte weiterhin – nun als Sportlehrer an der neu gegründeten Reichsakademie für Leibesübungen – mit enormer Wirkung das Spiel in Deutschland und Europa. 1939 wurde in der Zeitschrift *Handball* seine „große Pionierarbeit" gerade im Ausland bejubelt: „Überall, ob im Sudetenlande, Rumänien, Eupen-Malmedy-St. Vith oder Polen, hat Schelenz die Lehren vom Handballsport gepredigt und große Erfolge errungen." Die Goldene Ehrennadel von DSB und IAHF hatte er da längst verliehen bekommen. Ein Jahr später, anlässlich seines 50. Geburtstages, wurden seine Verdienste gewürdigt, „weil er den entscheidenden Schritt getan hat, der aus dem ursprünglichen Spiel für Frauen einen deutschen Kampfsport der Männer gemacht hat". Im gleichen Jahr, als Kaundinya gefallen war, übernahm er auch wieder das Amt des Reichstrainers (bis 1942).

Otto Kaundinya

Nicht nur die höchste Niederlage, die je ein deutsches Team erlitt (10:28 im Jahr 1942 in Schweden, in der Halle) und die in seine Amtszeit fiel, dokumentierte jedoch, dass seine Ära im Grunde abgelaufen war. Viele Neuentwicklungen waren über ihn hinweggefegt, so zum Beispiel der Hallenhandball, mit dem sich der Schöpfer des Feldspiels niemals anfreunden konnte: In seinem letzten Handball-Lehrbuch, das 1949 erschien, widmete er dem Hallenhandball gar nur eine Seite. Die letzten Jahre seines Lebens verteidigte er stattdessen den Feldhandball mit einer Sturheit, mit der nur wenige etwas anfangen konnten. Programmatisch dafür war ein Satz, mit dem er 1940 bei einem Lehrgang vor Übungsleitern der SA, SS, NSKK, NSFK, Erzieherschaft, HJ, Wehrmacht, Polizei in Brünn vom *Handball* zitiert worden war: „Das Handballspiel ist mein Kind – und ich will nicht, dass man es mir schlecht macht."

Dazu gehörte auch die Beharrlichkeit, mit der er zu Beginn der 1940er Jahre in Briefen gegenüber dem Handballhistoriker Riekhoff betonte, dass 1919 allein das Fußballspiel bei der Entwicklung seiner Sportart Pate gestanden hatte, obwohl er selbst 1922 das Raffballspiel als weitere Grundlage genannt hatte. Die von vielen Mitstreitern bestätigte Tatsache, dass Schelenz, wie Burmeister schrieb, „im Osten während des Weltkrieges als Soldat von den Tschechen im österreichischen Heer das Hazena" kennen gelernt hatte, stritt er ebenfalls vehement ab. Der Pionier gab stattdessen an, erst 1921/22 von Hazena erfahren zu haben, als ihm ausländische Studenten der DHfL davon berichtet haben sollen. Den Nachruhm als Erfinder des Feldhandballs wollte er mit niemandem teilen, außer vielleicht mit Heiser.

Wo Schelenz das Ende des Krieges verbrachte, ist unbekannt. Ende der 1940er Jahre lehrte er schließlich an der Sportschule in Flensburg-Mürwik, später bekam er einen schlecht bezahlten Job als Kreissportlehrer. 1949 in Mürwik gekündigt, wurden seine Lebensumstände hart. Die flehentlichen Briefe an Carl Diem, der mittlerweile Rektor der neuen Sporthochschule in Köln geworden war, vermitteln einen Eindruck davon. „Weder von staatlicher noch von sportorganisatorischer Seite" sei etwas für ihn getan worden, klagte er in einem Brief vom 5. September 1952. Diem aber konnte seinem alten Weggefährten selbst dann nicht helfen, als sich Else Schelenz an ihn wendete, weil es ihrem Mann zu peinlich war, „unsere Armut preiszugeben". Der größte Fehler sei es gewesen, so Else Schelenz Ende 1952, nach Flensburg gezogen zu sein: „Nun leben wir schon seit Jahren in schweren wirtschaftlichen Verhältnissen. Soll ich ehrlich sein, wie es uns geht, wir haben kein eigenes Bett, keinen Tisch, keinen Stuhl, keinen Schrank usw., nichts gehört uns hier, und in Berlin sind unsere Werte alle zertrümmert. Zum Anziehen können wir uns gar nichts kaufen." Kurz darauf zog die Familie wieder nach Berlin, dort fand Schelenz zumindest wieder Arbeit als Trainer. Aber in seinen letzten Lebensjahren wurde er nur noch geduldet, manchmal belächelt, auf jeden Fall nicht mehr verehrt. Heute, da der Feldhandball untergegangen ist und wie ein Relikt aus ferner Zeit erscheint, ist auch vom Ruhm seines Erfinders nicht mehr viel übrig geblieben.

Kapitel 2

Handball in der Weimarer Republik – Boom

Ein „ungeheuerlicher Siegeszug" – Die Etablierung des Handball in der deutschen Sportszene

Mit der Aufnahme des Handballs in den Wettspielbetrieb der Turner und der Sportler begann eine bis dato einzigartige Erfolgsstory in der Geschichte der Sportarten. Als die Deutsche Turnerschaft (DT) 1921 die Spielregeln erstmals in einem kleinen Büchlein publizierte, hatte der kaum erfundene neue Sport bereits „eine Ausdehnung erfahren, die noch Gewaltiges von diesem Spiel erwarten lässt!", wie Helmut Lemcke, der Verfasser dieser Regeln, meinte. Euphorischer noch vermeldete Schelenz ein Jahr später, dass wohl selten „ein neues Spiel so schnell eine so große Anhängerschaft erworben" hatte, und er konnte 1926 seinen Sport bereits unwidersprochen als „Spiel der breiten Masse" einstufen. Ein Autor aus dem Arbeitersport nannte die Entwicklung 1927 einen „ungeheuerlichen Siegeszug" und prognostizierte eine ernsthafte Konkurrenz für den Fußball: „Hält das Entwicklungstempo noch einige Jahre an, dann kann sich das Handballspiel an Zahl, Ansehen und Macht würdig neben dem Fußballspiel sehen lassen." Tatsächlich begann laut Einschätzung des Historikers Bernett in einigen Regionen, so im Westen der Republik, „der Eindringling Handball sogar mit dem Fußball zu konkurrieren". Zu diesem Zeitpunkt waren bereits Hunderttausende Spieler aktiv. Dieser Sport, resümierte daher DHfL-Absolvent Robert Opitz 1928, „hat in den wenigen Jahren seiner Entstehung eine derart mächtige Entwicklung in Deutschland genommen wie keine andere Leibesübung zuvor". Und Funktionär Karl Otto, Handballobmann bei der DT, bezeichnete Handball im gleichen Jahr gar als das „Nationalspiel des deutschen Volkes". Zudem avancierte dieser Sport, so der Handballobmann der Berliner Universität 1930, zu „d e m Spiel der Deutschen Studenten". Wenige Jahre nach seiner Erfindung gehörte Handball im Sport – ob nun in den Vereinen, an den Universitäten, in der Reichswehr oder in der Polizei – wie selbstverständlich zum Alltag.

Die Gründe für den sensationellen Zuspruch waren zahlreich. Den Rahmen bildete der Sportboom der 1920er Jahre, als dessen Humus der zwischenzeitlich eingeführte Acht-Stundentag und neue Freizeitmöglichkeiten angesehen wird. Dazu entsprach Handball offenbar – genauso wie der Fußball – in besonderem Maße dem

Spielregeln von 1921.

Zeitgeist, er war modern. Er erfüllte alle Ansprüche, die ein deutscher Sportler zu Beginn der 1920er Jahre an eine Sportart stellte: Handball verkörperte Härte, Aggressivität, Dynamik und Schnelligkeit. Noch dazu war er brandneu und recht einfach in seinen Regeln zu verstehen. Handball war aber auch deswegen zu einem Volkssport mutiert, weil laut Schelenz „zu seiner Ausführung und Erlernung die geringsten Schwierigkeiten in Bezug auf Anschaffung von Spielkleidung und Beherrschung der technischen Schwierigkeiten bestehen". Zusätzlich wirkte speziell das Kampfmoment überaus attraktiv auf die vielen ehemaligen Soldaten, die nach einem zivilen Äquivalent dafür suchten, was sie unter härtesten Bedingungen an der Front erlebt hatten. Bei vielen Männern, die das erste Mal bei Wettkämpfen in der Etappe mit dem Sport in Berührung gekommen waren – was Beobachter gar als „Grundlage des gewaltigen Aufstiegs, den der Sport nach Beendigung des Krieges genommen hat" (*NS-Sport*, 1939) betrachteten –, weckte der raue, aggressive und kontaktfreudige Sport Handball kriegerische Assoziationen. Wie der Fußball geriet auch der Handball also zu einem Ersatzschauplatz. Und das war von seinen Förderern auch durchaus beabsichtigt. „Leibesübungen", erklärte Schelenz noch 1930, müssten „auch dem durch heutige Zivilisation so unterdrückten Kampfinstinkt Gelegenheit zur Auswirkung geben".

Dass das Kampfmoment bei Sportspielen ebenfalls eine bedenkliche volksbiologische Komponente beinhaltete, erklärt sich aus der allgemeinen Situation Deutschlands zu Beginn der 1920er Jahre. Nach dem verlorenen Krieg außenpolitisch vollkommen isoliert und innerlich zersplittert, drohte die Weimarer Republik unter der Last der Reparationen aus dem Versailler Vertrag zusammenzubrechen. Martialische Vokabeln hatten deswegen Konjunktur. „Unser Leben ist ewiger Kampf. Darum heißt Mensch sein, ein Kämpfer sein" – dieses Zitat eines westfälischen Sportfunktionärs

Das erste Fußball-Länderspiel nach dem Krieg sorgte 1920 in Frankfurt für ein unglaubliches Zuschauerinteresse: Begrüßung der Schweizer Mannschaft am „Römer", das weckte Neid bei den Turnern.

hätten deshalb nicht nur Sportler, sondern eine Mehrheit der Deutschen sofort unterschrieben. Das Wort Kampf entwickelte sich nun geradezu zu einem Schlüsselbegriff in der deutschen Sportsprache: Als Ersatz für die Olympischen Spiele, zu denen der deutsche Sport 1920 und 1924 nicht zugelassen worden war, trug man „Kampfspiele" aus. Die vielen großen Stadien, die nun gebaut wurden, hießen vorzugsweise „Kampfbahnen". Und nicht zuletzt bezeichneten sich auch einige Vereine gern als „Kampfgemeinschaft". „Sport ist Kampf", lautete 1923 auch eine Polemik des DRA-Chefideologen Diem, und dieser Kampf kam besonders bei extrem körperbetonten Laufspielen wie Fußball und Handball zum Ausdruck. Nicht wenige Sportfunktionäre bemühten nun auch wieder sozialdarwinistisches Gedankengut, das bereits in der frühen Sportbewegung am Ende des 19. Jahrhunderts eine zentrale Rolle gespielt hatte. Nicht nur der Handball-Dozent an der DHfL in Berlin, Opitz, berief sich, wenn es die Leibesübungen ideologisch zu untermauern galt, auf die „durch den Kampf ums Dasein urbedingte Kampfnatur des Menschen". Um was es nach dem Krieg ging, als Epidemien wie die Spanische Grippe vielen Menschen das Leben kostete, formulierte der Turnfunktionär Karl Otto vielleicht am deutlichsten. „Wir sind ein krankes Volk", schrieb er im Kapitel „Durch Leibesübung zur Volksgesundheit", das in sein 1924 erschienenes Lehrbuch „Handball, Barlauf, Schleuderball" einführte. Diesem Tiefstand, der sich in der „allgemeinen Körperschwäche, Blutarmut, Nervosität und

Tuberkulose" zeige, müsse man nun die Pflege der Leibesübungen als Patentrezept entgegenstellen: „Da wird das Alter wieder jung, die Jugend aber gestählt und abgeschliffen für den Lebenskampf."

Das deckte sich weitgehend mit den Vorstellungen Schelenz'. „Körperliche Erziehung gilt als Pflicht", propagierte der Sportlehrer 1930, und das Ziel dieser Erziehungspflicht sei es, „den Menschen für die verschiedenartigsten Anforderungen des Lebens leistungsfähig zu machen und zu erhalten". Dass der Handball, dass überhaupt Sport so etwas wie einen eigenen Wert entwickeln könnte, kam also den Pionieren des Handballs vorerst nicht in den Sinn. Noch war diese Sportart, zumindest in den Augen seiner Funktionäre, zuvorderst ein Instrument, um die kränkelnde „Volksgesundheit" zu verbessern: „Unserer Generation tut ein gesunder Körper bitter not: Ihn zu pflegen ist unsere Pflicht. Hier finden wir den ersten Aufgabenkreis, den das Handballspiel erfüllt. Die zu leistende Laufarbeit kräftigt nicht allein die Muskulatur, sondern was viel wichtiger ist, auch Herz und Lunge, jenes in uns arbeitende Pumpwerk, von dessen hemmungsloser kraftvoller Tätigkeit unsere Gesundheit und Schaffenskraft abhängt." Aber nicht nur „Geschicklichkeit", „blitzartige Reaktion" und „Selbstbeherrschung" trainierte angeblich der Handball. Wichtig war Schelenz auch „das erzieherische Moment". All das zusammen sollte dazu führen, dass sich der Handballspieler als „Glied einer Gemeinschaft" fühle.

Die Trumpfkarte der ersten Handball-Propagandisten: Das „deutsche Spiel"

Bei den frühen Versuchen, Handball möglichst schnell im deutschen Sport zu verankern, bauten die ersten Funktionäre in der Hauptsache auf ein Generalargument: Auf den vorgeblichen Vorteil, mit dem „urdeutschen" Handball endlich ein Gegenstück zum verhassten englischen Sport parat zu haben. Nicht an den populären Sportarten Fußball, Leichtathletik, Boxen, Schwimmen und Radsport, die zumeist englischen Ursprungs waren, sollte nun das deutsche (Sport-)Wesen genesen, sondern am Handball. Nach dem Willen seiner Propagandisten war er geradezu prädestiniert dafür, spezifisch deutsche Werte zu vermitteln, was immer darunter zu verstehen sein sollte. „Ein reines deutsches Spiel ist Handball", rühmte Funktionär Bruno Fühler 1930 in seiner Handball-Fibel, „von Deutschen erfunden, von Deutschen gelehrt und verbreitet, von Deutschen in die weite Welt getragen. Das Nationalspiel des deutschen Volkes ist das Handballspiel." Diese Meinung des Spielwartes bei der Deutschen Sportbehörde für Athletik war repräsentativ. „Handball ist ein deutsches Spiel", bekräftigte auch Turnfunktionär Karl Otto nach dem Deutschen Turnfest in Köln 1928, und die Deutsche Turnerschaft sei berufen, es zum „Volkskampfspiel auszubauen". Fußball sei genuin englisch, „der Gedanke des reinen Wurfes aber ist deutsch", behauptete gar allen Ernstes der Karlsruher Turnhistoriker Neubarth, daher sei auch

Handball „echt deutsch". Als 1936 die Olympischen Spiele in Berlin anstanden, verkündete Reichstrainer Otto-Günther Kaundinya: „Ein deutsches Spiel beim Deutschen Olympia im Zeichen des neuen Deutschland."

Bei all diesen historisierenden Deutschtümeleien nahm man selbstverständlich vorwiegend Bezug auf Heiser und Schelenz, die stets als Pioniere und Erfinder gefeiert wurden. Dass diese beiden Personen das Spiel maßgeblich weiterentwickelt hatten und es (speziell Schelenz) in eine populäre Form gegossen hatten, war ja in der Tat unbestreitbar. Doch nahmen die Handballverfechter dabei kaum noch Rücksicht auf Argumente, die womöglich einen spezifisch deutschen Charakter als rein deutsches Spiel in Frage stellten. Dass der Fußball bei der Entwicklung dieser spezifisch germanischen Antwort als maßgebliches Vorbild gedient hatte, wurde bei dieser recht grobschlächtigen Propaganda jedenfalls gern unterschlagen. Allein liberal orientierte Sportexegeten wiesen noch darauf hin, dass es sich beim Handball tatsächlich um eine „Abart des Fußballspiels" (Beckmanns Sport-Lexikon, 1933) handelte und von daher zumindest auf englischen Sporttraditionen aufbauen musste. Völlig unter den Tisch fiel in den 1920er und 1930er Jahren, dass bereits zu Beginn des 20. Jahrhun-

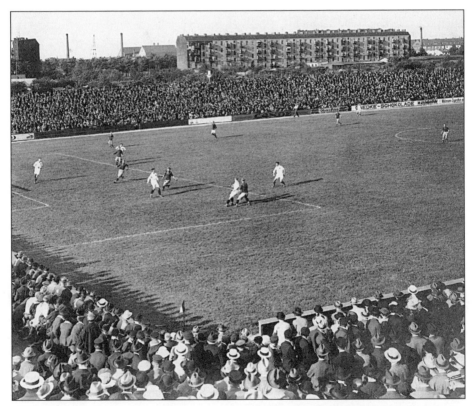

In den 1920er Jahren strömten die Massen zum Fußball. 1922 in Altona: 15.000 Zuschauer beim Länderauswahlspiel Norddeutschland – Südschweden. Das wollten auch die Handballer für sich.

derts in Skandinavien und der Tschechoslowakei sehr ähnliche Handballformen ausgebildet worden waren, die mit großer Wahrscheinlichkeit die deutsche Entwicklung befeuert und beeinflusst hatten.

Zu diesem Mythos des „rein deutschen Spiels" Handball trug Schelenz maßgeblich bei. Denn der Pionier blendete bei geschichtlichen Rückblicken allzu gern aus, dass er etwa das Hazena-Spiel bereits im Ersten Weltkrieg kennen gelernt hatte (er selbst behauptete später, es erst 1922 gesehen zu haben) – was seinen Ruhm als kreativer Regelentwickler freilich mehrte (siehe Porträt). Erst der deutsche Handballhistoriker Walfried Riekhoff bewies 1943, dass es sich beim Kunstprodukt Handball in Wirklichkeit um einen Extrakt aus vielen verschiedenen Spielarten gehandelt hatte. Damit entlarvte der Hamburger Wissenschaftler das krude Geschichtsbild der ersten deutschen Handballfunktionäre als Propaganda. Und beschrieb den Handball zugleich als Paradeexempel dafür, wie eine Sportart aus sportpolitischen Gründen ideologisch überformt und aufgeladen wurde, damit sie schneller zu staatlichen Subventionen und Popularität gelangte. Die einmal entwickelte These, dass es sich beim Handball allein um eine genuin deutsche Erfindung handele, überdauerte Jahrzehnte. Im Grunde hält sich dieses Stereotyp bis heute.

Der Aufschwung des Handballs in den Sportverbänden

Dass sich Handball schnell verbreiten konnte, dafür zeichneten vor allem die deutschen Turn- und Sportverbände verantwortlich. Sie waren es, die ab 1920 den Handball als Breiten- und Leistungssport etablierten, ihn mit Riesenschritten popularisierten und ihm tatsächlich so etwas wie eine deutsche Prägung verliehen. Dass dies mit rasender Geschwindigkeit vor sich ging, hatte mit der enormen Konkurrenz zu tun, die damals im deutschen Sport herrschte. Denn dieser bestand nicht, wie heute, aus einer Einheitssportbewegung. Im Gegenteil: Die erheblichen politischen Differenzen zwischen den einzelnen Verbänden bildeten die krassen politischen, religiösen und gesellschaftlichen Unterschiede, mit der die Weimarer Republik konfrontiert war, gewissermaßen spiegelbildlich ab. Der Aufbau der deutschen Sportorganisation war extrem kompliziert und unübersichtlich, weil jede Partei und jede Religion praktisch ihre eigene Sportbewegung besaß. So die Sozialdemokraten mit der Arbeitersportbewegung, so die Zentrumspartei mit der rein katholischen Deutschen Jugendkraft, so noch diverse anderere Splittergruppen. Angeführt wurde die Turn- und Sportbewegung vom Deutschen Reichsausschuss für Leibesübungen (DRA), der 1925 mit rund sieben Millionen Menschen die meisten Mitglieder stellte und den so genannten bürgerlichen Sport bündelte.

Doch selbst der DRA war kein homogenes Gebilde. Immer noch fand der ideologische Disput zwischen Turnen und Sport seine Fortsetzung: Obwohl organisatorisch geeint, stritten unter seinem Dach mitgliederstarke Einzelverbände wie der

Der THW Kiel spielte auf dem Sportplatz „Wulfsbrook". Fast überall hatte der Handball mit solchen Platzverhältnissen zu kämpfen.

Deutsche Fußball-Bund (DFB) und die Deutsche Sport-Behörde (DSB) mit der traditionsreichen Deutschen Turnerschaft (DT) weiterhin um Körperkonzepte und um Führungsansprüche. 1923 eskalierte dieser Streit, als die DT die so genannte „reinliche Scheidung" vollzog und ihre Mitglieder, die teilweise in beiden Organisationen aktiv waren, dazu aufforderte, sich entweder für den Sport- oder den Turnverein zu entscheiden (was einen Mitgliederrückgang in der DT zur Folge hatte). Zwar einigte man sich am Ende der 1920er Jahre wieder auf eine gemeinsame Basis, die grundsätzlichen Meinungsverschiedenheiten aber blieben. In einer Sportart spiegelte sich dieser heute skurril anmutende Konflikt am augenfälligsten: im Handball. Das bewies nicht nur der Wettlauf um die Einführung des Handballs als offizielles Wettspiel. Teilweise machten sich die Unterschiede sogar in verschiedenen Regelauffassungen bemerkbar. Dass im Handball zunächst zuweilen vier verschiedene Deutsche Meister gekürt wurden, war indes ein Phänomen, das auch in anderen Sportarten zu beobachten war.

Das Handballspiel in der Deutschen Turnerschaft (DT)

Als zahlenmäßig wichtigster Träger der explodierenden frühen Handballbewegung entpuppte sich die Deutsche Turnerschaft. Die Einführung als Wettspiel und – noch entscheidender für die Zukunft – in die Jugendausbildung an den von der Turnerschaft dominierten Schulen verstanden viele zwar als eine Art Schlüsselreiz auf die Initiative der Berliner Leichtathletik, eine Meisterschaftsserie zu starten. Aber bald erkannten auch die konservativen Turnfunktionäre, die eine Schwächung der Turnspiele Faustball und Schlagball befürchtet hatten, dass das Handballspiel womöglich eine schlagkräftige Konkurrenz zum verhassten Fußball bilden könnte. Schnell wurde das Turnspiel, denn als solches verstanden es immer noch die Turnfunktionäre trotz der „versportlichten Regeln", populär an der Basis. „Mit großer Begeisterung wurde das Spiel in den Vereinen der DT aufgenommen", schrieb der DT-Hand-

Szene aus einem Spiel des Deutschen Damenhandballmeisters SV Siemens, 1923.

ballobmann Karl Otto 1928, als Handball bereits von über zehn Prozent der Turner betrieben wurde. Da am straffsten durchorganisiert, stellten die DT im Jahr 1921 mit dem TuS Spandau 1860 auch den ersten Deutschen Handballmeister. In dieser ersten, sehr kurzfristig angesetzten Saison waren bereits 228 Mannschaften beteiligt, 1921/22 waren es schon 950. Diese Zahlen schossen danach kontinuierlich steil nach oben: von 1869 (1923) auf 4517 (1925), 8085 (1929) und schließlich 14.802 (1931). Zu Beginn der 1930er Jahren spielten demnach allein 200.000 Turner Handball, der damit den Fußball in der DT längst überholt hatte.

Das weckte Wünsche, den Fußball sogar als Volkssport abzulösen. „Allzu fern dürfte die Zeit nicht mehr sein", schrieb Otto 1928, „bis es bei uns seinen großen Bruder Fußball an Wertschätzung und Anhängerschaft erreicht hat." Der einflussreichste Handballfunktionär der DT pries speziell das erzieherische Moment: „Jeder Augenblick verändert die Spiellage, fordert blitzschnelle Überlegung und selbständige Entschlüsse. Darin liegt eine vorzügliche geistige Schulung. Und nicht zuletzt fordert das Handballspiel Selbstzucht, Selbstbeherrschung, Ritterlichkeit und turnerisches Gemeinschaftsgefühl." Für Frauen hingegen eignete sich das extrem körperbetonte Handball nach Ansicht der DT-Funktionäre nicht, obwohl er als Frauenspiel entstanden war. Dieses Paradoxon erklärten die zuständigen Spielwarte mit der „Vermännlichung" der Spielregeln durch Schelenz. Erst 1923 startete eine Frauenrunde mit insgesamt 68 Mannschaften, unter eigenen, weniger harten Regeln. Ideologisch wenig gelitten, stellte sich für die Frauen die Rekordbeteiligung von 458 Mannschaften in 1929 als Scheitelpunkt heraus.

Die Deutsche Sportbehörde für Leichtathletik (DSB)

Der DSB als Dachverband der deutschen Leichtathletik beschloss 1922, das Handballspiel „mit allen zur Verfügung stehenden Mitteln" zu fördern. Zwar ermittelten die Leichtathleten schon 1921 einen Meister in Berlin-Brandenburg und in Süddeutsch-

Auch der DSB brachte sein eigenes Handballlehrbuch heraus (1926).

land, aber mangelnde Beteiligung im Norden und im Westen verhinderten eine Endrunde um die Deutsche Meisterschaft. Dazu kam es erst 1922, für Frauen ein Jahr später. Zuvor hatte die Leichtathletik den Handball als „glückliche Ergänzung" angepriesen. Das war der Kern: Bei den Leichtathleten wurde Handball als „perfekter Ergänzungssport" im Winter nun dem Fußball vorgezogen. Wie viele in den nächsten Jahren in Leichtathletikvereinen mit dem neuen Sport in Berührung kamen, ist statistisch allerdings nur lückenhaft belegt. 1926, als Schelenz den Handball als „das beliebteste Ballspiel des Leichtathleten" bezeichnete, soll es bereits 100.000 aktive Handballer in der DSB gegeben haben. Die DSB profitierte dabei sehr von der Grundlagenarbeit der vielen „Wandersportlehrer", die seit 1920 an der DHfL in Berlin ausgebildet wurden und den Handball in komprimierten Kursen in den Vereinen auf dem flachen Land bekannt machten. Auch Pionier Schelenz war sich für diese Kärrner-Arbeit nicht zu schade. Im Westdeutschen Spielverband, mitgliederstärkster Einzelverband der DSB und eines der ersten Handballzentren, lässt sich der Aufschwung des Handballs nachvollziehen. Dort spielten 1921 lediglich 82 Mannschaften Handball, 1927 aber schon 1036.

Wie sensationell schnell Handball als Ausgleichssport angenommen wurde, deutet ein Text im Leichtathletik-Jahrbuch von 1921 an. Darin äußerte der Autor die Befürchtung, dass Handball den eigentlichen Kernsport Leichtathletik bald überholen könne und warnte eindringlich vor den „Gefahren, die das Handballspiel für den Leichtathletikbetrieb und für den Leichtathleten birgt". Durch die „Ausdehnung des Handballwettkampfbetriebes" bestehe nämlich „die Möglichkeit, dass der Leichtathletikbetrieb beeinträchtigt wird. Eine noch größere Gefahr besteht aber für den Leichtathleten selbst. Stürzt er sich kurz nach Beendigung seiner Leichtathletikzeit in die anstrengenden Handballwettkämpfe, die wieder seine ganze Kraft in Anspruch nehmen, so geht er im Frühjahr nicht mit der nötigen Frische und mit Gewichtszunahme an die Vorbereitung für seinen Hauptsport. (…) Um diesen ernsten Gefahren zu begegnen, müssen wir die Handballspiele zeitlich beschränken und ihre Zahl für die Spieler durch Bildung möglichst vieler Bezirke verringern. Verbandsspiele sollten nicht vor Oktober beginnen und spätestens im März beendet sein. Die Frage der

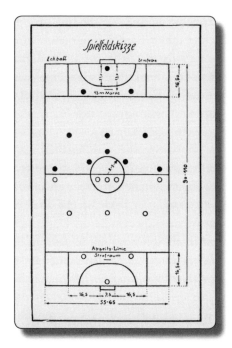

Feldskizze nach dem Lehrbuch: auffällig die taktische Aufstellung wie beim Fußball.

Beschränkung der Gesellschaftsspiele wird nicht so einfach zu lösen sein, weil ohne Zweifel ein Teil der Spieler nur Handball spielen wird, ohne selbst Leichtathletik zu treiben." Die Ahnung bewahrheitete sich. Bald gab es mehr Handballer als Leichtathleten in der DSB, so dass diese sich Anfang der 1930er Jahre gezwungen sah, sich in „Deutsche Sportbehörde für Leichtathletik und Handball" umzubenennen.

Die ideologischen Differenzen zwischen den beiden größten Sportverbänden, die Handball spielen ließen, wirkten sich dabei durchaus auf die Praxis aus. Während die DSB sehr viel mehr Wert auf den Leistungsgedanken legte, konzentrierte sich die DT auf Breitenarbeit, was langfristig zu einer sportlichen Überlegenheit der DSB-Vereine führte. Wie fremd den älteren Turnern das englische Konkurrenz- und Leistungsprinzip noch war, zeigte sich noch 1927, als ein Funktionär in der DTZ eine neue Zählweise für den Handball forderte, in der auch die Fouls als Minuspunkte und die fehlgegangenen Würfe miteinkalkuliert werden sollten: „Warum soll die Mannschaft Sieger sein, die das Glück hatte, den Ball so und so oft ins Tor zu befördern?" Das Ergebnis dieser unterschiedlichen Herangehensweise war offensichtlich: Wenn sich die jeweiligen Meister der verschiedenen Verbände überhaupt miteinander maßen, blieben die Turner meistens zweiter Sieger. (Allein die Turnerinnen konnten mithalten.) In den ersten Jahren waren die DSB- und DT-Meister noch fast gleichwertig, wie der 1921 abgehaltene Vergleich zwischen dem TuS Spandau 1860 (Turner) und Polizeisportverein Berlin zeigte (jeweils knappe Heimsiege). Recht bald aber avancierte der unter dem DSB-Dach startende PSV Berlin zum überragenden Verein der 1920er Jahre und wurde einige Male sogar zum „ewigen Meister" ausgerufen. Zwischen 1922 und 1931 gewann dieser Klub insgesamt neun Meisterschaften, unterbrochen nur 1928, als der Deutsche Handballklub Berlin siegte. Nachvollziehbar, dass viele ambitionierte Handballer aus der DT ungeachtet aller ideologischen Unterschiede zu Leichtathletik-Klubs wechselten, um sich sportlich zu verbessern. Das beste Beispiel dafür lieferte der spätere DHB-Präsident Ernst Feick, der vom TV Büttelborn zum spielstarken DSB-Vertreter SV Darmstadt 98 wechselte.

Wie selbstverständlich stellte der DSB auch die Mitglieder der ersten deutschen Handball-Nationalmannschaften, die allerdings in den ersten Jahren mit Österreich lediglich einen Gegner fanden. Das lag freilich auch daran, dass sich die DSB grundsätzlich dem internationalen Austausch verpflichtet fühlte, die DT hingegen Veranstaltungen wie etwa die Olympischen Spiele aus nationalen Erwägungen grundsätzlich ablehnte. Daher waren es auch ausschließlich DSB-Funktionäre, die 1926 den ersten Vorstoß unternahmen, den Handball auf internationaler Ebene zu institutionalisieren. Männer wie Fühler nutzten die Verwaltungsstrukturen des Internationalen Leichtathletik-Verbandes (IAAF) und installierten bei dem IAAF-Kongress in Den Haag zunächst eine „Handball-Kommission", die maßgeblich von Deutschen dominiert wurde. Zwei Jahre später, während der Olympischen Spiele 1928 in Amsterdam, gründeten die gleichen Funktionäre mit der Internationalen Amateur Handball Föderation (IAHF) bereits einen Handball-Weltverband, der bald die Handballregeln in drei Sprachen veröffentlichte. Zum ersten Vorsitzenden wurde der DSB-Chef Franz Lang gewählt. Damit war eine weltweit anerkannte Organisation gegründet, ohne dass der Handball in Deutschland autonom war; dort bestimmten immer noch Leichtathleten und Turner über die Geschicke des Handballs.

Handball in den Vereinen des Arbeiter-Turn- und Sportbundes (ATSB)

Im deutschen Arbeitersport, der sich als verlängerter Arm der Sozialdemokratie verstand und seit 1893 überregional organisiert war (zunächst im Arbeiter-Turnbund ATB), stieß das Handballspiel zunächst auf krasse Ablehnung. 1919 tauchten viele Gegner auf, „die das Handballspiel als rohes Spiel verschrien und für die Erziehung nicht geeignet hielten", erinnerte sich Max Schulze 1927, als er das Handball-Lehrbuch für den Arbeitersport verfasste. Doch schon für 1921 und 1922 hatte er ein „rapides Anwachsen der Handballbewegung" wahrgenommen, bedingt durch seine „temperamentvollen, alles mitreißenden und begeisternden Spielhandlungen". 1921 wurde auch der Spielbetrieb aufgenommen (der erste Meister 1922 hieß Stuttgart-Ost), der von der ATSB-Sparte Turnen organisiert wurde; auch bei den Arbeitern besaß der Handball, anders als der Fußball, also keine eigene Abteilung. Zunächst erwies sich „Raffball" als populärer im Arbeitersport. Erst 1927 konnte das Handballspiel diesen Vorläufer, der vor allem in Sachsen äußerst beliebt war, und sogar auch den Fußball zahlenmäßig überholen. In fast jedem der insgesamt 19 Kreise des Arbeitersports, so Schulze, sei der Handball „das beliebteste Spiel, das von Jung und Alt beiderlei Geschlechts gespielt wird. Es sind nicht allein Turnspieler, die Freunde des Handballs geworden sind, sondern auch Mitglieder anderer Sportarten, Fußballspieler, Schwimmer, Turner, Leichtathleten, Schwerathleten haben daran Geschmack gefunden." Und da es auch in den Jugendverbänden am beliebtesten war, deklarierte er diesen Sport in seinem Lehrbuch als „das Spiel der Zukunft".

Naturgemäß unterschied sich bei den Arbeitersportlern die Begründung, warum Handball als Sportart geeignet sei, teilweise erheblich von denjenigen aus der erz-

Auch internationale Vergleiche fanden im Arbeitersport statt. Ausschnitt aus: *Volkswille*, 30.9.1930, Hannover.

konservativen bürgerlichen Turn- und Sportbewegung. Der Klassenkampf spielte eine Rolle. „Dem Volke gilt's, wenn wir zu spielen scheinen, – muss Leitstern unseres sportlichen Handelns sein. Der Sozialismus weist uns hier den richtigen Weg, starke und gesunde Kämpfer für seine Idee heranzubilden", lautete die Parole des Arbeitersport-Organs *Freie Sportwoche* 1920, die am Ende des Jahres für den Handball einen „beispiellosen Siegeszug durch die gesamte Sportwelt" konstatierte. 1924 präzisierte dann die *Arbeiter-Turnzeitung* (ATZ) die Vorzüge des Handballs: „Der Arbeitersportler braucht für seine (…) beschränkte Zeit ein Spiel, das ihn körperlich intensiv und allseitig durcharbeitet als Gegenpol für seine einseitige Maschinenarbeit, das ihn auch geistig anregt und fortbilden kann, also nicht zum Rohling werden lässt, und von dem er schließlich (…) so viele Werte mitbringt, dass er zum Lebenskämpfer, d.h. für uns Klassenkämpfer, befähigt ist. Diesen Anforderungen scheint in erster Linie das Handballspiel zu genügen." Ob die „Sportgenossen aller Länder" wie ihre bürgerlichen Sportkameraden an derartige Parolen dachten, während sie auf dem Feld um Punkte und Tore stritten, darf indes bezweifelt werden.

Auf jeden Fall war Handball spätestens ab 1922, als es während des Bundesfestes in Leipzig gespielt wurde, fester Bestandteil des Arbeitersports. Und da dieser sehr international ausgerichtet und dem Gedanken der Völkerverständigung verpflichtet war, zählte Handball auch bei den Arbeiter-Olympiaden 1925 in Frankfurt und 1931 in Wien zum Programm. Bis 1932 kam es so zu insgesamt 22 Länderspielen unter Arbeitersport-Auswahlteams. Ein Vergleich zwischen Arbeiter-Teams und bürgerlichen Klubs fand kaum einmal statt, und wenn, war er mit großen Problemen behaftet. Denn die sonst überall gültige Regel, dass der Ball auch mit Kopf, Rumpf und Oberschenkel berührt werden durfte, galt nicht im Arbeiterhandball, wie *Beckmanns Sport-Lexikon* noch 1933 irritiert registrierte: Dort durfte der Ball „nur mit den Armen bis zum Schultergelenk berührt, gefangen, geworfen, geschlagen und gestoßen werden".

Handball in den konfessionellen Sportverbänden

Eine weitere Besonderheit des Sports Weimarer Prägung stellten die autonom organisierten kirchlichen Sportverbände dar. Die größte unter ihnen war die Deutsche Jugendkraft (DJK), die sich 1920 gründete und die katholische Sportbewegung repräsentierte. Sie integrierte den Handball 1924 in ihren Kanon und kürte 1927, anlässlich des 2. Reichstreffens, ebenfalls einen Deutschen Meister. Hier allerdings behauptete der Fußball seine Vorrangstellung; 1932 stellte er 83.000 Spieler in 6765 Mannschaften, während der Handball nur auf 25.500 Aktive in 2040 Mannschaften kam. Auch im Eichenkreuz, dem evangelischen Pendant zur DJK, wurde Handball gespielt, hier fehlen jedoch aussagekräftige Zahlen. Im Westen, dem mitgliederstärksten Regionalverband des Eichenkreuzes, beteiligten sich 1932/33 immerhin 234 Mannschaften am Wettspielbetrieb. In den jüdischen Sportorganisationen, die wiederum untereinander zersplittert waren, spielte Handball ebenfalls eine nur untergeordnete Rolle. Hier beteiligten sich mit Bar Kochba Berlin und Hakoah Wiesbaden nur zwei jüdische Vereine am Spielbetrieb des DSB.

Handball in der Reichswehr und bei der Polizei

Ideologisch überformt, wie es war, profitierte das Handballspiel nicht zufällig massiv von der Förderung durch Staat und Militär – und zwar in noch viel stärkerem Maße als Fußball, wie die erstaunlich zügige Aufnahme in die Ausbildung bei Reichswehr und Polizei belegt. Schon 1923 wurde das Handballspiel im Heer eingeführt, wobei „geringere Gefahrenmomente", sprich: eine gegenüber dem Fußball geringere Verletzungsgefahr, ausdrücklich eine Rolle spielten. Wenig später, 1926, hatten die Handballmannschaften in der Reichswehr „die des Fußballs zahlenmäßig fast erreicht, in den folgenden Jahren dann den großen Bruder Fußball immer mehr verdrängt und heute, 1930, bereits weit überholt. In fast jeder Einheit – Kompanie, Batterie, Eskadron – ist wenigstens eine Handballmannschaft aufgestellt." Handball passte, wie die Ausbildungsvorschriften verrieten, den Militärs ideologisch ausgezeichnet ins Konzept: „Die Spiele sind ein wertvolles Mittel zur körperlichen Durchbildung des Soldaten. Durch den Anreiz des Spieles und den Spieltrieb wird der Körper zu Leistungen gebracht, die durch befehlsmäßige Ausbildung oft nicht erreicht werden. Die Wettkampfspiele wecken im Soldaten den Geist selbstverständlicher Unterordnung und das Gefühl für Zusammenarbeit. Aufbauend auf dieser Grundlage erziehen sie die Spieler zu selbstloser Hingabe, zur Manneszucht und Kampfeshärte." Auf dieser Basis intensiv gefördert, erwuchs den zivilen Sportklubs durch die vielen Militärsportvereine (MSV) bald sportliche Konkurrenz. Der MSV Greif Stettin etwa gewann häufiger die Pommern-Meisterschaft. Und der MSV Borussia Breslau-Carlowitz wurde mehrfacher Südostdeutscher Meister und scheiterte dann erst im Halbfinale um die Deutsche Meisterschaft.

Noch weiter verbreitet war Handball in der Polizei. Dort entstanden die ersten Klubs bereits 1919 aus Freikorps und anderen paramilitärischen Einheiten. Zwar fungierten diese „Sportvereine" zunächst als reine Tarnorganisationen, um die restriktiven Militär-Bestimmungen des Versailler Vertrages zu umgehen. In ihnen ging es um nichts anderes als um Ersatz der nunmehr verbotenen allgemeinen Wehrpflicht – nicht umsonst galten sie als „Pflegestätten eines bewussten nationalen Wehrwillens", die auf „soldatische Tugenden" aufgebaut waren, wie ein Polizeisporthistoriker 1936 aufklärte. „Das Handballspiel verdient weiteste Verbreitung als wertvolles Ergänzungsspiel für die winterliche Ausbildung", schrieb bereits im Dezember 1920 die Illustrierte *Polizei-Sport* und gab die Regeln zur Kenntnis. Ein Jahr später schon hatte sich die Berliner Schutzpolizei „dieses neuen Bewegungsspiels mit größter Begeisterung angenommen". 1921 schließlich wurde die oft gestellte Forderung nach einer eigenen Handballrunde unter Polizei-Klubs („Jede Hundertschaft könnte getrost eine Mannschaft stellen") von den „Sport-Offizieren" der Polizeisportbewegung erfüllt. Aus vielen Polizisten wurden nun „Männer, die sich dem neuen, sie mitreißenden, begeisternden, kämpferisch durchpulsten Spiel mit dem Herzen verschrieben". PSV-Handballmannschaften schossen jedenfalls zu Beginn der 1920er Jahre wie Pilze aus dem Boden. Und spielten bald derart erfolgreich, dass Kenner sie gar als „das Herz des schönen Handballsportes" charakterisierten. Das war durchaus berechtigt: Nicht nur, dass sich der PSV Berlin, der erstmals im Spätsommer 1921 in die VABV-Serie eingriff, in den 1920er Jahren als Serienmeister zum dominierenden Handballverein Deutschlands herauskristallierte. Die spektakuläre Dominanz des Polizeisports wirkte hinein bis tief in die 1950er Jahre, in denen der PSV Hamburg zu den spielstärksten Mannschaften Deutschlands zählte.

▶ **Exkurs**

Mit ganzer Kraft gegen Vorurteile: der jüdische Handballer Sally Grosshut

„Das Geschrei hielt ununterbrochen an, überwarf ihn wie eine Sturzwoge. Noch schwamm er, doch er fühlte, wie die Kräfte nachließen. ‚Mein letztes Spiel‘, er biss die Zähne zusammen, ‚sie sollen mich kennenlernen‘. Die Spieler, außer Rand und Band geraten, sandten ihm drohende Blicke zu. Entartete das Spiel nur um ein Weniges, so stand das Schlimmste für ihn selbst zu befürchten. Die Spielszenen wechselten blitzschnell, unerklärlich, woher die Spieler die Kraft nahmen. Sie leisteten, aufgepeitscht durch die Zuschauermassen, Übermenschliches. Rissings Kräfte ließen nach. Er fühlte, wie die Schwäche ihn ankroch, schleichend und lauernd, hochstieg an ihm, ihn zog, zog mit unwiderstehlicher Kraft. Seine Pfeife schrillte ununterbrochen. Es waren noch zehn Minuten zu spielen, er erschrak vor dem scharfen Klang."

Diese Szene, die auf das dramatische Finale zuführt, zählt zu den frühesten literarischen Zeugnissen der deutschen Handballgeschichte. Sie entstammt der autobiografisch geprägten Novelle „Schiedsrichter Rissing leitet ein Spiel", die der deutschjüdische Schriftsteller Salomon Grosshut 1939 im Exil in Palästina niederschrieb. Insbesondere an die literarischen Qualitäten des weithin vergessenen Grosshut, den alle nur „Sally" nannten, hat der Wiesbadener Lokalhistoriker Wolfgang Herber erinnert – anlässlich des 100. Geburtstages Grosshuts am 16. Juli 2006. Die Sportgeschichtsschreibung hat Grosshut dagegen bislang vernachlässigt. Dabei zählte der Handballspieler, -funktionär und -schiedsrichter aus Wiesbaden zweifellos zu den Pionieren der nationalen wie jüdischen Handballgeschichte.

Im Feldhandball war Grosshut schon zu Jugendzeiten aktiv – zunächst beim Polizeisportverein Wiesbaden. Ganz offenbar hatte es Grosshut schon hier mit antisemitischen Vorwürfen zu tun, jedenfalls gründete er 1926 mit der „Hakoah Wiesbaden" einen der ersten jüdischen Handballklubs Deutschlands. „Hakoah" ist hebräisch und heißt so viel wie „Kraft". Mit ganzer Kraft wollte also auch Grosshut dem seinerzeit weit verbreiteten Vorurteil entgegenwirken, die Juden seien vergeistigt und körperlich minderwertig. Damit folgte er dem Vorbild des jüdischen Zionisten Max Nordau, der 1898, beim zweiten Zionistischen Kongress in Basel, das Schlagwort vom „Muskeljudentum" geprägt und zur Gründung jüdischer Sportvereine aufgerufen hatte, um auch physisch für die geplante Gründung des Staates Israel gerüstet zu sein. Er wolle „unterschiedliche jüdische parteiliche Bindungen integrieren", schrieb Grosshut 1926 in der *Jüdischen Wochenzeitung für Wiesbaden*.

Der neue Klub florierte – schon 1929 war die „Hakoah" in die Bezirksliga aufgestiegen – und stellte viele Handballer in Stadt- respektive Regionalauswahlteams. Die große gesellschaftliche Anerkennung für Sally Grosshut drückt ein Schreiben des PSV Wiesbaden aus. Grosshut habe „einen echten Sportsgeist bewiesen und sich als vorbildlicher Sportler gezeigt", attestierte der Klub ihm im Jahr 1928, „bei unseren Vereinsmitgliedern sowohl als auch in den anderen Sportverbänden des hiesigen Kreises ist Grosshut wegen seiner hervorragenden sportlichen Eigenschaften, seiner vornehmen Gesinnung und seinem bescheidenen und besonnenen Wesen sehr geschätzt. Durch seine jederzeit faire und nachahmenswerte Spielweise ist er einer unserer besten Handballtrainer zur Heranbildung unseres Nachwuchses."

An der brutalen Ausgrenzung der jüdischen Sportler 1933, als die Nationalsozialisten die Macht übernahmen, änderten die Lobeshymnen nichts. Noch Anfang Dezember 1932 war Grosshut die „Goldene Ehrennadel" der „Deutschen Sportbehörde für Athletik" (DSBfA) verliehen worden. „Als erstem Juden in Deutschland", wie Lothar Bembenek 1984 in seinem biografischen Essay über Grosshut bemerkt. Im April 1933 aber waren alle jüdischen Sportler „untragbar" geworden, wie es in den Mitteilungen der deutschen Sportverbände hieß: Sie wurden ausgeschlossen. Am 1. Januar 1933 spielte Grosshut letztmals in einer Wiesbadener Stadtauswahl.

Vor allem zwei Ereignisse drängten Grosshut dann bereits im Sommer 1933 ins Exil: Die Ermordung des Vaters seiner Verlobten Sina Rosenstrauch (die er 1936 heiratete) im April 1933 durch die SA. Und auch die Hinweise, dass der Staatsrechtler Carl Schmitt die Nationalsozialisten auf die Dissertation des deutsch-jüdischen Juristen aufmerksam gemacht hatte. Viele seiner Angehörigen, die in Deutschland blieben, kamen bei den folgenden Pogromen um. Grosshuts Schwager Sally Kahn, ein gefeierter internationaler Meister im Kunstradfahren, wurde bereits 1939 in einem KZ ermordet.

In Palästina arbeitete Grosshut zunächst als Bodenvermessungsgehilfe, bevor das Ehepaar in Haifa ein Buchantiquariat eröffnete. In Palästina verfasste Grosshut den Großteil seiner Novellen, so auch die besagte Handball-Novelle. Darin zerbricht der Ich-Erzähler, Schiedsrichter Rissing, letztlich an seinem schlechten Gewissen, sich 1933 nicht genügend für seinen jüdischen Sportkameraden Wolf Burger eingesetzt zu haben. Im Finale demonstriert Rissing noch einmal Zivilcourage, indem er das Trikot mit dem Davidstern, das ihm Burger vor seiner Emigration geschenkt hatte, dem Publikum und den anwesenden NS-Sportführern bei einem Spiel zeigt. Dann kollabiert Rissing.

Ähnlich dramatisch endete auch das Leben Grosshuts. Nachdem er 1948 via Schweden in die USA umgesiedelt war, brannte 1969 das gemeinsame Schmuckgeschäft nieder. Es war nicht versichert. Kurz darauf, am 7. Oktober 1969, verstarb Sally Grosshut, einer der Pioniere des deutschen und jüdischen Handballs, nach einem Herzinfarkt.

▶ **Exkurs**

Die missglückte Länderspiel-Premiere – Das 3:6 im Jahr 1925 gegen Österreich

Die Chroniken des Handballs scheinen eindeutig: Sie führen allesamt Halle/Saale als Schauplatz des ersten Handball-Länderspiels der Geschichte an, als die Deutsche Sportbehörde am 13. September 1925 eine Mannschaft gegen Österreich aufs Feld schickte. Eigentlich war aber der Arbeiterhandball, der sonst stets hinter der Entwicklung herhinkte, diesmal der bürgerlichen Konkurrenz zuvorgekommen. Denn bereits im Sommer, als zwischen dem 24. und 28. Juli 1925 in Frankfurt mit der ersten „Internationalen Arbeiter-Olympiade" die sozialistische Parallelveranstaltung zum bürgerlichen Weltsportfest gefeiert wurde, hatte Handball auf dem Programm gestanden. Unter dem Motto „Nie wieder Krieg" gewann dort die deutsche Auswahl gegen Belgien den ersten Länderkampf hoch mit 12:2, das anschließende Finale gegen die Schweiz 4:1; im Spiel um den dritten Platz siegte Belgien mit 5:2 gegen Frankreich. Das Turnier in der Hauptkampfbahn des Frankfurter Stadions verfolgten insgesamt 30.000 Zuschauer. Aber die von bürgerlichen Sportfunktionären dominierte Geschichtsschreibung tilgte diese Premiere später aus ihren Annalen, so wie später auch der Deutsche Fußball-Bund die Fußball-Länderkämpfe des Arbeitersports ignorierte.

Daher gilt Halle als Geburtsstätte der internationalen Handballgeschichte. Dort wurden die Akteure aus Wien, Berlin, Hamburg, Dresden und Leipzig in dem Hauptquartier „Mars la Tour" untergebracht – und in einer Führung von einem Stadtverordneten über die Geschichte dieser Schlacht, die im deutsch-französischen Krieg 1870/71 stattgefunden hatte, aufgeklärt. Halle wählte der Handball-Ausschuss des DSB, der am 29. März 1925 den Ländervergleich beschlossen hatte, übrigens mit Bedacht, denn neben Berlin und Leipzig galt diese Stadt als frühe „Hochburg des Handballs". So wurde die Premiere auf dem Vereinsgelände des VfL 96, die mit einem Frauen-Spiel zwischen Borussia Halle und dem VfL Merseburg eingeleitet wurde, denn auch zu einem vollen Erfolg. Zwar regnete es in Strömen. Doch es kamen laut Angaben des Veranstalters immerhin 4000 Zuschauer (eine lokale Zeitung schätzte weniger: 3000 Besucher). Ein Foto dieses historischen Länderkampfes existiert leider nicht. Die Umstände der überraschenden 3:6 (1:3)-Niederlage des favorisierten Gastgebers wurde jedoch von Otto Köppe, dem DSB-Spielwart, im Fachorgan *Der Leichtathlet* ausführlich beschrieben:

„Durch den ungeheuren Aufschwung, welchen der Handballsport im letzten Jahre genommen hat, kam der Gedanke eines Länderkampfes fast von selbst. Mit seltenem Vertrauen ging unsere Elf in dieses Spiel, man hatte Österreich auf Grund früherer

Die Deutsche Nationalmannschaft mit rotem Brustring und schwarzem Adler auf dem weißen Trikot Ende der 1920er Jahre.

Spiele und der Reise des Floridsdorfer AC zu Pfingsten arg unterschätzt. Die Bedenken, die verschiedentlich gegen die uneinheitliche Sturmbesetzung schon vorher geäußert wurden, fanden leider schon nach kurzer Spielzeit ihre Bestätigung. Während uns noch acht Tage vorher Berlin gegen Halle ein ganz großes Spiel vorführte, klappte es diesmal im Sturm überhaupt nicht. Naturgemäß werden hierdurch auch die Läuferreihe und die Verteidigung in Mitleidenschaft gezogen. Je mehr sich Deutschlands Schwächen offenbarten und der Elf neben dem eigenen Zutrauen auch den mutigen Kampfgeist nahmen, desto sicherer und reibungsloser fanden sich die Gäste zusammen. Mit einer Aufopferung und Hingabe waren alle Leute bei der Sache, und der schwungvolle Elan, mit dem die technischen und taktischen Leistungen gesteigert wurden, trug dazu bei, dass diese Elf über sich hinauswuchs. Was uns die österreichische Elf zeigte, war ein Klassespiel, wie wir es in dieser Vollendung bisher noch nicht sahen. Es war direkt fabelhaft, mit welcher Sicherheit die Zusammenarbeit aller Teile ineinander griff. Dabei war das Tempospiel der ersten Hälfte derart, dass eine Steigerung einfach unmöglich war, und trotzdem dieses hervorragende Spiel. Schade, dass es bei der deutschen Elf solche Ausfälle gab, wie die ersten Minuten zeigten, es wäre sonst auch ein Spiel unsererseits geworden, das sich zu einem erbitterten Ringen gestaltet hätte."

Zwar hatte die deutsche Mannschaft, die vom DSB-Spielausschuss zusammengestellt worden war, nach der Pause (1:3) auf 3:4 aufgeholt und besaß noch Möglichkeiten zum Ausgleich (ein Tor wurde wegen Abseits nicht gegeben). Doch nach der Niederlage fiel nicht nur das Fazit Köppes deutlich aus. Wenn man nicht das gleiche Schicksal des DFB erleiden wolle (der damals ein Länderspiel nach dem anderen verlor), werde sich „ein Übungsspiel künftig nicht umgehen lassen". Auch dürfe man den Gegner, der zwei Spiele als Vorbereitung bestritten hatte, nicht wieder derart unterschätzen. Köppe machte auch das unverkennbar „südländisch-slawische Temperament" des Gegners, das der deutschen Mannschaft gefehlt habe, für den missglückten Auftakt verantwortlich. Immerhin tröstete den Verband das „günstige finanzielle Ergebnis" über die schwere Niederlage hinweg. Die Kritik der Lokalzeitungen, die um das Ansehen Deutschlands als „Mutterland des Handballs" fürchteten, fiel hingegen weit drastischer aus: „Bis auf einige lichte Momente spielte Deutschlands Vertretung unter aller Kritik. Nicht ein Spieler, der restlos gefallen konnte. Der größte Versager war Männel-Dresden, der Mittelstürmer." Viele fragten sich hinterher, warum Schelenz nicht eingesetzt worden war.

Spielaufstellung:

Österreich:			Domcsecz			
	Wurmböck			Fischer		
	Wlascheck		Triebner		Grünwald	
Köpf		Kohut	Sködler	Neumayer		Fischer
Burkowsky		Wolf	Männel	Böhme		Klatt
	Bergemann		Axmann		Adebar	
		Knobbe		Damerius		
Deutschland:			Riedrich			

Am Ende der Weimarer Republik: Erste Krisen

Die Bilanz, die die Pioniere des Handballs rund ein Jahrzehnt nach der Ausformung seiner Regeln durch Schelenz zogen, fiel weitgehend positiv aus. Seines Wissens gebe es, schrieb der Handballfunktionär Bruno Fühler 1930 enthusiastisch, „in der ganzen Sportgeschichte und -entwicklung kein anderes Gebiet, das in so kurzer Zeit einen ähnlichen Erfolg nachweisen könnte wie das Handballspiel". Natürlich: Von den Dimensionen des Fußballs, der zu Beginn der 1930er Jahre bereits mehr als eine Million Mitglieder gesammelt hatte, war man noch ein Stück entfernt. Aber mit geschätzten 250.000 bis 300.000 Aktiven zählte Handball in den diversen Sportverbänden und in den Militär- und Polizeisportvereinen gewissermaßen zur zweiten Liga. Wer sich für Sport interessierte, der kannte das junge Kunstprodukt. Der Aufschwung dieses Klons war von sehr vielen Faktoren begünstigt worden: vom allgemeinen Sportboom. Von der Bekanntheit des Fußballs, der die Basis der Spielregeln geliefert hatte und damit das Verständnis erleichterte. Von der Militarisierung des Sports infolge des Ersten Weltkrieges, das dem kampfbetonten Spiel eine Menge ehemaliger Soldaten zugeführt hatte. Von der enormen Konkurrenz unter den zerstrittenen Verbänden, die sich 1920 einen kuriosen Wettlauf um Einführung und „Besitz" dieser Sportart geliefert hatten. Von der umgehenden „Verwissenschaftlichung" und Weiterentwicklung des Spiels an der Deutschen Hochschule für Leibesübungen, und von der exzellenten Ausbildung der Wandersportlehrer an dieser Lehr- und Forschungsstätte, die auch Lehrfilme produzierte. Und, nicht zuletzt, von der massiven Förderung durch Reichswehr und Polizei.

Auf dieser Basis hatten sich die ersten Hochburgen des Handballs herausgebildet, und an eigenen Orten existierten bereits Traditionen und Schulen des Handballs. Als allgemein akzeptierter Mittelpunkt des neuen Sports galt Berlin – weil Handball in der Reichshauptstadt erfunden worden war. Dort, an der bald berühmten DHfL, lernten und lehrten diejenigen Figuren, die als Nationalspieler von den nachstrebenden jugendlichen Handballspielern als erste Vorbilder anerkannt wurden. Das waren neben Carl Schelenz vor allem Namen wie Werner Busse, Hans Zabel und Heinz Klein, die mehrheitlich beim Deutschen Handballklub Berlin aktiv waren. Nicht zu vergessen der überragende Halb- und Mittelstürmer Otto Günter Kaundinya, der sich bald zu einem führenden Theoretiker des Spiels entwickeln sollte. Sie alle spielten zunächst in Berlin und errangen von dort aus Deutsche Meisterschaften. Nur wenige Jahre später hatten sich aber auch in den Provinzen die ersten regionalen Zentren herausgeschält. Bald gab es hervorragende Mannschaften in Sachsen (Leipzig, Weißenfels). Im Westen avancierten Klubs aus Dortmund und Hagen zu ernsthaften Konkurrenten. Und im vorerst noch eher unerschlossenen Süden kristallisierte sich Frankfurt als Hochburg heraus. Vor allem aber im Norden entwickelte sich der Handball prächtig, denn dort dominierten die Turnvereine die ländliche Szene; hier entpuppten sich Hamburg und Hannover als Leistungszentren. Und es war festzustellen, dass sich der Handball, wie überhaupt der Sport in Deutschland, schleichend von der reinen Indienstnahme und Instrumentalisierung abgekoppelt und so etwas wie ein Eigenleben entwickelt hatte. Dafür sprach schon der relativ gute Zuspruch des Publikums, den Schelenz schon 1922 konstatieren durfte. Wenn später teilweise über 10.000 Zuschauer den Ausscheidungsspielen beiwohnten, dann eröffneten sich damit neue Perspektiven: „Die Zuschauerzahlen, die bei wichtigen Entscheidungsspielen in Berlin und im Reiche zu verzeichnen sind, lassen die Hoffnung reifen, dass es den Vereinen eine finanzielle Hilfe zur Erhaltung und Ausgestaltung ihrer Übungsstätten usw. bringen kann." In sportlich ambitionierten Vereinen begann Handball jedenfalls zu einem Selbstzweck zu reifen. Im Grunde beschrieb der frühe Handball eine spektakuläre Erfolgsgeschichte.

Und dennoch: Als die Weimarer Republik 1929 infolge der Weltwirtschaftskrise in eine tiefe Depression stürzte, sah sich auch die junge, aufstrebende Sportart mit schweren Krisen konfrontiert. Allmählich wurde den Wegbereitern des Spiels nämlich bewusst, dass die Rivalitäten unter den vielen Verbänden, die sich eine Zeit lang als überaus nützlich erwiesen hatten, nun kontraproduktiv wirkten und weitere Popularisierungsschübe blockierten. Als hemmend stellte sich vor allem heraus, dass Handball keinen autonomen Fachverband besaß, der energisch seine Interessen vertreten und den Behörden gegenüber um wichtige Subventionen streiten konnte. Wenn Leichtathleten, Turner oder Arbeiterturner über die Geschicke des Handballs als „Ergänzungssport" richteten, dann spielte bei diesen Überlegungen immer der ursprüngliche Kernsport eine Rolle; natürlich sollte der Handball nicht den eigentlichen Zweck des Verbandes aushöhlen oder gar überflüssig machen. Keiner begriff dieses strukturelle Manko schneller als Schelenz. Der forderte bereits 1922 einen selbständigen Handballverband, „welcher einheitliche Regeln und Gesetze zu schaffen hätte und in dem reine Handballinteressenten als Führer das Ansehen des Spieles heben müssten". 1925 wiederholte er seinen Wunsch nach einem „Spezial-Verband für Handball", in dem DSB und DT „nicht getrennt" marschierten. Doch war diese essenzielle Forderung zunächst nicht umzusetzen.

Dafür waren die Strukturen in den 1920er Jahren zu festgefahren; an eine Vereinigung der politisch und religiös extrem disparaten Sportverbände war ohnehin nicht zu denken. Wie unversöhnlich die Ansichten aufeinanderprallten, zeigte sich nicht zuletzt an der unterschiedlichen Auslegung der Spielregeln, die sich als äußerst schädlich herausstellten. Selbst die Vaterfigur Schelenz brachte während der Weimarer Republik eine Harmonisierung in diesem Punkt nicht zuwege. Trotz diverser Konferenzen pochten die Turner weiterhin auf eigene Regeln (und Spielfeldgrößen) für Frauen, und auch der Arbeitersport beharrte auf seiner recht exklusiven Auffassung vom Fangen und Werfen. Auf internationaler Ebene konnte sich die DSB mit ihren Regeln zwar durchsetzen. Jedoch blieb es national vorläufig bei unterschiedlichen Handballsprachen. Ein absurder und unhaltbarer Zustand, den der Sportlehrer Heinz 1929 in der Zeitschrift *Start und Ziel* auf den Punkt brachte: „Als das Handballspiel erfunden wurde oder besser gesagt, entstand, dachte wohl niemand daran, dass wir einmal ganz verschiedene Sorten bekommen würden, je nachdem ob DSB oder DT, Jugendkraft oder Eichenkreuz, Akademiker- oder Arbeitersportler Veranstalter sind. Mit vollem Recht fasst sich da der Außenstehende an den Kopf. (…) Der unterbundene Austausch an Spielerfahrung zwischen den beiden weitaus größten Verbänden, die maßgeblich sind, hält die Entwicklung der ganzen Bewegung auf." DT und DSB konnten sich, obwohl sie lange und oft darüber debattierten, nicht einmal auf gemeinsame Austragungen Deutscher Meisterschaften einigen. Zwischendurch, im Jahre 1930, handelten sie zwar einen Kompromiss aus, nach dem die jeweiligen Meister den Deutschen Meister ermitteln sollten (bei den Männern siegte 1931 der DSB-Meister, bei den Frauen die Turnerinnen). Doch 1932 war der Friedenspakt wieder aufgehoben, und jeder Verband puzzelte wieder alleine vor sich hin. Diese Auseinandersetzung behinderte logischerweise die sportliche Entwicklung. „Lasst den Hader um die Austragung, um den Besitz des Spiels! Nicht hie Turnerschaft, hie Sportverband!", darum hatte Schelenz schon 1922 in seinem Lehrbuch gebeten, „denn nur gemeinsame Arbeit und gemeinsame Regeln sichern unserm lieben Handballspiel eine große Zukunft." Aber sein Flehen war vergeblich. Die Differenzen erwiesen sich als zu groß.

Verbunden damit waren enorme Hemmnisse. Aufgrund seines Status als „Ergänzungssportart" existierte während der gesamten Weimarer Zeit kein Fachorgan, das den Handball auf angemessene Art und Weise in der Öffentlichkeit repräsentieren konnte. Ein erhebliches Defizit, das erkannten alle Beteiligten. „Wir haben in Deutschland noch weite Volkskreise, die vom Handballspiel weder etwas gehört noch gesehen haben", wusste Schelenz, die gelte es zu aktivieren. Der Fußball hatte auf diesem Sektor den Durchbruch geschafft: Hier bereiteten Hunderte von Zeitungen den Leser auf große Matches und Meisterschaften vor, sie analysierten Chancen und Risiken, weckten Hoffnungen und huldigten ersten Stars – und mehrten so Fachkenntnisse und Zuschauerzahlen. Im reinen Amateursport Handball fehlte hingegen sogar ein offizielles Verbandsorgan, und die *Deutsche Turn-Zeitung* und das Leichtathletik-Organ *Start und Ziel* behandelten das Spiel sehr stiefmütterlich. Dort erschienen nur am Rande Artikel über die Entwicklung des Handballs. Hinzu kam, dass sich auch in den neuformierten Sportredaktionen viele ehemalige Fußballer und Leichtathleten versammelten, die in der Berichterstattung „ihre" Sportarten favorisierten; hier machte sich die mangelnde Tradition des Handballs ebenfalls nachteilig bemerkbar. Bei der „Bearbeitung der Presse" sah jedenfalls nicht nur Handball-Spielwart Bruno Fühler 1930 „noch Arbeit".

Womöglich vernachlässigte die Presse den Handball in den 1920er Jahren auch deshalb, weil er zunächst ein nationales Phänomen blieb. Selbstverständlich erschie-

Der Zuschauerboom im Fußball hält an – hier beim Länderspiel gegen Dänemark 1931 in Hannover. Das können die Handballer noch nicht für ihren Sport sagen.

nen die Handball-Länderspiele, die maximal einmal pro Jahr gegen Österreich ausgetragen wurden, lange nicht so spektakulär wie etwa Fußball-Matches gegen den FC Barcelona, Sparta Prag oder Inter Mailand, die den Fußball und seine öffentliche Wahrnehmung sehr befruchteten. Nicht umsonst diskutierte die deutsche Fußballpresse überaus lebhaft die unterschiedlichen Fußball-Stile der Nationen. Verglichen mit dieser Internationalität wirkte der deutsche Handball langweilig und spießig. Wie war dieses Problem zu lösen? „Handball wird sich ohne Zweifel auch internationale Anerkennung erwerben, wenn es uns gelingt, das Spiel im eigenen Lande nach einheitlichen Richtlinien zu organisieren und im Ausland durch Vorführung vorbildlicher Werbemannschaften zu zeigen", meinte Schelenz 1930. Und schlug vor, Handball im Rahmen von Leichtathletik-Länderkämpfen zu demonstrieren und so das Spiel in England und in der Schweiz zu verbreiten. Aber irgendwie drehten sich die Diskussionen darüber im Kreis. Die Entwicklung stagnierte.

Dazu begleiteten den Handball nicht selten höchst unerfreuliche Nebenerscheinungen, die mit dem Charakter des Spiels zu tun hatten. Für die erste Saison 1920/21 diagnostizierte etwa Schelenz „verschiedene Mängel und Unschönheiten bei der Austragung", was er mit der noch fehlenden Regelkenntnis und -interpretation und mit noch dürftig ausgebildeten Schiedsrichtern begründete. Die Vorwürfe aber, das Spiel sei zu brutal und zu hart, waren im Prinzip spielimmanent, und sie entwickelten sich zu einer Konstante der Handballgeschichte. Pioniere wie Karl Otto ahnten das bereits 1928: „In keinem unserer Kampfspiele kann die Grenze des Erlaubten durch die enge Berührung der Gegner so leicht und schnell überschritten werden wie hier." Freilich machte auch er die Jugend des Spiels dafür verantwortlich: „Infolge der raschen Entwicklung und Ausbreitung konnte sich auch noch keine feste Spielkultur herausbilden, wie die älteren Kampfspiele sie haben. Die Gefahr der Verwischung dieser Grenzen, die Ritterlichkeit und turnerisches Gemeinschaftsgefühl ziehen sollten, scheint mir hier besonders groß zu sein." Interessanterweise waren diese Probleme ein verbandsübergreifendes Phänomen. Es betraf Bürgerliche, Arbeiter und Konfessionelle, die sich indes gegenseitig Verrohung vorwarfen, um damit die Überlegenheit des eigenen Systems zu dokumentieren. So schlagzeilte ein Arbeiter-Organ 1928 beispielsweise von der „blutigen Schlacht von Haan", nachdem in der Partie zwischen der DJK Solingen und der DJK Haan ein Spieler einen Darmriss erlitten hatte: „Die Schlacht von Haan muss allen Arbeitern, die noch in bürgerlichen Sportvereinen sind, eine ernste Lehre sein." Und 1929 berichtete die sozialistische *Freie Sportwoche* von einer „bürgerlichen Handballkeilerei"; in einem Spiel zwischen dem SC Freital 04 und der TuB Werdau hatte ein Spieler seinem Gegner ins Gesicht geschlagen, und nach Schlägereien zwischen Spielern und Publikum hatte ein Handballer gar das Bewusstsein verloren. Auch das wurde sportpolitisch ausgeschlachtet: „U n s kann es nur recht sein, wenn der bürgerliche Sport sich auf diese Weise abwirtschaftet. Schaffen wir eine starke Arbeiterhandballbewegung, damit unsere Arbeitsbrüder im gegnerischen Lager den Weg zu uns finden!" Aber es gab auch genügend Artikel, die die Brutalitäten im Arbeiterhandball thematisierten.

Selbst die Turner, die ja eigentlich nicht dem individuellen Leistungsstreben huldigten, hatten sich damit auseinanderzusetzen. Auch hier berichtete man selbstkritisch schon 1921 von einem „schädlichen Ehrgeiz" und „Rohheiten", die „dem Ansehen eines Spiels und somit seiner Verbreitung" schadeten. Die Appelle aber, „dass die Beurteilung einer Mannschaft nicht von den erzielten Toren abhängt" und die Handballer doch so vernünftig sein sollten, „die bei anderen Rasenspielen so berüchtigte Punktejägerei (die Gier nach Gewinnpunkten, die vor keinem Mittel, sowohl im Spiel als nachher am ‚grünen Tisch', zurückschreckt)" von sich fernzuhalten, zielten oft genug ins Leere. Auch den Handballern bei den Turnern ging es schließlich ums Gewinnen. Damit verbunden waren, wie die *DTZ* 1925 anprangerte, auch „unerwünschte Begleiterscheinungen wie Disziplinlosigkeiten des Publikums, ‚Kanonen'-Kult, Forderung von Reisespesen" – was ein Beleg dafür ist, dass sich auch dort die besten Handballer zumindest kleine Entschädigungen zahlen ließen, trotz des oft beschworenen „Gemeinschaftsgeistes". Der Slogan Schelenz', dass das Spiel „nicht zur Verherrlichung der Einzelleistung führen" dürfe, sondern der „Gemeinschaft dienen" müsse, geriet sehr bald schon zu einem Anachronismus bei ambitionierten Athleten. In diesem Punkt existierten durchaus Parallelen zum Fußball, in dem so genannte „Schein-Amateure" gut vom Sport leben konnten.

Klar war: Das Spiel bedurfte weiterer Reformen. In Teilbereichen waren sie zwar schon durchgesetzt worden. So wurde bald nicht mehr mit einem Fußball gespielt, der sich in den ersten Jahren als zu groß erwiesen hatte. Dass sich das erheblich auf Ballbehandlung und Technik auswirkte und den Spielfluss behinderte, leuchtete Schelenz ein: „Da der Schlagwurf infolge der Größe des Balles nicht druckstark und sicher genug von der Hand zu leiten war, stand der Schwungwurf im Vordergrunde. Um einen starken Schuss ansetzen zu können, wurde häufig der Drehschockwurf, eine Wurfart, die dem Diskuswurf mit Drehung entsprach, angewandt." So wurde der Umfang des Balles (Fußball: 68-71 cm) aufgrund von Anregungen der Spieler schrittweise reduziert. „Der Wunsch, einen recht handlichen Ball zum Spiel zu verwenden, führte bald zu einer Größenänderung von 60-64 cm Umfang, dem sich eine Ballgröße von 58-60 cm anschloss."

Dennoch beurteilten viele Beobachter das Spiel immer noch als zu statisch und überraschungsarm. Denn die meisten gefährlichen Aktionen entwickelten sich in der Sturmzentrale, die Außenpositionen hingegen wurden kaum einbezogen. Dort spielten deshalb meistens die schwächeren Akteure. Jedenfalls entwickelten sich kaum einmal Flügelwechsel, was freilich auch die Weite des Spielfeldes verhinderte. Daher hatte es jede Abwehr relativ leicht, die Angriffe zu kalkulieren und die Bälle abzufangen, vor allem, nachdem auch das Sperren mit ausgebreiteten Armen erlaubt worden war. Am klarsten zeigte sich die Notwendigkeit einer Reform aber bei der von Schelenz eingeführten Abseitsregelung. Denn nun, da die ersten wirklich eingespielten Formationen aufeinandertrafen, nutzten taktisch clevere Teams dieses Mittel, um ein unüberwindbares Abwehr-Bollwerk aufzubauen. Eine gut abgestimmte Deckung konnte, wenn sie sich auf einer Linie vor diese Abseitslinie positionierte, nahezu jeden Angriff zerstören. Die Folge war eine spieltaktische Krise, die Langeweile produzierte. Wenn überhaupt Tore fielen, dann aus Strafwürfen heraus. Bei der Frage, inwieweit das Spiel modernisiert werden sollte, prallten bald zwei letztlich unvereinbare Fraktionen aufeinander: Auf der einen Seite standen Traditionalisten wie Schelenz, der diese Abseitslinie als zentral begriff und um sein Spiel fürchtete. Auf der anderen Seite wirkten progressive Kräfte wie der Nationalspieler Otto Kaundinya, der Ende 1932 vehement eine radikale Abschaffung des Abseits forderte. Auch in diesen Diskussionen stellte sich als kontraproduktiv heraus, dass es im Prinzip nicht eine übergeordnete Regelkommission gab, sondern viele. Eine Modernisierung des Spiels war jedenfalls, da es viele Widerstände zu überwinden galt, kaum möglich. Insofern kam es einigen Handball-Funktionären gerade auch deshalb durchaus gelegen, als 1933 eine neue politische Ära anbrach, die ihren Sport maßgeblich beeinflussen sollte.

Kapitel 3

Handball im Nationalsozialismus

Die Schein-Autonomie (1933-1945)

Die Folgen der nationalsozialistischen „Machtergreifung" vom 30. Januar 1933 waren auch im Sport alsbald zu spüren. Die am 28. Februar 1933 erlassene Notverordnung „Zum Schutz von Volk und Staat", die alle marxistischen Organisationen im Handstreich auflöste, bedeutete zunächst das Ende der organisierten Arbeitersportbewegung. Vereinslos gewordene Arbeiter-Handballer waren nun auf Leumunde angewiesen, wenn sie in anderen Vereinen unterkommen wollten. Erstaunlicherweise jedoch hatte die NSDAP, die ansonsten die „braune Revolution" in allen gesellschaftlichen und politischen Bereichen konsequent durchdeklinierte, für den Sport kein ausgearbeitetes Rezept in der Schublade. Ein Vakuum entstand. Liberal orientierte Vertreter des Sports, die stets internationale Beziehungen gepflegt hatten, wurden nun von den nationalistischen Turnern als „nationale Schande" gebrandmarkt, die Situation drohte zu eskalieren. „Nicht den Sport gilt es zu pflegen, der mit pazifistischen und Weltverbrüderungsgedanken umgeht", gab ein NS-Studentenführer im März 1933 in der *DTZ* die Richtung vor, „sondern den Sport wünschen und ersehen wir, der sich in die deutsche Freiheitsbewegung einreiht, zur Wehrhaftmachung unseres deutschen Volkes." Einige Turner proklamierten gar die radikale Lösung, alle Messinstrumente des Sports ganz abzuschaffen: Bandmaß, Stoppuhr, den Wettkampf so-

Der Reichssportführer von Tschammer und Osten bei einem Verbandstag der Turner- und Sportbewegung 1936.

wieso. Und Turnführer wie Edmund Neuendorff sahen nun ihre Chance gekommen und wollten die Deutsche Turnerschaft (DT) gar der SA als „nationalsozialistische Kampftruppe" zur Seite stellen. Dieser Schwebezustand dauerte ein paar Monate, die nur eins klarmachten: Die braune Revolution würde das Ende der bisher zersplitterten deutschen Sportstruktur bedeuten. Irgendwann würde es auch hier zu Gleichschaltung und Führerprinzip kommen.

Daraufhin entwickelte sich ein Wettlauf mit verwirrend vielen Zwischenetappen. Der Deutsche Reichsausschuss für Leibesübungen (DRA) reagierte am 10. Mai 1933 mit der Selbstgleichschaltung, als er sich in einem opportunistischem Akt selbst auflöste und die Geschäfte in die Hände des am 28. April von Hitler ernannten „Reichssportkommissar" Hans von Tschammer und Osten legte. Da die hohe SA-Charge Tschammer nicht aus dem Sport kam, befürchteten altgediente Funktionäre zunächst gar die radikale Variante: Die Ablösung durch die SA, die nun den Sport als Betätigungsfeld für sich entdeckte und Führungsansprüche formulierte. Doch dazu kam es aus einem sportpolitischen Kalkül heraus vorerst nicht, weil Hitler und Goebbels die Olympischen Spiele, die seit 1931 für 1936 in Berlin angesetzt waren, Mitte März 1933 als Feld der Propaganda entdeckten. Das hieß freilich, dass diejenigen Funktionäre, die den deutschen Sport im Ausland repräsentierten, nicht ohne weiteres abgesetzt werden konnten. Daher blieb etwa das IOC-Mitglied Theodor Lewald dem Organisationskomitee (OK) der Spiele als Vorsitzender erhalten, obwohl ihn die NS-Doktrin als „Halbjuden" diffamierte. Zudem sicherte das NS-Regime dem IOC gegenüber im Sommer 1933 zu, dass auch Juden gleichberechtigt an den Spielen teilnehmen könnten. Wie scheinheilig das in Wirklichkeit war, demonstrierte die tatsächliche Situation in Deutschland: Dort waren Juden von den deutschen Vereinen und Verbänden im April 1933 bereits ausgeschlossen worden und durften ihren Sport nun lediglich in rein jüdischen Vereinen ausüben. Tausende von Juden mussten ihre angestammten Sport- und Turnvereine verlassen. Zahlen darüber, wie viele Handballer darunter waren, sind nicht überliefert.

Die meisten bürgerlichen Sportverbände wie der DFB, dessen Vorsitzender Felix Linnemann es als Aufgabe ansah, die Fußballer zu „einsatzbereiten Volksgenossen des nationalsozialistischen Staates heranzubilden", hatten sich im Juni und Juli 1933 ebenfalls selbst aufgelöst. Im Sommer noch deklamierte Tschammer, der im Herbst zum Reichssportführer ernannt wurde, ein neues Organigramm des deutschen Sports. Der so genannte Reichsführerring, dem 15 ehemalige Fachverbände als Fachämter angehörten, diente nun als Dachorganisation und gehorchte bereits dem Führerprinzip. So, wie das Dritte Reich auf politischem Gebiet in 16 Gaue eingeteilt wurde, gab es nun auch für jedes Fachamt 16 untergeordnete Gaue, angefangen von Gau I (Ostpreußen) bis Gau XVI (Bayern). Politisch gleichgeschaltet waren auch Leichtathletik und Turner. Wer für die Belange des Handball zuständig sein sollte, bestimmte nun der Reichssportführer: Das Fachamt für Leichtathletik. Und weil jeweils „nur ein anerkannter Verband das Recht" haben sollte, offizielle Meisterschafts-, und Pokalspiele durchzuführen, brach der alte Konflikt nun wieder auf. Die Turner nämlich protestierten heftig und forderten den Handball und die Interpretation seiner Regeln in ihren Zuständigkeitsbereich. Sie betrachteten sich nicht nur weiterhin als Erfinder des Handballs. Ihr Spielwart Karl Otto führte außerdem ins Feld, dass sie in der Weimarer Republik die meisten Aktiven besessen hatten.

Theodor Lewald

Die Proteste waren erfolgreich. Am 7. September 1933 wurde der DT in einem Schreiben des Stellvertreters des Reichssportführers, Franz Breithaupt, unvermittelt die Federführung des Handballs übertragen; dass Breithaupt aus den Reihen der Turner kam, spielte dabei wahrscheinlich eine Rolle. Diese Umkehr rief wiederum die Leichtathletik-Funktionäre auf den Plan. Nachdem sich die ehemaligen DT- und DSB-Vertreter „nach einem Machtwort des Reichssportführers", wie es hieß, zumindest auf die Modalitäten und Bestimmungen der anstehenden Saison 1933/34 geeinigt hatten, vermeldete die *DTZ* am 26. September 1933 zwar stolz: „Eine Viertel-Million Handballer marschiert im gleichen Schritt und Tritt!" Doch die empörten Leichtathleten führten ihrerseits als Argument an, Handball in den internationalen Gremien zu repräsentieren. Im Oktober-

Felix Linnemann

heft ihres Organs *Start und Ziel* schlugen sie ernsthaft vor, den schwelenden Streit auf sportlichem Wege auszutragen: „Sollte es der DSB in der Spielzeit 1933/34 gelingen, (…) die Mehrzahl der Gaumeister und den Deutschen Meister zu stellen, müsste dies naturgemäß auch in der Federführung zum Ausdruck kommen." Woraufhin sich die leistungsmäßig unterlegenen Turner auf Adolf Hitler und das Führerprinzip beriefen: „Wir meinen, dass es sich hier um ein Missverständnis des DSB handelt, da es ja unmöglich ist, ausgerechnet in der Zeit des Führerprinzips und der autoritären Führung des deutschen Sports durch einen Beauftragten Adolf Hitlers einem Kampf einzelner Mannschaften (…) um die Macht, mit womöglich allen Mitteln, die Entscheidung darüber zuzuschieben, wer im Staate des gemeinen Nutzens eine Bewegung führen soll", hieß es in der Replik, die kurz darauf in der *DTZ* erschien. Sie sahen keinen Anlass mehr, „an einer objektiven Führung der DT in der Handballbewegung etwas zu ändern". Und dennoch war eine nun folgende Burleske um die Interpretation früherer Mitgliederzahlen nicht zu verhindern: Die alte DT hatte 8953 Handball-Mannschaften für sich ermittelt, die Leichtathleten hatten aber nur rund 7500 gezählt. All das führte dazu, dass die Mannschaften, die ab September 1933 um die erste gemeinsame Meisterschaft stritten, immer noch den Turnern oder den Leichtathleten zugeordnet wurden. Man konnte sich nicht einigen, die Gräben schienen zu tief. Selbst die braune Staatsdoktrin hatte sie nicht überbrücken können.

Es dauerte Monate, bis diese quälende Diskussion schließlich „von oben" beendet wurde. Am 30. Januar 1934, dem Jahrestag der „Machtergreifung", proklamierte der Reichssportführer den Deutschen Reichsbund für Leibesübungen (DRL), dessen Verfassung freilich erst am 27. Juli 1934 bekannt gegeben wurde. Kern der Neustrukturierung war, dass unter dem DRL als „Vereinigung aller deutschen Leibesübungen treibenden Vereine" nun 21 Fachämter „für die Durchführung aller fachlichen und technischen Aufgaben" zuständig waren. Zur Gruppe A zählten Fußball, Leichtathletik, Rudern, Schwimmen, Reiten, Schwerathletik, Boxen, Fechten, Kanusport, Skilauf, Eissport, Radsport, Geräteturnen, Gymnastik und, das war der Clou – Handball, das gleichzeitig für Basketball zuständig sein sollte. Die Gruppe B (Segeln, Motoryachtsegeln, Golf, Bob- und Schlitten, Tischtennis, Kegeln) wurde am 1. Januar 1935 noch einmal um vier Sportarten aufgestockt. Während in den anderen Sportarten zumeist (aus außenpolitischen Gründen) ehemalige Funktionäre als Fachamtsleiter installiert wurden (so etwa Felix Linnemann im Fachamt Fußball), war der Reichs-

Sport in den Fängen der Politik. Das 15. Deutsche Turnerfest im Juli 1933 in Stuttgart: die Turner während der Rede Adolf Hitlers.

sportführer für das neu kreierte Fachamt Handball darauf nicht angewiesen. „Führer" des Fachamtes wurde deshalb der hochdekorierte SA-Mann Richard Herrmann, der zwar selber Handball gespielt hatte, aber als Funktionär vorher nicht aufgefallen war. Zugleich war das als deutliches Signal für Turner und Leichtathleten zu verstehen, dass die Streitereien um die Vorherrschaft endlich ein Ende haben sollten. Spätestens 1935, als die konfessionellen Sportverbände DJK und Eichenkreuz verboten wurden und sich selbst die einst mächtige Deutsche Turnerschaft Ende 1935 notgedrungen selbst auflöste, war das verhasste „System" der Weimarer Republik auch im Sport untergegangen.

Richard Herrmann

Das Kuriose daran: Die Installierung des SA-Offiziers Herrmann und die erfolgreiche Gleichschaltung im Sport, das heißt: die Beseitigung aller eigenständigen Verbände durch die NSDAP, besaßen laut Handballhistoriker Weichert durchaus einen „positiven Nebeneffekt auf die Handballentwicklung". In der Tat: Viele organisatorische und technische Hemmnisse waren mit dem Untergang der alten Fraktionen passé. „Das Fachamt für Handball allein ist berechtigt, Veranstaltungen auszuschreiben bzw. zu genehmigen. Auch die Schulungs- und Lehrgangstätigkeit unterliegt der Aufsicht und Genehmigung des Fachamtes", hieß es 1935 in dem DRL-Lehrbuch „Das Handballspiel". Und wenn einmal Streit unter den altgedienten Funktionären aufkam, dann sprach Herrmann, jetzt gewissermaßen der Handball-Diktator, ein Machtwort. Das verwirrende sportliche Nebeneinander war schon vorher beendet. Bereits für die Saison 1933/34 war festgelegt worden, dass die 16 Gaumeister den Deutschen Meister in einer K.o.-Runde ermittelten. Ab 1935 schließlich spielten die Gaumeister in vier Vierergruppen um den Einzug in Halbfinale und Finale. Zusätzlich existierte seit 1934 eine Pokalrunde um den „Adolf-Hitler-Pokal", den die besten Mannschaften aus den Gauen im K.o.-Modus ausspielten (die erste Austragung gewann Magdeburg gegen Wuppertal bei den Kampfspielen in Nürnberg vor 40.000 Zuschauern mit 20:8). Ebenfalls ab 1935 stritten die Auswahlteams der 16 Gaue um den begehrten „Adlerpreis des Reichssportführers".

Doch hatte die endlich verwirklichte formale Eigenständigkeit, die „Einigung der gesamten deutschen Handballbewegung", wie es ein Turner nannte, ihren Preis. Dass sich die Spieler vor Partien „rechts und links vom Schiedsrichter" aufzustellen, „den deutschen Gruß" darzubringen und am Ende „dreimal den Sportgruß ‚Sieg Heil'" auszurufen hatten, das gehörte auch in anderen Sportarten bald zum Alltag. Gravierender aber war noch, dass die Zivilisierung des Spiels, die zum Ende der Weimarer Republik hin zu verzeichnen gewesen war und dem Spiel einen Eigenwert gegeben hatte, nun wieder umgekehrt wurde. Im Prinzip entwickelte sich das Spiel wieder rückwärts. Denn die Handball-Auffassung der nationalsozialistischen Sportführer knüpfte vielmehr an die „soldatisch geprägten Männlichkeitsideale" (Bernett) an, die zu den frühen Traditionslinien der Handballgeschichte gehört hatte. „Nach der Einordung in das nationalsozialistische Sportkonzept wurde es (das Handballspiel) politisch in Anspruch genommen", so lautet das eindeutige Verdikt von Sporthistoriker Hajo Bernett. Um was es im NS-Sport eigentlich ging, darüber klärte der Reichssportführer zügig auf: „Wir wollen auch dem Ausland gegenüber offen und ehrlich vom Frieden sprechen, wir wollen das junge Geschlecht aber so erziehen, dass es wenigstens muskelstark ist, wenn die Fesseln unserer Wehrtüchtigkeit einst gefallen sind", sagte Tschammer bereits am 30. September 1933 in einer Rede an rund 1000 schlesische Verbands- und Vereinsfunktionäre. Noch 1927, als Carl Diem mit dem Zeitungstext „Wehrsport oder nicht?" die Öffentlichkeit gesucht hatte, hatte er damit entrüstete Leserbriefe und heftige Kritik provoziert. 1934 war diese Frage vorerst beantwortet: Handball fungierte der Ideologie nach in erster Linie als Wehrersatz. Für Sportführer Herrmann waren die rund 250.000 Handballer nichts anderes als eine Vorstufe zur Armee, die bedingungslos zu gehorchen hatte. Politische Neutralität, so sie vorher denn bestanden hatte, war ebenfalls passé. Vor der Reichstagswahl 1936 ordnete Herrmann an, „dass sich alle meine Handballkameraden und -kameradinnen restlos in den Dienst der Propaganda stellen".

Ästhetische Aspekte des Handballspiels, die gegen Ende der Weimarer Republik diskutiert worden waren, spielten kaum mehr eine Rolle. „Kraft, Wucht und Härte", das waren die Dinge, die nach Ansicht von Reichstrainer Kaundinya im Männerspiel Handball zum Ausdruck kommen sollten. Die Folge war eine Brutalisierung des Spiels, an die sich ein Beobachter noch 1960 gut erinnern konnte: „Nie wurde robuster, kompromissloser ge‚kämpft'. Die Fetzen flogen. Es ist nicht übertrieben. Fragt die Barmer, Aachener, Bielefelder, Lintforter und Mülheimer. Das Auge der Kamera hat es festgehalten." Und wenn in den 1930er Jahren das sportliche Niveau des Handballs nun noch stärker von Militär- und Polizeisportvereinen dominiert wurde (bis 1944 gab es kein Endspiel ohne Beteiligung der Polizei oder des Militär), war dies nur ein weiterer Beleg für die Re-Militarisierung des Feldhandballs. Eines war diese Sportart jedenfalls sicherlich nicht: Eine Oase des Rückzugs inmitten einer feindlichen nationalsozialistischen Umwelt. Fast ein wenig beängstigend, dass dieses Spiel dennoch wachsende Mitgliederzahlen verzeichnen konnte, wie Reichstrainer Kaundinya 1935 zufrieden berichtete: „Kein Zufall, dass seine Popularität in Schule, Verein, Reichswehr, Polizei, SA und Arbeitsdienst täglich wächst und sich heute etwa eine Viertelmillion Menschen daran begeistern."

Dem zunächst anhaltenden Mitgliederzulauf spielten aber auch andere Faktoren in die Hände. Zum einen existierte seit 1934 mit dem *Handball* endlich eine (wenn auch gleichgeschaltete und zensierte) Fachzeitschrift, in der neue Entwicklungen und Strömungen diskutiert und die Dekrete der „Handball-Führer" abgedruckt wurden. Zum anderen wirkte sich überaus förderlich aus, dass Handball als Programmpunkt

Otto Kaundinya in seiner aktiven Laufbahn. Kraft und Wucht waren allemal Bestandteil seines Spiels.

für die Olympischen Spiele 1936 in Berlin vorgesehen war. Als olympische Sportart genoss der Handball selbstverständlich eine gezieltere Förderung. Von der Berliner Zentrale aus überaus effektiv gesteuert, sichteten bald fünf bezahlte Trainer die vielen Talente und schulten sie in vielen Lehrgängen. Reichstrainer Otto Kaundinya, der seit dem 1. April 1934 fest angestellt war, standen als Handball-Lehrer Werner Busse, Ernst Ludwig Feick, Fritz Fromm und Heinz Klein zur Seite, die sämtlichst Nationalspieler gewesen waren. Diese Schulung und Konzentration auf Olympia war der Beginn einer totalen Überlegenheit, wie sie nur in wenigen Sportarten zu beobachten war. Diese enormen Mittel beeindruckten auch Kaundinya. Der prognostizierte 1935, dass das deutsche Handballspiel „am Anfang einer großen Zukunft" stehe. Und behielt Recht. Bis 1945 verlor ein reichsdeutsches Team nur noch ein Spiel im Feldhandball: 1941 mit 8:11 gegen Ungarn.

▶ Porträt

Richard Herrmann – der „Handball-Führer"

Ein Volk, ein Verband, ein Handball-Führer. Wie die Politik von Adolf Hitler, so profitierte auch der Handball im „Dritten Reich" angeblich von der Weitsicht eines charismatischen Führers. Fachamtsleiter Richard Herrmann, so jedenfalls sah es die Eloge des Fachorgans *Handball,* die 1937 erschien, war ganz allein für Aufschwung und Blüte dieser Sportart verantwortlich zu machen: „Das Geheimnis dieser fortschreitenden Entwicklung liegt in der Persönlichkeit des Führers, bei dem sich in glücklicher Weise Soldat und Sportsmann verbinden. Wo die Gefahr bestand, dass eine zu harte Form der freien Entwicklung der Kräfte hinderlich wurde, da setzte der sportliche Elan ein, und wo Unheil drohte durch die hemmungslose Zersplitterung der Kräfte, da griff die harte Hand des Soldaten zu." Solche Jubelarien waren nicht selten im *Handball,* damit dokumentierte die gleichgeschaltete Fachpresse ihren vorgeblichen Vorteil gegenüber anderen Sportarten: Dort saßen oft noch Spitzenfunktionäre, die bereits im verhassten „Weimarer System" die Geschicke des Sports bestimmt hatten. Richard Herrmann hingegen war ein Parteisoldat der ersten Stunde. Kein opportunistischer Mitläufer, sondern bereits am 1. September 1930 in die NSDAP eingetreten. Ein strammer Nazi wie kaum ein anderer hoher Sportfunktionär des „Dritten Reiches".

Geboren war der gehuldigte Sportfunktionär am 20. Dezember 1895 in Grünberg bei Gießen. Nach dem Besuch der Volkschule und Höheren Bürgerschule meldete sich Herrmann 1914 freiwillig für den „Großen Krieg", aus dem er hochdekoriert zurückkehrte: 1918 kam er als Hauptmann mit dem Eisernen Kreuz I. und II. Klasse nach Hause – und war zunächst arbeitslos, weil der Versailler Vertrag das Heer auf 100.000 Mann minimiert hatte. Am 1. Oktober 1920 trat er in Darmstadt in die Hessische Landespolizei ein und brachte es dort bis zum Lehroffizier für Kriminalistik. Dort wurde er aber am 1. Februar 1929 aus „politischen Gründen" ausgeschlossen. Die exakten Gründe sind unklar, aber der Parteieintritt 1930 in die NSDAP lässt vermuten, dass Herrmann wegen undemokratischer und staatsfeindlicher Aktivitäten geschasst wurde. Im Jahr 1924 kam er in Kontakt mit dem Handball, der damals als typischer Polizeisport galt, und er spielte bis 1930 beim PSV Darmstadt. Gleichzeitig wirkte er als Schiedsrichter und startete als „Vereinsführer" seine Funktionärskarriere. Als er 1930 aus beruflichen Gründen – Herrmann versuchte es zwischenzeitlich als Kaufmann – nach München umsiedelte, bekleidete er das Amt des stellvertretenden Leiters der Deutschen Sportbehörde für Athletik (DSB). Zugleich trat er in die SA ein und stieg dort innerhalb von vier Jahren zum SA-Brigadeführer (was dem

Rang eines Generalmajors entsprach) auf und versah zeitweise die Geschäfte des Augsburger Polizeipräsidenten.

Als SA-Sportreferent war er, als es den deutschen Sport nach 1933 gleichzuschalten galt, aus Parteisicht eine ideale Besetzung für das Amt des Fachamtsleiters Handball, das 1934 installiert wurde. Und Herrmann räumte tatsächlich auf mit den ideologischen Grabenkriegen, die in Weimarer Zeiten zwischen Leichtathleten und Turnern gekämpft wurden. Herrmann brachte es sogar fertig, was nur wenigen anderen Sportführern der Nazi-Zeit gelang: Er brachte sogar den internationalen Verband IAHF völlig unter seine Kontrolle, als er dieses Gremium während der Feld-WM 1938 gleichschaltete und ihr Präsident wurde. Gleichzeitig forcierte er seine Parteikarriere: Im April 1937 wurde Herrmann von Heinrich Himmler zum „Inspekteur für Leibesübungen im persönlichen Stabe des Reichsführers-SS

„Handball-Führer" Richard Herrmann überreicht bei der Hallen-Weltmeisterschaft 1938 die erwartete Trophäe an Spielführer Hans Keiter.

und zum Chef des Amtes für Leibesübungen im SS-Hauptamt" ernannt – und bekleidete fortan den Rang eines SS-Brigadeführers. Gleichzeitig wurde er Inspekteur für den deutschen Polizeisport und war als solcher auch zuständig für die Sportangelegenheiten bei der Sicherheitspolizei und beim gefürchteten SD. Herrmann werde, urteilte der *Handball* damals euphorisch, „für die Entwicklung des Sportes bei der SS von größtem Vorteil sein und damit dem gesamten Sportleben nützen". Jedenfalls gehörte er seitdem zu den einflussreichsten Sportfunktionären des Reiches. Nicht selten vertrat er bei öffentlichen Anlässen den Reichssportführer.

Am 6. September 1939, kurz nach dem deutschen Überfall auf Polen, wechselte Herrmann zur berüchtigten Waffen-SS über und zog sich weitgehend aus dem Tagesgeschäft des Fachamts Handball zurück. Nur von Zeit zu Zeit schrieben die Sportpropagandisten des *Handball* noch in seinem Namen Durchhalteartikel. Am 27. Dezember 1941 fiel Herrmann bei Liwny (in der heutigen Ukraine). In den vielen Nachrufen auf den Handball-Diktator im Rang eines Generalmajors der Waffen-SS wurde noch einmal die gespenstische Symbiose zwischen Sport und Nationalsozialismus deutlich. „Wenn ein Name zur Geschichte des Handballspiels gehört, dann der von Richard Herrmann, der den deutschen Handball zur höchsten Blüte brachte und ihm Weltgeltung verschaffte", huldigte ihm daraufhin Peter Ullbrich, der Redakteur des *Handball*. „Ein soldatisches Leben" habe „im Ringen um den Bestand des Reiches vor dem Feind" geendet. Der Autor ließ indes durchscheinen, dass die Basis nicht immer mit dem zackigen Kommandeurstönen ihres Führers einverstanden gewesen war: „Sein Wesen als Soldat und Nationalsozialist bestimmte auch die Haltung und Einstellung seiner Spieler und Spielerinnen. Viele mögen den Fachamtsleiter ob seiner knappen, militärischen Form nicht immer verstanden haben." Aber Herrmann habe eben selbst nach den Gesetzen, „die dem Spiel und der Gemeinschaft vorgeschrieben sind", hart und streng gerichtet. Kurzum: Es war ein gruseliger Nekrolog auf einen gruseligen Sportfunktionär. Sein Nachfolger als Fachamtsleiter wurde Karl Otto, der ehemalige Obmann der Deutschen Turnerschaft.

Als der Deutsche Handball-Bund (DHB) im Jahre 1949 gegründet wurde, waren viele Funktionäre anwesend, die schon während des Nationalsozialismus im Handball gewirkt hatten. Die Auseinandersetzung mit der Geschichte und der nun höchst unangenehmen Personalie Herrmann fiel so aus wie bei den meisten Sportverbänden: Sie fand schlicht nicht statt. Die Verquickung von Sport und NS-Verbrechen wurde ignoriert, vergessen, verschwiegen. Eine Biographie Herrmanns, das anschaulichste Beispiel dieser unglückseligen Symbiose, existiert bis heute nicht. Es ist an der Zeit, sie zu schreiben.

Der Nachruf im *Handball*.

▶ Porträt

Otto Kaundinya – der erste Star des Handballs

Als Otto Günter Kaundinya am 9. Juni 1940 starb, ging dem deutschen Handball das erste Idol verloren. Wie kein anderer hatte „Kaun", wie ihn alle nur nannten, dem noch jungen Spiel sein Gepräge verliehen. Dass der Modellathlet zu den besten Spielern der Welt gezählt hatte, bestritt in den vielen Nachrufen niemand. Mit dem Namen Kaundinya verband sich zudem eine eigene Handball-Philosophie: „In seiner unerhörten Schnelligkeit, Wendigkeit und Schusskraft, aber auch in seinem vorbildlichen Bedienen und Einsetzen seiner Mitspieler ist er von keinem anderen Spieler jemals wieder auch nur annähernd erreicht worden", rühmte der Sportjournalist Dr. Paul Laven seine Fähigkeiten als Akteur. Doch weil Kaundinya, der brillante Theoretiker und Analytiker, auch als Trainer alles gewonnen hatte, war er sogar „mehr als ein Meister des Handballspiels" (Laven). Kaundinya war eine Legende. Eine Gründungsfigur des Handballs, deren Schule auch nach ihrem Tod noch lange wirken sollte.

Geboren wurde Kaundinya am 5. Juli 1900 in Erode, Indien. Sein Großvater gehörte zu den ersten Brahmanen, die im 19. Jahrhundert zum Christentum konvertiert waren, und sein Vater arbeitete dort noch bis 1914, als der Erste Weltkrieg begann, im englischen Staatsdienst. Kaundinya jedoch wuchs mit seiner Mutter und seinen drei Geschwistern seit 1905 in Stuttgart auf, nach dem Abitur 1918 zog er noch für einige Monate an die Front. Die Nachkriegswirren und Inflation ließen danach keine Ausbildung zu, und der junge Erwachsene musste sich mit Aushilfsarbeiten durchschlagen, mal in der Landwirtschaft, mal als Kaufmann in Kontoren. Damals entdeckte er seine Liebe zum Sport. 1923 schließlich kam der hervorragende Zehnkämpfer das erste Mal mit dem Handball in Berührung. Ein Traum ging in Erfüllung, als er 1925 an der Deutschen

Kaundinyas Handball-Lehrbuch von 1935.

Hochschule für Leibesübungen angenommen wurde, auch wenn er „in den ersten Semestern mit wenig Geld auskommen musste", wie sich seine Mutter später erinnerte. Doch schon bald finanzierte er sich, ebenso wie sein berühmter Kommilitone Sepp Herberger, das Studium als Sportlehrer und Trainer. Spätestens seit 1928 war er überaus gefragt als Handball-Spezialist, denn in diesem Jahr gewann der athletische Innenstürmer an der Seite von Schelenz und Zabel mit dem Deutschen Handball-Klub Berlin die Deutsche Meisterschaft. Zwischen 1928 und 1931 arbeitete er bei der Sportvereinigung Siemens Berlin, zwischen 1932 und 1934 beim BSV 1892 und bei der Bewag. Vor allem aber gehörte er fortan (bis 1932) zum Stamm der Nationalmannschaft, meistens als Spielführer und genialer Lenker in der Offensive. Auch in der brandenburgischen Auswahl verpasste er zwischen 1927 und 1934 kein einziges Spiel. Um 1930 erreichte er seinen sportlichen Zenit. Fast jeder Kenner bezeichnete ihn nun als „besten Handballspieler der Welt" – ungeachtet der Tatsache, dass er mit rund 30 Jahren bereits zur älteren Generation zählte.

1929 beendete Kaundinya das Studium. „In dieser Zeit erhielt ich mein Diplom an der Deutschen Hochschule für Leibesübungen und absolvierte dann sechs Semester Universitätsstudium in Rassenlehre, Völkerkunde, Psychologie bis zum akademischen Sportlehrer", resümierte er später. Schon zu Beginn der 1930er Jahre machte er dann mit diversen Aufsätzen in Fachorganen von sich reden, in denen er vehement (aber recht erfolglos) Regelreformen forderte; vor allem die Abseitslinie störe, fand er, den Fluss und mache das Spiel unattraktiv. 1935 krönte er dann seine theoretischen Überlegungen mit dem Buch „Das Handballspiel", das, obgleich es recht krude Thesen über Sportler und Sex, Alkohol und Drogen beinhaltete, noch nach seinem Tod aufgelegt wurde.

Als 1934 das Fachamt Handball eingerichtet wurde, profitierte Kaundinya von der Gleichschaltung und Zentralisierung des Handballs. Er wurde am 1. April 1934 gemeinsam mit vier Kollegen als gut bezahlter „Reichshandball-Lehrer" vom Reichsbund für Leibesübungen eingestellt, galt aber unter ihnen als „primus inter pares". Seine Ausnahmestellung zeigte sich auch in der Betreuung und Vorauswahl der Mannschaft für das olympische Turnier 1936, für das ausschließlich er als „Olympialehrer" verantwortlich war. Aufgrund seiner außergewöhnlichen Erfolge dort, zuletzt auch als Coach der deutschen Mannschaften, die 1938 die Weltmeisterschaften in der

Halle und auf dem Feld errungen hatten, und aufgrund seines Rufes als glänzender Analytiker der Spieltaktik ernannte Handballführer Herrmann ihn schließlich am 24. August 1938 zum ersten „Reichstrainer". Das war der Höhepunkt einer außergewöhnlichen Karriere als Trainer. Fast selbstverständlich betreute er auch die Frauen-Nationalmannschaft 1938 und agierte als Lehrer, wenn – wie 1939 – ausländische Handballtrainer vom Weltverband IAHF zu einem Lehrgang nach Berlin eingeladen wurden.

Die Ernennung zum Reichstrainer war Herrmann auch deshalb leichtgefallen, weil der stets soldatisch auftretende Kaundinya als politisch zuverlässig galt. Kaundinya verstehe es meisterhaft, seine Schüler zu drillen, schrieb nicht nur das Fachorgan *Handball* 1937. SS-Brigadeführer Herrmann gefiel zudem, dass Kaundinya von Zeit zu Zeit auch durch rassenpolitische Überlegungen auf sich aufmerksam machte, so wie 1939, als Kaundinya die verschiedenen Stile des Handballs auf Rassemerkmale zurückführte: „Unter den europäischen Völkern herrschen, je nachdem sie im Süden, Norden, Westen oder Osten leben, bestimmte Rassen vor. Man kann sich wohl vorstellen, dass im Durchschnitt der Bevölkerung einer Nation, in der eine Rasse vorherrscht, bestimmte äußere Merkmale, wie Augenfarbe, Haarfarbe, Kopfform und ein bestimmter Körperbau häufig zu finden sind. Für uns ist die Frage, aus welchem rassisch bedingten Körperbau lässt sich das meiste herausholen in der Richtung der für das Ballspiel notwendigen Kondition. (…) Der südliche Mensch stürzt sich in den Kampf, der nordische organisiert den Kampf. Ausgeprägtem Spielinstinkt des Südländers steht die Spielintelligenz des Nordländers gegenüber. Die rassische Eigenart drückt sich im Kampfstil aus. Der Spieler des Südens hat seltener ausgearbeitete taktische Pläne, er improvisiert, schöpft also aus der augenblicklichen Spielsituation, sein Kampfstil ist temperamentvoll überrumpelnd, der nordische Kampfstil ist beherrschter, kühl berechnend und sachlich, oft methodisch und mathematisch wirkend." Auch das war Kaundinya: Ein ideologisch fester Sportler und Trainer, der sich den Verhältnissen anpasste.

Vielleicht ist diese unangenehme Facette dafür verantwortlich, dass Kaundinya heute vergessen ist. Doch die Tatsache, dass Kaundinya als Protagonist der Feldhandballschule dem Hallenhandball nicht so viel abgewinnen konnte, wird ebenfalls dazu beigetragen haben. Der verherrlichte Heldentod Kaundinyas im Juni 1940, der sich kurz zuvor freiwillig zur Infanterie gemeldet hatte und während des Frankreich-Feldzuges an der Aisne fiel, passte außerdem nicht so recht in die Geschichtsbücher späterer Epochen. „Die großen Erfolge, die der deutsche Handballsport national und international in den letzten sieben Jahren erringen konnte, sind mit das Hauptverdienst unseres gefallenen Reichstrainers Otto Günther Kaundinya", ließ Herrmann in dem Nekrolog „Der Fachamtsleiter zum Heldentod Kaundinyas" drucken. „Der Heldentod unseres befähigtesten Lehrers erweckt in der großen deutschen Handballspielerschaft tiefste Trauer. Ein vorbildlicher Kamerad gab sein junges Leben für die

Anleitungen aus dem Lehrbuch Kaundinyas: falsches und richtiges Fangen in Brusthöhe (links), Tippen des Balles (mitte), Theorie des Spielaufbaus (rechts).

Nation, so wie er gewohnt war, alle Aufgaben in treuester Pflichterfüllung zu meistern", hatte bereits Stellvertreter Eugen Mangold im Fachorgan geschrieben.

Seinen Sohn, der am 31. Mai 1940 geboren worden war, hatte er, der erste Star des deutschen Handballs, nicht mehr zu Gesicht bekommen. Eine der letzten Nachrichten vom Lebenden war ein Bericht über ein Zusammentreffen Kaundinyas mit ehemaligen Freunden aus der Nationalmannschaft gewesen. Sie hatten an der Front das gespielt, was sie am besten konnten: Handball.

Olympiavorbereitungen im militärischen Gleichschritt. Vorne mit weißer Hose Kaundinya.

▶ **Exkurs**

Das olympische Feldhandball-Turnier von 1936

Ging es nach dem *Handball,* hatten erst die Nationalsozialisten dem Handballspiel zum Aufschwung und olympischen Weihen verholfen. „Den allergrößten Triumph erlebte der Handballsport erst unter der nationalsozialistischen Sportführung, und dieses Werk wurde gekrönt durch den ersten deutschen Olympiasieg bei den Spielen 1936 in Berlin", hieß es 1937 in dem von Goebbels kontrollierten Fachorgan, ein Jahr nach dem Handballturnier in einem historischen Rückblick. Doch griff diese Einschätzung eindeutig zu kurz. Denn die Fundamente für die Aufnahme des Handballs in das olympische Programm waren bereits in der Weimarer Republik gelegt worden – so wie die Sportfunktionäre des verhassten „Weimarer Systems" bereits 1931, lange vor der Machtübernahme durch die NSDAP, die Spiele nach Berlin geholt hatten.

1928, als die Olympischen Spiele in Amsterdam abgehalten wurden, war die Internationale Amateur Handball-Föderation (IAHF) als Weltverband konstituiert worden. Kein Wunder angesichts der Genese des Spiels, bestimmten hier vor allem deutsche Funktionäre die Richtung. Erster Präsident war der Münchner Rechtsanwalt Franz Lang, der aber 1931 nach privaten Problemen zurücktrat, so dass ihn Fritz Hassler kommissarisch vertreten musste; 1934 übernahm dann das deutsche IOC-Mitglied Karl Ritter von Halt. Die schon ein Jahr zuvor vom Vorläuferverband beantragte Aufnahme in das Programm hatte das Internationale Olympische Komitee (IOC) allerdings abgelehnt. So kam es in Amsterdam lediglich zu einer Demonstration durch Studenten der Deutschen Hochschule für Leibesübungen, die eine „einleitende Wurfschule durch Männer" sowie ein „Spiel zweier Männermannschaften weiß gegen blau von fünf Minuten Dauer" präsentierten.

Spätestens beim Olympischen Kongress 1930 in Berlin war jedoch klar, dass Handball eine große Chance bekommen würde: „Sollte im Jahre 1936 die Durchführung der Olympischen Spiele an Deutschland übertragen werden, so wird bei diesem Anlass Feldhandball in Erscheinung treten", hieß es in einem Bericht des deutschen IAHF-Funktionärs Burmeister. 1931 schließlich offiziell als olympische Sportart aufgenommen, waren 1932 in Los Angeles laut Handballhistoriker Millermann die „Voraussetzungen für Durchführung und Teilnahme (…) einfach nicht gegeben". Abgesehen davon, dass selbst für die Deutschen aufgrund der Wirtschaftskrise die Entsendung einer Mannschaft zu teuer gewesen wäre, hätte es auch ein Zuschauerproblem gegeben. Der amerikanische Sportfan kannte das Spiel ja nicht.

Dieses Problem existierte für die nächsten Spiele in Berlin nicht, und außerdem war die Zahl der IAHF-Mitgliedsverbände 1936 bereits auf 25 angestiegen. Am 8. Mai

Die deutsche Handball-Nationalmannschaft beim Einlauf zum Endspiel gegen Österreich, Olympiade 1936 in Berlin.

1934 schließlich dekretierte das IOC das olympische Handballturnier für die „Nazi-Spiele" (Mandell), für die sich die zentral gesteuerte staatliche Propaganda problemlos auf Völkerverständigung und Friedensliebe umstellen konnte. Natürlich, der Austragungsort hatte eine wesentliche Rolle gespielt: „Wir Freunde des Spiels verkennen nicht, dass die Vergebung der Olympischen Spiele an Deutschland wesentlich dazu beitrug, dass Handball vor dem hohen internationalen Forum Gnade fand", räumte etwa das Amt für Sportwerbung ein, das dem deutschen Publikum 1935 Regeln und Geschichte des Spiels in einem kleinen Heftchen näherbrachte. Dennoch war das fraglos der vorläufige Höhepunkt einer atemberaubenden Entwicklung, hatte sich dieser Sport doch damit „in 17 Jahren aus örtlichen Anfängen zu einer weltumspannenden Sportart" entwickelt, wie das Vorwort in dem letzten Schelenz-Lehrbuch aus dem Jahre 1949 urteilte. Und gleichzeitig wirkte es wie ein Tribut an Berlin als „Geburtsort des modernen Handballs". Allerdings wurde dieser Erfolg von einer unerwartet schlechten Resonanz überschattet. Denn obwohl die deutschen Veranstalter Freundschaftsspiele nach Olympia als Finanzierungsbrücke anboten, meldeten Schweden, Dänemark, Holland und Luxemburg nicht, obwohl sie fest einkalkuliert worden waren. Deren Verbände, erklärte von Halt, „konnten ihre Nationalen Olympischen Komitees nicht davon überzeugen, dass ihre Mannschaften in Bezug auf spielerisches Können und Spielkultur stark genug seien, an dem Olympischen Turnier teilzunehmen". Am Ende blieben nur sechs Teilnehmer übrig: Neben Deutschland als Mutterland des Feldhandballs kamen lediglich Teams aus Österreich, Ungarn, Rumänien, den USA und der Schweiz.

Als klarer Goldfavorit galten die Deutschen, die sich über Monate hinweg unter professionellen Bedingungen in mehreren Trainingslagern vorbereitet hatten. Und sie bestätigen ihre Favoritenstellung: In der Vorrunde siegten sie zunächst mit 22:0 (14:0) gegen Ungarn, das Handball seit 1923 kannte. Dann überrannten sie die USA, deren Team vorwiegend aus immigrierten Deutschen bestand, mit sage und schreibe 29:1 (17:0). In dieser Partie erlaubte sich der Amerikaner Yantz den Gag, mit einem Eigentor für den 13. deutschen Treffer zu sorgen, er selbst trug in diesem Spiel – selbstredend – die Rückennummer 13. Immerhin 40.000 Besucher erschienen dann zum ersten Endrundenspiel im Poststadion, das Deutschland mit 19:6 (11:3) gegen verbesserte Ungarn gewann. Für die Endrunde am 12. und 14. August freuten sich die Handballer dann auf die Rekordkulisse von jeweils 100.000 Zuschauern im ausverkauften Olympiastadion. Nie wieder zuvor noch danach sahen so viele Menschen ein offizielles Handballspiel live. Eine bessere Werbung konnte es nicht geben.

An den beiden letzten Tagen demonstrierte der von Kaundinya trainierte Gastgeber erneut seine Überlegenheit. Gegen die Schweiz siegte man 16:6 (9:3), so dass die letzte Partie gegen das bis dahin ebenfalls ungeschlagene Österreich den gewünschten Finalcharakter bekam. Dieses Endspiel litt indes unter heftigen Regenfällen. Dennoch: Die Begeisterung der Hunderttausend auf den pitschnassen Bänken war trotz des Unwetters so beschaffen, „dass sie selbst einem Zyklon standgehalten hätte", wie der Beobachter des *Paris Soir* einigermaßen verwundert konstatierte. Obwohl das Wetter ein vernünftiges Prellen und kontrolliertes Fangen kaum zuließ, zeigten beide Mannschaften durchaus ein gefälliges Spiel. Die konditionell besseren Deutschen gingen bis zur Pause mit 5:3 in Führung und erhöhten bis eine Viertelstunde vor Schluss auf 8:3. Doch kamen die kampfstarken Österreicher bis fünf Minuten vor Schluss auf 6:8 heran und sorgten noch einmal für Spannung. Erst kurz vor Spielende stellten zwei deutsche Treffer den 10:6-Sieg her und sorgten so für den ersten deutschen Olympiasieg im Handball. Wenn dieser Erfolg auch nur ein schwacher Trost war für das sensationelle Ausscheiden der deutschen Fußballelf, die in der Vorrunde mit 0:2 gegen Norwegen verloren hatte, erfreute das doch den Propagandaminister: „Im Handball bekommen wir auch eine Goldmedaille. Liegen damit weitaus an der Spitze. Die erste Sportnation der Welt!", hieß es in der Tagebuchnotiz Goebbels'.

Der *Amtliche Bericht des Organisationskomitees* fand ebenfalls positive Worte für das Turnier: „Zuschauer und Presse, nicht zuletzt auch die Nationen, denen Handball bisher ein unbekannter Sport war, äußerten wiederholt ihre Begeisterung. Das Handballspiel hat seine olympische Probe bestanden und sich in der Reihe der Geist und Körper stählenden Sportarten einen festen Platz gesichert." Tatsächlich bedeuteten diese Tage einen Meilenstein für die Internationalisierung des Feldhandballs. Bei

Handball bis 1945

Spielaufstellung:

Österreich:			Schnabel		
		Bartl		Tauscher	
	Licha		Juracka		Wohlrab
Volak		Schmalzer	Schuberth	Kiefler	Perwein
	Fromm	Klingler	Berthold	Theilig	Herrmann
		Dascher	Brinkmann		Keiter
		Bandholz		Knautz	
Deutschland:			Körvers		

den Planungen für die nächsten Olympischen Spiele 1940 war bald das „Handballturnier für Tokio gesichert", wie der *Handball* 1937 vermeldete. Da hatten sich neben Japan, wo sich Handball seit der 1926 erfolgten Studienreise von Professor Takeihi Otani durch Europa als Schulfach etabliert hatte, die Verbände Kubas, Rumäniens, Deutschlands, Österreichs und der USA gemeldet. Als sichere Kandidaten galten zudem Ungarn, Holland, Schweden, Dänemark und die Schweiz. Wer weiß, was aus dem Feldhandballspiel geworden wäre, wenn es weiterhin als olympische Sportart hätte Werbung machen können. Aber der Krieg verhinderte das.

Die deutschen Handballer als Olympiasieger 1936.

▶ Exkurs

Eine neue Sportart entsteht – Hallenhandball

Als das Open-Air-Spiel Feldhandball mit dem Olympiasieg 1936 seinen Höhepunkt feierte, hatte sich bereits eine Ernst zu nehmende Konkurrenz im eigenen Lager entwickelt: Handball in der Halle. Das erste Experiment hatte es 1925 in der Dortmunder Westfallenhalle gegeben, damals spielten jeweils neun Spieler pro Team gegeneinander. Mehr Notiz nahm die Öffentlichkeit dann von den Hallenturnieren im Januar 1930, zu denen der Verband Brandenburgischer Athletik-Vereine (VBAV) geladen hatte. Insgesamt acht hochklassige Mannschaften aus dem Raum Berlin nahmen an der Vorrunde am 23. Januar 1930 teil, unter anderem der BSV 92 und ein Siemens-Werksteam. Das Finale erreichten mit dem Deutschen Handballklub Berlin und dem PSV Berlin damals die besten Feldhandballteams; der PSV siegte schließlich mit 5:4. Erfahrene Beobachter fanden das freilich nebensächlich. Sie schwärmten von der engen und dichten Atmosphäre, die ein Feldhandballspiel in ihren Augen niemals zu erreichen vermochte: Viel wichtiger, erinnerte sich ein Journalist zehn Jahre später, sei noch die Begeisterung der Zuschauer gewesen, „die die richtige Stimmung entfachte, die alles mitriss. Die Presse, die das Turnier vorher kaum erwähnt hatte, brachte darauf begeisterte Kritiken und feierte das Hallenhandballspiel als eine willkommene Bereicherung des Wintersportprogramms der Reichshauptstadt." Drei Tage darauf, am 26. Januar 1930, spielten die vier Berliner „Vorrundensieger" gegen den SV Darmstadt 98, die Leipziger Sportfreunde, den PSV Halle und den Wiener Athletik-Klub, der das Finale gegen den PSV Berlin dominierte und mit 8:4 gewann. Doch trotz dieses Premierenerfolges wurde es zunächst wieder stiller um die Hallenvariante. Daran änderten auch die „orkanartigen Beifälle" bei einem Frauenturnier 1931 nichts, das der VBAV in einer Wilmersdorfer Tennishalle veranstaltet hatte.

1934 schrieb dann das Fachorgan *Start und Ziel*: „Überall Hallen-Handball", das die Massen „gewaltsam in seinen Bann" ziehe. Die Ahnung, die Hallen böten womöglich eine bessere Perspektive als das Feld, wurde also schon sehr früh ausgesprochen. Befeuert wurden sie durch den Bau großer Hallen in den Städten. In Berlin beispielsweise verlegte sich das Geschehen nun vom Sportpalast weg zur neu erbauten Deutschlandhalle; aber nicht nur dort, auch in Stuttgart, in Dortmund, in Breslau und vielen anderen Städten fanden nun in den Wintermonaten vermehrt Hallenturniere statt. Das war stets mit terminlichen Problemen für die Feldhandballsaison verbunden, denn der galt als traditioneller Wintersport. Aber letztlich entschieden hier nicht die Funktionäre, sondern die Spieler und Zuschauer, die das Hallenspiel unbedingt wollten. Der Zuspruch des Publikums war gewaltig, nicht nur in der Großstadt

Dassler schaut voraus!

Rasten heißt rosten. Die zahlreichen Anerkennungen im olympischen Jahr haben uns angespornt unsere Fabrikate weiter zu verbessern und allen Spezialanforderungen anzupassen.

Prüfen Sie die **Neuen Modelle 1937**

und Sie werden feststellen, daß Dassler-Rennschuhe und Dassler-Handballstiefel Spitzenleistungen deutscher Werkarbeit und sportlicher Praxis sind. Für Läufer, Springer, Werfer, Handballspieler die erprobtesten Modelle

Gebr. Dassler, Herzogenaurach b. Nürnbg.

Schon 1937 gab es Sportwerbung: Die Firma Dassler, aus der später adidas und puma hervorgehen.

Berlin. „Die Leistungen der Mannschaften und das Interesse der Zuschauer, das im Gegensatz zum Feldhandball in Berlin äußerst rege ist, steigerten sich gegenseitig, so dass die Berliner Tennishalle bald vom Sportpalast und dieser wiederum von der Deutschlandhalle abgelöst werden musste." Spätestens 1937 mehrten sich die Schlagzeilen wie „Auch die Westfalenhalle ausverkauft". Begründet wurde der enorme Zulauf mit dem, was man heute „Event-Charakter" nennt. Das deutete ein zu Beginn 1937 im *Handball* publizierter Artikel an, der unter dem Titel „Triumph des Hallenhandballspiels" erschien: „Der Appetit kommt mit dem Essen, das hatten damals schon die Zuschauer beim Hallenhandballschmaus festgestellt, und heuer dürfte das vollbesetzte Haus zu der Ansicht gekommen sein, dass es etwas ungemein Schönes ist, wenn neben der spieltechnischen Augenweide man auch den Höllenspektakel miterleben darf, der bei dem Reiz der Sensation in der Halle scheinbar als notwendiges Übel mit eingeschaltet werden muss…" Schon das Turnier des Vorjahres sei erfolgreich gewesen, nun aber, nach diesem „Bild überwältigender Kraft und Schönheit" sei der Hallenhandball „zum Durchbruch gekommen". Handball-Führer Herrmann kündigte gar eine deutsche Hallen-Meisterschaft an, zu der die besten Mannschaften der Gaue in Dortmund antreten sollten. Dazu sollte es aber erst nach dem Krieg kommen.

Wie steil der Aufstieg des Hallenspiels in den 1930er Jahren war, belegt ein weiterer Artikel des *Handball* aus dem Dezember 1937, der die Vorzüge des neuen Spiels in komprimierter Form wiedergab: „Es zeigt sich immer mehr, dass die vorhandenen Hallen für die großen Ereignisse im Hallenhandball in ihrem Fassungsvermögen nicht mehr ausreichen und die Steigerung des Interesses für Hallenhandball anhält. Neben den Annehmlichkeiten, die der Besuch in der Halle bietet – wir denken dabei an den geräumigen Sitzplatz in einer schönen, geheizten Halle in unmittelbarer Nähe des Spielfeldes – liegt die Beliebtheit des Hallenspiels in seinen ganz anders als im Feldhandball gelagerten Verhältnissen begründet. Die Spieleranzahl ist beschränkt und die Mannschaften durchwegs stärker und schneller, die verkürzte Spielzeit ermöglicht, das flotte Anfangstempo bis zur letzten Spielminute durchzuhalten, und die technischen und taktischen Möglichkeiten gestalten ein neues und anderes Leistungsbild als im Feldhandball. Das sind die Ursachen, die die Begeisterung für Hallenhandball auslösen." Diese Einschätzung deckte sich mit der Beschreibung in einem kleinen Propaganda-Heft im Vorfeld der Olympischen Spiele: „Handball als Hallenspiel erfreut sich besonders des Zuspruchs und Beifalls der Zuschauer. Hier

Fotoseiten im *Handball* zur ersten Hallenhandball-Weltmeisterschaft 1938 in Berlin.

kommt seine wuchtende Schnelligkeit in hervorragender Weise zur Geltung. Tempo und flotter, aufpeitschender Wechsel der Spielhandlungen kommen denen des Eishockeys mindestens gleich, der Wechsel in der Ballführung und in den Wurfmöglichkeiten erhöhen den Reiz." Die Erfolgsgeheimnisse sind hier auf den Punkt gebracht: Dynamik, Schnelligkeit, großer Unterhaltungswert, Übersichtlichkeit, angenehme Rahmenbedingungen für die Zuschauer. Umgekehrt deutete sich damit an, dass sich der Feldhandball erneut in einer spieltaktisch und -technischen Krise befand. Zumindest besaß er ein veritables Zuschauerproblem. Die schweren Auseinandersetzungen zwischen Feld- und Hallenhandball, die in den 1950er und 1960er Jahren ausgetragen wurden, sind hier bereits vorgezeichnet.

▶ **Exkurs**

Februar 1938 – Die erste Hallenhandball-Weltmeisterschaft in Berlin

Wie viele Bevölkerungsschichten das Hallenspiel bereits Ende der 1930er Jahre erreichte, zeigte der „Ansturm" auf die Karten, wie ihn der *Handball* nannte, für die Spiele der „Hallenhandball-Weltmeisterschaft" am 5./6. Februar 1938 in der Berliner Deutschlandhalle. Den Plan zu einer solchen Veranstaltung hatte der Leiter der Technischen Kommission der IAHF, Willy Burmeister, bereits nach dem olympischen Turnier entwickelt: „Ich habe den Wunsch, dass die IAHF zu ihrem zehnjährigen Bestehen im Jahre 1938 ein internationales Feld- und Hallenhandballturnier als Jubiläumsveranstaltung durchführt, um damit die weitere Ausbreitung des Handballspiels zu fördern." Schon Mitte Dezember 1937 waren kaum noch Tickets für die beiden Abendveranstaltungen zu haben, die zwischen 1,25 (Stehplatz) und 5 Reichsmark kosteten; am Ende zählte der Veranstalter an den beiden Abenden insgesamt 18.000 Zuschauer. Der Name „Weltmeisterschaft" war indes ein wenig zu hoch gegriffen, denn neben Deutschland und seinem traditionellen Länderspielpartner Österreich nahmen nur noch Schweden und Dänemark daran teil. Diese beiden Nationalmannschaften hatten auch das bis dahin einzige Länderspiel in der Halle ausgetragen, das die Schweden am 8. März 1935 in Kopenhagen mit 18:12 gegen die Dänen gewonnen hatten. Dieses Turnier hatte also in vielerlei Hinsicht Pioniercharakter. Das begann schon mit den noch nicht synchronisierten Regeln. Zwar hatte der Weltverband IAHF 1936 international gültige Regeln für den Hallenhandball verabschiedet, die weitgehend an die Feldhandballregeln angelehnt waren. Doch wurde in Skandinavien bis 1938 nicht mit sieben, sondern nur mit sechs Mann pro Team gespielt, „da in diesen Ländern der Mittelläufer wegfällt, welche Maßnahme wahrscheinlich infolge der vielen, aber kleinen Hallen getroffen wurde", wie ein deutscher Journalist mutmaßte. Und obwohl die Spielerzahl beim Turnier mit der heutigen identisch war, besaß der Hallenhandball dennoch 1938 einen völlig anderen Charakter. So zogen sich die sechs Feldspieler noch nicht bis an den eigenen Torraum zurück, sondern sie verteilten sich immer noch relativ gleichmäßig über den Platz (drei Abwehrspieler, drei Angreifer) – in der irrigen Annahme, diese immer noch fußballähnliche taktische Formation sei ideal.

Taktisch, technisch und spielerisch war diese WM demnach ein spannendes Experiment. Und keiner wagte vorherzusagen, wer dieses Turnier, das in einer Runde Jeder gegen Jeden gespielt wurde und dessen Spiele jeweils nur 2 x 10 Minuten dauerten, gewinnen würde. Der einzige Erfahrungswert des deutschen Hallenhandballs im internationalen Vergleich – der Sieg einer zusammengewürfelten Mannschaft aus

Im *Handball* steht das Hakenkreuz im Vordergrund.

Feldhandballspielern gegen ein dänisches Team, 1934 bei einem Turnier in Kopenhagen – besaß keine Aussagekraft. „Die Weltmeisterschaft kennt keinen Favoriten", meinte deswegen der *Handball*. Insgeheim aber rechneten die Experten mit einem Erfolg der traditionsreicheren Hallenhandball-Länder Dänemark, das das Vereinsteam „Ajax Kopenhagen" entsandte, und Schweden, das die Hallenvariante schon seit 25 Jahren kannte. Die deutschen Akteure, die aus dem ganzen Reichsgebiet rekrutiert wurden, bereiteten sich allerdings generalstabsmäßig vor: bei Hallenturnieren in Frankfurt (2. Januar), Kiel (9. Januar), Stuttgart (16. Januar) und Stuttgart (29. Januar) – und in einem Lehrgang bei Reichstrainer Kaundinya in Berlin.

Das Turnier, das von einer Reihe von Städtespielen flankiert wurde, begann am Samstagabend mit dem Spiel Deutschland gegen Dänemark, das „mit dem großen Spielfeld der Deutschlandhalle doch gewisse Schwierigkeiten hatte", wie es im Spielbericht hieß. Er verzeichnete weiterhin „wuchtige Angriffe der Deutschen", während das „weiche, kurzflankige Spiel der Dänen kein Problem für die deutsche Deckung" darstellte. „Die Massen kommen nun in Stimmung, Beifall braust auf, und man verlangt von der deutschen Mannschaft mehr Tempo, trotzdem das Spiel schon so schnell ist, dass man kaum noch den Vorgängen folgen kann." Am Ende dieser Premiere stand es 11:3 (4:3) für Deutschland. Nachdem der Gastgeber am nächsten Tag auch die zweite Partie gegen den Turnierzweiten Österreich mit 5:4 (4:2) für sich entschieden hatte, benötigte er im letzten Spiel gegen Schweden lediglich ein Remis. Dieses Finale bildete den spielerischen Höhepunkt. Die Zuschauer bestaunten die famosen Rückhandwürfe des Schweden Lamberg, die sie so noch nie zu Gesicht bekommen hatten. Große Irritationen und geweitete Augen löste aus, dass der schwedische Keeper Kellerdahl bei einem schnellen Gegenstoß aus dem Tor herauslief und damit – Sensation! – den Winkel verkürzte. Als herausragender Spieler dieses 7:2 (3:1), das den Turniersieg und die erste Weltmeisterschaft für Deutschland besiegelte, bejubelten die Zuschauer aber das „Torwächterphänomen" Karl Herbolzheimer (Stuttgarter Kickers). Denn der hatte tatsächlich, „diese einzigartige Leistung", wie der *Handball* urteilte, beim Stand von 2:1 für Deutschland einen Siebenmeter-Strafwurf gehalten, was man zuvor für nahezu unmöglich gehalten hatte. Diese letzte

Partie, befand der entzückte *Handball,* „war Hallenhandball in höchster Vollendung, mit allem Zierat an technischen Feinheiten, mit Elan und Tempo, mit blitzschnellen Wechseln der Spielhandlung, mit akrobatischen Leistungen der Torwächter und den Torschüssen voll Kraft und Raffinesse". Das Fachblatt rühmte speziell die Wurfkraft des besten Schützen Hans Theilig (TV Oberalster Hamburg, insgesamt 6 Tore). Der Gegner hingegen gefiel nur in ästhetischer Hinsicht: „Ohne Zweifel stellten die Schweden die Mannschaft ins Feld, die den Zuschauern am besten gefiel. Die großen, schlanken Gestalten, die hübsche Sportkleidung mit den eingewebten Nummern, das elegante Spiel gefielen allerseits."

In der später von Experten gezogenen Bilanz wurde deutlich, welch unterschiedliche Spielkulturen aufeinander geprallt waren. Während die Deutschen von ihrer Athletik und Kraft profitiert hatten, bevorzugten die Skandinavier, die wegen der ihnen fremden Regeln im Nachteil waren, mehr das spielerische und technische Element. Der deutschen Wurfkraft in Gestalt von Theilig, Ortmann, Obermark und Zimmermann „hatte kaum eine der anderen Mannschaften etwas Gleichwertiges entgegenzusetzen", analysierte der stolze Reichstrainer Kaundinya später. „Nicht selten kamen die Torwürfe so blitzschnell, dass es für den Zuschauer kaum möglich war, den Flug des Balles klar zu verfolgen. Diese enorme Wurfkraft war, nicht zuletzt, die größte Stärke des deutschen Angriffs. So konnte Deutschland es sich leisten, auf technische Kunststückchen, wie sie Dänen und Schweden mehrfach zeigten, zu verzichten. Ganz krass gesagt, könnte man also von einem Erfolg der Wucht und Durchschlagskraft über technische Feinheiten sprechen." In Wirklichkeit aber waren die Skandinavier progressiver, weil sie spezifische Überlegungen für die Halle angestellt hatten, also gedanklich und technisch weiter waren. Den „Springwurf" und den „Aufsetzer-Pass" (wie Sprungwurf und Bodenpass damals noch hießen), den die Dänen in Berlin demonstrierten, hatten deutsche Zuschauer noch nicht gesehen.

Kaundinya zufolge hatten sich auch die Regeln als „harmonisches Gebilde" erwiesen: „Der Torraum wird in seinem Ausmaß den Schussleistungen der Stürmer und dem Vermögen der Torhüter ausgezeichnet gerecht. Die Regel, die auf den Eckball verzichten lässt, wenn der Torwächter den Ball über die eigene Torlinie lenkt, hat dazu geholfen, den Fluss der Handlungen zu beschleunigen. Der Wegfall der Abseitsgrenzen entspricht den Raumverhältnissen, und die Strafe des 7-Meter-Freiwurfs hat ihre Wirksamkeit unter Beweis gestellt." Es bestehe daher keine Veranlassung zu irgendwelchen Veränderungen, meinte der Reichstrainer und sagte einen weiteren Aufschwung voraus, obwohl „die Hallenfrage in den meisten der Handballsport treibenden Länder, wie Polen, Ungarn, Luxemburg, Rumänien noch ungeklärt ist." Dennoch, das nächste Turnier werde sich einer stärkeren Beteiligung erfreuen. Die schwedische Delegation, die diese erste Hallen-WM ebenfalls positiv bewertete, regte an, das nächste Mal die Partien auf jeweils 2 x 25 Minuten auszudehnen. Angetreten als selbst ernannter Favorit, befand selbstkritisch die Stockholmer Sportgazette

Idrottsbladet, habe die eigene Mannschaft viel gelernt in Berlin. Der schwedische Sportjournalist rühmte insbesondere den deutschen Stürmer Theilig: „Er ist ungeheuer schussgewaltig. – Er hat einen Schuss wie der Fußballer Szepan." Das waren sie wieder, die Analogien zum Fußball. Und wie der Fußball wollten die Hallenhandballer nun auch alle vier Jahre eine WM austragen. Für das geplante WM-Turnier 1942 interessierten sich schon 1938 die Schweden. Der Zweite Weltkrieg stand dem im Wege. Es sollte bis 1954 dauern, bis die nächste Hallen-Weltmeisterschaft ausgetragen wurde – in Schweden.

Aufstellung: Herbolzheimer im Tor, Schauer, Keiter und Mahnkopf in der Abwehr, Steiniger, Theilig und Ortmann im Sturm

Deutschland – der erste Hallenhandball-Weltmeister 1938.

▶ **Exkurs**

Die erste WM im Feldhandball 1938 – Totale Dominanz der Deutschen

Zu Beginn des Jahres, als in der Deutschlandhalle der erste Hallenweltmeister gesucht wurde, hatte es keinen Favoriten gegeben. Bei der I. Weltmeisterschaft im Feldhandball, die zwischen dem 7. und 10. Juli 1938 in Dessau, Weißenfels, Leipzig, Halle und Berlin ausgespielt wurde, lag die Sache klarer. Olympiasieger Deutschland hatte überhaupt erst zwei Länderspiele verloren, das letzte Mal 1930 gegen Österreich (5:6). Zudem gab es seit dem „Anschluss" der „Ostmark" im März 1938 keine österreichische Nationalmannschaft mehr, der größte Konkurrent fiel also weg. Das war auch der Grund, warum die WM von Wien, wo die Titelkämpfe eigentlich geplant waren, am 30. Mai noch nach Berlin verlegt worden war – offiziell aus „organisatorischen Gründen", aber in Wirklichkeit befürchtete man Ausschreitungen und antideutsche Ressentiments in den Stadien. Nun also noch der Heimvorteil: Keine andere Mannschaft als Deutschland, wussten die Experten und Laien, würde diesen Titel gewinnen.

Dennoch gab es im Vorfeld mahnende Pressestimmen, die beeinflusst waren von sensationellen Niederlagen in anderen Sportarten: „Der Ausgang der Fußball-Weltmeisterschaft, die Niederlage unseres Schmeling, die wechselnde Form unserer Tennisspieler, zeigen einerseits den gewaltigen Leistungsanstieg bisher schwächerer Nationen, die Ausgeglichenheit der Spitzenklasse und den ungewöhnlichen Einsatz der Sportjugend aller Nationen im Kampf um die höchsten Ziele des Sports, und andererseits den schnellen Tausch zwischen Sieg und Niederlage beim geringsten Versehen im Kampf auch beim kleinsten Versäumnis in der Vorbereitung." *(Handball)*. Eine Blamage wie bei der Fußball-WM in Frankreich, wo eine als Titelfavorit angetretene großdeutsche Mannschaft gegen die Schweiz ausgeschieden war, wollte man unbedingt vermeiden. Es galt, wie der *Handball* in einem Vorbericht mahnte, die WM „mit vollem Einsatz durchzuspielen" und „alle Überheblichkeit abzustreifen".

Als Erfolg betrachtete man die Resonanz. „Allein die Tatsache, dass es gelungen ist, zehn Nationen für die Teilnahme am ersten Turnier zur Ermittlung des Weltmeisters im Handballspiel zu gewinnen, bestätigt die Größe der Handballbewegung", fand der *Handball*. „Durch die Teilnahme aller Handball spielenden Länder wird diese Veranstaltung ein Markstein in der unaufhaltsamen, mächtig vorwärtsdrängenden Entwicklung des urdeutschen Spiels sein. Von Deutschen erdacht, von Deutschen gepflegt und gefördert, hat Deutschland immer dafür Sorge getragen, dass das Handballspiel in den anderen Ländern mehr und mehr verbreitet wird." Die WM sei eine „Tat Deutschlands". Dass sowohl die Tschechoslowakei eine sudetendeutsche

Auswahl war, die zuvor von Schelenz in einem mehrwöchigen Lehrgang geschult worden war, blieb dabei genauso unberücksichtigt wie die Tatsache, dass auch Rumäniens Team in der Hauptsache aus Auslandsdeutschen bestand. Immerhin räumte Reichstrainer Kaundinya später ein, dass es sich bei der WM eher um eine Europameisterschaft gehandelt habe. Derlei Übertreibungen waren aber durchaus beabsichtigt. Denn den Funktionären ging es um möglichst viel Prestige für ihre Sportart, die sich immer noch unterrepräsentiert fand. „Gerade die Pressemänner des Handballs", hieß es vor dem Turnier, „haben keine geringe und keine leichte Arbeit zu verrichten, denn in Redaktionsstuben unserer deutschen Presse sitzen ja meist die Fachmänner älterer Sportarten, die den Handball noch zumeist als einen sehr kleinen Bruder des mächtigen Fußballs betrachten."

In der Woche vor der Eröffnung wurden die zehn Mannschaften in die Reichsakademie für Leibesübungen in Berlin zusammengezogen, eine Maßnahme, die bei den Gästen aus der Tschechoslowakei, Rumänien, Polen, Holland, Luxemburg, Dänemark, Schweden, Ungarn und der Schweiz guten Anklang fand. Dort wohnte, trainierte und aß man zusammen. Es war wie ein Ferienlager, nur dass man dabei eine Weltmeisterschaft ausspielte. Für die deutsche Nationalmannschaft, der mit Torhüter

Deutschland – der erste Feldhandball-Weltmeister 1938.

Paar und dem Außenläufer Wohlrab auch zwei Akteure aus der „Ostmark" angehörten, die vor allem aber aus Spielern von Wehrmachts-Mannschaften gebildet wurde, begann das Turnier in Leipzig vor 10.000 Zuschauern mit dem Spiel gegen die Tschechoslowakei. Obwohl ein 19:6 (12:3)-Sieg gegen den krassen Außenseiter heraussprang, kritisierte die Fachpresse danach die ungenügende Einstellung. Die sollte sich dann beim 14:3 (5:3)-Halbfinalsieg gegen die Ungarn wesentlich verbessern, obwohl nur die enttäuschende Zahl von 3000 Zuschauern das Spiel im Berliner BSC-Stadion beobachteten. Als Höhepunkt aber stellte sich dann – zumindest in den Augen der Reporter – das Endspiel am 10. Juli gegen die Schweiz heraus; zuvor hatten sich die Ungarn mit 10:2 gegen Schweden die Bronzemedaille gesichert. Vor schätzungsweise 35.000 Besuchern im Olympiastadion, unter ihnen auch Handball-Führer Herrmann und Reichssportführer Tschammer, sah der Berichterstatter „Deutschlands Nationalmannschaft auf einsamer Höhe". Denn der Gastgeber gewann am Ende mit dem sagenhaften Ergebnis von 23:0 (12:0) gegen den Olympiadritten.

Die unerwartete Höhe des Sieges sorgte durchaus für Verwirrung, aber natürlich auch für Lobeshymnen: „Wie weit die Schweiz entgegen allen Erwartungen versagte und in welchem Maße die deutsche Elf sich selbst übertraf, ist nur schwer zu sagen. Die Torzahl spricht klar ein ganz eindeutiges Spiel aus, aber die bar jedes Wissens um den Stand des Spiels mit ungeheurer Energie vorgetragenen Angriffe beweisen, dass auch die Schweiz den Geist der großen Kämpfer in den Reihen der Handballer hat und dass ein Resignieren, wenn der Gegner einen allzu großen Vorsprung hat, gar nicht im Programm der Mannschaft steht. Bei Deutschland feierte das Verstehen im Spiel unglaubliche Triumphe. Mitunter musste man annehmen, dass der Ball von unsichtbarer Hand dirigiert, dass durch geheime Fäden das Leder immer wieder an den richtigen Ort geführt wurde, und dass durch eine Art Spürsinn der Werfer immer wieder den richtigen Mann erwischte, der die beste Gelegenheit für einen unbehinderten Torwurf hatte. Neben diesen taktischen Fähigkeiten löste das präzise Zuspiel immer und immer wieder neue Beifallsstürme aus." So der *Handball*. Dass sich diese Begeisterung aber durchaus von dem ausufernden Enthusiasmus der Fußballfans und auch vom Publikum beim Hallenhandball unterschied, deutete der Reporter an: „Es gab zwar kein so genanntes Volksfest mit Tuten und Blasen und allerhand Brimborium, es waren auch keine lächerlich ausstaffierten Figuren zu sehen, die sich wie arme Irre gebärdeten, sondern Handballkameraden und Freunde unseres Spiels wohnten den Endkämpfen bei, um sich aus ehrlichem Herzen an den gebotenen Leistungen zu erfreuen." Aber dafür sorgte sicherlich auch die Dominanz der Deutschen, die jede Spannung aus dem Spiel nahm. Höchstform wurde dem deutschen Torwart Lüdicke bescheinigt. Frustriert von der Überlegenheit des Gegners, ging die Schweizer Abwehr am Ende zu brutalen Attacken über, der Reporter sah jedenfalls eine „unnötige und gar nichts einbringende harte Note". Dennoch, fasste der *Handball* zusammen, war dies „das schönste Handballspiel, das je durchgeführt wurde".

Dennoch: Bei nüchterner Betrachtung musste die Bilanz zwiespältig ausfallen. Zwar waren insgesamt 65.000 Zuschauer zu den 14 Spielen gekommen. „Noch nie hat eine deutsche Mannschaft einheitlicher, geschlossener, fairer und ideenreicher gespielt", resümierte auch Reichstrainer Kaundinya. „Die ganze Trainingsarbeit rollte Kapitel für Kapitel herunter, und so blieb der Schweiz nichts übrig, als den Schüler für den Lehr- und Weltmeister abzugeben." Aber die Attraktivität der Sportart litt schlicht unter der einseitigen Angelegenheit. Kein Satz brachte das besser zum Ausdruck als der Satz des rumänischen Spielführers Höchstmann, der allen Ernstes vorschlug, „die nächste Weltmeisterschaft ohne Deutschland auszutragen, und Deutschland zum Ehrenweltmeister aller Zeiten zu ernennen". Immerhin, im Ausland hatte diese WM durchaus Furore gemacht. So hatte etwa der Kapitän der Schweden nach den Spielen jeweils via Rundfunk Bericht erstattet. „Diese Tatsache ist um so erfreulicher, als die Presse vieler Staaten vom Handballsport bislang nichts wissen wollte, oder die Berichterstattung über handballsportliche Veranstaltungen als unwichtig hinstellte." Nur der Schweizer Sportjournalismus beklagte die „katastrophale Niederlage" im Endspiel und vermutete eine Wiedergutmachung der Fußballsensation von Paris: „Es kann nicht anders sein: Die Handballer wussten die Fußballer zu rächen und sie haben es vor 30.000 Zuschauern im Olympia-Stadion in Berlin gleich gründlich besorgt."

▶ Porträt

Hans Keiter – ideologisch fester „Brenner"

Er zählte in seiner Zeit zu den besten Handballern Deutschlands. Hans Keiter wurde 1936 in Berlin als Kapitän der Handball-Nationalmannschaft Olympiasieger und gewann zwei Jahre später auch die Weltmeistertitel auf dem Feld und in der Halle. Aber insbesondere das olympische Gold, errungen mit einem 10:6-Erfolg im letzten Endrunden-Spiel über Österreich vor 100.000 Zuschauern im Olympiastadion, prägte diese außergewöhnliche Persönlichkeit und sein Gedächtnis.

Hans Keiter erinnerte sich noch als 90-Jähriger noch immer gern an jenes Ereignis, das die Weichen für seine sportliche Karriere stellte und später auch die berufliche Laufbahn bestimmte. Wen wundert's, dass sich der Mann stets beharrlich weigerte, die Spiele von 1936 im Zwielicht der NS-Zeit zu sehen. Er wollte nichts wissen von einer riesigen Propaganda-Schlacht. Nicht nachdenken darüber, dass dieses Spektakel ein Teil des faustischen Täuschungsmanövers gewesen war und den Nationalsozialisten als treffliche Gelegenheit diente, sich der Weltöffentlichkeit mit großem Aufwand als friedliebend und kosmopolitisch zu präsentieren. Keiter sprach lieber von der herzlichen Atmosphäre, von den Berliner Philharmonikern und den „besten Varietés der Welt", die für Zerstreuung sorgten, und von seinem Treffen mit dem großen Leichtathleten Jesse Owens. Und vom Moment der Medaillenvergabe: „Stolz stand ich mit diesen Männern, die Augen starr auf die am olympischen Mast hochgehende Nationalflagge gerichtet, bei der Siegerehrung. Wir hatten unser Ziel nach monatelanger gewissenhafter Vorbereitung und sportlicher Lebensweise erreicht." So wird Keiter in dem Buch „Sportler erzählen" zitiert, das 1940 erschien und ihn als Prototyp des deutschen Handballers feierte. Und als ideologisch fest: Denn als „schönste Sportreise" betrachtete Keiter darin das Länderspiel am 23. Mai 1937 in Wien, bei dem es zu erheblichen Unruhen kam, weil österreichische Nationalsozialisten es als politische Demonstration missbrauchten.

So fragwürdig seine politische Überzeugung war: Keiter war ein Ausnahmesportler, nach dem Krieg ein engagierter Trainer mit ungeheuren Motivations- und Überzeugungskünsten, der ein Händchen besaß für Talente und für schräge, weniger pflegeleichte Typen. Er sah blendend aus, wirkte entschlossen und zielstrebig, trat auf als weltgewandter und eloquenter Diplomat. Als „charismatischen Macher" bezeichnete ihn der Essener Journalist Erwin Remplewski, aber „trotz seiner Marotten" sei er immer freundlich geblieben. Am 22. März 1910 im dörflichen Mülheimer Stadtteil Saarn geboren, gehörte Keiter im Jahre 1923 zu den Ersten, die mit der DJK Saarn am Kirkes-Büschken Handball spielten. Ein Kerl wie ein Baum war dieser Handballer, weshalb sie ihn „Langen" riefen oder aber „Brenner" wegen seiner Dynamik. Der Allrounder versuchte sich nebenbei im Hochsprung oder 400-Meter-Lauf, doch Feldhandball wurde seine Leidenschaft. Noch in jungen Jahren wechselte er vom Vorortklub Saarn zum RSV Mülheim und startete als ehrgeiziger Angreifer eine internationale Karriere.

Im Anschluss an den Triumph in Berlin wurde der Olympionike zum Berliner Polizei-Sportverein abkommandiert. Der Vorzeigeklub der Gesetzeshüter war in Abstiegsnot geraten, was nicht sein durfte, weil es nicht ins offizielle Weltbild passte. Keiter, der Polizist, stieg nach seinem Vereinswechsel auf zum Major und wurde Führungsspieler einer starken Nationalmannschaft, die 1938 in der Halle in Konkurrenz zu Dänemark, Schweden und Österreich den ersten WM-Titel überhaupt ergatterte und einige Monate später auch auf dem Feld Weltmeister wurde. Nur der Krieg verhinderte einen weiteren olympischen Coup. Statt nach Tokio zogen sie gen Russland.

Das Ende des Zweiten Weltkrieges stürzte den Karrieristen Keiter in ein „Vagabundenleben", wie er es nannte. Doch schon bald fand er zurück in die Spur. „Ich habe 1945 einen Strich gemacht." Dieser Mann hielt einfach daran fest, dass Sport und Politik nichts gemein hätten. Keiter half mit, den Deutschen Handball-Bund aufzubauen, war Nationaltrainer in Spanien, beriet kurzzeitig die Fußballer von Rot-Weiß Essen und Rot-Weiß Oberhausen und machte als Trainer den TV Oppum zum Deutschen Feldhandball-Meister. Er verdingte sich gar als Sportjournalist bei einer der ersten deutschen Sport-Publikationen, dem Fachblatt *Handball*.

Als „König von Oppum" fasste er auch im Beruf wieder Fuß. Als Oberkommissar von Köln leitete er unter anderem die Großeinsätze bei Staatsbesuchen für Bundeskanzler Adenauer. Und die Olympischen Spiele kreuzten weiterhin seinen Lebensweg: 1972 wäre er beinahe Sicherheitschef der Spiele in München geworden. Zwanzig Jahre später setzte sich der rüstige Alt-Internationale mit 82 Jahren hinters Steuer und fuhr ins heiße Barcelona, um die Spiele live zu verfolgen. Hans Keiter lebte seit jeher für den Sport und ließ es auch seine Gäste spüren, die ihn später in seiner Heimat Saarn besuchten, wohin er zurückgekehrt war. „Wenn man reinkam, lag in der Ecke eine Hantel", erinnert sich Zeitzeuge Erwin Remplewski, „die musste man erst zehnmal stemmen, sonst hat er mit einem gar nicht erst gesprochen." Am 12. September 2006 ist Hans Keiter im Alter von 96 Jahren gestorben.

Rolf Hantel

Kapitel 4

Handball in Kriegszeiten

Als die Pioniere des Handballs nach den Olympischen Spielen 1936 die Geschichte ihres noch jungen Sports rekapitulierten, wollten sie es kaum glauben. Zwar wähnten sie sich noch nicht auf einer Stufe mit dem Fußball. Doch mehrten sich die Anzeichen, dass sich ihr Sport auf dem Weg zum zweiten Nationalspiel befand. Das Fachamt Handball betreute 1936 über 200.000 Mitglieder, die in 6000 Vereinen und 15.000 Mannschaften um Titel spielten. Fast alle Streitigkeiten, die diese Sportart so sehr in ihrer Entwicklung blockiert hatten, waren beendet. Es existierte ein Fördersystem, das seinesgleichen suchte und von dem die Handballfunktionäre in der Weimarer Republik nicht einmal zu träumen gewagt hatten. „Kann die Spielkultur des Handballs noch verbessert werden?", fragte der *Handball* 1937, und verneinte das zumindest in lauftechnischer und athletischer Hinsicht. Sogar die Presse funktionierte mittlerweile, fand das Fachorgan: „Wer etwa um das Jahr 1920 die Schwierigkeiten erlebt hat, die der Unterbringung einer nach der Meinung zuständiger Beurteiler für alle Anhänger unseres Spiels wichtigen Erörterung schon in den Fachzeitungen, soweit damals davon überhaupt die Rede sein konnte, entgegenstürmten, ganz zu schweigen von den Tageszeitungen, der kann erst ganz ermessen, welchen unerhörten Aufschwung des Handballspiels die heutige Art der Berichterstattung über unsere Belange bezeugt." Die Zuschauerzahlen wuchsen permanent; bei Meisterschaftsendspielen kamen nun nicht selten über 20.000. Und dass Handball tatsächlich als Volksspiel taugte, in dem sich Wünsche, Hoffnungen und Sehnsüchte der Menschen verdichteten, das zeigte sich spätestens am 23. Mai 1937, als die deutsche Nationalmannschaft bei einem Länderspiel in Wien antrat. Auch wenn die Vorzeichen negative waren.

Ein Länderspiel als Kondensat politischer Konflikte

Im Vorfeld hatten regierungskritische Zeitungen den Vergleich der seinerzeit besten Handball-Nationen zum Anlass genommen, scharf gegen die rassistische Innen- und aggressive Außenpolitik Hitler-Deutschlands zu protestieren. Heftig kritisiert wurden vor allem die Symbole Nazi-Deutschlands, die bei einem solchen Spiel unvermeidbar waren: Das Abspielen der Hymne, das Aufziehen der Hakenkreuz-Fahnen. Kurz: Die deutsche Handball-Elf wurde als Symbol betrachtet, sie fungierte als Repräsentant der verhassten Nazis, die am liebsten sofort in Österreich einmarschieren wollten. Während des Spiels an der „Hohen Warte", das von rund 45.000 Zuschauern verfolgt wurde, verteilten nun Angehörige der „Vaterländischen Front", die rund 10.000 Mitglieder im Stadion versammelt hatte, Flugblätter mit der Aufschrift: „Durchs Hakenkreuz zu Hass und Not, durchs Hakenkreuz zu Krieg und Tod. Wollt Ihr Frieden, Freiheit und Brot, dann haltet zur Fahne rotweißrot!" Daraufhin kam es zu Ausschreitungen und Verhaftungen, so dass das Match kurz vor dem Abbruch stand. Als die deutschen Spieler das Stadion verließen, wurden sie vom deutschfeindlichen Teil des Publikums übel beschimpft, von den Zuschauern aus dem faschistischen Lager aber bejubelt, denn sie hatten 15:6 (6:3) gesiegt. Oft musste die berittene Polizei schlichten. Beim obligatorischen Bankett ließ es sich „Führer" Herrmann nicht nehmen, auf die seiner Ansicht nach unwürdigen Begleiterscheinungen hinzuweisen. Dieses Länderspiel im Feldhandball nahm vorweg, was rund ein Jahr später im Fußball noch extremer zum Ausdruck kommen sollte. Da allerdings war der „Anschluss" schon perfekt, und das Match von der Nazi-Propaganda zu einem Vereinigungsspiel zwischen „Altreich" und „Ostmark" umfunktioniert worden.

Mitgliederschwund in den Vereinen durch NS-Konkurrenzorganisationen

Bei aller Euphorie um den Stellenwert des Handballs bereiteten den Funktionären vom alten Schlag dennoch einige Bereiche Sorgen. Das betraf vor allem den Konkurrenzkampf um die aktiven Sportler, der nach 1936 zwischen den alten Vereinen und den vielen nationalsozialistischen Organisationen ausbrach. Diesen Kampf schienen die Vereine zu verlieren, denn von den 200.000 registrierten Mitgliedern anno 1936 waren 1939 nur rund 152.000 (davon 15.000 Frauen) übrig geblieben. Auslöser war der Erlass, dass vom 1. August 1936 an alle Sport treibenden Kinder und Jugendlichen in der Hitler-Jugend (HJ) und beim Bund Deutscher Mädchen (BDM) registriert wurden. Aber auch die Bemühungen der Deutschen Arbeitsfront (DAF), die ein überaus attraktives Freizeitprogramm bot, und der SS, die gern erfolgreiche Sportler abwarb und ihren Elitegedanken auch über den Sport ausgedrückt haben wollte, wirkten sich negativ auf den Vereinssport aus. So gab es im Handball immer mehr reüssierende SS-Mannschaften, zum Beispiel stellte die berühmte „Leibstandarte Adolf Hitler" ein Team in der Berliner Liga. Erst am 21. Dezember 1938 wurde dieser Trend wider die Vereine gestoppt, als der DRL nach jahrelangen Bemühungen durch Führererlass in den Rang einer NSDAP-betreuten Organisation aufstieg und sich nun „Nationalsozialistischer Reichsbund für Leibesübungen" (NSRL) nannte.

Frauenhandball bleibt Stiefkind

Eine „mangelhafte Entwicklung" sah der *Handball* außerdem im Frauenhandball. Hier schien die Situation schon zu Weimarer Zeiten sehr verfahren, denn in der Öffentlichkeit und in den Vereinen spielte der Frauenhandball kaum eine Rolle. Wenn,

Die erste Frauen-Nationalmannschaft 1930.

wie am 29. Mai 1930, als in Frankfurt/Oder das Endspiel um die Frauen-Meisterschaft ausgespielt wurde (SC Charlottenburg – Viktoria Hamburg 1:3), überhaupt 3000 Zuschauer kamen, wurde das schon als Erfolg bewertet. Krasser noch war die Situation auf internationaler Ebene, wo ein Spielverkehr nur selten zustande kam. Als im Rahmen der Frauen-Weltspiele am 7. September 1930 in Prag das erste Frauen-Länderspiel zwischen Deutschland und Österreich auf einem Nebenplatz angepfiffen wurde (Österreich siegte trotz 1:4-Rückstand mit 5:4), verloren sich dort gerade einmal 500 Zuschauer. Das zweite Länderspiel bestritten die deutschen Frauen erst 1938, eine olympische Teilnahme war aufgrund der geringen internationalen Verbreitung nicht in Betracht gekommen. Trotz Hochschulmeisterschaften und anderer Initiativen hatte sich also seit Weimarer Zeiten nicht viel getan: Von den 13.570 Mannschaften, die 1932/33 antraten, waren nur 7,3 Prozent von Frauen gestellt worden. Dieser Anteil hatte sich bis 1939 nur auf 9,3 Prozent erhöht.

Als Grund dafür wurde seinerzeit (vor allem von Männern) ins Feld geführt, dass sich der harte Männersport Handball nun einmal nicht für Frauen eigne. Gefordert wurde deshalb eine weichere, „weibliche" Variante des Handballs. Durchaus repräsentativ für die Meinung sind die Ausführungen in Kaundinyas Lehrbuch von 1935: „Der leichte, elegante und geschickte Typ muss vorherrschen und dadurch, dass dem Frauenspiel jede Körperlichkeit genommen wird, erhält es die Sinngebung, die dem Wesen der Frau entspricht." In Wirklichkeit bestimmten also alte Vorurteile und Klischees das Bild der Sport treibenden Frau, die durch das antiquierte Rollenverständnis im Nationalsozialismus noch zementiert wurden. Der 1937 erschienene Text im *Handball,* der dieses Thema analysierte, gehörte noch zu den progressiveren Analysen: „Es fehlt dem Frauenhandball an einem breiten Fundament; wir haben zu wenig Mannschaften. Die Ursachen sind so leicht zu erkennen, wie es schwer ist, die Vorurteile zu beseitigen. Die fundamentalste ist das uralte, mächtige Vorurteil gegen jeden Frauensport. Es gibt noch zu viele Männer – und nicht zuletzt sind gerade sie in den Reihen der Sportler zu finden –, die die Frau lieber bei jeder anderen Betätigung als bei Spiel und Sport und Leibesübungen haben wollen. Gerade der Sportler betrachtet die Betätigung in den Leibesübungen zu gern als sein männliches Vorrecht... Es ist selbstverständlich, dass sich ein Vorurteil gegen den Frauensport im besonderen Maße gegen eine Betätigung auswirken muss, die kämpferische Eigenschaften verlangt, ja, geradezu ausbilden will; gilt doch Handball als ein Kampfspiel." Das vorgeschlagene Patentrezept spricht Bände: Eine reine Frauenorganisation sollte Abhilfe schaffen, denn Männer würden doch „nie ganz erraten, was den Frauen angepasst ist, was sie will, was ihr besondere Freude bereitet, was sie ablehnt, was ihrem Wesen ganz entspricht". Am Status quo änderte das nichts. Handball ist bis heute eine männliche Domäne.

Unliebsame Probleme: Brutalisierung und „Vereinsfanatismus"

Mit der anhaltenden Konjunktur des Männerspiels Handball gingen freilich auch Phänomene einher, die mit der NS-Ideologie der „Volksgemeinschaft" nur schwer zu vereinbaren waren. Es kam so häufig zu Ausschreitungen und Schlägereien während und nach Aufstiegs- und Abstiegsduellen, dass sich sogar die systemkonforme Presse genötigt sah, diese Zustände anzuprangern. „Handball auf Abwegen", titelte etwa die *BZ am Mittag* am 4. Januar 1937 und berichtete entrüstet über die „rücksichtslose Spielweise" bei einem Berliner Gauklassenspiel. Auch der *Handball* beobachtete im Winter 1937 mit Sorge eine „plötzliche Verwilderung der Spielsitten" und machte dafür den so genannten Vereinsfanatismus und „sensationslüsterne Zuschauer" verantwortlich. Aber auch das Spiel selbst wurde offensichtlich brutaler und die Mittel, die zum Sieg angewandt wurden, perfider. Pionier und Hochschullehrer Schelenz versuchte gegenzusteuern und redete dabei den Ideologen das Wort: „Rührige Mannschaftsführer meinen, dass Festhalten, Umlegen oder Aufspringen eine kluge, taktische Maßnahme wäre, die den Torerfolg erschweren sollte. Diese gemeinschaftszerstörenden Elemente werden auch noch aus unseren Reihen verschwinden. Diese komischen Vereinsstrategen haben keine Ahnung von unseren heutigen Erziehungsprinzipien, wenn ihr schillernder Glorienschein durch den sonntäglichen Punktgewinn neuen Aufputz erhält. Es ist vollkommen unverständlich, wie charakterlich famose Handballkameraden im Spiel plötzlich Handlungen begehen, die jeder Kameradschaft zuwiderlaufen."

Doch so leicht waren die Probleme nicht aus der Welt zu schaffen. Selbst Nationalspieler ignorierten die Mahnungen und setzten weiterhin jedes Mittel ein, um die

Spiele für ihre Vereine zu gewinnen. Daraufhin deutet jedenfalls ein im Herbst 1937 publizierter Leitartikel des „Führers" Herrmann hin, der „Aufgaben und Pflichten eines deutschen Spitzenspielers" thematisierte. Darin hieß es fettgedruckt: „Ich erwarte von Ihnen, dass sie sich in ihren Mannschaften Einfluss verschaffen, zur Hebung der Spielkultur beitragen und Garanten für ein ritterliches Spiel und für ein kameradschaftliches Verhalten der Mannschaften untereinander bilden. Ich bin gewillt, sie darin mit allen mir zur Verfügung stehenden Mitteln zu unterstützen, denn ich werde nicht zusehen, wie unser Spiel verroht oder verarmt oder in erbärmliche Balgereien ausartet. Ich werde nicht zulassen, dass die rohe Kraft, die Einfalt triumphiert und solche Spieler den Ton angeben, die nur einerseits wegen ihrer Eitelkeit spielen und andererseits jedes Mittel zum Erfolg gutheißen." Er werde jeden, drohte Herrmann, der sich nicht entsprechend verhalte, „rücksichtslos aus unseren Reihen entfernen" und auch Vereinsfunktionäre bei Zuwiderhandlung belangen.

Doch musste er die Drohungen dieser Art ständig wiederholen. Wenn es um Meisterschaften und Aufstiege ging, wurde weiter mit brettharten Mitteln operiert. Im April 1939 sah sich Herrmann erneut zu einer Warnung genötigt und rief zu „ritterlichem und kameradschaftlichem Verhalten" auf: „Bereits die ersten Spiele um die Deutsche Meisterschaft brachten Verstöße gegen die Disziplin, so dass die Gefahr besteht, dass diese Spiele ihren werbenden und vorbildlichen Charakter verlieren. Ich bin nicht geneigt, einem solchen Zustand tatenlos zuzusehen." Auch verzweifelte Hilferufe der Schiedsrichter belegten, dass sich der Leistungshandball und seine Zuschauer um die ideologischen Vorgaben wenig bis überhaupt nicht scherten. In einem Artikel im *Handball* hieß es im Juni 1939: „In der letzten Zeit mehren sich die Fälle, dass ein bestimmter Teil unserer Zuschauer jede Tatsachenentscheidung des Schiedsrichters in einer Art und Weise bemängelt, die man nicht mehr gutheißen kann. Es haben sich Auswüchse gezeigt, die nichts mehr mit sportlicher Begeisterung zu tun haben. Bei den Auf- oder Abstiegsspielen, bei den Pokalspielen, bei den Spielen um die Deutsche Meisterschaft, wie überhaupt bei Spielen von entscheidender Bedeutung, ist es leider wiederholt vorgekommen, dass der Schiedsrichter in manchmal geradezu unanständiger Weise beleidigt wurde."

Die Gleichschaltung des Weltverbands IAHF im Jahre 1938

Auf anderen Ebenen lief die Sache reibungsloser. Die Bemühungen, auch den Weltverband gleichzuschalten und damit unter nationalsozialistische Kontrolle zu bringen, wurden parallel zur Feldhandball-Weltmeisterschaft in Berlin von maximalem Erfolg gekrönt. Beim V. IAHF-Kongress am 9. Juli 1938 wurde der seit 1934 amtierende Karl Ritter von Halt von Fachamtsleiter Richard Herrmann als IAHF-Präsident abgelöst. Zwar hatte von Halt, der angeblich „wegen Arbeitsüberlastung" zurücktrat, unter den Nazis eine beachtliche Karriere gestartet, dennoch galt er den Parteisoldaten wegen seiner Funktionärskarriere in der Weimarer Republik als verdächtig. Im gleichen Zuge wurden andere altgediente IAHF-Funktionäre wie Willy Burmeister zu Ehrenmitgliedern degradiert. Die Gleichschaltung der deutschen und internationalen Handballspitze wurde untermauert mit der Installierung Adam Nothhelfers als neuer IAHF-Sekretär; denn auch Nothhelfer, der gleichzeitig das Fachamt als Sekretär dirigierte, galt als strammer Nazi. Damit hatte der Weltverband vor den hegemonialen Bestrebungen des Fachamtes, das sich als „Triebkraft und Inspirator des internationalen Handballs" berufen fühlte, auf ganzer Linie kapituliert. Innerhalb des NS-Sports wurde dieser außenpolitische Erfolg naturgemäß als vorbildlich hingestellt. Hier hatte perfekt funktioniert, was im Zweiten Weltkrieg, als die NS-Sportpolitik die internationalen Sportverbände übernehmen wollte, nicht oder nur selten gelang. So verhinderte beispielsweise der Weltfußballverband FIFA feindliche Übernahmeversuche durch die Deutschen. Selbst die hohe SS-Charge Reinhard Heydrich, der ein Faible fürs Fechten hatte, scheiterte 1940 bei seinen Bemühungen, den Weltfechtverband zu okkupieren (neben Handball dominierten die Deutschen nur noch den Kanu- und Kegelverband). 1942, als der internationale Sportverkehr zusammenbrach, stellte die IAHF alle Aktivitäten ein. Als 1946 mit der IHF ein neuer Weltverband aus der Taufe gehoben wird, spielten die Traditionen der IAHF, weil sie stets von deutschen Funktionären dominiert gewesen war, ganz bewusst keine Rolle. Bis heute nicht: Im Rückblick auf die 50-jährige Geschichte der IHF räumte die Jubiläumsfestschrift von 1996 der Vorläuferorganisation IAHF ganze zwei Absätze ein.

Im Krieg

Als die deutsche Wehrmacht am 1. September 1939 Polen überfiel, glaubte sich die deutsche Handball-Führung gut darauf vorbereitet. Schließlich hatte das Fachamt Handball seine von ihm verwaltete Sportart schon zuvor als perfekten Wehrsport propagiert. Ein besonders krasses Beispiel dafür vernahmen die Leser der Fachzeitschrift *Handball* im Sommer 1937. Darin erschienen zwei Fotos, die ganz gezielt auf identische Bewegungsabläufe im Handballspiel und im Kriegshandwerk aufmerksam machten. Eine Fotografie zeigte einen Handballer, bevor er einen Ball tief aus dem Kreuz nach vorn schleuderte. Das Foto darunter bildete einen Soldat mit der gleichen Bewegung ab, nur dass er in seiner Hand keinen Ball hielt, sondern eine Handgranate. Was „Handball und Wehrsport" miteinander zu tun hatten, erklärte der Begleittext: „Unser Kampfspiel Handball schätzen wir nicht zuletzt deshalb, weil es die athletischen Übungen des Laufes, des Sprunges und Wurfes in idealer Weise vereinigt. Wir können ihm den gleichen Vorzug einräumen in seiner Stellung zum Wehrsport, wie unsere beiden Bilder treffend belegen. Es bedarf wohl keines weiteren Beweises, dass jeder unserer Spieler beim Handgranatenwerfen in Bezug auf Geschicklichkeit, Weite und Zielsicherheit weit über dem Durchschnitt steht. Wie verständlich erscheint es

Die Zeitschrift Handball im Jahr 1937.

sodann, dass unser Spiel bei Militär- und Polizei-Sportvereinen einen wichtigen Bestandteil ihrer sportlichen Ausbildung darstellt." So gesehen, lieferte der Handball ein vorgezogenes Extrembeispiel dafür ab, was im bald folgenden Krieg nun für alle Sportarten selbstverständlich wurde. Wieder wurde Sport von seinen Eliten als Instrument betrachtet, das gnadenlos allein auf militärischen Nutzen reduziert wurde. Carl Diem brachte es 1940 fertig, diese unselige Verbindung in einen Satz zu pressen: Er feierte 1940, nachdem die Wehrmacht Frankreich in einem Blitzkrieg überrannt hatte, den „Sport als Büchsenspanner des Krieges".

Davon abgesehen, wirkte sich der Kriegsbeginn selbstverständlich auf den regulären Spielbetrieb aus. „In den ersten Wochen nach Ausbruch des Krieges ist spontan und ohne besondere Anordnungen und Richtlinien von der Reichsführung des NSRL in allen Gauen ein Spielbetrieb aufgezogen worden, der sich erstaunlich schnell und erfolgreich den veränderten Verhältnissen anzupassen verstand", konstatierte der *Handball* zwar im Januar 1940 und berichtete ferner, dass der Reichssportführer den nationalen Sportverkehr „und in gleichem Maße die freundschaftlichen Beziehungen zu anderen mit uns befreundeten Sportnationen aufrechterhalten" werde. Gleichwohl hatten die „Kriegsmeisterschaften", wie sie nun hießen, unter den neuen Rahmenbedingungen zu leiden: Nicht nur, dass viele Akteure nun das Spielfeld mit den Schützengräben tauschten und viele Vereine nicht mehr genügend Spieler besaßen. Auch fielen 1940 die Reichsbahnvergünstigungen für Sportfahrten weg, auf die viele Vereine angewiesen gewesen waren. Ab Februar 1942 wurden auf nationaler Ebene gar nur noch Handballveranstaltungen erlaubt, die eine Anreise von weniger als 50 km erforderten.

Die Vorteile der beliebtesten Sportart Fußball, wo der Reichstrainer Herberger seinen Schützlingen über lange Zeit hinweg Fronturlaub für Länderspiele ermöglichte, oder die Bevorzugungen eines Max Schmeling genossen die Handballer indes nicht. Sie mussten, wenn sie wehrfähig waren, geschlossen an die Front – und verkörperten damit das Ideal vom Sportler als perfekten Soldaten, wie es nicht nur der Reichssportführer gebetsmühlenartig propagierte. Seine Auffassung, dass „männliche Leibeserziehung ohne jene letzte Zielsetzung zur Wehrtüchtigkeit (…) ihren Sinn verloren" habe, wurde im Prinzip von allen Sportfunktionären geteilt. Damit ging freilich, wie der Sporthistoriker Hans Joachim Teichler urteilt, der „nüchtern einkalkulierte Soldatentod vieler Spitzenkönner des Sports" einher, was im Hinblick auf die militaristische Deutung des bürgerlichen deutschen Sports durchaus eine gewisse Konsequenz in sich barg. Sogar Volkshelden wie der 800-Meter-Weltrekordler Rudolf Harbig starben nun an der Front, und natürlich machte das – im Wortsinn – „Ausbluten des deutschen Spitzensports" (Teichler) auch vor dem Handball nicht halt. Die im Handball angezeigten Verlustmeldungen der „Helden" gehörten bald zum Alltag. Die bekannteste Figur starb im Juni 1940 während des Frankreich-Feldzuges: Reichstrainer Otto Kaundinya. Der hatte noch im Februar euphorisch von den Partien einer „Bunkermannschaft" berichtet, die er in der Etappe aus Nationalspielern formiert hatte: „Da kein Handball aufzutreiben war, musste es ein Fußball machen."

Historische Niederlagen

Die Leistungen der deutschen Nationalmannschaft mussten unter den erheblichen personellen Verlusten leiden. Dessen ungeachtet galt es weiterhin, gab jedenfalls der *Handball* als Marschroute aus, „die deutsche Vormachtstellung im Handball weiter zu erhalten", wenn das Eliteteam gegen die Konkurrenz antrat. „Nur Schwächlinge fürchten sich vor einer Begegnung mit anderen Rassen", meinte nicht nur Diem in einem verqueren Aufsatz 1941, „wer der Welt imponieren will, muss mit ihr kämpfen". Doch mit den Jahren wurde deutlich, dass der Krieg einen Leistungsabfall produzierte. Mehrwöchige Lehrgänge, wie sie vorher stattgefunden hatten, waren nun nicht mehr möglich, und natürlich litten die eingesetzten Spieler unter der eingeschränkten Spielpraxis in den Zeiten des Krieges. So verlor nicht nur die deutsche Feldhandballmannschaft 1941 in Ungarn, auch in der Halle unterlag die Nationalmannschaft 1941 in Göteborg Schweden (14:15). Da nützte es wenig, dass „nur der eine Gedanke die Mannschaft wie ein stählernes Band umschlang", wie es Berichterstatter und Organisationschef Peter Ulbrich pathetisch formulierte, nämlich „spielen und siegen für Deutschland". Die Skandinavien-Reise ein Jahr später entpuppte sich gar zum größten sportlichen Desaster der deutschen Handballgeschichte: Nach einer Gedenkminute für den gefallenen Herrmann und dem Horst-Wessel-Lied verlor die Nationalmannschaft ihr erstes Spiel am 6. Januar 1942 mit sage und schreibe 10:28. Schon zur Halbzeit stand es 4:18. Die über 5000 schwedischen Zuschauer, die der Demontage in einer Göteborger Halle beiwohnten, johlten. Auch das zweite Spiel in Lund gegen eine südschwedische Auswahl wurde mit 9:12 verloren gegeben. „Selbst beim besten Willen kann man für die Höhe der Niederlage keine Entschuldigung finden", fand zwar Reichstrainer Carl Schelenz, während der *Handball* durchaus Erklärungen parat hatte. Schweden habe in Topform agiert, während die deutsche Mannschaft „schon in der ersten Viertelstunde dem Höllentempo zum Opfer fiel. Klar hat sich gezeigt,

Im Mai 1942 noch einmal ein gewonnenes Länderspiel in Hannover. Aus *Hannoverscher Anzeiger* vom 18. Mai 1942.

dass es sich Deutschland nicht mehr erlauben kann, eine in wenigen Stunden zusammengeraffte Mannschaft auf Reisen zu schicken. Jahre wird es dauern, bis dieser Prestigeverlust – nicht der Niederlage, sondern der unfassbaren Höhe des Resultats – ausgeglichen ist. Hier wird das Reichsfachamt rücksichtslos eingreifen müssen." Die abschließende Feststellung, dass Deutschland nun „nicht mehr allein im Hallenhandball" sei, verhöhnte fast die schwedischen Leistungen. Die Handballer konnten froh sein, dass die NS-Spitze diesen sportlichen Offenbarungseiden nicht den gleichen Wert beimaß wie dem Fußball: Nach der 2:3-Niederlage der Fußballer am 20. September 1942 gegen Schweden, die 100.000 im Berliner Olympiastadion verfolgt hatten, kochte Goebbels und verbot darauf jedes weitere Länderspiel in Berlin.

Der „totale Krieg" beendet alle Handball-Aktivitäten

Natürlich wurde nach der Skandinavien-Pleite Ursachenforschung betrieben. Einige führten die Niederlagen auf das Fehlen von regulären Hallenrunden zurück, die zwar vom Fachamt geplant gewesen waren, die jedoch der Krieg verhindert hatte. Andere machten die Vermischung von Hallen- und Feldhandball dafür verantwortlich. Das wollte ein Kommentator des *Handball* nicht so stehen lassen: „Die Behauptung, dass Feldhandball durch Hallenspiele leistungsmäßig gestört wird, ist zwar des Öfteren erhoben, noch nie aber bewiesen worden. Hier das weite, raumgreifende und kommende Situationen vorausahnende Feldspiel, dort das weit schnellere, blitzschnelles Handeln verlangende und Einsatz aller körperlichen Mittel erfordernde Spiel der Halle. Es wäre traurig, wenn sich unsere Aktiven so stark an eine Spielart binden würden, dass ihnen die Umstellung Schwierigkeiten oder gar Nachteile in der Ausübung ihres bisher gepflegten Spiels bereiten würde." Diese Diskussion, die im Grunde die in der Nachkriegszeit lodernden Streitigkeiten zwischen Anhängern des Feld- und Hallenhandballs vorwegnahm, war aber spätestens mit dem von Goebbels ausgerufenen „totalen Krieg" zur Makulatur geraten.

Am 20. Februar 1942, kurz nachdem Stalingrad verloren worden war, verkündete Tschammer in seiner „Anordnung über den Sport im totalen Krieg" das Ende des internationalen Sportverkehrs, und im Fachorgan *Handball* florierte die Nazi-Propaganda: „Was dort auf blutgetränktem und von Eisen und Stahl durchwühltem Boden an Tapferkeit und Heldenmut geleistet wurde, ist so einmalig, dass wir die Größe dieses Opfers niemals ermessen, sondern nur ahnen können. Es wird ewig als leuchtendes Beispiel tapfersten, deutschen Soldatentums in die Geschichte eingehen." Nie wieder danach ist Handball militärisch und ideologisch mehr in den Dienst genommen worden als in diesen Jahren. Die Zeiten, in denen Handball ein ziviler Sport gewesen war, waren endgültig vorbei: „Die totale Konzentration ist im Raume des Sports ebenso ein Gebot der Stunde wie in jedem anderen Bereiche unseres völkischen Lebens und Handelns", hieß es im *Handball,* „was der Sport erreichen muss, ist: ein wertvoller Helfer in der totalen Kriegführung zu sein". Am 30. März 1943 wurde das wöchentliche Erscheinen des *Handball* offiziell eingestellt; fortan wurde für die Handballer in einer monatlichen Gemeinschaftsausgabe des *Leichtathleten* „ein neuer Weg der Nachrichtenübermittlung an unsere Freunde und Leser geschaffen". Angesichts der totalen Hinwendung auf den Krieg wirken die Spielberichte, die Anfang März 1943 noch erschienen, fast surreal, wie ein Ausflug in Friedenszeiten: „Am letzten Sonntag war der Berliner Sportpalast wieder einmal Stätte einer großen Hallenveranstaltung, und man muss sagen, dass die Stimmung immer noch die gleiche war wie vor vielen Jahren. Die zahlreich erschienenen Zuschauer wurden mitgerissen von herrlich rassigen Spielen und verfolgten begeistert den Verlauf des Turniers, das die Berliner Ordnungspolizei ausgerichtet hatte."

Ab Sommer 1943 wurde nicht mehr in Gauligen gespielt, da sich „das Aufgebot der Männer in den Gauen und Kreisen stark gelichtet" hatte, sondern nunmehr auf Kreisebene; eine Deutsche Meisterschaft wurde bis 1944 ermittelt. Danach brach der Spielverkehr vollends zusammen. Als das Reich am 8. Mai 1945 zusammenfiel, lag auch der deutsche Handball am Boden.

Kapitel 5

1945-1975 – Eine Sportart stirbt, eine neue wird geboren: Vom Feld in die Halle

Nachkriegsjahre

Als das NS-Regime am 8. Mai 1945 in sich zusammenfiel, war der Sport längst untergegangen. Es hatte keine Boxkämpfe mehr gegeben, keinen Fußball, keinen Handball, alles war dem Totalen Krieg untergeordnet worden. Nun, in der Stunde Null, als die Ruinen in den zerbombten deutschen Städten eine gespenstische Ruhe vermittelten, suchten die Menschen in diesem politischen und ökonomischen Chaos nach Überlebensstrategien. Essen, Unterkunft, Familienzusammenführung, das waren die dringenden Probleme, die es in der folgenden Besatzungszeit zu bewältigen galt. Kaum vorstellbar, dass nur wenige Wochen nach der Kapitulation wieder Feldhandball gespielt wurde. Doch genau dies geschah: Die Zeitungen berichteten von Freundschaftsspielen aus allen Besatzungszonen, aus der Hochburg Westfalen, aus dem Rheinland, aus Hamburg, aus Schleswig-Holstein, aus Hessen, aus Baden und Württemberg. Vorreiter waren die Handballer in Westdeutschland, wo schon 1946 eine regionale Meisterschaft zur Austragung kam und ein Repräsentativspiel gegen Süddeutschland organisiert wurde.

Ab 1947 existierte eine reguläre Meisterschaftsrunde im Feldhandball. Und schon zu diesem Zeitpunkt schälte sich heraus, dass der Handball auch ohne den direkten Zugriff der Politik populär bleiben würde. Die Sportart profitierte in diesen Aufbaujahren sehr davon, nur auf wenige Utensilien angewiesen zu sein. Da Lederwaren zu den Mangelgütern zählten, waren Handbälle noch am schwersten zu organisieren, auch vernünftige Schuhe und Trikots waren zunächst kaum verfügbar. Doch die Herrichtung der Spielfelder und Tore war ein Leichtes. Es dauerte nicht lange, bis Tausende wieder Handball spielten oder auch als Zuschauer wenigstens für einige Momente die Bürden des Alltags vergaßen. Und natürlich entwickelte auch diese Sportart eine starke Kraft bei der Integration der vielen Flüchtlinge aus dem Osten.

Dennoch, der organisierte deutsche Sport hatte sehr mit den Flüchen der Vergangenheit zu kämpfen. Alle deutschen Sportvereine waren, weil sie seit 1938 unter dem Dachverband NSRL (Nationalsozialistischer Reichsbund für Leibesübungen) in einer NS-Organisation zusammengefasst worden waren, zunächst von den Besatzungsmächten verboten worden. Alle militärischen, paramilitärischen und sportlichen Organisationen, das verordnete die Direktive Nr. 23 vom 17. Dezember 1945, mussten bis zum 1. Januar 1946 aufgelöst sein. Und auch den vielen Neugründungen, die nun wie Pilze aus dem Boden schossen, war es zunächst nicht gestattet, mit Vereinen außerhalb ihres Kreises zu verkehren, sofern es nicht der Zonenbefehlshaber bzw. der Sportoffizier genehmigte.

Auch mussten die überlebenden ehemaligen Funktionäre ohnmächtig mitansehen, dass nun ohne sie ein neuer Weltverband gegründet wurde.

Feldhandball in Idealform: volles Stadion, gutes Wetter, spektakuläre Aktionen. Bernhard Kempa bei einem Freiwurf.

Im Juli 1946 konstituierte sich in Kopenhagen die Internationale Handball-Féderation (IHF), der Schwede Gösta Björk wurde ihr Präsident. Von den frühen Ländervergleichen, wie sie Dänemark und Schweden bereits im August 1945 (auf dem Feld) und im Januar 1946 (in der Halle) ausgespielt hatten, konnten die Deutschen nur träumen. Sie hatten das Spiel maßgeblich erfunden und popularisiert, sie hatten den Handball zu einem olympischen Sport entwickelt, und sie betrachteten sich immer noch als das „Mutterland des Handballs". Aber nun büßten sie für die Untaten des Hitler-Regimes und auch für die sportpolitischen Vereinnahmungen, die von Deutschland ausgegangen waren. Die IHF indes betrachtete ihre Gründung als Anfang, die Kontinuitäten des historischen Vorläufers IAHF ganz bewusst zur Seite schiebend. Die Deutschen blieben also außen vor in diesem Gremium, für viele Jahre, und sie konnten nicht verhindern, dass die IHF 1946 eine Gleichberechtigung des Feld- und Hallenhandballs beschloss.

Handball bis 1975

Den 1947 gestellten Aufnahmeantrag der „Arbeitsgemeinschaft Deutscher Handball", die soeben in den westlichen Besatzungszonen aus der Taufe gehoben worden war, lehnte die IHF ab. Als 1948 in Frankreich die II. Feldhandball-Weltmeisterschaft angepfiffen wurde, durfte keine deutsche Auswahl teilnehmen. Erst nach der Gründung der Bundesrepublik war ein Spielverkehr mit deutschen Mannschaften überhaupt denkbar für die vielen Länder, die unter den Verbrechen Hitler-Deutschlands schwer gelitten hatten. Im September 1950 schließlich wurde der Deutsche Handball-Bund (DHB) als IHF-Mitglied akzeptiert. Die deutsche Dominanz im Weltverband war freilich auch danach nie wieder herstellbar: 1952 erst wurde mit Willy Burmeister (Hamburg) wieder ein deutscher Funktionär in ein IHF-Gremium gewählt (in die Technische Kommission). Dass jener Burmeister schon vor dem „Dritten Reich" international als Funktionär gewirkt hatte und von den Nationalsozialisten 1938 als Ehrenmitglied aus der IAHF weggelobt worden war, spielte dabei eine wichtige Rolle.

1950 war der Aufbau des westdeutschen Sports prinzipiell geregelt: Eine zersplitterte Bewegung wie noch zu Weimarer Zeiten wollte keiner, auch die Vertreter des Arbeitersports und der DJK befürworteten daher die Einheitssportbewegung. Als Dachverband fungierte der Deutsche Sportbund (DSB). Zuständig für die jeweiligen Sportarten waren aber die zentralistisch operierenden Fachverbände, die nach demokratischen Prinzipien arbeiteten. Den westdeutschen Handball organisierte der am 1. Oktober 1949 in Mülheim/Ruhr gebildete DHB, dessen erster Präsident Willi Daume von den 46 Delegierten gewählt wurde. Das war das Siegel darauf, dass der Handball autonom blieb und nicht, wie vor 1934, parallel von Leichtathleten und Turnern organisiert werden würde. Als Sitz des Verbandes wurde Dortmund festgelegt, weil Daume dort als Unternehmer wirkte. Dieser blutjunge Funktionär, der trotz seiner SA-Mitgliedschaft als unbescholten galt und bereits 1946 Mitglied des Zonensportrats in der britischen Zone gewesen war, entpuppte sich danach als Glücksfall für den Handball. Denn Daume wurde 1950 ebenfalls Präsident des DSB, später Präsident des NOK und Vize-Präsident des Internationalen Olympischen Komitees – und fühlte sich, obwohl er 1955 aus Zeitgründen das Präsidentenamt an Ernst Feick übergab, stets den Interessen seiner Sportarten Handball und Basketball verpflichtet. Vor allem aber verkörperte er den Neuanfang in einer Sportart, die wie kaum eine andere in den Klauen der Nazis gefangen gewesen war.

In den Hochburgen des Feldhandballs waren freilich Kontinuitäten und gewachsene Traditionen nicht zu übersehen. Der RSV Mülheim, der Verein des Olympiasiegers von 1936, Hans Keiter, beherrschte den Westen; im Norden dominierte weiterhin der PSV Hamburg (Meister 1950 bis 1954); und auch in Berlin blieben Clubs wie der BSV 1892 und der PSV Berlin führend. Der Ehrgeiz der Vereine zeigte sich am Beispiel Eintracht Mindens, das den Erfolg des Militärsportvereins Hindenburg Minden aus den 30er Jahren wiederholen wollte. Die Ostwestfalen wurden seit 1949 trainiert von Fritz Fromm, dem ehemaligen Reichshandballlehrer, der eigentlich als

Schulsportreferent in Hannover arbeitete: Ein Mäzen stellte ihm ein Auto zur Verfügung, damals ein großer Luxus. Einige hochkarätige Spieler konnten auch schon mal erkleckliche Aufwandsentschädigungen verhandeln und so die Amateurbestimmungen unterlaufen, von professionellen Strukturen freilich war der Feldhandball noch weit entfernt. Die Personalie Fromm belegt indes, dass die im Dritten Reich bereits weit entwickelte Trainingssystematik in der Bundesrepublik konsequent fortgeführt wurde.

Taktische Krise und Regelkonfusion

Trotz des enormen Zulaufs befand sich der Feldhandball zu Beginn der 1950er Jahre in einer schweren spieltaktischen Krise. „,Sicherheit', steht über ,Schönheit', Freiwurftore entscheiden den Spielausgang", hieß es im Vorwort des 1949 erschienenen Lehrbuches „Handball. Training und Leistung", in dem der Vater des Spiels, „Kaiser" Carl Schelenz, mit theoretischen Überlegungen aus der Misere herausführen wollte. Das Schlagwort, das damals durch die Sportmedien geisterte, hieß „Betonabwehr". Das war die griffige Umschreibung dafür, dass eine Abwehr, sofern sie nur massiv genug am Torraum gestaffelt war, ein flüssiges Durchkombinieren vor dem Torraum mittlerweile unmöglich machte. Torerfolg versprachen eigentlich nur Straf- und Freiwürfe. Das lag vor allem daran, dass man in Deutschland immer noch mit einer festgelegten Abseitslinie spielte, während man in Skandinavien teilweise mit dem Fußballabseits experimentierte oder es schlicht ganz wegließ. Selbstverständlich sorgten diese Regelunterschiede bei internationalen Vergleichen für extreme Konfusion. Doch auch in diesem Punkt mussten die deutschen Traditionalisten ihrem geringeren Einfluss auf internationaler Ebene Tribut zollen: 1952 wurden die schwedischen Regeln (ohne Abseits) akzeptiert. Als das Spiel auch danach nicht attraktiver wurde, versuchte man es in Deutschland mit einer Drittelung des Spielfeldes in zwei Torraum- und ein Mittelfelddrittel, die der Massierung der Spieler vor dem Torraum entgegenwirken wollte, indem sich nur sechs Feldspieler pro Mannschaft im Torraumdrittel aufhalten durften. Zudem war es fortan verboten, mit den Armen zu sperren, dies war nur noch mit dem Körper erlaubt. Diese Regeln, die seit 1952 in Deutschland getestet worden waren, führte die IHF im Jahr 1956 international ein. Auch wurde der Radius des Torraums von elf auf 13 Meter erhöht, parallel dazu die Freiwurflinie (auf 19 Meter) und die Penalty-Marke (von 13 auf 14 Meter). Dabei besaßen die Regelmodifikationen überaus unangenehme Nebeneffekte: Mindestens vier Spieler sahen nun untätig zu. Aus dem Spiel, in dem ursprünglich elf gegen elf Spieler antraten, wurde nun eine Partie Sechs gegen Sechs. Allein die Position des Läufers, der weiterhin das Verbindungsglied zwischen Abwehr und Angriff darstellte, blieb ähnlich dynamisch wie vorher. Mitte der 1950er Jahre schon kritisierten Beobachter, dass sich dadurch der Charakter des Spiels wesentlich verändert habe. Die Akteure nahmen es jedoch gelassen und richteten sich darauf ein. Sie trugen während der Wintersaison, weil sie teilweise über Minuten still standen und froren, bis zu den Knien reichende Strümpfe und Jersey mit langen Ärmeln: „Besonderer Wert ist auf geschmeidige Hände und Handgelenke zu legen", hieß es in einem Lehrbuch, „deshalb ist es ratsam, bei Kälte mit weit über die Handgelenke reichenden, gutsitzenden Handschuhen zu spielen."

Rein sportlich knüpften die deutschen Feldhandballer an die drückende Überlegenheit vor dem Krieg an. Bei der III. WM 1952 in der Schweiz, an der sie nun wieder teilnehmen durften, siegten sie ohne Punktverlust. In der Qualifikation deklassierten sie Luxemburg mit 34:2 (am 13. April 1952 in Offenbach), und auch die Vorrundensiege gegen Dänemark (23:10) und das Saarland (19:2) fielen deutlich aus. Im Finale am 15. Juni 1952 in Zürich schlug die von Fritz Fromm trainierte Mannschaft schließlich Schweden mit 19:8. Herausragender Akteur der Deutschen war der Göppinger Bernhard Kempa, der mit 28 Treffern erfolgreichste Torschütze des Wettbewerbs, an dem insgesamt neun Mannschaften teilgenommen hatten. „Die hohen Erwartungen, die man in das Spiel setzte", lobten die *Luzerner Nachrichten* nach dem Endspiel, „wurden von der deutschen Mannschaft restlos erfüllt. Die vollendete Technik jedes einzelnen Spielers erlaubte ihnen, ein glänzendes Angriffsspiel vorzuführen, das zu Treffern führen musste. Das Freilaufen mit und ohne Platzwechsel, das Wandern des Balles von Hand zu Hand schufen den reaktionsschnellen Stürmern unzählige Gelegenheiten, temperiert oder aus vollem Lauf präzise Torschüsse anzubringen." DHB-Präsident Daume hingegen hob in einem Rückblick auf das Sportjahr 1952 nicht den sportlichen Sieg, sondern die Teilnahme und den Beitrag zur Völkerverständigung hervor: „Die Mannschaften und Delegationen kommen nicht lediglich zu dem Zwecke zusammen, die Reihenfolge der Tabelle zu ermitteln, und Leistung ist nicht die Differenz zwischen den Torzahlen. Das Entscheidende einer solchen Zusammenkunft und auch das eigentliche Erlebnis jeder großen Leistung liegen in der menschlichen Umgebung guter Freunde." Nicht umsonst hießen Frankreich und Norwegen 1951 die ersten Gegner der deutschen Nationalmannschaft. Die Schatten, die der Krieg warf, waren immer noch lang…

Die Blüte des Feldhandballs: Die Weltmeisterschaft 1955 in der BRD

Ein „Fest im besten Sinn" resümierte hinterher der Züricher *Sport,* und Schlagzeilen deutscher Zeitungen bejubelten die hohe deutsche Handballkunst: „Lehrmeister Deutschland unerreicht" – „Ein grandioser Wirbel überrennt die Schweiz" – „Traum-

Der große Mann des deutschen Nachkriegs-Handballs: Bernhard Kempa, hier bei der WM 1952. ▶

Kombination im Sprint". Noch einmal der Schweizer Journalist des seriösen *Sport*: „Die zweifellos glänzende Propaganda für den Handball bedeutende Weltmeisterschaft 1955 hatte mit dem Finalspiel im Stadion Rote Erde ihren Höhepunkt, mindestens, was den Rahmen, den Zuschaueraufmarsch, den Angriffshandball und die deutsche Leistung anging." Der mittlerweile auf 24 Nationen und 1,8 Millionen Mitglieder angewachsene Weltverband lobte die perfekte Organisation, die Begeisterungsfähigkeit der Zuschauer (die etwa die völlig verregnete Eröffnungsfeier im Berliner Olympiastadion sahen) sowie die Gastfreundschaft des Veranstalters, der sich nun endgültig wieder in die Handballfamilie aufgenommen fühlte. IOC-Präsident Avery Brundage, der als Gast einige Spiele beobachtete, bescheinigte diesem Sport wieder Olympiareife. Kurz: Als die Nostalgiker des Feldhandballs in späteren Jahrzehnten in ihren Erinnerungen schwelgten, dann bezeichneten eigentlich alle diese IV. Feldhandball-Weltmeisterschaft vom 29. Juni bis 10. Juli 1955, die dem DHB drei Jahre zuvor von der IHF zugesprochen worden war und an der 18 Nationen teilnahmen, als Höhepunkt in der Geschichte ihrer Sportart.

Für damalige Verhältnisse war es eine Veranstaltung der Superlative. Über 410.000 Zuschauer kamen zu den Spielen, 12.500 im Schnitt, ein formidabler Wert. Bei den Begegnungen der Deutschen in der Vorrunde kamen schon 40.000 (beim 22:2 gegen Norwegen in Hannover) und 30.000 (beim 23:12 gegen Jugoslawien in Oberhausen), das Endspiel im Dortmunder Stadion Rote Erde besuchten gar knapp 50.000 Besucher, eine Rekordkulisse für eine reine Handballveranstaltung (die Partie zwischen einer Berliner und Pariser Auswahl am 20. September 1953 im Berliner Olympiastadion, die 110.000 Besucher verfolgten, bildete nur einen Teil des „Tags der Polizei"). Gespielt wurde im Westen und im Süden, an insgesamt 32 Standorten. Das ganze Land nahm teil, da die Medien „das bisher größte Ereignis im Handball" in jeden Winkel transportierten. Neben außerordentlich vielen akkreditierten Printjournalisten übertrugen die Rundfunkhäuser unter Federführung des Westdeutschen Rundfunks (WDR) alle Spiele der Deutschen, im Einsatz waren renommierte Radioreporter: Sammy Drechsel (Bayerischer Rundfunk), Heinz Eil (WDR), Gerd Krämer (Süddeutscher Rundfunk) und der seit seiner Fußballreportage in Bern berühmt gewordene Herbert Zimmermann (Norddeutscher Rundfunk). Und die eben gegründete Eurovision übertrug das Finale „im gesamten europäischen Fernsehnetz"; selbstverständlich kamen die Veranstalter dabei der Bitte des Fernsehens nach, das Einlaufen der beiden Mannschaften um exakt 15.32 Uhr einzuläuten. Die Aufmerksamkeit war maximal – und sollte in dieser Form nie wiederkehren.

Dass diese WM ein Erfolg werden konnte, lag in erster Linie an der erstaunlichen Konkurrenzfähigkeit aufstrebender Nationen wie der Tschechoslowakei, die am Ende Dritte wurde. „Alle Länder haben im Handball weit aufgeholt", resümierte die *Deutsche Handballwoche*, „dieser Titel fiel uns nicht in den Schoß" – obwohl die deutsche Nationalmannschaft sich „wie noch nie vorbereitet" hatte, wie Betreuer Siegfried

Herbert Zimmermann, re., im Gespräch mit dem schwedischen Nationalcoach.

Perrey einräumte. Die Spiele waren tatsächlich spannender, ungewisser im Ausgang. Der deutsche Topfavorit hatte sich nach klaren Auftaktsiegen nur mühsam zum Gruppensieg in der Zwischenrunde gequält, gleichwohl die Erfolge beim 21:18 gegen Österreich in Wuppertal und beim 11:8 gegen die CSSR in Duisburg als verdient angesehen wurden. Zur Sternstunde geriet das Finale. Dort siegte Deutschland zwar am Ende klar mit 25:13 gegen die Schweiz. Aber bis zum Pausenstand von 7:11 hatten die Eidgenossen das Spiel noch offen gehalten, erst danach wurden sie von der „Dampfwalze Deutschland", wie eine Zeitung urteilte, schwer überrollt. Experten und Zuschauer betrachteten diese torreiche Partie als ästhetische Offenbarung, weil sie, extrem offensiv geführt von beiden Seiten, die ganze Schönheit des Spiels demonstrierte: Angesichts der großen Freiräume fanden viele Pässe in die Tiefe einen Abnehmer, keine Abwehrmauern säumten die Torräume, die Tore wurden herauskombiniert und nicht herausgefoult. Hier kamen die enormen technischen und konditionellen Fähigkeiten des vielgerühmten Sturmtrios Dahlinger – Will – Kempa, das allein 14 Tore erzielt, ganz zur Entfaltung. Überragend in seinem letzten Länderspiel auch der Mittelläufer Werner Vick. Zuschauer und Journalisten schwärmten vom besten Feldhandballspiel aller Zeiten.

Die berechtigten enthusiastischen Elogen überschatteten freilich ein wenig die zu beobachtenden Negativtrends, die zu den Regeländerungen im Jahre 1956 führten. Einige Mannschaften, speziell die CSSR, hatten nämlich mit ihrem äußerst defensiven Konzept des konditionell anspruchsvollen „Rollsystems" die Ästhetik des Spiels zerstört, wie Kritiker meinten. „Rollsystem", das bedeutete ein extremes Konterspiel, bei dem die einzelnen Mannschaftsteile nicht mehr starr in ihren vorgegebenen Positionen verharrten, sondern beinahe alle Spieler an den Torraum zurückbeordert wurden, um dort mit großem Körpereinsatz die gegnerischen Angriffe zu zerstören. Bei Ballgewinn schaltete man dann rasch von Abwehr auf Angriff um. Nur damit, so lautete die Ausgangsüberlegung dieser Taktik, war der Offensivgewalt der Deutschen überhaupt beizukommen – und das hatte im Fall der CSSR beinahe funktioniert. „Einzelne Spiele waren keine Werbung für den Handball", schimpfte daraufhin die *Deutsche Handballwoche,* „es wurde zu viel gemauert, zu viel Sicherheitsbedürfnis". Das Fachorgan wurde recht ausfallend in diesem Systemstreit: „Die Spielauffassung grenzte zeitweise an Primitivität." Und ein Schweizer Funktionär meinte gar, dass das „ja gar kein Handball" mehr sei, sondern vielmehr eine Mixtur aus Basketball und Rugby. Noch mehr Öl ins Feuer gossen die Schweden. „Handball gehört in die Halle", proklamierte deren grandioser Keeper Roland Mattson.

Der Durchbruch des Hallenhandballs

Die zahlreichen Veranstaltungen in der Weimarer Republik und im Dritten Reich hatten bewiesen, dass der Hallenhandball von den Zuschauern überaus euphorisch aufgenommen wurde und eine echte Konkurrenz für das Feld darstellte. Auch Reichstrainer Kaundinya hatte dies klar erkannt. Ihm schwante früh Böses, nämlich ein Wettstreit, der letztlich auf Kosten des Feldhandballs gehen und Terminnöte provozieren würde. Sein Artikel „Erkenntnisse aus dem Hallenhandball", der 1937 im Fachorgan *Handball* erschien, besaß jedenfalls geradezu prophetischen Charakter: „Keinesfalls darf man sich die Entwicklung im Sinne der ‚Hallenfanatiker' vorstellen, nämlich: Dem Feldhandballbetrieb einen ebenso ausgedehnten Hallenhandballbetrieb entgegenzustellen; (…). Aber wenn man an den Ausbau des Hallenhandballs in erträglichen Grenzen denkt und jetzt schon bei den noch seltenen Hallenereignissen Terminnot im Feldhandball auftritt, rückt der Gedanke näher, die Feldhandballzeit vom März bis November laufen zu lassen und nach einer Zwangspause im Anschluss an die Meisterschaft einzuschalten. Vergessen wir doch nicht, dass Feldhandball im Grunde kein Winterspiel ist und dass die Verlegung in die Winterzeit in seinen Anfängen von der Leichtathletiksaison abhing. Überlegen wir ferner, dass Technik und Taktik des Handballspiels, besonders das, was wir als ideales Mannschaftsspiel sehen wollen, durch Boden- und Witterungsverhältnisse stark mitbedingt ist, und ich glaube, noch niemand hat bei schlechten Boden- und Witterungsverhältnissen ein gutes Spiel gesehen; der Grad der Vollendung wird von vielen Faktoren sehr wesentlich beeinflusst." Die Nachfrage nach geeigneten Hallen, meinte Kaundinya, werde immer dringlicher, und prognostizierte eine „recht günstige Zukunft im Hallenhandball". Vor allem aber war ihm klar, dass das Spiel in der Halle, sofern es einmal intensiviert würde, sich doch sehr von dem Feldspiel unterscheiden würde: „Die Spielweise im Hallenhandball ist anders als im Feldhandball, sie ist rassiger, an Schnelligkeit, Entschlusskraft und blitzartigem Erfassen der Lage am ehesten dem Eishockey vergleichbar. (…) Nicht immer sind gute Feldhandballspieler brauchbar in der Halle; es eignen sich dazu ‚Sprintertypen nach Bewegung und Temperament' und am allerwenigsten Menschen mit ‚langer Leitung und Bodenständigkeit'. Bei der Spielzeit von zweimal zehn Minuten regelt sich das Tempo ganz von selbst so, dass es ‚Höchsttourenzahl' anzeigt, und nur bei haushoher Überlegenheit kann man zur Schonung für die kommenden Spiele vor Schluss eine Atempause einlegen bzw. seine Ersatzspieler stark beschäftigen."

Die während des Krieges zerstörte Infrastruktur warf die Entwicklung des deutschen Hallenhandballs um Jahre zurück. Dennoch kam es bereits am 20. Februar 1949 zur ersten (noch inoffiziellen) deutschen Hallenmeisterschaft, die bereits 1938 und noch einmal 1942 angeregt worden war. In Münster standen sich die besten regionalen Teams der drei westlichen Zonen und aus Berlin gegenüber: Karlsruhe-Rint-

Dynamik in der Halle. Szene aus der Partie zwischen Hassloch und VfL Wolfsburg.

heim als süddeutscher Meister, die TG Hassloch als Meister der französischen Zone, Polizei Hamburg und Flensburger TB als erfolgreichste Nord-Vereine, aus Berlin der Berliner SV 92, und schließlich aus dem Westen der Deutsche Feld-Meister von 1947, Rasensport Mülheim, der Westfalenmeister Eintracht Hagen und der westfälische Pokalmeister Eintracht Minden. Im Finale siegte Mülheim mit 9:6 gegen den starken Flensburger TB, der sehr von den relativ guten Bedingungen im hohen Norden (so durch die gut ausgestattete Sportschule Mürwik) profitiert hatte. Die nächsten vier Titel sicherte sich allesamt der PSV Hamburg. Meistens wurden die Meisterschaften in komprimierter Turnierform ausgetragen, die Spiele dauerten 2 x 7,5 Minuten, maximal 2 x 15 Minuten. Ein anderer Modus war nicht möglich, weil in diesen Jahren nur sehr wenige Hallen zur Verfügung standen. Oft nutzten die Vereine daher alte Exerzierhallen in den damals leeren Kasernen, oder es wurden einfach Festsäle in provisorische Handballfelder umfunktioniert. Wenn einmal eine für den Handball konzipierte Halle gebaut worden war, dann nutzten die Vereine diese an den Wochenenden teilweise über zwölf Stunden hinweg.

Trotz aller äußeren Unterschiede (sieben statt elf Spieler, kleineres Spielfeld, kleinere Tore) ähnelte dieser frühe Hallenhandball in seinem Charakter doch noch sehr dem Feldhandball. Das lag daran, dass die offiziellen Regeln, die Schelenz 1943 letztmals herausgegeben hatte, fast identisch waren mit den Regeln des Feldes. In der Taktik etwa ergaben sich kaum Unterschiede, denn laut Schelenz bestand ein Hallenteam aus einem 2-1-3-System, aus zwei Abwehrspielern, einem Verbindungsmann (Läufer) und drei Angreifern, und so wurden sie auf dem Feld noch lange positioniert.

Erst mit den Jahren leuchtete den Hallenpionieren ein, dass einige Feldregeln für die Halle keinen Sinn ergaben. So wurde etwa die 1956 für das Feld beschlossene Dreiteilung für das kleine Hallenfeld umgehend verworfen. Langsam gabelte sich nun diese Sportart, allmählich entstand mit dem Hallenhandball ein eigener Sport. 1958 wurden das durchgehende Prellen und die Drei-Schritte-Regel international eingeführt, 1965 schließlich der Freiwurf ohne Anpfiff, was das Spiel wesentlich schneller machte. Beim Hallenhandball wurde indes noch deutlicher, dass die Deutschen auch hinsichtlich der Regeln nur noch die zweite Geige spielten. Die meisten Regelvorschläge kamen vom Branchenführer aus Schweden, der 1954 (17:14 gegen Deutschland) und 1958 (22:12 gegen die Tschechoslowakei) die WM-Titel holte. Die Schweden warteten außerdem mit taktischen Innovationen auf, so überraschten sie den deutschen Handball 1950 mit der Erfindung des Kreisläufers, wie Siegfried Perrey der deutschen Fachwelt berichtete: „Es hat uns recht große Kopfschmerzen bereitet, den ‚Vorboten' der ballbesitzenden Mannschaft, einen vorgeschobenen Stürmer, der sich in den Rücken der zur Abwehr bereitstehenden Deckung zu bringen versucht, so zu beschatten, dass es auch im engen Raum nicht möglich war, einen blitzschnell gespielten Pass aufzunehmen und aus schnellem Sprung heraus herrliche Tore zu schießen. Durch ein reibungsloses ‚Übergeben' dieses Vorboten gelang es mit überraschendem Erfolg, die Schweden in ihrer Angriffslust beträchtlich zu hemmen."

Doch so sehr der Hallenhandball noch in den Kinderschuhen steckte, die Zuschauer waren doch angetan von den kurzen, schnellen Angriffen, den häufig wechselnden Spielszenen, dem vergleichsweise körperlosen Spiel und der dichten Atmosphäre in den Hallen. Beim ersten Hallen-Länderspiel nach dem Krieg, in dem die Deutschen 1951 in Neumünster gegen den Lehrmeister Schweden ein 7:7 erreichten, sahen 6000 begeisterte Zuschauer zu (das Spiel ging über 2 x 25 Minuten). Überhaupt waren die Schweden für die Halle wegweisend; häufig, wie schon 1949 nach Flensburg und Harburg, reisten schwedische Teams durch Norddeutschland, und schnell kopierten die einheimischen Teams die sehr technische und effektive, auf Ballkontrolle fixierte skandinavische Spielweise. Das übertrug sich schnell auf die Berichterstattung: Wenn eine Mannschaft kühl ihre Möglichkeiten genutzt hatte, war bald von „schwedischer Chancenverwertung" die Rede. Doch wurde den Funktionären schnell klar, dass ein Nebeneinander von Feld und Halle auf lange Sicht zum Nachteil gereichen würde. Der ehemalige Nationalspieler Siegfried Perrey, der in Flensburg lehrte, beklagte bereits 1953 das Fehlen deutscher Hallenspezialisten, „weil das bei uns im Vordergrund stehende Feldhandballspiel den gradlinigen, schnellen Spieler verlangt und auf herausragende Leute, die in den Mittelpunkt ihrer Leistung den Fallwurf und den Sprungschuss stellen, verzichten kann". Es würde Jahre dauern, meinte er, bis Deutschland den Vorteil des „nordischen Hallenspiels" wettgemacht habe. Die technische Überlegenheit der Schweden war freilich auch auf die noch besseren Sportanlagen in Skandinavien, das vom Krieg relativ unberührt gewesen war, zurückzuführen.

Handballstrategen, v. li.: Carl Schelenz, Bernd Kuchenbecker, Fritz Fromm und Siegfried Perrey.

Die Attraktivität des Hallenspiels führte bereits in den 1950er Jahren zu großen Kontroversen. Bald stellte sich heraus, dass das Spektakel Hallenhandball nicht nur von den Zuschauern bevorzugt wurde, weil es spannendere Spiele produzierte. „Hallenhandball – das ist wie ein Elia-Kazan-Film", rühmte 1957 ein Journalist: „Hart, spannungsgeladen, sensationell und mit technischen Feinheiten. Überall, wo er gezeigt wird, gibt es begeisterte Zuschauer und oft auch Rekordbesuch. Selbst dann, wenn die Darsteller das (schwedische) Hallenhandball-ABC noch nicht richtig beherrschen." Die Halle bot auch andere Vorteile, die für die Zukunft des Sports eine große Bedeutung hatten. Als „entscheidende Wende" in der Frage „Feld oder Halle" betrachtete etwa der Bezirksjugendwart Fritz Homann aus Minden schon 1950, dass die Halle für die Jugend viel besser geeignet sei: „Die kleinen Kerle laufen sich auf den großen Plätzen tot, und in einem normalen Tor findet sich solch ein Knirps kaum wieder. Wir haben darum vor, die Schüler auf kleinen Turnierfeldern mit Hockeytoren Diplomspiele machen zu lassen. Auf diese Weise lernen sie nach den Regeln des Feld-Hallenhandballs besser das Abspiel." Gleiches galt für die Frauen. Für den Feldhandball stellte sich also in den 1950er Jahren als Nachteil heraus, was in den 20er Jahren noch den Erfolg ausgemacht hatte: Der Zuschnitt auf den harten Männersport.

„Hat Hallenhandball die größere Zukunft?", fragte 1956 jedenfalls nicht nur der westfälische Landesspielwart Friedel Bäcker, obwohl immer noch 75 Prozent der Vereine keine Möglichkeiten besaßen, regelmäßig in der Halle zu trainieren. Er zählte die Argumente auf: Die Abhängigkeit des Feldhandballs vom Wetter, das jede Saison für viele Spielabsagen sorgte. Die Spielfeldgröße. Die Zuschauerzahlen. Und auch die Entwicklung in Skandinavien und Osteuropa, die bereits klar in Richtung Hallenhandball wies. „Darf das Mutterland des Handballs da hinterherhinken?", polemisierten immer häufiger die Experten. Als Schelenz 1949 sein letztes Lehrbuch veröffentlichte, hatte er dem Hallenhandball gerade einmal eine Seite gewidmet, die Halle galt als nicht ernst zu nehmender Ausgleich im tiefen Winter, wenn das große Feld nicht bespielbar war. Während der gesamten 1950er Jahre dominierte immer noch das Feldspiel, auch in der Berichterstattung, der Feldhandball blieb großer Zuschauermagnet, 30.000 Besucher wie beim Länderspiel 1951 in Duisburg gegen Schweden

Hallenhandball-Länderspiel BRD – CSSR, 1963.

waren keine Seltenheit. Aber 1956 kamen eben auch schon 10.000 zu den westdeutschen Landesmeisterschaften in die Dortmunder Westfalenhalle. Wie deutlich die Waage Richtung Halle pendelte, zeigte eine restriktive Maßnahme des DHB im Jahre 1958. Der Verband, dessen konservative Funktionäre fast alle dem Feldspiel zuneigten, verbot zwischen dem 1. April und dem 15. Oktober die Austragung von Hallenturnieren, um die Feldsaison, die nun im Sommer ausgetragen wurde, zu beschützen. Aber die Entwicklung war nicht mehr aufzuhalten. Als die deutsche Hallenhandball-Nationalmannschaft 1959 vor 11.000 Zuschauern in Dortmund mit 12:9 gegen den amtierenden Weltmeister Schweden siegte, bedeutete das einen weiteren Schub für das Hallenspiel. Das lange Siechtum des Patienten Feldhandball war eingeläutet.

Ein besonderer Fall: das Saarland

Als 1955 die Feld-Weltmeisterschaft in der BRD ausgetragen wurde, nahm wie selbstverständlich auch eine Auswahl des Saarlands daran teil. Mit durchaus beachtlichen sportlichen Erfolgen: Das von Fritz Spengler, Olympiasieger von 1936, trainierte Team verlor zwar zweimal gegen Schweden (6:7 und 9:12) und unterlag dem späteren Finalisten Schweiz (8:13), siegte aber gegen Luxemburg (31:4) und gegen Frankreich (13:12) und belegte am Ende den sechsten Platz unter 18 Nationen. Auch bei der Feld-WM 1952 in der Schweiz hatte das Saarland mitgespielt, nach einem überraschenden 15:13 in der Qualifikation gegen Jugoslawien in Ljubljana.

Die sportliche Sonderrolle des Saarlands war eine Folge der Entscheidung der Alliierten, das Saarland nach 1945 unter französische Verwaltung zu stellen. So kam es, dass Saarbrücken 1948 zum Schauplatz eines von 12.000 Besuchern frequentierten Halbfinals der II. Feldhandball-WM wurde, die offiziell in Frankreich stattfand. Da auch auf sportlichem Gebiet die Souveränität der Saar demonstriert werden sollte, wurden die Anträge der nach 1946 gebildeten Sportverbände auf internationale Anerkennung widerspruchslos akzeptiert. Am 15. Juni 1950 wurde das Olympische Komitee des Saarlandes vom IOC aufgenommen, im September 1950 wurde der Saarländische Handball-Verband (SHV) Mitglied der IHF. Schon im Juni 1946 war der SHV mit Zustimmung des Sportoffiziers Brissat aus der Taufe gehoben worden, und am 22. September 1946 startete die erste Nachkriegsmeisterschaft. Erst am 10. Februar 1957, als sich die Saar-Bevölkerung nach einer Volksabstimmung für die Bundesrepublik entschieden hatte, endete auch die sportliche Autonomie, und der SHV wurde in den südwestdeutschen Handballverband des DHB integriert. Genauso stolz wie auf dieses kurze Kapitel der Eigenständigkeit waren die saarländischen Handballfans später auf die Erfolge des TV Niederwürzbach, vor allem aber auf den besten Handballer, den diese Region je hervorbrachte: Joachim Deckarm, der seine Weltkarriere beim TV Malstatt und dem 1. FC Saarbrücken begann.

Der Handball in den Mühlen der Sportpolitik: Die gesamtdeutschen Mannschaften 1958-1961

In den 1950er und 1960er Jahren war der deutsche Handball mit einem veritablen sportpolitischen Problem konfrontiert, das die internationale Sportpolitik unter dem Begriff „Querelle d'allemand" zusammenfasste: Die schwierige Frage, ob neben der BRD, die zunächst in den internationalen Verbänden den deutschen Sport repräsentierte, nun auch die Sportorganisationen der DDR (oder „Ostzone", wie sie der Westen nur nannte) anerkannt werden sollte. Das IOC rang sich, nachdem es die Anträge des NOK der DDR mehrmals abgeschmettert hatte, im Juni 1955 schließlich zu einem Kompromiss durch und nahm die DDR zunächst „provisorisch" auf. Das war eine Reaktion auf veränderte Mehrheitsverhältnisse im Weltsport (da die osteuropäischen Sportverbände die Position der DDR stützten), und das IOC hatte zudem registriert, dass einige Weltsportfachverbände die DDR-Verbände bereits anerkannt hatten. Bedingung war allerdings, dass die Deutschen fortan mit einer gesamtdeutschen Mannschaft bei den Olympischen Spielen starten sollten (und dies zwischen 1956 und 1964 auch taten). Ein komplizierter Zustand, mit dem sich die Adenauer-Regierung nur schwer anfreunden konnte, da damit der Alleinvertretungsanspruch der BRD gefährdet war. Für die Regierung der DDR hingegen stellte der Sport geradezu eine ideale Bühne dar, die so genannte Hallstein-Doktrin, die eine völkerrechtliche Anerkennung der DDR zu unterbinden suchte, zu unterlaufen: Die Sport-

Die deutsche Mannschaft bei der Feld-WM 1963.

verbände unternahmen jedenfalls alles, um bei sportlichen Erfolgen ihre Fahne mit Hammer und Zirkel („Spalterflagge") zu hissen und die Becher-Hymne zu spielen.

Bis 1954 hatte die IHF die Aufnahmeanträge des DDR-Handballs mit Hinweis auf das schwelende Verfahren im IOC stets zurückgewiesen. 1956 reagierte der Weltverband jedoch auf die neuen Realitäten, nahm den ostdeutschen Verband auf und entschied nach heftigen Diskussionen ebenfalls, dass die deutschen Handballer bei großen Turnieren fortan mit gesamtdeutschen Mannschaften antreten sollten. Der mit 14:2-Stimmen gefasste Beschluss vom 1. September 1956 in Stockholm lautete: „Die Sektion Handball der DDR wird in die IHF aufgenommen. Bei einer Wiedervereinigung der beiden Staaten kann beim nächstfolgenden Kongress nur eine Vertretung des wiedervereinten Deutschlands anerkannt werden. Die Voraussetzungen hierfür sind in Deutschland zu schaffen. An Weltmeisterschaften und Olympiaden kann nur eine gesamtdeutsche Mannschaft teilnehmen. Zu diesem Zweck hat der Deutsche Handball-Bund die Verhandlungen aufzunehmen." – Der DHB behielt also die Federführung. Aber die Auseinandersetzungen am Grünen Tisch darüber, ob nun das Team unter „Deutschland" oder „Gesamtdeutschland" antreten sollte und welchen Status die jeweiligen Verbände besaßen, hielten die nächsten Jahre die Funktionäre in Atem.

Im Prinzip war die Sache einfach: Jeweils acht Spieler aus beiden Lagern sollten den Kader für das nächste große Turnier bilden, die III. Hallen-WM 1958, die in der DDR ausgetragen wurde. Der dritte Platz, den diese zusammengewürfelte Mannschaft unter unaufgeregten Umständen in Ost-Berlin erreichte, wurde von den Fachleuten als Erfolg gewertet, hatte man doch nur gegen die starken Tschechoslowaken verloren (14:17). Erst im Nachgang gab es Ärger, als die westdeutsche *Deutsche Handballwoche* die Aufstellung und die Form einiger ostdeutscher Akteure zart kritisierte, das „sowjetzonale" *Internationale Sport-Echo* hingegen das starre Positionsspiel der westdeutschen Aufbauspieler als unmodern bezeichnete. Die Spieler freilich waren sehr gut miteinander ausgekommen und hatten nichts dagegen, ein weiteres Mal zusammenzuspielen. Beim nächsten Turnier, der IV. Feldhandball-WM 1959 in Österreich, eskalierten die Streitigkeiten unter den Verbänden. Das Finale gewann das wiederum paritätisch besetzte Team mit 14:11 gegen hart einsteigende Rumänen. Aber davor und danach flogen reichlich Giftpfeile in beide Richtungen.

Es hatte diesmal stundenlange Verhandlungen gebraucht, um die jeweils acht Spieler nach diversen Testspielen auszuwählen, vorher hatte das ostdeutsche *Sport-Echo* geurteilt, dass nur zwei westdeutsche Handballer die Qualität für die gemeinsame Mannschaft hätten. Auf diese Provokation reagierte natürlich die *Deutsche Handballwoche:* „Es ist nur zu hoffen, dass sich die Fachleute in Kienbaum von dieser offensichtlich nur politisch untermauerten Stimmungsmache freihalten können. Wir finden: Es ist eine Torheit, jetzt so etwas, wie es das ‚Deutsche Sport-Echo' tat, zu schreiben." Und unterstellte dem Osten „schmutzige Manipulationen". Nach dem Finalsieg prahlte Rudi Reichert, Präsident des DDR-Dachverbandes DTSB, damit, dass von den acht nominierten DDR-Akteuren sieben im Finale zum Einsatz gekommen waren. Das *Neue Deutschland* zitierte vergnügt von der Feier, bei der die DDR-Spieler als „verdiente Meister des Sports" ausgezeichnet wurden: „Es sei nicht übertrieben zu sagen, dass das Hauptverdienst am Titelgewinn unseren acht Spielern zukomme und dass sie damit der sozialistischen Sportbewegung auch in der gemeinsamen Mannschaft Ehre und Ansehen verschafft haben." Die *Deutsche Handballwoche* sprach von Berichten, „die vergiftet waren von Kübeln von Schmutz und Propaganda in sowjetzonalem Propagandasinne". Klar war aber allen Experten, dass die Leistungen der DDR im Handball geradezu explodiert und als gleichwertig anzusehen waren – lange bevor also die DDR in den 1960er Jahren größte Anstrengungen hinsichtlich des Leistungssports unternahm. Die Trophäe freilich musste je die Hälfte der Zeit in Ost-Berlin und in Dortmund ausgestellt werden…

Auch bei der IV. Hallen-WM, die im März 1961 in der BRD ausgetragen wurde, änderte sich nichts an dieser zeitweise manischen Sucht nach Parität, über die das Ausland sehr lächelte. Sogar bei den Testspielen wurde daran festgehalten, wie die *Deutsche Handballwoche* irritiert feststellte: „Als in beiden Spielen je vier Spieler aussetzten, waren das natürlich je zwei aus der Bundesrepublik und aus der Sowjetzone. In beiden Spielen spielte jeder Torhüter je eine Halbzeit: in Ostberlin zuerst der DHB-Mann, dann der DHV-Mann; in Westberlin zuerst der DHV-Mann und dann der DHB-Mann. Logische Fortsetzungen: Von den zehn dann noch zur Verfügung stehenden Feldspielern waren je fünf aus Ost und West." Auch wenn die politischen Verhältnisse kompliziert waren, so geht aus den Berichten der Sportpresse doch hervor, dass die Trainer Vick und Seiler und die Spieler mit der Situation gut zurechtkamen und sich angefreundet hatten. Heraus sprang aber nur ein vierter Platz nach Niederlagen gegen den späteren Weltmeister Rumänien und Schweden.

Doch diese Veranstaltung sollte auf Handballebene das Ende der gemeinsamen Teams bedeuten, denn nach dem Mauerbau am 13. August 1961 verschärfte sich die Lage, als der DSB mit den „Düsseldorfer Beschlüssen" das vorläufige Ende des innerdeutschen Sportverkehrs verkündete. Fortan war die Teilung, die politisch und gesellschaftlich eine Tatsache war, auch sportpolitisch vollzogen.

Das Ende des Feldhandballs: Die 1960er und 1970er Jahre

Als Günter Millermann 1960 seine „Geschichte des internationalen Handballs" veröffentlichte, musste sich die Sportart erneut mit schweren Vorwürfen auseinandersetzen. „Im Mittelpunkt der Sorgen um den gegenwärtigen Stand des Handballspiels steht die Frage des überharten Spiels", schrieb der Redakteur der *Deutschen Handballwoche,* „dort, wo nicht einmal der Schiedsrichter die Grenze zwischen erlaubt und verboten, zwischen hart und gemein zu ziehen vermag, dort besteht höchste Gefahr für unsere Spielbewegung. Wenn rohe Kraft und grobe Gemeinheit dem Spiel den Stempel aufdrücken, dann ist es um die Weiterentwicklung in konditionell-technischer Hinsicht geschehen. Die dem natürlichen Spielfluss innewohnenden Feinheiten werden mutwillig erstickt und rufen zwangsläufig einen Roboterstil, der uns nicht den Großteil der Spieler, sondern zwangsläufig auch sämtliche Zuschauer vom Handballplatz vertreibt, hervor. Verrohung im Kampfspiel bedeutet soviel wie Aderlass am Pulsschlag des Handballs, der in erster Linie von Schnelligkeit und Organkraft, nicht aber von gemeiner Absicht und roher Brutalität lebt. Verrohung bedeutet Rückschritt. Dieser großen Gefahr muss auf der ganzen Linie der Kampf angesagt werden." Diese Diskussion war besonders dem Feldhandball abträglich, denn die Öffentlichkeit betrachtete den Emporkömmling Hallenspiel als weniger brutal.

In den 1960er Jahren traten die Argumente gegen das Feldspiel immer deutlicher zu Tage, obwohl – wie 1961 in Oberhausen beim Spiel Lintfort gegen Ansbach (16:15) – 31.400 Zuschauer zu den Feld-Finals strömten. Dauernde Regeländerungen hatten den Zuschauern und Spielern zu schaffen gemacht. Die Schulen favorisierten das Hallenspiel, weil sie es für technischer und schöpferischer hielten als das knallharte Konditions- und Laufspiel auf dem Feld. Befeuert wurde die Hallenvariante zudem durch den forcierten Bau von adäquaten Sportstätten. Das wohl wichtigste Argument pro Halle war freilich die Tatsache, dass die neben Deutschland führenden Nationen sich vom Feldspiel abwandten. Die neue Kraft Sowjetunion, die der IHF 1958 mit rund 100.000 Aktiven beitrat, konzentrierte sich ausschließlich auf die Halle, und viele osteuropäische Verbände (wie das mitgliederstarke Jugoslawien) taten es ihr nach. Traditionsreiche Nationen wie Schweden und Dänemark hatten das

Feldhandballmeister 1961 TuS Lintfort. 31.400 Zuschauer sehen in Oberhausen das Finale gegen TSV Ansbach.

Hallenspiel schon wegen der äußeren Bedingungen favorisiert. Der Niedergang auf internationaler Ebene war an den Meldungen für die Feld-Weltmeisterschaften abzulesen: Schon 1959 in Österreich nahmen nur noch sieben Nationen teil, das Feld musste mit einer B-Mannschaft Österreichs aufgefüllt werden. Das Turnier 1963 in der Schweiz konnte den Stand halten (acht Mannschaften), aber schon 1966 in Österreich, deren Spiele nun nur von durchschnittlich 4000 Zuschauern gesehen wurden, sank die Teilnehmerzahl auf sechs Nationen. Nachdem die BRD dieses Turnier vor der DDR gewonnen hatte, sprach man vom „ewigen Feldhandballweltmeister", denn es sollte die letzte Feld-WM bleiben. Eine für 1969 geplante Endrunde wurde, nachdem nur vier Mannschaften gemeldet hatten, abgesagt. Die Konkurrenzveranstaltung in der Halle dagegen boomte; für das Turnier 1967 in Schweden waren 32 Meldungen abgegeben worden. Sogar die DDR konzentrierte sich nun, weil sie dort schlecht abgeschnitten hatte, auf die Halle. Die Funktionäre opferten das Feldspiel, um einen noch größeren Rückstand in der Halle zu vermeiden.

In dieser Expansionsphase des Welthandballs (1968 besaß die IHF über zwei Millionen aktive Mitglieder) beharrten lediglich die westdeutschen Traditionalisten auf dem Feldhandball, dem deutschen Spiel. Selbst als im Oktober 1965 Hallenhandball olympisch wurde und nicht das Spiel auf dem Feld, starteten die uneinsichtigen bundesdeutschen Verbandsfunktionäre, die alle mit dem Feldspiel aufgewachsen waren, letzte Wiederbelebungsversuche. Von den Funktionären angeregt, schlug auch ein von Studenten der Sporthochschule Köln im Jahre 1967 durchgeführter Großversuch fehl, der die „Erneuerung des Interesses am Großhandballspiel" zum Ziel hatte und Zuschauer- und Spielerperspektiven berücksichtigte. Man werde zwei Nationalmannschaften zusammenstellen, um für die Olympischen Spiele 1972 gewappnet zu sein, so lautete das Konzept des DHB-Präsidenten Ernst Feick am Jahresende 1965. Und der Verband führte 1966 auch für das Feld eine zweigeteilte Bundesliga ein und ignorierte damit schlicht die dadurch provozierten Terminkollisionen. Es gab zwar noch Mannschaften wie GW Dankersen, VfL Gummersbach, SV Wester-

Feldhandball-Weltmeister BRD 1966: Gerhard Biefang, Karl Öhlschläger, Günter Wriedt, Diethard Finkelmann, Peter Hattig, Erwin Heuer, Josef Karrer, Rudolf Kirsch, Werner Knecht, Erich Kolb, Herbert Lübking, Bernd Munck, Erwin Porzner, Herbert Schmidt, Volker Schneller, Max Zwierkowski.

holt und Frisch Auf Göppingen, die in beiden Sportarten erfolgreich waren. Aber die Vereine sahen bald ein, dass die Doppelbelastung langfristig nicht funktionierte und meldeten sich peu á peu vom Spielbetrieb auf dem Feld ab – obwohl die Stärke der Eliteklasse schon 1968 von zehn auf acht Teams reduziert wurde. Es ist eine Ironie der Sportgeschichte, dass die Deutsche Meisterschaft im Feldhandball 1972 erstmals nach dem Krieg ausgesetzt wurde, weil sich die Nationalmannschaft auf das olympische Hallenturnier vorbereitete: Olympia bedeutete den letzten Sargnagel für das alte Spiel, das 1936 in Berlin seinen ersten Höhepunkt gefeiert hatte.

Bevor 1972/73 die siebte und letzte Spielzeit beendet wurde, stand das Ende des Feldhandballs bereits fest: Der erweiterte DHB-Vorstand hatte am 18. November 1972 die Rückführung auf Regionalligen beschlossen. Daraufhin zog auch noch GW Dankersen, die stärkste Feldelf jener Jahre, zurück. Als am 10. August 1975 das letzte Endspiel im Feld zwischen der TSG Hassloch und dem TuS Nettelstedt (15:14) in Lübbecke angepfiffen wurde, verloren sich gerade einmal 6000 Zuschauer im Stadion. Den freigewordenen Terminen beegnete der DHB umgehend mit der Einführung des DHB-Pokals, der 1975 erstmals ausgespielt wurde. Von den 471.000 Mitgliedern, mit denen der DHB 1971 in der Statistik des DSB an sechster Stelle hinter Fußball, Turnen, Schießen, Leichtathletik und Schwimmen auftauchte, spielte nur noch etwa ein Sechstel auf dem Feld. Auch in den Regeln des Verbandes war der vollzogene

Wechsel längst dokumentiert: Noch 1965 hießen diese „Internationale Feld- und Hallenhandballregeln", aber schon 1967 rückte die Halle vor das Feld. Seit 1978 wurden nur noch die Hallenregeln modifiziert. Wer Mitte der 1970er Jahre von Handball sprach, meinte Hallenhandball, die Aufteilung in Feld und Halle war schlicht bedeutungslos geworden.

Damit war das überaus ehrgeizige Projekt, mit dem Feldhandball eine Konkurrenz zum Fußball aufzubauen, letztlich gescheitert. Dass am Ende der 1960er Jahre einige Funktionäre und Journalisten vehement gegen die Abschaffung des Feldspiels protestierten, war lediglich mit Nostalgie zu erklären, rational entbehrten die Argumente jeder Grundlage. „Feldhandball, quo vadis?", fragte der Feldbefürworter Hans Apfel 1970 und fasste resigniert die Meinung zusammen: „Die Entwicklung ist nicht aufzuhalten! Schwanengesang des Großfeldspiels! Stille Beerdigung! Orientierung in Richtung Kleinfeld. Ein halbes Dutzend Überschriften zu Beiträgen von Leuten, die der Ablösung des Großfeldspiels durch das Kleinfeldspiel das Wort reden und jeden Anlass nehmen, um nach der Totengräberschaufel zu greifen...." Er ließ es sich in seinem Aufsatz nicht nehmen, die so genannten „Abfallnationen" wie die DDR wüst zu beschimpfen. Der Feld-Weltmeister von 1952, Bernd Kuchenbecker, schlug noch vor, spieltaktische Konzeptionen des Hallenspiels zu übernehmen: „Mein Ziel ist die weitgehende Angleichung des Feldspiels an das Hallenspiel, ohne dessen Unarten zu übernehmen." Aber auch dieser Vorschlag zielte ins Leere.

In späteren Reflexionen musste man freilich auch unweigerlich an die Erfolge des antiken Schlachtenlenkers Pyrrhos („Noch so ein Sieg, und ich bin verloren") denken: Sie hatten ihre Sportart ebenfalls totgesiegt, die Deutschen. Als sie 1970 die letzten Feldhandball-Länderspiele in Rotterdam gegen Holland und Österreich be-

Erwin Porzner in Aktion, WM 1966.

Herbert Lübking beim Torwurf, WM 1966.

stritten (und sich die Österreicher danach zurückzogen), hatten sie von insgesamt 120 internationalen Vergleichen nur vier verloren. Robert Heger, ein österreichischer Autor, brachte es 1970 auf den Punkt: „Es trugen also ausgerechnet die Deutschen, denen der Siegeszug des Feldhandballs zu danken ist, durch das Übermaß an sportlichen Erfolgen dazu bei, dass sich immer mehr Nationen, vor allem die Vertreter der Oststaaten, ganz dem Hallenhandballspiel verschrieben." Von Werner Vick, dem großen Spieler und einflussreichen Trainer, ist folgender Satz überliefert: „Wir hätten unsere Gegner ruhig mal gewinnen lassen sollen."

Willibald Weichert spitzte diese einleuchtende These 1978 noch zu, als er von einer „totalen Überlegenheit der deutschen Feldhandball-Nationalmannschaft der Männer" sprach. In einem historischen Rückblick resümierte der deutsche Sportwissenschaftler: „Die nationalistischen Tendenzen der zwanziger und dreißiger Jahre in Deutschland, die allem Deutschen per se einen höheren Wert zuerkannten als ‚Artfremden' begünstigten die schnelle Aufwärtsentwicklung des als typisch deutsches Kampfspiel verstandenen Handballspiels." Auch hätte die „Betonung des spezifisch Deutschen" sicherlich „einen starken Negativeffekt auf die weltweite Verbreitung des zunächst auch international vorrangig betriebenen Feldhandballspiels" gehabt. Eine Interpretation, die durchaus zulässig ist, doch die einzige Erklärung ist sie angesichts der mannigfaltigen Gründe für den langsamen Niedergang des Feldhandballs nicht.

Erik Eggers / Fritz Fischer

Bernhard Kempa für Frisch Auf Göppingen im Meisterschaftsspiel 1957 gegen die SG Leutershausen. ▶

▶ **Große Vereine**

Frisch Auf Göppingen

1954 war ein Sportjahr voller Wunder. Das größte dieser Wunder fand am 4. Juli in Bern statt, und jeder halbwegs Sportinteressierte weiß heutzutage ziemlich genau Bescheid über jenen legendären „Linksschuss von Rahn", der die deutschen Fußballer zu Weltmeistern machte und den Deutschen damit ihr Selbstbewusstsein zurückgegeben haben soll. Dass am selben Tag ein gewisser Juan-Manuel Fangio in einem Silberpfeil in Reims den ersten Formel-1-Sieg für Mercedes herausfuhr, das dürften die Motorsportfans in und um Stuttgart in ihrer Erinnerung behalten haben. Womit wir rein geographisch betrachtet einem dritten Wunder schon ziemlich nahe gekommen wären. Es war ebenfalls ein Wunder schwäbischer Herkunft, ein echtes Handballwunder. Frisch Auf Göppingen schaffte in diesem legendären Jahr das Kunststück, zwei deutsche Meistertitel zu erringen – zuerst in der Halle und dann auf dem Feld. Das ganz und gar Wunderbare waren aber noch nicht einmal diese beiden Titelgewinne innerhalb weniger Monate. Nein, 1954 war das Geburtsjahr einer Mannschaft, die den deutschen Handball acht Jahre lang dominieren sollte.

Die Geschichte dieses Wunders begann tragisch. Auf der Rückreise von einem Spiel in Hamburg ereignete sich ein Verkehrsunfall, in dessen Folge sechs Spieler der

Deutscher Hallenhandballmeister 1954.

ersten Mannschaft des Turnclubs Frisch Auf Göppingen ihre aktive Karriere beenden mussten. Über Nacht rückten sechs A-Jugendspieler ins erste Team auf: junge, schnelle und ballgewandte Spieler, die es zuvor schon zu württembergischen Meisterehren gebracht hatten. Ihre Grundschule hatten diese Handballer schon als Zwölfjährige erhalten, ihr Trainer hieß bereits 1948 Bernhard Kempa. Der dominierende Mann des deutschen Handballsports hatte seine Jungs schon immer spielen lassen, dass sie aber dermaßen schnell den Sprung zu den Aktiven schaffen würden, war die Überraschung in der Szene. Als württembergischer und süddeutscher Meister zur Hallen-Endrunde nach Krefeld angereist, verzückte die junge Frisch-Auf-Mannschaft Zuschauer und Konkurrenten gleichermaßen. Nach zwei Siegen und einem Unentschieden in der Vorrunde schalteten die Göppinger im Halbfinale Minden aus und sahen sich im Endspiel dem PSV Hamburg gegenüber. Eigentlich eine hoffnungslose Aufgabe vor 7000 Zuschauern, denn die Polizeisportler aus der Hansestadt mit „Atom-Otto" Maychrzak an der Spitze galten als der klare Favorit dieses Finales.

Aber es kam alles ganz anders. Die Göppinger *Neue Württembergische Zeitung* notierte am Tag nach diesem unglaublichen 14. Februar 1954 voller Begeisterung: „Unmittelbar nach Wiederbeginn führte ein Siebenmeterball von Maychrzak zum 4:4-Ausgleich. – Die Spannung hatte ihren Siedepunkt erreicht! Jetzt war es Bernhard Kempa, der sein Orchester zum großen Einsatz brachte: Innerhalb der nächsten neun Minuten zogen die Göppinger Frisch Aufler von 4:4 durch eine sechsfache Torserie (Kempa, Kempa, Siebenmeterball Bosch, Kempa, Weiß und noch einmal Kempa) uneinholbar auf 10:4 davon! Man muss die Begeisterung der Zuschauer miterlebt haben, die sich enorm freuten über die Unbekümmertheit, mit der die junge Göppinger Mannschaft die alterfahrenen Hamburger Polizisten an die Wand spielte!" Es war ein Handballfinale, das schließlich mit 10:7 für Göppingen endete und in der Tat viele Ausrufezeichen hinterließ. Dass dieses junge Team den Schwung aus der Winterrunde mit aufs Feld nahm, war schließlich eine noch größere Sensation. 25.000 Zuschauer sahen im Sommer beim Endspiel im Stuttgarter Neckarstadion, wie die Göppinger den TuS Lintfort mit 18:8 besiegten. Die Ehrungen nahmen danach kein Ende: In einem blumengeschmückten Bus wurden die Spieler über Esslingen nach Göppingen gefahren, dort auf dem Schillerplatz jubelten 12.000 Menschen und die *NWZ* berichtete: „Die Begeisterung wollte kein Ende nehmen, als noch einmal über ein Tonband die letzten 10 Minuten des Endspiels übertragen wurden." Die Spieler dieses Meisterteams haben bei den alten Handballfans in Göppingen noch heute Kultstatus: Torhüter Anton Burkhardtsmaier, Bernhard Kempa, Rudolf Herzer, Werner Bosch, Heinz Stellwag, Frieder Weiß, Edwin Vollmer, Horst Singer, Erhard Wohletz, Joachim Pohl und Horst Jetter hießen die Spieler dieser glorreichen Elf, die in diesem Jahr doch nur das erste Kapitel ihrer Erfolgsgeschichte geschrieben hatte.

Was war das Geheimnis dieser goldenen Generation? Vielleicht, dass es kein Geheimnis gab. Der TC Frisch Auf Göppingen hatte unter seinem damaligen Jugendleiter

Bernhard Kempa

Karikatur auf die „Kempa Buben".

und späteren Präsidenten Heinrich Zeller den größten Wert auf gute Jugendarbeit gelegt. Nicht nur im Training und im Spielbetrieb wurde auf ein gepflegtes Miteinander geachtet, es wurden immer auch gemeinsame Abende im Vereinsheim gestaltet, Zeltlager organisiert und der Kontakt mit den Eltern gepflegt. „Kameradschaft" hieß damals das Zauberwort, heute würde man wohl eher von einer verschworenen Gemeinschaft sprechen. Und die Göppinger hatten natürlich das Glück, in Kempa einen der großen Handballer seiner Zeit im Verein zu haben, der auf dem Spielfeld Maßstäbe setzte und als Jugendtrainer seine Ballkunst weiter vermittelte. „Es ist mir gelungen, als Trainer im Laufe von sechs Jahren aus 12-Jährigen einen ballgewandten und ballbegeisterten Nachwuchs heranzuziehen und eine neue moderne Spielergeneration zu formen", schreibt Kempa unbescheiden in seiner Biographie. Niemand wird „Monsieur Handball" in dieser Beurteilung widersprechen.

Es war diese ungemein lockere Art, mit dem Ball umzugehen, die damals faszinierte. Die Körperbetontheit spielte fast keine Rolle in diesem System, der Ball war der Freund der Göppinger Handballer. Als Frisch Auf 1955 in der Karlsruher Schwarzwaldhalle den Hallenmeistertitel verteidigte, veröffentlichte eine Karlsruher Zeitung einen Artikel, wie er in der damals üblichen 1:0-Berichterstattung kaum vorkam. Eine Randgeschichte, wie man heute sagen würde. Vom Handball-Experten des Blattes war damals unter der Überschrift „Die Trickkiste von FA Göppingen" zu lesen: „Es ist kein Witz mit der Trick-Kiste. Man könnte sie auch Wunderkiste nennen. Die Göppinger Handballspieler von Frisch Auf besitzen ein solches Ding. Der kleine Wohletz, so groß wie ein ausgewachsener Konfirmand, führte es dem Berichterstatter vor. Auf schneeweißen Brettern ist mit Goldnägeln – vielleicht sind sie auch nur aus Messing – das Wort „Trick-Kiste" zu lesen. An einer goldenen Kette wird sie getragen." Psychologie nennt man es heute, was Spielertrainer Kempa, der im Übrigen nicht nur im Spiel größten Wert auf Disziplin legte, mit seinen Handballern veranstaltete. Unglaublich, aber wahr: Kempa, mit 1,82 Metern der größte Spieler seines Teams, war Lehrmeister, Passgeber, Torjäger und Motivationskünstler in einer Person. Aber ohne seinen „Kindergarten", seine „Kempa-Buben" hätte auch er diese Erfolgsgeschichte nicht schreiben können. Es war eine besondere symbiotische Beziehung, die den Erfolg möglich machte. Denn die nötige Lockerheit und Unbekümmertheit, die brachten die jungen Wilden in diese Handball-Gemeinschaft ein.

Das Jahr 1956 brachte den Göppingern zwar nur den vierten DM-Platz in der Halle und das Erreichen des Halbfinales auf dem Feld, dafür schafften sie es, dieses Lehrgeld in den Folgejahren wieder in Erfolge umzumünzen. Eine Zäsur stellte das

Jahr 1957 dar: Nach der Vizemeisterschaft in der Halle gab das Handball-Idol Bernhard Kempa 36-jährig seinen Rücktritt bekannt. Dass er bei der Endrunde um den Feldtitel in Halbfinale und Finale ein kurzes Comeback feierte, war eigentlich nur einer disziplinarischen Maßnahme zu verdanken. Nachdem der Trainer Kempa erfahren hatte, dass einer seiner Spieler vor dem Halbfinalspiel eine Party veranstaltet hatte, die bis weit in die Nacht gedauert hatte (den Namen des jungen Nationalspielers verschweigt Kempa in seiner Biographie), strich er ihn kurzer Hand aus dem Kader und zog sich selbst noch einmal Trikot und Stollenschuhe an. Im Finale waren Kempa und der Sünder wieder mit von der Partie, und die Göppinger kämpften in dem als „Hitzeschlacht" im Karlsruher Wildparkstadion bekannt gewordenen Spiel den süddeutschen Meister SG Leutershausen mit 11:9 in der Verlängerung nieder. Horst Singer, dem sie in Göppingen den Spitznamen „Spatz" gegeben hatten, erzielte nach einem 8:8 alle drei Frisch-Auf-Tore zur Meisterschaft.

In den Jahren 1958 bis 1961 war Frisch Auf Göppingen im deutschen Hallenhandball das Maß aller Dinge. Vier deutsche Meistertitel hintereinander gingen in diesen Jahren in die Stadt unter dem Hohenstaufen, auf dem Feld kamen die Göppinger über einen dritten Platz 1960 nicht mehr hinaus. Dennoch setzten die nun nicht

1960: Europapokalsieger und Deutscher Meister.

Handball bis 1975

mehr ganz so jugendlichen Göppinger einen Trend: Handball in der Halle begann in den Jahren der Göppinger Dominanz dem Feldhandball immer mehr den Rang abzulaufen. Auch international waren die Göppinger erstklassig: Der Gewinn des Europapokals 1960 durch einen 18:13-Sieg gegen die dänische Mannschaft von GF Aarhus war der bis dahin größte Erfolg der Vereinsgeschichte. „Das war das schönste Spiel, das ich je gesehen habe", schwärmte DHB-Präsident Ernst Feick nach dem Cup-Erfolg im Pariser Stade Pierre de Coubertin. Dass der obligatorische Autokorso nun im Jahresrhythmus durch die Innenstadt führte, daran hatte sich die Göppinger Bevölkerung längst gewöhnt. Der Ruf Göppingens als Handballhochburg wurde Ende der 50er, Anfang der 60er Jahre begründet – er hat sich bis heute gehalten.

Nach dem Hallentitel 1961 beendete Bernhard Kempa nach 14 Jahren seine Trainertätigkeit bei Frisch Auf, Nachfolger wurde Edwin Vollmer, einer der vielen Schüler Kempas. Das Ende einer wunderbaren Partnerschaft, die wie in allen anderen Mannschaftssportarten nicht ewig halten konnte. Der Erfolg blieb den Göppingern trotzdem noch ein Jahr lang treu: Im Meisterschaftsfinale vom THW Kiel entthront, holten sie sich angeführt von Vollmer als Spielertrainer 1962 erneut in Paris durch einen 13:11-Sieg gegen Partizan Bjelovar den Europapokal. Dass Frisch Auf den Hallenhandball zu seiner ersten Blüte getrieben hatte, darüber bestand kein Zweifel. Dass die Göppinger in ihrer Heimatstadt keine eigene Halle besaßen, das dürfte ein Grund gewesen sein, warum sie in den folgenden Jahren trotz ihrer immer noch legendären spielerischen Klasse nur 1965 das Kunststück schafften, noch einmal den Hallentitel zu holen. Die Halle 6 auf dem Stuttgarter Killesberg war für die Handballfans aus der Region zwar eine hervorragende Adresse, wenn sie deutschen und europäischen Spitzenhandball sehen wollten, aber eine eigene Arena mit der Atmosphäre eines Hexenkessels vermissten die Göppinger zu Anfang und in der Mitte dieser 60er Jahre. Aber die Pläne waren gezeichnet, die Bagger rollten schon bald an. Und dann geschah das, womit am Ende dieser glorreichen Göppinger Jahre keiner gerechnet hatte: Frisch Auf verpasste 1966 den Sprung in die neu gegründete Bundesliga, und zwar in der Halle wie auf dem Feld – es war eine Höchststrafe für den Klub. Edwin Vollmer trat zurück, Bernhard Kempa wurde erneut Trainer.

Die Hallenfrage. Sie erhitzte die Göppinger Gemüter. Jahrelang musste sich Frisch Auf als „Meister ohne Werkstatt" durchsetzen. Jetzt, da die Hohenstaufenhalle im Bau war, stellte sich schnell die Frage, ob die neue mustergültig konstruierte Handball-Arena, die 1967 in Betrieb genommen werden sollte, eine „Werkstatt ohne Meister" sein würde. Nach dem enttäuschenden Verlauf des Jahres 1966 sah es fast danach aus. Aber es wurde nur eine kleine Krise. Bernhard Kempa hatte sich zügig an den Aufbau einer schlagkräftigen Mannschaft gemacht, in der Weltmeister Horst Singer der letzte „Überlebende" aus dem einstmaligen Kindergarten war. Bereits ein Jahr nach dem vorläufigen Tiefpunkt gelang der Sprung in die Bundesliga, als die Hohenstaufenhalle am 15. Dezember 1967 eingeweiht wurde, war der Betriebsunfall vergessen, die Frisch-Auf-Handballer wieder erstklassig. Glück gehabt!

Meistertrainer Bernhard Kempa inmitten seiner Mannschaft im Jahr 1970.

Mit der Eröffnung der Hohenstaufenhalle war ein neues Kapitel aufgeschlagen in der Handball-Erfolgsgeschichte von Frisch Auf Göppingen. Genau drei Jahre nach dem Aufstieg standen die Göppinger schon wieder ganz oben. 1970 nahmen sie den Schwung aus dem heimischen Hexenkessel mit in die ausverkaufte Frankfurter Festhalle und besiegten den favorisierten VfL Gummersbach mit seinem Torjäger Hansi Schmidt 22:18. Neben dem 34-jährigen Horst Singer, der in diesem Finale meisterhaft Regie führte, gehörten die Schlagzeilen Peter Bucher (7 Tore) und Max Müller (5), die dem Göppinger Spiel ihren Stempel aufdrückten. Schlagzeilen machte freilich auch die ungewöhnliche Härte, die sich in dieses Finale – wie auch in den Hallenhandball allgemein – eingeschlichen hatte. „Ein Spiel jedenfalls in des Wortes Bedeutung ist Hallenhandball längst nicht mehr und wird es auch nie mehr werden", notierte die *Süddeutsche Zeitung* pessimistisch. Die Göppinger Ballwerfer durften sich immerhin zugute halten, von zwei schlagkräftigen Teams das spielerisch begabtere gewesen zu sein – und damit wenigstens ein bisschen die Philosophie ihres Trainers und die Vereinstradition hochgehalten zu haben. Der Strukturwandel im Handball war an der Entwicklung in Göppingen jedenfalls sehr gut abzulesen: Frisch Auf hatte das Glück, gerade noch rechtzeitig eine tolle Halle bekommen zu haben. Denn der Feldhandball verlor in jenen Jahren rapide an Bedeutung. Weil immer weniger Zuschauer kamen, waren die teuren Feldrunden für viele Klubs kaum mehr zu bezahlen. Die Göppinger zogen deshalb 1971 die Konsequenzen und zogen sich aus dem Feldhandball zurück.

Das Jahr 1971 stellte aber auch aus einem anderen Grund einen tiefen Einschnitt für den Göppinger Handball dar: Bernhard Kempa hörte nach fünf Jahren zum zweiten Mal als Trainer auf, und Horst Singer beendete seine aktive Karriere. Kempa und Singer – das sind die beiden Namen, mit denen der Göppinger Handballhöhenflug immer verbunden sein wird. Hier Kempa, der disziplinversessene und ballverliebte Lehrmeister. Dort Singer, der geniale Ballspieler und Lebemann, der bei Kempa das Spielen gelernt und zehn der elf deutschen Meisterschaften der Göppinger mitgemacht hatte. So verschieden die beiden vom Typ her sein mögen, so sind sie doch durch eine Eigenschaft tief verbunden: Der Handballclub aus der Hohenstaufenstadt konnte sich in seiner Hochzeit immer auf sie verlassen.

Der Abgang des Duos Kempa/Singer könnte rückblickend auch als Vorzeichen für den drohenden Niedergang von Frisch Auf Göppingen gewertet werden. Mit dem deutschen Meister und Europapokalsieger Edmund Meister als Trainer holte Frisch Auf 1972 noch einmal den deutschen Meistertitel. Im Finale in der Sporthalle Böblingen gegen Gummersbach war der Göppinger Torhüter Uwe Rathjen der überragende Mann, mit 14:12 gewann Frisch Auf – und holte seine elfte und bis heute letzte Meisterschaft. 1973 hieß die Endspielpaarung erneut Gummersbach – Göppingen, diesmal unterlag Frisch Auf jedoch 18:21. Es war die endgültige Wachablösung.

Fast 20 Jahre lang währte die große Göppinger Zeit im deutschen Handball – der Name, den sich Frisch Auf in diesen Jahren gemacht hat, ist legendär. Selbst heute noch wird Göppingern, die irgendwo im In- oder Ausland den Namen ihrer Heimatstadt erwähnen, sofort gesagt: „Ach ja, Göppingen. Da spielt doch Frisch Auf..." Die sportlichen Erfolge seiner Handballmannschaft haben den Ruf dieser schwäbischen Kleinstadt offenbar auf Jahre hinaus geprägt. Auch das ist Teil dieses Wunders, das mit einer doppelten deutschen Meisterschaft im legendären Sportjahr 1954 begonnen hatte. Die Agonie danach dauerte 28 Jahre: Abstiegskampf, Zwangsabstieg, Wiederaufstieg, von 1989 an zwölf quälend lange Jahre in der zweiten Liga. Seit 2001 spielt Frisch Auf Göppingen wieder in der Bundesliga. Angeführt von Trainer Velimir Petkovic, findet der Traditionsverein allmählich Anschluss an die nationale Spitze. Vor allem auf dem hochtalentierten Eigengewächs, Nationalspieler Michael Kraus, ruhen dabei die Hoffnungen. Und mit dem beschlossenen Ausbau der Hohenstaufenhalle, die ab Ende 2008 rund 5.500 Zuschauer fassen wird, will man die nötige Infrastruktur schaffen. Bereits im April 2006 indes erinnerte die junge Mannschaft die älteren Fans aus der Region an das legendäre Kempa-Team aus den 1950er Jahren. Denn nach einer Siegesserie im EHF-Pokal scheiterte sie im Finale nur knapp am TBV Lemgo (29:30 und 22:25). „Wir haben eine große Chance verpasst", sagte Kraus nach dem Schlusspfiff mit Tränen in den Augen. Setzt sich die Entwicklung dieses Klubs weiter fort, wird bald eine neue Chance kommen.

Jürgen Roos

Erfolgsbilanz:
Deutscher Meister: 1954, 1957 (Feld); 1954, 1955, 1958, 1959, 1960, 1961, 1965, 1970, 1972 (Halle)
Europapokalsieger: 1960 und 1962

▶ Porträt

Bernhard Kempa

Es gibt Unmengen von Porträts des Handballers Bernhard Kempa. Und fast alle beginnen – logischerweise – mit der Beschreibung eines Geniestreichs der Handballgeschichte: Der Erfindung des Kempa-Tricks und dessen erster Demonstration in einem Länderspiel 1954 zwischen Deutschland und Schweden in der Karlsruher Schwarzwaldhalle. Dieses Porträt von Bernhard Kempa soll anders anfangen. Mit einer Jugendgeschichte.

Bernhard Kempa, geboren am 19. November 1920 in Oppeln (Oberschlesien), hatte vier Brüder und zwei Schwestern. Alle sieben Kinder waren vom Sportvirus angesteckt, und sie hatten ein riesiges Problem: Die Eltern waren sich in der Anschauung einig, dass jegliche Art von Sport abzulehnen sei. „No Sports – Schule und Kirche waren wichtiger", schreibt Kempa in seiner im Jahr 2000 erschienenen Biographie mit dem viel sagenden Titel „Ball ist Trumpf". Also blieb den Kempa-Kindern nichts anderes übrig, als ihrer Leidenschaft im Geheimen zu frönen, damit Vater und Mutter es nicht mitbekommen. Eigentlich kaum zu glauben, dass die beiden älteren Kempa-Brüder Georg und Richard in der ersten Mannschaft des Post-SV Oppeln spielten, und die Eltern keine Ahnung davon hatten. Das hatten die beiden Brüder der Gewitztheit ihrer Geschwister zu verdanken: Die Schwester wusch, trocknete und bügelte die Sportbekleidung, seilte sie sonntags pünktlich zum Spiel aus ihrem Zimmerfenster ab, und die drei jüngeren Brüder trugen die Trikots dann in einer Art Staffellauf zum Sportplatz hinüber, wo die beiden ältesten Kempas das Rückgrat der Oppelner Mannschaft bildeten.

Was diese Geschichte erzählen soll? Dass Bernhard Kempa schon von frühester Jugend an seine ganze Kreativität, seinen ganzen Ideenreichtum dem Handballsport gewidmet hat. Zunächst, um heimlich trainieren und seine Brüder beim Spiel beobachten zu können. Dann, als der Vater schließlich das sportliche Treiben seiner Sprösslinge gut geheißen hatte, um mit siebzehneinhalb Jahren schon in die erste Oppelner Mannschaft aufzurücken. Und schließlich, um dem deutschen Handball als Spieler, Spielertrainer und Trainer seinen Stempel aufzudrücken.

Bernhard Kempa ist ein Spieler, der Ball ist sein Freund. „Der Spieler", sagt Kempa noch heute, „entwickelt sich am besten im Spiel." Die Frage, die sich daraus ergibt:

Was nützen Kraft, Ausdauer und Schnelligkeit, wenn die Balltechnik nicht Schritt hält? „Ich wusste schon immer, wie wertvoll die perfekte Ballbehandlung ist", sagt Kempa, „daraus ist ja auch dieser Kempa-Trick entstanden." Dieser Kempa-Trick. Also doch. Die Geschichte dazu, die musste Bernhard Kempa immer wieder erzählen. Hundertmal, tausendmal. Zum Beispiel, als die deutschen Handballer Anfang 2004 Europameister wurden. Da durften auch zwei mitfeiern, die gar nicht mitgespielt hatten: Bernhard Kempa und der verletzte Stefan Kretzschmar. Und irgendwann zu vorgerückter Stunde, da hat Kretzschmar dem Altmeister vermutlich mit einem Augenzwinkern wieder einmal diese Frage gestellt: „Herr Kempa", sagte der Magdeburger, „jetzt erzählen Sie mal: Wie war das eigentlich mit dem Kempa-Trick?" Und der 83-jährige Herr Kempa, der den humoristischen Hintergrund der Frage durchaus erkannt haben dürfte, hat sie eben erzählt, die Geschichte.

Irgendwann im Winter 1953/54 muss die Idee entstanden sein, damals im Training von Frisch Auf Göppingen. Kempa war Spielertrainer der Göppinger und als Mittelmann natürlich für die Ideen zuständig. „Aus der zweiten Reihe schießen, alleine durchgehen", das war dem Regisseur eher eine lästige Pflicht. Viel mehr Talent entwickelte der damals 33-Jährige darin, seine jungen und schnellen Mitspieler in Szene zu setzen. Und dann war sie plötzlich da, diese Idee. Originalton Bernhard Kempa: „Der Rückraumspieler nimmt kurzen Blickkontakt mit dem Außen auf, der läuft an und springt ab – und während er das tut, spielt der Rückraumspieler ihm den Ball über die Abwehr hinweg zu, der Außen fängt den Ball in der Luft schwebend und kann ihn am überraschten Torwart vorbei leicht ins Tor werfen." Nach einigen Trainingseinheiten beherrschten die meisten Göppinger diesen Trick, und weil damals fünf von ihnen in der Nationalmannschaft standen, war das Länderspiel gegen die Schweden am 24. März 1954 in Karlsruhe die geeignete Bühne, um den neuen Spielzug zu demonstrieren. Was viele nicht wissen: Die Premiere in der Schwarzwaldhalle ging gleich auf Anhieb schief, die schwedische Abwehr fing den Ball ab. „Da habe ich zu meinem Außen gesagt: Du musst ein bisschen später abspringen, weil ich den Ball höher über die Deckung spielen muss", erzählt Kempa. Aber dann klappte der Trick vier-, fünfmal, und der schwedische Trainer kam noch in der Pause zum Göppinger Handballer, um sich das gerade Gesehene erklären zu lassen. Es war keine Revolution des Handballspiels damals. Aber es war ein Geniestreich, der bis heute in den Handballhallen von Laien und Experten mit Bewunderung beklatscht wird. Schade eigentlich, dass es keine Filmaufnahmen gibt von dieser legendären Partie.

Von 1950 bis 1955 war Bernhard Kempa die dominierende Figur im deutschen Handball. Mit ihm als Kapitän wurde die Nationalmannschaft 1952 und 1955 Weltmeister, der Göppinger galt als bester Handballer der Welt. Er spielte 31-mal international für Deutschland, in sieben Hallen-Länderspielen schoss er zehn, in 24 Feld-Länderspielen 113 Tore. Frisch Auf feierte mit Kempa als Spielertrainer 1954 die deutschen Meistertitel in der Halle und auf dem Feld und bis 1957 nochmals zwei

Meistertitel (1955 Halle/1957 Feld). Als Trainer war „Monsieur Handball" nochmals für fünf Hallentitel (1958 bis 1961 und 1970) und einen Europapokalsieg der Göppinger (1960) verantwortlich. Die Teams trugen allesamt seine Handschrift und die spielerische Stärke war ihr Markenzeichen. Kein Wunder bei dieser Führungspersönlichkeit, die in den Ball geradezu verliebt zu sein schien.

Als Bernhard Kempa seine aktive Karriere im März 1957 beendete (um seinen Ruhestand für das gewonnene DM-Endspiel gegen Leutershausen kurz zu unterbrechen), erschienen in der *Handball-Woche* zwei Sonderseiten. Jürgen Isberg beschrieb Kempa darin so: „Als Regisseur des deutschen und des Göppinger Angriffs hatte der Bernhard eine unfehlbare Masche: Er ‚verlud' seinen Deckungsspieler, lockte den zweiten

1957 nach dem Endspiel-Sieg gegen SG Leutershausen.

auf sich und spielte mit traumhafter Sicherheit den dann freistehenden Mitspieler an, der nur noch einzuschießen brauchte. Das ‚Herauslocken', zum Beispiel auch beim Freiwurf, ist Kempas großes Rezept gewesen. Er hatte die Ruhe, die Nerven und den Verstand, den günstigsten Moment abzuwarten." Die Eloge endete mit zwei Sätzen: „Nun hat der deutsche Handball seinen Fritz Walter verloren. Und wie beim Fußball muss man darauf warten, bis ein neuer geboren wird."

Bernhard Kempa hatte dem großen Fritz sogar etwas voraus – und zwar in mehrfacher Hinsicht: Er wurde zweimal Weltmeister. 1952, als er die Deutschen im Züricher Endspiel vor 12.000 Zuschauern (19:8 gegen Schweden) trotz einer Verletzung zum Titel führte. Und 1955, als er beim 25:13-Endspielerfolg der deutschen Mannschaft gegen die Schweiz allein sieben Tore markierte. Den Zeitungsberichten von damals zu Folge hatten mehr als eine halbe Million Menschen die Gruppenspiele in Deutschland verfolgt, das Finale im Dortmunder Stadion „Rote Erde" sahen 50.000 Zuschauer. Die Reporter beschrieben den Handball damals als „kleinen Bruder" von König Fußball – Bernhard Kempa war der Kronprinz dieses Handballsports.

Und Kempa war nicht nur in einer Sportart ein As. Nun ist zwar über die Fähigkeiten von Fritz Walter als Handballer wenig bekannt, aber Bernhard Kempa verband eine innige Freundschaft zu Bällen aller Größe. Nachdem ihn der Krieg für kurze Zeit nach München verschlagen hatte, klopften sogar die Fußballer des TSV 1860

München bei Kempa an. Seinen Einsatz im Oberliga-Spiel beim 1. FC Nürnberg verhinderte nur das Veto seiner Handballkollegen, die fürchteten, dass sich ihr wichtigster Mann verletzen und dann nicht mehr für die Ballwerfer-Abteilung der Löwen zur Verfügung stehen könnte. Ganz nebenbei wurde Kempa auch noch Münchener Stadtmeister im Tischtennis und später, als er und mit ihm seine beiden Brüder Achim und Gerhard bereits nach Göppingen übergesiedelt waren, schafften Kempa und einige Handballer von Frisch Auf das Kunststück, dreimal württembergischer Basketballmeister zu werden.

Bernhard Kempa ist bis heute regelmäßig Gast bei den Heimspielen von Frisch Auf Göppingen, und die wichtigen Spiele der Handball-Nationalmannschaft lässt er sich nach Möglichkeit nicht entgehen. Er ist ein großer Bewunderer der Spielkunst eines Daniel Stephan oder eines Stefan Kretzschmar, er beobachtet aufmerksam die Entwicklung des Profisports Handball. Und bisweilen erkennt er Unterschiede zu damals. „Ich war kein Verrückter", sagt Kempa, „ich habe den Sport einfach so betrieben, wie er gemeint ist." Grundsätzlich habe er versucht, den Schwächeren zu helfen. Und natürlich: den Spaß am Ballspielen weiterzugeben. Ein Glück für Kempa, dass er daraus eine Profession machen konnte. Nach einem zweijährigen Sportstudium in München-Steingaden bekam er bereits 1948 eine Stelle als Sportlehrer an der Wirtschaftsoberschule in Göppingen, später bildete er an der Pädagogischen Hochschule in Esslingen selber Sportlehrer aus. Es ist ein Faszinosum seiner Lebensgeschichte, dass immer ein Ball im Mittelpunkt stand. Selbst als Kempa, der seit 1954 mit Marianne – einer ehemaligen Handballerin – verheiratet ist, im Alter von 47 Jahren mit dem Tennisspielen begann, wurde er vom Erfolg begleitet: Bei den Senioren wurde Kempa dreimal Weltmeister, dreimal Vizeweltmeister, sammelte 38 Europameister- und 50 deutsche Meistertitel.

Als zur Jahrtausendwende das Sportmagazin *Kicker* in einer Leserumfrage den Handballspieler des abgelaufenen Jahrhunderts suchte, belegte Bernhard Kempa hinter Joachim Deckarm und Rekordnationalspieler Frank-Michael Wahl den dritten Platz. Es war noch einmal eine Bestätigung dafür, dass es neben Bernhard Kempa wenige gab, die so viel Ballgefühl hatten und so viele Gefühle für das runde Leder entwickelten. „Drittbester Handballer des Jahrhunderts, ich konnte und kann es noch immer fast nicht glauben", schreibt Kempa in seiner Biographie. Und er beobachtet noch immer voller Faszination, wie präsent er in der Handballszene ist. Vor kurzem hat eine süddeutsche Sportartikelfirma ihrer Handballkollektion seinen Namen gegeben. Und beim modernen Beach-Handball zählen Tore, die mit einem Kempa-Trick erzielt werden, doppelt. Bernhard Kempa freut das, und ein bisschen ist er auch stolz darauf. Sein Name, so scheint es, ist ein Name für die Handball-Ewigkeit geworden.

Jürgen Roos

▶ Porträt

Heinrich Dahlinger

In Kiel ist sein Name immer noch präsent. Seit Jahrzehnten schon spielt Heinrich Dahlinger, genannt „Hein", zwar keinen Handball mehr, aber seine Heimatstadt hat ihn nie vergessen. Nicht nur zwei Bücher sind dort über ihn erschienen. Im März 1997 wurde auch im Kieler Stadtteil Gaarden eine Sporthalle nach ihm benannt, um diesem Sportler ein Denkmal zu setzen. Und das Maskottchen des THW Kiel, für den Dahlinger 30 Jahre lang aktiv war, heißt ihm zu Ehren „Hein Daddel". So lautete der Spitzname des großen Idols. Wie er zustande kam, hat Dahlinger einmal erklärt: „Den Namen hat man mir gegeben, wenn das Spiel nicht so gut lief. Meine Mitspieler riefen mir dann zu: ‚Hein, Daddel los!', was so viel heißt, dass ich irgendetwas gemacht habe, was aus der Reihe lief." Hein Daddel – das war in Wirklichkeit die Umschreibung seiner Unberechenbarkeit. Dahlinger war ein „Instinkt-Handballer", ein Trickser und Zauberer, wie sie heute nur noch selten zu finden sind. „Er hatte die seltene Gabe, im richtigen Moment das Richtige zu tun", so formulierte es einst der Kieler Funktionär Heinz Jacobsen.

Am 30. Oktober 1922 in Kiel geboren, wechselte Dahlinger mit 14 Jahren von seinem Verein TV Neumühlen-Dietrichsdorf zum THW, er war sozusagen der einzige „Ausländer", denn alle anderen waren Jungs aus Hassee. Die damalige Ablöse fiel wahrlich bescheiden aus: „Ich bekam als junger Mann bei meinem Wechsel von Dietrichsdorf zum THW vom Verein ein altes Fahrrad gestellt, damit ich zweimal die Woche zum Training fahren konnte. Bus und Bahn oder dergleichen gab es damals noch nicht." Er gehörte zur Generation, deren beste sportlichen Jahre der Krieg raubte, doch nach 1945 startete Dahlinger um so stärker durch: Als der THW 1948 und 1950 deutscher Feldhandballmeister wurde, war das hauptsächlich Dahlinger zu verdanken, der Seele des Spiels. Dabei profitierte er sehr von seiner Körpergröße von 1,87 Metern, die ihm zusätzlich den Spitznamen „Hüne Hein" verschafften. Seine katapultartigen Würfe, die in ihrer Wucht nur von „Atom-Otto" Maychrzak (PSV Hamburg) erreicht wurden, waren überaus gefürchtet. Wenn sich vor einem Spiel

 gegen den THW ein Abwehrspieler verletzt meldete, dann scherzten oft die Kameraden: „Du willst dich doch nur vor Hein drücken…"

Zum Idol mit überregionaler Strahlkraft avancierte Dahlinger als Nationalspieler. Als die deutsche Elf 1951 den Wettspielverkehr wieder aufnahm, gehörte der bereits 28-Jährige selbstverständlich zum Kader. 1952 und 1955 zählte er zu den Stars der Weltmeisterteams, die die deutsche Dominanz auf dem Feld fortsetzten. Noch im hohen Alter schwärmte Dahlinger von dieser ganz eigenen Atmosphäre des Feldes, der Weite der Fläche: „Der Raum, die Bewegung, das wirbelnde Spiel – herrlich." Wie sehr seinerzeit die Fachwelt die Spielkunst des Kieler Wurfwunders schätzte, war nach dem glorreichen 25:13 im WM-Finale 1955, zu dem Dahlinger sechs Tore beisteuerte, den Schlagzeilen zu entnehmen: Eine Zeitung bezeichnete ihn danach gar als Fritz Walter des Handballs. 1957 schließlich hörte der Weltklassestürmer in der Nationalmannschaft auf, nach 38 Länderspielen (davon 22 auf dem Feld), in denen er 110 Tore erzielt hatte. In Kiel aber begann erst seine beste Phase: 1957, 1962 und 1963 gewann der THW seine ersten deutschen Titel in der Halle, die danach ewig mit dem Namen Dahlinger verbunden wurden. Als er 1966 als 44-Jähriger seine aktive Laufbahn beendete, standen 5423 Tore in 1871 Handballspielen auf seinem Konto, die nackte Statistik einer einzigartigen Karriere. Dahlinger hat seine sportliche Biographie akribisch nachvollzogen. Die vielen Alben mit all den Zeitungsausschnitten, Fotos und Urkunden, die in seiner Wohnung aufgereiht sind, ergeben eine Breite von fast zwei Metern…

Über 30 Jahre dauerte es, bis der THW an die Titel aus dieser ruhmreichen Zeit anknüpfen konnte. Der gelernte Kaufmann Dahlinger, der sein Geld mit einer Holzhandlung verdiente und seine Freizeit mit Tennis und Segeln verbrachte – erst eine Hüftoperation zu Beginn der 90er Jahre bremste ein wenig den Drang zur Bewegung –, saß in diesen langen Jahren stets auf der Tribüne der Ostseehalle und verfolgte beinahe jedes Spiel. Allerdings ist er heute eher erleichtert, dem athletischen Geschehen auf dem Spielfeld zuzuschauen: „Der Handball hat an Kraft und Dynamik enorm zugenommen. Die Jungs würden unsere damalige Truppe wahrscheinlich über den Haufen rennen", urteilt Dahlinger ehrlich. „Ich wurde in meiner gesamten Spielzeit kein einziges Mal verwarnt oder vom Platz gestellt", sagt er außerdem: „Es waren halt andere Zeiten." In seiner Ära gehörte er zu den Größten.

▶ Porträt

Werner Vick

Als Werner Vick mit 13 Jahren das erste Mal einen Handball fing, konnte er noch nicht ahnen, dass ihn dieses Spielgerät fast ein Leben lang begleiten würde. Am 3. Dezember 1920 in Neerste bei Lüneburg geboren, trat er 1934 dem PSV Hamburg bei, damals einer der führenden Handballvereine Deutschlands. Es dauerte nicht lange, bis sich das große Talent in die erste Mannschaft durchgespielt hatte. Schon mit jungen 20 Jahren trug er das erste Mal das Trikot der Nationalmannschaft, sein Trainer damals hieß Carl Schelenz. Eine besondere Partie war das: Beim 13:8-Sieg gegen Dänemark am 2. November 1941 konnten ihm viele Freunde zuschauen, denn es wurde in einer Hamburger Halle ausgetragen. Vick überstand, anders als viele seiner Freunde im Nationaldress, den Krieg unbeschadet und gehörte neben Kuchenbecker zu den wenigen Akteuren der Kriegszeit, die den Sprung in die Nachkriegsnationalmannschaften schafften. So kam er noch auf insgesamt 37 Länderspiele (davon 14 in der Halle), in denen er insgesamt 14 Tore erzielte. Dabei war das

Nationalmannschaftstrainer Werner Vick bei der Feld-WM 1966.

Torewerfen seine Sache nicht, Vick galt als ausgesprochener Abwehrspezialist. Er war Mittelläufer. Sozusagen der Werner Liebrich des deutschen Handballs.

Vick feierte nicht nur zehn deutsche Meisterschaften (davon sechs auf dem Feld) als Spieler und Spielertrainer. Er wurde 1954 Vizeweltmeister in der Halle. Dazu gewann er zwei Weltmeisterschaften, 1952 in der Schweiz und – als krönenden Abschluss – die WM 1955 im eigenen Land, als der deutschen Mannschaft beim spielerisch famosen Endspiel im Dortmunder Stadion Rote Erde 50.000 Zuschauer zujubelten. Danach beendete der 34-Jährige seine aktive Laufbahn, um umgehend das Amt des Bundestrainers anzutreten. Im Handball war das damals noch ein Ehrenamt, für das Vick lediglich 30 DM Aufwandsentschädigung täglich kassierte. Sein Geld verdiente der gelernte Kaufmann, der seit 1943 mit seiner Frau Lieselotte verheiratet war, nach dem Krieg mit der Leitung von zwei Polizei-Kantinen. Auch als Trainer gewann Vick, der seit 1964 als Dozent an der Kölner Sporthochschule lehrte, zwei Weltmeistertitel im Feldhandball: 1959 in Österreich mit einer gesamtdeutschen

Mannschaft, und 1966 die letzte WM dieses Sports. Doch in der Halle wollte sich der Erfolg nicht einstellen: Seit dem dritten Platz 1958 in der DDR war es stetig bergab gegangen. Mit dem sechsten Platz beim olympischen Turnier 1972 in München erlebte er gar ein veritables Debakel, die 17:18-Niederlage im letzten Spiel gegen die Sowjetunion (seinem 193. Spiel als verantwortlicher Trainer) sollte der unrühmliche Schlusspunkt seiner Amtszeit werden.

Kurz danach bat er um Entbindung von seinen Pflichten. Die Presse hatte ihn scharf angegriffen. Die Journalisten nahmen ihm übel, auf die Stars Hansi Schmidt und Bernd Munck verzichtet zu haben. „Die Bilanz und Analyse seines 17-jährigen Wirkens für den DHB, in der er sämtliche Mitglieder des Vorstandes und der Technischen Kommission überdauert hat, ist beklagenswert und mehr als dürftig: Nur spärliche Erfolge von internationalem Wert, keine Medaille bei Hallenhandball-Weltmeisterschaften, jahrelange Stagnation, Absinken des Handballs in die Mittelmäßigkeit und als Schlusspunkt ein Scherbenhaufen. In einer Leistungsgesellschaft ist das Schicksal eines Mannes ohne Fortune und Erfolg bereits nach kurzer Zeit besiegelt; im Handball-Leistungssport gelten offenbar andere Gesetze", hieß es in einem Leserbrief der *Deutschen Handballwoche*, der die Hauptkritikpunkte zusammenfasste. Vick, der ehemalige Feldhandballstar, personifizierte für die Öffentlichkeit eine untergegangene Zeit, beim schwierigen Übergang in die Halle war er gescheitert. Der Trainer-Dinosaurier, der wie Herberger dem Amateurgedanken huldigte, musste nun gehen. „Ich scheide nicht im Zorn aus meinem Amte", sagte Vick zwar, aber nach den langen Jahren besaß dieser Schlussstrich doch eine tragische Note.

Dem Handball kehrte Vick freilich noch lange nicht den Rücken. Er lehrte weiter in Köln, und von 1973 bis 1981 coachte er, mit ebenfalls mäßigem Erfolg, die bundesdeutsche Frauen-Nationalmannschaft. Seit 1972 wirkte er, den die Fachwelt überaus schätzte, zudem in der Trainer- und Methodik-Kommission des Weltverbandes, zwischen 1981 und 1992 in der Schiedsrichterkommission. Erst im Alter von 72 Jahren verabschiedete er sich aus der Welt der Handballfunktionäre und beobachtete den Handball nur noch via Fernsehen. Seine Verdienste als Spieler und Trainer, für die er zweimal das Silberne Lorbeerblatt und das Bundesverdienstkreuz erhalten hatte, wurden nicht vergessen. „Kein Kaiser, kein König, aber ein Großer", würdigte ihn die *Handballwoche* zum 75. Geburtstag. Erst kurz vor seinem Tod hatte er offenbar die Lust an seiner Sportart, die Lebensinhalt gewesen war, verloren: „Mir ist der Sport zu hart und unfair geworden", erklärte er im Jahre 2000. Am 6. Dezember des gleichen Jahres ist Werner Vick, eine der prägendsten Figuren des deutschen Handballs, in der Nähe von Lüneburg gestorben.

▶ Große Vereine

Grün-Weiß Dankersen – Von Nottmeiers Sandloch bis in den Europapokal

Das Ziel war eine Vereinsgründung, als 45 Männer am 31. Mai 1924 in der Gaststätte Chr. Piepenbrink im ostwestfälischen Dankersen zusammentrafen. Aber damals ahnte wohl niemand von ihnen, dass der Name ihres Klubs später weit über die Ortsgrenzen hinaus bekannt werden würde. Um solchen Ruhm und Anerkennung ging es den Turnfreunden um die Gebrüder Stoll, Karl und Heinrich Drewes sowie Anton Buhrmester, der zum ersten Vorsitzenden des Vereins gewählt wurde, bei der Geburt des TV „Eiche" Dankersen natürlich auch gar nicht. Vielmehr waren Geselligkeit und körperliche Ertüchtigung beim Turnen, Faustball oder in der Leichtathletik die Grundlagen des frühen Vereinslebens. Im Winter wurde in Scheunen geturnt, im Sommer betrieb man leichtathletische Disziplinen auf den Wiesen und Feldern. Schon bald wollte man aber auch in Dankersen dem ungeheuren Aufstieg der Ballspiele Rechnung tragen. Zunächst wurde nach der Graserente versucht, in „Nottmeiers Sandkuhle" Ballspiele zu betreiben. Begeistert strömten die Turnfreunde zum Handballspiel. Da die Spielfelder zu klein waren und nicht die geforderten Normen erfüllten, konnten in der ersten Zeit allerdings nur Freundschaftsspiele bestritten werden. Das Handballspiel sahen die Turner aber auch lediglich als Ausgleich zum Turnen.

Nach wenigen Jahren bildete diese Sportart den Mittelpunkt des Vereinslebens, und bereits 1931 stellte sich der erste Erfolg des intensiven Trainings ein. Im Endspiel um die Gaumeisterschaft besiegten die Dankerser Altenhagen mit 5:3 und schafften damit den Aufstieg in die Meisterklasse der Deutschen Turnerschaft. Nach der Machtergreifung durch die Nationalsozialisten und der damit verbundenen Gleichschaltung des Sports wurden nur noch Polizei- und Militärsportvereine in den höchsten deutschen Spielklassen zugelassen. Für die Dankerser Handballer bedeutete dies den Abstieg in die Bezirksklasse, der aber nur vorläufig war. Nach dem Krieg wurde schnell wieder aufs Tor geworfen. Schwierig gestalteten sich allerdings die Auswärtsfahrten. Die Omnibusse mit Holzvergasern mussten unterwegs nicht selten anhalten, damit Holz nachgelegt werden konnte. Außerdem benötigte man für jede Fahrt eine Genehmigung der englischen Militärbehörde. Oft genug wurde das ablehnende „No" einfach ausradiert, damit die Fahrt angetreten und das Spiel durchgeführt werden konnte. Da die Vereine ihren alten Namen nicht mehr weiterführen durften, wurde aus dem TV Eiche Dankersen der TSV Grün-Weiß Dankersen, kurz GWD.

Den ersten großen Erfolg erreichte die Jugendmannschaft. Nach einer schier endlosen Siegesserie mussten sich die Dankerser Jungs erst im Endspiel um die West-

Herbert Lübking im Spiel GW Dankersen – TuS Wellinghofen, 1964

falenmeisterschaft 1946 Vorwärts Gevelsberg geschlagen geben. Was man da noch verpasste, wurde 1954 und 1955 nachgeholt. In beiden Jahren holte sich der Dankerser Nachwuchs den Titel des Westfalenmeisters. Außerdem sicherten sich die Männer beim „Familienfest in der Dortmunder Westfalenhalle" den damals allerdings noch wenig bedeutenden Titel des Westfalenmeisters im Hallenhandball. Damit war spätestens jetzt der unaufhaltsame Aufstieg eingeläutet. Symbol der ersten großen Erfolge war Arnold Kresse, Dankersens erster Nationalspieler. Von 1956 bis 1959 bestritt Kresse fünf Länderspiele (drei Tore), ihm folgte 1959 Fritz Spannuth (zwei Länderspiele / ein Tor). Diese beiden waren die Stützen der Dankerser Mannschaft, die 1959 erstmals Westfalenmeister im Feldhandball wurde. Nach weiteren Erfolgen auf westfälischer Ebene folgte dann der ganz große Durchbruch im Jahr 1962. Als der Verein mit Nationalspieler Manfred Horstkötter (vorher Altenhagen) erstmals einen „Auswärtigen" in seinen Reihen aufnahm, erreichten die Grün-Weißen das Endspiel um die Deutsche Feldhandball-Meisterschaft. Neben Spannuth, der zum Spiel gegen Göppingen sogar mit Polizei-Eskorte direkt von der Taufe seines Sohnes anreiste, sorgten der spätere legendäre Herbert Lübking, Arnold Kresse und Torwart Helmut Meisolle dafür, dass ein ganzes Dorf Kopf stand. „Ein neuer Stern am Handballhimmel", beschrieb die Lokalpresse den sensationellen Finaleinzug. Am 28. Oktober 1962 war der TSV Ansbach Gegner der Grün-Weißen im Nürnberger Zabo. Mit einem

Sonderzug begleiteten 800 heimische Fans ihre Mannschaft. Obwohl sich GWD gegen den deutschen Meister von 1960 hauchdünn mit 8:9 geschlagen geben musste, war wohl allen Mitfahrern dieses unvergessliche Erlebnis die für damalige Verhältnisse durchaus beachtlichen 8,90 DM Eintrittsgeld wert. Und einen Grund zum Feiern war die Vizemeisterschaft allemal. Während die Frauen sich mit Gesellschaftsspielen beschäftigten, tranken die Männer Selbstgebrannten, der nur gut war, wenn er sich auf dem Fußboden der Vereinskneipe anzünden ließ.

Mit relativ geringem Trainingsaufwand, zwei bis drei Einheiten pro Woche, waren die Dankerser auch in den kommenden Jahren äußerst erfolgreich. 1964 erreichte GWD zum zweiten Mal ein deutsches Endspiel. In einem rein westfälischen Finale gegen den TuS Wellinghofen wurden die Grün-Weißen abermals auf der Zielgeraden gestoppt. Im folgenden Jahr stellten sich dann die ersten großen Erfolge im Hallenhandball ein, der international und damit auch für einen deutschen Spitzenverein wie GW Dankersen immer mehr an Bedeutung gewann. Als Westdeutscher Meister traf GWD in der „Schlacht auf dem Killesberg" auf Frisch Auf Göppingen. Obwohl die Grün-Weißen zur Halbzeit schon wie die sicheren Sieger ausgesehen hatten und sie mit dem Hallenspezialisten Tillack zwischen den Pfosten den überragenden Spieler der Begegnung stellten, musste man sich nach einem Einbruch im zweiten Abschnitt am Ende mit einem erneuten Vizetitel zufrieden geben. Im Oktober desselben Jahres zogen die Grün-Weißen zum vierten Mal unter die besten vier Mannschaften im Feldhandball ein. Knapp 40.000 Zuschauer sahen ein dramatisches Endspiel, in dem der Gegner aus Solingen die Verlängerung benötigte, um den Dankerser Meisterschaftstraum abermals zu zerstören. Der „Patient Feldhandball", der nach Einführung der ersten Hallenligen schon totgesagt worden war, erlebte in dieser Phase eine Art Aufbäumen, eine kurzzeitige Renaissance. Den Spöttern, die nach der vierten Vizemeisterschaft den Dankerser Ortsnamen auf dem Ortseingangsschild mit „Vizehausen" überklebten, begegneten die Sportler mit Gelassenheit. Auch wenn der Gewinn der ersten deutschen Meisterschaft immer noch ausstand, galt die Dankerser Mannschaft als doppelter Vizemeister (Feld und Halle) 1965 als national stärkste Mannschaft.

Die Erfolgsjahre setzten sich fort. Die Dankerser qualifizierten sich 1966 für die neu geschaffene Hallenhandball-Bundesliga. Derweil gab es im Verein einen einschneidenden Umbruch. Für den langjährigen Trainer Erich Klose, der maßgeblich am steilen Aufstieg des Vereins beteiligt war, übernahm Erfolgscoach Gerd Enders das Training der ersten Mannschaft. Enders, der aus Solingen kam, wurde bei der Stadt Minden auf der eigens für ihn geschaffenen Stelle als Sportamtsleiter beschäftigt. Dieser erste Trainerwechsel brachte einige Unruhe in den Dankerser Verein. Viele Alteingesessene reagierten mit Unverständnis auf die Trennung vom „grünweißen Urgewächs" Klose. Einer gab sogar anonym seine Vereinsehrennadel zurück. Trotzdem stand die Vereinsführung hinter dem neuen Trainer und seinen neumodischen Methoden. Mit der Enders-Devise „nur harte Arbeit führt zum Erfolg" sollten mit einer mehr wissenschaftlich orientierten Arbeitsweise, nach dem eher „intuitiven Vorgehen" von Klose, weitere Erfolge gesichert werden. Neben Trainer Enders stieß mit Fritz Schillmann ein neuer Spieler zu den Grün-Weißen, der als Kilometerkönig der Liga in die Vereinsgeschichte einging. Der Wittinger legte für die Fahrten zu Spiel und Training jährlich mehr als 35.000 Kilometer zurück. Eine für damalige Verhältnisse unglaubliche Strecke.

Ebenso wie der erste Auswärtige Horstkötter war auch Schillmann nicht von den Grün-Weißen abgeworben worden. Vielmehr hatte er sich selbst angeboten und wurde erst nach einigen Beratungen von Spielern und Vorstand angenommen. Neben den sportlichen Leistungen spielten damals besonders die charakterlichen Merkmale der Spieler eine wichtige Rolle. Kurz vor der Dankerser Bundesligapremiere wurden „Bomber" Herbert Lübking, GWD-Abwehrspezialist Erwin Heuer und der spätere Dankerser Bernd Munck mit der Deutschen Nationalmannschaft in Österreich Feldhandball-Weltmeister. Den größten Erfolg in der Vereinsgeschichte feierten die Dankerser im Herbst des Jahres 1967. Am 23. Oktober brachte ein 19:16-Erfolg gegen den TV Großwallstadt die so lang ersehnte Deutsche Meisterschaft. „GWD bewies gleichzeitig mit diesem Erfolg, ohne Überheblichkeit auszusprechen, dass sie seit Jahren die beständigste deutsche Feldhandballmannschaft ist", lobte das *Mindener Tageblatt*. Mit dieser Meisterschaft sicherte sich Dankersen die Teilnahme am 1968 erstmals ausgespielten Europapokal. Mit den Gegnern aus Suhr (Schweiz), Hengelo (Holland) und Linz (Österreich) hatte GWD sportlich keine Probleme. In souveräner Manier holte die Mannschaft gleich im ersten Anlauf die begehrte Trophäe nach Ostwestfalen. Als Belohnung spendierte Mäzen und Melitta-Chef Bentz, der 1967 zum Präsidenten des Vereins gewählt worden war, den Beteiligten eine Traumreise zu den Olympischen Spielen nach Mexiko.

Überhaupt waren Reisen ein fester Bestandteil des Dankerser Vereinslebens. So schafften die Dankerser 1967 das, was dem Deutschen Handball-Bund trotz vieler Bemühungen bis dahin nicht gelungen war: Eine Reise in die damalige UdSSR. Einen weiteren Auftritt auf internationaler Ebene hatte GWD 1969. Als Titelverteidiger richteten sie den Europapokal im heimischen Mindener Weserstadion aus. In einer wahren Wasserschlacht schlugen die Mannen um den überragenden Werfer Herbert Lübking im entscheidenden Spiel den deutschen Kontrahenten TV Oppum mit 12:5. Durchgeregnet, dreckverschmiert, aber mit vor Stolz und Freude strahlenden Augen verließen die Dankerser Spieler den nassen Rasen. Immerhin hatten sie gerade zum zweiten Male den Feldhandball-Europapokal an die Weser geholt. Einen dicken Fisch zogen die Dankerser im gleichen Jahr mit dem Nationalspieler Bernd Munck an Land. Munck bestritt bis zu seinem Rücktritt vor den Olympischen Spielen 1972 113 Länderspiele und erzielte 317 Tore. Nicht zuletzt wegen dieser prominenten Verstärkung ging GWD als hoher Favorit in das Endspiel um die Deutsche Meisterschaft gegen die SG Leutershausen. Alles sah schon nach einem Dankerser Sieg aus, als das Verhängnis kam, das GWD nicht nur die schon sicher geglaubte Deutsche Meisterschaft, sondern auch alle Hoffnungen auf eine erfolgreiche Hallensaison raubte. Herbert Lübking trat in eines der vielen Löcher im Rasen und musste mit einer Meniskusverletzung ausscheiden. Die dezimierte GWD-Mannschaft unterlag schließlich in der Verlängerung.

Bernd Munk

Eines der bemerkenswertesten Jahre in der Vereinsgeschichte von GW Dankersen ist wohl das Jahr 1971. Der Knoten platzte, nachdem die echte Form auf dem Feld noch nicht gefunden war, wieder einmal im Europapokal. Im rein deutschen Endspiel spielte GWD den alten Gegner Leutershausen mit 18:9 regelrecht an die Wand und sicherte sich zum dritten Mal den Titel. Nach einem Skandal im Halbfinale um die Deutsche Meisterschaft, als der Oppumer Schneider hinter dem Rücken des Schiedsrichters einen Sanitäter niederschlug, zogen die Dankerser mit einem sicheren 15:11 ins Finale ein. Am 16. August erlebte Handball-Minden das Finale. 17.000 Zuschauer im vollbesetzten Weserstadion sahen einen wie entfesselt spielenden Bernd Munck, der kaum zu halten war und entscheidenden Anteil am 15:11-Sieg seiner Mannschaft und dem erneuten Gewinn der Deutschen Meisterschaft hatte. Kurz nach dem Triumph gab es für die Dankerser einen herben Rückschlag: Der Wechsel von Mannschaftskapitän Herbert Lübking zum aufstrebenden Kreisrivalen TuS Nettelstedt sorgte für unglaublichen Wirbel. Schon einmal, 1964, hatte die Presse einen Wechsel, damals zum TuS Ludwigsburg, gemeldet, was sich aber als Ente entpuppt hatte. Mit einem „ihr kennt mich doch", hatte Lübking die Gerüchte schnell vom Tisch gewischt. Doch dieses Mal wurde es ernst. Alle Versuche, den Ur-Dankerser auch mit finanziellen Mitteln zum Bleiben zu bewegen, schlugen fehl. „Ich konnte ihn doch nicht ziehen lassen. Die Leute hätten mich gesteinigt. Denn Lübking ist Dankersen. Ohne Lübking ist Dankersen nichts. Deshalb versuchte ich mit Geldscheinen sein Bleiben zu erkaufen", rechtfertigte Präsident Bentz seine Versuche, den Nationalspieler zu halten. „Eine Welt brach zusammen", titelte die *BILD-Zeitung*, als Lübking wegen der angeblich besseren beruflicheren Absicherung trotzdem in die Kreisklasse nach Nettelstedt wechselte.

Die Dankerser Mannschaft drohte nach dem Verlust ihres Leithammels auseinander zu brechen. Doch die Vereinsführung konnte letztlich alle Spieler halten, und mit

Die Bundesligamannschaft 2004/05.

der Trotzreaktion „es geht auch ohne Lübking" schaffte das neuformierte Team 1971 den Gewinn der Deutschen Hallenmeisterschaft. Als Abstiegsanwärter in die Saison gestartet, sicherte man sich mit einem 14:10-Endspielerfolg gegen Großwallstadt den Titel. Vater des Wunders wurde der ehemalige Nationalspieler Fritz Spannuth, der jetzt auf der Dankerser Trainerbank das Kommando hatte. Der Coach prägte in wenigen Wochen mit der jungen Mannschaft einen völlig neuen, progressiven Hallenstil und schweißte seine Mannschaft zu einer echten Gemeinschaft zusammen. Das wohl damals beste deutsche Torhüter-Gespann Martin Karcher/Wilfried Meyer setzte sogar die wurfgewaltige TVG-Angriffsreihe Karrer-Kuss-Klühspieß matt. Mit dem Sieg bringenden Treffer zum 14:9 von Hans Sulk und der damit verbundenen Meisterschaft vollzog auch Dankersen endgültig den Schritt zum Hallenhandball. Logische Konsequenz war 1972 der Rückzug vom national und international bedeutungslos gewordenen Feldhandball. Den nächsten Titel sicherten sich die Dankerser 1975. Durch ein Reese-Tor holte sich GWD zum ersten Mal die erste Austragung des DHB-Pokals. Kurz vorher war man in der Meisterschaft knapp am VfL Gummersbach gescheitert. Auf internationaler Ebene hatten die Dankerser 1975/76 wieder einen großen Auftritt. Nach Siegen über UHC Salzburg, FiF Kopenhagen und BSV Bern erreichte man das Endspiel um den Europapokal der Pokalsieger. Hier unterlag man allerdings unglücklich Granollers Barcelona 20:24 nach Verlängerung. Unter Vitomir Arsenjevic gewannen die Dankerser 1977 mit Rainer Niemeyer, Walter von Oepen,

Jürgen Grund, Dieter Waltke und dem Isländer Axel Axelson zum vorerst letzten Mal den DHB-Pokal.

Axelson läutete als erster ausländischer Spieler eine neue Ära ein. Ihm folgten in den 80er und 90er Jahren eine Reihe meist sehr gut bezahlter Legionäre, die das Spiel mal mehr, mal weniger erolgreich prägten. Unter ihnen so namhafte Ballwerfer wie die jugoslawischen Linkshänder-Künstler Milomir Mijatovic, Jovica Cvetkovic, der Tscheche Tomas Bartek, der Franzose Stephane Stoecklin, der kroatische Weltmeistertorwart Vlado Sola, der gebürtige Kirgise und ehemalige Welthandballer Talant Duschebajew, der Russe Alexander Tutschkin oder die Schweden Robert Hedin und Magnus Andersson, in ihren Ländern allesamt Nationalspieler und als Olympiasieger oder Weltmeister zur europäischen Spitzenklasse zählend. Immer auch am Rande des finanziellen Abgrunds taumelnd, kamen die Grün-Weißen aber trotz der zahlreichen Stars nur selten über das Image einer „grauen Maus" hinaus. Zwischenzeitlich sogar in der Zweitklassigkeit versunken, bauten die Dankerser mehr denn je auf ihre erfolgreiche Jugendarbeits-Tradition. Hoffnungsvolle deutsche Nachwuchsspieler wie Frank von Behren (heute SG Flensburg-Handewitt) und Arne Niemeyer, Sohn des derzeitigen GWD-Trainers und Weltmeisters von 1978, Rainer Niemeyer, entsprangen jüngst der Dankerser Talentschmiede und schafften sogar den Sprung in die Nationalmannschaft. Unter der Leitung von Jugendkoordinator Dietmar Molthahn produzierte die mehrfach ausgezeichnete Jugendarbeit Titel auf westdeutscher und sogar auf nationaler Ebene am Fließband und verhalf so dem Verein zu weiterem Ansehen. Im Profibereich setzt Manager Horst Bredemeier seit Jahren auf Konsolidierung. Der hohe Schuldenstand von 1997 (1,5 Millionen) ist inzwischen zu zwei Drittel abgebaut, darauf sind die Mindener zu Recht Stolz. Die wirtschaftlichen Möglichkeiten bleiben indes begrenzt, auch der zwischenzeitliche Ausflug in die TUI-Arena nach Hannover (und die damit verbundene Namensänderung GWD Minden-Hannover), der daran etwas ändern sollte, blieb ein gescheitertes Experiment. Den Umzug in die niedersächsische Metropole machten viele Fans der Mindener nicht mit. Weg vom Dorfverein, hin zur Anbindung an die Großstadt, diese Gleichung ging nicht auf. Aber obwohl sich der Klub seit Jahren im Abstiegskampf befindet, ist dieser eine nostalgische Traum nicht ausgeträumt: Dass dieser Traditionsverein bald wieder an alte, vielleicht sogar an die schon etwas verstaubten internationalen Erfolge anknüpft.

André Fuhr

Erfolgsbilanz:
Deutscher Meister: 1967, 1970, 1971 (Feld); 1971,1977 (Halle)
Deutscher Pokalsieger: 1975, 1976, 1979
Europapokalsieger: 1968, 1969, 1970 (Feld).

▶ Porträt

Herbert Lübking

Weltklasse – dieses Attribut erspielte sich Herbert Lübking mit seiner technisch perfekten und intuitiven Spielweise in den 1960er Jahren. Mit Grün-Weiß Dankersen sammelte er nationale und internationale Titel. Der TuS Nettelstedt schaffte dank seiner Tore den sensationellen Durchmarsch von der Kreisklasse in die Bundesliga, und den TBV Lemgo führte Herbert Lübking schließlich als Trainer von der Oberliga in die 2. Bundesliga. Seinen internationalen Durchbruch schaffte Lübking bei der Hallenhandball-Weltmeisterschaft 1964 in der CSSR. Dort beeindruckte „der Mann mit dem ästhetischen Laufstil" die Fachpresse derart, dass die Journalisten den damals 23-Jährigen als besten Handballer der Welt titulierten, obwohl Deutschland nur den vierten Platz belegte. Sein wohl größter Erfolg folgte 1966 mit dem Gewinn der Feldhandball-Weltmeisterschaft in Österreich. Dieser Titel währt ewig, denn diese WM auf dem Feld war die letzte.

Mit Grün-Weiß Dankersen wurde Herbert Lübking 1962, 1964 und 1965 Deutscher Vizemeister (1964 und 1965 auf dem Feld und in der Halle), 1967 und 1970 Deutscher Feldhandballmeister und 1968, 1969 und 1970 Europapokal-Sieger im Feldhandball. Für seinen Heimatverein GW Dankersen (heute GWD Minden) warf Lübking zwischen 1959 und 1970 insgesamt 4011 Tore.

In dem ostwestfälischen Dorf Dankersen wurde Herbert Lübking am 23. Oktober 1941 geboren. Mit acht Jahren schickte ihn der Volksschullehrer in den Sportverein,

Herbert Lübking, wie ihn seine Fans liebten.

und von da an spielte sich das Leben des kleinen Herbert vornehmlich auf dem Sportplatz ab: „Wir wohnten in der Nähe des Sportplatzes, da war es ganz normal, dass wir nach der Schule zuerst auf den Platz gingen und erst abends an die Schularbeiten", erinnert sich Lübking. Seine leichtathletischen Fähigkeiten und eine solide sportliche Grundausbildung öffneten ihm das Tor zur westdeutschen Jugendauswahl. „In seinem Heimatverein fiel Herbert Lübking zunächst gar nicht sonderlich auf; recht schwach auf der Brust und auch nicht allzu groß geraten, hatte er gegen seine Kollegen einen schweren Stand. Doch das, was ihm physisch fehlte, kompensierte er durch überdurchschnittliches Talent und seine enorme Schnelligkeit. Dieser Schnelligkeit hatte er letzten Endes auch seinen ersten Einsatz in der westdeutschen Jugendauswahl zu verdanken: Alle Kandidaten mussten nämlich über eine halbe Runde um die Wette laufen. Die Schnellsten qualifizierten sich, und Lübking war natürlich dabei – später sprintete er die 100 Meter in 10,9 Sekunden", schrieb 1978 die *Deutsche Handballwoche* in einem Porträt über Lübking. Mit dieser Nominierung begann sein Weg zum Aushängeschild des deutschen Handballs der 60er Jahre. Der Gewinn der Weltmeisterschaft 1966 bildete auch den Gipfel von Herbert Lübkings Handball-Karriere. Aber gegen Ende der 60er Jahre veränderte sich der Handballsport: Der Ostblock machte mobil, Handball wurde allmählich verwissenschaftlicht, und wahre Hünen mit riesigen Händen bestimmten nun das Spiel. Eine härtere Gangart, in orthodoxe Spielsysteme gezwängt, kennzeichnete den neuen Trend. Diese Entwicklung behagte dem 1,84 Meter großen Lübking nicht, denn es wurde für ihn nun immer schwerer, seine Spielweise durchzusetzen. Lübking, der technisch perfekte Individualist, liebte die Improvisation, das freie und wenn möglich körperlose Spiel. Er schätzte die Rolle des trickreichen, aber auch torgefährlichen Spielmachers. Diese Qualitäten hatte sich Lübking mit Talent, vor allem aber mit Willenskraft und eisernem Training angeeignet.

Bescheidenheit, sportlich faires Verhalten, Solidität und Beständigkeit sind Tugenden, die Herbert Lübking auszeichnen. Fairplay wurde ihm selbst allerdings nicht von allen zuteil, als er sich 1970 zu einem Vereinswechsel entschloss. Zu diesem Zeitpunkt war er 28 Jahre alt, verheiratet und Vater zweier Söhne. Viel Geld war mit dem Handballsport damals nicht zu verdienen. Mit dem Wechsel zum TuS Nettelstedt (heute TuS N-Lübbecke) wollte Lübking seine berufliche Zukunft auf eine solide Basis stellen. Und die fand er bei dem Hauptsponsor des Vereins, einem Bekleidungsunternehmen. Dieser Wechsel zu einem Kreisklassenverein galt im Handballkreis Minden-Lübbecke als Sensation und sorgte in der gesamten Bundesrepublik für Furore. Und dieser Vereinswechsel löste die wohl schwerste Zeit für Herbert Lübking und seine Familie aus. Lübking wurde beschimpft und sogar bedroht. Auch wenn er diese Zeit am liebsten aus seiner Erinnerung löschen würde, den Schritt hat er nie bereut – bis zu seiner Pensionierung hat Lübking bei diesem Unternehmen gearbeitet.

Wegen der Olympischen Spiele 1972 in München sollte der Vereinswechsel erst zur Saison 1972/73 stattfinden, doch Querelen mit seinem alten Arbeitgeber führten dazu, dass sich Lübking schon 1970 das Nettelstedter Trikot überstreifte. Damit war der Traum von Olympia zunächst ausgeträumt. In der Vorbereitung auf München wurden die Stimmen nach Herbert Lübking aufgrund der schlechten Leistungen der Nationalmannschaft immer lauter. So setzte sich unter anderem Willi Daume für seine Rückkehr ins Nationalteam ein, und Lübking trug in München wieder das Nationaltrikot. Die Bundesliga sah Lübking schließlich in der Saison 1976/77 als Spieler mit dem TuS Nettelstedt wieder. Für seine Verdienste um den Handballsport wurde Lübking 1978 mit dem Bundesverdienstkreuz ausgezeichnet.

Nicole Bliesener

Der Techniker in seinem Abschiedsspiel aus der Nationalmannschaft.

▶ Große Vereine

Der VfL Gummersbach – Vom Dorfverein zur besten Vereins-Mannschaft der Welt

Es ist der 28. April des Jahres 1967, ein Freitagabend, als die unverhoffte Geburt der besten Mannschaft der Welt stattfindet. In der Dortmunder Westfallenhalle stehen sich der VfL Gummersbach und Dukla Prag gegenüber, und dieses Finale im Europacup der Landesmeister ist ein ungleiches Duell. Der Dorfklub aus dem Oberbergischen ist noch ein Niemand in Europa, der tschechoslowakische Meister hingegen reist mit sieben Akteuren an, die kurz zuvor mit der CSSR Weltmeister wurden, im Tor steht „die Katze" Vicha, der berühmte Keeper. Wenn die Medien dieses Spiel in Vorberichten mit dem alttestamentarischen Kampf zwischen David und Goliath vergleichen, ist das nicht übertrieben. Dieses Endspiel lebt von diesem Gegensatz, und viele wollen es sehen: Unter den 12.000 Zuschauern sitzen auch Bundesinnenminister Paul Lücke und „Tschik" Cajkowski, der berühmte Fußballtrainer.

Der Gummersbacher Weg dahin war von der Fachwelt bereits als veritable Sensation bezeichnet worden. Der deutsche Meister hatte Göta Helsingborg zum Auftakt der Serie geradezu demontiert beim 39:15 im Rückspiel, das 6000 in der Kölner Sporthalle verfolgten. In der zweiten Runde war Sittardia Sittard chancenlos. Nach dem 9:13 im Viertelfinal-Hinspiel bei Medveszak Zagreb zerstörte der VfL auch den jugoslawischen Titelträger beim 19:10 im Rückspiel. Und im Halbfinale gegen Trud Konzewo Moskau siegten die Oberberger gar in beiden Spielen, beim 15:11 in Köln und beim 17:15 in der sowjetischen Hauptstadt. Der deutsche Hallenhandball war wieder da – 1960 und 1962 hatte bereits FA Göppingen den Europapokal gewonnen.

Vor dem Endspiel demonstrierte der Außenseiter Lässigkeit. „Wir haben ja nichts zu verlieren", sagt Mannschaftskapitän Klaus Brand, den Journalisten noch vor dem Anpfiff umringen. „Wir werden kämpfen bis zum Umfallen. Damit sind wir soweit gekommen, vielleicht landen wir so auch noch den ganz großen Coup." Aber der Gegner scheint zu überlegen. „Ihr schafft es, Ihr schafft es bestimmt", hatte Eugen Haas, die Seele des Klubs, den Spielern dennoch zur Halbzeit eingebläut. Da stand es noch 6:7. Nach 40 Minuten hatte Dukla routiniert und kühl auf 8:10 erhöht. Dann die

Eugen Haas

Kapitän Klaus Brand mit dem Europapokal nach dem Sieg 1967 gegen Dukla Prag.

Wende: Hansi Schmidt, das Rückraumphänomen, verkürzt per Siebenmeter, und als Kapitän Brand kurz darauf zum 10:10 einwirft, explodiert der Kessel Westfalenhalle. Die Fans veranstalten nun einen infernalischen Lärm, sie klatschen ekstatisch bei Gummersbacher Ballbesitz, und sie pfeifen bei den Angriffen des Gegners. Der VfL spielt sich in einen Rausch, das 11:10 erzielt Bölter, Kriesten erhöht einige Minuten später auf 13:11, und am Ende dokumentiert die Anzeigetafel das Unfassbare: 17:13. Die Zuschauer stürmen das Spielfeld, die Spieler können sich nicht retten, ihre Trikots werden ihnen als Andenken vom Leibe gerissen. Es war Wahrheit geworden: Der VfL hatte „die Zauberer von der Moldau entzaubert" wie eine Zeitung titelte.

Angekommen in Gummersbach, bereiteten ihnen 25.000 Menschen einen grandiosen Empfang. Die Studenten Klaus Brand, Jochen Feldhoff, Helmut Kosmehl und Hansi Schmidt, der Polizeibeamte Bernd Podak, der Werkzeugmacher Klaus Kater, die Soldaten Burkhardt Müller und Jochen Brand, der Oberinspektor Klaus Kriesten, der Vertreter Claus Alberts sowie der Steuerberater Hans-Gerd Bölter wurden als Helden gefeiert. Diese Spieler hatten einen Monat zuvor schon ihre zweite deutsche Meisterschaft gefeiert, als sie – ebenfalls in der Westfalenhalle – den TV Hochdorf (den kleinen Klub aus dem Kreis Ludwigshafen) mit 23:7 überrannt hatten. Doch dieser Gewinn des Europapokals, den die französische Sportzeitung *L'Equipe* 1959 angeregt hatte, stellte alles in den Schatten. Diese 60 Minuten hatte die Kleinstadt im Oberbergischen mit einem Mal auf die Landkarte des europäischen Handballs katapultiert. Dass es der Beginn einer einzigartigen Ära des europäischen Handballs sein würde, konnte zu diesem Zeitpunkt freilich noch keiner ahnen.

Seine Wurzeln hatte der VfL in der frühen Turnbewegung des 19. Jahrhunderts, er war bereits 1861 gegründet worden. Das Spiel Handball gelangte kurz nach seiner Erfindung ins Oberbergische, im Februar 1923 verlor die neugegründete Handball-Abteilung ihr erstes Freundschaftsspiel mit 0:9 im benachbarten Engelskirchen. Doch schon zwischen 1924 und 1933 errang der VfL alle Meistertitel im Turngau Aggertal, und 1932 reichte es sogar bis ins Finale um die Rheinlandmeisterschaft. In dieser Zeit wurden die ersten VfLer bereits in die Mittelrhein-Auswahl berufen: Emil Weber, Hermann Bitter, Franz Wiesenberg – und Erwin Brand, genannt „Cherry", der Vater der drei Brüder Klaus, Jochen und Heiner, die von den 1960er bis 1980er Jahren das Gerüst des VfL bildeten.

Der sportliche Aufstieg nach dem Krieg ließ indes auf sich warten. Zwar stießen Ende der 1940er Jahre die Talente Heinz Hermann und ein gewisser Eugen Haas hinzu und sammelten Titel in der Mittelrheinmeisterschaft, die der VfL 1949 das erste Mal gewann (7:5 gegen den HSV Bocklemünd) und 1950 bestätigte. Aber zu mehr als den Vizemeisterschaften 1951 (4:15 gegen den RSV Mülheim) und 1957 (14:18 gegen Bayer Leverkusen) reichte es in den 1950er Jahren trotz großer Ambitionen nicht. Die Entwicklung stagnierte. Der kometenhafte Aufstieg, der sich dann bis Mitte der 1960er Jahre vollzog, ist vor allem mit drei Figuren verbunden: Mit den exzellenten Trainingsmethoden des Pädagogen Dr. Dreischang, der seit 1959 beim VfL wirkte. Drei Jahre zuvor schon war Eugen Haas zum Chef der Handball-Abteilung gewählt worden. Der Unternehmer für Bürobedarf, der 1948 als aktiver Handballer zum VfL gestoßen war, avancierte mit seinem großzügigen Mäzenatentum und einem ausgesprochen guten „Händchen" für Trainer und Spieler zur wichtigsten Person im Umfeld dieses Klubs. Den sportlich entscheidenden Schub aber brachte zweifelsohne die Verpflichtung des hünenhaften Rückraumspielers Hansi Schmidt, der im Sommer 1963 auf abenteuerliche Weise von Rumänien in die BRD übergesiedelt war. Mit dieser „Kanone" im Aufgebot siegte der VfL 1964 schließlich doch noch einmal bei den Westdeutschen Feldhandball-Meisterschaften, beim umjubelten 19:18 im Hage-

Der VfL Gummersbach 1967 zum zweiten Mal Deutscher Hallenhandballmeister.

Handball bis 1975

ner Ischeland-Stadion gegen den TuS Wellinghofen. Und das, obwohl Schmidt, der in Rumänien nur den Hallenhandball kannte, die Kniffe des Feldspiels erst beigebracht werden mussten. (Im Halbfinale um die Deutsche Meisterschaft scheiterte der VfL dann mit 7:12 und 11:10 an GW Dankersen.)

Doch bald schon favorisierte, dem Lauf der Zeit folgend, auch der VfL das Spiel in der Halle, in der in den 1950er Jahren ebenfalls neun Mittelrheinmeisterschaften und eine westdeutsche Vizemeisterschaft (1958, 8:9 gegen den SV Westerholt) zu Buche standen. In den frühen 1960er Jahren zeigte die Leistungskurve schon vor der Ära Schmidt nach oben. Nach dem zweiten Platz bei der westdeutschen Meisterschaft 1961 (5:7 gegen Leverkusen) stand der VfL 1963 vor dem ersten ganz großen Sieg. Doch nach dem 8:7-Vorrundensieg bei der DM-Endrunde gegen den späteren Meister THW Kiel verlor die Mannschaft im Halbfinale mit 5:7 gegen den OSC Berlin. Erst mit der Spielzeit 1965/66 kam dann der ganz große Durchbruch. Nach den Verpflichtungen des Keepers Bernd Podak (PSV Berlin) und der Talente Jochen Feldhoff (vom benachbarten SSV Marienheide) und Hans-Gerd Bölter (TV Kotthausen) startete der VfL einen Durchmarsch und qualifizierte sich frühzeitig für die neugegründete Hallen-Bundesliga. Nach dem souveränen Gewinn der Westdeutschen Meisterschaft siegte der VfL in der Finalrunde um die „Deutsche" mit 19:11 gegen Birkenau und mit 14:10 in Lübeck gegen den VfL Bad Schwartau. Das Endspiel 1966, das am 26. März in der Essener Grugahalle ausgetragen wurde, folgte dann einer ähnlichen Dramaturgie wie ein Jahr später das Europapokalfinale. Der VfL, als Außenseiter eingestuft, lag gegen die SG Leutershausen schnell mit 0:3 hinten, zur Pause stand es 5:8 für die Mannschaft von der Bergstraße. Aber angetrieben von Hansi Schmidt, der allein sieben Tore warf, glich der VfL zehn Minuten vor Schluss zum 9:9 aus und erhöhte wie in einem Rausch noch auf 14:9. Als Schlüsselszene galt das Tor, das der Keeper Bernd Podak mit einem Alleingang zum 12:9 erzielte, als der Gegner zur offenen Manndeckung übergewechselt war.

Diese erste Deutsche Meisterschaft war der Auftakt einer glanzvollen Ära, in der der VfL in 25 Jahren insgesamt 27 nationale und internationale Titel gewinnen sollte. Trotz der Beständigkeit lässt sich dieses Vierteljahrhundert in drei Phasen einteilen. Das erste Jahrzehnt bleibt im Rückblick das erfolgreichste: Bis 1976 gewann der VfL sieben seiner zwölf deutschen Meisterschaften (1966, 1967, 1969, 1973-1976) und vier Europapokale der Landesmeister (1967, 1970, 1971, 1974). In dieser Zeit entstand das Attribut vom „besten Handballklub der Welt", und das mit Recht, denn kein anderer Verein hatte damals mehr als zwei Europapokalsiege auf seinem Konto. Gummersbach feierte große Siege in der aufgeheizten Atmosphäre der Dortmunder Westfalenhalle, die zu einer zweiten Heimstätte wurde: 1970 den Halbfinaleinzug gegen Steaua Bukarest, den ehemaligen Klub Hansi Schmidts, im Finale das 14:11 gegen den ostdeutschen Bruder SC Dynamo Ost-Berlin. 1971 den 17:16-Endspielsieg gegen Bukarest, für das man laut Presseberichten auch 50.000 Eintrittskarten hätte verkaufen können. Das turbulente 19:17 n.V. gegen MAI Moskau 1974 im Finale vor 14.000 in Dortmund.

Doch die europäische Dominanz überdeckte Verwerfungen in der Mannschaft nicht. 1971 kommentierte die bundesdeutsche Presse gar ein „blau-weißes Beben", als Dr. Dreischang kurz vor dem Finale gegen Bukarest nach erheblichen Differenzen mit dem eigenwilligen Star Schmidt zurücktrat. „Wir sind kein Team mehr, wir sind nur mehr eine Interessengemeinschaft", meinte damals Kapitän Klaus Brand, dessen Abschied 1972 einen Generationenwechsel beim VfL einläutete. Brand nämlich verabschiedete sich, genervt von den Streitereien mit dem „enfant terrible" Schmidt, gemeinsam mit Hans-Gerd Bölter zum TuS Derschlag, und der ehemalige DDR-Auswahlspieler Kosmehl ging nach Fulda. Trotz der Verluste war klar, dass das hohe Niveau aufgefangen werden konnte. 1973 war der hochtalentierte Rechtshänder Joachim Deckarm vom 1. FC Saarbrücken ins Oberbergische gekommen, und

Heiner Brand 1978 im Europapokal gegen ASK Frankfurt/Oder.

Nationalspieler Jo Deckarm

mit ihm stieg auch Heiner Brand aus der eigenen Jugend in die erste Mannschaft auf, dazu Klaus Schlagheck. Diese jungen Talente waren am Europapokalsieg 1974 schon entscheidend beteiligt, so dass Schmidt, als er 1976 nach schweren Differenzen mit Eugen Haas den Verein verließ, keinen Absturz des VfL befürchten musste. „Diese jungen Spieler werden den VfL oben halten, auch wenn ich dann nur ihre Kämpfe vom Spielfeldrand aus verfolgen kann", hatte er schon 1974 vorhergesagt.

Den Verlust Schmidts kompensierte neben Deckarm ein junger Bayer, der den Vereinsverantwortlichen des VfL bei einem Freundschaftsspiel 1976 in Augsburg aufgefallen war: Erhard Wunderlich, der 2,04 m große Halblinke, der über eine enorme Wurfkraft verfügte. Zu Beginn dieser zweiten Phase der Ära Gummersbach, die bis 1983 andauerte, verlor Gummersbach zwar seine Dominanz in der westdeutschen Handballszene an den TV Großwallstadt. Aber es war ein Einbruch auf extrem hohem Niveau, denn mit den DHB-Pokalsiegen 1978, 1979 und den Titeln im Europacup der Pokalsieger (1978 und 1979) gewann der Klub zahlreiche Titel. Zudem stellte er neben dem TV Großwallstadt mit vier Spielern das Gerüst der Weltmeistermannschaft von 1978 (Deckarm, Brand, Wunderlich, Fey). Obwohl man mit den „Handballsoldaten" des Ostblocks (wie Trainer Viktor Kiza 1975 die Spieler des ASK Frankfurt/Oder bezeichnet hatte) nicht mithalten konnte, blieb der VfL eine europäische Spitzenmannschaft, auch nach dem größten Schock der Vereinsgeschichte, dem Unfall Joachim Deckarms 1979 in Tatabanya. Und noch mehr: 1983 machte der VfL unter Trainer Petre Ivanescu mit vier Titeln das erfolgreichste Jahr der Vereinsgeschichte perfekt: In der Bundesliga reichten zwei Punkte Vorsprung vor dem THW Kiel zur Titelverteidigung, im DHB-Pokal ließ man TuSEM Essen keine Chance, der VfL gewann den Europameistertitel der Vereinsmannschaften (gegen SKA Minsk), und als Höhepunkt schlugen die Blau-Weißen auch noch den sowjetischen Meister ZSKA Moskau im Europapokal der Landesmeister (19:15 auswärts und 13:14 in Dortmund). Der Klub befand sich auf dem Gipfel: Erhard Wunderlich wurde vor Heiner Brand und Andreas Thiel zum „Handballer des Jahres" gewählt, der VfL von den deutschen Sportjournalisten zur „Mannschaft des Jahres" gekürt. Nie wieder war eine Vereinsmannschaft erfolgreicher als in diesem Jahr 1983.

Nicht nur der Wechsel Wunderlichs zum CF Barcelona markierte die Zäsur, die nach diesen Triumphen fast logisch war. Trotz großartiger Spieler wie Torwart Andreas Thiel war das extrem hohe Niveau nicht mehr zu halten: Seit 1983 wartet der VfL auf einen internationalen Titel. In den späten 1980er Jahren machten sich die Standort- und Strukturnachteile des Klubs schon bemerkbar. Der große Name des VfL zog zwar immer noch Talente an, so etwa Wunderlich-Nachfolger Rüdiger Neitzel. Und 1985 konnte noch einmal das „Double" gefeiert werden, 1988 schließlich die elfte deutsche Meisterschaft. Ausgehend vom rührigen Abteilungsleiter Haas, bemühte sich der Klub, die fehlenden Erlöse über Bandenwerbung usw. auszugleichen. Doch endete der dritte Abschnitt der Erfolgsgeschichte Gummersbach im Jahre 1991, als die junge Mannschaft unter Trainer Heiner Brand völlig überraschend die erste gesamtdeutsche Meisterschaft gewann. Es war der vorerst letzte. Über ein Vierteljahrhundert hinweg hatte der VfL Gummersbach die deutsche Handball-Szene geprägt, war seit Einführung der eingleisigen Bundesliga mit einer Ausnahme (1983/84: 5. Platz) immer unter den ersten Drei platziert gewesen. Doch als Heiner Brand, Andreas Thiel und Frank Dammann im Sommer 1991 den Klub verließen, ging diese Epoche endgültig zu Ende.

Der sich anschließende Niedergang wirkt im Rückblick logisch. Zwar bemühte sich Eugen Haas weiterhin um Sponsoren, aber die Zuschauerzahlen und die fehlende Infrastruktur waren nun nicht mehr mit ehrenamtlichem Engagement zu kompensieren.

Die neue Heimstatt des VfL Gummersbach: die KölnArena.

Der Südkoreaner Kyung-Shin Yoon war bis 2006 siebenmal Torschützenkönig der Bundesliga.

Aber selbst in der Meistersaison waren nicht mehr als 1685 Zuschauer im Schnitt zu den Heimspielen in der nur 2000 Personen fassenden Halle gekommen, damit belegte der VfL nur den elften Platz in der Liga. Das sportliche Siechtum in den 1990er Jahren, als finanzstarke Klubs wie der THW Kiel die Professionalisierung forcierten, hatte also seine Gründe. Jedenfalls reichte es nach dem letzten Titel in den 1990er Jahren nur zu zwei neunten Plätzen, trotz der Verpflichtung des Ausnahmespielers Yoon rutschte der Klub ab in die Niederungen der Bundesligatabelle. Als Eugen Haas starb, drohte gar der Gang in die Zweitklassigkeit. Über mehrere Jahre hinweg stand der Verein vor dem finanziellen Kollaps, und vor der Saison 2000/01 verweigerte der Liga-Ausschuss dem Rekordmeister sogar die Lizenz, nachdem ein Großsponsor („Maxima") den Klub mit zweifelhaften Methoden in schwere Turbulenzen gestürzt hatte. Erst die letzte Instanz des Verfahrens, das DHB-Präsidium, fand die 900.000-DM-Lücke im Etat „durchaus hinreichend gedeckt", und der VfL entkam knapp dem Zwangsabstieg – woraufhin weite Teile der Öffentlichkeit dem DHB-Präsidenten Ullrich Strombach Befangenheit vorwarfen, weil der jahrelang als Abteilungsleiter beim VfL tätig gewesen war.

  Die unverhoffte Rettung des sterbenden Patienten erschien 2001 in Gestalt Hans-Peter Krämers. Der Vorstandschef der Kölner Kreissparkasse erarbeitete gemeinsam mit VfL-Mäzen Kienbaum ein Sanierungskonzept, das unter anderem vorsah, die

Heimspiele gegen die aktuellen Spitzenklubs (Flensburg, Magdeburg, Kiel) in der supermodernen KölnArena austragen zu lassen. Dieser Plan, der schon in den späten 1960er und 1970er Jahren funktioniert hatte (damals noch in der Kölner Sporthalle) und der von einem professionellen Manager Carsten Sauer mit großem Engagement umgesetzt wurde, ging auf. Am 30. November 2001 feierten 18.576 Zuschauer beim Spiel gegen den THW Kiel eine sensationelle Premiere in der KölnArena, gewissermaßen eine Auferstehung. Natürlich profitierte der VfL dabei immer noch von dem Etikett als vormals bester Klub der Welt. 21 Millionen Deutsche, mehr als ein Viertel, kennen diesen Namen, allein 7,5 Millionen Menschen aus Nordrhein-Westfalen, hat eine Studie des Marktforschungsunternehmens *Sport + Markt* ergeben. Der VfL Gummersbach ist immer noch der bekannteste Handballverein Deutschlands.

Bis zum Ende der Saison 2005/06 sahen über eine halbe Million Besucher die Heimspiele in Köln, über 15.000 Zuschauer im Schnitt, und der VfL konnte durch den grandiosen Zuspruch im edlen Ambiente der KölnArena erstmals äußerst potente Sponsoren akquirieren. Kontinuierlich gelang dem Klub, der sich in seiner Struktur am Erfolgsmodell THW Kiel orientiert, so wieder der Sprung an die nationale Spitze. Nach zwei Teilnahmen im EHF-Pokal, in dem man jeweils im Halbfinale (an Magdeburg und Lemgo) scheiterte, erreichte der Klub als Tabellendritter der Saison 2005/06 erstmals die 1993 gegründete Champions League. Überhaupt sind die Ziele, die sich Klubchef Hans-Peter Krämer und der neue Manager Stefan Hecker setzten, bislang fast immer verwirklicht worden. Selbst der umstrittene Abgang von Torschützenkönig Kyung-Shin Yoon (2006 zum HSV) stoppte den Höhenflug nicht. Als im Sommer 2006 der isländische Star-Trainer Alfred Gislason kam, der runderneuerten Mannschaft um den französischen Weltstar Daniel Narcisse einen hochmodernen Tempohandball einimpfte und in der Champions League nach einem spektakulären 37:31-Auswärtssieg bei Medwedi Tschechow auf Anhieb das Viertelfinale in der „Königsklasse" erreichte, fühlten sich die Nostalgiker sogar schon wieder erinnert an die glorreiche Vergangenheit. An diese Zeit, als der VfL innerhalb weniger Jahre von einem Dorfverein zur besten Mannschaft der Welt avancierte.

Erfolgsbilanz:
Deutscher Meister: 1966, 1967, 1969, 1973, 1974, 1975, 1976, 1982, 1983, 1985, 1988, 1991 (Feld)
Deutscher Pokalsieger: 1977, 1978, 1982, 1983, 1985
Europapokalsieger der Landesmeister: 1967, 1970, 1971, 1974, 1983
Europapokalsieger der Pokalsieger: 1978 und 1979
IHF Pokalsieger: 1982
Europameister für Vereinsmannschaften: 1979 und 1983.

▶ Porträt

Hansi Schmidt – Querkopf auf Lebenszeit

Diese Hände. Knorpelschäden, Gelenksplitterungen und komplizierte Brüche haben sie zu einer Art Mondlandschaft entstellt. Einst waren sie die gefürchtetsten der Liga. Heute, Jahrzehnte nach dem Ende der Leistungssportkarriere, sind sie alt und müde. Sehnen durchziehen sie wie Furchen einen Acker. In den 60er und 70er Jahren haben sie dem damals besten Handballer der Welt gedient. Hans-Günther Schmidt war Torjäger des VfL Gummersbach. Mehr noch – dieser Sport hat sein Leben bestimmt. Schmidt, den alle nur „Hansi" riefen, ist sich dessen bewusst. Warum sonst hatte ihm im Jahr 2002 Bundeskanzler Gerhard Schröder schon Tage vor seinem 60. Geburtstag eine Karte geschickt? Oder warum sonst bekommt er heute noch Fanpost, wobei er mit Handball nichts mehr zu tun hat? Schmidt ist stolz auf solche Auszeichnungen. Für ihn sind es Beweise dafür, dass er in seinem Leben etwas geleistet hat – und das mit seinen eigenen Händen.

Alles hat er mit ihnen erreicht. Als er 1976 den VfL Gummersbach verließ, hatte er in 173 Bundesligaeinsätzen 1066 Tore geworfen, war in 53 Europacup-Spielen aufgelaufen und hatte dabei 338 Treffer erzielt. Sieben Meistertitel und vier Europapokale gewann er, bestritt 98 Länderspiele für Deutschland und warf dabei 484 Tore. Die Presse war sich einig. Schmidt war ein Ausnahmekönner. Die *Frankfurter Rundschau* sah in ihm den „weltbesten Vereinsspieler". Das *handballmagazin* schrieb: „Der steile Aufstieg des VfL Gummersbach vom Provinzverein zur erfolgreichsten Handball-Mannschaft der Welt ist untrennbar mit dem Namen Hans-Günther Schmidt verbunden."

Doch diese Pressestimmen sind nur späte Ovationen. Schon vor seiner Ankunft in der Bundesrepublik war der Sohn einer im 19. Jahrhundert ausgewanderten schwäbischen Familie ein Star. Der 1,98 Meter große Rückraumspieler lief vor seiner Übersiedlung 1963 beim rumänischen Vorzeigeklub Stiinta Bukarest auf – und war dort schon 18-facher Nationalspieler für Rumänien. Schmidt, der einstige „Bär" mit dem gewaltigen Sprungwurf aus Höhen, die andere nur mit einer Leiter erreichen konnten, spricht nicht über diese Erfolge. Lange auch nicht über Handball. Obwohl er einen Abend alleine mit seiner außergewöhnlichen Spielweise füllen könnte: Sein verzögerter Sprungwurf, der Dutzende Weltklasse-Torhüter zur Verzweiflung trieb, war sein Markenzeichen. Spektakulär und effizient zugleich.

Statt Trophäen oder vergilbter Bilder stehen Porzellanpferde auf dem Fensterbrett und philosophische Werke Goethes, Voltaires und Shakespeares in den Regalen – seine neuen Weggefährten. Schmidt, heute Hauptschullehrer, zitiert viel und gerne.

Jetzt gerade Goethe: „Das Tun interessiert. Nicht das Getane." Ein Motto, das ihn zeitlebens antrieb und ihn einst zum unumstritten besten Spieler der Welt werden ließ. An seiner Lebenseinstellung, alles selbst in die Hand zu nehmen, hat sich in den Jahrzehnten nichts geändert.

Der Handball sei weit weg von ihm – auch wenn er dem VfL, seinem Verein, jederzeit Hilfe angeboten hätte. Egal, ob es um Sponsorensuche oder VIP-Betreuung ginge. Es ist offensichtlich, dass Schmidt es bedauert, seinen Verein, den er einst zu Weltruhm führte, nicht mehr tatkräftig unterstützen zu können. Lange zählt er Möglichkeiten auf, wie er helfen könne. Doch der Verein reagiert nicht. Schmidt war ein schwieriger Spieler. Diplomat war er jedenfalls nie. Nach heftiger Auseinandersetzung mit Handballchef Eugen Haas verließ Schmidt 1976 schließlich den Verein. Seine bissige Kritik und beißende Ironie hatte ihm nur wenige Freunde eingebracht. Die jüngere Generation wollte alsbald nichts mehr von ihm wissen. Manche waren gar froh, als Schmidt endgültig weg war. Der Kontakt zum VfL Gummersbach brach über die Jahre mehr und mehr ab. Kam letztendlich zum Erliegen.

Schmidt denkt über seine Sturheit und Unnachgiebigkeit nach. Der einstige Star faltet dabei sorgsam seine Hände und verlässt wieder die Sportwelt, die ihm einst so viel bedeutete. Zurück an den Ort, an dem er lernte, „ewiger Nörgler" zu sein. Ein Quertreiber, der zu aktiven Zeiten immer der Unbeliebteste in der Mannschaft war. Ein Dickkopf, der wegen Querelen nicht an den Olympischen Spielen 1972 teilnehmen konnte. Damals war er mit dem Konzept des Trainers Werner Vick nicht einverstanden.

Die Geschichte, die Schmidt erzählt, beginnt jedoch nicht in Deutschland, sondern mit der Vertreibung seiner Verwandten. Als Deutsche hätten sie im Rumänien der Nachkriegszeit einen schweren Stand gehabt. Sie wurden enteignet und degradiert – als „ungesund" von den Sozialisten beschimpft und von der Schule suspendiert. Eines Nachts, irgendwann im Jahr 1951, da war er acht oder neun Jahre alt, kam die Geheimpolizei, vertrieb seine Großmutter und seinen Onkel. Auch seine Eltern, vordem reiche Großgrundbesitzer in Marienfeld im rumänischen Banat, durfte er kaum sehen. Er musste früh nach Bukarest. „Ich war immer auf mich selbst gestellt."

Es war wohl die Körpergröße und seine Hände, die ihm eine bessere Zukunft sicherten. Schon immer war er im Sport besser als die anderen. Als Student war er bereits begehrter Spielball rumänischer Nationaltrainer. Für alles schien er geeignet: Basketball, Hammerwerfen, Speerwurf, Rugby. Im Superschwergewicht wurde er rumänischer Box-Vizemeister der Studenten, bereits als Schüler Landesmeister im Kugelstoßen. Doch Schmidt entschied sich für Handball, blieb stur seiner Sportart treu. Sturheit ist ein Wesenszug. Auch damals, als Handballer bei der Armee, als er knapp der Todesstrafe entging. Als sein Studium in Gefahr geriet, floh er aus der Kaserne und versteckte sich drei Wochen in einem Studentenheim. Nur sein Talent überzeugte den stellvertretenden Kriegsminister später, den Deserteur nicht zu verurteilen. Trotz der Schonung verstand sich Schmidt weiter als Deutscher. Alle späteren Vergünstigungen ließ er hinter sich, suchte sein Glück im Westen Deutschlands. Ende 1963 setzte er sich bei einer Deutschland-Tournee seines Vereins Stiinta Bukarest ab und blieb in der BRD. „Ich hatte das Glück, Handball hier zu importieren."

Die erfolgreiche Handballschule Rumäniens (in den 1960er Jahren viermal Weltmeister im Hallenhandball), die er unter dem legendären Professor Ion Kunst kennen gelernt hatte, popularisierte er im Westen. Das empfindet Schmidt als seine Leistung. Er verstand sich immer als „ein Bollwerk des Welthandballs gegen den übermächtigen Ostblock", wie ihn einst die *Frankfurter Rundschau* beschrieb. Dafür verlangte er sich alles ab und forderte nicht weniger von seinen Mitspielern. Schmidt hat seinen Auftrag erfüllt. Die Krater und Narben auf seinem Handrücken sind nur noch Relikte einer abgeschlossenen Zeit. Sie dürfen altern.

Christoph Bertling

▶ Porträt

Die Brands – eine ungewöhnliche Handballfamilie

Der VfL Gummersbach schmückt sich mit 27 nationalen und internationalen Titeln – ohne das Brüdertrio Klaus, Jochen und Heiner wären sie niemals möglich gewesen. An allen Triumphen war mindestens ein Spross der Brand-Dynastie beteiligt, sei es als Spieler oder zuletzt als Trainer. Schon der im Jahr 2000 verstorbene Vater Erwin („Cherry") Brand, der seine aktive Laufbahn erst mit 41 Jahren beendet hatte, war ein Handball-Idol in der Kleinstadt 50 Kilometer vor den Toren Kölns – der erste Star. In Gummersbach ist bis heute das Gerücht nicht dementiert, Vater Brand habe seinen drei Söhnen den Handball schon in die Wiege gelegt. Eine Version, der auch Klaus Brand nicht direkt widersprechen will: „Bei uns in der Familie drehte sich alles um Handball", meint der langjährige VfL-Kapitän, der aber auch zugibt – und da spricht er auch für seine jüngeren Brüder Jochen und Heiner: „Eigentlich wären wir drei alle lieber Fußballer geworden, aber dieser Sport war bei uns verpönt." Es sollte ein Glücksfall für den VfL Gummersbach und den gesamten deutschen Handball sein.

Der 1942 geborene Klaus Brand, der als Lehrer an einer Kölner Ganztagsschule tätig ist, gewann in den 60er und frühen 70er Jahren mit dem VfL drei deutsche Meisterschaften und war Kapitän jener legendären Mannschaft, die 1967 den begehrten

Die Brands (v.l.): Erwin „Cherry" Brand und seine Söhne Heiner, Klaus und Jochen.

Landesmeister-Cup durch ein 17:13 über den hohen Favoriten Dukla Prag zum ersten Mal ins Oberbergische holte. Nach vereinsinternen Differenzen um den damaligen Trainer Dr. Horst Dreischang kehrte Klaus Brand dem Verein den Rücken und heuerte beim TuS Derschlag an, das war 1972. Beim Nachbarklub stieg er als Spieler und später als Spielertrainer in die einteilige Bundesliga auf. 1984 kehrte er zu seinem Heimatverein zurück, übernahm von dem gescheiterten Herbert Wittchen den Chef-Trainerposten und führte die Blau-Weißen ein Jahr später zum Double. Als „Feuerwehrmann" sollte Klaus Brand, der sich auch als Mannschaftsverantwortlicher und im Vorstand für den VfL engagierte, noch zweimal einspringen und die

Jochen Brand in Aktion.

glücklosen Hrvoje Horvat und Josip Milkovic auf der Trainerbank ablösen. Heute ist seine Liebe zum VfL etwas abgekühlt. Das hat Gründe.

Da ist einmal die unrühmliche Maxima-Ära beim VfL, von der Klaus Brand heute sagt: „Damals war dieser dubiose Sponsor unser letzter Strohhalm zum Überleben. Aber im Nachhinein war es sicherlich ein Fehler, uns auf ein Engagement mit diesem Finanzdienstleister einzulassen." Aber auch mit der heutigen Entwicklung der Nachwuchsarbeit ist Klaus Brand nicht einverstanden: „Da sind einige Zusagen nicht eingehalten worden."

Im Leben von Jochen Brand, Jahrgang 1944, spielt der Handball seit Jahrzehnten nicht mehr eine so große Rolle wie bei seinen Brüdern – in erster Linie aus beruflichen Gründen. Der selbständige Steuerberater hatte schon Mitte der 70er Jahre seine erfolgreiche Karriere (47 Länderspiele, sechs deutsche Meisterschaften und vier Europacup-Triumphe) beim VfL und in der Nationalmannschaft ausklingen lassen. Ähnlich wie sein älterer Bruder Klaus ist der 17:13-Triumph über Dukla Prag auch als schönstes Erlebnis seiner Laufbahn als Handballer hängen geblieben. Der Rückzug von Jochen war gleichzeitig die Chance für seinen jüngsten Bruder Heiner (Jahrgang 1953), der nahtlos die Rollen als Spielmacher und Abwehrchef von Jochen übernahm – zuerst beim VfL Gummersbach und bald auch in der Nationalmannschaft. Und der Diplom-Kaufmann und selbständige Versicherungskaufmann sollte die glanzvollste Karriere als Spieler und Trainer der Brand-Brüder machen.

Dabei war es Vlado Stenzel, der das Talent Heiner Brands früh entdeckte und ihn schon mit 21 Jahren in die Nationalmannschaft berief. Die persönliche Erfolgsbilanz des heutigen Bundestrainers kann sich wahrlich sehen lassen: 131 Länderspiele, Weltmeister 1978, als Spieler sechsmal Deutscher Meister, viermal Pokalsieger, fünf Europacup-Triumphe und Supercupgewinner 1983. Heiner Brand, der in seiner aktiven Zeit als weltbester Abwehrspieler galt, hatte großen Anteil, dass die deutsche Handball-Nationalmannschaft unter Vlado Stenzel wieder in die Weltspitze zurückkehrte. Brand gehörte 1976 zu den großen Stützen, als das Stenzel-Team auf dem Weg zu den Olympischen Spielen in Montreal die DDR ausschaltete. In Kanada scheiterte der Griff nach olympischem Edelmetall erst im „kleinen Finale", als das deutsche Team das Spiel um die Bronzemedaille knapp verlor. Nur zwei Jahre später standen die Schützlinge von Vlado Stenzel, mit Heiner Brand als Abwehrchef und Spielmacher, ganz oben auf dem Siegertreppchen. Bei der WM in Dänemark sicherte sich Deutschland mit einem Finalsieg gegen die Sowjetunion sensationell den Titel. 1984 beendete Heiner Brand seine aktive Laufbahn – und unmittelbar danach verdiente er sich seine ersten Sporen im Trainergeschäft. Die letzten Deutschen Meisterschaften des VfL, die 1988 und 1991 gesichert wurden, waren eng mit dem Namen Heiner Brand verbunden.

Der jüngste und erfolgreichste der Brand-Dynastie: Heiner gewann als Spieler und Trainer die meisten Titel.

Der Vater von zwei erwachsenen Kindern und stolze Großvater ist Gummersbach immer treu geblieben, obwohl sein Verhältnis zum VfL und auch zu seiner Heimatstadt heute als unterkühlt gilt. So hat er einige Dinge, die sich am Ende seiner Trainerkarriere Mitte der 90er Jahre beim VfL ereigneten, noch nicht vergessen. „Weh getan" hat ihm ebenfalls, dass ihm nach dem Gewinn der EM-Silbermedaille 2002 kein Offizieller der Stadt Gummersbach gratuliert hat. Inzwischen scheint der Prophet aber etwas im eigenen Land zu gelten. Im Jahr 2004, nach dem Gewinn der Europameisterschaft und der olympischen Silbermedaille, verlieh ihm der Gummersbacher Stadtrat die Stadtmedaille. Wenn Heiner Brand heute auf sein Leben als Handballer zurückblickt, dann ist es wahrlich kein Blick zurück im Zorn. Nur ein Erlebnis möchte er am liebsten aus seinem Gedächtnis streichen. Das ist jener 30. März 1979, an dem sein langjähriger Mannschaftskamerad und Freund beim VfL und in der Nationalmannschaft, Joachim Deckarm, im ungarischen Tatabanya während eines Europacupspiels so schwer stürzte, dass er heute noch ein Pflegefall ist. „Dahinter tritt alles andere zurück."

Dieter Lange

▶ Porträt

Erhard Wunderlich – der „Riese mit den Polypen-Armen"

Einen wie ihn, urteilte Bundestrainer Vlado Stenzel, der ein Faible für baumlange Spieler hatte, „gibt es nur alle hundert Jahre". Gemeint war Erhard Wunderlich, der 2,04 m große Riese, einer der Lieblingsschüler des Bundestrainers. Insofern erschien seine Wahl zum „deutschen Handballer des Jahrhunderts", zu dem ihn eine Jury aus Trainern 1999 kürte, irgendwie logisch. Wunderlich selbst freute sich zwar darüber sehr, aber wunderte sich doch auch ein wenig: „Ich habe Bernhard Kempa vor mir gesehen, Herbert Lübking, Hansi Schmidt, auch Jo Deckarm, und nur gedacht, was die Großes für den deutschen Handball geleistet haben." Aber als Zufall wollte dann doch keiner diese Ehrung begreifen.

1978 im Europapokal gegen ASK Frankfurt/Oder.

Geboren am 14. Dezember 1956 in Augsburg, war Wunderlich schon mit fünf Jahren in den FC Augsburg eingetreten und verlängerte damit die Familientradition, denn sein Vater hatte in den 1950er Jahren zu den besten Spielern auf dem Großfeld gezählt. Seine Karriere als Profi begann mit einer Art Steilflug. Als er im Juli 1976 mit seinem in der Oberliga spielenden Stammverein ein Freundschaftsspiel gegen den VfL Gummersbach absolvierte, warf der völlig unbekümmerte 19-Jährige satte 13 Tore aus dem Rückraum gegen Nationaltorwart Klaus Kater. Daraufhin nahm ihn Eugen Haas gleich unter Vertrag, denn er schien der geeignete Nachfolger des eben zurückgetretenen Hansi Schmidt zu sein. Es dauerte nur ein paar Monate, bis Wunderlich am 19. November 1976 in Brasov sein Länderspieldebüt gegen Rumänien feierte. Fortan gehörte er zum Kreis der Nationalmannschaft, auch wenn Joachim Deckarm auf seiner halblinken Position erste Wahl war. Aber der gelernte Elektrotechniker galt als wichtige Alternative. Denn mit der Wucht seiner Sprungwürfe konnten es schon damals nur die wenigsten Torleute aufnehmen.

Und so wurde Wunderlich auch bei der Weltmeisterschaft 1978 in Dänemark häufig eingesetzt. Beim Triumph in Kopenhagen war er nicht einfach Ersatz, sondern ein wichtiger Spieler in Stenzels System. Nach dem tragischen Unfall Deckarms 1979, den er live miterlebte, kam dann vor allem auf Wunderlich viel mehr Verantwortung zu, denn nun hatte er die wichtige halblinke Position nahezu allein auszufüllen – im Verein wie in der Nationalmannschaft. Das gelang ihm mit fortschreitender Zeit immer vorzüglicher, wie der Gewinn des Europapokals der Pokalsieger 1979 gegen den SC Magdeburg und des Doubles 1982 und 1983 bewies, der von zwei Titeln auf europäischer Ebene begleitet war (IHF-Pokal 1982 und Landesmeistercup 1983). Nach sieben Spielzeiten in Gummersbach bot ihm dann der CF Barcelona die Chance des Lebens: Einen mit 2,5 Millionen DM dotierten Vierjahresvertrag. Wunderlich, der „Handballer des Jahres" 1982 und 1983, erlag den Verlockungen und wurde mit 30.000 DM netto im Monat der am besten bezahlte Handballer der Welt. In dieser Zeit galt Wunderlich als der beste Torschütze auf dem Globus, der zudem über ein glänzendes Auge bei Anspielen verfügte, und gewann mit Barcelona 1984 auch den Europapokal. Allerdings auch einer mit Allüren, sozusagen das handballerische Pendant zu Fußball-Nationalspieler Bernd Schuster. Denn er stammte wie der „blonde Engel" aus Augsburg, galt als störrisch und unbequem, und er pochte als Star auch das eine oder andere Mal auf Sonderrechte. Das kam nicht immer gut an bei seinen Mitspielern.

In der Nationalmannschaft waren dem „Riesen mit den Polypen-Armen", wie ihn eine Zeitung einmal nannte, nach dem Titel 1978 keine weiteren Erfolge vergönnt. Im Gegenteil: Wunderlich wurde, weil sich das Spiel der Nationalmannschaft auf seine Torwürfe konzentrierte, nach den Weltmeisterschaften 1982 und 1986 für die enttäuschenden siebten Ränge von der Presse verantwortlich gemacht. Das war indes ein wenig ungerecht gegenüber dem „Bauchspieler", der während der 60 Minu-

Medienwirksam als ballwerfender spanischer „Torero".

ten auf dem Feld keine großen Pläne schmiedete, sondern sich auf seine großartige Intuition verließ. Aber die Schelte wirkte. Nach der WM 1986 erhielt Wunderlich, als Sündenbock gebrandmarkt, keine Berufungen mehr. Am Ende standen immerhin 140 Länderspiele zu Buche, in denen er 503 Tore erzielte. Als größte Enttäuschung seiner Laufbahn bezeichnete er aber nicht dieses ruhmlose Ende, sondern den Olympia-Boykott von 1980. Denn da, meinte er später, „hätten wir als eingespielter Weltmeister unseren Titel bestätigen können". Die Silbermedaille von Los Angeles 1984 hatte dann wegen des Ostblock-Boykotts nur eingeschränkten sportlichen Wert.

Seine Vereinskarriere beendete Wunderlich beim TSV Milbertshofen. Dorthin war er bereits 1985 gewechselt, nach nur einem Jahr in Barcelona. Manager Backeshoff hatte ihn mit einem attraktiven Angebot geködert, das über die sportliche Ära weit hinausreichte. Wunderlich stieg 1986 mit dem MTSV auf, konzentrierte sich aber schon auf seine Laufbahn nach dem Berufssport. 1989, als er 32-jährig seine Karriere ausklingen ließ, hatte er sich bereits eine Existenz mit einer Firma in der Kopiergerätebranche aufgebaut. Nach einem Ausflug in die Hotelbranche wirkt Wunderlich heute vor allem als TV-Experte. Sein Handikap im Golf hat er auf 13 verbessert. Und manchmal, wenn es die Zeit erlaubt und ihm der Anlass zupass kommt, dann lässt er sich auf Veranstaltungen blicken, auf denen Fachfragen diskutiert werden. Der Rat des zweifachen Familienvaters ist immer noch gefragt.

▶ Exkurs

Die Olympischen Spiele 1972 in München – Fest und Debakel

Es war eine Rückkehr mit einem jahrzehntelangen Anlauf. Nach der glanzvollen Premiere des Turniers 1936 verhinderten nach dem Krieg politische Gründe eine olympische Fortsetzung. Zwar war Handball als olympische Sportart für die schließlich ausgefallenen Spiele 1940 in Tokio fest eingeplant gewesen. Doch bei der Austragung 1948 in London kam Feldhandball, die deutsche Domäne, keinesfalls in Frage, schon weil die Deutschen, noch isoliert auf der olympischen Bühne, nicht teilnehmen durften. Das hatte Folgen: Die Spiele 1952 in Helsinki sahen zwar nach einer Initiative Siegfried Perreys ein Demonstrationsspiel. Aber es sollte bis 1955 dauern, bis Handball beim IOC wieder den Status einer „fakultativen Sportart" bekam. Das bedeutete, dass nun der jeweilige olympische Gastgeber über eine Aufnahme entscheiden durfte. Für Rom 1960 stand das nicht zur Debatte, aber schon für Tokio 1964 scheiterte der Handball nur mit wenigen Stimmen. Im Jahre 1965 schließlich war es insbesondere dem Einfluss Willi Daumes zu verdanken, dass Handball (wie Basketball) bei der IOC-Session in Madrid für die Spiele 1972 durchgesetzt wurde – auch wenn kurioserweise zunächst noch nicht klar war, ob bei Winter- oder Sommerspielen. Dieser ersehnte Ritterschlag bedeutete nicht nur für den deutschen Handball einen Schub, und staatliche Subventionen förderten nun endlich auch vermehrt diese Sportart. Aber das galt lediglich für den Hallenhandball. Die Entscheidung pro Halle stand 1965 auch schon nicht mehr zur Diskussion, weil nur noch eine Minderheit in den mittlerweile über 70 IHF-Mitgliederstaaten das alte Spiel auf dem Großfeld spielte.

Nachdem München im Jahre 1966 als Austragungsort bestimmt worden war, bereitete sich die deutsche Nationalmannschaft generalstabsmäßig auf die olympische Hallenpremiere vor: 600.000 Mark wurden in das Unternehmen Olympia investiert, die Spieler wurden beinahe 18 Monate zu Lehrgängen zusammengezogen, seit der WM 1970 in Frankreich hatten 30 Sportlehrer nach wissenschaftlichen Methoden die Stärken und Schwächen der Gegner beobachtet und analysiert, und ein großer Trainerrat tagte ständig. So stiegen die Erwartungen, obwohl die BRD seit 1958 (Bronze) bei vier Weltmeisterschaften keine Medaille mehr gewonnen hatte, ins Unermessliche. Und das ungeachtet der Tatsache, dass die Testergebnisse der Jahre 1971 und 1972 nicht überragend waren – und die Stars „Hansi" Schmidt (VfL Gummersbach) und Bernd Munck (Eintracht Hildesheim) kurz vor dem Turnier unter großem Medienecho aus dem Aufgebot gestrichen wurden, weil sie Herbert Lübking ausbooten wollten („Wir oder er"). Dennoch hatte die *Bild-Zeitung* eine Goldmedaille vorhergesagt, obwohl die Fachwelt den Jugoslawen, den Sowjets und der DDR viel mehr zutrauten. „Ich rechne mit der Goldmedaille", sagte ebenfalls DHB-Präsident Bernhard Thiele, während sich die *Deutsche Handballwoche* vorsichtiger äußerte: Die DHB-Auswahl habe „den nach der WM in Frankreich sichtbar gewordenen Rückstand wettgemacht und geht ebenso wie Weltmeister Rumänien und Ungarn nicht ohne echte Chance in dieses Turnier". Heraus kam ein veritables Debakel.

Dass die deutsche Mannschaft in dem Feld der 16 Nationen nicht mal eine Medaillenchance haben würde, deutete sich bereits bei dem knappen 13:10 in Böblingen gegen Spanien an. Gegen den damals nur zweitklassigen Gegner spielte das Team von Bundestrainer Vick genauso nervös wie beim folgenden 15:15 in Augsburg gegen Norwegen, in dem das Team zum Schluss mit einem Kraftakt einen 12:15-Rückstand aufholen musste. Nach der verdienten 11:13-Niederlage gegen Rumänien war die Mannschaft mit 3:3-Punkten „glücklich in die Zwischenrunde eingezogen" *(Deutsche Handballwoche)*, nämlich nur wegen des besseren Torverhältnisses gegenüber den Norwegern. In der Hauptrunde wurden sie von dem späteren Olympiasieger Jugoslawien förmlich überrollt. Schon zur Halbzeit stand es 7:14, am Ende hätte die glatte 15:24-Niederlage noch höher ausfallen können. Der folgende 17:14-Erfolg gegen Ungarn besaß nur noch kosmetischen Charakter, im Spiel um Platz 5 verlor das Team gegen die ebenfalls enttäuschenden Sowjets dann mit 17:18.

Die Kritik ließ kein gutes Haar an den Versagern. „Die DHB-Auswahl hat arg enttäuscht", urteilte die *Deutsche Handballwoche* und wurde nach dem Jugoslawien-Spiel deutlich: „In eindrucksvoller Weise wurde hier demonstriert, wie weit

Bundestrainer Vick mit seinem Star Herbert Lübking und dem Kieler Herwig Ahrendsen, hier noch vor 1972.

die Entwicklung zum athletischen und dynamischen Spiel inzwischen fortgeschritten ist und wie viel Boden die bundesdeutsche Elite beispielsweise nach der letzten Weltmeisterschaft in Frankreich verloren hat. Dass die DHB-Vertreter gegen die Filigrankunst der ‚Jugos' teilweise wie ungeschickte Lehrlinge aussahen, kann nur zum Teil mit der in München indiskutablen Form begründet werden. Hier fehlte es, wie schon zuvor gegen die Rumänen, einfach an den athletischen Voraussetzungen, am Sprungvermögen, an der Wurfkraft, an Selbstsicherheit und nicht zuletzt an der Technik, wie sich bei nicht weniger als drei erfolgreichen Torwürfen herausstellte, die wegen Kreisberührung zurückgepfiffen wurden." Die Meinung des Bundestrainers, dass die Niederlagen der Nervosität geschuldet waren, teilten die Fachleute nicht. Spätestens nach dem Remis gegen Norwegen sei klar geworden, „dass diese Mannschaft kaum mehr als ein Torso war. Was sie gegen Rumänien und Jugoslawien bot, war erschreckend. In den letzten Jahren ist wohl noch nie so deutlich die Kluft zwischen dem DHB-Team und den Großen des Welthandballs deutlich geworden." Speziell der stets überforderte Rückraum, in dem Lübking und Klaus Lange nie Druck ausüben konnten, musste sich Kritik gefallen lassen, weil sein starres Positionsspiel dem Laufspiel der Gegner unterlegen war. Wie der Trainer, dem ein mangelhafter Aufbau nachgesagt wurde: „Die intensive Olympiavorbereitung hat bei den athletisch unterentwickelten Spielern der Bundesrepublik zu einer physischen Überbelastung und damit einem Form- und Leistungsrückgang zum entscheidenden Zeitpunkt geführt." Die Nomenklatura des Handballs war ratlos. Denn auch eine Teilnahme des Stars Schmidt hätte nach Meinung der Fachwelt nichts an dem Debakel geändert. Es herrschte Katerstimmung.

Der Sportart selbst verschaffte dieses Turnier einen Durchbruch, denn die Sportwelt hatte Mannschaften mit geringen Leistungsunterschieden beobachtet, die viele spannende Spiele lieferten. Und auch Laien erfreuten sich an den spiel- und laufstarken Jugoslawen, die mit ihrem relativ körperkontaktlosen und dennoch auf Athletik beruhenden Konzept in diesen Tagen die „jugoslawische Schule" berühmt machten. „Die Jugoslawen haben mit ihrem temperamentvollen Spiel dieser Sportart aus einer Sackgasse herausgeholfen", fand nicht nur die *FAZ*, die olympische Existenzberechtigung von Hallenhandball sei von keinem anderen Team so eindrucksvoll nachgewiesen worden. „Der Tag ist nicht mehr fern, an dem Hallenhandball hinter dem Fußball in den Sportspielen – einschließlich Eishockey – in Europa den zweiten Platz einnimmt", hatte Ioan Ghermanescu, der geschätzte Trainer der rumänischen Weltmeister 1961 und 1964, schon vor dem Turnier orakelt. Als das IOC bald den Handball als feste olympische Sportart institutionalisierte, besaß er tatsächlich eine glänzende Perspektive. Hier begann er, der Aufstieg des Handballs zu einem Weltsport.

Kapitel 6

Die 1970er Jahre

Krise und Blüte

Nach dem Debakel bei den Olympischen Spielen 1972 stürzte der Deutsche Handball-Bund, mit über einer halben Million aktiven Mitgliedern der zweitstärkste Verband der Welt, in eine tiefe Krise. DHB-Funktionär Ludwig Stegemeier nannte in aller Öffentlichkeit, in einem langen Leserbrief an die *Deutsche Handballwoche,* die Gründe für das „Cannae des DHB", wie er es nannte: Er warf der Führungsebene des Verbandes „mangelnde Leistungsmotivation", „widersprüchliche Konzepte" und „gravierende taktische und psychologische Fehlleistungen" vor, außerdem ein „Nachgeben gegenüber dem Meinungsterror der demagogischen Boulevardpresse", die in die Aufstellung hatte eingreifen wollen. Bundestrainer Vick habe eine „omnipotente und schier unantastbare Position" gehabt, die mit nichts zu rechtfertigen gewesen sei. Die Olympia-Auswahl sei teilweise „eine von falschem Ehrgeiz getriebene Altherrenriege von Sporthilferentnern, die den Zenit ihres Könnens überschritten hatte und deren internationale Handballmeriten seit einigen Jahren der Vergangenheit angehören". Nicht wenige stimmten dieser Analyse zu. Hatten doch die Olympischen Spiele gezeigt, dass die Anforderungen des modernen Handballs: Athletik, Laufspiel, Kombinationsvermögen, von den bundesdeutschen Spielern nicht erfüllt worden waren. Das war Protagonisten der Schmach wie Lübking persönlich nicht vorzuwerfen. Aber sie repräsentierten eben eine andere Zeit: die des Feldhandballs.

Zunächst wurde die Chance für einen Neuanfang vergeben. Nach der Ablösung Vicks, die bereits Wochen gedauert hatte, ernannte der DHB nach langen Diskussionen den Berliner Horst „Hotti" Käsler (1926-1987) als Nachfolger. Doch auch Käsler, 44-maliger Nationalspieler und Feld-Weltmeister von 1966, verkörperte die vergangene Ära. Zudem wollte der stets verbindliche Professor, der an der PH Berlin Didaktik lehrte, das zeitraubende Amt des Bundestrainers nicht hauptberuflich ausüben. Dabei war den Experten klar geworden, dass insbesondere die verdeckte Professionalisierung des Ostblocks dafür verantwortlich gewesen war, dass osteuropäische Nationen die ersten fünf Plätze bei Olympia belegt hatten: „Mit dem Edel-Amateurismus, wie er in leicht aufgeweichter Form bei uns praktiziert wird, dürfte bald kein Blumentopf mehr zu gewinnen sein. Die Hoffnung, den Staatsamateuren östlicher Prägung das Wasser reichen zu können, erwies sich als trügerisch. Behalten vielleicht doch jene recht, die auch im Hallenhandball einen baldigen Professionalismus für unsere westliche Hemisphäre voraussagen?", hatte die *Deutsche Handballwoche* gefragt. Käsler aber konnte nicht mit neuen Konzepten oder gar Visionen aufwarten, sondern stützte sich auf alte Funktionäre wie Kuchenbecker und Perrey. In das Bild passte, dass er wieder dem umstrittenenen und in der Mannschaft unbeliebten Rückraumstar Hansi Schmidt vertraute, von dem das gesamte deutsche Spiel abhängig war. Die Konsequenz daraus war eine Verlängerung des Olympiadebakels bei der nächsten WM 1974 in der DDR. Nach dem 11:12 gegen Dänemark und dem 11:17 gegen die Tschechoslowaken belegte die BRD am Ende nur Platz 9, was das schlechteste Ergebnis der Geschichte bedeutete. „Bankrott des westdeutschen Teams", titelte die *FAZ* nach den verheerenden Niederlagen in Karl-Marx-Stadt, „im Nationaltrikot spielen sie wie in der Zwangsjacke", meinte die *WELT* – eine Anspielung darauf, dass die Leistungen der bundesdeutschen Nationalmannschaft in einem seltsamen Gegensatz zu denen der deutschen Klubmannschaften auf europäischer Ebene standen. Nach nur zwei Jahren trat Käsler zurück.

Es sollte erneut ein halbes Jahr brauchen, bis sich der in seinen Strukturen verkrustete DHB und seine Landesverbände im August 1974 endlich auf einen Nachfolger einigten, der für Moderne und Progressivität stand: Vlado Stenzel, der Trainer des jugoslawischen Goldmedaillengewinners, der bereits 1972 als heißer Kandidat für das Amt gehandelt worden war. Und der kleine Kroate, der vor Selbstbewusstsein und Tatendrang nur so strotzte, erfüllte die Erwartungen sofort und schnitt umgehend die alten Zöpfe ab. Als das erste Vorbereitungsturnier in Kattowitz anstand, waren nur noch vier Spieler aus dem WM-Kader dabei: Horst Spengler, Joachim Deckarm, Heiner Möller als neuer Mannschaftskapitän und Klaus Westebbe. Westebbe und Möller traten bald, weil sie mit dem überaus autoritären Führungsstil des Kroaten nicht zurecht kamen, zurück. Die *FAZ* gratulierte: „Nun soll Stenzel das gestrandete Schiff wieder flott machen. (...) Gleich zehn Spieler sind völlig neu im Kreis der Nationalmannschaft. Die längst fällige Radikalkur, zu der sich Vick und Käsler nicht entscheiden konnten, scheint Stenzel nun unbekümmert zu wagen. Auf dem Weg zum ersten Zwischenziel im Neuaufbau des westdeutschen Hallenhandballs, der Qualifikation für das olympische Turnier in Montreal, wirft Stenzel den Ballast, den seine Vorgän-

Vlado Stenzel – der „Magier"

ger stets mit sich herumschleppten, endlich über Bord. Mut gehört dazu, nicht zuletzt auch Mut zur Niederlage."

Stenzel löste geradezu eine Revolution im westdeutschen Handball aus. Denn er verjüngte nicht nur konsequent die Nationalmannschaft und studierte mit ihr die auf kreativem Laufspiel und Athletik beruhende „jugoslawische Schule" ein, die in den 70er Jahren stilbildend für den Welthandball werden sollte. Er förderte auch die Arbeit in den unteren Ebenen, vor allem die Trainerausbildung. Dabei ging der neue Bundestrainer durchaus clever vor und zerschlug nicht unnötig viel Porzellan. Loben und mahnen, so hieß seine Strategie, wenn er wie 1975 in der *Handballwoche*, tiefgreifende Änderungen im DHB vorschlug: „Die Handballbewegung in Deutschland ist unvergleichlich; die Bedingungen sind optimal: genügend Sporthallen – starke und intensive Nachwuchspflege – gut organisierte Veranstaltungen und ebenso gut geführte Vereine in allen Spielklasssen – vorbildliche Arbeit der ehrenamtlichen Mitarbeiter in den Vereinen und Verbänden sowie im Lehrwesen und nicht zuletzt ein erstaunliches Angebot an Talenten. Die Reihe der Beispiele ließe sich beliebig fortsetzen. Noch mehr imponiert mir jedoch das überall festzustellende Bemühen, den Handball, der in Deutschland eine ungeheuer starke Basis hat, aus der Mittelmäßigkeit heraus und zur Spitze zu führen." In der Tat hatte der DHB 1975 in den drei Jahren nach 1972 um rund 100.000 Mitglieder zugelegt und belegte mit 550.000 Aktiven nun den fünften Platz in der Rangliste des Deutschen Sportbundes – hinter dem Deutschen Fußball-Bund (3,73 Millionen), dem Deutschen Turner-Bund (2,75 Mio.), dem Schützenbund (900.000) und dem Deutschen Tennis-Bund (750.000). Stenzel wies auch auf die Schwachstellen hin und forderte die Konzentration auf Leistungssport, eine bessere Trainingsausbildung und eine längere Handballsaison.

Aber der neue Bundestrainer sorgte auch kurzfristig für „Sensationen" und „Wunder", als er mit seiner Mannschaft im März 1975 mit dem 8:11 im letzten Spiel gegen die DDR, dem Krimi von Karl-Marx-Stadt die Olympia-Qualifikation für Montreal schaffte. „Ohne die Trümmer von Karl-Marx-Stadt '74 wäre der Triumph von Karl-Marx-Stadt '76 nie möglich gewesen, weil die Notwendigkeit zur Radikalkur im DHB sonst wieder nicht erkannt worden wäre", erinnerte Stenzel später daran, dass er in nur 18 Monaten aus unerfahrenen und unbekannten Spielern wie Heiner Brand, Joachim Deckarm, Arno Ehret, Arnulf Meffle, Kurt Klühspieß eine Spitzenmannschaft geformt hatte. Auch die Leistungen bei Olympia überzeugten die Kritiker. Nach Siegen gegen Dänemark (18:14), Japan (19:16) und Kanada (26:11) erreichte die BRD ohne Punktverlust die Hauptrunde. Dort unterlag sie, sich von den Schiedsrichtern benachteiligt fühlend, dem hohen Favoriten UdSSR knapp mit 16:18 und entthronte den Olympiasieger von 1972, Jugoslawien (18:17). Das 18:21 n.V. im Spiel um den dritten Platz gegen Polen bedeutete zwar einen schweren Wermutstropfen, weil damit das Medaillenziel nicht erreicht wurde. Aber die ganze Spielanlage und die Perspektive stimmten doch alle Beobachter optimistisch. Als die Stenzel-Truppe dann

Olympia 1976: die junge BRD-Mannschaft schaltet den amtierenden Olympiasieger Jugoslawien mit 18:17 aus.

zwei Jahre später gar die Weltmeisterschaft gewann, war die BRD innerhalb von nur vier Jahren aus der Asche in die Weltspitze aufgestiegen.

Die Einführung der eingleisigen Bundesliga 1977

Dem rührigen Bundestrainer war es ebenfalls zu verdanken, dass die Diskussionen um die Einführung einer eingleisigen Bundesliga forciert wurden. In der seit 1966 bestehenden zweigeteilten Liga, urteilte Stenzel, würde das Niveau der Spiele auf Dauer zu niedrig bleiben und die internationale Konkurrenzfähigkeit beeinträchtigen.

So wie Herberger einst die verknöcherten DFB-Funktionäre bearbeitet hatte, trommelte nun Stenzel für die neue Liga. Und tatsächlich: Noch ganz unter dem Eindruck der Krise von 1972/74 stehend, beschloss der DHB-Bundestag im April 1976 für die Saison 1977/78 den Start einer „Galaliga" wie sie von ihren Befürwortern genannt wurde – die Gegner sprachen angesichts des unkalkulierbaren Risikos nur von der „künftigen Pleiteliga". Vorausgegangen war ein langes Hin und Her. Denn einige Delegierte hegten Befürchtungen, dass „ihre" Spitzenmannschaft nicht zu der 14 Teams zählenden Liga gehören würde. Die Creme des deutschen Vereinshandballs war indessen zufrieden. „Die Konzentration der Kräfte wird mit Sicherheit das Niveau heben", kommentierte etwa Eugen Haas, Inkarnation des Branchenführers VfL Gummersbach, der vor dem Start mit dem TV Großwallstadt, dem TV Hüttenberg, GW Dankersen, dem TuS Hofweier und TuS Nettelstedt zu den Favoriten der ersten Saison zählte. Bevor aber Nettelstedt nach einem 18:12-Auswärtssieg beim PSV

Hannover erster Tabellenführer wurde und sich der TV Großwallstadt in einem Endspiel gegen den VfL Gummersbach die erste Bundesligameisterschaft sichern konnte, hatte der DHB noch eine heftige juristische Auseinandersetzung zu überstehen. Der TuS Wellinghofen hatte per Einstweiliger Verfügung versucht, noch kurzfristig als 15. Mannschaft in die Liga zu rutschen. Der Klub beanstandete, dass der Konkurrent TuS Derschlag in der Saison 1976/77 in den letzten beiden Partien zu Punkten gegen Gegner gekommen war, für die es um nichts mehr ging, und so erst den Kampf um den sechsten Platz in der Nordliga gewinnen konnte. Aber das Landgericht Dortmund lehnte die Verfügung schließlich mit der Begründung ab, der DHB habe sich nicht unbillig verhalten. Vieles in diesen Monaten erinnerte an die Geburtsschwierigkeiten der Fußball-Bundesliga 1963, als sich ebenfalls einige Vereine einklagen wollten.

„Die bevorstehende Meisterschaft verspricht rassige Auseinandersetzungen mit hohem kämpferischem Einsatz", frohlockte die *Deutsche Handballwoche,* als es losging. In der Tat: Bereits der erste Spieltag brachte mit dem 16:15 des TV Neuhausen gegen den Meister GW Dankersen eine Sensation. Doch hatte die neue Liga von Beginn an mit enormen Problemen zu kämpfen, unter der sie teilweise heute noch leidet. So konnten sich die Vertreter der 14 Vereine auch nach langen Verhandlungen mit DHB-Männerspielwart Heinz Jacobsen nicht auf einen einheitlichen Spielplan einigen. Einige Vereine waren gezwungen, mit ihren Heimspielen auf Freitag oder Sonntag auszuweichen. So der TSV Milbertshofen, der am Samstagnachmittag die Konkurrenz von 1860 und Bayern München fürchtete. Genauso die SG Dietzenbach den großen Bruder Kickers Offenbach. Und der TuS Derschlag wollte nicht in Konkurrenz mit dem oberbergischen Nachbarn VfL Gummersbach treten, der stets samstags antrat. Und in Städten wie Hannover, Hamburg und Kiel gab es Probleme mit der Hallenreservierung. Selbst der THW Kiel, der in dieser Zeit bereits 2500 Dauerkarten verkaufte, konnte nicht uneingeschränkt auf die Ostseehalle zugreifen, da für den Hallenbetreiber eine fünftägige Messe rentabler war. „In Sachen Öffentlichkeitsarbeit müssen sich unsere Bundesligisten also noch etwas einfallen lassen", mahnte das Fachorgan, „der Spielplan erfüllt erst seinen Zweck, wenn alle Spiele zum gleichen Zeitpunkt über die Bühne gehen."

Der Weg zu einer Professionalisierung war mit dieser Liga freilich erst zart vorgezeichnet. Mit rund 2000 Zuschauern pro Spiel im Schnitt waren große Gehälter ohnehin nicht zu bezahlen. Und außerdem betrachtete sich der DHB immer noch als Hüter des Amateurprinzips, auch wenn dieses – etwa in der Frage der Entschädigung der Nationalspieler – immer weiter aufgeweicht wurde. Dass die sozialistischen Staaten enorme Anstrengungen unternahmen, wirkte sich also zunächst nur bedingt auf den westdeutschen Handball aus. Von den professionellen Bedingungen in der DDR etwa konnten die Studenten, Angestellten und Selbständigen, die in dieser Zeit den Leistungshandball in der BRD prägten, nur träumen. Trotz des Wettlaufs mit dem Ostblock war der bundesdeutsche Sport – ausgehend von den dopingverseuchten Olympischen Spielen 1976 in Montreal, die dem Image des Leistungssports schweren

Die nicht mehr ganz blutjungen Nationalspieler während der WM 1978: Jo Deckarm, Horst Spengler, Kurt Klühspies und Heiner Brand.

Schaden zugefügt hatten – ohnehin in eine Identitätskrise gestürzt. Das war Wasser auf die Mühlen der vielen Gegner, die den Prinzipien Konkurrenz und Leistung im Gefolge der Studentenbewegung von 1968 ohnehin nichts abgewinnen konnten, da sie den Sport als Abbild der Arbeitsgesellschaft betrachteten. 1977 sah sich der DSB deshalb zu einer „Grundsatzerklärung für den Spitzensport" gezwungen, in der die sportliche Spitzenleistung bejaht wurde, allerdings ohne das Zutun von leistungsfördernden Präparaten und ohne den Einsatz „inhumaner Trainingsmethoden", wie es hieß. Doch auch am Handball gingen diese Strömungen nicht spurlos vorbei. Es war kein Wunder, dass das Fachblatt *Deutsche Handballwoche*, unrentabel geworden, 1976 eingestellt wurde und erst ein Jahr später vom DHB wiederbelebt wurde. Das Image des Handballs war weiterhin nicht das beste. Bei Laien wurde dieser Sport immer noch assoziert mit vielen versteckten Fouls und schlechten Schiedsrichtern, die diese nicht ahndeten, so wie es der Schriftsteller Siegfried Lenz 1969 in seiner kleinen Erzählung „Die Mannschaft" geschildert hatte. Für die Kritiker passte der spektakuläre und tragische Fall Deckarm, der 1979 die deutsche Sportöffentlichkeit erschütterte, in das Bild des brutalen Sports Handball. Ein Jahr nach dem Gipfelsturm von Kopenhagen stürzte der deutsche Handball, und mit ihm der Welthandball, erneut in eine schwere Krise. Es war erneut Zeit für eine Modernisierung.

▶ **Exkurs**

Der liebste Feind – Bruder-Duelle zwischen BRD und DDR

Als sich der kapitalistische Westen und der sozialistische Osten in einer diplomatischen Eiszeit befanden, entzündete sich ein heißer Kampf zwischen beiden politischen Grundordnungen eigentlich nur auf einer Ebene: im Leistungssport. Die sozialistischen Staaten nutzten seit Beginn der 1950er Jahre den Sport als Bühne, die Welt mit Höchstleistungen von den Vorzügen ihrer Doktrin zu überzeugen, und der Westen hatte diese Herausforderung bald angenommen. Die Zuspitzung dieses Wettstreits, der nahezu alle Sportarten betraf, verfolgte die Öffentlichkeit seit Beginn der 1970er Jahre. Spektakulär das Duell zwischen Boris Spasskij und Bobby Fischer, die 1972 in Reykjavik um die Krone des Schachsports stritten. Ein Wettkampf, der genauso zum Mythos wurde wie das 4:3 von Lake Placid 1980, als die US-Boys im olympischen Eishockeyfinale gegen die sowjetischen Schlittschuh-Roboter siegten, die zuvor für unschlagbar gehalten worden waren. Und selbstverständlich ergaben sich aufgrund der politischen Realitäten speziell in Mitteleuropa sehr brisante Konstellationen, dort, wo sich Westen und Osten am „Eisernen Vorhang" gegenüberstanden: im geteilten Deutschland.

Die meisten Auseinandersetzungen im Sport sollte die DDR für sich entscheiden. Die ostdeutschen Sportler hatten den innerdeutschen Vergleich bei den Olympischen Spielen 1972 gewonnen, und sie hatten sogar beim einzigen Fußball-Länderspiel gesiegt, beim 1:0 in Hamburg bei der WM 1974 (Weltmeister wurde freilich die im Fußball an sich überlegene BRD). Doch die emotionalste Auseinandersetzung dieser Epoche lieferte der Handball, als sich DDR und BRD um die Olympia-Qualifikation für Montreal 1976 stritten. Es war ein Drama mit einer langen Vorgeschichte: Nach dem Ende der gesamtdeutschen Mannschaft hatte sich die DDR im Handball enorme Vorteile erarbeitet. Als Favorit gestartet, verlor sie zwar das erste innerdeutsche Duell bei der WM 1964 in der Tschechoslowakei noch mit 10:12, und auch bei der WM 1967 platzierte sich die BRD noch vor ihrem Bruder. Spätestens aber nach der WM 1970 in Frankreich, als die DDR im Viertelfinale nach dramatischen Szenen mit 18:17 siegte, war ihre Dominanz offenkundig. Sie profitierte von ihrer früheren Konzentration auf die Halle und von der Verwissenschaftlichung des Handballs: „Wir wussten von denen wenig, die von uns alles. Die kannten die Stärken und Schwächen jedes einzelnen Spielers genau", so beschrieb 1970 der bundesdeutsche Keeper Max Müller die Ausgangslage vor dem Duell mit den zunehmend unnahbareren Landsleuten: „Die wurden total abgeschottet. Zu persönlichen Gesprächen kam es gerade mal nach dem Bankett auf der Toilette." Während der bundesdeutsche Auswahl-Handball in den Jahren danach niederging, galt die DDR als zweifacher Vize-Weltmeister 1970 und 1974 fortan als Weltmacht. Das Duell zwischen BRD und DDR, das im Winter 1975/76 anstand, war also eines zwischen David und Goliath.

Schon das Hinspiel am 20. Dezember 1975 in der Münchner Olympiahalle wurde von der bundesdeutschen Sportpresse als „Spiel des Jahres" hochgejazzt. Die DDR-Funktionäre reagierten mit Nervosität, als sie den ungewohnten Nadelfilzboden als „Foul vor dem Anpfiff" kritisierten. Für das Duell der Systeme hatten 100.000 Kartenwünsche vorgelegen, doch nur ein Zehntel bekam Einlass. Aber auch die 10.500 Zuschauer entfachten eine feindselige, giftige Stimmung: Sie pfiffen den Gegner aus der DDR bei jeder Aktion gnadenlos aus, und das entrückte Publikum johlte, wenn die Stars aus Rostock, Leipzig und Berlin daneben warfen. Nach dem sensationellen 17:14-Sieg der BRD wurde Trainer Stenzel, obwohl noch gar nichts entschieden war, bereits auf den Schultern der ekstatischen bundesdeutschen Fans durch die Halle getragen. Zum absoluten Höhepunkt aber avancierte schließlich das Rückspiel, das der DDR-Verband mit Bedacht in Karl-Marx-Stadt (dem heutigen Chemnitz) angesetzt hatte: Dort hatte die BRD 1974 bei der WM zwei vernichtende Niederlagen kassiert. Den Westdeutschen reichte, weil sie den anderen Gruppengegner Belgien zuvor

Manfred Hoffmann hält einen von vielen entscheidenden 7-Meter-Würfen in seiner Karriere.

mit 34:6 niedergekantert hatten, eine Niederlage mit drei Toren, und sie bereitete sich auf die angeheizte Atmosphäre in Karl-Marx-Stadt entsprechend vor; Trainer Stenzel hatte bei den letzten Tests gegen süddeutsche Klubs die Zuschauer das ganze Spiel durchpfeifen lassen. Doch die Stimmung am 6. März 1976 war schlicht nicht simulierbar gewesen: „Uns schlug eisiger Wind entgegen, als wir in die umfunktionierte Eissporthalle kamen. Alles, was westdeutsch war, wurde von Anfang an niedergeschrien", erzählte Stenzel später. „Selten wohl ist in einem Hallenhandballspiel verbissener und verbitterter gekämpft worden. Selten waren Zuschauer fanatischer als jene gut 4000 ausgesuchten Linientreuen, die alles ausbuhten und niederpfiffen, was westdeutsch war: Klassenkampf auf dem Parkett, Narrenfreiheit für sozialistische Choleriker auf den Rängen. Wie gesagt: Es war kein Spiel, eher ein physischer und psychischer Schlagabtausch", fand ein westdeutscher Journalist.

Ganz Deutschland schaute auf dieses Spiel, das live von der ARD-Sportschau übertragen wurde, und es sah einen Krimi. Die DDR startete überaus aggressiv, es dauerte fünf Minuten, bis die BRD einen Angriff abschließen konnte. Schon nach 26 Minuten, beim 7:2, waren die Ostdeutschen in Vorhand, doch mit dem Schlusspfiff der ersten Halbzeit, einem direkt verwandelten Freiwurf durch den überragenden Deckarm, verkürzte die BRD auf 4:7. Die zweiten 30 Minuten entwickelten sich dann zu einer Abwehrschlacht, denn nun tat die BRD alles, das Ergebnis zu verteidigen. Zwei Minuten vor Schluss erzielte Deckarm mit dem 8:9-Anschlusstreffer die vermeintliche Vorentscheidung, aber die DDR erhöhte durch Engel schnell auf 11:8. Dann das unfassbare Finale: Der Kapitän der Westdeutschen, Spengler, foulte Engel beim letzten Angriff, und der Schiedsrichter entschied auf Siebenmeter. Vor dieser letzten Aktion stand Stenzel, Brand, Klühspies das Entsetzen in den Gesichtern. Spengler lag auf dem Boden und mochte nicht mehr hinsehen, als Engel, der Star vom ASK Frankfurt/Oder, in der letzten Sekunde der Partie zur Ausführung des Strafwurfes schritt. Aber Torhüter Manfred Hofmann hielt, der Ball prallte von seinem Knie an die Hallendecke, nun lagen die DDR-Spieler am Boden, und die Westdeutschen liefen jubelnd auf den Helden des Tages zu.

Es hatte schon zuvor sehr spannende und aufgeheizte Spiele zwischen ost- und westdeutschen Handballern gegeben, so die Europapokalspiele 1975 zwischen Frankfurt/Oder und dem VfL Gummersbach, als selbst Günter Gaus, der nüchterne Leiter der Ständigen Vertretung der BRD in der DDR, zu einem fanatischen Fan mutierte: „Ich haben mein Lebtag noch nicht so gebrüllt." Auch das Hauptrunden-Remis bei der WM 1978, das achte Duell in elf Jahren, gehörte zu den Klassikern dieser brisanten Auseinandersetzung, die immer eine Spur mehr Ehrgeiz, Biss und Kampfkraft aus allen Beteiligten herauskitzelte. Später, in den 1980er Jahren, wurde die Dominanz des DDR-Handballs immer deutlicher. Auch deshalb wird das aufregende Kapitel vom 6. März 1976 in Karl-Marx-Stadt immer einen besonderen Platz in der Geschichte des deutsch-deutschen Handballs einnehmen.

▶ Exkurs

Das Märchen von Kopenhagen – Die Weltmeisterschaft 1978

Vieles von dem, was am 5. Februar 1978 in der Kopenhagener Bröndbyhalle vor 7000 Zeugen geschah, erinnerte sehr an die Geschichte des Sagenvogels Phönix, der aus der Asche aufgestiegen war. Nur vier Jahre zuvor, beim Desaster von Karl-Marx-Stadt, war eine alternde bundesdeutsche Mannschaft bei der WM nur Neunte geworden. Nun besiegte sie im WM-Endspiel den Olympiasieger aus der Sowjetunion, den schier unbesiegbaren Gegner, mit 20:19-Toren und war Weltmeister. Es war eine der größten Sensationen des noch jungen Welthandballs. „Vor Beginn des Turniers gab niemand der Fachleute den Deutschen eine Chance", kommentierte die italienische *Gazzetto dello Sport*, „deshalb wird ihre Leistung in die Geschichte des Handballsports eingehen". Die *Dagens Nyheter* sprach von einem Sieg für den Handballsport, weil sich gezeigt habe, „dass man auch spielerisch – ohne große Brutalität – zum Erfolg kommen kann". Erfolgstrainer Vlado Stenzel sah das genauso. Er war stolz darauf, dass Spielwitz und Individualität über Sachlichkeit und konditionelle Überlegenheit triumphiert hatten.

Joachim Deckarm im „Bruderduell" gegen die DDR.

Bevor jedoch das erste Spiel anstand, hatte die *Deutsche Handballwoche* die Öffentlichkeit gewarnt: „Die Erwartungen nicht zu hoch schrauben." Das Fachorgan führte die mangelnde Erfahrung des Teams an, das mit 23,4 Jahren im Schnitt die jüngste Mannschaft des 16er-Feldes stellte. Nur zwei Spieler waren von der WM 1974 übrig geblieben (Spengler, Deckarm), und Stenzel hatte mit Meffle, Wunderlich, Hormel, Rosendahl, Freisler gleich fünf Spieler aus der Junioren-Mannschaft von 1977 integriert. Der älteste Spieler, Kapitän Horst Spengler, zählte gerade einmal 27 Jahre, er besaß vor dem Turnier mit 89 Länderpielen die größte Erfahrung, gemeinsam mit Joachim Deckarm (86) und Heiner Brand (78). Aber die letzten Länderspielserien vor dem Großereignis waren doch überaus positiv verlaufen, so war der Branchenführer aus der Sowjetunion 1977 in zwei von drei Partien geschlagen worden.

Das Handball-Märchen begann in Odense, der Geburtsstadt des dänischen Dichters Hans-Christian Andersen. Dort siegte das Team trotz großer Nervosität sicher mit 16:13 gegen die CSSR, deren Stern in jenen Jahren sank. Herausragend dabei

Der junge Wunderlich im Spiel gegen Rumänien.

Keeper Manfred Hofmann, der drei Siebenmeter gehalten hatte. Dieser Hofmann setzte dann beim zweiten Spiel gegen Kanada (20:10) aus, um die Wurftechniken des dritten Vorrundengegners Jugoslawien zu studieren. Mit Erfolg: War die Mannschaft gegen die drittklassigen Kanadier noch ein wenig überheblich zu Werke gegangen, verschaffte sie sich nun gegen den Olympiasieger von 1972 eine hervorragende Ausgangsposition. Denn die beiden Punkte nach dem klaren 18:13 wurden mit in die Hauptrunde genommen. Bei diesem unerwartet souveränen Sieg deutete sich erstmals die Stärke dieser jungen Mannschaft an. Denn Stenzel konnte sich nicht nur auf die stabilen Leistungen des Regisseurs Deckarm verlassen, im Spiel gegen Jugoslawien überragte plötzlich der freche Rechtsaußen Meffle.

Ausgeglichenheit und Teamgeist, das zeichnete diese Mannschaft auch in den beiden umkämpften Partien der Hauptrunde aus. Am 31. Januar 1978 kam es in Kopenhagen im Bruderduell zur Revanche der vorangegangenen Olympiaqualifikation. Hier benötigte die BRD auch ein wenig Glück, als sie in den letzten neun Minuten noch einen 12:14-Rückstand aufholte. Wunderlich verwandelte nach einem Siebenmeter erst im Nachwurf gegen den überragenden Wieland Schmidt. Und in der 59. Minute schnappte sich Heiner Brand nach einem Freiwurf geistesgegenwärtig den Ball, den Krüger seinem Kollegen Engel zurollte (und der damit als ausgeführt galt) und warf nach einem Tempolauf ein zum Remis, das noch alle Chancen für das Finale offenhielt. Diesmal hatten der Halbrechte Klühspies und Kreisläufer Spengler im Angriff die Kohlen aus dem Feuer geholt. Beim 17:17 gegen Titelverteidiger Rumänien setzte das Team die Finalteilnahme noch einmal fahrlässig aufs Spiel; die klare 7:2-Führung nach 17 Minuten konnte der zweimalige Titelträger beim 9:9 (39.) wieder ausgleichen. In diesem Spiel machte sich das Fehlen der Leitfigur Deckarm, der mit einer Grippe zunächst auf der Bank saß, doch sehr bemerkbar, es fehlte die Ruhe und Übersicht des Gummersbacher Sprungwunders. Spät eingewechselt, legten Deckarms Tore zum 11:9 schließlich den Grundstein für das Unentschieden. Doch auch hier war der jungen Mannschaft das Glück ziemlich hold. Denn erst mit dem 16:16-Unentschieden der DDR gegen Jugoslawien war das Finale perfekt. Die Ostdeutschen ärgerten sich nach dem Spiel schwarz, denn sie hatten in dem Glauben, das Finale mit einem Remis erreicht zu haben, den letzten Angriff nicht ausgespielt. Im Team Stenzels flossen derweil das erste Mal die Glückstränen. Am Abend vor dem Endspiel strotzte der Trainer der Bundesdeutschen dann nur so vor Selbstvertrauen und prognostizierte einen Sieg.

Die Millionen deutschen Zuschauer, die mittlerweile auf den Lauf der Handballer aufmerksam geworden waren, sahen dann am Rosensonntag ein hochklassiges und attraktives Endspiel, in dem sich für die Deutschen alles wie Schicksal fügte. Zwar führten die Sowjets zunächst knapp, doch mit vier Toren in Folge zum 9:7 ging der Außenseiter erstmals mit zwei Toren in Führung. Bis zur 39. Minute wogte das spannende Spiel hin und her, und dann verfolgte die verdutzte Fachwelt die 193 Sekunden

Mannschaftskapitän Horst Spengler unnachahmlich…

des Dieter Waltke. Es stand 13:12, als der Linksaußen von Grün-Weiß Dankersen ins Spiel kam. Bis dato war er noch keine Sekunde eingesetzt worden, aber nun hatte der etatmäßige Linksaußen Ehret einen Abwehrfehler begangen und wurde von Stenzel durch Waltke ersetzt. Am Vorabend des Spiel hatte er, den alle seiner wilden Haarpracht wegen nur „Jimmy" (nach Jimmy Hendrix) nannten, schon frustriert abreisen wollen, aber Stenzel nahm seinen Ersatzmann zur Seite und sagte ihm: „Du spielst morgen." Und wie er spielte in seinem erst 19. Länderspiel! Völlig unbekümmert auftretend, warf er drei Tore in Folge gegen die schockierten Russen, es stand drei Minuten später 16:12, als ihn Stenzel zur Verblüffung aller wieder vom Parkett nahm. „Wenn man sich drei Wochen schonen darf, muss man ja genügend Kraftreserven haben", witzelte der Joker nach dem Endspiel, „ich wollte zeigen, was in mir steckt."

Es kam am Ende des Spiels noch zu wahrlich dramatischen Szenen, weil auch die hohe 20:16-Führung, die Kapitän Spengler in der 56. Minute mit einem famosen Tempogegenstoß erzielte, keine Sicherheit gab. Die Sowjets kamen wieder heran, und einige glückliche Schiedsrichterentscheidungen mussten nach dem 19:20-Anschluss die entnervten Deutschen retten. Doch daran dachte niemand mehr, als die Mannschaft ihren Trainer und „Magier" nach dem Abpfiff durch die Halle schulterte. Im Prinzip waren die Sowjets mit ihren eigenen Waffen geschlagen worden, denn gesiegt hatte ein Kollektiv. Der junge Meffle hatte zeitweise den Spielmacher Maximow neu-

… und entspannt jubelnd nach dem Tempogegenstoß zum 20:16.

tralisiert, Hofmann hatte erneut drei Siebenmeter gehalten, und keiner verstand so recht den Auftritt Waltkes. Die *Deutsche Handballwoche* würdigte die Geschlossenheit dieses Auftritts und resümierte: „Deckarms Regiekunst und entscheidende Torwürfe auf der halblinken Position, Wunderlichs gutes Anspiel, die blitzschnellen Torwürfe von Ehret, Spengler und Waltke, Heiner Brands überragende Abwehrleistung und ein souveräner Torwart Hofmann stehen an der Spitze der 16 Spitzenhandballer, die alle ihren Teil an der Erringung des bisher größten Erfolges in der Geschichte des Deutschen Handball-Bundes beigetragen haben."

Der Coach der Sowjets, Anatoli Jewtuschenko, hatte ein „hochklassiges Spiel mit hohem Tempo" und die „besten Mannschaften der WM" gesehen, derweil DHB-Präsident Bernhard Thiele von einer „sagenhaften Leistung" schwärmte. Die *L'Equipe* meinte, Stenzels Improvisationen seien die einzig richtig Taktik gewesen, „um den russischen Koloss zu schlagen", und der dänische *Jyllandsposten* sah gar einen neue Ära aufziehen: „Ein deutscher Triumph bei den Olympischen Spielen in Moskau ist unterwegs. Wir heißen eine neue Handball-Großmacht willkommen. Die ‚Rote Armee' aus der UdSSR konnte Stenzels Truppe nicht stoppen." Auch die Kommentare des Erfolgstrainers wiesen schon auf das nächste Großereignis. Eigentlich sei dieser Triumph noch gar nicht eingeplant gewesen, sagte Stenzel, „für unsere junge Mannschaft war die WM nur eine Zwischenstation". Der Leistungshöhepunkt sollte erst 1980 in Moskau erreicht werden. Da konnte diese Generation noch nicht wissen, dass diese mit großem Ehrgeiz anvisierten Olympischen Spiele zur größten Enttäuschung ihrer sportlichen Laufbahn geraten würden.

Die deutsche Weltmeister-Mannschaft

Heiner Brand, geb. 26.7.1952; Student; 1,93 m, 84 kg; VfL Gummersbach; 84 Länderspiele, 161 Tore; Olympiateilnehmer 1976.

Richard Boczkowski, geb. 18.5.1953; Verwaltungsangestellter; 1,88 m, 96 kg; TuS Nettelstedt; 29 Länderspiele, 25 Tore.

Joachim Deckarm, geb. 19.1.1954; Student; 1,93 m, 88 kg; VfL Gummersbach; 92 Länderspiele, 345 Tore; Olympiateilnehmer 1976.

Arno Ehret, geb. 11.12.1953; Student; 1,80 m, 75 kg; TuS Hofweier; 57 Länderspiele, 116 Tore; Olympiateilnehmer 1976.

Claus Fey, geb. 10.3.1955; Student; 1,93 m, 88 kg; VfL Gummersbach; 15 Länderspiele, 13 Tore.

Manfred Freisler, geb. 28.10.1952; Kaufmann; 1,95 m, 100 kg; TV Großwallstadt; 19 Länderspiele, 23 Tore; Teilnehmer der Junioren-WM 1977.

Manfred Hofmann, geb. 30.1.1948; Sparkassenangestellter; 1,91 m, 92 kg; TV Großwallstadt Gummersbach; 79 Länderspiele; Olympiateilnehmer 1976.

Claus Hormel, geb. 3.5.1957; Polizeibeamter; 1,74 m, 76 kg; SG Dietzenbach; 7 Länderspiele, 6 Tore; Teilnehmer der Junioren-WM 1977.

Kurt Klühspies, geb. 4.2.1952; Industriemeister; 1,95 m, 95 kg; TV Großwallstadt; 72 Länderspiele, 171 Tore; Olympiateilnehmer 1976.

Arnulf Meffle, geb. 1.12.1957; Student; 1,84 m, 83 kg; TuS Hofweier; 17 Länderspiele, 31 Tore; Teilnehmer der Junioren-WM 1977.

Rainer Niemeyer, geb. 11.5.1955; Student; 1,90 m, 83 kg; Grün-Weiß Dankersen; 16 Länderspiele.

Rudolf Rauer, geb. 15.1.1950; Polizeibeamter; 1,91 m, 92 kg; TuS Wellinghofen; 46 Länderspiele; Olympiateilnehmer 1976.

Gerd Rosendahl, geb. 8.8.1956; Schlosser; 1,80 m, 79 kg; OSC Rheinhausen; 22 Länderspiele, 23 Tore; Teilnehmer der Junioren-WM 1977.

Horst Spengler, geb. 10.2.1950; Studienreferendar; 1,81 m, 82 kg; TV Hüttenberg; 95 Länderspiele, 202 Tore; Olympiateilnehmer 1976.

Dieter Waltke, geb. 26.12.1953; Student; 1,87 m, 80 kg; Grün-Weiß Dankersen; 19 Länderspiele, 30 Tore.

Erhard Wunderlich, geb. 14.12.1956; Elektrotechniker; 2,04 m, 97 kg; VfL Gummersbach; 21 Länderspiele, 46 Tore; Teilnehmer der Junioren-WM 1977.

▶ Porträt

Vlado Stenzel – der „König von Kopenhagen"

Irgendwann, nach ein paar Jahren, verengen sich die Erinnerungen an bewegende Sportereignisse in nur wenige Szenen, die in den Köpfen sportbegeisterter Menschen hängen bleiben. Bern, 1954: Die Pokalübergabe an Fritz Walter, Sepp Herberger auf den Schultern seiner Spieler. Wimbledon, 1985: Der Urschrei des Boris Becker nach dem Matchball im Endspiel. Barcelona, 1992: Das ungläubige Staunen des sitzenden Dieter Baumann nach seinem Schlussspurt. Auch für den sensationellen Gewinn der Handball-Weltmeisterschaft 1978 in Kopenhagen hat die Sportgeschichte ein solches Bild produziert: Es zeigt Vlado Stenzel, den verschwitzten jugoslawischen Trainer, den eine jubelnde bundesdeutsche Mannschaft auf ihren Schultern durch die Halle trägt. Auf seinem Kopf eine goldene Krone aus Pappe, die ihm deutsche Fans nach dem dramatischen 20:19 gegen den hohen Favoriten aus der Sowjetunion aufgestülpt haben. Dieses Bild beschreibt ein Stück deutsche Sportgeschichte. Dieses Bild von Vlado Stenzel, dem gefeierten König einer Sportart.

Dieser unverhoffte Titel war der Höhepunkt einer steil verlaufenden Trainerkarriere, die für Stenzel, der am 23. Juli 1934 in Zagreb geboren wurde, früh begonnen hatte. Wie viele seiner Generation war er nach dem Einstieg Feldhandball bald in die attraktivere Halle gewechselt. Er stand als 18-Jähriger im Tor, als Jugoslawien seine Länderspielpremiere in der Halle feierte. Doch registrierte er schnell, dass ihm, der nur 1,70 m groß war, keine glanzvolle Laufbahn als Spieler vergönnt werden würde, und er konzentrierte sich auf die Arbeit als Trainer. Mit 20 Jahren, beim Militär, gründete er eine Mannschaft und eroberte mit Leuten, die vorher noch nie Handball gespielt hatten, auf Anhieb den vierten Platz in der serbischen Meisterschaft. Da wurde ihm klar, erzählte er später, „dass man mit 1,70 auf jeden Fall ein großer Trainer werden kann".

Nach einer Ausbildung zum Chemielaboranten und einem Examen an der Universität Zagreb zum „Handballtrainer 1. Grades" führte er 1965 Medvescak Zagreb als erste jugoslawische Mannschaft in ein Europacup-Finale (11:13 gegen Dinamo Bukarest), danach formte er aus einem Abstiegskandidaten, dem Dorfverein RK Crvenka, innerhalb von zwei Jahren einen Meister. 1967 übernahm er, gerade 32-jährig, die jugoslawische Nationalmannschaft, nachdem diese im WM-Viertelfinale an Dänemark gescheitert war. Dänemark sollte für Stenzel immer ein Synonym für Glück bleiben: Auch die Mannschaft der BRD hatte 1974, bevor Stenzel sie übernahm, bei der WM gegen die Skandinavier verloren. Der Erfolg stellte sich schnell ein: 1970 wurde er mit Jugoslawien WM-Dritter, gewann 1971 fünf hochkarätig be-

Vlado Stenzel und seine Recken. Auf der Bank v.l.: Klühspies, Hofmann, Brand, Waltke.

setzte internationale Turniere, und mit dem souverän herausgespielten Olympiasieg von München 1972 feierte er nicht nur eine Goldmedaille, sondern auch den Triumph einer neuen Handballphilosophie. Die „jugoslawische Schule" hatte bewiesen, dass nur dieses kluge Lauf- und Kombinationsspiel überaus defensive Abwehrsysteme auseinanderreißen konnte. Die zuvor bevorzugte Taktik im Welthandball, das starre Positionsspiel, gehörte der Vergangenheit an.

Als der DHB nach dem Olympiadebakel einen neuen Trainer suchte, war Stenzel, der einen deutschen Urgroßvater hatte, schon erste Wahl. Aber der Kroate war teuer, und dazu war manchem Funktionär das zuweilen überschäumende Selbstbewusstsein des Kroaten nicht geheuer. Es musste noch die zweite Pleite kommen, der desaströse neunte Rang bei der WM 1974 in der DDR, bis der Verband endlich den erfolgshungrigen Stenzel engagierte. Dieses Jahr 1974 wurde zu einer Zäsur im bundesdeutschen Leistungshandball. Nach dem allseits beliebten und stets kompromissbereiten Käsler, der nebenberuflich das Amt bekleidet hatte, folgte nun „der stets kompromisslose und verbissene Vlado Stenzel", wie der Journalist Rolf Heggen später schilderte. „Er fegte wie ein Derwisch durch sein neues Reich, räumte gründlich auf, jagte die Stars von gestern davon und begann systematisch mit der Suche nach den Nationalspielern von morgen. Er testete und experimentierte, probte und übte, holte Spieler in das Nationalteam, deren Namen selbst Experten unbekannt waren, hatte den Mut zum Risiko und auch zur Niederlage, blickte weder links noch rechts, sondern starr auf sein Ziel. Olympiateilnahme Montreal."

Die Methoden, mit denen Stenzel an diesem Ziel arbeitete, waren umstritten, weil radikal: Er forderte absolute Gefolgschaft bei den Spielern, ignorierte alle Mahnungen und Einflussnahmen aus den Reihen der DHB-Funktionäre und legte sich auch gern mit den Journalisten an. Stenzel, der arrogante Sprücheklopfer und Egozentriker, erteilte seinen Spielern Redeverbot und fordert die Presse auf, besser ihn zu fragen: „Ich weiß alles." Kurt Klühspies, den Stenzel als jungen Spieler in die Mannschaft holte, sagte im Rückblick, Stenzels Erfolgsgeheimnis habe aus einer „Mischung aus Kompetenz, Diktatur, Fachkenntnis und einem Händchen für den passenden Charakter" bestanden. Sein damaliger Schützling Heiner Brand anerkennt noch heute die Leistung, dass „Stenzel seinerzeit als erster professionell Hallenhandball in Deutschland trainiert hat" – auch wenn die damit verbundenen Methoden derart hart und brutal waren, dass Brand sie heute für „nicht wiederholbar" hält. Damals funktionierten sie.

Als Schlüsselerlebnis stellte sich die Olympiaqualifikation für Montreal heraus, in der sich Stenzels junge und unerfahrene Formation sensationell gegen den Vizeweltmeister DDR durchsetzte. Stenzel operierte mit allen Tricks: Er ließ vor dem Hinspiel am 20. Dezember 1975 in der Münchner Olympiahalle den unüblichen Nadelfilz als Bodenbelag aufziehen. Vor allem aber hatte er, ein taktischer Clou, die etatmäßigen Außenspieler Klühspies und Deckarm bei den letzten Tests in Saarbrücken zu Halbspielern umfunktioniert. „In der DDR glaubte man alles von uns zu wissen", sagte ein grinsender Stenzel nach dem glorreichen 17:14-Sieg gegen den Favoriten, „von der Umstellung aber wusste man nichts." Dieser Tag von München war die Grundlage für die Qualifikation – auch wenn bei der 8:11-Rückspielniederlage am 6. März 1976 in Karl-Marx-Stadt das Glück ein wenig Pate stand. Innerhalb von nur 18 Monaten hatte Stenzel, der diese Qualifikation noch höher als seine Triumphe von München und Kopenhagen bewertete, dem dahinsiechenden Patienten Nationalmannschaft wieder Leben eingehaucht. In diesen Tagen wurde er erstmals als „Hexenmeister" und „Magier" bezeichnet.

Nach dem vierten Platz in Montreal entwickelte sich das Team spürbar weiter: Es gewann 1977 17 Länderspiele in Folge, und auch bei der WM 1978 blieb es ungeschlagen. Dieser Erfolg von Kopenhagen war auch deswegen so wertvoll, weil die Mannschaft nicht auf allen Positionen besser besetzt war als die Gegner, sondern Stenzel ein großteiliges Mosaik zusammengesetzt hatte. Er, der mit großem Fanatismus Soziogramme erstellte und Hierarchien einer Mannschaft auslotete, hatte verschiedene Charaktere zu einer Einheit verschmolzen. Erst nach 1978 entwickelten sich die jungen Spieler wie Kurt Klühspies, Heiner Brand, Arno Ehret, Horst Spengler, Gerd Rosendahl, Erhard Wunderlich, Manfred Hofmann, Jimmy Waltke und natürlich Joachim Deckarm zu Stars von internationalem Format. Mit diesem Sieg rückte Stenzel zu den erfolgreichsten Trainern der Welt auf. Beide großen Titel – Olympiasieg und Weltmeisterschaft –, das sollte ihm nur der Russe Maximow nachmachen.

Kopenhagen blieb die Klimax. Nach der großen Enttäuschung des Olympiaboykotts 1980 zerfiel die Mannschaft. Zudem zielten Stenzels psychologische Tricks immer häufiger ins Leere, und viele Spieler waren mit seiner autokratischen Art zunehmend unzufrieden. Als die BRD 1982 nach dem enttäuschenden siebten Platz bei der WM im eigenen Land in die Zweitklassigkeit zurückstürzte, wurde der unbequeme Stenzel, der zuvor schon in zahlreiche Querelen verwickelt war, entlassen. Nun begann eine Odyssee als Vereinstrainer, nach deren Abschluss lediglich zwei Erfolge zu Buche standen: Der Aufstieg in die 1. Bundesliga mit dem VfL Bad Schwartau 1988, und der Pokalsieg mit dem TSV Milbertshofen 1990. Mit kurzen und oft erfolglosen Engagements bei diversen unterklassigen Klubs, unter anderem beim Bezirksligisten MTV Ingolstadt, ramponierte er seinen exzellenten Ruf. Nun schalten ihn seine Kritiker Scharlatan.

Den streitbaren Stenzel, der heute in Wiesbaden wohnt, focht das nie an. Der vierfache Familienvater eckte auch lange nach seiner Trainerkarriere noch an und kritisierte etwa Bundestrainer Brand, nachdem die Nationalmannschaft bei Olympia 2000 früh ausgeschieden war. In den letzten Jahren widmete sich Stenzel zudem sehr intensiv dem Regelwerk. Auf seiner Visitenkarte steht heute: Vlado Stenzel, Handballforschung und -förderung. Er schlägt beispielsweise vor, die Fouls wie beim Basketball zu ahnden, um das Spiel noch flüssiger zu machen. Die IHF nimmt die kreativen Vorschläge des ehemaligen Meistertrainers durchaus ernst, wie die Einladung zur WM 2003 in Portugal bewies. Beim Weltverband hat die Reputation des Mannes mit der Krone, der 1978 die deutschen Handballfans glücklich machte, nicht gelitten.

▶ Porträt

Joachim Deckarm – Tragödie in Tatabanya

Es war ein Gefühlsausbruch, den sich Joachim „Jo" Deckarm selbst nicht erklären konnte. Ein Vierteljahrhundert nach dem Zusammenstoß beim Europacupspiel in Tatabanya war der ehemalige Handball-Weltstar dorthin zurückgekehrt, wo sein Leben eine grausame Wendung nahm. Auf Einladung von Lajos Panovics – jenem Spieler, mit dem er damals zusammengestoßen war und den er heute seinen Freund nennt. Kein Groll, nicht einmal ein Hauch Melancholie oder Sentimentalität überzog ihn dabei. „Ich verspürte nur eine große Freude", erklärt Deckarm seine Gefühle, die ihn übermannten als er wieder an diesem Schicksalsort stand. Nur wenige Monate vor seinem 50. Geburtstag war er nach Tatabanya gefahren. Einen Ort, den jeder Handballer auf der Welt bis heute mit diesem schrecklichen Unfall in Verbindung bringt.

Es geschah am 30. März 1979 in Tatabanya, einer kleinen ungarischen Bergbaustadt, 50 Kilometer von Budapest entfernt, als ein Tempogegenstoß im Spiel VfL Gummersbach gegen Banyasz Tatabanya die Tragödie einleitete. Dabei deutete nichts auf einen folgenschweren Unfall hin. Hart umkämpft war das Rückspiel. Aber eben auch nicht besonders hart oder gar unfair. Bereits eine Woche zuvor hatten sich die Ungarn und Deutschen nichts geschenkt, als sie in der Westfalenhalle aufeinander trafen. 18:10 hatte Gummersbach das Hinspiel um den Einzug ins Finale gewonnen. Und auch in Tatabanya war nach gut 20 Minuten bereits alles entschieden. Mit vier Toren Vorsprung führten die Deutschen.

Doch dann brach die 23. Spielminute an, und alle Spekulationen und Finalträume wurden nichtig. Der 90 Kilogramm schwere und 1,93 Meter große Deckarm, damals der wohl beste Handballer der Welt, fängt im Laufen den Ball eines Mitspielers, sieht nicht, dass sein Gegenspieler Panovics in Abwehrhaltung auf ihn zuläuft. Es kommt zum Zusammenprall. Deckarm stürzt mit dem Kopf auf den nur mit einer dünnen PVC-Schicht überzogenen Betonboden, und Panovics greift sich benommen an die Stirn. Mit einem Schlag war das Leben der beiden Spieler für immer verändert.

Mit einem Mal waren alle Erfolge, die Deckarm bis dahin verbucht hatte, zur Randnotiz geworden. In 104 Länderspielen hatte er 381 Tore geworfen. 1978, ein Jahr vor dem tragischen Unfall, war er mit Deutschland Weltmeister geworden, Olympiavierter 1976, Europapokalsieger 1974 sowie deutscher Pokalsieger 1977 und 1978. Doch alle diese Erfolge waren eben an diesem tragischen Nachmittag in Tatabanya plötzlich weit entfernt und nicht mehr wichtig – Jo Deckarm war bewusstlos liegengeblieben und kämpfte jetzt um sein Leben. 131 Tage sollte er im Koma liegen.

Joachim Deckarm im Nationalmannschaftsdress 1977 im Länderspiel gegen Polen.

Dass der 25-Jährige überhaupt überlebte, hing dabei mit einem Zufall zusammen. Der ungarische Arzt Peter Penkow, der in der Nähe wohnte, hatte wie Millionen Deutsche die Szene im Fernsehen verfolgt. Sofort hatte er das Gerät abgeschaltet, seine Tasche geschnappt und war in die Halle geeilt. Dort war tatsächlich, wie er geahnt hatte, kein Arzt vor Ort. Ein erschütterndes Bild empfing den spontanen Helfer. Ein doppelter Schädelbruch, Quetschungen des Haupthirns, ein zehn Zentimeter langer Riss der Hirnhaut und viele geplatzte Gefäße waren die Folge des unglücklichen Zusammenpralls. Als einen „hoffnungslosen Fall" betitelten ihn später die behandelnden Ärzte. Im Schlepptau trugen sie den Bewusstlosen aus der Halle. Jegliche Spannung hatte seinen Körper verlassen. Die verschwitzten Locken noch an seiner Stirn klebend wurde er in die Bukarester Universitätsklinik transportiert, wo die Ärzte verzweifelt um sein Leben kämpften. Schließlich mit Erfolg. Der Gehirnspezialist Pal Moritz hatte mit viel Geschick operiert.

Aus seiner tiefen Bewusstlosigkeit erwachte Deckarm jedoch nicht. Auch nicht, als seine Eltern und Freundin ans Bett gerufen wurden. Langsam wurde jedem klar: Eine hoffnungsvolle Sportkarriere auf der Weltbühne des Handballs war mit einem Schlag beendet. Der unglückliche Zusammenprall hatte aus einem Musterathleten einen Invaliden auf Lebenszeit gemacht. Der Mathematik- und Sportstudent, der kurz vor seinem Abschluss stand, war nun schwer hirngeschädigt, und sein kraftvoller Körper schien dem Verfall vollends ausgeliefert. Keine Therapie wollte greifen. Hoffnungslosigkeit machte sich breit. „Wenn er sich nicht meldete, ließ man ihn den ganzen Tag auf seinem Zimmer", erinnerte sich Mutter Ruth. Drei Jahre wanderten die Deckarms von einem Spezialisten zum anderen. Ohne Erfolg. Die Therapien in den verschiedenen Rehabilitationszentren schlugen alle fehl. Nach drei Jahren wurde Deckarm schließlich aus der letzten Reha-Klinik entlassen und als hoffnungsloser Pflegefall seinen Eltern übergeben. Kraft und Wille von Eltern und Sohn waren es schließlich, die Besserung und neue Hoffnung brachten.

Die Vorbildfunktion, die Joachim Deckarm stets auf dem Platz gezeigt hatte, bewies er nun auch in seinem „zweiten Leben". Der ehemalige Nationalspieler steckte nicht auf. Mit der Hilfe vieler Menschen schaffte es Deckarm wieder zurück ins Leben. Bereits im November 1980 – also eineinhalb Jahre nach dem tragischen Unfall – wurde ein Benefizspiel vor über 11.000 Zuschauern in der Dortmunder Westfalenhalle organisiert, um das nötige Geld für Deckarms Pflege zu beschaffen. Bis heute spielen seine Kameraden, mit denen er 1978 unter Vlado Stenzel den WM-Titel holte, für ihn. Unter dem Namen „Hilfsfonds Joachim Deckarm" läuft bis heute eine vorbildliche Aktion, die nicht nur Deckarm hilft – sondern dem gesamten Sport positiv zu Gesicht steht. Doch nicht nur die ehemaligen Teamkollegen, sondern auch sein früherer Trainer Werner Hürter umsorgte seinen einstigen Musterschüler als pensionierter Polizeibeamter bis zu seinem Tod. „Ich verdanke ihm mein Leben", bekundet Deckarm heute. Immer wieder trainierte der Rentner mit Deckarm einfache Bewegungsabläufe. Schritt für Schritt versuchte Hürter Deckarms Motorik wieder in Gang zu bringen. Dabei entwickelte er eigene Methoden zur Gehirnaktivierung. Es war auch Hürters Idee, seinen Schützling zurück in die Öffentlichkeit zu führen, die Deckarm bis heute „gut tut", wie er selbst sagt. Mit den ersten Erfolgen in der Therapie besuchte Deckarm auch wieder Handballspiele. Und so konnte die Öffentlichkeit miterleben, wie sich der Zustand des einstigen Pflegefalls schrittweise verbesserte. Heute ist Deckarm wieder in der Lage, deutlich zu sprechen, Rechenaufgaben zu lösen und Balladen zu rezitieren. Die Lebensfreude ist längst zurückgekehrt. Es ist kein ungewohntes Bild mehr, Deckarm mit einem breiten Lachen über das gesamte Gesicht neben Bundestrainer Heiner Brand zu sehen. Wenn sich die beiden Freunde bei Spielen treffen, sind sie stets in eine intensive Unterhaltung vertieft.

Doch der positive, herzerfrischende Eindruck täuscht auch über noch erhebliche gesundheitliche Probleme hinweg. Noch heute muss Deckarm betreut werden. Wie anstrengend und steinig dieser Weg zurück zu ein wenig Normalität in Deckarms Leben war, erzählt seine Mutter. „Alles muss hart erkämpft werden", erklärt die 80-jährige Ruth Deckarm. Bis heute kümmert sie sich um ihren Sohn. Um ihm Mut zu geben, hatten die Eltern ihrem Sohn ein Schild über das Bett gehängt, auf dem heute noch zu lesen ist: „Ich kann. Ich will. Ich muss." Bis vor zwei Jahren pflegte seine Mutter ihn noch zu Hause. Heute lebt Deckarm im Haus der Parität mitten in Saarbrücken – in der Nähe seiner Mutter. Deckarms langjähriger ehrenamtlicher Betreuer Reinhard Peters erzählt: „Bis wir ihm beigebracht hatten, die Zähne zu putzen, vergingen sieben Jahre." Der einstige Musterathlet, der durch den Unfall jegliche Motorik verloren hatte, erhält heute noch in der Einrichtung täglich Krankengymnastik, Ergotherapie und Logopädie. „Doch irgendwann wird Joachim sicher im Rollstuhl landen", sagt Peters.

Doch nicht nur das Leben von Deckarm änderte sich dramatisch seit dem Zusammenprall. Auch das von Panovics. Seit damals fasste er als Spieler keinen Handball mehr an. Jahrelang litt er an Depressionen. Auch wenn Deckarm immer

Joachim Deckarm und Rudolf Spengler bei einem Länderspiel.

wieder beteuerte: „Du hast keine Schuld." Als Deckarm und Panovics ein Vierteljahrhundert später wieder am Ort der Tragödie standen, war plötzlich alles Vergangene vergessen. Nichts erinnerte sie an damals. Der Betonboden ist längst durch einen elastischen Boden ersetzt worden. „Ich fühlte mich wie in einer normalen Sporthalle", erklärt Deckarm. Geblieben ist eine Männerfreundschaft. „Alles andere ist nun Vergangenheit", so Deckarm. Beide haben sogar nach all den Jahren wieder zum Handball zurückgefunden. Panovics trainiert eine Jugendmannschaft und Deckarm sagt: „Handball wird immer zu meinem Leben gehören."

Das ist keine Floskel. Er ist seinem Sport immer treu geblieben. Bis heute dient er dabei dem Handball. Deckarm lässt es sich nicht nehmen, den Deutschen persönlich immer viel Glück zu wünschen, wenn es zu großen Turnieren geht. Als die Deutschen 2004 in Slowenien gar die Europameisterschaft gewannen, empfand er wieder einmal „nur Freude". Einst wurde er als bester Handballer gefeiert. Heute wird er als ein Mensch geachtet und bewundert, der sein Schicksal annahm. Weltweit wird ihm dieser Respekt entgegengebracht. Als Deckarm 1999 die Auslosung für die Handball-WM in Ägypten in der Oper von Kairo vorgenommen hatte, waren alle 2000 Gäste im Saal aufgestanden und hatten ihn minutenlang beklatscht. Spätestens in diesem Augenblick muss Deckarm bewusst geworden sein, dass er bereits jetzt schon mehr für seine Sportart geleistet hat, als er es jemals als Spieler hätte tun können.

Christoph Bertling

▶ Große Vereine

Der TV Großwallstadt

Es gibt Tage, die sind so schön, dass man sie für immer festhalten möchte. Gerade im Sport, wo Erfolge schnell verblassen, weil jedes Jahr neue Titel vergeben werden und spätestens dann der Sieger vom Vorjahr nicht mehr viel zählt. Das mögen einige ungerecht finden, es gehört aber zu den eisernen Gesetzen des Sports. Auch wer noch so viele große Titel geholt hat, ist nicht davor geschützt, dass die Gegenwart mehr zählt als die Vergangenheit. Für die Erfolgreichen von einst werden die Triumphe sogar zur Last, wenn das Hier und Jetzt trist aussieht. Notgedrungen gucken die Fans zurück und seufzen: „So großartig wird es wohl nie wieder werden." Der sechsmalige deutsche Hallenhandball-Meister TV Großwallstadt gehört zu den Klubs, die das aushalten müssen.

Es gibt also Tage, die sind so schön, dass sie für immer unübertroffen bleiben. Für den TV Großwallstadt war der 29. April 1979 so ein Tag. Das Rückspiel im Finale um den Europapokal der Landesmeister stand an, und der Auswärtsgegner hieß Empor Rostock. Der DDR-Titelträger war Favorit, trotz seiner Hinspielniederlage eine Woche vorher. Mit 14:10 hatten die Großwallstädter in der randvollen Münchner Olympia-Halle das erste Finale für sich entschieden. Der Meister der Bundesrepublik war gegen die beste Mannschaft der DDR in die bayrische Landeshauptstadt umgezogen. Denn die Begeisterung um den TVG war so groß, dass die Rudolf-Harbig-Halle daheim niemals ausgereicht hätte, um dem Ansturm der Fans gerecht zu werden. Deswegen also München, wo die Unterfranken im ersten Finale mit 10.000 begeisterten Zuschauern im Rücken den Vier-Tore-Vorsprung herauswarfen. Großwallstadt kassierte nur zehn Treffer. Eine aus heutiger Sicht lächerliche Zahl, so niedrig ist sie. Keeper Manfred Hofmann, überragend zu jener Zeit, hatte seinen Körper im Hinspiel immer wieder zwischen Ball und Torlinie geschmissen. Vor Hofmann stand ein Abwehr-Bollwerk, das die gegnerischen Angriffe zurückschlug. Auch Kurt Klühspies gehörte zu dieser Festung. Der Linkshänder packte hinten zu und warf vorn aus dem rechten Rückraum fünf Tore.

Für das Team von Trainer Klaus Zöll ging es im Rückspiel gegen zwei Gegner. Zum einen trat Großwallstadt gegen eine exzellente besetzte Rostocker Mannschaft an, zum anderen stand man mittendrin

Klaus Zöll

Handball bis 1990   195

im Streit der politischen Systeme: Kapitalismus gegen Kommunismus, Westen gegen Osten, BRD gegen DDR. Den Großwallstädtern war diese Auseinandersetzung der Systeme womöglich eher gleichgültig, aber für die Oberen des DDR-Sports, den Funktionären des Deutschen Turn- und Sportbundes, war er maßgebend. Ihre Strategie lautete, über sportliche Erfolge die internationale Aufwertung der DDR zu erreichen. Es sollte unbedingt ein Triumph gegen den Klassenfeind her, zumal der 30. Jahrestag der DDR-Staatsgründung anstand.

Doch mit dem Image-Erfolg wurde es nichts. Zwar gewann Rostock das Rückspiel vor knapp 4000 Zuschauern mit 18:16, doch in der Summe lag Großwallstadt vorn. Für TVG-Keeper Hofmann war das „die glücklichste Niederlage in meinem Leben". Etwa 100 Fans aus Großwallstadt hatten den Weg nach Rostock mitgemacht. Sie feierten ihre Helden, die neben Hofmann und Klühspies unter anderem Manfred Freisler, Volker Lang, Claus Hormel und Udo Klenk hießen. Sie alle durften sich an diesem Tag rühmen, die stärkste Handball-Mannschaft der Welt zu stellen. Denn im Gegensatz zu anderen Ballsportarten, zum Beispiel Fußball oder Basketball, hat der europäische Handball keine Konkurrenz von anderen Kontinenten zu fürchten. Wer sich damals Europapokalsieger der Landesmeister nennen durfte, der war unbestritten der Beste seiner Zeit.

Auch Peter Meisinger, fünffacher Torschütze im Rückspiel und zur Saison 2004/05 Trainer der Bundesliga-Mannschaft, gehörte zu den Besten. Sein Erfolgsrezept hört sich schlicht an, zeichnet aber große Mannschaften aus: „Eine Bombenkameradschaft hat uns zusammengeschweißt", so Meisinger. Ein Jahr später verteidigte der TVG seinen Titel durch einen ungefährdeten Erfolg gegen die Isländer von Valur Reykjavik. Großwallstadt hatte zwischen 1978 und 1984 eine Mannschaft, die in dieser Zeit überwiegend zusammenblieb und auf deutschem Terrain fünf Meisterschaften und zwei Pokalsiege gewann. Eine sensationelle Bilanz für einen Klub wie den TVG, den viele bewundern, weil er sich als Dorfverein einen großen Namen gemacht hat. Das kleine Großwallstadt, am Untermain im nördlichsten Zipfel Bayerns gelegen, zählt heute gerade einmal 4000 Einwohner.

Den Grundstein für den Erfolg legten 30 Männer, die an einem Augusttag im Jahr 1888 in ihrem Dorf zusammenkamen. Sie gründeten den Turnverein Großwallstadt und wählten aus ihren Reihen einen so genannten Turnrat. Das Gründungsprotokoll, das der Verein nach fast 120 Jahren immer noch aufbewahrt und in einem Tresor verschlossen hat, nennt fünf Namen: Karl-Josef Scheer (Vorsitzender), Philipp

Peter Meisinger (re.)

Fischer (Stellvertreter), Jochen Hein (Turnwart), Georg Hohn (Schriftwart) und Edmund Markert (Kassenwart). Mit Handball hatten die fünf Männer mit ihren für Großwallstadt typischen Nachnamen nichts im Sinn. Ihnen ging es um die klassische Körperertüchtigung. Das Dorf wollte gesund, kraftvoll, fit sein.

1925 hielt der Handball Einzug in den Turnverein. Ein Mann der ersten Stunde war Leo Zengel, erster Trainer der Großwallstädter. Den ersten Titel holte der TVG 1931 in der unterfränkischen Meisterklasse. Der rasante Aufstieg begann unter Coach Erhard Merget, der den Klub von 1955 bis 1972 trainierte und auch an der Linie stand, als man am 10. Juli 1964 die heimische Jahn-Kampfbahn vor 3000 Zuschauern mit einem 20:16-Sieg gegen Kickers Offenbach einweihte. Sechsmal kam Großwallstadt während der großen Zeit des Feldhandballs bis in die Endrundenspiele um die deutsche Meisterschaft. Unter anderem 1967, als der TV im Endspiel vor 20.000 Zuschauern am Bieberer Berg in Offenbach Grün-Weiß Dankersen mit 16:19 unterlag. Der TVG ließ sich noch ein wenig Zeit für den ganz großen Erfolg, dieser Zeitpunkt war 1973 gekommen. In diesem Jahr wurde zum letzten Mal ein offizieller Titel im Feldhandball vergeben. Endspielgegner war Kassel, das die Südgruppenmeisterschaft knapp vor Großwallstadt gewonnen hatte. Aber weil die Mainfranken sich in den Überkreuzspielen gegen den Ersten aus dem Norden, VfL Eintracht Hagen, durchsetzten, kam es im Endspiel zur Revanche.

Josef Karrer

Doch im 38. Finale um die deutsche Großfeldmeisterschaft in Wetzlar waren die Voraussetzungen alles andere als gut. Denn Spielertrainer Josef Karrer saß mit einer Achillessehnenverletzung auf der Bank. Dazu muss man wissen: Karrer war nicht irgendein Spieler. Er gehörte zu der Mannschaft, die 1966 die Weltmeisterschaft im Feldhandball gewann und damit den letzten von insgesamt fünf WM-Titeln nach Deutschland holte. Eine Legende. Und das nicht nur in Großwallstädter Kreisen, sondern weit darüber hinaus. Das Fremdwörterlexikon schreibt dem Wort legendär die Bedeutungen sagenhaft und unwahrscheinlich zu. Doch Karrer war kein übernatürliches Phänomen, die Wahrheit des überragenden Torjägers lag auf dem Platz. Nur eben nicht an jenem 15. Juli 1973, als Karrer verletzt ausfiel. Aber erschwerte Bedingungen machen Erfolge viel schöner, weil sie dann umso überraschender daherkommen. So auch in Wetzlar, wo für Karrer Peter Kuß in der Offensive wirbeln sollte. Und tatsächlich: Kuß machte eines seiner besten Spiele, sorgte mit dem Treffer zum 9:9 für

Handball bis 1990

die Verlängerung und warf Großwallstadt mit insgesamt acht Toren zum 13:10-Sieg über Kassel sowie zum Meistertitel.

Die Mainfranken markierten mit ihrem Sieg das Ende einer Ära. Der Handball wanderte von draußen endgültig nach drinnen, und manch ein Dorfverein, der auf dem Feld eine große Nummer gewesen war, rutschte beim Umzug vom grünen Rasen aufs glatte Parkett aus und stürzte ab ins sportliche Niemandsland. Denn nicht jeder Klub fand in seiner Nähe eine Halle, die zum Handballspielen taugte. Der TVG fand sein Zuhause in der Rudolf-Harbig-Halle in Elsenfeld, sieben Kilometer von Großwallstadt entfernt. Der Verein hatte gegenüber anderen Klubs den Vorteil, dass er schon viele Jahre zweigleisig gefahren und sowohl auf dem Feld als auch in der Halle gut aufgestellt war. In der Saison 1967/68 kämpfte das Team unter Trainer Merget in der Hallen-Bezirksklasse Darmstadt Gruppe Ost um Punkte, zwei Jahre darauf schafften seine Spieler schon den Aufstieg in die zweigeteilte Bundesliga. Schnell gelang den Großwallstädtern mit Hofmann, Klühspies, Kolb und Oberle ein besonderer Erfolg gegen einen besonderen Gegner: Sie brachen die Siegesserie des damals übermächtigen VfL Gummersbach und fügten ihm beim 20:16 die erste Niederlage in der Westfalenhalle zu. Eine Zeitung schrieb daraufhin reißerisch: „Das Lamm schlachtete den Metzger." Zu diesem Zeitpunkt ahnte niemand, dass diese beiden Mannschaften den Handball in Deutschland auf Jahre hinaus dominieren und sich viele packende Duelle liefern würden.

Manfred Freisler

Die eingleisige Bundesliga wurde 1977 aus der Taufe gehoben, und Großwallstadt sowie Gummersbach sind neben dem THW Kiel die einzigen Vereine, die seit dem Zusammenschluss der Nord- und Südstaffel immer in der höchsten deutschen Spielklasse vertreten waren. Schon die Premiere 1977/78 hatte es in sich: Die Fans erlebten die wohl spannendste Saison der Bundesliga-Geschichte mit einem echten Herzschlagfinale. Dabei hatte es lange nach einem Alleingang der Gummersbacher um Joachim Deckarm, Heiner Brand und Erhard Wunderlich ausgesehen. Als die Bundesliga wegen der Weltmeisterschaft eine Pause einlegte, fuhren die Nationalspieler aus dem Oberbergischen mit einem sicheren Vorsprung im Gepäck zu den Titelkämpfen nach Dänemark. Die Meisterschaft, so schien es, war schon vergeben. Doch

Die Meistermannschaft von 1989/90.

nach der WM büßten die Gummersbacher Punkt um Punkt ein. Aber es war nicht die Schwäche des VfL, die den Titelkampf spannend machte, sondern die Stärke des TV Großwallstadt. Trainer Zölls Team legte eine famose Serie hin und gewann zwölf Spiele in Folge. Obwohl der TVG am vorletzten Spieltag seine einzige Rückrundenpartie verloren hatte (13:15 in Dankersen), musste er seine letzte Partie nur noch gewinnen, um sich die Krone aufzusetzen. Aber was heißt schon nur. Derjenige, der vor der Saison den Spielplan austüftelte, hatte damals wohl einen guten Tag gehabt, denn zum entscheidenden Duell im Mai wartete der große Favorit: Gummersbach. Als die Party losging, war die Elsenfelder Sporthalle rappelvoll. Fast 3000 waren gekommen, und sie alle, sowohl die vielen Großwallstädter als auch die wenigen Gummersbacher, trugen die Hoffnung in sich, wieder einen dieser wundervollen Tage zu erleben, die niemals zu Ende gehen dürften. Es wurde einer, zumindest für die Spieler und Anhänger des TVG. Auch weil die Dramaturgie stimmte: Kurz vor Schluss führte Großwallstadt mit 12:11. Doch die Gummersbacher, denen ein Unentschieden zum Titelgewinn gereicht hätte, waren im Angriff und nur einen winzigen Wurf vom Titel entfernt, als Karl-Heinz Nolde den Ball bekam und abzog. Letzter Spieltag, letzte Minute, letzter Wurf – und letzte Parade: Keeper Hofmann wehrte den Ball ab. Der Rest war Jubel.

Die traditionsbewussten Großwallstädter waren nach Saisonende stolz darauf, dass sie den Titel ohne einen ausländischen Spitzenspieler in ihren Reihen gewonnen hatten. Zu der Zeit waren gerade die meisten Vereine dem Trend erlegen, mit Spielertransfers aus dem Ausland die Mannschaften zu verstärken. Bei Großwallstadt hießen die Meisterspieler Fischer oder Schulz. Zöll, seit 1925 erst der achte (!) TVG-Trainer und dazu ehemaliger Spieler, traf mit seinem hessisch-fränkischen Dialekt den Ton einer ganzen Region. Die Menschen aus Großwallstadt und dem Umland erkannten sich wieder in einer Mannschaft, die zwischen November 1978 und November 1979 in 28 Spielen unbesiegt bleiben sollte.

Nach seinem ersten Titel 1978 gewann der Bundesligist fünf weitere Meisterschaften. Die letzte 1990, obwohl die von Meisinger trainierte Mannschaft in der Abschlusstabelle nur auf Rang vier ins Ziel kam. In der anschließenden Play-Off-Runde strapazierte der TVG in fast jedem Spiel die Nerven seiner Fans, schlug sich aber mit hauchdünnen Siegen gegen Kiel und Lemgo bis ins Finale durch. Hochspannung auch im Endspiel, wo Großwallstadt sich in der dritten und entscheidenden Partie gegen den TSV Milbertshofen knapp mit 22:21 durchsetzte. Längst bedienten sich auch die Süddeutschen ausländischer Unterstützung. Peter Kovacs, Hüne aus Ungarn und damals einer der Stars der Liga, erzielte in der Saison 1989/90 die meisten Tore für Großwallstadt.

In der folgenden Saison stürzte der erfolgsverwöhnte Meister auf den 13. Platz ab und verschliss in den kommenden sechs Jahren sieben Trainer. Die Kommerzialisierung des Sports zeigte dem Dorfverein seine Grenzen auf. Wo es früher ausschließlich um Sport gegangen war, stand jetzt etwas ganz anderes im Vordergrund: Geld. Am bayrischen Untermain, einer strukturschwachen Region, fällt es Großwallstadt nunmehr schon seit Jahren schwer, zahlungswillige Unternehmen zum Sponsoring zu überreden. Der Etat ist nur unterer Ligadurchschnitt, der Verein steckt im Mittelmaß fest. Branchenriesen wie Kiel, Magdeburg und Flensburg sind längst davongezogen. Manfred Freisler, bis 1989 Spieler in Großwallstadt, bringt das Dilemma auf den Punkt. „Beim TV muss man von der Hand in den Mund leben", so Freisler, „jedes Jahr werden dort die besten Spieler weggekauft." Zuletzt waren das zum Beispiel Christian Ramota, Joachim Boldsen und Dominik Klein, allesamt Nationalspieler. Vorher hatte schon Jackson Richardson den Verein verlassen. Auch der auf der Insel La Réunion geborene Franzose mit den Rastalocken, so etwas wie der letzte Superstar in Großwallstadt, suchte nach vier Jahren beim TVG einen zahlungskräftigeren Klub mit besserer sportlicher Perspektive. Immerhin holte Großwallstadt mit Richardson 2000 noch einmal einen Titel, den eher unbedeutenden europäischen City-Cup. Die Situation in Großwallstadt ist trotz dieses Erfolgs dieselbe geblieben: Weil andere mehr Geld haben, müssen die Leistungsträger abgegeben werden. Fast jedes Jahr steht ein Neuaufbau mit jungen Talenten an. Und daran wird sich in Zukunft wohl nicht viel ändern, so dass die Fans gut daran tun, die Erinnerungen an die Glanzzeit Ende der siebziger, Anfang der achtziger Jahre frisch zu halten.

Stefan Boysen

Erfolgsbilanz:
Deutscher Meister: 1973 (Feld), 1978, 1979, 1980, 1981, 1984, 1990 (Halle)
Deutscher Pokalsieger: 1980, 1984, 1987, 1989
Europapokalsieger der Landesmeister: 1979, 1980
Europameister der Vereinsmannschaften: 1980
IHF Pokalsieger: 1984
Euro-City-Cup: 2000.

▶ Porträt

Manfred Hofmann

Manchmal sind es nur Sekunden, die aus ambitionierten Sportlern Helden mit Legendenstatus formen. Fußballer Helmut Rahn machte sich mit einem Flachschuss in die linke untere Ecke des ungarischen Tores anno 1954 unsterblich, Max Schmeling hatte 18 Jahre zuvor eine schlichte Rechte an den Kopf von Joe Louis zur nachhaltigen Anerkennung genügt, und Boris Beckers Siegsprung nach seinem ersten Wimbledon-Erfolg 1985, bei dem der Schläger im hohen Bogen über den Platz flog, löste gar umfassende Euphorie in einer bis dato als elitär angesehenen Sportart aus.

Die wegweisenden Sekunden in der Karriere von Manfred Hofmann spielten sich in der wenig schmucken Sporthalle von Chemnitz ab, das damals der sozialistischen Ehrerbietung wegen noch Karl-Marx-Stadt hieß. Es war der 6. März 1976:

Die deutsche Nationalmannschaft kämpfte um die Qualifikation für die Olympischen Spiele in Montreal, das Hinspiel gegen die DDR hatte sie in München mit 17:14 gewonnen, und jetzt, fünf Sekunden vor dem Ende der entscheiden Partie, führten die Gastgeber 11:8, als der Unparteiische auf Siebenmeter entschied. „Meine Mitspieler haben sich alle weggedreht, weil sie dachten: ‚Das war's'", erinnert sich Hofmann. Ein Tor, so viel stand fest, würde der DDR den Weg nach Kanada ebnen und der Auswahl der Bundesrepublik nach dem erstmaligen Absturz in die B-Kategorie zwei Jahre zuvor einen weiteren Rückschlag versetzen. „Eigentlich", sagt Abwehrspezialist Heiner Brand rückblickend, „hat keiner mehr an Montreal geglaubt."

Und wohl auch nicht an Hofmann. Dabei galt der Torhüter des

Manfred Hofmann im Tor der Nationalmannschaft.

Handball bis 1990

TV Großwallstadt bereits zu jener Zeit als einer der Besten seines Fachs. Hofmann trat zwei Schritte aus seinem Tor, so wie er das immer machte bei Strafwürfen für den Gegner. Mit seiner Körpergröße von 1,91 Meter und 92 Kilogramm gab er ein imposantes Bild ab, und vielleicht hat er, wie er so da stand, auch ein wenig den sonst so sicheren Siebenmeter-Schützen Hans Engel vom ASK Vorwärts Frankfurt/Oder irritiert. Stoisch begegnete Hofmann seinem Kontrahenten, doch als dieser warf, zuckte blitzschnell sein linkes Knie nach vorn und wehrte den Ball ab. Es war weniger als eine Sekunde, doch sie reichte aus, um „Hoppes", wie der damals 28-Jährige von seinen Mitspielern nur genannt wurde, auf einen Schlag berühmt zu machen.

Allerdings musste sich der Bankkaufmann noch ein wenig gedulden, ehe die Krönung jener Glanzleistung erfolgte. In Montreal spielten Hofmann und Kollegen zwar ansprechend, belegten am Ende aber nur Platz vier. Und das ist seit jeher bekanntlich der Rang des besten Verlierers. Erst eineinhalb Jahre später sollte die ruhmreiche Generation die adäquate Auszeichnung erhalten. Mit der jüngsten Mannschaft des Turniers gewann Deutschland bei der Weltmeisterschaft 1978 in Dänemark Gold durch ein 20:19 im Finale gegen die Sowjetunion. Und wieder stand Hofmann im Mittelpunkt. Als das Spiel kurz vor Schluss zu kippen drohte, wehrte er abermals einen Siebenmeter ab. Diesmal mit dem Kopf. „Schmerzen", sagt Brand, „hat der Hoppes nicht gekannt."

Ein Umstand, der ihm auch im Verein neben einer Menge Anerkennung zahlreiche Auszeichnungen bescherte. Mit dem TV Großwallstadt gewann Hofmann fünf Meistertitel, zweimal den Europapokal der Landesmeister, einmal den Goldpokal und einmal den nationalen Cup. Zweimal gab er nach seinem Rücktritt noch ein Comeback, letztmalig 1989. Aus Verpflichtung seinem Klub gegenüber, aber auch, weil Handballer nur allzu gern an die Stätte ihrer größten Erfolge heimkehren. Bei Hofmann indes hat sich dies nach seinem endgültigen Abschied gänzlich gewandelt. Nach und nach verlor er das Interesse an seiner einstmals geliebten Sportart. Bei Prominentenspielen der Weltmeistermannschaft von 1978 tritt er nur noch selten an, Heimbegegnungen seines Klubs besucht er lediglich sporadisch ein bis zwei Mal im Jahr. „Es gibt Wichtigeres im Leben", sagt Hofmann. Er sagt es mit einem Phlegma, das ihn schon zu seiner aktiven Zeit umgeben hat. „Man gewinnt automatisch Abstand mit der Zeit, Handball ist für mich längst nicht mehr alles." Heute ist Hofmann (Jahrgang 1948) als Direktor der Sparkasse in Hanau tätig und lebt noch immer in Großwallstadt. Er bestritt 110 Länderspiele. Eines genügte, um ihn berühmt zu machen.

Jens Bierschwale

▶ Porträt

Kurt Klühspies

Kurt Klühspies kann sich nicht mehr genau erinnern, wann es war. Vielleicht Ende der 70er oder Anfang der 80er Jahre. Jedenfalls hatte seine Frau Elke darauf bestanden, und der Großwallstädter Linkshänder folgte dem Begehren. Wann immer er sich in einem Spiel verletzt am Boden krümmte – und das kam bei der harten Spielweise jener Zeit häufiger vor – sollte er den rechten Arm heben. Das diente zwar nicht der schnellen Genesung auf dem Feld, verriet seiner Frau aber, dass alles nicht so schlimm sei und der Gatte umgehend weiterspielen könne. „Elke war dann beruhigt", sagt Klühspies, „auch wenn ich manchmal vergessen habe, gleich den Arm zu heben."

Kurt Klühspies mit dem Pokal zur ersten Deutschen Meisterschaft 1978.

Seine originäre Funktion nahm der 1,95 Meter große und 95 Kilogramm schwere Rückraumspieler dagegen sehr viel ernster. Die Erfolge des kleinen mainfränkischen Klubs sind vor allem mit dem Namen Klühspies verbunden, den sie noch heute ehrfurchtsvoll „Mr. Handball" rufen. Schon vor Gründung der eingleisigen Bundesliga 1977 hatte der gleichermaßen gute Abwehr- wie Angriffsspieler beim TV Großwallstadt für Furore gesorgt, doch seine größte Zeit erlebte er in den ersten Saisons der jungen Eliteklasse. Fünf Meistertitel holte der Klub zwischen 1978 und 1984, dreimal war Klühspies erfolgreichster Werfer der Mannschaft. Seine 685 Tore in 182 Bundesligapartien bedeuteten lange Zeit Vereinsrekord. Als führende Figur auf dem Feld half er mit, drei Europapokale und zwei nationale Cup-Gewinne zu erringen. 1980 war es Klühspies und Kollegen sogar vergönnt, mit der Meisterschaft, dem Pokalsieg, dem Triumph im Europapokal der Landesmeister und dem Weltcupsieg eine perfekte Saison zu spielen.

Doch Berühmtheit erlangte Klühspies nicht nur wegen dieser beeindruckenden Erfolgsquote, sondern vor allem ob seiner engen Bindung an den TVG. Viermal kehrte er nach seinem Rücktritt 1984 noch auf die Platte zurück. „Mir tun alle Knochen weh", hatte der zweifache Vater damals angegeben und fortgeschrittene Arthrose in den Fußgelenken beklagt. Doch die Schmerzen waren alsbald vergessen und der Wunsch, seinem Verein zu helfen, größer als die Angst vor dauerhaften Schäden. Bei seinem letzten Comeback 1993 war Klühspies schon 41 Jahre alt, half aber dennoch tatkräftig mit, Flensburg mit 21:20 zu besiegen und Großwallstadt vor dem Abstieg zu bewahren. „Das war unwiderruflich das letzte Mal", sagte der Held hernach. Und diesmal blieb er standhaft.

Der Nationalmannschaft hatte Klühspies schon sehr viel früher ade gesagt. Enttäuscht über den Olympia-Boykott 1980 erklärte er nach 104 Spielen bereits mit 28 Jahren seinen Rücktritt. Dabei hatte der Hüne im Weltmeisterteam von Vlado Stenzel eine wichtige Rolle eingenommen und durchaus Sondererlaubnisse erhalten, wie sie sonst nur dem heutigen Bundestrainer und damaligen Abwehrchef Heiner Brand zuteil wurden.

Am 4. Februar 1978, vor dem Finale der Weltmeisterschaft gegen die damalige Sowjetunion, saß Klühspies gemeinsam mit Brand in seinem Kopenhagener Hotelzimmer und versuchte, die Aufregung vor dem größten Auftritt seiner Karriere zu betäuben. Zwei Dosen Bier hatte Bundestrainer Stenzel seinen Spielern genehmigt, Klühspies und Brand durften drei trinken. Als sie bei ihrer letzten Dose angekommen waren, betrat plötzlich Wolfgang Böhme, Kapitän der DDR-Mannschaft, den Raum. Kontakte mit Spielern der Bundesrepublik waren Böhme und seinen Kollegen eigentlich untersagt, aber den Rostocker kümmerte das nicht. Mit den leeren Bierdosen stellten Brand, Klühspies und Böhme schließlich auf dem Boden des Hotelzimmers die Spielzüge der Russen nach. Am nächsten Tag gewann die Nationalmannschaft 20:19. „Von der Geschichte will der Heiner nichts mehr wissen, seitdem er Bundestrainer ist", sagt Klühspies. „Daran kann ich mich wirklich nicht erinnern", beteuert Brand.

Die Wahrheit liegt wohl irgendwo in der Mitte. Fest steht dagegen, dass der neben dem Olympiasieg der DDR 1980 größte Erfolg für den deutschen Handball seinen Protagonisten später als Türöffner diente. Klühspies etwa verdingte sich direkt nach seiner Karriere als Betreuer von Großkunden des Sportartikelherstellers Adidas im Rhein-Main-Gebiet. Ein beruflicher Quantensprung, den der gelernte Industriemeister dennoch bewältigte. Noch heute ist der passionierte Golfspieler für das Unternehmen tätig, obwohl er zwischenzeitlich gesundheitlich stark angeschlagen war. Anfang 2000 diagnostizierte Klühspies' Hausarzt bei einem Routinecheck Darmkrebs beim Hünen. Der damals 48-Jährige wurde sofort operiert und konnte die Krankheit besiegen.

Physische Probleme hatte der Mann, der heute in Erlenbach wohnt, schon vorher beklagt. Als Klühspies 1994 Abteilungsleiter seines geliebten Klubs wurde, ergriff ihn die Sorge um seinen Verein derart, dass er bald darauf beim Spiel gegen Rheinhausen mit einer Kreislaufschwäche zusammenbrach. Klühspies stellte den Posten „aus persönlichen, beruflichen und gesundheitlichen Gründen" zur Verfügung. Den rechten Arm hob er diesmal nicht.

Jens Bierschwale

Im Spiel gegen die DDR bei der WM 1978.

Kapitel 7

Die 1980er Jahre

Segen der neuen Regeln und ein Boykott mit Folgen

Als Bernhard Thiele, der seit 1972 amtierende DHB-Präsident, in der Neujahrsausgabe der *Deutschen Handballwoche* die Perspektiven für das Jahr 1980 beschrieb, bedrohte bereits ein „möglicher NATO-Boykott" die großen Ambitionen der bundesdeutschen Handballstars. Am 27. Dezember 1979 waren die Sowjets nach Afghanistan einmarschiert, und daraufhin hatte US-Präsident Jimmy Carter bald reagiert und eine Nichtteilnahme an den Olympischen Spielen in Moskau angekündigt für den Fall, dass dieser Verstoß gegen das Völkerrecht nicht umgehend rückgängig gemacht werde. Das Handball-Fachblatt erkannte sofort, „dass ein Boykott gerade der ersten Spiele auf sozialistischem Boden durch westliche Länder die Sowjets an einem empfindlichen Nerv treffen würde". Doch der Kreml ließ sich durch nichts von der Besatzung abbringen, selbst nicht durch die Gefährdung des olympischen Prestigeobjektes im eigenen Lande.

Die weltpolitischen Turbulenzen erfassten den bundesdeutschen Spitzenhandball auf dem Zenit seines Leistungsvermögens. Der TV Großwallstadt gewann 1980 den Europapokal der Landesmeister, und der VfL Gummersbach hatte das Cupsieger-Finale nur knapp verloren. Vor allem aber befand sich die Nationalmannschaft im Winter 1979/80 in Topform und hatte eben den Supercup, das hochkarätigste Turnier zwischen den offiziellen Meisterschaften, souverän beherrscht. Zudem hatte Trainer Stenzel nochmals eine 30-prozentige Steigerung für das olympische Turnier versprochen. Die Spieler waren zwei Jahre lang auf olympisches Gold geeicht worden, aber nun bremste sie die Weltpolitik aus. Im Februar 1980 gab sich DHB-Präsident Thiele noch kämpferisch: „Im Einvernehmen mit dem Vorstand des DHB werden wir alles versuchen, eine Teilnahme an den Olympischen Spielen zu ermöglichen." Und erklärte, warum: „Bei einem Boykott wäre unser Handball am meisten betroffen. Einmal weil der Sportverkehr mit den osteuropäischen Ländern, die ja bekanntlich die Weltspitze stellen, zum Erliegen käme, und zum zweiten stünde die Durchführung der Weltmeisterschaft 1982 in der Bundesrepublik dann wohl kaum noch zur Debatte." Zudem könne die BRD in die C-Gruppe zurückgestuft werden.

Bei den zahlreichen Debatten über den Olympiaboykott, die nun in den folgenden Monaten stattfanden, zeigte sich klar, dass sich auch der bundesdeutsche Sport, der sich stets als politisch neutral geriert hatte, nicht dem Primat der Politk entzie-

Boykottbeschluss am 15.5.1980. DSB-Präsident Willi Weyer (li.) und sein Gegenspieler NOK-Präsident Willi Daume (re.).

hen konnte. Ausgehend von den USA, wo sich das Nationale Olympische Komitee im April 1980 aufgrund des großen Drucks des US-Präsidenten Jimmy Carter gebeugt hatte, nahmen nun auch Bundeskanzler Schmidt und Bundespräsident Carstens erheblichen Einfluss auf die Mitglieder des NOK für Deutschland, das am 15. Mai 1980 über eine Teilnahme zu befinden hatte. Bei der Abstimmung fielen die Interessen der Sportler, die jahrelang auf das Großereignis hintrainiert hatten, unter den Tisch. Sport allein könne kein taugliches Mittel einer politischen Demonstration sein, hatte der Fechter Thomas Bach erklärt, aber alle Petitionen der Sportler als Betroffene spielten keine Rolle. Die öffentliche Debatte vom 15. Mai 1980, die vier Stunden dauerte, spaltete den bundesdeutschen Sport. Während etwa DSB-Präsident Willi Weyer für einen Boykott plädiert hatte, stellte sich NOK-Chef Willi Daume auf die Seite der Sportler. Es half alles nichts, am Ende votierte das NOK mit 59:40-Stimmen für einen Boykott. Nach der Entscheidung machte Handballchef Thiele darauf aufmerksam, dass ausgerechnet diejenigen Verbände, die keine sportlichen Ambitionen für Moskau hatten (so der DFB) oder ohnehin dort nicht starten würden (so der Skiverband, der Lake Placid 1980 bereits hinter sich hatte), für einen Boykott gewesen seien. Thiele selbst hatte eine flammende Rede für eine Teilnahme gehalten.

Es war eine Nichtteilnahme mit schwerwiegenden Konsequenzen. Zwar musste der DHB nicht, wie befürchtet, die WM 1982 zurückgeben. Aber die BRD wurde für das WM-Turnier im eigenen Land leistungsmäßig neu eingereiht und in die B-Gruppe zurückgestuft, was eine schwerere Vorrundengruppe bedeutete. Viel folgenreicher waren noch die Rücktritte wichtiger Leistungsträger wie Heiner Brand, Kurt Klühspies, Manfred Hofmann und Rudi Rauer, die nach dem Boykott jede Motivation für die Nationalmannschaft verloren hatten. „Es gilt, einen Leistungsknick unserer Spitzenhandballer so gering wie möglich zu halten", sagte Präsident Thiele nach dem Boykottbeschluss. Dieses Vorhaben misslang. Die Politik, das bewies die Zukunft, hatte eine große Mannschaft zerschlagen. ▶ *weiter auf Seite 213*

▶ **Exkurs**

Das Wunder von Moskau

30. Juli 1980 im Moskauer Sokolniki-Palast. Die Bilder gingen um die Welt. Verlängerung. Noch vier Sekunden zu spielen. Die DDR-Auswahl in doppelter Unterzahl. Alexander Karsakjewitsch steigt hoch und zieht ab. Wieland Schmidt ist zur Stelle. Mit dem rechten Unterarm entschärft er den Gewaltwurf. Der Ball setzt auf, springt an die Unterkante der Latte und von dort direkt in die Arme des Torhüters. Der Teufelskerl gibt das Streitobjekt nicht mehr her. Wie entfesselt stürmt er in Richtung Seitenlinie. Im Freudenrausch kanoniert er die Kugel gegen eine Metallbande. Einen Augenblick lang habe er überlegt, das Leder in Richtung eines russischen Kameramannes zu werfen, der ihn bei jedem Gegentor provozierend „angeguckt und gegrinst" hatte, erinnert sich Schmidt. Doch der Held dreht ab und taucht ein in eine blau-weiße Jubeltraube. 23:22. Die DDR ist Olympiasieger. „Das war schon wie ein Wunder", meint Wieland Schmidt. In Abwesenheit des amtierenden Weltmeisters Bundesrepublik Deutschland galt die UdSSR, laut Lothar Doering „eine Mannschaft wie von einem anderen Stern", als haushoher Favorit. „Die in eigener Halle zu schlagen, war eigentlich nicht machbar", fügt der Leipziger hinzu. „Unser Erfolg war dem großen Einsatz und dem disziplinierten Spiel der ganzen Mannschaft zu verdanken. Ein würdiges olympisches Turnier ist mit einem Sieg beschlossen worden, von dem ein Trainer vorher nur zu träumen wagte", erklärt Paul Tiedemann in der Stunde des Triumphes.

Tiedemann und Klaus Langhoff sind die Väter des Erfolgs. Die Großfeld-Weltmeister von 1963 hatten die Truppe 1976 mit dem Ziel übernommen, „modernen, attraktiven Handball zu spielen", sagt Langhoff. Die beiden Auswahltrainer, die 1966 mit dem SC DHfK Leipzig Europacupsieger wurden, eint nicht nur die gleiche Handball-Philosophie, auch menschlich funken sie auf einer Wellenlänge. Zwei ruhige Typen. Zielstrebig. Ehrgeizig. Geradlinig. Tiedemann, der im DDR-Team für den Angriff verantwortlich zeichnete, „ist ein Ostpreuße. Er hatte seinen Kopf für sich. Manchmal war er ein bisschen stur", so Langhoff über seinen langjährigen Weggefährten, mit dem er heute noch ein freundschaftliches Verhältnis pflegt. Sich selbst bezeichnet der gebürtige Rostocker, der in erster Linie mit den Torhütern und der Abwehr arbeitete, als „typischen Mecklenburger. Wir sind nicht nachtragend, aber wir vergessen auch nichts."

Im Februar 1980, wenige Monate vor den Sommerspielen in Moskau, ereilte das Trainergespann eine Hiobsbotschaft. Mit Wolfgang Böhme fiel „unser bester Spieler" (Langhoff) aus sportpolitischen Gründen aus. Dem Weltklasse-Linkshänder wur-

Wieland Schmidt, DDR-Torwart.

den Devisenvergehen vorgeworfen. „Wenn wir ins westliche Ausland gefahren sind, habe ich von Freunden Geld mitgenommen und dort beispielsweise Uhren für sie gekauft", erzählt Böhme. Die DDR-Führung war indes peinlichst darauf bedacht, dass Devisen in den heimischen Intershops ausgegeben wurden und somit im eigenen Land verblieben. Nach DDR-Recht und -Gesetz verhielt sich Böhme also unkorrekt. Ebenso bei einem Länderspiel in Minden gegen Island. Ein Zuschauer drückte ihm „einfach so" 500 D-Mark in die Hand. „Dem habe ich einen Ball vom Auswahlteam unterschreiben lassen." Von dem Geld kaufte er einen Kassettenrekorder. „Für 379 Mark. Den habe ich übrigens heute noch." Und noch etwas stieß den DDR-Oberen sauer auf. Wolfgang Böhme hatte zum damaligen Zeitpunkt Probleme mit Ute Rührold, seiner zweiten Frau. Er schrieb der einstigen Weltklasse-Rodlerin sinngemäß: Wenn es nicht mehr klappt mit uns, kann ich ja beim bevorstehenden Länderspiel in Dänemark bleiben. „Die Stasi muss alle Briefe gelesen haben", vermutet Böhme, der kurzerhand nach Berlin zitiert wurde. Dort eröffnete Manfred Ewald, Präsident des Deutschen Turn- und Sportbundes, dem Schwarzschopf, „dass ich des Leistungssports nicht mehr würdig bin". Böhme durfte weder in der Oberliga noch in der Liga spielen, dafür aber als Trainer mit Talenten arbeiten. „Das war ja total hirnrissig. Auf der einen Seite war ich das abschreckende Beispiel, auf der anderen Seite Vorbild." Gedanken, in den Westen überzusiedeln, setzte er mit Rücksicht auf seine Familienangehörigen („Mein Vater wäre sofort arbeitslos geworden") erst kurz vor der Wende in die Tat um.

Während Böhmes Karriere auf einen Schlag beendet war, steuerten seine (ehemaligen) Mannschaftskameraden ihrem größten Erfolg entgegen. Die DDR-Auswahl, die zwei Jahre zuvor WM-Bronze erkämpft hatte, kam in Moskau nur schwer in Tritt. Im Auftaktspiel gegen Spanien lag sie zur Pause mit 6:9 zurück, konnte die Partie aber noch umbiegen (21:17). Nach einem 14:14 gegen Ungarn und einem souveränen 27:20 über den Außenseiter Kuba ging es in der abschließenden Vorrundenbegegnung gegen Polen um Alles oder Nichts. 22:21 – der Staffelsieg war perfekt und weckte Lust auf mehr. „In dem Augenblick hatte man Silber sicher. Da konnte nichts mehr passieren", beschreibt Lothar Doering die Stimmung vor dem Finale. Für das Endspiel galt, „die Chance, die eigentlich nicht da war, zu nutzen". Die Ostdeutschen, die die olympische Generalprobe gegen die UdSSR noch mit 16:18 verloren hatten, boten dem individuell und körperlich überlegenen Kontrahenten die Stirn. Getreu dem Motto: „Einer für alle, alle für einen" behielten sie auch nach dem zwischenzeitlichen 16:18 kühlen Kopf. 20:20 (10:10) stand es nach 60 Minuten. Erstmals ging ein olympisches Finale in die Verlängerung. Anatoli Jewtuschenko, der russische Coach, war schon zu diesem Zeitpunkt dem Verzweifeln nahe. Taten- und machtlos musste er mit ansehen, wie die DDR auf 23:21 davonzog. Das war die Vorentscheidung. Mit Glück und Geschick wurde der kostbare Vorsprung behauptet. Die Sensation war perfekt.

Wolfgang Böhme, dessen Karriere vor Olympia beendet war.

Die DDR verfügte seinerzeit zwar über Weltklasse-Spieler wie Wieland Schmidt, Frank-Michael Wahl oder Ingolf Wiegert, doch der Star war die Mannschaft. „Es gab keine Grüppchenbildung. Dann wäre das Unterfangen Gold auch zum Scheitern verurteilt", meint Frank-Michael Wahl. Für die nötige Eigendynamik sorgten vor allem die fünf Magdeburger – Wieland Schmidt, Günter Dreibrodt, Hartmut Krüger, Ernst Gerlach und Ingolf Wiegert. „Die konnten nicht verlieren", beschreibt Klaus Langhoff den unbedingten Siegeswillen der Elbestädter, die ihre Nebenleute mitrissen. Auch jene Akteure, die überwiegend die harte Ersatzbank drücken mussten wie Georg Jaunich, Ernst Gerlach, Siegfried Voigt oder Rainer Höft, zogen bedingungslos mit. Vor allem Höft sorgte für gute Stimmung. „Er war ein Unikum", sagt Langhoff über den Spieler, der neben handballerischen Fähigkeiten auch Entertainer-Qualitäten besaß und seine Mitstreiter mit Parodien begeisterte.

Wie auf dem Handball-Feld war auch bei den Feiern taktisches Geschick gefragt. An der Regattastrecke auf dem Moskauer Kanu- und Ruderkanal in Krylatskoje gab's zwar tschechisches Bier, doch Alkohol war im olympischen Dorf tabu. Beim Durchleuchten der schweren und klirrenden Sporttaschen entdeckten die russischen Wachleute den Gerstensaft. „Da haben wir unser Gold gezeigt und sie haben uns durchgelassen", erzählt Frank-Michael Wahl. „Wir haben sehr lange und sehr viele Tage gefeiert", berichtet sein langjähriger Zimmerkollege Ingolf Wiegert. „Salopp gesagt: Wir haben gesoffen bis zum Umfallen", fügt Lothar Doering hinzu.

Durch den Final-Erfolg konnten die Handball-Helden ein paar Tage länger Moskauer Luft schnuppern. Die DDR hatte für alle Olympiasieger eine Gold-Maschine gechartert. Neben den offiziellen Empfängen im Kreml und in der Botschaft blieb auch Zeit, um andere Wettkämpfe hautnah zu verfolgen. Die Wahl, Wiegert, Doering und Co. erlebten das Husarenstück von Marathonläufer Waldemar Cierpinski ebenso live wie den überraschenden Höhenflug von Gerd Wessig oder die Gold-Fuhren der Kanuten und Ruderer. Auch in der Heimat rissen die Empfänge und Ehrungen nicht ab. 20.000 (Ost-)Mark erhielt jeder Spieler. Dazu gab's den Vaterländischen Verdienstorden in Silber. Im Zeitalter des Kalten Krieges wog Gold in einer publikumswirksamen Mannschafts-Sportart doppelt schwer. „Mit so einem Titel gehen einige Türen auf. Das ist wie ein Ritterschlag", sagt Lothar Doering, der nach seiner aktiven Laufbahn ins Trainergeschäft einstieg. Unter anderem trainierte er die deutsche Frauen-Nationalmannschaft und den Zweitligisten Bernburg, bevor er wegen gesundheitlicher Probleme aufhörte. Das Gros der 80er Helden trainiert unterklassige Vereine. Beispiel Ingolf Wiegert. Der frühere Coach der DHB-Frauen und der SCM-Männer arbeitet seit mehr als fünf Jahren bei der SG Eintracht Glinde. Mit ihr feierte er vier Aufstiege in Folge – von der Bezirksklasse bis in die Regionalliga. „Ich fühle mich in Glinde sehr wohl, genieße die familiäre Atmosphäre und weiß, dass ich meine Mannschaft noch weiter entwickeln kann. Soweit ich dies abschätzen kann, wird dies aber wohl meine letzte Trainerstation sein. Noch mal etwas Neues aufzubauen, würde mir nichts mehr bringen", meint Wiegert, der hauptberuflich als Lehrer am Sportgymnasium Magdeburg tätig ist. Zudem engagiert er sich beim SCM, dem er seit mehr als 35 Jahren verbunden ist. Dort arbeitet er nicht nur mit Kindern (Wiegert: „Das macht Spaß – mehr als im Profibereich"), sondern kümmert sich auch um die Traditionspflege im Verein.

Die Olympiasieger haben sich nie aus den Augen verloren. Seit dem Dezember 1993, zur Eröffnung der Aßmann-Halle in Eisenach, greifen die „Handballer mit Leib und Seele" (Wiegert) wieder regelmäßig in die Trickkiste. Das Interesse an den Stars von einst reißt nicht ab. Im Gegenteil: „Mit der EM hat es Anfragen regelrecht gehagelt", berichtet Thorsten vom Wege. Der MDR-Reporter ist für die 80er-Helden der Mann für alle Fälle: Manager, Organisator und Zeugwart in einer Person. Bei einigen spielt die Gesundheit nicht mehr mit. „Ich bin vorsichtiger geworden", bekennt Wieland Schmidt, der seit Jahren einen Herzschrittmacher benötigt. So ist bereits eine Abschiedsvorstellung geplant. Bei den künftigen Treffen werde es dann „gleich auf die Kegelbahn und anschließend auf den Barhocker" gehen, kündigt Lothar Doering an. Mögliche „Rückfälle" will er aber nicht ausschließen. Dazu sind die Bilder von Moskau 1980 noch zu stark in Erinnerung.

Stefan Ehlers

Regeländerungen

Die tragische Verletzung Joachim Deckarms 1979 in Tatabanya, die der Welthandball erschüttert zur Kenntnis nahm, hatte die Sportart erneut in eine schwere Imagekrise gestürzt. In Zeiten der entstehenden Friedensbewegung und anti-autoritärer Erziehungsmodelle hatte die Sportart in weiten Teilen der deutschen Öffentlichkeit mit schweren Vorurteilen zu kämpfen: Handball sei brutal, gefährlich und damit pädagogisch nicht wertvoll, hieß es häufig. Wenn die Fachwelt den Sturz Deckarms auch als Unfall betrachtete und ihn in erster Linie auf den Betonfußboden zurückführte (der daraufhin verboten wurde), entzündete sich doch in der Folge eine hitzige Diskussion über Regelreformen. Dabei stand, wie die Fachzeitschrift *Lehre und Praxis des Handballspiels* 1980 schrieb, „das Bemühen um einen Rückgang der bedrohlichen Brutalisierung im Vordergrund". In derselben Zeitschrift publizierten die deutschen Sportwissenschaftler Duell, Klein und Sichelschmidt die Studie „Zum Problem des Foulspiels im Handball". Darin hieß es: „Die Ergebnisse der Untersuchung belegen nach unserer Meinung, dass das Sportspiel Handball derzeit tatsächlich überhart und brutal praktiziert wird. Weder den Schiedsrichtern noch den Spielern ist bewusst, dass jegliches Stoßen/Schlagen und Umklammern/Festhalten eine absichtliche Regelwidrigkeit ist." Und sie machten darauf aufmerksam, dass die Regel 8 („Verhalten zum Gegner") von eigentlich keinem Schiedsrichter der Erde mehr konsequent gepfiffen wurde. Das „Klammern" oder „Festmachen" des Angreifers wurde schlicht nicht geahndet und hatte das Spiel Ende der 70er Jahre zu einem Foulfestival werden lassen. In das Bild passte eine Untersuchung aus dem Jahr 1978, nach der zu fast 97 Prozent die Mannschaft gewann, die am häufigsten Foul spielte – die Regelwidrigkeiten also noch belohnt wurden.

Als das olympische Turnier von Moskau ebenfalls viele brutale Partien gesehen hatte, reagierte der Weltverband mit der umfassendsten Regeländerung seit 1973. Die wichtigsten Modifikationen damals: Verzögerungen des Spiels wurden mit Freiwurf bestraft; die Spieler durften fortan den Ball, wenn er nicht am Boden lag, aus dem Torraum fischen, und der Einwurf durfte nun mit einer Hand (und nicht mehr mit zwei) ausgeführt werden, was das Spiel schneller und damit taktisch variantenreicher gemacht hatte. Auch das Foulspiel sollte rigoroser mit Hinausstellungen bestraft werden. 1975 war dazu noch eine modifizierte Vorteilsregel hinzugekommen. Nun, 1981 und nach erfolgreichen Tests an der Deutschen Sporthochschule in Köln, wies der Weltverband IHF seine Schiedsrichter an, das „Festmachen" konsequent mit der so genannten „progressiven Bestrafung" zu ahnden: Zuerst mit einer Ermahnung, dann mit einer Gelben Karte, schließlich mit einer Zwei-Minuten-Strafe. Zudem durften fortan auch alle Freiwürfe und Anwürfe direkt zum Tor führen, um so die Vorteile des Foulenden zu minimieren.

Diesen Beschluss darf man getrost als eine der wichtigsten Zäsuren in der Geschichte des Handballs bezeichnen. Von der Saison 1981/82 an hatte das Klammern ein Ende, die Abwehrreihen mussten sich mit faireren Mitteln der Angreifer erwehren. Nach einer Statistik aus den Spielen der Bundesliga ergab sich eine Reduzierung der Fouls von vorher durchschnittlich 100 auf nun 66 pro Spiel, was zugleich ein deutlich flüssigeres Spiel nach sich zog. Auch die Befürchtung, die Zahl der Hinausstellungen würde sich drastisch erhöhen, bewahrheitete sich nicht. Wer nun viel foulte, verlor nämlich meistens das Spiel, wie ebenfalls eine Studie aufklärte. Dass die Foulrate in den Jahren danach wieder leicht anstieg, hatte zwei Gründe: Zum einen hatten die Spitzenspieler bald wieder die Grenzen der Fairness ausgelotet, und zum anderen pfiffen die Schiedsrichter die neue Regelauslegung nicht mehr so konsequent wie zu Beginn. Aber das Spiel war fairer geworden. ▶ *weiter auf Seite 220*

Aktionen wie diese gegen Horst Spengler bei der WM '78 sollte es nicht mehr geben.

Exkurs

Die WM 1982 – Enttäuschung im eigenen Land

Alle hatten ein großartiges Fest gesehen, eine Handball-Fete. Als die 10. Hallen-Weltmeisterschaft vom 23. Februar bis 7. März 1982 in der Bundesrepublik Geschichte war, schwärmten Laien wie Experten von dem „spannendsten, schönsten und besten WM-Turnier im Hallenhandball aller Zeiten". Die Statistiker hatten Rekorde auf vielen Ebenen registriert: Über 140.000 Zuschauer, was eine grandiose Auslastung von 88 % bedeutete, waren in die Hallen geströmt, in sage und schreibe 29 westdeutschen Städten. (Der sechs Millionen Mark teure Etat des DHB, der ohne öffentliche Subventionen auskam, war bereits mit 80.000 Besuchern gedeckt.) Ursprünglich hatte der Handballverband sogar geplant, die insgesamt 54 Spiele in 54 Städten auszutragen, um eine noch flächendeckendere Versorgung des Publikums zu erreichen. Aber das deutsche Fernsehen, das über 15 Stunden live übertrug, hatte dagegen Einwände erhoben und um einige Schwerpunkte gebeten. Dazu hagelte es sportliche Überraschungen en masse, die Spitze des Welthandballs war sichtbar enger zusammengerückt, wie die zehn Unentschieden dokumentierten. Die zahlreichen Regeländerungen aus dem Vorjahr wirkten sich aus: Das Spiel war flüssiger geworden, offensiver zu interpretieren. Auch die 45 Tore, die in jedem Spiel erzielt wurden, bedeuteten eine Höchstmarke. Als Höhepunkt des Gesamtkunstwerkes entpuppte sich das Finale zwischen der Sowjetunion und Jugoslawien (30:27 n.V.), das eine Demonstration modernen Tempohandballs gewesen war. Handball befand sich auf einem guten Weg zu einer modernen Sportart.

Gut gerüstet für die WM im eigenen Land. Vlado Stenzel und DHB-Präsident Thiele präsentieren das WM-Maskottchen.

Nur der westdeutsche Handball hatte einen Rückschlag erlitten. Schon die Vorbereitung war alles andere als glatt verlaufen, denn ein halbes Jahr zuvor waren die Stützen Arno Ehret, Jimmy Waltke, Arno Niemeyer und Kapitän Horst Spengler nach langen Querelen zurückgetreten, weil sie den autokratischen Führungsstil ihres Trainers nicht mehr ertragen hatten. Und natürlich schmerzten die Rücktritte von Klühspies und Brand, die nach dem Olympiaboykott 1980 ihre Motivation verloren hatten, von dem tragischen Fehlen des genialen Regisseurs Deckarm ganz zu schweigen. Nur Wunderlich, Hormel und Freisler waren aus dem 1978er-Aufgebot übrig geblieben. Diesen Substanzverlust konnte Stenzel, der sich in den vergangenen Jahren auch mit der gesamten Führungsriege des DHB verkracht hatte, nicht mehr ausgleichen. Zudem hatte es Streitigkeiten mit den Bundesligavereinen wegen der Freigabe von Nationalspielern gegeben. Der eigenwillige Kroate hatte deswegen schon die Erwartungen gedämpft: „Wir gehören zum Kreis von insgesamt sechs Favoriten." Die ersten Anwärter auf den Titel hießen Sowjetunion, Rumänien, DDR und Jugoslawien.

Bereits nach der Vorrunde war zu erkennen, dass die Stenzel-Schützlinge, die wie die Fußballer einen WM-Song aufgenommen hatten, nicht an das Team von 1978 heranreichten. Es fehlte an Homogenität im Angriff, der sich zu sehr auf die Wurfkraft Erhard Wunderlichs konzentrierte und leicht auszurechnen war. Und auch die Abwehr vermisste eine Führungsfigur wie Heiner Brand. Der leichte 24:10-Erfolg gegen Kuweit, erworfen vor 5000 Zuschauern in der Essener Gruga-Halle, war noch kein Maßstab. Der folgende 19:18-Sieg gegen die CSSR war schon ein Kraftakt sondergleichen, als sie ein 14:17 nach 54 Minuten noch umbiegen konnten (das letzte Siebenmeter-Tor warf Wunderlich), unter den fanatischen Anfeuerungsrufen der 8000 Zuschauer in der Dortmunder Westfalenhalle. Da sagte Klühspies noch über Stenzel: „Sein Glück ist schon fast überirdisch." Doch dann die Ernüchterung, die weltliche: Ein deklassierendes 15:24 gegen die Sowjetunion, zwar ohne Kapitän Freisler, aber es hatte schon nach 41 Minuten 7:15 gestanden. „Nach der Pause haben die Russen gezaubert wie die Harlem Globetrotters", urteilte Rückraum Klaus Voik. Mit den Westdeutschen als Statisten.

Neue Medaillenhoffnungen keimten auf nach dem 18:17 in Hannover gegen Polen, das erneut mehr erkämpft als erspielt worden war. Auch das relativ klare 16:19 im Bruderduell gegen die DDR, die neunte Niederlage der BRD im 14. Spiel, ließ noch Möglichkeiten für das „kleine Finale" und die direkte Olympiaqualifikation für Los Angeles 1984, wofür ein Platz unter den ersten Sechs genügte. Ein Sieg gegen die vermeintlich kleine Schweiz im letzten Gruppenspiel, und es hätte gereicht für das Spiel um Platz 3. Aber die Partie wurde zu einem Inferno. Der deutsche Angriff wirkte ratlos, die Abwehr konfus, und so stand es 23 Sekunden vor dem Abpfiff in Dortmund plötzlich 16:16. Es musste ein Tor her, aber obwohl die Schweiz in Unterzahl spielte, übernahm kein Spieler Verantwortung. Als Wunderlich endlich abschließen wollte, stoppte ihn Peter Jehle, den der kroatische Trainer der Schweizer, Sead Hasanefen-

WM 1982: die immer gut gefüllte Dortmunder Westfalenhalle.

dic, regelwidrig als sechsten Feldspieler auf das Parkett geschickt hatte („Los, halt ihn fest"). Jehle klammerte Wunderlich von hinten und erzwang einen Neunmeter, den Wunderlich dann vergab. Der klare Regelverstoß wurde erst einen Tag später entdeckt, als sich Wolf Günthner, Journalist der *Stuttgarter Zeitung*, die Fernsehaufnahmen noch einmal in Ruhe ansah. In der Hektik des Spiels hatte es keiner der Offiziellen bemerkt, auch nicht Stenzel, der bei seinen Einwechslungen ohne Fortune geblieben war. Da war es für einen Protest zu spät, das Reglement sah nur eine Stunde Einspruchsfrist vor.

Ein Tor hatte zwischen Triumph und Tragödie entschieden, zwischen Olympiaqualifikation und Absturz in die Zweitklassigkeit, so sahen es Fatalisten. In Wirklichkeit war Platz 7, den die bundesdeutsche Mannschaft nach dem 19:15 gegen Spanien schließlich belegte, ein Produkt vieler kleiner Unstimmigkeiten in dem komplizierten und sensiblen Gebilde Handballmannschaft. Stenzel, der „Magier" von 1978, war entzaubert und wurde gefeuert. Es war für die bundesdeutsche Nationalmannschaft der Beginn eines sportlichen Niedergangs, den keiner für möglich gehalten hätte.

Schon vor der Weltmeisterschaft waren die gravierenden Veränderungen des Spiels, die sich mit der Regelreform ergaben, signifikant. „Das Spiel in der Halle ist immer schneller, härter, athletischer geworden. Auch an die Kondition der Spieler

Dammann beim erfolgreichen Torwurf gegen die CSSR bei der WM 1982.

werden ständig höhere Anforderungen gestellt", erkannte die *Deutsche Handballwoche* im Frühjahr 1982. Nach dem grandiosen Turnier schwärmte nun auch die internationale Fachwelt. „Die Entwicklung des Handballs ist durch die neuen Regeln einen großen Schritt vorangekommen", meinte etwa Curt Wadmark, der schwedische IHF-Delegierte, der alle zehn Weltturniere seit 1938 gesehen hatte. „Die Tendenz zum groben Spiel ist durch die Regeländerung gesunken", stimmte ihm Ioan Kunst-Ghermanescu zu, das rumänische Trainerdenkmal. Dennoch gab es weiterhin Debatten darüber, ob man das Spiel nicht noch schneller und dynamischer machen sollte. So rief Jose Luis Nunez, der Präsident des CF Barcelona, im Mai 1986 zu einem Symposium nach Katalonien, bei dem die vier Spitzenklubs Redbergslids IK Göteborg, VfL Gummersbach, Athletico Madrid und CF Barcelona in Testspielen fünf grundsätzliche Regeländerungen probierten: 1. Warf der Keeper nun statt eines Mittelanwurfs an, durften sich die Feldspieler dabei überall aufhalten; 2. durften die Angreifer bei einem Neunmeter auch den Raum zwischen Torkreis und Freiwurflinie betreten; 3. durfte der Ball, einmal in die gegnerische Hälfte getragen, wie bei Basketball nicht mehr in die eigene Hälfte geworfen werden; 4. durfte jede Mannschaft jeweils eine Minute Auszeit pro Halbzeit beanspruchen und 5., der einschneidenste Änderungsvorschlag, sollte jedes Team nur noch fünf statt sechs Feldspieler haben, um mehr Platz zu schaffen. Der Weltverband war mit dem Feldversuch zufrieden und meinte, die „erprobten Spielvarianten können unter Berücksichtigung dieser Punkte alle als positiv angesehen werden – sie haben ein besseres Handballspiel geschaffen. Handball wird, insbesondere im Wettbewerb zu anderen Sportarten, wesentlich attraktiver und ohne Zweifel noch fernsehfähiger. Die Medien, die Teilnehmer und die anwesenden Experten waren sich darin einig: Die IHF ist auf dem richtigen Wege – die Richtung stimmt."

„Die IHF diskutiert ein ganz neues Spiel", befürchtete die Fachwelt daraufhin, und die Gegner machten darauf aufmerksam, dass damit das Spiel seinen ursprünglichen Charakter zu sehr verändern würde. Die *Deutsche Handballwoche* sagte eine brutale Athletisierung des Spiels voraus. Mehr Kraft und Kondition und weniger Technik, schnellere Entscheidungen, höhere Flexibilität, schnellere Auffassungsgabe – so lautete die Erwartung der Fachleute, die wie Christian Wiegels auch aus historischen Gründen vor einer dauernden Regeldiskussion warnten: „Wir wissen heute: Einer der wesentlichsten Gründe, dass der Großfeldhandball starb, waren die nicht enden wollenden Regeländerungen, mit denen sich einige Unverbesserliche zu profilieren gedachten. Gewarnt durch dieses Beispiel, sollte endlich die Ansicht Platz greifen, den erzieherischen und sportlichen Wert der Spielsport- und Kampfsportart Handball nicht zu verändern." Bundestrainer Simon Schobel ergänzte, dass nur „ein einfaches Regelwerk auf großes Verständnis beim Publikum und damit auf großen Zuspruch" stoße. Handball-Legende Bernd Kuchenbecker assistierte ebenfalls: „Wir brauchen Regeln, die in ihrer Formulierung einfach und in ihrer Auslegung eindeutig sind, inhaltlich von allen – Schiedsrichtern, Spielern, Trainern, Zuschauern – verstanden werden, Regelinterpretationen überflüssig machen und damit gleichzeitig Ermessensentscheidungen des Schiedsrichters einengen, wenn nicht sogar aufheben."

Der eher konservative Weltverband beugte sich den radikalen Vorschlägen aus dem Symposium nicht, abgesehen von der Auszeit, die bald eingeführt wurde. Aber der Sport war ohnehin schon sehr viel attraktiver und damit moderner geworden. Bis zum Ende der 80er Jahre entwickelten stilbildende Handballnationen wie die Sowjetunion und Jugoslawien das Spiel konsequent weiter, indem sie auf ein dynamisches Bewegungsspiel, auf schnelle Übergänge und verwirrende Kombinationen setzten. Die Russen waren es auch, die das erste Mal mit baumlangen Kreisläufern experimentierten und sich so weitere taktische Varianten schufen. Das Spiel wurde immer athletischer und dynamischer, sagte auch die Statistik: Bei den Olympischen Spielen 1988 hatte sich der Anteil der schnellen Konter von 8,6 % (1972) auf 13,7 % erhöht. Parallel dazu erhöhte sich der Takt der Tore: Waren bei der WM 1974 lediglich 44 Angriffe pro Mannschaft gelaufen worden, waren es bei Olympia 1988 schon 49 Angriffe, bei den Medaillengewinnern 52 und im Endspiel zwischen der Sowjetunion und Südkorea gar 56 pro Team. Dem Welthandball brachte dies spürbaren Erfolg; 1990 hatte sich die Mitgliederzahl innerhalb von zwei Jahrzehnten von 54 (1970) auf 101 erhöht.

Krisensymptome in der Bundesliga

Die noch junge „Gala-Liga" musste sich derweil mit den Kinderkrankheiten auseinandersetzen, die auch die Anfänge der Fußball-Bundesliga begleitet hatten. „Die Bundesliga der Männer hat sich weiter konsolidiert und ist zu einer weiteren ausgeglichenen Spielstärke zusammengewachsen", meinte zwar DHB-Präsident Thiele zu Beginn des Jahres 1980, und auch die für die Saison 1979/80 beschlossene Reduzierung von vier auf drei Absteiger habe zur Entkrampfung beigetragen. Aber für die Zuschauerzahlen galt diese Konsolidierung nicht. Denn nach den 335.000 Zuschauern, die noch in der ersten Saison gekommen waren, und einer leichten Steigerung auf 358.000 (1979/80) vernahm die Liga zu Beginn der 1980er Jahre einen leichten Einbruch auf 328.000 Zuschauer, was einen Schnitt von circa 1800 pro Spiel bedeutete. Krösus der Liga war schon damals der THW Kiel, der fast ein Viertel der zahlenden Zuschauer auf sein Konto verbuchen und zu Beginn der 1980er Jahre bereits einen Schnitt von 5500 Besuchern notieren konnte. Zu den Spielen der SG Dietzenbach hingegen erschienen nur 900 Fans im Schnitt, in Leverkusen gar nur 580. Bei manchen Spielen verloren sich weniger als 100 Zuschauer in der Halle!

Diese Krisensymptome, die sich seinerzeit auch in anderen Mannschaftssportarten zeigten, führte man auf verschiedene Ursachen zurück. Zum einen beharrte der DHB allzu lange auf dem nicht mehr zeitgemäßen Amateurparagraphen. Er blockierte damit die Professionalisierung, die im Fußball längst Platz gegriffen hatte und auch vor Handball-Bundesligisten keinen Halt machte. Als acht von 14 Erstligisten in der Saison 1979/80 das erste Mal auf eigene Faust mit Trikotsponsoren aufliefen (Aufsteiger SG Flensburg irritierte die Funktionäre mit einer Beate-Uhse-Werbung), stand der nationale Verband dem beinahe ratlos gegenüber. Der DHB lehnte das zwar nicht ab, aber stimmte dem Werben auch nicht zu und konnte sich lediglich zu der Wendung „vorläufige Duldung" durchringen. „Ich finde die Trikot-Werbung nach wie vor nicht besonders schön, habe mich jedoch schließlich für verpflichtet gehalten, die Ungerechtigkeit gegenüber unseren Vereinen zu beseitigen", sagte Thiele noch Anfang 1980. Der DHB sei der Auffassung, „dass wir unseren Vereinen Einnahmemöglichkeiten nicht vorenthalten sollten, die ihnen andere Verbände erschließen". Befürchtet wurde vor allem, dass die Nationalspieler vom NOK nicht für die Olympischen Spiele nominiert werden würden, was zu abstrusen Zwischenfällen führte. So tauschten die Spieler des VfL Gummersbach bei der Saisoneröffnung 1979/80 die eigentlich vorgesehenen Trikots in werbefreie, „unbefleckte" Sportkleidung, weil das Fernsehen übertragen wollte. Nach dem Olympia-Boykott aber war die Entwicklung nicht mehr aufzuhalten. In der Saison 1988/89 präsentierten TuRu Düsseldorf und Flensburg erstmals jeweils zwei Trikotsponsoren, heute sind die Spieler wandelnde Litfasssäulen.

Die ganze Ohnmächtigkeit des DHB gegenüber der schleichenden und unaufhaltbaren Kommerzialisierung zeigte sich spätestens mit der so genannten „Affäre Klempel". Der Vertrag des polnischen Stars mit dem Altmeister Frisch Auf Göppingen, der 1982 in der *Bild-Zeitung* publiziert wurde, karikierte geradezu das Amateurstatut des DHB: Klempel verdiente 100.000 Mark plus Prämien pro Jahr, bekam zusätzlich einen Wagen und eine Drei-Zimmer-Wohnung gestellt, und auch seine Frau erhielt eine Arbeit durch Vereinsvermittlung. Auf diese Realitäten reagierte der DHB zunächst mit Repressionen und sperrte Klempel für ein Jahr, und FA Göppingen musste zwangsabsteigen. Erst Mitte der 80er Jahre sahen die Verantwortlichen ein, dass der Lauf der Zeit nicht aufzuhalten war: Heinz Jacobsen, Fritz Facklam und Ullrich Strombach legten damals nicht nur einen Schlüssel für Ablösesummen fest, sondern sie entwarfen auch das notwendige Vertragsspielerstatut. Aber erst 1989, unter dem Eindruck des Absturzes der Nationalmannschaft, machte der DHB den Weg für die Profis frei.

Die infrastrukturellen Schwächen der Liga waren damit freilich nicht behoben. Viele Klubs, vor allem die in dörflichen Strukturen, zeigten sich der Professionalisierung nicht gewachsen, und es stellte sich als Nachteil heraus, dass der DHB lange kein vernünftiges Lizenzierungsverfahren entwickelte. Zudem waren viele Vereine der ersten Liga finanziell abhängig von einzelnen Personen, die als Mäzen oder Großsponsor agierten und mit ihren Geldspritzen quasi Wohl und Wehe des Klubs verantworteten. Für einige Vereine erwies sich das zwar als Segen, so wie im Fall des VfL Gum-

Jubel bei den deutschen Spielern, nachdem sie mit ihrem Sieg gegen Dänemark das Finale bei den Olympischen Spielen 1984 erreicht haben.

mersbach (Eugen Haas), SG Wallau-Massenheim (Ströhmann) oder TuSEM Essen (Klaus Schorn), weil seriös gewirtschaftet wurde. Aber wenn zwielichtige Figuren wie der Düsseldorfer Devisenmakler und Schickeria-Bar-Besitzer Wolfgang Struck auf einmal den Geldhahn für die TuRu abdrehte, weil ihm die Steuerfahndung im Nacken saß, offenbarten sich die strukturellen Mängel. In Berlin hatte der Immobilien-Makler Willi Bendzko 1986 das Interesse an seinem Spielzeug verloren und stellte plötzlich sein Engagement bei den „Füchsen" ein, die 1981/82 als Aufsteiger sensationell Dritter geworden waren. Auch die Aktivitäten des Schweizer Unternehmers Urs Zondler (MTSV Schwabing), der teilweise Go-Go-Girls durch die stets leere Münchner Sedlmayer-Halle tanzen ließ, oder die des Managers Jürgen Backeshoff (TSV Milbertshofen) sorgten mehr für Negativ-Schlagzeilen und bescherten dem deutschen Handball damit ein schwerwiegendes Imageproblem. Das Experiment OSC Thier Dortmund, das Ende der 1980er Jahre den ungarischen Weltstar Peter Kovacs mit 110.000 Mark per annum lockte, scheiterte; trotz der großen Tradition des Handballs und trotz der Westfallenhalle. Dazu starb 1989 die ehemalige Hochburg TuS Hofweier, der mit 1,6 Millionen Mark Schulden zum Offenburger Konkursrichter musste. Die ökonomische Krise, in der sich der deutsche Vereinshandball trotz guter sportlicher Ergebnisse in den europäischen Wettbewerben (Großwallstadt, Gummersbach, Essen, Düsseldorf) befand, war jedenfalls nicht wegzuleugnen. Genauso wenig wie der sportliche Niedergang der deutschen Nationalmannschaft.

Der Absturz in Raten: Die Nationalmannschaft von 1983 bis 1989

Dass Platz 7 bei der WM im eigenen Land und der damit verbundene Gang in die Zweitklassigkeit kein Betriebsunfall war, stellte sich ein Jahr später bei der B-WM in Holland heraus. Nach einem dramatischen 12:12 gegen Ungarn im letzten Spiel reichte es nur zum dritten Platz, aber nur die ersten Zwei qualifizierten sich für die Olympischen Spiele in Los Angeles. „Das ist neben dem Boykott 1980 die größte Enttäuschung meiner sportlichen Laufbahn", meinte der reaktivierte Heiner Brand, der danach erneut zurücktrat. Dass es dann doch klappte mit der Teilnahme im sonnigen Kalifornien, lag an dem im Frühjahr 1984 verkündeten Boykott der meisten sozialistischen Staaten. Weltmeister UdSSR, Olympiasieger DDR sowie Ungarn, Polen und CSSR zogen zurück, so dass die bundesdeutsche Mannschaft auf einmal wieder erstklassig war. Als Ziel für das demnach sportlich verwässerte olympische Turnier wurde Platz 6 ausgeben, der den direkten Zugang für die WM 1986 in der Schweiz ermöglichte. Doch dem Team um die Weltmeister von 1978, Meffle und Wunderlich, das seit 1982 von Simon Schobel trainiert wurde, gelang dort eine „kleine Sensation" respektive ein „Wunder", wie die *Deutsche Handballwoche* meinte: „Aus dem Marsch auf den sechsten Platz wurde ein Sturm auf die Goldmedaille." Nach Auftaktsiegen gegen die USA (21:19), Spanien (21:18) und Schweden (18:17) steigerte

Nationaltrainer Schobel bei der Handballweltmeisterschaft 1986 in der Schweiz.

sich die junge Mannschaft (Durchschnittsalter 22,6 Jahre) von Spiel zu Spiel. Über ein formidables 37:25 gegen Südkorea gelang mit dem spannenden 20:18-Sieg gegen den Gruppenfavoriten Dänemark die Finalteilnahme. Dort zog man zwar knapp mit 17:18 gegen Jugoslawien den Kürzeren, erreichte aber mit Silber die bis dahin beste Platzierung bei Olympischen Spielen.

Doch blieb dieser Erfolg nur von kurzer Dauer. Schon bei der 11. Weltmeisterschaft in der Schweiz kam der nächste Rückschlag. Trotz gründlicher Vorbereitung mit insgesamt 81 Lehrgangstagen (für die die Spieler eine Ausfall-Zahlung von 7870 DM erhielten), qualifizierte sich die BRD zwar ungeschlagen für die Hauptrunde. Aber dort verpasste das Schobel-Team nach teilweise herben Niederlagen gegen die UdSSR (20:23), die DDR (15:24) und Jugoslawien (17:19) erneut Platz 6, der zur Olympiaqualifikation gereicht hätte. Wiederum war das Spiel der Deutschen zu sehr auf Wunderlich ausgerichtet, auch herausragende Leistungen der Keeper Hecker und Thiel halfen da nicht weiter. Nach dem siebten Platz war das Ziel Olympia erneut nur über den Umweg B-WM zu erreichen. Die dort zu beobachtende Agonie des deutschen Teams war beinahe vorprogrammiert, denn auch die starken Ostblockmannschaften UdSSR, CSSR und Rumänien kämpften um die verbleibenden zwei Olympiatickets für Seoul. Es kam, wie es kommen musste: Die BRD wurde nur Vierter, und Schobel trat entnervt vom Amt des Bundestrainers zurück.

Sein Nachfolger Petre Ivanescu, einst selbst Hallenweltmeister und in den 80er Jahren erfolgreicher Vereinstrainer (Gummersbach), beobachtete die Konkurrenz bei

Der Weltmeister von 1978 jetzt als Gegner. Arno Ehret als Schweizer Nationalcoach bei der B-WM 1989.

den Spielen in Seoul, die eine überirdische sowjetische Mannschaft sahen. Aber auch der Rumäne mit Schleiferqualitäten konnte den Abwärtstrend nicht stoppen. Bei der B-WM in Frankreich verlor das psychisch angeschlagene Team schon in der Vorrunde mit 17:18 gegen die Schweiz, die von Arno Ehret gecoacht wurde. Nach weiteren Niederlagen gegen Island (21:23) und Dänemark (24:30) und dem Sturz in die Drittklassigkeit sprach die Fachpresse von einer „Katastrophe für den deutschen Handball" und von einer „Bankrotterklärung eines Teams". Andreas Thiel meinte: „Wir gehen als die Versager der letzten fünf Jahre in die Geschichte ein." Die *Deutsche Handballwoche* analysierte: „Im Vorfeld wird von nichts anderem als dem Erreichen der Weltklasse gesprochen. Und auf die Waage gestellt und gewogen, sorgen Hemmungen und Angstzustände dafür, dass die vorgezeigte Qualität jedes Mal als zu leicht angesehen werden muss." Speziell psychische Probleme seien der Grund gewesen, dass der mitgliederstärkste Verband der Welt nun weder bei der WM 1990 in der CSSR, noch bei den Spielen 1992 Barcelona dabei sein werde.

Es war nicht alles nur Tristesse in den 1980er Jahren. 1987 gewann die BRD den Handball-Supercup. Torwart Thiel mit Pokal.

▶ Porträt

Andreas Thiel – der „Hexer"

Er stand zuerst im Fußballtor, als Zehnjähriger, bei Alemannia Aachen. Aber dann hat es sich Andreas Thiel, der am 3. März 1960 in Lünen geboren wurde, noch einmal überlegt. Er ging doch lieber zum Handball, um dort eine große Karriere zu starten. Warum? „Im Handball gibt es viel mehr zu tun, da stehe ich weit häufiger unter Beschuss", erklärte Thiel einmal. Aber das allein erklärt nicht das Faszinierende an der Torwartposition, die auf diejenigen, die Angst vor den „Fackeln" (Jargon für harte Würfe) der Rückraumspieler haben, schlicht nur abschreckend wirkt. Warum er sich das antue, wurde Thiel nach der Weltmeisterschaft 1986 in der Schweiz gefragt, bei der er grandios gehalten hatte. Der 1,94 m große Hüne überlegte nicht lange und sagte: „Es ist vergleichbar mit einer Hauptrolle in einem Italo-Western. Der einzige Unterschied besteht darin, dass der Gegner immer zuerst zieht." Und grinste. Ein paar Jahre später meinte er lakonisch, dass sich „letztlich doch nur ein Stück Leder um den Kopf wickelt", wenn ein Keeper getroffen werde. Diese schräge Art von Humor ist nicht selten bei Handballtorhütern…

Begonnen hat Thiels Laufbahn beim TV Hochdorf, einer Handballhochburg im Kreis Ludwigshafen, wohin seine Familie in den 70er Jahren gezogen war. Nach vielversprechenden Auftritten in der Junioren-Nationalmannschaft verpflichtete ihn 1979 der Branchenführer VfL Gummersbach als Nachfolger von Rudi Rauer, und diesem Klub aus dem Oberbergischen blieb er zwölf Jahre lang treu, trotz vieler Angebote. Schon in den frühen 80er Jahren zum Stammtorhüter avanciert, feierte er seine größten Erfolge als überaus junger Keeper: 1982 und 1983 gewann der VfL das „Double", 1982 den IHF-Pokal und 1983 den Europapokal der Landesmeister gegen ZSKA Moskau, dessen Wurf-Riesen Thiel mit seinen Reflexen völlig aus der Fassung brachte. 1985 kam noch ein nationales „Double" hinzu, und mit den Titeln 1988 und 1991 kam Thiel auf insgesamt fünf Deutsche Meisterschaften. In diesen Jahren entwickelte er seinen Ruf als „Hexer", der auch so genannte „Unhaltbare" zu halten pflegte. Nachdem er unter seinem Coach und früheren Mannschaftskollegen Heiner Brand 1991 die erste gesamtdeutsche Meisterschaft gesichert hatte, verließ er den VfL mit einer Träne im Knopfloch: „Der VfL wird immer ein Teil meines Lebens bleiben."

Es liegt eine gewisse Tragik in Thiels Laufbahn, dass er mit der Nationalmannschaft, in der er 1980 als 20-Jähriger debütierte, nie an diese großen Triumphe im Verein anknüpfen konnte. Er hatte das Pech, in eine unglückliche Generation hineingeboren zu werden. Als ihn Vlado Stenzel 1981 zum Stammtorhüter machte, verlängerte Thiel zwar die große Tradition seines Vorgängers Manfred Hofmann, aber die

Entwicklung beim Weltmeister von 1978 zeigte nach unten. Weder bei der WM 1982 im eigenen Land (7. Platz), noch bei der WM 1986 in der Schweiz (7.), 1993 in Schweden (6.) und 1995 in Island (4.) reichte es für eine Platzierung ganz vorn. Die Silbermedaille von Los Angeles relativierte Thiel selbst, weil die besten Mannschaften wegen des Boykotts dort fehlten. Und am Ende der 80er Jahre folgte gar der totale Absturz, trotz kontinuierlich starker Leistungen Thiels. Dass die bundesdeutsche Mannschaft bei der B-WM 1989 in Frankreich in die C-Klasse abstieg, war für Thiel „die bitterste Pille, die ich in meinem Leben schlucken musste". Enttäuscht trat er zurück.

Erst nach dem Mauerfall, der nun die Olympischen Spiele 1992 wieder in Aussicht stellte, ließ sich Thiel von Bundestrainer Bredemeier von einem Comeback überzeugen. Doch auch die Turniere in Barcelona 1992 (10.) und Atlanta (7.) verliefen enttäuschend. „Der einzige echte Star des deutschen Handballs" in dieser Zeit, fand die *FAZ*, war Andreas Thiel, der mittlerweile als größte Leitfigur anerkannt war. Sein selbstbewusstes Auftreten, das vielen lange als arrogant galt, wurde nun vorbehaltlos akzeptiert. Wie beliebt er war, das belegte die Auszeichnung „Handballer des Jahres", mit der ihn die deutschen Fans sieben Mal (!) ehrten, so oft wie keinen anderen. 1996 aber trat Thiel nach 256 Länderspielen, in denen ihn die Experten stets auf einem formidablen Niveau halten sahen, endgültig zurück. Bei Bayer Dormagen, wohin er 1991 gewechselt war, machte er indes noch ein paar Jahre weiter, denn die Freude am Spiel war immer noch da. Dort erreicht er immerhin noch das Finale um den IHF-Pokal (1994) und um den DHB-Pokal (1993), und selbst nach einem Abstieg hörte er noch nicht auf. Die Atmosphäre des Handballs trieb ihn weiter an: „Ich will noch einmal in einer vollen Ostseehalle in Kiel gegen den THW spielen", sagte er noch 1999, „diese Halle ist die Hölle." Er fuhr sogar noch häufiger nach Schleswig-Holstein, denn nach seinem Rücktritt im Jahre 2000 sprang Thiel noch einmal bei der SG Flensburg als „Notnagel" ein – und stand im Tor, als die SG 2001 den Europapokal der Pokalsieger gewann. Beim entscheidenden Meisterschaftsspiel in Magdeburg aber, dort wo Thiel ein Jahrzehnt zuvor gesamtdeutscher Meister geworden war, verloren die Flensburger. Das letzte Bundesligaspiel war sein 520. Einsatz in der Eliteliga – mehr haben nur die Torwartkollegen Stefan Hecker und Jan Holpert, sowie Volker Zerbe auf dem Konto.

Fortan konzentrierte sich der Volljurist auf seinen Beruf. Als er noch studierte, träumte er davon, „Amtsrichter auf der Schwäbischen Alb zu werden, ein ‚Papa Gnädig' in ländlicher Idylle". Nun, ganz so romantisch ist es nicht in seiner Kölner Kanzlei, in der er als Anwalt für Familienrecht seit einigen Jahren arbeitet, aber ihm macht seine Tätigkeit doch sichtlich Spaß. So ganz freilich kann sich Thiel, der seit 1995 das zweite Mal verheiratet ist und zwei Töchter hat, aber doch nicht vom Handball trennen. Er trainiert regelmäßig und mit großem Engagement die Torhüterinnen bei Bayer Leverkusen. Vor großen Turnieren coacht er zudem die Keeper der deutschen Nationalmannschaft, seitdem Freund Heiner Brand für diese verantwortlich ist. Und beinahe hätte es auch eine Fortsetzung seiner Funktionärskarriere gegeben. Nach seiner Zeit als DHB-Vizepräsident (1993-1996) sollte die Integrationsfigur Thiel von August 2004 an die zerstrittene Deutsche Handball-Bundesliga (HBL) als Präsident einigen, aber als er nicht die nötige breite Unterstützung spürte, verzichtete er auf dieses Amt. Allerdings würde es keinen Kenner des Handballs wundern, wenn Thiel nicht doch irgendwann wieder eine führende Position im deutschen Handball besetzt.

▶ Große Vereine

Empor Rostock – Der mühsame Wiederaufbau einer Handball-Hochburg

Als Maik Handschke im Sommer 2003 nach Rostock kam, fand er eine „mittlere Katastrophe" vor. Der Traditionsclub war gerade in die Regionalliga abgestürzt. Doch nicht nur sportlich lag einiges im argen. „Ich hätte mir das nicht so krass vorgestellt", bekennt der ehemalige Bundesliga-Profi und fügte hinzu: „Eine derartige Aufbauarbeit in allen Bereichen habe ich nicht erwartet." Handschke spricht von eingefahrenen Strukturen, internen Querelen und das Festhalten am „alten DDR-Stil" im Jugendbereich. Der frühere National-Kreisläufer krempelte den Verein um. Ob Geschäftsführer, Bundesliga-Obmann, Nachwuchskoordinator oder medizinische Abteilung – alle Positionen sind inzwischen neu besetzt. Doch die Altschulden sind geblieben. „Ich vergleiche das mit einem Krankenhaus-Patienten: Der Verein ist finanziell ins Koma gefallen und wurde wiederbelebt. Er ist jetzt mehr oder weniger stabil, aber noch

Reiner Ganschow (2) und Wolfgang Böhme (5) bei der Defensivarbeit. Aus dem Europapokal-Spiel gegen ZSKA Moskau in der Sporthalle Marienehre (1973).

lange nicht übern Berg", beschreibt Lutz Scheibe, Geschäftsführer der im Dezember 2005 gegründeten Empor Handball GmbH, die wirtschaftlich angespannte Situation. Ziel sei es, jährlich einen Überschuss von 100.000 Euro zu erwirtschaften, sagt Scheibe, der „in den nächsten drei, vier Jahren" mit der Einführung einer eingleisigen zweiten Liga rechnet. „Dort wollen wir 2010 im Vorderfeld mitspielen." Auch Maik Handschke, der die skandinavische Handballschule zum Vorbild nimmt, will an der Ostsee etwas aufbauen. Seine Vision heißt Bundesliga. „Das hat Rostock von seiner Tradition her verdient. Ich wäre damals zu keinem anderen Verein in die Regionalliga gegangen", erklärt der frühere Kreisläufer.

Empor gehörte einst zu den besten Klubmannschaften der Welt. Ein paar schillernde Pokale und Wimpel erinnern an die glorreichen Zeiten. Die bedeutendsten Trophäen, darunter der Europapokal, fehlen. Sie verschwanden in den Wirren der Wendezeit aus den Vitrinen der Stadthalle. Auch vom Video-Archiv ist nur ein kläglicher Rest geblieben. „Weder der Verein noch ich können uns von der Erinnerung etwas kaufen", meint Helmut Wilk, der als Kapitän die erfolgreichsten Kapitel der Rostocker Handball-Geschichte mitgeschrieben hat. 1982 gab's gleich zwei Sternstunden für die Männer von der Küste. Am 8. Mai holten sie durch einen 22:18-Heimsieg gegen Dukla Prag (Hinspiel 14:17) den Europacup der Pokalsieger an die Warnow. Zwei Wochen später setzten die Norddeutschen noch einen drauf. Nach einer dramatischen Partie mit Verlängerung wurde Honved Budapest – die Ungarn hatten den Landesmeister-Wettbewerb gewonnen – mit 31:27 bezwungen. Empor war Europameister für Vereinsmannschaften. Partystimmung in der mit über 4000 Zuschauern restlos ausverkauften Stadthalle. Die Handball-Recken ließen ihren Meistermacher hoch leben: Heinz Strauch. „Er war pädagogisch fast wie ein zweiter Vater für mich. Wir waren beide sehr ehrgeizig, konnten auch jähzornig sein. Vor allem verstand er es, dass ich Heißsporn und ‚Blubberkopf' auf dem Teppich blieb", sagt Frank-Michael Wahl über seinen ehemaligen Coach, der die Mannschaft 1974 übernommen und mit ihr je zwei DDR-Meisterschaften und Pokalsiege feierte. Der in Niederschlesien geborene Strauch kann auf 99 Länderspiele verweisen – allesamt als Trainer. Der ehemalige Kreisläufer, dessen Söhne Tilo (zuletzt HSV Hamburg) und Stefan (Stralsunder HV) in die Fußstapfen ihres Vaters traten, gewann im Dezember 1990 mit der DDR-Auswahl WM-Bronze. Im kleinen Finale setzten sich die Ostdeutschen gegen die DHB-Auswahl klar mit 25:19 durch. Rang drei (Strauch: „Eine wirkliche Sensation") war um so höher einzustufen, da fast die komplette Nationalmannschaft zuvor in den Westen gewechselt war und er somit in kürzester Zeit ein neues Team formen musste. Nach der WM wurde Heinz Strauch zum neuen Bundestrainer ernannt.

In Rostock reifte unter seiner Regie „Potti" Wahl zum Weltklasse-Torjäger und Rekord-Nationalspieler heran. Im Vordergrund stand jedoch das Team. Getreu des Trainers Philosophie, der es verstand, aus guten Individualisten eine verschworene Gemeinschaft zu formen. „Nichts gegen Individuen, aber sieben Stars haben selten

Siegfried Sanftleben, Frank-Michael Wahl und Georg Jaunich (v.l.) jubeln nach dem Europapokalfinale. Durch einen 22:18-Erfolg über Dukla Prag gewinnen die Rostocker den Europapokal am 8.5.1982.

eine gute Mannschaft ergeben", bekräftigte Heinz Strauch. Miteinander spielen, füreinander kämpfen – das Erfolgsrezept war einfach, aber wirkungsvoll. „Es herrschte ein gutes Klima in der Truppe. Der eine oder andere Typ war bereit, das eigene Ego hintenan zu stellen", erinnert sich Helmut Wilk. Jürgen Rohde war einer der stillen Stars in Rostock. „Er hat das Herz an der richtigen Stelle – und war ein Kämpfer vor dem Herrn", lobt „Potti" Wahl die offene, ehrliche Art des Torhüters. Mit Teamgeist wurde in Rostock schier Unmögliches möglich gemacht. Zum Beispiel 1981. Empor bezog im Europapokal-Halbfinale in der „Hölle" von Sabac eine 11:17-Pleite. Der Traum vom Finale schien ausgeträumt. Im Rückspiel lief vor allem Wahl, der wie auch Georg Jaunich ein Jahr zuvor Olympiasieger geworden war, zur Höchstform auf. 15 Tore steuerte „Potti" zum 23:16-Erfolg bei. Empor zog ins Endspiel ein, scheiterte dort aber knapp am TuS Nettelstedt (14:17 und 18:16).

Überhaupt taten sich die Ostseestädter gegen bundesdeutsche Kontrahenten immer besonders schwer. Bereits im Landesmeisterfinale 1979 gegen den TV Großwallstadt hatte in der Endabrechnung ein Tor zum Triumph gefehlt. „Damals hatten wir ein bisschen Pech", erinnert sich Wahl, der im Hinspiel (10:14) nach einer zwischenzeitlichen 2:0-Führung verletzt vom Feld musste. „Im Rückspiel sind wir an den eigenen Nerven gescheitert", konstatiert er mit Blick auf das 18:15. Später schieden die Rostocker auch gegen die Reinickendorfer Füchse und TuSEM Essen aus internationalen Wettbewerben aus. Die Niederlagen taten doppelt weh. Den Spielern sportlich, den Funktionären vor allem politisch. „Wir mussten dann immer gleich anmarschieren und Rechenschaft ablegen. Wie konnte das passieren?", berichtet Frank-Michael Wahl. Deutsch-deutsche Duelle waren etwas ganz Besonderes. „Da gab's Rotlicht in Berlin", erzählt Helmut Wilk über auferlegte Mannschaftsreisen nach Berlin. Im Ministerium des Innern, so Wilk weiter, „haben uns die Genossen dann die Situation im Klassenkampf im allgemeinen und im Handballsport im speziellen erläutert. Intensiv und ausdauernd – und zur Freude aller", erzählt Wilk mit einem süffisanten Lächeln. Nicht nur politisch wurden die Spieler auf derartige Vergleiche eingestimmt, es gab auch strikte Verhaltensregeln. Wilk: „In dem einen Jahr sollten wir nicht grüßen." Die Spieler wussten: Sie wurden nicht nur behütet, sondern auch überwacht.

Auch Klaus Langhoff kann davon ein Lied singen. Bei der B-WM im Frühjahr 1985 in Norwegen rief der damalige Assistenztrainer von Paul Tiedemann vom Hotelzimmer in Oslo aus seine Schwester in Hamburg an. Die Rechnung in Höhe von 17,50 Kronen beglich der Rostocker gleich an der Rezeption. Doch irgend jemand – wer es war, hat Langhoff bis heute nicht in Erfahrung bringen können – schwärzte ihn bei der Stasi an. Das Dreieinhalb-Minuten-Gespräch in den Westen kam ihm teuer zu stehen. Sechs Wochen später wurde bei Langhoff eine „kaderpolitische Tiefenüberprüfung vorgenommen", wie es im Partei-Jargon hieß. Langhoff war fortan kein Reisekader mehr. Erst im Oktober 1987, ein Jahr vor den Olympischen Spielen in Seoul, wurde er begnadigt. Auch Holger Schneider wurden auf dem Weg zu einem Weltklasse-Linksaußen „Steine in den Weg gelegt, die ich selber nicht wegräumen konnte". Geschwister seines Vaters wohnten im Westen. Aus diesem Grund durfte der damals 14-Jährige nicht an die Kinder- und Jugendsportschule (KJS) Rostock wechseln. Schneider startete bei Post Schwerin durch. Zu den ungeschriebenen Gesetzen in der DDR gehörte allerdings, dass Nationalspieler einem Sportklub angehören mussten. 1987 wurde der Flügelflitzer kurzerhand nach Rostock delegiert. Damit war für ihn

Rüdiger Borchardt, Holger Schneider und Frank-Michael Wahl, 1987, v.li.

der Weg zu den Olympischen Spielen in Seoul frei. 20 Monate später kehrte er nach Schwerin zurück.

Dass es mal derartige Spielchen geben würde, davon ahnten die Männer der ersten Stunde noch nichts. Im Herbst 1945, wenige Monate nach Ende des Zweiten Weltkrieges, gründeten Paul-Friedrich Reder, Günter Mundt, Willi Arft und Otto Rachow in der Gaststätte „Rolandseck" in der Ulmenstraße den Verein Rostock-West. Der Beginn einer erfolgreichen Ära, die vor allem durch zwei Spieler geprägt war: „Paule" Mundt und „Fiete" Reder. Mundt war der erste Rostocker, der das Nationaltrikot trug. Das war am 29. Mai 1950 in Berlin bei einem Großfeld-Vergleich gegen Ungarn (5:5). Beim ersten Hallen-Länderspiel der DDR 1954 gegen die damalige CSR standen mit Mundt, Reder, Klaus-Dieter Matz und Gert Langhoff gleich vier Mecklenburger im Aufgebot. Die Euphorie in Rostock war groß. Bis zu 15.000 Zuschauer strömten in den 50er Jahren in die Hans-Sachs-Allee, um die Motor-Mannschaft anzufeuern. Die Reder, Mundt und Co. gewannen drei DDR-Meistertitel in Folge, ehe die Erfolgsgeschichte ab 1956 unter dem Namen SC Empor fortgesetzt wurde. Im Finale lagen die Norddeutschen gegen Eisenach mit 8:12 zurück. „Paule" Mundt eilte zur Ersatzbank und fragte: „Wie lange ist noch zu spielen?". „21 Minuten", antwortete Betreuer Fritz Kuckuck. Mundt krempelte die Ärmel hoch, spuckte in die Hände und sagte: „Na Jungs, dann woll'n wir mal." Mit einem Hüftwurf zum 17:15 setzte er den Schlusspunkt.

Sie schrieben Rostocker Handball-Geschichte, v.l.: Wolfgang Böhme, „Jimmy" Prüsse und Klaus Langhoff, 10.3.1973.

Reder galt als Multitalent. Als Boxer bestritt er über 30 Kämpfe und war darüber hinaus auch als Ringer, Radfahrer, Leichtathlet, Fußballer, Turner, Hockey- und Tischtennis-Spieler bekannt. Doch „Fiete" verschrieb sich dem Handball. Mit Leib und Seele. Als Anker Rostock 1950 seine Meisterträume durch Losentscheid (!) begraben musste und Dritter wurde, hagelte es lautstarke Proteste. Allen voran „Fiete" Reder. Der Aufmüpfige wurde gesperrt. Erst ein Protestbrief aus der Neptunwerft konnte die Sportfunktionäre umstimmen. „3000 Werftler wollten nach Berlin, um für meine Rehabilitierung zu protestieren. Da hob man die Sperre auf", erzählte der im Januar 2004 im Alter von 81 Jahren verstorbene Reder, dem die Arbeit mit Talenten stets am Herzen lag. Bis zu 21 Mannschaften betreute er gleichzeitig, darunter auch die Männer-Truppe. „Mit seiner Einsatzfreude und Disziplin riss er alle mit", sagt Prof. Dr. Gert Langhoff über den Sportlehrer, der unter anderem Spieler wie Reiner Ganschow (206-facher Nationalspieler und Torschützenkönig 1968), Klaus Langhoff (der jüngere Bruder von Gert), Gerhard „Gunnar" Gernhöfer oder Klaus-Jürgen Prüsse hervorbrachte.

Seine Sternstunde erlebte „Jimmy" Prüsse 1963 beim WM-Finale auf dem Großfeld in Basel. Vor 20.000 Zuschauern brachte der Schlussmann die bundesdeutschen Angreifer schier zur Verzweiflung. „Aus Respekt vor ,Jimmy' haben die gar nicht mehr geworfen", erinnert sich sein ehemaliger Mitstreiter Klaus Langhoff an den 14:7-Triumph. Die DDR gewann Gold. Prüsse wurde zum besten Torhüter der Titelkämpfe geehrt. „Natürlich ist es das Größte, Weltmeister zu werden", sagt Klaus Prüsse, der zudem zweimal WM-Silber und zwei Meistertitel mit dem SC Empor Rostock errang. Nachhaltig in Erinnerung ist Prüsse auch die Weltmeisterschaft 1964. Zwar kam für die DDR bereits in der Vorrunde das Aus, aber mit ihm, Hans Beier sowie Jürgen Hinrichs, der in den 50er Jahren über Wolfsburg in die USA ausgewandert war und für die Amerikaner zwischen den Pfosten stand, waren drei Rostocker Torhüter bei einer WM in Aktion. Ein Novum. Für Aufsehen sorgte „Jimmy" Prüsse auch außerhalb des Spielfeldes. 1960 lernte er Laila, eine junge norwegische Handballerin kennen und lieben. Empor war seinerzeit als erste ostdeutsche Mannschaft in Oslo zu Gast. Dem Kennenlernen folgten über 300 Briefe und mehrere Wiedersehen beim traditionellen Neujahrsturnier in Rostock, ehe sich Laila 1966 entschloss, in die DDR überzusiedeln. Noch im selben Jahr läuteten in Wismar die Hochzeitsglocken. „Das war noch in der Ulbricht-Ära. Zwei, drei Jahre später hätte es wohl nicht mehr geklappt", meint „Jimmy" Prüsse. Das junge Glück wurde von den DDR-Sport- und Partei-Funktionären mit Argusaugen beäugt. Privat durfte er 1979 – also erst 13 Jahre nach der Hochzeit! – das erste Mal mit seiner Familie nach Skandinavien reisen. Die Liaison mit einer Norwegerin, mit der er noch heute glücklich verheiratet ist, war ein (unüberwindbares) Hindernis für seine Trainerkarriere. Prüsse, Vater von zwei Töchtern und stolzer Opa, wurde zu den Sportfunktionären zitiert. „Dort hat man mir klar und deutlich gesagt, dass ich nur im Nachwuchsbereich arbeiten darf. Im

Männerbereich hatte ich keine Chance", erzählt „Jimmy", der als Pressebetreuer bei den Heimspielen des HC Empor stets auf Ballhöhe geblieben ist.

Prüsse ist einer von 32 Nationalspielern, die Empor hervorbrachte. Von B wie Hans Beier, Wolfgang Böhme, Georg Bolitschew und Rüdiger Borchardt bis W wie Frank-Michael Wahl, Michael Wegner, Helmut Wilk und Mario Wille. Unter den Namen Rostock-West, Neptun, Anker, Motor, SC und HC Empor erkämpften die Mecklenburger insgesamt elf DDR-Meistertitel (zehn davon in der Halle) und sieben Pokalsiege. Dann kam die Wendezeit. Es setzte das deutsch-deutsche Wechselfieber ein. Neben der kompletten Stamm-Sieben mit Wahl, Borchardt, dem Torhütergespann Jürgen und Andreas Rohde, den Kreisläufern Matthias Hahn, Tilo Strauch und Norbert Gregorz folgten binnen eines Jahres auch viele Jugend- und Juniorenspieler in Rostock dem Lockruf des Westens. 14 Abgänge verzeichnete Empor. Ein gravierender Einschnitt, von dem sich der Klub bis heute nicht erholt hat. Arndt Wolters, ein Stahlhändler aus Verden und selbsternannter Retter des Rostocker Handballs, konnte seinerzeit die finanzielle Regie übernehmen. „Das funktionierte so lange anständig, wie er hier mit seinen Geschäften zu Rande kam", erinnert sich der damalige Cheftrainer Helmut Wilk. Seinerzeit durfte weltweit kein Stahl nach Südafrika exportiert werden. Einzige Ausnahme: Aus Ostdeutschland. Wolters kam, sah und schacherte. Doch eines Tages wurde auch in Rostock die Embargo-Lücke geschlossen. Wolters saß auf dem Trockenen. „Danach bröckelte es total", bekennt Wilk, der dank einer intakten, starken Jugend-Mannschaft mit Spielern wie Christian Feldbinder, Mario Ullrich, Michael Wegner, Heiko Ganschow, Lars Rabenhorst und Ronald Bahr sowie den ersten Ausländern (Juri Sacharow und Igor Iwanow) die Fahnen hoch halten konnte. Mit einem Durchschnittsalter von 21,5 Jahren konnte die Bundesliga gehalten werden. Ungeachtet der neuen Vorzeichen wurde Empor in fremden Hallen stets als ehemaliger Europapokalsieger angekündigt. Statt um Titel zu kämpfen spielte der Klub gegen den Abstieg – damit konnte und wollte sich das Publikum nicht anfreunden. Die Zuschauer blieben fern. 1993 folgte der Abstieg in die zweite Liga. Von den glanzvollen Zeiten ist nur die Erinnerung geblieben.

Stefan Ehlers

Erfolgsbilanz:
DHV-Meister: 1953, 1954, 1955 (als „Motor Rostock"); 1956, 1957, 1968, 1973, 1978, 1986, 1987
DHV-Pokal: 1980, 1981, 1985, 1986, 1987, 1988, 1989
Vereins-Europameister: 1982
Europäischer Pokalsieger: 1982

▶ Porträt

Frank-Michael Wahl – „Potti" war immer erste Wahl

Als sich Frank-Michael Wahl am 24. Juni 1993 in Hameln von der großen Handball-Bühne verabschiedete, wurde ihm eine einzigartige Ehrung zuteil: Der damalige DHB-Präsident Bernd Steinhauser ernannte den Ausnahme-Torjäger zum ersten Ehrenspielführer der deutschen Auswahl. Es war einer jener bewegenden Momente in der 20-jährigen glanzvollen Karriere des Rostockers, der sich als Schwimmer erste sportliche Meriten verdiente. Wahl wurde DDR-Jugendmeister über 100 Meter Delfin und war mehrfacher Spartakiadesieger. „Aber ich konnte die Kraft, die ich besaß, nicht so umsetzen. Mir fehlte die Geschmeidigkeit", erinnert er sich. Folgerichtig trat er 1973 in die Fußstapfen seines Vaters Heinz, der in den 50er Jahren mit Motor Rostock zu Meisterehren kam. Die Handballer verpassten ihm prompt den Spitznamen „Potti" – eine verniedlichte Ableitung von Pott(Wahl). Der Wechsel vom Individual- zum Mannschaftssport („Da kommt man besser aus Tiefen heraus") war für ihn (Gold)richtig. Mit dem SC Empor wurde er 1982 Europapokalsieger und Europameister für Vereinsmannschaften, holte mit den Ostseestädtern drei Meistertitel und sieben Pokalsiege. „Ich habe in Rostock die schönste Zeit meines Lebens verbracht. Die möchte ich nicht missen", sagt der WM-Dritte von 1978 und 86. Mehr als 160 Tage im Jahr war er seinerzeit in Sachen Sport auf Achse.

Die Kontakte zu seinen ehemaligen Mitspielern sind zwar inzwischen „ein bisschen abgerissen", dennoch zieht es ihn drei bis vier Mal pro Jahr in seine Geburts-

1985 – Frank-Michael Wahl (li.) nach dem Gewinn des FDGB-Pokals.

stadt, wo seine Eltern immer noch zu Hause sind. Mit Interesse verfolgt er, wie aus dem lange Zeit eher grauen Rostock eine lebendige Küstenstadt wird. „Da lacht mein Herz, wenn ich sehe, wie toll und schön sich alles entwickelt", bekennt „Potti", dessen neue (Wahl-)Heimat das Weserbergland wurde. Er lebt mit seiner Lebensgefährtin Maria in Hessisch Oldendorf, knapp 15 Kilometer von Hameln entfernt, wo er beim Finanzdienstleister BHW arbeitet. Er hegt und pflegt 30 Edelrosen-Stöcke (allesamt rot) und vermisst im Niedersächsischen eigentlich nur eines: „Die raue Seeluft".

Frank-Michael Wahl ist längst nicht mehr der Hitzkopf, der er einst auf dem Feld war. „An einem schlechten Tag hätte ich mich eingraben können", gibt er unumwunden zu. Davon kann auch sein früherer Klub- und Auswahltrainer Klaus Langhoff ein Lied singen. „Er hat oft mit sich und seinen Nebenspielern gehadert", berichtet der ehemalige Teamgefährte von Heinz Wahl, der „Potti" von Kleinauf kannte. „Den habe ich schon in der Sportkarre gefahren." Die handballerischen Fähigkeiten von Frank-Michael bringt Langhoff kurz und knapp auf den Punkt: „Er konnte einfach alles!" Wahl war der Spieler mit der eingebauten Torgarantie. Wie kaum ein anderer konnte der 1,90 Meter lange Rechtshänder den Sprungwurf verzögern, ohne dabei an Explosivität zu verlieren. Mit bis zu 160 Stundenkilometern schlugen die Bälle im gegnerischen Gehäuse ein. Krönung seiner einzigartigen Karriere war 1980 der Olympiasieg, „weil es nicht erwartet wurde. Es war ja nicht einmal im Traum daran zu denken, dass wir überhaupt ins Finale kommen", schwärmt der Mecklenburger noch heute. Wahl wurde nach dem Championat gemeinsam mit Wieland Schmidt für die Weltauswahl nominiert. Doch die DDR-Offiziellen sagten nein. Auch 1984, als Wahl und Ingolf Wiegert geladen waren. Erst im dritten Anlauf, 1989 in Portugal, hat's geklappt. „Ich habe damals mit Andreas Thiel auf einem Zimmer gewohnt. Wir haben jeden Tag die Hotelbar leer getrunken", so der Rechtshänder, der auch zwei Jahre später in Schweden beim All-Star-Team erste Wahl war.

Frank-Michael Wahl („Ich war stolz darauf, das DDR-Trikot zu tragen") saß oftmals zwischen den Stühlen. Auf der einen Seite ermöglichte ihm der Sport Reisen rund um die Welt („Ich habe oft Schallplatten mitgebracht – meistens für andere, selten für mich") und damit ein Privileg, das nur wenigen Ostdeutschen vorbehalten war. Auf der anderen Seite erkannte er aber auch, „dass zu viele Menschen ungerecht behandelt werden". Dagegen rebellieren konnte und wollte er nicht. „Hätte ich was gesagt, wäre meine aktive Laufbahn sehr schnell im Hintern gewesen." Also spielte Wahl mit, erhielt als Dank dafür den Vaterländischen Verdiensorden in Gold und Silber und war Delegierter des XI. Parteitages. Im Juni 1995 sorgte die Meldung über eine angebliche Stasitätigkeit Wahls alias IM „Klaus" kurzzeitig für Schlagzeilen. Kaum war die Nachricht in den Medien, rief ihn DHB-Präsident Steinhauser an: „Glaubst du, wir hätten dich zum Ehrenspielführer ernannt, ohne dich vorher genau zu durchleuchten? Du hast eine saubere Weste!" Mit Hilfe der DHB-Rechtsabteilung war die Sache schnell aus der Welt. Wahl nahm Einsicht in die 131-seitige Mappe. Im Bewusstsein, „niemandem geschadet zu haben", spricht er heute locker und offen über deren Inhalte. „Das waren ganz normale Reiseberichte", sagt er. Beispielsweise „vergaß" Wahl 1983, die DDR-Sportführung über einen Abwerbungsversuch der Reinickendorfer Füchse zu unterrichten. Er wurde zur Klubführung zitiert. Auf die Frage, ob er nicht wisse, dass so etwas sofort zu melden sei, antwortete er: „Leute, ich bin doch wieder hier!"

Mit der Wende konnte er nicht nur sein Parteibuch abgeben, sondern erstmals auch den Verein wechseln. Ein Angebot des CF Barcelona – die Spanier wollten Wahl und Wieland Schmidt im Doppelpack für 2,5 Millionen Mark verpflichten – hatten die DDR-Bosse 1985 nicht nur „großzügig abgelehnt", sondern zunächst sogar verschwiegen. 1990 durfte er dann und heuerte in Hameln an. Nicht zuletzt dank seiner 192 Tore schafften die Rattenfänger den Aufstieg in die Bundesliga. Mehr noch: „Hotti" (Bredemeier) berief „Potti" in die gesamtdeutsche Auswahl. Gelegenheit, um sein Länderspiel-Konto auf 346 aufzustocken, in denen er 1413 Tore (davon 302/1338 für die DDR) erzielte. Krönender Abschluss sollten die Olympischen Spiele 1992 werden. Doch die DHB-Auswahl stürzte in Barcelona auf Rang zehn ab. Wahl, der durch eine Schulterverletzung gehandicapt war, konnte dem Team kaum Impulse geben. Der Rekord-Nationalspieler ließ seine Laufbahn beim Zweitligisten Altenhagen-Heepen ausklingen und wechselte anschließend in den Trainerstab der SG Hameln. Über die Stationen Co-Trainer und sportlicher Leiter trat er im Januar 1999 die Nachfolge von Alfred Gislason als Chefcoach an. 14 Monate später wurde er beurlaubt, obwohl der souveräne Zweit-

Glücklich und erschöpft: Siegfried Sanftleben (Mi.) und Frank-Michael Wahl (im Arm). Der SC Empor Rostock ist Europameister für Vereinsmannschaften 1982. Links jubelt Michael Wehmut.

liga-Spitzenreiter klar auf Aufstiegskurs lag. „Da ging es nicht um sportliche Belange, sondern um Eitelkeiten", erinnert er sich an eine seiner bittersten Stunden.

Wahl verspürte fortan keine Lust mehr, sich den Bundesliga-Stress anzutun und „wie ein Zigeuner durch die Welt zu gondeln". Vom Handball lassen kann er aber nicht. Sein (vorerst) letztes Punktspiel bestritt er im Mai 2006. Mit 49 Lenzen half er in der zweiten Mannschaft des MTV Obernkirchen aus und stieg mit ihr in die Landesliga auf. Mit dem Handball sei es wie mit dem Schwimmen – „man verlernt es nicht", meint der Cousin des früheren Hansa-Profis Jens Wahl, der seine Erfahrungen als Coach des benachbarten niedersächsischen Oberligisten HF Springe weitergibt. „Springe ist nur eine gute Viertelstunde mit dem Auto entfernt, praktisch einmal übern Berg. Die Arbeit macht mir sehr viel Spaß. Das ist eine junge, hungrige Mannschaft", betont Wahl. Sein Sohn Gordon spielt in Obernkirchen. Er geht mit der Trikotnummer 4 im linken Rückraum auf Torejagd – so wie einst sein prominenter Vater.

Stefan Ehlers

Zur Person:
Frank-Michael Wahl wurde am 24. August 1956 in Rostock geboren. Er ist geschieden und hat zwei Kinder: Gordon (25) und Vivien (17). Der ehemalige Weltklasse-Handballer wohnt mit seiner Lebensgefährtin Maria im Weserbergland.

Stationen als Spieler:
1973-1990 SC Empor Rostock, 1990-93 VfL Hameln, 1993/94 Altenhagen-Heepen

Erfolgsbilanz:
Rekord-Nationalspieler mit 346 Spielen (1413 Tore – davon 302/1338 für die DDR)
Olympiasieger 1980
Olympia-Teilnehmer 1988 (Platz 7) und 1992 (Rang 10)
WM-Dritter 1978 und 1986, WM-Sechster 1982, WM-Achter 1990
Supercup-Gewinner 1985 und 1989
Vier Berufungen in die Weltauswahl (1989 und 1991 Kapitän)
Europacupsieger der Pokalsieger 1982
Europameister für Vereinsmannschaften 1982 (IHF-Goldcup)
Zweimal Europapokal-Finalist (1979 und 1981)
DDR-Meister 1978, 1986 und 1987
DDR-Pokalsieger 1980, 1981, 1985 - 1989
Viermal Torschützenkönig der DDR-Oberliga
Zweimal Handballer des Jahres in der DDR.

▶ **Exkurs**

Handball in West-Berlin – die Reinickendorfer Füchse

Zu Beginn der 1980er Jahre blickte die deutsche Handballszene nach Berlin, den Geburtsort des Handballs, und vernahm eine erstaunliche Renaissance. Die Reinickendorfer Füchse, die 1977 an der Qualifikation für die eingleisige Bundesliga gescheitert waren, schickten sich an, an die große Dominanz der Weimarer Republik anzuknüpfen, als der PSV Berlin und der Deutsche Handballklub Berlin den deutschen Feldhandball dominiert hatten. Es war indes eine Erfolgsgeschichte mit Ansage, denn der Immobilienunternehmer Willi Bendzko hatte sich entschlossen, mit seinem Geld die „Füchse" auf die Bühne des deutschen Handballs zu heben. Wie ehrgeizig der Mäzen war, machten die teuren Verpflichtungen vor der Zweitliga-Saison 1980/81 deutlich: Hochkaräter wie Predrag Timko (THW Kiel), Walter Don (TV Hüttenberg), Roberto Pries (TV Grambke Bremen) kamen und spielten mit jungen Berliner Talenten, so die späteren Nationalspieler Bernd Timm (TSV Tempelhof/Mariendorf), Klaus und Ralf Kuhnigk (Füchse). Unter Trainer Peter Frank gelang so der sofortige Durchmarsch durch die Zweite Liga. Und trotz erheblicher Anlaufschwierigkeiten in der ersten Bundesligasaison (nach elf Spielen drohte noch der Abstieg), landeten die Berliner nach einer grandiosen Siegesserie zur Überraschung aller auf einem dritten Platz, der die Qualifikation für den Europapokal bedeutete. Es war, so schien es, eine neue glanzvolle Ära eingeleitet worden, die aufgrund der schwierigen Insellage der Stadt nach dem Krieg niemand für möglich gehalten hatte.

Berliner Handball in der Nachkriegszeit

Die Entwicklung des Berliner Handballs war nach dem Krieg entscheidend durch die gegensätzliche politische Entwicklung in den beiden deutschen Staaten beeinflusst. Die Entwicklung des „Berliner Turn- und Sportvereins Reinickendorfer Füchse von 1891 e. V." und dessen Handballabteilung steht geradezu beispielhaft für die Neu-Organisation in der unmittelbaren Nachkriegszeit der Jahre 1945 bis 1949 und die Zeit der gesamtberliner (1947 bis 1952/53) und auch gesamtdeutschen Handballgeschichte (1958 bis 1962). Auch in Berlin war Handball zunächst nur auf kommunaler Ebene möglich. Es entstanden die Sportgemeinschaften, die stellvertretend für einen Stadtbezirk alle Handballer des Stadtbezirkes zusammenfassten. Eine Berliner Feldhandballrunde mit zwölf Mannschaften fand enormen Anklang und faszinierte bis zu 15.000 Zuschauer, die sich auf der „Plumpe" am Gesundbrunnen im Arbeiterbezirk Wedding zusammenfanden, der alten Sportstätte Herthas. Aus diesen Sportgemeinschaften gingen nach 1947 die im Nachkriegshandball dominierenden Mannschaften wie z. B. der Berliner Sportverein 1892, der SC Weißensee, SC Charlottenburg, der Charlottenburger Handball-Club (CHC) oder auch die Reinickendorfer Füchse hervor. Wie viele Berliner Vereine fanden sich die Füchse zur Neugründung 1947 zusammen und wurden schließlich im Juni 1948 von der Alliierten Kommandantur als Verein zugelassen. Als im Dezember 1948 die Verwaltung Berlins in eine östliche und westliche auseinander fiel, bekräftigten die Sportler beider Teile Berlins zwar den völlig unpolitischen Charakter ihrer Interessen und suchten die Spaltung des Sportverkehrs zu verhindern. Doch die politischen Realitäten waren anders. Während sich der Sport im Westteil der Stadt als Bestandteil des öffentlichen Lebens auf der Grundlage des Vereinsrechts entwickelte, nahm die von der sowjetischen Besatzungsmacht dominierte Politik einen Weg, der den Sport durch den Staat planmäßig entwickelte und beeinflusste.

Sportlich gemeinsam und politisch getrennt (1949 bis 1961)

Am 9. November 1949 gründete sich der Handballverband Berlin (West-Berlin), der bis 1992 als Landes- und auch als Regionalverband fungierte. Das Jahr 1949 war somit das offizielle Geburtsjahr vieler Berliner Handballvereine. In dieser Zeit hatte der Ostberliner Handball einen personellen Aderlass zu verkraften, denn viele spiel-

Die „Füchse" als Berliner Feldhandballmeister 1954, vorne in der Mitte Torwart Fredy Pankonin.

starke Akteure von ehemaligen Traditionsklubs waren nicht mehr bereit, die sportliche Zurückstufung durch die neue sozialistische Sportorganisation, wie sie etwa den SC Weißensee betraf, zu akzeptieren: Sie wechselten kurzerhand zu ambitionierten Klubs in den Westen. Und mussten sich aufgrund der politischen Entwicklung wie alle West-Berliner Handballer auf eine spezifische sportliche Situation einstellen: Die so genannte „Insellage". An der sportlichen Führungsposition des Berliner Handballs änderte das zunächst nur wenig: Nach einer Dominanz der „Füchse" zu Mitte der 50er Jahre (Berliner Feld-Meister 1953-1955, 1953-1956 in der Halle, dort auch 1955 und 1956 jeweils Dritter bei den BRD-Meisterschaften) sprang der Berliner SV 1892 in die Bresche (Deutscher Hallenmeister 1956 und 1964). Dieser Ära entsprangen populäre Nationalspieler wie der Torwart Fredy Pankonin (Füchse) und Horst „Hotti" Käsler (BSV 92), der spätere Nationaltrainer; die beiden Spieler nahmen an der Hallen-WM 1954 teil und errangen eine Silbermedaille. Pankonin, Käsler und Gleinig (CHC) gehörten ebenfalls zur ersten gesamtdeutschen Mannschaft bei der Hallen-WM 1958 in Ost-Berlin. Spielerpersönlichkeiten waren also vorhanden. Und dazu wirkten rührige Funktionäre wie Heinz Hoffmann, die dem Berliner Handball durch Einladungsturniere und attraktive Städtespiele viele Zuschauer zuführten, auf dem Feld wie in den großen Hallen wie der Deutschlandhalle. Der West-Berliner Handball der Nachkriegszeit, noch blühte er also. In dieser Phase war der sportliche Verkehr innerhalb Berlins zwar erschwert, weil sich die ostdeutschen Funktionäre gegen zu viele Kontakte zur Wehr setzten. Aber alle sportliche Gemeinsamkeit hatte mit dem Mauerbau im August 1961 endgültig ein Ende.

Politisch und sportlich getrennt:
Die „Ära Finkelmann" (1965 bis 1979)

Diese so verschärfte „Insellage" hatte Auswirkungen auf die politische, wirtschaftliche und soziale Lage West-Berlins: Es war unmöglich, nationalen Spitzenhandball im West-Teil der Stadt in vergleichbarer Art und Weise, wie dies die Landes- und Regionalverbände des Bundesgebietes vorantrieben, zu entwickeln. Dennoch steht dieser Zeitabschnitt durchaus für die Etablierung des West-Berliner Handballs in der Bundesrepublik, trotz wechselnder Erfolge: Dies beruhte zum großen Teil auf den Erfolgen der „Füchse", die für eine exzellente Jugendarbeit standen und deren Männermannschaft fast zehn Jahre lang die Berliner Handballszene dominierte. Zwischen 1965 und 1971 spielten die „Füchse" in der neu geschaffenen Handball-Bundesliga (Staffel Süd), zwischen 1966/67 und 1970/71 auch in der Feldhandball-Bundesliga (Staffel Nord). 1975 erreichten sie das Halbfinale um die letzte Feldhandballmeisterschaft des DHB, wo sie gegen das Starensemble des TuS Nettelstedt um Herbert Lübking verloren. Fortan mutierte das Team um Nationalspieler Diethard Finkelmann auf Grund fehlender regionaler Konkurrenz zu einer „Fahrstuhlmannschaft". Nach den Aufstiegen

Die Bundesligamannschaft der „Füchse" 1966. Fünfter v. li.: Diethard Finkelmann.

in den Jahren 1973, 1975 folgte jeweils wieder der Abstieg. 1978 bis 1980 scheiterte der Berliner Meister dreimal hintereinander in der Qualifikation zur Bundesliga.

Die „Ära Finkelmann" ging 1979 zu Ende. Die Füchse hatten es tatsächlich geschafft, ausschließlich mit (West-) Berliner Spielern nationalen Spitzenhandball in Berlin zu etablieren. Finkelmann repräsentierte durch seine sportliche Sozialisation den Typ des „Allrounders", der auf dem Feld wie in der Halle gleichermaßen zu Hause war. Die Spieler waren reine Amateure, die quasi „nebenberuflich" in der Bundesliga Handball spielten und alle Belastungen, die aus der Überwindung des Transitweges durch die DDR nach Westdeutschland resultierten, aus Enthusiasmus meisterten. Nur in der Saison 1971/72 spielten Diethard Finkelmann und Wolfgang Braun beim Hamburger SV in der 1. Bundesliga, um sich die Fahrkarte zu den Olympischen Spielen in München zu sichern. An dieser Stelle wird deutlich, was die „Insellage" für die Entwicklung des Berliner Handballs strukturell bedeutete: In den Jahrzehnten vor der Wende gab es kaum überregional bedeutende Neuzugänge zu West-Berliner Vereinen, da die von der DDR umgebene, „eingemauerte Stadt" für viele Bundesbürger aus wirtschaftlichen und kulturellen Gründen als zu wenig attraktiv erschien, obwohl die Bundesregierung z. B. durch Steuervergünstigungen den Zuzug förderte. Im Gegenteil: Die gute Jugendarbeit der Berliner Vereine führte zu einem Weggang potenzieller Nachwuchsspieler bereits vor dem Eintritt in den Seniorenbereich, ein Phänomen, was auch heute noch zu beobachten ist. Somit musste sich der Spitzenhandball aus dem eigenen Nachwuchs rekrutieren, der naturgemäß nicht so stark sein konnte, wie es eine gesunde Konkurrenzstruktur unter den Vereinen im Bundesgebiet zuließ. Obwohl der Senat von Berlin den Bundesligavereinen eine pauschale Förderung für die Kosten des Anfahrtsweges – per Flugzeug und Leihwagen oder mit dem Privatauto – und z. T. auch die Übernachtungen am Spielort ersetzte, gelang es in den Zeiten der staatlichen Teilung den Westberliner Handballvereinen nicht, eine ähnlich konkurrenzfähige Struktur in wirtschaftlich, organisatorisch und sportlicher Hinsicht aufzubauen. Die Etablierung eines national erfolgreichen Leistungssports in einer Großstadt, die immer über fast einhundert Bundesligisten in unterschiedlichsten Sportarten verfügte, gelang nur ansatzweise unter den besonderen Bedingungen der Achtziger Jahre.

Die 1980er Jahre: Leistungshoch der Profis und Absturz in die Bedeutungslosigkeit

Das Leistungshoch der Füchse zu Beginn war einzig auf den Mäzen Willi Bendzko zurückzuführen. Als strukturelles Defizit der zunächst sehr erfolgreichen Zeit in der 1. Bundesliga von 1981/82 bis 1985/86 stellte sich jedoch bald das Fehlen eines professionellen Managements und zunächst auch der Möglichkeit einer professionellen Trainingsarbeit heraus. So coachte der Polizeibeamte Peter Frank die Füchse in den Jahren 1980 bis 1983 noch nebenberuflich. Erst zur Saison 1983/84 kam mit Josip Milkovic ein Profi-Trainer aus Günzburg, der während der Saison 1984/85 ging und wieder durch Peter Frank ersetzt wurde und der seinerseits im letzten Bundesligajahr von Marinko Andric als Coach abgelöst wurde. Die enge Liaison mit dem alleinigen Hauptsponsor Bendzko endete für die Füchse letztlich mit dem Absturz in die sportliche Bedeutungslosigkeit und mit enormen finanziellen Kalamitäten. Willi Bendzko übernahm als Mäzen die Tätigkeit eines Managers und führte Verhandlungen mit Spielern. Hier wurde wiederum ein Problem der „Insel" West-Berlin klar: Die Reinickendorfer Füchse mussten damit leben, dass international erfahrene Spieler aus dem sozialistischen Ausland – mit der Ausnahme Jugoslawiens – nicht nach Berlin verpflichtet werden konnten: Die Staaten des Warschauer Paktes erkannten West-Berlin aufgrund des Besatzungsstatuts nicht als Teil der Bundesrepublik Deutschland an und instrumentalisierten die Forderung nach einem gesonderten Status der Stadt jahrzehntelang als einen Streitpunkt im internationalen Sportverkehr.

Spätestens mit der Saison 1981/82 begann in West-Berlin eine neue „Ära": die des kommerziellen Leistungshandballs, der auch in den ersten drei Jahren eine

Noka Serdarusic gegen Heiner Brand 1981/82.

Verließen nach der Saison 1983/84 als „Alte Männer" die „Füchse": Walter Don (li.) und Noka Serdarusic.

sensationelle Entwicklung nehmen sollte: Verstärkt durch namhafte Zugänge wie den heutigen Trainer des THW Kiel, Zvonimir Serdarusic, oder auch den Torwart Dr. Valentin Markser gelang der dritte Platz in der Bundesliga. 1982/83 verstärkte sich die Mannschaft um Spielmacher Don weiter mit den Nationalspielern Klaus Wöller und Harry Keller (beide TuS Nettelstedt) und drang im Europapokal der Pokalsieger bis ins Halbfinale vor. Diese Begegnung gegen die DDR-Spitzenmannschaft SC Empor Rostock, der rund 9000 Zuschauer in der ausverkauften Deutschlandhalle beiwohnten, stellte im Januar 1983 den Höhepunkt der Vereinsgeschichte dar. Dazu kam das Erreichen des Endspiels um den DHB-Pokal in der Saison 1983/84 gegen Großwallstadt, das wiederum für die Teilnahme am Europapokal der Pokalsieger berechtigte. Doch konnte dieses Niveau in den folgenden Jahren nicht bestätigt werden, so oft auch Mäzen Bendzko den Gewinn eines nationalen Titels einforderte. Bald zeigte sich, dass die „Achse" der Mannschaft mit Don, Sedarusic und Timko sich nicht weiterentwickelte und unfähig war, die Neuzugänge in ihr Spielsystem zu integrieren. 1984 verließ das Korsett der Mannschaft – Don, Timko, Sedarusic sowie Klaus Kuhnigk und Bernd Timm – die geteilte Stadt. Diese Abgänge waren nicht zu ersetzen, selbst nicht durch spektakuläre Transfers wie der von Jovan Elezovic. Wie gefährlich es für den Klub war, das Unternehmen „Leistungshandball" von dem Engagement eines einzigen Sponsors abhängig zu machen, bewies erst die Krise: Während der Saison 1985/86 zeigte sich der Sponsor mit der sportlichen Entwicklung und der Einstellung der Mannschaft nicht mehr einverstanden und kürzte die Spielergehälter drastisch. Es kam zu einem sportlichen Ausverkauf, der den Abstieg aus der Bundesliga und damit den Absturz in die Bedeutungslosigkeit zur Folge hatte.

Die Mannschaft wurde bis ins untere Tabellendrittel der Regionalliga Berlin „durchgereicht" (1987/88) und konnte sich erst in den Jahren 1988/89 und 1989/90 wieder zu einem Aufstieg in die 2. Liga Süd (1990/91) nach oben kämpfen. Am Ende der 1980er Jahre standen die Füchse, stellvertretend für den West-Berliner Handball, vor einem Scherbenhaufen. Eines aber war allen Beteiligten klar: Zu der sportlichen Baisse bis zur „politischen Wende" 1989/90 hatten die spezifischen (sport-)politischen Rahmenbedingungen entscheidend beigetragen. Vier Jahrzehnte „Insellage" hatten ihre Spuren hinterlassen.

Die „Wende" in der Sportstadt Berlin – ein verpasste Chance?

Berlin hatte innerhalb der DDR eine der Hochburgen des Hallenhandballs dargestellt: Bei den Männern hatte der SC Dynamo Berlin (nach der politischen Wende als Sportclub des Ministeriums des Inneren zunächst in 1. SC Berlin, dann in HC Preußen Berlin umbenannt) die DDR-Oberliga dominiert. Obwohl die Vereinigung der Handballverbände und damit die Vereinheitlichung der Spielorganisation erst zum 1. Januar 1991 in die Tat umgesetzt wurde, wurde dem Spitzenhandball seit der Maueröffnung durch zunächst zögerliche, dann massiv einsetzende Spielerwechsel der National- oder Nachwuchsnationalspieler die Substanz entzogen. In Berlin scheiterte der Versuch, mit dem HC Preußen Berlin eine gemeinsame Profi-Mannschaft zu etablieren, an den wirtschaftlichen Rahmenbedingungen. Sponsoren waren nach der Währungsunion und der Privatisierung durch die Treuhand nicht mehr zu halten. In der Spielzeit 1991/92 musste Konkurs angemeldet werden; Jürgen Keßling, der Manager von Blau-Weiß Spandau Berlin, übernahm die Bundesligalizenz und die Schulden des HC und versuchte einen Neustart. Doch auch dieser Versuch ging Mitte der 90er Jahre schief. Finanzierungsschwierigkeiten bleiben also nach der Wende eine Konstante des Berliner Handballs. Das enorme Potenzial des vereinigten Sportsystems zu nutzen und sich aus den Denkstrukturen der einstigen „Insellage" und dem allround-versorgendem Staatssportsystem der DDR zu lösen, hatte der Berliner Handball damit endgültig verpasst. Die derzeitige Situation – herumkrebsende Füchse in der 2. Bundesliga Nord – ist deprimierend. Da nützt es nichts, dass einer Befragung zufolge die „Marke" Reinickendorfer Füchse 76 Prozent der Befragten bekannt ist und 90 Prozent der Befragten die Etablierung einer Berliner Profimannschaft unterstützen würden.

Der Handballverband Berlin, der wie alle Verbände mit einem Rückgang in der Mitgliederzahl zu kämpfen hat, leistet dennoch erfolgreiche Arbeit, so in der Ausbildung von Nachwuchsnationalspielern. Es existieren nach wie vor zwei Spezialschulen des Sports (ehemalige Kinder- und Jugendsportschulen der DDR) und es mangelt auch nicht an prominenter Unterstützung, die den Handball in Berlin wieder nach vorne bringen will. Aber ist Spitzenhandball angesichts der übermächtigen Konkurrenz des Fußballs, des Basketballs und des Eishockey überhaupt zu etablieren?

Mit der 2005 getätigten Verpflichtung von Bob Hanning als Manager stehen die Chancen so gut wie lange nicht mehr. Der umtriebige und medienerfahrene Impressario, der zuvor den HSV trainiert hatte, akquirierte hohe Sponsorengelder und verpflichtete den routinierten Trainer Jörn-Uwe Lommel und eine Reihe gestandener

Die Bundesligamannschaft von 1984/85.

Spieler wie den Kreisläufer Stelmokas und Mittelmann Brack. In die Saison 2006/07 als haushoher Favorit der Zweiten Liga Nord gestartet, war der Bundesliga-Aufstieg nach einer verlustpunktfreien Hinrunde nur noch eine Formsache. Die erste Etappe einer Renaissance des Berliner Handballs wäre damit abgeschlossen. Nicht nur die ganze Bundesliga freut sich über die Rückkehr der Berliner. Auch angesichts der Tatsache, dass hier der Handball erfunden wurde, haben die Füchse in Zukunft gewissermaßen auch eine historische Verpflichtung, dem kurzen Höhenflug in den 1980er Jahren nun eine langfristige Fortsetzung hinzuzufügen.

Lorenz Völker

Erfolgsbilanz:
Berliner Meister: 1953, 1954, 1955 (Feld); 1953, 1954, 1955, 1956 (Halle)
Deutsche Meisterschaft: 1955, 1956 und 1982 jeweils Dritter
1975   Halbfinale Deutsche Meisterschaft (Feld)
1980/81   Aufstieg in die 1. Liga
1982/83   Halbfinale Europacup der Pokalsieger
1983/84   Endspiel DHB-Pokal
1985/86   Abstieg aus der 1. Liga

▶ Große Vereine

TuSEM Essen

Es sind nur noch Sekunden zu spielen in der Arena in Oberhausen, als Dimitri Torgowanow den Ball erhält und in das Magdeburger Tor drischt. Und dann explodiert die Halle an diesem 7. Mai 2005, denn damit hat TuSEM Essen doch noch das Unmögliche geschafft, hat 31:22 gegen den SC Magdeburg gewonnen und damit das 22:30 im Finalhinspiel des EHF-Pokals wettgemacht. Die Zuschauer jubeln über den dritten Europapokalsieg der Vereinsgeschichte, die Spieler liegen sich in den Armen, nur einer bleibt in diesen Minuten seltsam reserviert: Klaus Schorn. Der Manager des Klubs ahnt in diesem Moment schon, dass diese Jubelorgie eine Art Totenfeier ist. Denn die Millionen des potenziellen Sponsors Weinerplan sind immer noch nicht eingegangen, und weil die Deutsche Handball-Bundesliga (HBL) in den folgenden Wochen die Lizenz nicht erteilte, verschwand der große TuSEM, der in den 1980er Jahren die Szene beherrschte, aus dem Blickfeld der Handballfans. Nach der Krönung im Europapokal findet sich der dreifache Deutsche Meister plötzlich in der Regionalliga West wieder.

Die Nachricht war ein Alptraum. Hatte nicht gerade der große Boss Klaus Schorn, erst Leiter der Handball-Abteilung, dann im Zuge der Professionalisierung Allein-Gesellschafter der ausgegliederten Handball-GmbH, stets betont, wie seriös und solide er diesen Klub führe? Skandale gab es nicht, oder es durfte sie nicht geben, in keiner Form. Lief etwas krumm, wurde das intern geregelt. Getreu dem Motto: Nur gute Nachrichten helfen uns weiter. Es war halt ganz anders als bei den Fußballern von Rot-Weiß aus dem Norden der Stadt, die schon dreimal in den letzten 20 Jahren wegen wirtschaftlicher Ungereimtheiten ihre Bundesliga-Lizenz abgeben mussten.

Klaus Schorn und Trainer Horst Bredemeier.

Handball bis 1990

„Erst sehen, was sich machen lässt, dann machen, was sich sehen lässt", bat Schorn bereits Ende der 90er Jahre um Geduld. Den Blick fürs Machbare nicht verlieren, solche und ähnliche Floskeln waren alsbald überstrapaziert, weil die glorreiche Vergangenheit eine anspruchsvolle, verwöhnte Kundschaft hinterlassen hatte, die zu murren begann. Erfolg ja, aber nicht um jeden Preis, lautete aber die Philosophie des Managers. Als Direktor der Handelskette Edeka hatte Schorn gelernt, ein Unternehmen zu führen. Nur ist der Sport schwerer zu kalkulieren. An der düsteren Prognose im Dezember war jedenfalls nicht zu rütteln. Der TuSEM steckte in der Klemme, weil knapp eine Million Euro in der Vereinskasse fehlten. Nicht aus Misswirtschaft, sondern eher unverschuldet. Der Hauptsponsor hatte zur Saison 2003/04 seine Zuwendungen erheblich reduziert. Andere Geldgeber wiederum, erklärte Schorn, hätten ihre Unterstützung zwar versprochen, ihn aber fortan vertröstet.

Die in den Jahren geschrumpfte Fangemeinde verharrte in Lethargie und schwieg ebenso wie die Politik, die sich sonst wenig zierte, die Jungs von der Margarethenhöhe als Aushängeschild der Sportstadt Essen zu preisen. „Der TuSEM wird einfach nicht geliebt", stellte der Sportliche Leiter Hans-Dieter Schmitz etwas ratlos fest. Er, der ehemalige Torhüter des TV Jahn-Schwarzberg, dem späteren OSC Rheinhausen, war daheim ganz anderes gewohnt. In der Hochzeit trug das Volk aber auch den TuSEM auf Händen, verwandelten Tausende von Fans die Grugahalle in die gefürchtete „Grugahölle". Honorige Prominenz saß am Spielfeldrand, reiste im Flieger mit zu den Europacup-Zielen, präsentierte sich gerne mit diesem erfolgreichen Gastgeber und sprang wie selbstverständlich in den Sponsorenpool. Früher, da hatte der Diplomsportlehrer HaDe Schmitz die Zuneigung der Essener Fans gespürt: Er saß auf der Trainerbank, als der TuSEM den Europapokal der Pokalsieger gewann. Es war der größte Triumph der Vereinsgeschichte.

Dieser 21. Mai 1989 war ein Feiertag auf der Margarethenhöhe. Die Sonne lachte fröhlich herab auf die rund 8000 Menschen, die sich ausgelassen auf dem mit Kopfstein gepflasterten Marktplatz vor dem Gasthaus zur Margarethenhöhe tummelten. Die Anwohner hatten Rot-Weiß geflaggt, die Bergmannskapelle eigens eine rote Feder an den schwarzen Hut gesteckt, und im Windschatten der Musiker folgten die Helden, ganz leger in blauen Poloshirts. Als der TuSEM-Kapitän Peter Krebs das goldene Henkelpöttchen in die Höhe streckte, brandete Jubel auf: Geschafft. Vergessen der schweißtreibende Kampf, die Hektik und bissige Härte, die zuvor die Grugahalle erfüllten. 16:17 hatte der TuSEM das erste Finalspiel in Paris gegen US Creteil verloren. Und nun das 19:16 daheim. Jubel, Euphorie, Champagner. Trainer Schmitz herzte den zuverlässigen Abwehrstrategen „Piet" Krebs, der formidable Torhüter Stefan Hecker setzte sich eine goldene Papp-Krone auf, und alle lagen sich irgendwie in den Armen. Erik Veje Rasmussen schüttete den Schaumwein in sich hinein. Zehnmal hatte der dänische Rückraumspieler bei seinem Abschiedsspiel getroffen. Der Revierverein hatte im 63. Jahr seines Bestehens den Gipfel erklommen.

Seit 1926, der Stunde Null, war beim TuSEM der Handball im Spiel, wenn auch mehr als Ausgleichssport der Leichtathleten. Am 20. Oktober jenen Jahres trafen sich Turner und Sportler der Margarethenhöhe bei Bauer Barkhoff, um den Turn- und Sportverein Essen Margarethenhöhe zu gründen. Über 100 Namen zählte die erste Mitgliederliste, heute ist der Verein mit fast 3000 Mitgliedern in 14 Abteilungen der zweitgrößte der Ruhr-Metropole. Weißes Hemd, rote Hosen, über die Vereinsfarben waren sich die Väter schnell einig, wobei die enge Verbindung der Margarethenhöhe zum Hause Krupp und dessen Farben im Familienwappen mitspielte. Margarethe Krupp, die aus einer Familie mit zehn Kindern stammte, stiftete zur Hochzeit ihrer Tochter Bertha mit Gustav von Bohlen und Halbach eine Million Mark und 50 Hektar Bauland. Es

„HaDe" Schmitz mit dem Europapokal 1989.

war der Grundstock für eine neue Siedlung, und diese Margarethenhöhe sollte die Voraussetzung schaffen für ein friedliches Familienleben. Der Handball hat den TuSEM populär gemacht, doch stolz verweisen die Klub-Funktionäre seit jeher auf das breitensportliche Treiben, auf den nahezu ungebrochenen Familiensinn. „Ein Verein für alle", hieß es auf der Festschrift zum 75. Geburtstag. Die Konkurrenz in der Bundesliga nennt sich heute Zebras (THW Kiel), Gladiators (SC Magdeburg) oder Panther (SG Wallau-Massenheim), in Essen heißt es weiterhin trotz aller Profi-Attitüden der Handarbeiter: „Wir vom TuSEM – eine lebendige Gemeinschaft." Und mitten drin, gewissermaßen als Patriarch: Klaus Schorn, der den Handball anschob und zielstrebig vorantrieb, indem er wirtschaftlich und organisatorisch die holprigen Pfade planierte.

Der engagierte Macher, der sich als gelernter Dekorateur zum Wirtschaftsmanager hochgearbeitet hatte, stammt von der Margarethenhöhe. Dorthin zog es in den Anfängen nicht nur sozial schwache Menschen, sondern auch viele Krupp-Angestellte, die sich durchaus als etwas Besseres betrachteten. Die Gegend, heute in Nachbarschaft zum Grugapark und Lührmannwald, zählt noch immer zum bevorzugten Wohngebiet, dessen Ursprungsteil, die alte Höhe, unter Denkmalschutz steht. Und dort bekommen heute noch die Handballer ihre Wohnung zugeteilt.

Bereits in den 30er Jahren besaß der TuSEM eine Handball-Abteilung und einen Nationalspieler. Hans Sailer spielte dort, obwohl die 1. Mannschaft nur in der Kreisklasse zu Hause war. Die erste Zäsur im eher entspannten Treiben folgte 1951, als

Kurt „Matz" Braun die Verantwortung übernahm und den leistungssportlichen Gedanken einführte. Dieser honorige und spendable Unternehmer verbannte die Alten in die Reservemannschaft und formte aus dem Nachwuchs ein motiviertes Team, das auf Anhieb Kreismeister wurde und sich erstmals nach 25 Jahren des Stillstandes in die Bezirksliga bewegte. Die Mannschaft wurde sogleich Bezirksmeister und kletterte in die Landesliga. Innerhalb von wenigen Jahren stand in Essen eine Handball-Hochburg, wozu auch Jugendleiter Klaus Schorn, der dieses Amt als 14-Jähriger antrat, entscheidend beitrug. 46 Kreismeisterschaften (Halle und Feld), 13 Bezirks- und vier Niederrhein-Titel gingen unter seiner Ägide an den Nachwuchs, eine Bilanz, die in der Nachkriegszeit in Essen unerreicht ist. Als Sportlehrer Werner Jäckel 1962 die Senioren betreute, wurde die erste Mannschaft schließlich Landesliga-Meister, sprang in die neu geschaffene Verbandsliga und marschierte wiederum ein Jahr später als Außenseiter geradewegs in die Oberliga. Der Aufenthalt in der höchsten deutschen Klasse währte nur eine Spielzeit, weil die Handball-Bundesliga aus der Taufe gehoben wurde. Das junge Team jedoch hatte sich für die Regionalliga qualifiziert, wo der

Nach dem Sieg über den VfL Gummersbach sind die Essener Deutscher Meister. Kapitän Krebs (Nr. 6) und Jochen Fraatz (Nr. 14) bei der Ehrenrunde.

TuSEM bis zum Ende des Feldhandballs stets unter den ersten Drei zu finden war. Eine ansehnliche Bilanz, aber nichts gegen die Erfolgsstory unterm Dach.

Ende der 60er Jahre, als sich der Hallenhandball immer mehr durchsetzte, verließ auch der TuSEM den Aschenplatz am Fibelweg, wobei er nicht einmal eine eigene Halle besaß. Trotz dieses Handicaps stießen die Handballer 1973 in die Bundesliga vor, wo sie auch auf den SC Phönix aus Essen-Frohnhausen trafen. Der spielte von 1970-76 erstklassig, woran der gebürtige Rumäne Petre Ivanescu, Hallenweltmeister 1961 und 1964,

Petre Ivanescu

großen Anteil hatte. Dieser ehemalige Weltklasse-Handballer und Ausnahme-Trainer schrieb später beim TuSEM und im deutschen Handball überhaupt eine glanzvolle Geschichte mit insgesamt zehn Titeln und vier Erstliga-Aufstiegen.

Sechs Aufstiege innerhalb von sieben Jahren lagen hinter den Essenern, lediglich in der Oberliga hatten sie eine Ehrenrunde gedreht. 1973 dann, nach zwei dramatischen Entscheidungsspielen gegen Bayer Leverkusen mit Siebenmeterwerfen, waren die Emporkömmlinge in der Beletage angekommen. Der Novize wehrte sich dort tapfer, aber die 1. Liga blieb zunächst ein Intermezzo, weil zwei der besten Spieler, Alwin Loerke und Günter Braun, über lange Zeit ausfielen. Der TuSEM ließ nach dem direkten Abstieg nicht locker. Einige Male stand er dicht vor der Rückkehr, so 1975 mit Trainer Ivanescu, doch die sollte erst vier weitere Jahre später gelingen. Zuvor (1976) hatte Klaus Schorn die Leitung der Handball-Abteilung von Kurt Braun übernommen, der zwei Jahre später starb.

1979 reichte es zum ersehnten Wiederaufstieg unter Spielertrainer HaDe Schmitz. Diesmal verschaffte man sich Respekt und wurde Fünfter, ein Jahr später belegte Essen sogar Platz drei hinter den Renommierklubs TV Großwallstadt und VfL Gummersbach. In der Saison 1982/83, der vierten, hakte es gewaltig trotz eines Debütanten namens Jochen Fraatz, dem späteren Rekordtorschützen der Bundesliga. Platz drei war angepeilt, man endete auf einem enttäuschenden elften Rang. Nach 0:10-Punkten war Trainer Schmitz zurückgetreten, Nachfolger Marinko Andric führte die Mannschaft immerhin ins Pokalfinale gegen den VfL Gummersbach. Die Bergischen gewannen und schafften das Double, was auch den Kontrahenten freute, denn der VfL spielte im Europapokal der Landesmeister, der TuSEM feierte hingegen seine internationale Premiere bei den Pokalsiegern.

1983 heuerte Petre Ivanescu abermals an und machte den TuSEM im ersten Jahr zum Kronprinzen. Vom Abstiegskandidaten zum Vizemeister, das konnte sich sehen lassen. Sie hatten sich etabliert in Deutschlands Handball-Elite. Da war Platz drei danach (84/85) fast eine Enttäuschung, zumal es nicht für den Europacup reichte. Doch wiederum eine Spielzeit weiter, kannte der Jubel keine Grenzen. Ivanescu hatte den Titel versprochen und hielt Wort. Am 31. Mai 1986 überreichte DHB-Präsident Bernhard Thiele den Meisterteller an Thomas Happe. Der Kader: Hecker, Buchloh, Gislason, Kubitzki, Eberlein, Happe, Krebs, Lommel, van der Heusen, Rauin, Springel, Liekenbrock, Fraatz, Cordes.

Der TuSEM war eine Macht und ließ es die Konkurrenz spüren. Der Klub sah sich als starkes Stück Ruhrgebiet, fühlte sich wie die großen „Bayern" der kickenden Zunft, erfolgreich, selbstbewusst, manchmal ein bisschen arrogant, wenn er in der Fremde auftauchte. Der TuSEM liebte es nobel, weshalb manche von einem Lackschuh-Klub spotteten. Nur die besten Hotels waren gut genug, das Drumherum aufwändig und auf hohem Niveau. Klaus Schorn bot seinen Jungs optimale Bedingungen und empörte sich zornig, wenn die Leistung auf dem Parkett weniger anspruchsvoll ausfiel.

National-Linksaußen Jochen Fraatz (186 Tore) und der isländische Rückraumspieler Alfred Gislason (108) brandgefährlich, ein genialer Torwart Hecker, davor das Bollwerk um Peter Krebs, Thomas Happe und Thomas Springel. Zwangsläufig knackte der Meister in der Serie 86/87 Rekorde und blieb auf dem Thron: 27:1 Punkte in Serie, erste Niederlage erst am 15. Spieltag, 10.000 Zuschauer in der Dortmunder Westfalenhalle beim 18:17 im Derby gegen den OSC. Die Saison lieferte auch ein Kuriosum: Das Aktuelle Sportstudio im ZDF hatte den TuSEM als designierten Meister nach dem Spiel in Hofweier eingeladen. Ein Punkt hätte gereicht, und man hätte sich als stolzer Meister endlich mal einem Millionenpublikum präsentieren können. Eigens wurden schnieke Ausgeh-Anzüge gefertigt, und was passierte? Die Essener verloren im Hexenkessel des Außenseiters mit 18:19. Meisterfeier aufgeschoben, Fernsehauftritt ade.

Die größte Enttäuschung in der Vereinsgeschichte stand aber noch bevor. Zunächst löste HaDe Schmitz während der Saison den erfolglosen Johan-Ingi Gunnarsson auf der Bank ab. Fraatz verletzt, Stoschek verletzt, Happe angeschlagen, der TuSEM wurde bei der Punktehatz nur Vierter. Im DHB-Pokal lief es unter Schmitz dann bestens, sein Team gewann das Finale souverän gegen die SG Wallau-Massenheim (25:18/ 28:21). Wieder ein Titel. Doch dann wurde das Europacup-Finale der Landesmeister gegen ZSKA Moskau angepfiffen. Der DDR-Meister Empor Rostock, Bukarest und Irun aus Spanien waren ausgeschaltet worden. Das Hinspiel gegen den russischen Primus hatte der TuSEM mit 15:18 verloren. Und nun das Trauerspiel in der Grugahalle: Der Gastgeber gewann zwar mit 21:18, doch ein einziges Törchen fehlte zum ersten internationalen Coup. Sekunden vor Abpfiff hatte Fraatz nur die Latte getroffen, im Gegenzug setzte Moskau den entscheidenden Treffer.

Der Frust war bald vergessen, denn es folgte der dritte, vielleicht schönste Meistertitel nach einem „Superfinale" gegen VfL Gummersbach. Der TuSEM zauberte und gewann die Gala daheim vor ausverkauftem Haus mit 20:14. Als Sahnehäubchen kam der Triumph im Europapokal-Finale gegen US Creteil Paris hinzu.

Der Titelverteidiger blieb auch in der Saison 89/90 zunächst die Nummer eins, strauchelte aber in der Play-Off-Runde frühzeitig, nicht zuletzt weil sich Hecker verletzt hatte. Diese Play-Off-Spiele, der TuSEM hatte sie stets abgelehnt. Meister wurde der TV Großwallstadt, obwohl dessen Trainer Peter Meisinger klarstellte: „Der wahre Deutsche Meister ist Essen." Und Essen begehrte die Krone. Zur Saison 1990/91, der Klub war zum Ende erster gesamtdeutscher Pokalsieger im Finale gegen HC Preußen Berlin geworden, hatte Schorn Aleksandr Tutschkin von SKA Minsk losgeeist, der als bester Handballer auf dem Globus gehandelt wurde. Ein sensationeller Transfer für eine horrende Summe, wie gemunkelt wurde. Die gewaltigen, präzisen Würfe des Linkshänders sollten den Platz an der Sonne sichern. Doch Tutschkin verletzte sich gleich in der ersten Saison so schwer (achtfacher Bänderriss im Sprunggelenk), dass ihm die Sportinvalidität drohte. In dieser Situation demonstrierte der TuSEM einmal mehr Gemeinsinn, hielt unbeirrt an Tutschkin fest und ermöglichte ihm eine optimale Regeneration. Ähnlich lief es 1993, als sich der Russe das Kreuzband riss. Die Geduld jedoch sollte sich lohnen, denn man profitierte noch zur Genüge von der Gefährlichkeit dieses Ausnahmesportlers.

Der dritte Pokalsieg (Finale gegen Flensburg-Handewitt) 1992 in der ersten gesamtdeutschen Saison war schließlich der siebte Titel in sieben Jahren. Doch danach wollte es nicht mehr rund laufen, nicht mit dem Nachwuchstrainer Jürgen Hahn, weder mit dem kroatischen Olympiasieger Velimir Kljaic, noch mit Petre Ivanescu oder Jörn-Uwe Lommel. Verletzungspech, eine nicht immer glückliche Personalpolitik, Umbruch und Neuaufbau, all das machte dem Traditionsklub zu schaffen. Der neu kreierte City-Cup wanderte 1994 zwar als Erstes in die Vitrine auf die Margarethenhöhe, doch es war lediglich ein Aufbäumen, ein Trostpflaster. Schon wenige Jahre später wurde dieser unattraktive Wettbewerb wieder abgeschafft.

Die Zeiten änderten sich beim TuSEM. Die Ikone Jochen Fraatz wurde ausgemustert und suchte eine letzte neue Herausforderung in Nordhorn. Stefan Hecker, der nach 21 Jahren zum Inventar gehörte, zerstritt sich mit Schorn und ging nach Gummersbach. Tutschkin ließ sich nicht mehr halten. Unbeständigkeit wurde ein Markenzeichen, der Verein dümpelte im Mittelmaß. Er verlor seine sportliche Heimat, weil sich die Grugahalle mehr auf kommerzielle Vermarktung konzentrierte, so dass die Handballer in ihrer Terminnot zeitweise zwischen drei Hallen pendeln mussten. Erst Iouri Chevtsov, Meistertrainer aus Lemgo, formte ab 2001 ein Team, das sich mit attraktivem, schnellem Kombinations-Handball zurück in den erlauchten Kreis der Titelkandidaten spielte.

Aber all diese Aufbauarbeit zerbrach mit dem Lizenzentzug im Sommer 2005. Große Spieler wie Oleg Velyky und Torgowanow folgten dem Trainer nach Kronau, Gudjon Valur Sigurdsson ging zum VfL Gummersbach, Torwart Grischa Hannawald nach Großwallstadt. Auch Klaus Schorn, das Faktotum des Klubs, musste sich nun zurückziehen. Umso bemerkenswerter, dass wichtige Sponsoren wie RWE der nun gegründeten „TuSEM HSB GmbH" auch in der Regionalliga die Stange hielten und damit die Grundlage für den Neuaufbau lieferten, den Geschäftsführer Horst-Gerhard Edelmeier und Prokurist Jens Wachowitz danach angingen. Nur deshalb blieben Spieler wie Klesniks, Schmetz und Casanova – und Mark Dragunski kehrte aus Gummersbach zurück – und garantierten (bei nur einem Punktverlust) den sofortigen Aufstieg. Auch die 2. Bundesliga Süd war nur kurze Zwischenstation. Ab Sommer 2007 spielt der Traditionsverein wieder im deutschen Oberhaus – dort, wo er nach Ansicht vieler Handballfans auch hingehört.

Rolf Hantel

Erfolgsbilanz:
Deutscher Meister: 1986, 1987, 1989
Deutscher Pokalsieger: 1988, 1991, 1992
Europapokalsieger: 1989, 1994, 2005

Ein Bild aus glücklichen Tagen: Die Spieler von TuSEM auf der Ehrenrunde nach dem Europacupfinale 1989. In der Mitte Torwart Stefan Hecker.

▶ Porträt

Stefan Hecker

Dieses Grinsen. Wenn Stefan Hecker in Form war, und das war er verdammt oft in seiner außergewöhnlichen Karriere, hatten Fans und Mitspieler eine Menge Spaß mit ihm. „Na also, geht doch", grinste der Torwart schelmisch, wenn sich der TuSEM einmal mehr zum Erfolg gezittert hatte. Dramatik, Hektik – war da was? Typisch. Der Routinier war die Ruhe selbst und hatte mal wieder mit grandiosen Reflexen die Punkte fast allein eingefahren. „Er ist schon immer die halbe Miete gewesen", lobte ihn Petre Ivanescu, sein ehemaliger Trainer. „Weiß der Kuckuck, wie er das macht."

Der Meistermacher nannte seinen Zögling einen Künstler mit Intuition, der wie kein Zweiter Wurfbilder lesen konnte. Hecker ahnte förmlich, wohin der Ball flog. Mit seinen Vorderleuten sprach er nur das Nötigste ab und ließ sich selten in ein Schema zwängen, erst recht nicht im Alter. Einmal, nur so aus Neugierde, beteiligte sich der spontane Individualist an einem wissenschaftlichen Versuch an der Deutschen Sporthochschule in Köln. „Die besten Ergebnisse hatte ein Torhüter aus Wuppertal", erinnerte sich der eigenwillige Proband und setzte dieses Grinsen auf. „Von dem hat man aber nie wieder etwas gehört."

Das Haar wurde weniger, Motivation und Ehrgeiz blieben. Unglaubliche 24 Jahre lang stand Stefan Hecker in der Eliteliga zwischen den Pfosten, 21 Spielzeiten davon beim TuSEM. Von seinem fünf Jahre älteren Bruder Harry animiert, griff er als Steppke beim TV Krefeld-Oppum zum Handball. Zunächst im Feld, doch weil Klein-Stefan kaum Tore warf, zog er sich zurück, um sie zu verhindern. Auch in der Leichtathletik bewies Hecker Geschick und wurde mit der Jugend-Mannschaft von Bayer Uerdingen deutscher Zehnkampf-Meister. Doch allein der Handball wurde zur Passion.

1979 kam er als 20-jähriger Abiturient zum TuSEM. Stefan Hecker wurde als Nummer eins ein Dauerbrenner. 561 Erstliga-Auftritte sind es geworden, so ausdauernd war bisher niemand in der 1. Liga. Das Talent reifte zur Weltklasse. Zweimal, 1989 und 1990, wurde „Heckel" zum Handballer des Jahres gekürt und zum Ende der Karriere als vierter Bundesliga-Spieler überhaupt mit dem „Lebenswerk Handball" geehrt.

Gleich in seiner ersten Spielzeit startete der Newcomer in die Nationalmannschaft durch. Die Statistik zählt heute 159 Länderspiele, aber anders als in Essen, wo Hecker acht Titel gewann, erlebte er im Nationaldress nur selten Höhenflüge. Bei seiner ersten Weltmeisterschaft 1982 enttäuschten die Deutschen als Gastgeber und Titelverteidiger auf Rang sieben. Vier Jahre später bei der WM in der Schweiz das gleiche

Bild, Olympia 1984 in Los Angeles fand ohne Hecker statt, weil Bundestrainer Simon Schobel ihn kurzfristig aus dem Kader verbannt hatte. „Das war für mich die größte Enttäuschung meiner Karriere", klagte der Ausgebootete.

Mit Schobel machte er weiterhin schlechte Erfahrungen. Bei der B-WM (1987) war Hecker zwar die Nummer eins, weil Stammtorhüter Andreas Thiel verletzt fehlte. Schobel konstatierte jedoch öffentlich, dass sein Team nun nur noch 50 Prozent des Leistungsvermögens besäße – eine Demontage. Zwei Jahre später ging es für ihn auch sportlich in den Keller, als die Auswahl bei der B-WM in Frankreich (1989) unter Bundestrainer Ivanescu zur Drittklassigkeit degradiert wurde. Zu allem Überfluss vermasselten ihm einige Verletzungen die Olympischen Spiele in Barcelona (1992). Hecker schien im Herbst seiner Karriere.

Doch überraschend erlebte er den dritten Frühling, ein Leistungshoch mit bewundernswerter Konstanz. Als wieder einmal Personalsorgen das Nationalteam plagten, nominierte ihn Bundestrainer Arno Ehret für die EM 1994 in Portugal: „Stefan hat international einen Namen, ist eine Persönlichkeit, die auch hochkarätigen Gegnern Respekt abfordert." Hecker machte mit, sagte aber nach Rang neun erneut adieu. Allerdings sprang der Versicherungskaufmann noch zweimal ein, zuletzt 1997 bei der EM-Qualifikation gegen Spanien. Mit den Jahren wuchs die Achtung auch vor dem Alter, es entwickelte sich ein Mythos. Eine „lebende Legende" nannten sie ihn. Das klang respektvoll und doch ein bisschen verstaubt für diesen agilen Athleten.

Ein großer Streit mit dem TuSEM beendete 2000 die ruhmreiche Ära in Essen, wo Hecker als unantastbare Nummer eins nahezu Narrenfreiheit genoss. Noch zu Beginn der Saison Leistungsträger, fiel der 41-Jährige mit einer Sehnenentzündung im Arm aus – vier Monate lang. Dann krachte es zwischen ihm und TuSEM-Boss Klaus Schorn. Hecker fühlte sich vom Chef beleidigt, „die Verletzung hat er gar nicht ernst genommen".

Hecker wechselte zum VfL Gummersbach, den damals sein Spezi aus glorreichen TuSEM-Tagen, Thomas Happe, trainierte. Bis 2003 spielte er noch sporadisch, dann musste er wegen zahlreicher Verletzung seine große Karriere als Spieler beenden. Am Ende standen 561 Bundesligaeinsätze zu Buche, nur Jan Holpert und Volker Zerbe betraten häufiger die Platte. Dem VfL blieb Hecker indes treu. Er kümmerte sich gut um die Sponsoren und akquirierte mit seiner offenen und sympathischen Art auch so viele neue Geldgeber, dass ihn der Traditionsklub am 1. Mai 2005 zum Geschäftsführer der Handball-GmbH ernannte. Die Renaissance des Altmeisters ist also auch mit ihm, dem großen Torwart der 1980er und 1990er Jahre, verbunden.

Rolf Hantel

▶ Porträt

Jochen Fraatz – die „Scholle"

An Entschlossenheit fehlte es dem Rekordtorschützen Jochen Fraatz auf dem Handball-Parkett nie. „Schluss machen heißt tatsächlich Schluss machen", hatte der ehemalige Weltklasse-Linksaußen im Jahr 2001 verkündet. „Den aktiven Handballer Fraatz wird es nicht mehr geben." Einer der bedeutendsten deutschen Spieler zum Ende des 20. Jahrhunderts dankte ab und erhielt für eine einzigartige Vorstellung den „Oscar" des Deutschen Handball-Bundes. Das rechte Knie war arg lädiert, doch vom Handball konnte er nicht lassen. Fortan trainierte Jochen Fraatz die A-Jugend des Erstligisten HSG Nordhorn, wo er zuletzt spielte, machte sporadisch bei der Zwei-

Jochen Fraatz beim Supercup-Erfolg mit der Nationalmannschaft 1987.

ten mit, fuhr Rad, arbeitete bei der Kreissparkasse und kümmerte sich um Frau und seine beiden Söhne. Alles völlig normal.

Bis Michael Krieter, Manager bei Post SV Schwerin und Torwart-Rivale aus etlichen Liga-Duellen, anrief. Verletzungspech hatte beim Zweitliga-Vizemeister Schwerin vor der Aufstiegsrelegation den linken Flügel lahm gelegt. Was tun? Krieter bat den Kumpel um einen Freundschaftsdienst. Der sollte einspringen, einfach so. „Beim ersten Gespräch habe ich gedacht, es sei ein Scherz", amüsierte sich Fraatz. Doch Schwerin wollte, und er riskierte es wie zwei Jahre zuvor, als der designierte Meister TBV Lemgo wegen gleicher Probleme um Hilfe gebeten hatte. Damals musste der filigrane Rechtshänder, der den „Dreher" aus dem Handgelenk in Deutschland hoffähig gemacht hatte, lediglich auf Abruf die Kugel kreisen lassen. Diesmal jedoch trug er zu einem kleinen Wunder bei. Schwerin egalisierte gegen Kronau-Östringen einen Neun-Tore-Rückstand aus dem Hinspiel und stieg in die 1. Liga auf. Unglaublich. Der 41-jährige Fraatz hielt 60 Minuten durch und traf viermal. „Dafür dass ich drei Jahre lang nichts gemacht habe, war es richtig gut", freute er sich. Verglichen mit seiner Glanzzeit war es allenfalls Durchschnitt.

Pfeilschnell war dieser Spieler und hatte „Dynamit in den Armen", wie der russische Nationaltrainer Jewtuschenko einst feststellte. Fraatz war ein exzellenter Individualist, der in 441 Erstliga-Spielen stattliche 2660 Tore erzielte, was Bundesliga-Rekord bedeutet. Davon profitierte in erster Linie der TuSEM Essen, dessen Trikot er 14 Jahre lang trug und den er 1986 mit 187 Toren fast im Alleingang zum ersten Meistertitel führte. Essens Manager Klaus Schorn entdeckte das Talent 1981 bei einem DHB-Jugendlehrgang und holte es ein Jahr später zur Margarethenhöhe. Eine einzigartige Karriere nahm ihren Anfang. Das Engagement bei dem Erstligisten aus dem Ruhrgebiet war nur ein logischer Schritt in der sportlichen Entwicklung. Beim unterklassigen SV Cuxhaven stand der kleine Jochen schon im Kinderwagen an der Seitenlinie, weil Vater Fritz und Mutter Ursula dort Handball spielten. Mit neun wurde der Sohn Mitglied, sechs Jahre später zählte er zur DHB-Jugendauswahl und bestritt 1979 sein erstes Jugend-Länderspiel.

Der Karrierezug nahm Fahrt auf. 37 Tore in der ersten Ligasaison, 1983 Debüt in der Nationalmannschaft, und in der folgenden Ligarunde war er Essens bester Torjäger mit 152 Toren. Fraatz führte mit Torhüter Hecker die glorreiche TuSEM-Generation an, die acht Titel holte. „Wir haben sehr hart miteinander gearbeitet", lobte der Erfolgscoach Petre Ivanescu, „Jochen ist dadurch ein fast perfekter Spieler geworden." Er sei der begabteste Handballer der 80er Jahre. Auch für Fraatz wurde Ivanescu der wichtigste Trainer.

Die sportliche Qualität dieses Akteurs, 1988 und 1991 Handballer des Jahres, war unbestritten, das Ansehen im Ausland allerdings höher, weil ihn daheim das Image des Versagers verfolgte, der in entscheidenden Situationen schon mal die Nerven verlor. Er galt als nicht immer pflegeleichter Einzelgänger, der bisweilen arrogant daherkam. Bei Olympia 1984 in Los Angeles, den Boykott-Spielen, gewann Fraatz mit dem Nationalteam die Silbermedaille. Es war der zweite internationale Coup nach der Vize-Weltmeisterschaft mit den Junioren. Bundestrainer Simon Schobel, der dem Nordlicht den Spitznamen „Scholle" aufdrückte, lobte: „Jochen ist ein Spieler, bei dem Technik und Kraft in Einklang gebracht werden. Sein Tordrang ist optimal." Doch ausgerechnet dieser Torriecher stank Trainern und Mitspielern manchmal gewaltig. „Scholle kann Tore machen wie kein anderer. Hat er einen guten Tag, gewinnst du, hat er aber einen schlechten, bist du meist der Verlierer", meinte sein Trainer Velimir Kljaic, kroatischer Olympiasieger von 1996. Er forderte in Essen den personellen Umbruch und trug dazu bei, dass die Ikone keinen Vertrag mehr erhielt und zur HSG Nordhorn in die Zweitklassigkeit abwanderte.

Jochen Fraatz provozierte natürlich Kritik, wenn er Chancen serienweise ausließ. Eigensinn warf man ihm vor, was der Torjäger stets zu entkräften versuchte: „Es gibt nur Sekt oder Selters. Wenn ich anfange, beim Torwurf nachzudenken, ist die Chance verschenkt. Entweder es geht gut oder nicht." Er habe sich halt profilieren und durchsetzen müssen, räumte er Jahre später ein. „Ich werfe immer dann, wenn es sinnvoll erscheint." Im Verein ging es meist gut, im Nationaltrikot weniger, obwohl Fraatz auch hier Herbert Lübking (650 Tore) als Rekordtorschützen Anfang 1990 überflügelte. Insgesamt 818 Treffer wurden es für ihn, in 187 Länderspielen. Doch nach dem olympischen Silber lief es nicht mehr besonders für Fraatz und die deutsche Auswahl. Auf den Supercup-Sieg (1987) folgte der Tiefpunkt mit dem WM-Absturz 1989 in die bedeutungslose C-Gruppe. Fraatz drückte sich auch da nicht vor der Verantwortung und blieb dabei. Als die Deutschen 1992 bei Olympia in Barcelona nur Rang zehn belegten, beendete der Essener dieses internationale Kapitel: „15 Jahre lang bin ich durch die Welt gedüst. Jetzt habe ich keine Lust mehr, ich will mehr Zeit fürs Privatleben."

Die Erwartungen in der beschaulichen Grafschaft Bentheim waren riesig, und der Neuzugang schürte sie: „Ich habe noch Ziele mit Nordhorn." 1999 realisierten sich die Träume mit dem Aufstieg in die Eliteklasse. Kurz zuvor hatte der 36-jährige Fraatz noch einmal verlängert und führte den Neuling direkt auf Platz fünf. „Als Jochen zu uns kam, war das ein Meilenstein für uns", schwärmte HSG-Manager Bernd Rigterink von seinem Routinier, der zwischen 1999 und 2001 in der 1. Liga noch einmal stattliche 168 Tore nachlegte. Und einen Schuss Häme in Richtung Essen, wo Fraatz beim Abschied als erster und bisher einziger aktiver Spieler zum Ehrenmitglied ernannte worden war, konnte sich der Routinier nicht verkneifen: „Ist doch nicht schlecht für einen Spieler, der schon vor drei Jahren zu alt gewesen ist."

Rolf Hantel

Kapitel 8

Von der Wiedervereinigung bis heute

Die Einheit 1989/90: Rettung für den DHB, Ausbluten der ostdeutschen Klubs

Es dauerte einige Tage nach dem Fall der Mauer am 9. November 1989, bis Hans-Jürgen Hinrichs begriffen hatte. Der neue DHB-Präsident erkannte mit dem Wandel in der Ost-West-Politik „viele neue Perspektiven". In den folgenden Wochen und Monaten, in denen der deutsche Sport von den politischen Ereignissen förmlich überrollt wurde, nahm diese Sportart eine viel beachtete Sonderrolle ein. Während andere Sportverbände wie etwa der DFB die ostdeutschen Organisationen mit großer Selbstherrlichkeit und Arroganz übernahmen, ohne die Wünsche und Vorstellungen der ostdeutschen Funktionäre zu beachten, entwickelte sich zwischen dem westdeutschen DHB und dem ostdeutschen DHV ein entspanntes Verhältnis. Die Wiedervereinigung sei im Handball „relativ problemlos verlaufen", erinnerte sich später der bundesdeutsche Funktionär Heinz Jacobsen zurück. Die Harmonie hatte viel mit den Führungspersonen zu tun: DHB-Chef Hinrichs entwickelte schon aus seiner Biografie heraus ein Gespür für die Situation, denn er war 1953 – zwei Tage, nachdem er mit Empor Rostock Meister geworden war – in den Westen gegangen. Nun zahlte sich die Freundschaft, die er über Jahre hinweg zum DHV-Präsidenten, Prof. Dr. Hans-Georg Herrmann, aufgebaut hatte, in den vielen Konferenzen über die Verschmelzung beider Verbände aus.

Die gute Zusammenarbeit auf höchster Funktionärsebene verhinderte freilich nicht, dass sich viele westdeutsche Profi-Klubs trotz ungeklärter Rechtsverhältnisse mit Wildwest-Methoden um hochkarätige DDR-Spieler bemühten. „DDR hat Angst vor dem Ausverkauf", titelte noch vor Weihnachten 1989 die *Deutsche Handballwoche* und berichtete über den Fall Maik Handschke. Der Kreisläufer von ASK Vorwärts Frankfurt/Oder hatte sich bereits in den Westen abgesetzt und bei TuRu Düsseldorf unterschrieben. Dafür wurde er von den ostdeutschen Organen wie dem *Deutschen Sportecho* scharf attackiert, weil er damit die Chancen der DDR bei der im Februar 1990 in der CSSR stattfindenden WM gefährdete. Stars wie Frank-Michael Wahl spielten die Saison zwar noch zu Ende, aber viele Spieler wollten nicht warten und sorgten mit ihrer Flucht für ein schnelles Ausbluten des

DDR-Klubhandballs. Insgesamt 120 Akteure verließen in Jahresfrist den Osten. Vor allem Frankfurt/Oder und Empor Rostock sollten sich von dieser einsetzenden Go-West-Bewegung nie wieder erholen. „Die Verbände verhandeln, die Vereine handeln. Während der DHB und DHV der DDR noch verhandeln und ebenso wohlklingende wie wohlgemeinte Erklärungen herausgeben, haben die westdeutschen Vereine längst die Initiative übernommen – und die Handball-Szene ‚drüben‘ leergekauft", kommentierte Jürgen Nitsch die Realitäten in der *Deutschen Handballwoche*. Das war im Mai 1990. Da war schon klar, dass auch die Stars Wahl, Schmidt, Hoffmann und Borchardt, der ein 2,5 Millionen-DM-Angebot aus Santander erhalten hatte, in den Westen wechseln würden.

Dennoch entschieden sich die Funktionäre, die Zusammenstellung der gesamtdeutschen Bundesliga auf sportlichem Wege zu regeln. Alle ostdeutschen Erstligisten bekamen eine Chance in den zwei Vierzehner-Ligen, die, eingeteilt in Nord und Süd, die besten deutschen Teams ermittelten. Die ostdeutschen Zweitligisten erhielten ebenfalls diese Möglichkeit, darauf war der spätere DHB-Präsident Ullrich Strombach stolz: „Als einziger Einzelsportverband gab der DHB allen Erstligisten aus Ost und West die Chance, sich für die gemeinsame 1. Bundesliga zu qualifizieren." Aber hier zeigte sich, dass die Klubs aus Leipzig, Rostock und Frankfurt dem Substanzverlust beinahe ohnmächtig gegenüberstanden. Einzig der SC Magdeburg bildete eine Ausnahme, weil das Management um Bernd-Uwe Hildebrandt rechtzeitig ein geeignetes Überlebenskonzept parat hatte. Der SC nutzte gar die Gunst der Stunde und verpflichtet seinerseits Stars aus osteuropäischen Ländern. Aber der Klub aus Sachsen-Anhalt blieb der einzige, der die Einigungssaison 1991/92 sportlich überstand und als Dritter der Nordliga weiterhin eine wichtige Rolle im deutschen Vereinshandball spielen konnte. In der nächsten Saison stieg der HCE Rostock, eben aufgestiegen, sofort wieder ab. Erst 1997 schaffte es mit dem ThSV Eisenach wieder ein Ostklub in die Eliteliga.

Für die dahinsiechende Nationalmannschaft des DHB stellte sich die Wiedervereinigung als historischer Glücksfall heraus. Bereits im Februar 1990 war von Willi Daume, dem IOC-Mitglied und DHB-Ehrenpräsidenten, erstmals die Möglichkeit einer gesamtdeutschen Olympiamannschaft für Barcelona 1992 geäußert worden, und einen Monat später hatte die IHF, die diesen Fall in den 1950er Jahren ausführlich diskutiert hatte, gegen diese Vision nichts zu einzuwenden. Bei dem IHF-Kongress auf Madeira setzte Hinrichs schließlich die Übernahme der WM- und Olympiaqualifikation Männer des ehemaligen DHV für den DHB formal durch, und die Teilnahme der bundesdeutschen Mannschaft an der B-WM in Österreich wurde erlassen. Die Voraussetzung dafür hatte die DDR-Nationalmannschaft mit ihrem achten Platz bei der WM 1990 geschaffen, der für Olympia 1992 und die WM 1993 in Schweden berechtigte. Die eigentlich verpasste Olympiaqualifikation war damit für den DHB gerettet. Da fiel sogar der katastrophale Auftritt der Nationalmannschaft bei der C-WM im April 1990 in Finnland nicht mehr ins Gewicht. Der dritte Platz, den die DHB-Mannschaft dort nach indiskutablen Leistungen erreichte, hatte immerhin den Aufstieg in die Zweitklassigkeit bedeutet.

Krisenerscheinungen und Kulturpessimismus

Die Vereinigung des west- und ostdeutschen Handballs war vergleichsweise erfolgreich verlaufen, doch konnte sie die gravierenden Probleme dieser Sportart zu Beginn der 1990er Jahre nicht überdecken. Immer noch hatte Handball, trotz massiver und einschneidender Regelreformen, unter einem verheerenden Image als „Klopper"-Sport zu leiden. Das machte ein Aufsehen erregender Bescheid in einem Kriegsdienstverweigerungsverfahren aus dem Jahre 1991 deutlich, auf den Zeitungen mit Schlagzeilen wie „Wer Handball spielt, handelt kriegerisch" reagierten. Das Frankfurter Kreiswehrersatzamt hatte einen Antrag auf Kriegsdienstverweigerung mit der Begründung abgelehnt, der Antragsteller Marco Jenet spiele Handball. In den Auszügen hieß es:

„Gerade das Handballspiel, bekanntlich eine der härtesten Mannschaftssportarten mit seinen unausweichlichen Körperkontakten und großen Verletzungsgefahren setzt eine äußerste Kampf- und Gewaltbereitschaft sogar gegenüber Freunden voraus. Ohne starken körperlichen Einsatz mit offener regelgerechter und verdeckter regelwidriger Gewaltanwendung ist ein erfolgreiches Spiel anscheinend kaum möglich. Wenn also der Antragsteller jahrelang aktiver Spieler war und auch jetzt noch, nachdem er notgedrungen auf die aktive Teilnahme als Spieler verzichten muss (Verletzung), ständig Kinder betreut und diese in das Spiel einführt und sie trainiert, liegt der Schluss nahe, dass zumindest in diesem Teilbereich eine ausgeprägte Gewaltbereitschaft des Antragstellers mit dem Wissen, andere – wenn auch ungewollt – möglicherweise zu verletzen, vorliegen muss. Demgegenüber ist die angebliche bedingungslose Ablehnung von Gewalt, auf die sich der Antragsteller beruft, schlicht unglaubhaft."

Die spektakuläre Begründung hielt freilich nicht durch; im Widerspruchsverfahren wurde Jenet anerkannt. Aber der erste Bescheid und die vielen unreflektierten Reaktionen darauf spiegelten doch eine beunruhigende gesellschaftspolitische Einschätzung wider, wie nicht nur Helmut Digel fand. In einem 1995 publizierten Aufsatz beschrieb der Darmstädter Sportwissenschaftler den Handball als dahinsiechenden Patienten, der es schwer haben werde, wieder gesund zu werden. Allein die beginnende Individualisierung des Breitensports, wie sie sich in der Inliner- und Marathon-Bewegung ausdrückte, werde einer Mannschaftssportart wie Handball auf lange Sicht schwer zu schaffen machen. Denn es gab einen Paradigmenwechsel im Sport: „Selbstverwirklichung anstelle von Unterordnung, Kreativität contra Disziplin und Gehorsam, Spaß und Freude im Hier und Jetzt ohne langfristiges Üben und

Trainieren, Lust und Genuss anstelle von Askese." In diesem Zuge werde auch der Handball, so Digel, über kurz oder lang den Kürzeren ziehen. Der Prophet führte als Anzeichen des Niedergangs das häufig anzutreffende polemische Urteil „pädagogisch orientierter Kritiker" an. Diese sahen im Handball lediglich einen „kastrierten Fußballsport", der dies mit besonderer Härte kompensiere, besonders verletzungsanfällig sei und zudem „jeglicher ästhetischer Qualität" entbehre. Das waren zwar waghalsige (und nur selten untermauerte) Thesen, aber sie mussten doch sehr ernst genommen werden.

Digel zufolge befand sich der Handball in den 1990er Jahren bereits im Sinkflug. Tatsächlich verhießen die Zahlen wenig Gutes. So kaschierte der Mitgliederzuwachs, der nach der Wiedervereinigung die Bilanz schmückte, nur eine Abwärtsentwicklung. In Wirklichkeit hatte der DHB zwischen 1984 und 1991 rund sechs Prozent seiner westdeutschen Vereine verloren, in einigen ehemaligen Handballhochburgen wie Hamburg (13 %) und dem Niederrhein (15 %) waren die Verluste beängstigend. Dramatisch gestaltete sich die Lage bei der Zahl der Mannschaften, die um 11,5 Prozent zurückgegangen war. Die Rekrutierungsprobleme waren offensichtlich, die vielen ehrenamtlich tätigen Handballtrainer und -betreuer hatten nach Jahren des Wachstums auf einmal Schwierigkeiten, die Jugendmannschaften zu bestücken. Digel meinte den Grund für diese bedrohliche Mitglieder-Rezession verortet zu haben. Für ihn war daran in erster Linie verantwortlich, „dass der Handball sich in erster Linie aus sich selbst heraus entwickelt, sich weitestgehend als ‚geschlossenes System' darstellt, das für andere Interessenten, die von außen kommen, kaum offen ist. Stimmt diese Beobachtung, so könnte für den Handballsport die Gewinnung neuer Mitglieder ein kaum lösbares Problem sein." Erwiesen sich die Regeln und die anderen Vereinbarungen des Handballs für Außenstehende als zu kompliziert?

Der renommierte Sportwissenschaftler sah auch andere kritische Entwicklungen, die mit den tiefgreifenden Veränderungen in der verstädterten Gesellschaft der Bundesrepublik zu erklären waren: „Vor 30 Jahren waren Ballspiele mit der Hand noch feste Bestandteile der kindlichen und jugendlichen Spiel- und Lebenswelt. Mittlerweile sind viele Handballspiele verschwunden. Ob Torball, Ball über die Schnur, Burgball oder Brennball, Ballspiele mit der Hand haben nur noch künstlichen Charakter." Ein natürliches Werfen finde nicht mehr statt. So wie der DFB bereits vergeblich nach Straßenfußballern fahndete, werde der geringere öffentliche Raum auch weniger Straßenhandballer produzieren, prognostizierte Digel. Schon allein aus kultur- und spielanthropologischer Sicht sei demnach die „kulturelle Position des Handballspiels heute mehr denn je in Frage gestellt". Zumal auch der DHB für die Talentförderung nichts tat, wie Digel anmahnte: Von den 196 Talentförderungsprojekten in der Bundesrepublik beschäftigten sich nur acht mit dem Handball. Wer Digel las, musste davon ausgehen, dass die deutschen Kinder die Sportart Handball in 30 Jahren nicht mal mehr dem Namen nach kannten.

Kommerzialisierung und Professionalisierung

Digel meinte außerdem deutliche Signale im Vorbild Leistungssport dafür zu finden, warum die Sportart Handball bald auf der Strecke bleibe: „Die große Zahl verletzter Bundesligaspieler, das geringe Spielniveau und das ungezügelte Verhalten der Zuschauer", dazu eine „Presse, der die fachlichen Belange des Handballspiels weitestgehend fremd sind, die sich jedoch des Handballsports bemächtigt". Diese recht pessimistische Perspektive wurde noch verstärkt durch die zunehmende Kommerzialisierung, die sich im Handball der frühen 1990er Jahre bereits auf allen Ebenen durchsetzte. Digel nannte dieses Prinzip „Brot und Spiele" und verurteilte, „dass durch eine umfassende Kommerzialisierung des Handballsports, durch eine Gewinnorientierung auf Seiten der Spieler und Spielerinnen bis hinein in die untersten Leistungsklassen das Gefüge der Handballvereine zueinander erheblich ins Schwanken geraten ist".

Das war noch die Sicht der Ideologen des Amateursports, die allerdings – spätestens mit der Öffnung des IOC gegenüber Profisportarten wie dem Tennis – nicht mehr zeitgemäß wirkte. Aber in der Tat: Angeregt durch die Wirtschaftsstrategien des deutschen Fußballs, dessen Branchenführer FC Bayern München sich längst in eine Kapitalgesellschaft umgewandelt hatte, realisierten zu Beginn der 1990er Jahre bereits einige Handballvereine die aus ihrer Perspektive unerlässliche Professionalisierung. Als Vorreiter der Szene erwies sich hier der THW Kiel, dessen Leistungshandballer sich unter Geschäftsführer Uwe Schwenker zuerst vom Breitensport abkoppelten. Aufmerksame Konkurrenten wie die SG Flensburg und der SC Magdeburg zogen bald nach und verschafften sich damit einen wichtigen Vorteil. Eine weitere Konsequenz aus dieser Entwicklung war die Abnabelung der Ligavereine vom DHB, deren erster institutioneller Schritt die Gründung der Handball-Bundesliga Vereinigung Männer (HBVM) am 1. Juli 1994 war. Anlass für die Taufe dieser Interessengemeinschaft war die Vermarktung des eben institutionalisierten „Final Four"-Turniers gewesen, das seit 1992 in Hamburg stattfand und das die Liga nun selbst vermarkten wollte.

Die unaufhaltsame Autonomisierung der Liga-Vereine hatte ihren Anfang freilich schon viel früher genommen. Bereits 1982 hatte THW-Obmann Heinz Jacobsen als Sprecher der Vereine die Maßnahme des DHB massiv kritisiert, im Vorfeld der WM in der BRD einen Spieltag nach hinten zu verlegen: „Es kann nicht so sein, dass der DHB kassiert und die Vereine zahlen nur drauf. Das jetzt angebotene Ausfallhonorar bis zu 5000 DM reicht nicht aus, um die durch den Ausfall eines Heimspiels entstehenden Kosten zu decken." Der DHB lenkte daraufhin ein. 1986 erneuerte Jacobsen seine Kritik an der damals üblichen Politik des DHB, die Nationalspieler quasi zum Nulltarif zu Werbung in eigener Sache zu nutzen: „Wir müssen immer die Spieler abstellen und sehen dafür keine Mark. Wie im Fußball plädiere ich dafür, dass die Vereine Abstellungsgebühren für ihre Spieler erhalten." Bis heute haben sich die Verantwortlichen, da der Wert der Nationalmannschaft als Aushängeschild des deutschen Handballs auch von der Liga nie bestritten wurde, jedoch stets einigen können.

Die Liga verblieb nach Gründung der HBVM noch neun Jahre unter dem Dach des DHB. Erst am 1. Juli 2003 wurde die Abspaltung schließlich formal vollzogen. Erster Vorsitzender der Deutschen Handball-Liga (HBL), die sich im Juni 2003 konstituiert hatte, wurde der langjährige THW-Obmann (1980-1992) Heinz Jacobsen, der vorher auch Ligaausschuss-Vorsitzender gewesen war. „In vielen Dingen müssen wir nicht mehr den umständlichen Weg über den Verband gehen", beschrieb der Kieler kurz nach seiner Wahl 2003 die neue Lage, das betraf nicht nur die Werberichtlinien, die sich die HBL nun selbst geben durfte. Dass damit aber nicht alle anstehenden Probleme des deutschen Profi-Handballs gelöst waren, zeigte sich bereits an der zunächst dürftigen personellen Ausstattung der HBL, die bislang neben Geschäftsführer Frank Bohmann lediglich noch drei weitere hauptamtliche Mitarbeiter führte. Im Juni 2004 trat Jacobsen nach diversen Querelen zurück. Mit ihm war eine Versöhnung der disparaten Fraktionen des Profihandballs nicht machbar – die „jungen Wilden" nämlich, innovationsfreudige Manager wie Schwenker (Kiel), Sauer (Gummersbach) und Holpert (Lemgo), hielten Jacobsen für einen verknöcherten Funktionärstyp, der die Vergangenheit repräsentierte und die Entwicklung verschlief. Nachdem mit Andreas Thiel ein potenzieller Nachfolger abgesagt hatte, sitzt seit 2004 Bernd-Uwe Hildebrandt, der Manager des SC Magdeburg, der HBL als Vorsitzender vor.

Die Kommerzialisierung des deutschen Liga-Handballs, die der THW angekurbelt hatte, zeitigte bald erste Effekte. Die Bundesliga, die 1994/95 auf 16 Vereine reduziert wurde und erst seit 1999/2000 wieder über 18 Mannschaften verfügt, verzeichnete einen leichten Publikumszuwachs. So sahen in der Spielzeit 1994/95 bereits 600.000 Besucher die 240 Bundesligaspiele, was einem Schnitt von 2500 Zuschauern entsprach (wovon allerdings allein auf den Primus THW Kiel 105.000 entfielen). Dieser Zuspruch stand in Wechselwirkung mit spektakulären Spielerverpflichtungen, die nach dem Bosman-Urteil möglich wurden. 1995 kam etwa der französische Weltmeister Jackson Richardson, der zwischen 1996-2000 beim TV Großwallstadt 300.000 DM p.a. verdient haben soll, in die Bundesliga. Dem raschen Strukturwandel konnten freilich diejenigen Konkurrenten, die ein wenig die Zeit verschlafen hatten und ohnehin nicht über die grandiose Infrastruktur und den Zuspruch des THW Kiel verfügten, manchmal nicht standhalten. „Es ist fünf vor zwölf. Zwar melden wir noch nicht Land unter, aber wenn wir nicht aufpassen, dann ist es bald so weit", meinte Liga-Ausschussvorsitzender Jacobsen 1995 angesichts der Finanzprobleme in Rheinhausen, Düsseldorf, Dormagen und Bad Schwartau. Die Kinderkrankheiten, mit denen sich alle Sportarten im Prozess der Kommerzialisierung auseinander zu setzen haben, waren demnach noch nicht ausgestanden und stellten die Liga auch in den folgenden Jahren vor manche Zerreißprobe – speziell nach dem Bosman-Urteil, dass die Spielergehälter auch im Handball hochtrieb. Der hochverschuldete OSC

Rheinhausen zog seine Mannschaft während der Saison 1997/98 zurück, für den TV Niederwürzbach war nach der Spielzeit 1998/99 Schluss. Und vor der Saison 2000/01 drohte dem Traditionsverein VfL Gummersbach, der schon jahrelang vor dem finanziellen Kollaps gestanden hatte, der Zwangsabstieg: Der Liga-Ausschussvorsitzende Jacobsen entzog dem Klub nach einer 900.000 DM großen Finanzierungslücke die Lizenz. Als danach das DHB-Präsidium dem VfL als letzte Instanz doch noch die Lizenz erteilte, kam es zum „Kasus Gummersbach", der die Liga spaltete. Nicht wenige Beteiligte warfen nun DHB-Präsident Ullrich Strombach vor, als langjähriger Handball-Abteilungschef des VfL in dem Verfahren befangen gewesen zu sein. Daraufhin klagten Vereine wie der HC Wuppertal und die SG Willstädt vor ordentlichen Gerichten, weil sie sich schon aufgestiegen bzw. nicht abgestiegen wähnten. Das Ende vom Lied war die Aufstockung der Liga von 18 auf 20 Mannschaften. Das Bild, das der deutsche Handball in diesen Monaten in der Öffentlichkeit abgab, war verheerend. Es entsprach den Verhältnissen eines chaotisch organisierten Kaninchenzüchtervereins. Die Auseinandersetzungen belegten indes die Unausgereiftheit des System Liga-Handball, in dem es lange Zeit kein vernünftig aufgebautes Lizenzierungsverfahren gibt. Das bewiesen zuletzt die Fälle der HSG Nordhorn, deren Manager Rigterink, so der Eindruck in der Öffentlichkeit, nach einem zu hohen Schuldenstand die Zulassung nur aus alter Verbundenheit mit Liga-Chef Heinz Jacobsen erhielt. Und auch beim HSV Hamburg, der nach der Pleite seines Mäzens Klimek in schwere Turbulenzen geriet, waren die Dinge kaum nachvollziehbar. Die Präzedenzfälle TuSEM Essen und Wallau-Massenheim, denen nach großen finanziellen Turbulenzen im Sommer 2005 die Lizenzen entzogen wurden, markierten endlich eine Wende. Die HBL-Verantwortlichen um Frank Bohmann entwickelten daraufhin ein neues Lizenzierungsverfahren, das ein seriöseres Wirtschaften erfordert. Seitdem jedenfalls sind spektakuläre Lizenzentzüge in der Bundesliga nicht mehr vorgekommen.

Handball und die Medien – eine schwierige Beziehung

Eine recht unselige Verbindung pflegte der Handball stets zu den Massenmedien, die indes für die Verbreitung dieser Sportart unabdingbar war und ist. Seitdem das Wurf- und Fangspiel in den 1920er Jahren in die Öffentlichkeit drängte, hatte es mit Ressentiments und Vorurteilen in vielen Redaktionen zu kämpfen. Und schon immer befanden sich die Funktionäre des Handballs in einer eher schlechten Verhandlungsposition gegenüber den Rundfunksendern, da der König Fußball zumeist das Geschehen dominierte. Schon in frühen Jahren verpokerte sich der Handball häufig genug in diesen Verhandlungsrunden, so vor der Hallen-WM 1961 in der BRD, als das Fernsehen wegen überhöhter Geldforderungen des DHB (50.000 DM) irgendwann von einer Übertragung Abstand nehmen wollte (sie kam schließlich doch noch zustande). Zudem stellte sich als Problem heraus, dass diese Sportart – im Gegensatz zum Fußball – fast immer auf beachtliche sportliche Erfolge angewiesen war, um Präsenz in den Medien zu erlangen. Es war zudem ein steter Kampf mit anderen Sportarten, die gerade eine Hausse erlebten. Das beste Beispiel dafür ist die Euphorie, die 1985 nach dem Wimbledon-Sieg Boris Beckers um Tennis ausbrach. Das wirkte sich direkt aus auf die Übertragung der WM 1986 in der Schweiz, über die wegen eines Daviscup-Wochenendes dann eben nur in Ausschnitten und zeitversetzt berichtet wurde.

Bereits bei dieser WM deuteten sich aber auch Zukunftschancen an, als der Privatsender RTL plus die Live-Rechte erwarb und einige Vorrundenspiele live sendete. 1993 glückte das Experiment des Kölner Senders VOX, jede Woche (meistens donnerstags) ein so genanntes „Topspiel der Woche" aus der Handball-Bundesliga zu senden, mehr als 500.000 Zuschauer schauten durchschnittlich zu. Das zementierte zwar das Nischendasein einer Sportart, die wegen der Wucht des großen Bruders gezwungen war, sich Freiräume in der Öffentlichkeit zu schaffen. Aber es sicherte immerhin einen festen Medienplatz, auf den sich die Fans einstellen konnten. Als VOX sich, von der Pleite bedroht, aus dem Sport zurückzog, sprang das Deutsche Sportfernsehen (DSF) in die Bresche und übernahm das Konzept zu fast allen Teilen. Dieses Konzept besteht bis heute: Am Wochenende beliefern vorrangig die Dritten Programme wie der NDR, MDR und der SWR die Konsumenten mit Live-Sendungen aus den Hochburgen, manchmal auch das Erste Programm der ARD und das ZDF, die sich zuletzt die Übertragungen der Weltmeisterschaften und der Olympischen Spiele teilten. In Ergänzung dazu sendet das DSF unter der Woche, und, sofern es (wie bei der EM 2004) die Rechtesituation zulässt, auch von Großereignissen. Von diesem dualen Rundfunksystem profitierte der Handball bis heute sehr. Es ist ein Geschäft auf Gegenseitigkeit, denn etwa das DSF profitierte von den zuletzt großen Erfolgen der deutschen Nationalmannschaften und erzielte Rekordquoten bei der EM 2002 in Schweden und bei der EM 2004 in Slowenien, als zeitweise über fünf Millionen deutsche Zuschauer im Spartensender mitfieberten. Die Sponsoren der Bundesliga-Vereine konnten ebenfalls zufrieden sein mit den im 21. Jahrhundert gesteigerten Sendeumfängen: In der Saison 2003/04 wurden 78 Spiele live übertragen (mitgerechnet sind auch Spiele ab der zweiten Halbzeit), die Zahl der TV-Kontakte wurde so von 386 auf 560 Millionen gesteigert.

Dennoch war im letzten Jahrzehnt nicht alles Gold, was glänzte. So konnten die Erlöse durch die Verträge mit den öffentlich-rechtlichen Sendern, die zu Beginn der 1990er Jahre der Liga und dem DHB bereits rund zwei Millionen DM garantierten (Verteilungsschlüssel 70:30), bis heute nicht wesentlich gesteigert werden. Natürlich gründete sich diese Stagnation auch auf der Kirch-Pleite. Doch das amateurhafte und dilettantische Gebaren, das die zerstrittene Liga während der Verhandlungen über den TV-Vertrag im Frühjahr und Sommer 2003 offenbarte, war ebenfalls ein Faktor, dass das angebliche TV-Spitzenprodukt Handball für die Zeit von 2003 bis 2006 über nur geringe Erlöse verfügen konnte. Als die Verhandlungen vor dem Scheitern standen, musste die Liga dem DSF noch kurzfristig einen Präsenter anbieten, also noch Geld mitbringen.

Der aktuelle TV-Vertrag (Laufzeit 2006-2009) sieht vor, dass die ARD in ihren Dritten Programmen maximal 68 Bundesligaspiele übertragen darf, das DSF hat das Zugriffsrecht auf 34 Spiele unter der Woche. Zusätzlich soll der Hamburger Sportrechte-Makler Sportfive ab 2007 weitere 100 Ligaspiele produzieren, um den geplanten Pay-TV-Sender „sport digital" mit Material zu füttern und endlich auch die Auslandsrechte-Verwertung anzukurbeln. Die SportA als Agentur von ARD und ZDF zahlt jährlich einen Betrag von rund 500.000 Euro, Sportfive noch einmal so viel – und wenn die Auslandsvermarktung funktioniert, erhoffen sich die HBL-Funktionäre jährliche Erlöse in Höhe von rund zwei Millionen Euro. „Das ist der beste TV-Vertrag aller Zeiten", jubelte Kiels Manager Uwe Schwenker nach Abschluss, denn zuvor war viel weniger erlöst worden. Ein erster Schritt, um weiterhin zu wachsen im hart umkämpften deutschen Sportmarkt, war dieser Vertrag aber allemal.

Ein weiterer Schwachpunkt des Handballfernsehens ist ästhetischer Natur. Festzustellen ist, dass sich das Fernsehen bisher nicht adäquat auf die spezifischen Erfordernisse des Handballs eingestellt hat. Oft ist Bildregie und Kameraführung anzumerken, dass der Fußball als technisches Vorbild dient und dem spezifischen Charakter des Handballs nicht entsprochen wird. So werden wesentliche Dinge des Spiels manchmal nicht erfasst, weil es sich die Bildregie nicht nehmen lässt, sekundenlange Wiederholungen und Zeitlupenstudien einzuspielen. Das funktioniert beim Fußball prima, weil das Spiel sich dort oft träge nach vorn entwickelt. Bei einer dynamischen Sportart wie Handball ist diese Vorgehensweise eine Katastrophe, weil schnelle Gegentore nicht eingefangen werden. Doch auch hier muss in Rechnung gestellt werden, dass es die Handball-Produktionsetats nicht mit der mittlerweile sensationell aufgelösten Sportart Fußball aufnehmen können. Zudem darf nicht vergessen werden, dass sich die Sportart im letzten Jahrzehnt noch einmal spürbar dynamisiert hat und mit dem Handball der 1980er Jahre nicht mehr viel gemein hat.

Die „Schnelle Mitte" und ihre Konsequenzen

Dass Sportspiele im Verlauf ihrer Geschichte immer dynamischer, athletischer und technisch niveauvoller werden, ist eine Binsenweisheit der modernen Sportgeschichte. Auch der Handball hatte sich seit seiner Erfindung damit auseinander zu setzen. Ein Beispiel für die Entwicklung der Wurftechnik war gegen Ende der 1980er die Erfindung des Trickwurfs von Außen, wie ihn in Deutschland zuerst Jochen Fraatz perfekt beherrschte. Diese mit einem starken Drall versehenen „Dreher" gehören heute zum Standard jedes ambitionierten Außenspielers. Doch wird man für die exorbitante Athletisierung, die zuletzt stattgefunden hat, vermutlich dereinst mit den speziellen Bedingungen der Kommerzialisierung zu Beginn der 1990er Jahre in Zusammenhang bringen. Sie hat die Weiterentwicklung des Spiels erheblich beschleunigt. So war mit der Entscheidung zum Profitum eine drastische Erhöhung der Trainingsumfänge verbunden, wie etwa Magnus Wislander, der Star des THW Kiel, bei seinem Bundesligaabschied 2002 resümierte: „Als ich 1990 nach Kiel kam, da war das wie Betriebssport. Heute trainieren wir sieben- bis neunmal die Woche, hinzu kommen die vielen Spiele. Weil alle besser trainiert sind, ist das Spiel viel schneller geworden. Das ist spielerisch und technisch-taktisch eine ganz andere Welt. Früher standen in der Abwehr ein paar Brocken, die sammelten alles ein, was auf sie zukam. Diese Zerstörer können sich die Klubs jetzt nicht mehr leisten, weil die ausgespielt werden." Wislanders Einschätzung nach war das Spiel auch wesentlich fairer geworden (insofern hatten die Kulturpessimisten wie Digel die Entwicklung falsch vorhergesagt). In der Tat findet der aufmerksame Beobachter des Spiels heute kaum noch einen brachialen Angriffstyp wie Erhard Wunderlich, der zu seinen aktiven Zeiten ein kleines Bäuchlein mit herumtragen durfte. Heute verkörpern vielmehr vielseitige Spielertypen wie Daniel Stephan oder Pascal Hens das moderne Spiel: Sie verfügen zwar auch über eine formidable Wucht in ihren Würfen. Doch sie sind zudem schnell und wendig genug, um sich in einem Zweikampf gewissermaßen „durchzuspielen".

Befördert hat diese Abkehr vom Spezialistentum insbesondere eine vermeintlich geringfügige Reglungsänderung aus dem Jahre 1996, die so genannte „Schnelle Mitte". Danach durfte eine Mannschaft, die eben ein Tor bekommen hatte, das Spiel am Mittelpunkt eröffnen, bevor alle gegnerischen Spieler wieder in die eigene Hälfte zurückgelaufen waren. Theoretisch konnte die anwerfende Mannschaft so das Gegentor schon Sekunden später wieder ausgleichen. Dieses Detail war verantwortlich für eine frappante Erhöhung der Angriffsfrequenzen im Welthandball. Interessant ist, dass selbst Spitzenmannschaften das neue taktische Mittel nicht sofort ausreizten, sondern die tatsächliche Einführung der „Schnellen Mitte" sich über Jahre hinzog – wohl, weil dazu die Trainingsumfänge gesteigert gehörten und es ohne ein kombinationstechnisch ideal abgestimmtes Team nicht funktionierte. Die ersten deutschen Profi-Mannschaften, die es zu Beginn des 21. Jahrhunderts konsequent anwendeten, waren der THW Kiel, die SG Flensburg und der SC Magdeburg. Zur Perfektion aber trieb es der TBV Lemgo, der damit in der Saison 2002/2003 einen Startrekord von 34:0-Punkten erreichte. Die Spielzüge des TBV hatten dabei ein immer wiederkehrendes Muster: Kreisläufer Schwarzer stürmte schon während des gegnerischen Torwurfs an den Mittelpunkt, empfing den Ball sofort vom eigenen Keeper (Ramota, Zereike), bediente den heranstürmenden Stephan, der entweder selbst abschloss oder seine mitstürmenden Kollegen wie Markus Baur oder Florian Kehrmann bediente. Es war in diesem Jahr wie eine Revolution, aber bald stellten sich alle Topmannschaften auf diesen taktischen Zug ein. Aber allein die Möglichkeit der „Schnellen Mitte" wird in Zukunft nur noch komplette Spieler zulassen: Spezialistenwechsel während des Umschaltens von Angriff auf Abwehr werden zu gefährlich. Die Konsequenz: Reine Defensivakteure wie einst Klaus-Dieter Petersen werden über kurz oder lang aussterben.

▶ Porträt

Horst Bredemeier – ein leidenschaftlicher Profi

Er ist immer in Bewegung. „Es reicht nicht, wenn ich ruhig auf der Bank sitze und analysiere. Um etwas zu verändern, muss ich Zinnober machen." Handball – das ist das Leben Horst Bredemeiers, seine große Leidenschaft. Er machte sein Hobby zu seinem Beruf und zu seiner Berufung. Als Trainer hielt es ihn nie lange auf der Bank, mit flotten Sprüchen machte „Hotti" den Spielfeldrand zu seiner Bühne – gesten- und wortreich, mal witzig, mal provozierend. Nicht aus Hang zur Selbstdarstellung, sondern um mit eben diesen unorthodoxen Mitteln positiv auf seine Mannschaft einzuwirken. Als Manager setzt er alles daran, dass sein Heimatverein GWD Minden in der Bundesliga erfolgreich ist – und vielleicht auch einmal wieder internationale Luft schnuppern kann. Und als Teamleiter hatte er bei den Olympischen Spielen 1984 seinen Anteil am Gewinn der Silbermedaille durch die Nationalmannschaft. Ein Erfolg, der ihm als Bundestrainer versagt geblieben war: Den zehnten Platz des Nationalteams bei den Olympischen Spielen in Barcelona 1992 bezeichnet Bredemeier nach wie vor als sein größtes Debakel. Die größte Herausforderung für den Vize-Präsidenten des Deutschen Handball-Bundes ist allerdings die Handball-Weltmeisterschaft 2007 im eigenen Land.

Geboren wurde Horst Bredemeier am 31. März 1952 in dem ostwestfälischen Handball-Dorf Dankersen. Mit dem Beginn seiner Schulzeit war sein Schicksal besiegelt. Denn „Hottis" Lehrer war gleichzeitig Vorsitzender von Grün-Weiß Dankersen. Bis zu seinem 23. Lebensjahr war Bredemeier selbst aktiv, aber erfolgreicher war er als Trainer. Dort begann seine Karriere bereits 1968, als 16-Jähriger. Elf Jahre später, mit 27 Jahren, war er der jüngste Trainer in der deutschen Bundesliga, als er im März 1979 Vinco Dekaris beim Erstligisten GW Dankersen ablöste. Zwei Monate später wurden die Grün-Weißen unter seiner Regie Deutscher Pokalsieger. Bis 1982 blieb Bredemeier in Dankersen. In diese ersten drei Dankerser Jahre fiel allerdings nicht nur der sensationelle Pokalerfolg, sondern auch der

Horst Bredemeier

erste Abstieg des Traditionsvereins aus der Handball-Bundesliga seit seinem Bestehen. Zur Saison 1982/83 wechselte Bredemeier zum lippischen Konkurrenten TBV Lemgo und trat dort die Nachfolge von Herbert Lübking an. „Hotti" schaffte mit dem TBV prompt den Aufstieg ins Handball-Oberhaus. In diesem Jahr stieg Horst Bredemeier parallel zur Arbeit in Lemgo beim Deutschen Handball-Bund (DHB) ins Trainergeschäft ein und war zunächst zuständig für die Jugend- und Juniorenarbeit.

Klaus Langhoff

Profi war Bredemeier zu diesem Zeitpunkt, trotz der Doppelbelastung, noch nicht. Von seinem Job als Briefträger hatte er sich zwar bereits beurlauben lassen. Doch erst ein Jahr später entschied er sich für das Profigeschäft. Zur Saison 1983/84 wechselte er zu TuRu Düsseldorf und stieg in der gleichen Saison mit den Rheinländern in die 1. Bundesliga auf und blieb bis 1989. Dann folgte der Posten des Bundestrainers. Zu diesem Zeitpunkt war die bundesdeutsche Handball-Auswahl allerdings nur drittklassig. Bredemeier sollte mit jungen Spielern einen Neuanfang starten. Die DHB-Verantwortlichen setzten auf seine Stärke, aus jungen begeisterungsfähigen Spielern ein schlagkräftiges Team aufzubauen. Bei der C-Weltmeisterschaft in Norwegen schaffte die DHB-Auswahl Anfang 1990 trotz schwacher Leistung den Aufstieg in die B-Gruppe.

Erneute Bewegung brachte die politische Wende in der DDR in die bundesdeutsche Auswahl. Der erste DDR-Handballer, der seine Qualitäten bei einem westdeutschen Klub unter Beweis stellte, war Torwart Wieland Schmidt. Obschon in der Saison 1990/91 noch getrennte Meisterschaftsserien in Ost und West ausgespielt wurden, wurden die besten Spieler schon unter Bredemeiers Regie in der Nationalmannschaft zusammengefasst. Der gebürtige Dankerser hatte im Vorfeld das interne Duell um den Posten des Bundestrainers gegen den bisherigen DDR-Auswahltrainer Klaus Langhoff zu seinen Gunsten entschieden. Bredemeier formierte ein neues Team, doch die Zeit bis zu den Olympischen Spielen in Barcelona wurde knapp. Nach dem enttäuschenden zehnten Platz legte Bredemeier sofort sein Amt nieder und gönnte sich eine schöpferische Pause. Ein Jahr später kehrte er nach Düsseldorf zurück und blieb fünf Jahre. 1997 rief ihn seine alte Heimat, und Bredemeier kam nach einem Umweg als Berater in Hameln nach Dankersen heim. Seitdem ist er als Manager des Bundesligisten GWD Minden immer in Bewegung, seit Oktober 2002 auch als DHB-Vizepräsident.

Nicole Bliesener

▶ **Große Vereine**

Die SG Wallau/Massenheim

Es war ein Verzweiflungsakt. Handball hatte Mitte der 70er Jahre im Ländchen, der Region zwischen Wiesbaden und Frankfurt, quasi vor dem Aussterben gestanden. Die Wallauer Handballer schauten sportlich und finanziell in den Abgrund. Bodo Ströhmann, steinreicher Marmorhändler aus der Gegend, zur damaligen Lage: „Eigentlich waren nur noch die Spielerfrauen da." Es musste etwas passieren – ganz schnell. So wurde die Idee geboren, eine Spielgemeinschaft zu gründen. Eine sportliche Ehe zwischen dem TV Wallau und dem TuS Massenheim sollte die handballerische Diaspora wieder beleben. Monatelang kamen die Funktionäre einmal pro Woche zu Gesprächen zusammen.

Bodo Ströhmann sicherte – für viele überraschend – sein finanzielles Engagement zu. „Ich steige voll ein. Ich führe die SG – wenn's sein muss – bis in die Bundesliga. Wir werden etwas auf die Beine stellen, was es bei uns noch nie gegeben hat." Die Gründungsversammlung der Spielgemeinschaft ging am 1. August 1975 über die Bühne. Vorher musste noch entschieden werden, wie denn die neue SG heißen sollte. Während die Wallauer argumentierten, sie brächten immerhin die Ländcheshalle mit in die Fusion ein, hielten die Massenheimer dagegen, sie spielten in der höheren Klasse. Man einigte sich darauf, dass das Los entscheiden sollte – Wallau wurde zuerst gezogen.

Der sportliche Höhenflug begann 1975/76 ganz unten – in der Kreisklasse. Durch eine Niederlage im letzten Heimspiel verpassten die Wallauer und Massenheimer den Aufstieg in die Bezirksliga, schafften als Vizemeister immerhin den Sprung in die Kreisliga. Gefeiert wurde wie bis heute jeder Erfolg im Gasthaus „Grüner Wald" – die „Vereinskneipe" der SG Wallau/Massenheim. Dies war gleichzeitig der Startschuss für eine beispiellose Aufstiegsserie. Schon in der ersten gemeinsamen Saison hatten die Fans das Interesse für die Fusionsmannschaft entdeckt. Zwischen 300 und 500 Zuschauer verfolgten die Heimspiele in der Ländcheshalle. In der folgenden Kreisligasaison kamen die Fans der SG Wallau/Massenheim aus dem Jubeln nicht mehr heraus. Mit 34:2 Punkten sicherte sich die SG Meisterschaft und Aufstieg. „Wir kamen uns vor wie Amateure gegen Profis", so die einhellige Meinung der unterlegenen Gegner. Der Durchmarsch setzte sich im nächsten Jahr fort. Die SG Wallau/Massenheim wurde auf Anhieb Meister mit sechs Punkten Vorsprung und stieg in die Verbandsliga auf. Namen wie Theo Kaus, Manfred Aumann, Jürgen Hauzu oder Wolfgang Sell prägten das Gesicht der damaligen Mannschaft. Bei der Meisterfeier gab es dann den ersten öffentlichen Auftritt des neuen Vorsitzenden Bodo Ströhmann. Er gab auch gleich das Ziel für die kommende Saison aus: „Aufstieg in die Oberliga!" Doch diese Forderung sollte erst mit einem Jahr Verspätung in die Tat umgesetzt werden. Vom „Endspiel" in Bruchköbel, in dem eine vier Jahre daheim unbesiegte Mannschaft von der SG mit 15:9 (4:6) geradezu demontiert wurde, schwärmen die Augenzeugen aus dem SG-Lager heute noch. In der kommenden Oberligasaison waren die Voraussetzungen für einen Durchmarsch selten so gut wie damals. Denn aufgrund einer neuen Klasseneinteilung stiegen die vier Erstplatzierten in die Regionalliga auf. Und die SG praktizierte eine Punktlandung auf Platz vier. Nach fünf erfolgreichen Jahren trennte sich die SG von Trainer Norbert Anthes. „Es gibt Verschleißerscheinungen, wir erhoffen uns von einem Wechsel neue Impulse auf dem Weg in die Bundesliga", so Bodo Ströhmann. „Der Mohr hat seine Schuldigkeit getan, der Mohr kann gehen", kommentierte Erfolgstrainer Anthes seinen Rauswurf. Sein Nachfolger: Fritz-Peter Schermuly. Eine kleine Anekdote von der Saisonabschlussreise nach Salzburg machte die Runde. Zu vorgerückter Stunde kamen die SG-Spieler auf die Idee, ein Bockspringen zu veranstalten. Ein Spieler versuchte es jedoch einmal umgekehrt – und sprang Bodo Ströhmann von vorne auf den Bauch. Der brach sich bei dieser Aktion zwei Rippen.

In der ersten Regionalligasaison gewann die SG die Vizemeisterschaft, dabei war am letzten Spieltag urplötzlich sogar mehr drin. Der Tabellenführer TSG Ober-Eschbach schwächelte in eigener Halle und gab einen Zähler gegen Fulda ab – doch das Wallauer-Team konnte daraus kein Kapital schlagen und unterlag in Holzheim mit 15:18. Doch der Zweitligaaufstieg wurde nur um ein Jahr verschoben. Nach einer souveränen Punkterunde, in der allerdings Trainer Schermuly nach Niederlagen in Dutenhofen und Ober-Eschbach auf der Strecke blieb (er wurde durch Spielertrainer Zeljko Zovko ersetzt), standen die Entscheidungsspiele gegen den Südwest-Meister TuS Dansenberg an. Im Hinspiel erreichte kein SG-Spieler Normalform – das Ergebnis war eine 15:18-Niederlage. „Die Mannschaft war phasenweise völlig von der Rolle", kritisierte Fußball-Weltmeister Jürgen Grabowski, der als SG-Fan die Reise in die Pfalz mitgemacht hatte. Doch dann folgte am 30. April 1983 die erste Sternstunde der SG Wallau/Massenheim. Vor 1300 Augenzeugen in der rappelvollen Ländcheshalle wurde im Rückspiel um den Zweitliga-Aufstieg der TuS Dansenberg mit 26:13 aus dem brodelnden Hexenkessel geworfen. Bodo Ströhmann überglücklich: „Das ist mein größtes Erlebnis, seit ich bei der SG tätig bin."

Horst Spengler

Die großen Erlebnisse sollten sich im ersten Zweitligajahr fortsetzen. Auf der Trainerbank saß ein deutsches Handball-Denkmal: Horst Spengler, Weltmeister von 1978, führte die Geschicke bei der SG Wallau/Massenheim. Und der Showdown hätte nicht spannender inszeniert werden können. Vor dem letzten Spieltag stand die SG auf Platz Zwei, punktgleich mit dem TuS Griesheim, aber 19 Tore schlechter. Und dann gab es unerwartet Hilfe aus Schutterwald. Die Ortenauer triumphierten am Schlusstag mit 20:13 über Griesheim, und die SG erfüllte ihre Pflichtaufgabe mit einem 35:11-Heimsieg über die TSG Hassloch. Die Freude kannte keine Grenzen in der Ländcheshalle. Nur neun Jahre nach ihrer Fusion war die SG Wallau/Massenheim erstklassig. „Ich bin der glücklichste Mensch der Welt. Vor neun Jahren habe ich versprochen, dass ich die SG ganz nach oben bringe. Und jetzt habe ich es geschafft", jubelte SG-Macher Ströhmann. Und er spendierte anschließend nicht nur seinen Spielern einen Mallorca-Trip, sondern auch dem TuS Schutterwald. „Als Dank für ihre Hilfe am letzten Spieltag."

Vor Beginn der ersten Erstligasaison gab es bei der SG Wallau/Massenheim gleich eine Reihe gravierender Veränderungen. Die beiden wichtigsten: Die Heimspiele wurden in der Rüsselsheimer Walter-Köbel-Halle ausgetragen, und Weltmeister Manfred Freisler wechselte vom TV Großwallstadt zum Erstliga-Neuling. Sportlich gesehen musste der erste große Rückschlag eingesteckt werden. Es gab zwar am 13. Oktober 1984 (3. Spieltag) den ersten Punktgewinn für die Hessen in der höchsten deutschen Handballliga (15:15 im Heimspiel gegen TuRu Düsseldorf), doch bis zum Saisonende kamen nur noch mickrige 15 Zähler hinzu. Der Abstieg, ein Fremd-

Nationalspieler Pascal Hens kam aus der Talentschmiede Wallau-Massenheim…

wort in der kurzen Geschichte der SG Wallau/Massenheim, war damit besiegelt. „Wir kommen wieder!", versprach SG-Manager Ströhmann. Dieses Versprechen wurde erst nach dem Ende der Saison 1986/87 eingelöst. Und das auch erst nach einigen kleinen, aber feinen Umstellungen. Zejlko Zovko wurde auf der Trainerbank vom damals 27-jährigen Rechtsaußen Burkhard Keller abgelöst, und Walter Don kehrte als 35-Jähriger zurück auf das Spielfeld. Die Kurskorrektur brachte die SG zurück auf die Erfolgsspur. Sie blieb 17-mal hintereinander ungeschlagen, und im Endspurt wurde der punktgleiche TuSpo Nürnberg noch abgefangen und die Rückkehr ins Oberhaus perfekt gemacht. Auf der

… genauso Jan Olaf Immel.

offiziellen Meisterfeier präsentierte Bodo Ströhmann den Fans zwei hochkarätige Neuzugänge: die Nationalspieler Stephan Schöne und Mikael Källman. Sicher keine billigen Erwerbungen. Doch Geld ist in Zeiten des Erfolges reichlich vorhanden. Harald Scholl, Inhaber der Firma „Gastrolux" und lange Jahre Sponsor der SG Wallau/Massenheim, spielte regelmäßig Lotto, um seiner SG einen weiteren Geldregen zu verschaffen. Und sein Systemtip brachte eines Tages eine fünfstellige Summe in die Vereinskasse.

Mit einem Etat von 600.000 DM ging die SG in ihre zweite Erstligasaison – die für die Hessen ein wahrer Krimi werden sollte. Daheim wie gewohnt eine Macht, auswärts nur Punktelieferant, so kann man die Spielzeit des Neulings überschreiben. Ein Phantom-Tor von Torjäger Stephan Schöne (126 Tore in dieser Saison) ging in die Bundesliga-Geschichte ein. Im Abstiegskampf gegen den TuS Hofweier traf er mit einem seiner peitschenartigen Würfe nur das hintere Torgestänge. Die Schiedsrichter erkannten auf Tor, eine Tatsachenentscheidung, und die SG gewann das Heimspiel mit 21:20 und lief am Ende auf Platz Acht ein. Im DHB-Pokal sorgte die SG für ihren ersten großen nationalen Erfolg. Sie stand in den Endspielen gegen TuSEM Essen, war allerdings zweimal chancenlos (18:25 daheim, 21:28 auswärts).

Danach wurde bei der SG Wallau/Massenheim ein neues Kapitel aufgeschlagen – das von Velimir Kljaic. Der Kroate, der 1996 seinem Land die erste olympische Goldmedaille bescherte und dem der Ruf eines „harten Hundes" vorauseilte, übernahm vor Beginn der Saison 1988/89 das Kommando auf der Bank der SG – und führte sie in ruhige und sichere Tabellenregionen. Mit ihm gab es auch die Premiere in der Ballsporthalle Frankfurt-Höchst. Am 6. April 1989 wagte die SG den Schritt dorthin, und 4500 Zuschauer folgten und bejubelten den 23:20-Sieg über den THW Kiel. Manager Ströhmann nahm allen Umzugszweiflern den Wind aus den Segeln: „Langfristig liegt die Zukunft der SG Wallau/Massenheim in der Ballsporthalle."

Martin Schwalb

Den nächsten Schritt auf der Erfolgsleiter machten die Hessen in der Spielzeit 1990/91. Nach zwei Entscheidungsspielen gegen den SC Leipzig qualifizierten sich Källman, Schoene und Co. erstmals für den Europapokal (IHF-Cup). Vor der Saison hatte die SG kräftig in neues Personal investiert. Vom SC Leipzig kamen Torhüter-Legende Peter Hofmann sowie Abwehrchef Mike Fuhrig ins Hessenland und von TuSEM Essen Martin Schwalb. Mit diesen Verstärkungen gehörte die SG ohne Frage zu den Titelaspiranten – doch es reichte nicht ganz. Im Play-Off-Halbfinale war der THW Kiel Endstation. „Wir wollen den Meistertitel holen, und vielleicht gelingt es uns ja, den Europapokal zu gewinnen", formulierte Bodo Ströhmann die Wünsche vor der folgenden Spielzeit. Källman und Kollegen erfüllten ihrem Macher beides. Ein rasanter, beispielloser Aufstieg findet 1992 seinen Höhepunkt. Trotz einer unglaublichen Verletzungsserie lässt sich die SG nicht vom Weg abbringen. In den Play-Off-Endspielen wurde der Titel schon im Hinspiel beim „Erzrivalen" SG Leutershausen perfekt gemacht. Mit 24:17 dominierten die Wallauer. Großen Anteil hatte der Finne Mikael Källman. Er brachte nicht nur den damaligen Bundestrainer Horst Bredemeier in Verzückung: „Er ist das Maß aller Dinge, intelligent, torgefährlich und abwehrstark. Er spielt Handball von einem anderen Stern." Als Belohnung wurde er 1992 von den Lesern der *Handballwoche* zum Handballer des Jahres gewählt. Der Finne ist bis heute der einzige Ausländer, dem diese Ehre zuteil wurde. Das Final-Rückspiel gegen Leutershausen in der Frankfurter Ballsporthalle, für das über 15.000 Kartenanfragen vorlagen, geht zwar mit 16:18 verloren, doch das trübt die anschließende rauschende Meisterparty überhaupt nicht. In offenen Cabrios geht es von Frankfurt aus über die Dörfer. Tausende jubeln dem Meister am Straßenrand zu. Viele Häuser waren mit Fahnen und Transparenten geschmückt. „We are the champions", geriet zur Wallauer Hymne. Und nur knapp zwei Wochen später wiederholte sich diese ganze Zeremonie. Der IHF-Cup wurde ins Ländchen geholt. Am Rande der Feierlichkeiten entschloss sich die Mannschaft spontan zu einem Trip nach Mallorca. Vier Stunden später hob die SG ab – ohne Gepäck, ohne alles. Bei der Rückkehr nach einer Woche gab es einen „großen Empfang" von den Spielerfrauen, die ihren geliebten Gatten Torten ins Gesicht warfen – als „Dankeschön" für die spontane Aktion.

Für einen Paukenschlag sorgte wieder einmal Bodo Ströhmann. Ihm gelang es, Heiner Brand aus seiner Heimat Gummersbach loszueisen und ihn als Nachfolger von Velimir Kljaic zu installieren. Monatelang hatte Ströhmann seinen Wunschkandidaten telefonisch bearbeitet und am Ende einen Sieg verbuchen können. Und mit

Heiner Brand erreichte die SG Wallau/Massenheim ihren Zenit. Mit sieben Punkten Vorsprung wurde das Brand-Team in der Saison 1992/93 Deutscher Meister, das Double wurde mit dem DHB-Pokalsieg perfekt gemacht, und im Europapokal der Landesmeister scheiterte man nur hauchdünn (17:22/22:18) im Finale an Badel Zagreb. Im Halbfinale wurde von den Hessen der große FC Barcelona aus dem Wettbewerb gekegelt. Das Endspiel in der Frankfurter Festhalle sahen 9500 Zuschauer. Doch beim Stande von 18:15 für die Wallauer musste die Partie unterbrochen werden. Grund: Es regnete durch das Dach. Zu den Klängen von „Singing in the rain" und „Raindrops keep falling on my head" wird der Schaden behoben. Am Ende wird es wieder feucht. Die SG hat den größten Vereinstitel nur knapp verpasst, und Tränen fließen – doch schnell besinnt man sich der eigenen Erfolge. Martin Schwalb sprach das passende Schlusswort nach einer fast makellosen Saison: „Wir sind alle total glücklich und platt." In der folgenden Saison wurde der DHB-Pokal verteidigt, und im Jahr darauf das Halbfinale im Europacup der Pokalsieger erreicht. In den Annalen findet man noch Halbfinal-Teilnahmen im Euro-City-Cup, EHF-Cup sowie DHB-Pokal.

Heute wirken diese Erfolge aus den 1990er Jahre wie ein Märchen, da die SG mittlerweile in die Drittklassigkeit versunken ist. Jahrelang kämpfte der junge Trainer Martin Schwalb mit hervorragender Jugendarbeit an gegen die Finanznot, die stets ein Thema war, nachdem Manager Bodo Ströhmann sein Engagement kontinuierlich zurückgeschraubt hatte. Immer wieder mussten die besten Nachwuchsspieler an größere Klubs abgegeben werden, um so die finanziellen Löcher zu stopfen. Stars wie Pascal Hens, der zum HSV wechselte, waren ohnehin bald nicht mehr zu bezahlen. Im Sommer 2005 folgte dann das dunkelste Kapitel in der Klubgeschichte: Nachdem die Verantwortlichen bei den Lizenzunterlagen gemauschelt hatten und selbst offene Warnungen der Deutschen Handball-Liga (HBL) ignorierten, wurde der SG die Lizenz verweigert – und der Sturz in die Drittklassigkeit war perfekt. Der Traum Schwalbs auf die Krönung der langen Jugendarbeit („Ich will einen Titel mit der SG Wallau/Massenheim – irgendwann!") war mit einem Moment zerstoben. Schwalb verließ den Klub genauso wie die Spitzenkräfte Dominik Klein, Heiko Grimm oder Jan-Olaf Immel. Und mit ihnen ging die Hoffnung, noch einmal an die große Zeit im „Ländchen" anzuknüpfen.

Erfolgsbilanz:
Deutscher Meister: 1992, 1993
Deutscher Pokalsieger: 1993, 1994
IHF-Cup: 1992

▶ Porträt

Martin Schwalb

Der Ruf eines Lebemannes verfolgt ihn wie sein eigener Schatten. Martin Schwalb wehrt sich mit Händen und Füßen gegen dieses steinalte Vorurteil: „Kein Trainer kann das von mir behaupten. Ich habe immer hart gearbeitet, mir ist absolut nichts in den Schoß gefallen." Schwalb bezeichnet sich selbst als einen fröhlichen Zeitgenossen, der versucht, sein Leben so gut wie möglich zu genießen. „Wenn in Deutschland einer ein bisschen Spaß hat, ist er gleich verdächtig – ist schon irgendwie komisch." Doch die nicht so positiven Schlagzeilen über Martin Schwalb sind mittlerweile verjährt, wenn sie nicht ohnehin jeglicher Grundlage entbehren. Eine Reizfigur war und ist „Schwalbe" allerdings zu jeder Zeit seiner Karriere – ob als Spieler oder Trainer. „Wenn man gar nicht in der Kritik steht, wird man auch nicht wahrgenommen." Schwalb, der am 4. Mai 1963 in Stuttgart zur Welt kam, verbrachte Kindheit und Jugend in Oßweil, wo er auch das kleine „Einmaleins" des Handballs erlernte. „Mein großer Bruder hat mich als Sechsjährigen mit zum Handball genommen. Am Anfang konnte ich mich nicht zwischen Fußball oder Handball entscheiden." Die Entscheidung zugunsten des kleinen Balls hat er nie bereut.

Die besonderen Talente des Linkshänders offenbarten sich schon in frühen Jahren. Seine zweite A-Jugend-Saison absolvierte „Matze", wie er früher gerufen wurde, schon in der ersten Oßweiler Mannschaft (Regionalliga). Der junge Schwalb sollte nur als Ergänzung eingesetzt werden – am Ende wurde der hochtalentierte rechte Rückraumspieler auf Anhieb Torschützenkönig der Liga. „Das hat richtig Spaß gemacht." Als 20-Jähriger, mittlerweile beim Altmeister Frisch Auf Göppingen unter Vertrag, debütierte er in der deutschen Nationalmannschaft, mit der er 1984 in Los Angeles seinen wertvollsten internationalen Erfolg errang – olympisches Silber. „Das war ein ganz großes Erlebnis." Mit dem Nationalteam unternahm Schwalb danach eine wahre Achterbahnfahrt, was sich auch in der Häufigkeit der Rücktritte und Comebacks des eigenwilligen Schwaben widerspiegelte. Der damals frisch inthronisierte

Als Spieler mit Trainer Ivanescu.

Bundestrainer Heiner Brand reaktivierte „Schwalbe" ein letztes Mal für die Qualifikation zur EM 1998. „Martin ist auf Grund seiner Klasse und Routine in der Lage, mein neuformiertes Team zu führen." Schwalb sprang also noch einmal ein, und am Ende sprang für ihn EM-Bronze heraus. „Natürlich ein Super-Abschluss meiner internationalen Karriere. Niemand von uns hatte vorher mit Bronze gerechnet." Umso größer die Freude hinterher.

Recht ausgelassen ging es auch nach Schwalbs nationalen Titelgewinnen zu. Die drei Deutschen Meisterschaften, zwei mit der SG Wallau/Massenheim (1992 und 1993) sowie eine mit TuSEM Essen (1989), nehmen einen sehr hohen Stellenwert in Schwalbs Titel-Sammlung ein. „Es war jeweils der Lohn für ein ganzes Jahr harter Arbeit." 1998 wechselte der heute 41-Jährige bei der SG Wallau/Massenheim die Seiten – nicht ohne Bedenken: „Ich habe sechzehn Jahre Bundesliga gespielt. Deshalb war mir schon bewusst, dass das Trainergeschäft kein einfacher Job ist. Nur das Trikot anziehen – diese Zeiten waren vorbei." Der Wechsel funktionierte reibungsloser als erwartet: „Ich muss mich bei der Mannschaft bedanken. Wenn einer, der eben noch mitspielt, im nächsten Moment das Sagen hat, ist es gewiss nicht einfach." Schwalbs Mentor Bodo Ströhmann („Ein guter Freund, mit dem man viel Spaß haben kann. Aber er ist nie ausrechenbar.") hatte sich für ihn stark gemacht. Einen Ex-Spieler als SG-Trainer zu engagieren, war in Wallau und Massenheim gewiss nicht so leicht durchzusetzen.

Schwalb formte in der Folgezeit aus einer durchschnittlichen Mannschaft mit satten ausländischen Stars ein hungriges Team mit deutschen Nachwuchsspielern. Und daraus entwickelten sich Handballer wie Pascal Hens oder Jan-Olaf Immel, die mittlerweile auch international für Furore sorgen. Schwalb wiegelt aber jegliches Lob ab: „Zu guten Spielern gehört mehr, als dass ein Trainer täglich mit ihnen arbeitet." Darüber, dass seine Klubs Wallau (bis 2005) und auch die HSG Wetzlar (bis Herbst 2005) wegen geringer finanzieller Möglichkeiten stets gezwungen waren, aufstrebende Talente an größere Klubs abzugeben, hegte er schon damals keinen Groll: „Ich lebe in einem Land, in dem die freie Marktwirtschaft das oberste Gebot ist – und die herrscht auch im Handball."

Beim HSV Hamburg, wo Schwalb seit Herbst 2005 als Cheftrainer arbeitet, kann der studierte Betriebswirtschaftler und gelernte Journalist nun auch finanziell aus dem Vollen schöpfen. Mit dem Sieg im DHB-Pokal 2006 feierte Schwalb seinen ersten Titel als Coach, und es soll nicht der letzte sein im aufstrebenden Hamburg. Darüber, dass vor allem er als Nachfolger von Heiner Brand gehandelt wird, kann er stets nur lächeln. „Über den Job als Bundestrainer mache ich mir überhaupt keine Gedanken. Heiner macht es gut, er soll es auch möglichst lange machen."

▶ Große Vereine

Vorreiter und Branchenführer – die „Zebras" vom THW Kiel

Es gibt deutsche Sportklubs, die aufgrund ihrer erdrückenden Dominanz zu Synonymen einer Sportart aufgewertet wurden. Die Wasserfreunde Spandau sind ein solches Beispiel für den Wasserball, der FC Bayern München für Fußball, im Eishockey die Kölner Haie. Im deutschen Handball nahm der VfL Gummersbach über lange Zeit diesen Status in Anspruch, doch im letzten Jahrzehnt haben die Oberbergischen starke Konkurrenz bekommen. Seit den 1990er Jahren hat schließlich der THW Kiel im deutschen Handball eine derartig beeindruckende Überlegenheit an den Tag gelegt, dass die Sporthistoriker die 1990er Jahre später sicherlich dem Vorzeigeklub aus Schleswig-Holstein zuordnen werden. Neun deutsche Meisterschaften zwischen 1994 und 2006, drei DHB-Pokalsiege, zwei Supercups, drei EHF-Pokaltriumphe – viel mehr hätte die Mannschaft von Trainer Zvonimir „Noka" Serdarusic nicht gewinnen können. Noch dazu hat der THW, das einzige Bundesligagründungsmitglied, das seit 1977 neben dem VfL Gummersbach und dem TV Großwallstadt nie abgestiegen ist, im letzten Jahrzehnt des 20. Jahrhunderts so etwas wie eine wirtschaftliche und sportliche Revolution im deutschen Handball eingeleitet.

Diese famose Erfolgsstory nahm ihren Ursprung, wie bei vielen anderen Klubs auch, in der Turnbewegung. Als am 4. Februar 1904 der „Hassee-Winterbeker Turnverein" gegründet wurde, existierte die Sportart Handball noch nicht. Hassee war damals noch ein eigenständig verwaltetes Dorf und wurde erst 1910 von Kiel eingemeindet, und die jungen Gründer, die allesamt dem bürgerlichen Milieu entstammten, mussten trotz der Zuwendungen seitens der Handwerker und Kaufleute zunächst in Tanzsälen und Kartoffelkellern turnen. 1910 war der Verein faktisch aufgelöst, und die Mitglieder überbrückten bis 1920 als „Abteilung Hassee" im Kieler Turnverein, erst dann erfolgte eine Wiederbelebung. Die Einführung des Handballs im Jahre 1923 folgte dann geradezu einem klassischen Muster: Kurz bevor der erste Ball geworfen wurde, hatte der konservative Turnrat des Vereins einen Antrag auf die Einführung des Fußballspiels abgeschmettert. Aber Jugendleiter Magnus Hermannsen wusste, dass die jüngeren Mitglieder nur mit Spielen gehalten werden konnten, und so probte er heimlich mit einigen von ihnen das Handballspiel, das er bei einem Lehrgang in Berlin kennen gelernt hatte. Dort war er durch den Erfinder des Spiels, Schelenz, vom Virus Handball infiziert worden. Drei Tage bevor das erste Freundschaftsspiel anstand, beichtete Hermannsen dem Turnrat die heimlichen Trainingsstunden auf dem Sand-/Schlackenplatz des Lehrerseminars an der Diesterwegstraße,

Die Wiege des THW-Handballs: der „Acker" des Wulfsbrook-Sportplatzes, der 1928 eingeweiht wurde.

für die noch geflickte Faustbälle herhalten mussten. Aber weil die Deutsche Turnerschaft Handball als eigene Kreation betrachtete, wurde dieses Spiel nun vom Vereinsvorstand genehmigt: Die 0:3-Niederlage gegen den KMTV, die am 28. Oktober 1923 auf dem KMTV-Sportplatz an der Eckernförder Chaussee zustande kam, hatte also „legalen" Charakter.

Nach dieser Geburtsstunde forcierte Hermannsen, der bald als Vater des THW-Handballs gefeiert wurde, nicht nur die Jugendarbeit im neuen Sport. Nach der offiziellen Aufnahme des Handballspielbetriebs 1923 im THW meldete er schon für die nächste Saison vier Teams, davon zwei Männermannschaften. Bald sprachen die Kieler, obgleich dort auch andere Sparten eingerichtet worden waren, vom THW als „Handballverein". Nachdem 1928 der Sportplatz „Wulfsbrook" eingeweiht wurde, stellte sich nämlich der Erfolg flugs ein: 1930 gewann der THW erstmals in der Meisterklasse des Turngaus, und 1932 qualifizierte man sich sogar für die Endrunde um die Deutsche Meisterschaft der DT. In den Jahren zuvor hatte der THW mit dem KTV, KMTV, KTB und PSV noch um die Handball-Vorherrschaft im Kieler Raum gestritten, doch 1932 hatte er sich eine Spitzenposition geschaffen, die er nie mehr preisgeben sollte. Dieser exklusive Status der Schwarz-Weißen war zwar 1933 gefährdet, als die 150 Jugendlichen des Vereins geschlossen zur HJ übertraten. Doch nach einer Vereinbarung von 1936 durften die Jugendlichen, sofern sie Mitglied der HJ waren, wieder im THW Handball spielen. Inwieweit die nationalsozialistische „Machtergreifung" das Vereinsleben berührte, ist nicht geklärt. Aber es spricht einiges dafür, dass der politische Wechsel auf den Verein wirkte, denn der Vorsitzende Hermannsen wurde nun von „Vereinsführer" Jens Bäker abgelöst. In diesen 1930er Jahre legte dann Fritz „Fiete" Westheider den Grundstein für den sportlichen Durchbruch nach dem Krieg. Westheider besuchte viele Lehrgänge bei Reichstrainer Otto Kaundinya, und das Wissen, dass er sich dort erwarb, setzte er im Training für die THW-Jugend erfolgreich um: Die Jahrgänge 1921-1923 erreichten 1940 das Endspiel um die Deutsche Meisterschaft.

Diese exzellente Jugendarbeit bildete die Basis für die großen Erfolge, mit denen der THW in der Nachkriegszeit Furore machte. Es hatte nach der Kapitulation vom 8. Mai 1945 nicht lange gedauert, bis auf dem Sportplatz Wulfsbrook wieder Handball gespielt wurde. Die Frauen nahmen am 4. August, die Männer am 18. August des gleichen Jahres den Spielbetrieb wieder auf, und es kam zu einem Mitgliederansturm auf den Verein. Zeitweise rissen sich 32 Mannschaften um die Nutzung der Spielflächen. In dieser Zeit wurde der so genannte „Hasseer Wirbel" geboren, ein Begriff, den in der deutschen Handballszene jeder kannte. Er stand für ein überaus ausgeklügeltes Lauf- und Kombinationsspiel, das aus der Not heraus kreiert worden war, denn die oft miserablen Platzverhältnisse in Wulfsbrook hatten etwas anderes gar nicht zugelassen. Im Zentrum dieser Kombinationen stand stets Mittelstürmer Heinrich Dahlinger, der 1943 als 14-jähriger zum THW gekommen war (siehe Porträt Seite 135). Die Fähigkeiten des athletischen, wurfstarken und unberechenbaren „Hein Dattel", wie ihn die Fans nannten, machten ihn bald zu einem schleswig-holsteinischen Mythos. Seine Tore sorgten dafür, dass der THW dem früheren Abonnementsmeister PSV Hamburg plötzlich Paroli bieten konnte. Am 21. Juni 1948, am Tag der Währungsreform, war es soweit: Der THW feierte mit dem 10:8 gegen Waldhof Mannheim vor 18.000 Zuschauern in Oberhausen die erste Deutsche Meisterschaft im Feldhandball. Die Stadt bereitete der Mannschaft von Spielertrainer Westheider einen großen Bahnhof, auf dem Rathausplatz empfingen knapp 10.000 Fans den neuen Meister.

Deutscher Meister im Feldhandball 1948.

1957 zum ersten Mal Deutscher Meister in der Halle.

1950 wiederholten Dahlinger & Co. noch einmal den Triumph, diesmal auf dem KSV-Platz gegen den PSV Hamburg (10:9). 1951 und 1953 scheiterte der THW hingegen jeweils im Finale am ewigen Konkurrenten.

Die Umstellung auf die Halle, die bei den Zuschauern immer populärer wurde, ging beim THW recht unproblematisch vonstatten. Bereits 1951/52 scheiterte man erst im Halbfinale am späteren Meister PSV Hamburg, aber 1952/53 und 1955/56 wurden die Kieler immerhin schon deutscher Vizemeister. Im März 1957, bei dem Endrundenturnier in der Kieler Ostseehalle, gelang dann endlich auch hier der ersehnte Coup, als der THW nach dem spannenden 7:6 gegen den SV Westerholt mit 7:5 gegen Frisch Auf Göppingen im Endspiel siegte. Zwei Jahre später trennte der THW erstmals die Mannschaften in Feld und Halle und konzentrierte sich mehr auf zweitere (obgleich der Feldhandball erst 1973 begraben wurde). Diese frühe Hinwendung zur Halle beförderte sichtlich die Leistung auf dem Holzparkett: Nach der Vizemeisterschaft 1960 konnte der THW 1962 (zu Hause mit 6:3 erneut gegen Göppingen) und 1963 (in Stuttgart mit 10:3 gegen den OSC Berlin) die Hallentitel Nummer 2 und 3 feiern. Das folgende Jahr geriet aber dann zu einer scharfen Zäsur, als sich das große Idol Dahlinger von der aktiven Laufbahn mit der Vizemeisterschaft verabschiedete. Dieser Verlust machte sich bemerkbar: Als 1966 die zweigeteilte Hallen-Bundesliga gestartet wurde, hatte sich der THW nicht qualifiziert; erst mit dem Aufstieg 1967 konnte sich der Klub aus der Landeshauptstadt wieder im bundesdeutschen Spitzenhandball etablieren. Es kamen in den folgenden zehn Jahren hervorragende Platzierungen zustande, so wie die zweiten Plätze in der Nordliga in den Spielzeiten 1968/69 und 1971/72. Der Abstieg 1972/73 darf als „Betriebsunfall" gelten, nach einem Jahr kehrte der THW wieder zurück in die Bundesliga Nord. Ein Endspiel konnte der THW jedoch nicht mehr erreichen.

Aber die „Zebras" gehörten aufgrund ihres sechsten Platzes in der Saison 1976/77 der Bundesliga an, als diese 1977 endlich ins Leben gerufen wurde. Schon damals war die sportlich glänzende Perspektive zu erahnen, denn der THW zog mit rund 5500 Besuchern pro Spiel die meisten Zuschauer in der ganzen Liga an. Die kontinuierlich zunehmende Attraktivität des Handballs in Schleswig-Holstein ging einher mit dem schleichenden Niedergang im Fußball: Der KSV Holstein Kiel, der 1965 beinahe in die Bundesliga aufgestiegen war, dümpelte damals schon in der zweiten Liga und rutschte nach der Zusammenfassung der Nord- und Südligen sogar in die Regionalliga ab. Beim THW hingegen ging es in den Zeiten, da sich die Spieler von Amateuren zu Vertragsspielern und schließlich zu Profis entwickelten, stetig nach oben. Fast immer spielte man im oberen Drittel mit, aber zu mehr als vier Vizemeisterschaften (1982/83 – 1984/85 – 1988/89 – 1991/92) sollte es zunächst nicht reichen. Zwar dominierte der THW in diesen Jahren seine Heimspiele vor großartiger Atmosphäre, die immer häufiger vor ausverkauftem Haus, damals 7000 Zuschauern, stattfanden. Aber die Auswärtsschwäche verhinderte den ganz großen Coup. Als Linksaußen Uwe Schwenker, der diese Epoche verkörpert, 1992 nach zwölf Jahren seine Karriere beendete, war der Traum vom Gewinn der Deutschen Meisterschaft nicht in Erfüllung gegangen. Er ging als „Ewiger Zweiter".

Den Durchbruch in den 1990er Jahren personifizierte auf dem Spielfeld vor allem eine Figur: Der Schwede Magnus „Max" Wislander, den THW-Obmann Heinz Jacobsen 1990 nach dem Gewinn des WM-Titels an die Förde lockte und der als Zentrum des Spiels den Erfolg garantierte. Doch auch abseits des Spielfeldes tat sich 1992 Entscheidendes: Obmann Heinz Jacobsen ging, Schwenker, der sich nun Manager nannte, ersetzte ihn und gestaltete den THW innerhalb kürzester Zeit zu einem modernen Profiklub. Noch im gleichen Jahr, am 1. Juli 1992, wurde die Bundesligamannschaft vom Verein abgetrennt und in einen Wirtschaftsbetrieb („GmbH & Co KG") umgewandelt, damit war das Ende des Amateurismus in Kiel besiegelt. Auf ökonomischem Gebiet befand sich der THW in einer Vorreiterposition, die dem Klub einen wesentlichen Zeitvorteil verschaffte – es wirkt jedenfalls nicht wie ein Zufall, dass ausgerechnet die Vereine, die alsbald nachzogen (SG Flensburg, SC Magdeburg), heute mit dem THW zu den wirtschaftlich am weitesten entwickelten Klubs Deutschlands zählen. Insofern passt auch das gern verwandte Attribut vom THW Kiel als „FC Bayern" des Handballs und der Vergleich Schwenkers zu seinem Pendant Uli Hoeneß.

Als dritter Baustein des Erfolgs gilt gemeinhin die Verpflichtung Noka Serdarusics im Sommer 1993. „Wir hatten den jüngsten Kader in der Bundesliga", resümierte

Ohne ihn wäre der THW nicht zum erfolgreichsten Klub der 1990er Jahre geworden: Welthandballer Magnus Wislander.

Schwenker im Jahre 2002, „es passte dann auch alles zusammen. Nokas Verpflichtung war ein Glücksgriff. Er erhöhte die Trainingsfrequenz, formte und motivierte die Spieler." Wislander erinnerte sich bei seinem Abgang 2002 ein wenig amüsiert an den konsequent betriebenen Strukturwandel und nannte das, was er 1990 noch erlebte hatte, „Betriebssport". Serdarusic, zunächst nur mit einem Zwei-Jahresvertrag ausgestattet, bastelte jedenfalls aus der jungen Mannschaft ein homogenes und erfolgshungriges Team. Als wichtig stellte sich ebenfalls die 1993 getätigte Verpflichtung Klaus-Dieter Petersens heraus, der nun auch der vorher oft instabilen Abwehr Halt gab. Außerdem gab sich Petersen von Anfang an nur mit Siegen zufrieden: „Ich habe in Gummersbach immer um Titel mitgespielt. Das will ich hier in Kiel auch." Am Ende stand 1994, also schon nach dem ersten Trainerjahr Serdarusics, die so oft vergeblich angepeilte Deutsche Meisterschaft, die im schwarz-weiß geschmückten Kiel tagelang gefeiert wurde. 31 Jahre nach der letzten Meisterschaft mit dem Denkmal Dahlinger. Der THW war zurück auf der großen Bühne.

Handball seit 1990

Christian Zeitz ist sowohl beim THW als auch in der Nationalmannschaft nicht wegzudenken.

In den Spielzeiten danach hagelte es, stets unter der Regie des Fachmann Serdarusic, förmlich Meisterschaften. Den Hattrick von 1994-1996 wiederholte die Mannschaft 1998-2000, den letzten Titel feierten die „Zebras" im Jahr 2006 und schlossen damit zu Rekordmeister VfL Gummersbach auf. Es kamen nationale Pokalsiege (1998-2000) und internationale Titel hinzu (EHF-Pokal 1998, 2002 und 2004) und Siege beim eher unbedeutenden Supercup (1995, 1998). Diese Seriensiege wirkten fast wie eine Droge auf die sonst so kühlen Fans aus Norddeutschland. Nachdem der THW 1996 mit 105.000 Zuschauern mehr als ein Sechstel aller Besucher in der Bundesliga registrieren konnte, nahm man daher die lange geplante Vergrößerung der Kieler Ostseehalle endlich in Angriff (nachdem Schwenker jahrelang mit dem Bau einer eigenen Halle gedroht hatte). Im September 2001 wurde der ehemalige Hangar am Europaplatz eingeweiht und bot Platz für 9750 Besucher, seit 2003 können sogar 10.250 Besucher an den Heimspielen teilhaben. Trotz der erhöhten Kapazität hat sich an einer Konstante nichts verändert: Immer noch werden die Dauerkarten in Kiel nicht verkauft, sondern vielmehr vererbt, so begehrt sind die Tickets in der Landeshauptstadt – ein Pfund, mit dem andere Bundesligaklubs auch gern wuchern würden.

Es könnte also alles perfekt sein beim zwölfmaligen Meister, der die „ewige Tabelle" der Bundesliga anführt. Der potente Klub verpflichtet begabte Spieler (wie zuletzt den französischen Nationalkeeper Thierry Omeyer und Nationallinksaußen Dominik Klein), und alle – Spieler, Trainer, Umfeld und Zuschauer – erfreuen sich an dem professionellen Umfeld im beschaulichen Schleswig-Holstein. Der Etat der „THW Kiel Handball-Bundesliga GmbH & Co KG" mit dem Geschäftsführer Schwenker und den Gesellschaftern Jochen Carlsen (Buchgroßhandlung), Dr. Hubertus Grote (Kieler Nachrichten), Dieter Hein (THW Kiel e.V.), Willi Holdorf (Adidas-Salomon AG), Dr. Georg Wegner (Rechtsanwalt + Notar) erreicht Rekorddimensionen (Etatsumme für 2006/07: 6,1 Millionen Euro). Doch Schwenker, der stets über den Tellerrand hinausschaut, übersieht die Probleme der Handball-Gegenwart nicht. Er kritisiert von Zeit zu Zeit die noch amateurhaften Zustände in der Deutschen Handball-Liga (HBL), manchmal öffentlich und mit messerscharfen Argumenten. Und auch sportlich muss der THW ein wachsames Auge auf den direkten Konkurrenten aus Flensburg werfen, der den Kielern zuletzt ein wenig den Rang ablief und dabei ebenfalls den Makel des Ewigen Zweiten abstreifte. Und der größte Traum der fanatischen Kieler Handballfans ist ja auch noch nicht verwirklicht: Der Gewinn der Champions League. Dieses Vorhaben nimmt der THW in den letzten Jahren immer energischer in Angriff.

Im Mai 2000 war der Klub schon einmal ganz dicht dran, als man sich in Topform befand und eben Deutscher Meister geworden war. Nach einem spannenden Halbfinale gegen Badel Zagreb (32:21 und 13:22) trafen die Kieler auf den damals als unschlagbar geltenden CF Barcelona. Zu Hause gewann der THW mit 28:25, doch was sich im Rückspiel im Palau Blaugrana vor ausverkauftem Haus und den Augen des spanischen Königs abspielte, ist bei den Kieler Anhängern zu einem negativen Mythos geworden. Die Mannschaft um Kapitän Wislander führte mit 18:17 und mit 21:20 (51.), und kurz vor dem Ende stand es schließlich 23:23, das Ziel war greifbar nah. Dann folgten einige seltsame Entscheidungen der international umstrittenen Schiedsrichter aus Slowenien, und ein gefaustetes Glückstor verhalf den Katalanen zum 28:24. Wenige Sekunden vor der Schlusssirene – die Kieler hatten wie beim Eishockey den Keeper Ege herausgenommen – scheiterte dann der Halblinke Perunicic mit dem spielentscheidenden Wurf, und die Spanier erhöhten noch auf 29:24. „In den letzten fünf Minuten gab es einige nicht ganz so glückliche Pfiffe", sagte Wislander nach der größten Enttäuschung, die er im Vereinshandball erlebt hatte. „Barcelona ist keine Mannschaft", meinte der geknickte Trainer Serdarusic, „das ist eine Institution, ein Mythos. Und wenn dann auch noch der König da ist, darf man offenbar nicht gewinnen." Aber auch diese Erlebnisse gehören bekanntlich zum Handballsport, und es hat ja auch etwas Gutes: So verfolgen sie in Kiel nach zehn erfolgreichen Jahren, in denen es insgesamt 15 Titel regnete, weiterhin noch ein höheres Ziel, nach dem sie streben können.

Erfolgsbilanz:
Deutscher Meister: 1948 und 1950 (Feld); 1957, 1962, 1963, 1994, 1995, 1996, 1998, 1999, 2000, 2002, 2005, 2006 (Halle)
Deutscher Pokalsieger: 1998, 1999, 2000
EHF-Pokalsieger: 1998, 2002 und 2004
Supercupgewinner: 1995 und 1998

▶ Porträt

Magnus Wislander

Dieser Empfang, einfach überwältigend. „Wie im Traum" sei er sich vorgekommen, meinte der Protagonist des Abends. Über 7000 Anhänger des THW Kiel hatten sich nochmals in der Ostseehalle eingefunden. Obwohl höchstens eine mittelmäßige Partie zu erwarten war, hatten die Anhänger ihre schwarz-weißen Trikots übergestülpt und die Trommeln eingepackt. Für sie war die Partie an diesem Nachmittag nicht nur irgendein Vorbereitungsspiel gegen den schwedischen Meister Redbergslid IK Göteborg. Für sie ging es diesmal auch nicht um Sieg oder Niederlage – wie so oft, wenn sie in die Ostseehalle pilgerten. Es galt ein letztes Mal Abschied zu nehmen. Von einem Spieler, der zwar nicht mehr in ihren Reihen spielte, ihnen dennoch unvergesslich bleiben wird und außerdem die deutsche Bundesliga wie kaum ein anderer geprägt hatte: Magnus Wislander.

Mit dem Schweden gewann der THW Kiel in zwölf Jahren so ziemlich alles, was der Handball an Titeln zu vergeben hat. Ein „goldenes Jahrzehnt" erlebten die Fans mit ihrem Superstar. Mit lauten „Hej da, Max"-Sprechchören und dröhnendem Gehupe feierten sie ihn nun deshalb. In diesem Moment, als Wislander ein letztes Mal in der Ostseehalle unter den Anfeuerungen der Fans seine Tore warf, schien es tatsächlich, als wäre die Zeit zurückgedreht worden und die glorreichen Zeiten des großen „Max", wie sie ihn stets in Kiel riefen, seien noch nicht Vergangenheit. Da waren wieder seine geschmeidigen Bewegungen auf engstem Raum. Seine Spielintelligenz. Sein Antizipieren von Pässen, bevor sie der Mitspieler selbst in Erwägung gezogen hatte. „Er war ein Glücksfall für den THW und der THW war ein Glücksfall für ihn", weiß Kiels Meistertrainer Noka Serdarusic. Wislander und der THW Kiel – das war zweifelsohne die erfolgreichste Verbindung der 90er Jahre im deutschen Handball.

Zurückhaltend, fast schon schüchtern präsentierte sich der gelernte Postbote, als er 1990 nach Kiel wechselte. Ruhig und bescheiden nahm er nach zwölf Jahren auch wieder Abschied. Dabei war der Schwede, kurz bevor er in die Landeshauptstadt gekommen war, bereits Weltmeister geworden. Mit seinem 356. Bundesligaspiel, das das letzte für den Musterathleten mit dem Spielerpass 662 sein sollte, sicherte er Kiel in der Saison 2002 ein letztes Mal die Meisterschaft. Es war der siebte Liga-Titel in zwölf Jahren. Doch selbst in den Stunden des Abschieds und letzten großen Erfolgs blieb Wislander bescheiden und bodenständig. Während um den schwedischen Starspieler die Mannschaftskollegen mit riesigen Zigarren und Sektflaschen anstießen, saß Wislander ruhig in der Kabine auf seinem Platz in der Ecke. Er lächelte und schwieg und nippte an seinem Mineralwasser. Sehr froh war er, dass die Meisterschaft nochmals an den THW Kiel gegangen war. „Verlieren kann ich nicht", sagt Wislander. „Das hasse ich." Wie eine Bestrafung hätte er es angesehen, wenn sein letztes Spiel für seinen Verein nicht mit der Meisterschaft gekrönt worden wäre.

Dabei hätte auch eine Niederlage nichts mehr vom Glanz seiner Karriere genommen. Wislanders Erfolgsserie liest sich wie eine Spalte im Guinessbuch der Rekorde: In 347 Länderspielen für Schweden erzielte er 1069 Tore. 1990 und 1999 wurde Wislander Weltmeister, WM-Zweiter 1997, WM-Dritter 1993 und 1995, Europameister 1994, 2000 und 2002, Juniorenweltmeister 1985, Deutscher Meister 1994, 1995, 1996, 1998, 1999, 2000 und schließlich 2002. Den DHB-Pokal gewann er dreimal, den europäischen EHF-Cup zweimal. Weitere Titel ließen sich anführen. Zudem wurde Wislander zum „Welthandballer des Jahrhunderts" wie auch zum „Welthandballer 1990" und „Bundesliga-Superstar 2002" gewählt.

Magnus Wislander mit der Meisterschale 2000.

Doch es ist eben nicht nur die nüchterne Statistik, die Wislander zum Star werden ließen. Vielmehr seine Spielweise. Seine Art, das Geschehen zu beherrschen. „Kein anderer hat mit seiner Spielintelligenz und Übersicht so viel für das Team getan wie er", sagt Serdarusic. Es war das Allround-Talent des Schweden, das nicht nur Serdarusic beeindruckte. Seine Wendigkeit und sein optimales Bewegungstalent auf engstem Raum brachten ihm schließlich den Namen „Slangen" ein – der Schlauch. Wislanders Bewegungen, seine Gestik und seine nüchterne sachliche Art erzwangen die Erfolge. Wislander beherrschte Handball, drückte unweigerlich dem Geschehen seinen Stempel auf.

Und doch schwingt Wehmut in der Stimme des Musterathleten, wenn er über seine Handballzeit spricht. „Wenn ich könnte, würde ich die Zeit nochmals zurückdrehen", sagt Wislander. „So dass ich das Olympiafinale 1996 nochmals wiederholen könnte." Es war der bitterste Moment in seiner langen Karriere. „Wir haben die erste Halbzeit verschlafen", erinnert er sich. Kroatien hatte als Außenseiter die Chance genutzt und Schweden besiegt. Es war eine von drei Finalteilnahmen Wislanders bei Olympia. Alle drei Endspiele verlor er mit Schweden. „Darüber werde ich mich erst in ein paar Jahren nicht mehr aufregen", sagt er. Genauso wie das verkorkste Spiel gegen den CF Barcelona, das Kiel im Finale der Champions League verlor, ihm nicht mehr aus dem Kopf gehen will. Denn der Gewinn der Champions League blieb ihm genauso verwehrt wie der bei den Olympischen Spielen.

Über Jahre hinweg hatte er diese beiden Titel, die seine Trophäensammlung komplettiert hätten, gejagt. Doch statt Erfolg kam irgendwann die Einsicht. Seine Karriere sei „klein, größer, noch größer, alt" verlaufen, äußerte Wislander in seiner letzten Saison in Kiel. 16 Jahre hatte er auf höchstem Niveau gespielt, dabei war Schnelligkeit nie seine Stärke. Neun Jahre führte Wislander Regie im mittleren Rückraum des THW Kiel. Doch mit dem Alter wurde er langsamer. Seine Rolle im Rückraum übernahm sein Teamkollege Stefan Lövgren. Es fiel Wislander nicht schwer, die letzten Jahre am Kreis zu spielen, statt die Regie zu übernehmen. „Ich wollte ja nie ein Star im klassischen Sinn sein", sagt Wislander.

Dass er dennoch einer wurde, hängt dabei nicht nur mit seinen unglaublichen Erfolgen zusammen. Es war auch seine Art, die keine Allüren oder gar Schlagzeilen zuließ. Daran wird auch das Karriereende nichts mehr ändern. Ein Grundstück hat er sich auf Hisingen, einer zu Göteborg gehörenden Insel, ausgesucht. Weit im Norden des Göta-Flusses. Manchmal wird er natürlich noch an die beiden Titel denken, die ihm während seiner Karriere nicht vergönnt waren. Doch die Erinnerung wird ihn nicht zu arg quälen. Immerhin kann er an den letzten großen Abschied in der Ostseehalle denken. An diesen wundervollen Tag, als sich die Fans des THW Kiel nochmals tief vor ihrem Idol verbeugten.

Christoph Bertling

▶ Porträt

Noka Serdarusic

Als die alten Griechen vor vielen hundert Jahren einen Krieg für sich entschieden hatten, vergaßen sie nicht, die Fahne ihres geschlagenen Gegners vom Schlachtfeld aufzusammeln. Und weil die stolzen Männer einen Namen für diese Beute brauchten, nahmen sie die „Trophäe", um sie dann hoch zu Ross nach Hause zu tragen und dem Volk als Beweis für ihren glorreichen Kampf zu zeigen. Heute stellen Menschen ihre Trophäen gern hinter Vitrinenglas zur Schau. Noka Serdarusic macht das nicht. In seiner Wohnung sind keine Pokale oder Medaillen ausgestellt. „Die verschenke ich an Freunde oder Kinder", sagt er. Sehr klug von ihm, die Trophäen nie mit nach Hause geschleppt zu haben. Denn mittlerweile hat er beim Handball so viel Beute gemacht, dass er mit all den Erinnerungsstücken in seinem Wohnzimmer wohl keinen Schritt mehr gehen könnte.

Was Udo Lattek für den Fußball ist, ist Zvonimir „Noka" Serdarusic für den Handball. Neunmal gewann der Trainer mit dem THW Kiel die Meisterschaft, dazu je drei nationale und internationale Pokale – eine Erfolgsbilanz, die in der Bundesliga kein anderer Trainer vorweisen kann. Sein schönstes Jahr war die Meisterschaftssaison 1993/94. Die Kieler waren in der Spielzeit davor auf Platz sieben ins Ziel gekommen und deswegen Außenseiter. Nur Träumer und kühne Optimisten glaubten an den THW – und Serdarusic, der zu Saisonbeginn gesagt hatte, das tolle Kieler Publikum verdiene endlich wieder einen Titel. Viele amüsierten sich damals über ihn, den neuen Trainer mit dem großen Selbstvertrauen. Doch das Lachen verging ihnen schnell. Mit dem Titel in seinem ersten Trainerjahr „hatte keiner gerechnet", sagt Serdarusic. Deswegen ist ihm dieser Erfolg so sehr in Erinnerung geblieben.

Geboren ist Serdarusic in Mostar, doch eigentlich ist er ein Kind der Bundesliga. Von 1980 bis 1984 spielte der 72-malige jugoslawische Nationalspieler in Deutschland, zuerst ein Jahr für den THW Kiel und dann drei Jahre bei den Reinickendorfer Füchsen in Berlin. Nachdem der Kreisläufer in seine Heimat zurückgekehrt war, kam er 1989 als Trainer zurück nach Deutschland. Mit dem VfL Bad Schwartau schaffte er den Sprung ins Oberhaus, später stieg er mit der SG Flensburg-Handewitt auf. Dass er danach den Schritt von der SG zum großen Konkurrenten nach Kiel wagte, machte ihn bei den Flensburger Fans nicht unbedingt beliebter. Als er einmal mit dem THW nach schwachem Saisonstart als Tabellenletzter in die Hölle Nord reiste, hielten ihm die schadenfrohen Flensburger die rote Laterne vor die Nase.

Das Lachen hat Serdarusic nicht erfunden. Sitzt er auf der Bank, schaut er meist griesgrämig drein, und pfeifen die Schiedsrichter nicht so, wie er das gern möchte, kann er, gelinde gesagt, ein bisschen böse werden. Denn Serdarusic hat einen ausgeprägten Gerechtigkeitssinn, und wenn er sich verpfiffen fühlt, erzählt er den Schiedsrichtern deutlich, was er davon hält. Wie einmal nach einem Spiel in Schutterwald, als er über das Frauengespann Ehrmann/Künzig sagte, „dass Frauen es nie vergessen, wenn sie angegriffen werden. Die Quittung habe ich jetzt bekommen." Zu Serdarusics Ehrenrettung sei gesagt, dass er ein sehr höflicher und freundlicher Mensch ist, spätestens wenn die Schlusssirene ertönt.

Serdarusic hat sich 1998 entschieden, die deutsche Staatsbürgerschaft anzunehmen. Nicht nur, weil er hier arbeitet. Die Entscheidung war eine Herzenssache, denn Deutschland bezeichnet er mittlerweile als seine Heimat. „Ich werde mein Leben lang hier bleiben." Wie ernst es ihm mit seiner Entscheidung ist, beweist ein Interview, das er nach dem verlorenen WM-Finale der Deutschen gegen die Kroaten gab. Er, der gebürtige Kroate, wurde gefragt, ob während des Endspiels zwei Herzen in seiner Brust geschlagen hätten. Nein, meinte Serdarusic, und überhaupt sei es eine Lachnummer, wenn Experten sagten, „dass wir Deutschen etwas von den Kroaten lernen können".

Es gibt viele, die sich als Handballverrückte bezeichnen, aber Serdarusic, Jahrgang 1950, muss man seine Leidenschaft abnehmen. Er sagt Sätze wie: „Handball ist etwas anderes als ein Job, man muss es im Herzen und im Blut haben." Und: „Vom Handball bekommt mich niemand weg." Aus Kiel, wo er mit seiner Frau ein Haus gebaut hat, scheinbar auch nicht. Niemand ist so lange bei einem Bundesligisten tätig wie er, und das hat seinen Grund. Denn einen Traum will sich der Hobbyangler mit dem THW noch erfüllen: die erfolgreiche Jagd nach dem ganz großen Fisch, der Champions League. „Jeder will das, was er nicht hat", sagt er. Bisher hat ihm dieser Wettbewerb kein Glück gebracht. Als die Kieler einmal mehr aus der Champions League ausgeschieden waren, fing Serdarusic wieder zu rauchen an. Die Schlappe setzte ihm arg zu, er brauchte Tage, bis er sie verkraftet hatte. Zu oft sei Kiel knapp vor dem Ziel gescheitert, meint der Vater einer Tochter, und „das macht mich traurig". Möglich also, dass Serdarusic nach einem Champions-League-Sieg mit seinen Gewohnheiten bricht und eine Erinnerungsmedaille statt in Kinderhand den Weg in seinen Wohnzimmerschrank findet.

Stefan Boysen

▶ Porträt

Uwe Schwenker

„THW Kiel, Uwe Schwenker, Flensburg in die Förde, guten Tag." Besondere Spiele erfordern besondere Maßnahmen. Und weil es für die Handball-Fans in Schleswig-Holstein nichts Wichtigeres gibt als die Partie Kiel gegen Flensburg, geht Uwe Schwenker in der Woche vor dem Derby auf eine Art ans Telefon, die der eine oder andere Anhänger des Erzrivalen aus dem hohen Norden als Provokation empfindet. Gemach, möchte man da den Flensburger Fans zurufen, der THW-Manager will euch nichts Böses. Schwenker weiß, dass die Rivalität zwischen dem THW und der SG gut für das Geschäft ist; dass der Handball Geschichten produzieren muss, die die Medien aufsaugen. Deswegen wollte er kurz vor dem Landesderby ein paar Kohlen ins Feuer schmeißen. Na ja, und da er der SG gleichzeitig noch eins auswischen konnte…

Uwe Schwenker, seit 1992 Manager des Turnvereins Hassee Winterbek Kiel, ist Vor- und Querdenker zugleich, eine dynamische Mischung, die den Verein und den deutschen Vereinshandball zu Beginn der Neunziger in Schwung brachte. Unter seinem Kommando stieg der THW in die Gruppe der europäischen Top-Klubs auf, sowohl sportlich als auch finanziell. Schwenker war es, der Trainer Noka Serdarusic nach Kiel holte und damit einen absoluten Volltreffer landete. Die beiden machten den Ostseeklub zum Abonnementsmeister und Publikumsliebling. „Wir haben es geschafft, eine ganze Region hinter uns zu bekommen. Die Menschen identifizieren sich mit dem THW", sagt Schwenker.

Der gelernte Versicherungskaufmann lebt diese Identifikation vor. 1980 wechselte er vom TV Grambke Bremen zum THW und blieb dem Klub bis heute treu. In der ewigen Torjägerliste steht Schwenker mit mehr als 1300 Treffern auf den vorderen Plätzen. Eine Spezialität des Linksaußen waren seine traumhaft sicher vorgetragenen Tempogegenstöße. Schwenker, Jahrgang 1959, bestritt für die DHB-Auswahl 72 Länderspiele und gewann 1984 bei den Olympischen Spielen in Los Angeles die Silbermedaille. In der Bundesliga reichte es für den Mannschaftskapitän nie zum ganz großen Wurf: Viermal kam er auf Platz zwei ins Ziel – ein Makel, den er als Manager mehr als einmal wettgemacht hat. Schwenker ist Teil einer großen Handball-Familie: Sein Vater Hinrich „Hinni" Schwenker war früher Feldhandball-Weltmeister und einer der Bekanntesten seiner Zunft. Uwe Schwenkers Bruder Bernd war Bundesligaspieler in Lemgo und Hameln.

Schwenker hat den THW zu einem Branchenriesen gemacht, weiß aber, dass zu viel Dominanz der Liga nicht gut tut. Nur eine Sportart, „die spannende Spiele garantieren kann, wird genügend Zuschauer in die Halle bewegen und die Spiele richtig vermarkten können". Es mache keinen Sinn, „der Größte in seinem Dorf zu sein". Schwenker hätte „kein Problem damit, Dritter zu werden in einer Liga, die im Fokus der Öffentlichkeit die höchste Wertschätzung genießt". Man muss Schwenker die Nächstenliebe für andere Vereine abnehmen, denn nur eine Liga mit vielen starken Mannschaften lockt das Fernsehen in die Arenen. Seit Jahren ärgert sich Schwenker darüber, dass die Öffentlich-Rechtlichen die Liga, „die NBA des Handballs", mit Nichtachtung straft. Auch die Bundesliga und ihre Entscheidungsträger tragen an dieser Misere eine Mitschuld, meint Schwenker. Er kritisierte in einem Interview mit dem *Handball Magazin*, dass es etliche gebe, „die an ihren Pöstchen hängen und gar nicht gewillt sind, etwas Neues zu schaffen, obwohl sie sich den Anschein geben".

Diese Aussage macht deutlich, dass Schwenker nicht zu denen gehört, die sich wegducken, wenn Ärger droht. Stattdessen geht er keiner Auseinandersetzung aus dem Weg, solange er glaubt, dass sie dem Handball dienlich ist. Zweimal ist er aus dem Ligaauschuss zurückgetreten. Das erste Mal, als der verschuldeten HSG Nordhorn die Lizenz für die Bundesliga erteilt wurde, Schwenker diese Entscheidung aber nicht mittragen wollte und daraufhin spontan das Gremium verließ. Nachdem er zum Weitermachen überredet worden war, zog Schwenker abermals die Notbremse, als er sich mit Liga-Chef Heinz Jacobsen überwarf, seinem Vorgänger auf dem Managerstuhl in Kiel. Bis heute ist Schwenker nicht in den HBL-Vorstand zurückgekehrt, aber es gibt praktisch keine wichtige Entscheidung in der Liga, die nicht mit ihm abgestimmt würde. Welch enormen Einfluss er in der Handballszene besitzt, das bewies seine 2006 geäußerte Kritik an der Champions League-Reform, die künftig ein Final-Four-Turnier vorsehen sollte – nachdem er sich mit den wichtigsten Klubvertretern Europas verständigt hatte, wurde dieser Punkt doch noch geändert. Nicht zufällig amtiert Schwenker nun auch als Vize-Präsident der Group Club Handball, die im November 2006 als Interessenvereinigung der 14 wichtigsten europäischen Klubs gegründet wurde.

Der Spaß an seinem Job jedenfalls ist ihm auch heute noch anzusehen. „Auch wenn ich nicht den THW managen würde, würde ich mich trotzdem ständig mit Handball beschäftigen." Der Sport sei für ihn Hobby und Beruf zugleich, sagt Schwenker, dessen Erfolgshunger noch nicht gestillt ist. Trotz der vielen Titel „setze ich alles daran, die erbrachte Leistung immer wieder zu bestätigen, was ungleich schwerer ist, als vorher einmal Meister zu werden. Ich möchte mich nicht auf meinen Lorbeeren ausruhen."

Stefan Boysen

▶ Porträt

Klaus-Dieter Petersen – „Die Wand" aus Hannover

Nur wenige Monate dauerte es, da haben sie Klaus-Dieter Petersen „die Wand" genannt. Weil fast alles abzuprallen schien an diesem damals gerade einmal 20-jährigen Abwehrspezialisten, als er 1989 als Zweitligaspieler vom GWD Minden zum VfL Gummersbach gewechselt war, dem damals international renommiertesten Handballklub der Welt. Weil er sich, schon damals im Mittelblock stehend, mit dieser unfassbaren Gleichgültigkeit auf die Angreifer stürzte, scheinbar ohne Rücksicht auf die eigene Physis. Sich einen solchen Namen zu verdienen im Abwehrkampf, dazu gehört wahrlich viel in diesem harten Mannschaftssport, in dem Sekunde auf Sekunde jeweils rund 100 kg schwere Körper mit beunruhigender Wucht aufeinander prallen. Aber dass er es auf diese Weise überhaupt auf eineinhalb Jahrzehnte als Profi bringen und zu einem der besten Abwehrspieler der Welt werden würde, das hat damals doch kaum jemand für möglich gehalten.

Das Handballspiel war „Pitti" in die Wiege gelegt worden, seine Eltern spielten beide und sind heute noch als Funktionäre im Handball tätig. Petersen begann bei der SG Misburg-Hannover, wechselte 1984 zum TSV Anderten, mit dem er 1986 norddeutscher Meister in der A-Jugend wurde, und über den TSV Großburgwedel (1986-1988) kam er als hoffnungsvolles Talent zu GWD Minden. Als ihn Heiner Brand als Vereinstrainer nach Gummersbach holte, erinnerte ihn Petersen an-

Klaus-Dieter Petersen in seinem letzten Spiel in der Nationalmannschaft am 19. Oktober 2004.

gesichts dessen jungen, wilden Art sehr an seine eigene Jugend. „Deswegen", sagte Brand, „habe ich eine besondere Beziehung zu seiner Entwicklung", ein Verhältnis fast mit Vater-Sohn-Charakter. Und wie Brand fehlte auch Petersen bisweilen die Virtuosität im Angriffsspiel. Doch in der Abwehr, dort wo es wirklich weh tut im modernen Handball, war Petersen an Aggressivität und Einstellung von vornherein nicht zu schlagen. Brand adelte ihn deswegen zum „Prototypen eines Mannschaftsspielers". Im Gegenzug sagte der Schüler, der Energietechniker gelernt hat und über einen Trainerschein für Sportrehabilitation verfügt, artig über seinen Lehrer: „Von ihm habe ich mir am meisten abgeguckt."

Auf den ersten Blick blass wirkende Typen wie Petersen werden allgemein nicht geschätzt in den Balken-Zeitungen. Ein Zerstörer, der fast nur in der Abwehr zum Einsatz kommt, taugt nicht für große Geschichten, geschweige denn für ausschweifende Home-Stories.

Seinem hohen Stellenwert innerhalb der Mannschaft – auch beim THW Kiel, wohin er 1993 wechselte – tat das indes nie einen Abbruch. Alle wissen um seine Karrierehöhepunkte: Siebenmal schon ist Petersen mit dem THW deutscher Meister geworden, einmal mit dem VfL Gummersbach (1991), dazu gesellen sich diverse Siege in Pokalwettbewerben. „Petersen ist überall dort, wo der Erfolg ist, das hat mit ihm zu tun", sagte Teamkollege Stefan Kretzschmar bewundernd. „Nicht der begnadetste Handballer vom Talent her" sei der 1,97 m große Hüne im deutschen Abwehrzentrum, doch seine Einstellung bleibe unerreicht. „Er ist der größte Arbeiter, den ich kenne", und außerdem einer ohne jedes Schmerzempfinden. Kretzschmar, der Star des deutschen Handballs, ist sich klar darüber, dass ohne unprätentiöse Mitspieler wie Petersen die ganz großen Titel nicht möglich wären: „Ohne ihn ist es schwirig. Auf seine Präsenz können wir nicht verzichten."

Am Ende seiner Karriere war Petersen, der über einen trockenen Humor verfügt, nur „froh, dass meine Knochen in all den Jahren heil geblieben sind", und er ist stolz darauf, mit insgesamt 339 Länderspielen hinter Wahl der Nationalspieler mit den meisten Einsätzen zu sein. Debütiert hatte Petersen (gemeinsam mit Schwarzer) noch zu Vorwendezeiten beim Bruderduell 1989 in Wilhelmshaven gegen die DDR. Zunächst allerdings blieben die Erfolge im Nationaltrikot aus. Von seinen ersten drei WM-Turnieren (1993, 1995 und 1999) kehrte er wie von den Europameisterschaften (1994, 1996, 1998, 2000) und drei olympischen Turnieren (1992, 1996, 2000) enttäuscht zurück. Zuletzt zahlte sich die harte Arbeit im Deckungszentrum, die er über Jahre gemeinsam mit dem Lemgoer Volker Zerbe perfekt verrichtete, endlich aus. EM-Silber 2002 folgte die Vize-Weltmeisterschaft 2003 in Portugal, bei der EM 2004 in Slowenien errang Klaus-Dieter Petersen endlich das ersehnte Gold.

Der ganz große Traum vom olympischen Gold sollte sich aber doch nicht erfüllen – bei Olympia 2004 wurde es nur Silber. Nach dem Turnier in Athen erklärte er seinen Rücktritt aus der Nationalmannschaft.

▶ Große Vereine

TBV Lemgo – Perfektionisten der Schnellen Mitte

Der Handel mit der Hanse und die Hatz auf Hexen gelten als zwei elementare Epochen in der über 800-jährigen Historie der Alten Hansestadt Lemgo. Doch auch die Gegenwart hat eine spannende Geschichte zu erzählen: Der Wandel von einem kleinen Provinzverein zu einem echten Hauptstadtklub. Lemgo ist eine Handball-Metropole auf dem Lande. Abseits der großen Ballungszentren, ohne eigenen Autobahnanschluss, ohne Flughafen und ICE-Bahnhof. Dafür bekommt die gute Stube der Stadt, die Lipperlandhalle, demnächst eine eigene Eisenbahn-Haltestelle. Wie sehr die Lemgoer Handball leben und lieben, wurde nach der zweiten deutschen Meisterschaft im Mai 2003 deutlich. Zehn Tage lang hatte sich das pittoreske Städtchen in blau und weiß gehüllt. Hoch oben über dem Rathaus schwebte mit Hilfe eines Drehkrans ein echtes Handball-Tor. Auf dem historischen Marktplatz, ob seines rustikalen Kopfsteinpflasters eine Falle für jeden Stöckelschuh, wurde zu Ehren des TBV gar ein 400 Quadratmeter großer blauer Teppich ausgerollt. Graffitikünstler durften ganz offiziell ihre Handball-Inspirationen auf vorbereitete Stellwände sprühen, und selbst die Geschäftsleute in der Mittelstraße hatten ihre Schaufenster fast durchgängig auf

Meisterfeier 2003 auf dem Rathausbalkon.

Handball seit 1990

Handball getrimmt. Sogar der Apotheker machte mit. „Wenn der Gegner wieder einmal die Hose voll hat…", lautete seine augenzwinkernde Werbebotschaft für ein Produkt gegen Inkontinenz und Blasenschwäche.

Der Handballsport hat der Region im hintersten Zipfel Nordrhein-Westfalens, die sich häufig stiefmütterlich behandelt fühlte, zu neuem Selbstbewusstsein verholfen. Wobei die klassische Handball-Tradition eher zwischen Weser und Wiehen, zwischen Minden und Nettelstedt, angesiedelt ist. Der Ballspielverein Lemgo 1911 – so die offizielle Klubbezeichnung bis in das Kriegsjahr 1942 hinein – bestand bereits 13 Jahre, als die Bälle in dem heute 42.000-Einwohner-Städtchen endlich das Fliegen lernten. Die erste Handballmannschaft setzte sich, wie es Gründungsmitglied Fritz Brenker einmal humorig ausdrückte, überwiegend aus „ausgedienten und kaputten Fußballern" zusammen. Einen „Starspieler" gab es auch damals schon. Lemgos Alt-Bürgermeister August Flohr war der bekannteste Akteur in einer Mannschaft, die stets weit reisen musste. Da der BV Lemgo als einziger lippischer Verein dem Westdeutschen Spielverband angehörte, durfte er nur gegen außerlippische Vereine antreten. Die Fahrten führten zu den Bielefelder Mannschaften DSC Arminia, Polizei, VfB, Fichte und SuS sowie nach Gütersloh. Seinen heutigen Vereinsnamen Turn- und Ballspielverein von 1911 trägt der Verein seit dem Zweiten Weltkrieg. Da in Städten unter 20.000 Einwohnern nur ein Klub zur Pflege der Leibesübungen erlaubt war, vereinigten sich Turner und Sportler im TBV Lemgo, einem Zusammenschluß aus den Traditionsvereinen BV 1911, der Deutschen Turnerschaft und dem Arbeitersportverein. Erste nennenswerte Erfolge stellten sich in den sechziger Jahren in der Feldhandball-Ära ein. Der TBV Lemgo schlug in der Regionalliga, seinerzeit die höchste deutsche Spielklasse, eine scharfe Klinge. Sowohl als Spieler als auch als Trainer hautnah dabei war Dieter Schönbrodt, der noch heute als Sportlicher Koordinator beim TBV Lemgo fungiert. Er führte die Hallenhandballmannschaft 1974 als Coach in die Oberliga.

Zum ersten Quantensprung in der Handball-Historie setzte der TBV Lemgo 1978 an, als der frisch gewählte Abteilungsleiter Werner Westerhaus den damaligen Rekordnationalspieler Herbert Lübking verpflichtete. Ein spektakulärer Coup. Als es dem ursprünglich nur als Trainer vorgesehenen Lübking in der Saison 1979/80 plötzlich wieder in den Fingern juckte, nahm die Meisterschaft in der Oberliga rasch Konturen an. Parallel zum sportlichen Aufschwung erfolgte der Umzug aus der winzig kleinen Heldmanskamphalle in die Kreissporthalle auf dem Lüttfeld, wo auch die Regionalliga nur eine Durchgangsstation war. Schon 1981/82 klopfte der TBV an die Tür zur neu installierten 2. Bundesliga. Als am letzten Spieltag in Berlin der Klassenerhalt unter Dach und Fach gebracht wurde, war die Mission des inzwischen 40-jährigen Herbert Lübking endgültig beendet. Lübkings Nachfolger fand der seit 1980 als Abteilungsleiter fungierende Jürgen Kuchenbecker ebenfalls in der Handballschmiede von Grün-Weiß Dankersen. Horst Bredemeier, gerade mal 29 Jahre alt, galt als der Newcomer der Branche. Der quirlige Postbote aus Minden führte den

Bundesligaaufstieg 1983: Jubelchaos in der Lüttfeldhalle. Vorne rechts mit Sohn und Sektflasche: „Hotti" Bredemeier. In der Mitte mit Blumenstrauß: Obmann Jürgen Kuchenbecker.

TBV Lemgo überraschend zur Vizemeisterschaft in der 2. Liga Nord, was zwei Relegationsspiele um den Bundesligaaufstieg zur Folge hatte. Nach dem 19:18-Auswärtssieg im Hinspiel beim TuS Griesheim schien der Traum im Rückspiel noch zu platzen. Als die Südhessen am 14. Mai 1983 bereits mit 13:7 führten, erlebte das Lüttfeld eine seiner größten Aufholjagden. Getragen von einer Welle der Begeisterung bog der TBV das Spiel mit 18:16 noch um und fand sich 1983/84 urplötzlich in der höchsten deutschen Spielklasse wieder. „Auf den Aufstieg waren wir gar nicht eingestellt", so Jürgen Kuchenbecker, der bis 1994 14 Jahre lang als Obmann und Manager fungierte. Weil die beiden Aufstiegsspiele weit nach Serienschluss terminiert waren, fiel die Verpflichtung neuer bundesligatauglicher Spieler schwer. Kuchenbecker: „Ein weiteres Problem war der Standortnachteil. Die meisten angesprochenen Spieler fragten nur: ‚Lemgo, wo liegt das denn?'"

Erschwerend kam hinzu, dass sich Hotti Bredemeier bereits nach zwölf Monaten von TuRu Düsseldorf abwerben ließ. Erster Bundesligatrainer wurde somit Ulrich Schönbrodt, der als echtes Eigengewächs stets im langen Schatten seines Vorgängers stand und bereits im Februar 1984 von Hennes Sulk abgelöst wurde. Weil das allererste Bundesligaspiel mitten in der Woche stattfand, entpuppte sich Lemgos Premiere am 14. September 1983 bei Frisch Auf Göppingen gleich als kleines Abenteuer. Für Frank Ziegler, 14 Jahre lang die Zuverlässigkeit in Person auf Rechtsaußen, blieb weniger die ehrenvolle 19:22-Niederlage als die „lustige Anreise" im Gedächtnis haften. „Wir übernachteten in einer kleinen Pension in der Nähe von Würzburg. Die hatten nur Drei- oder Vier-Bett-Zimmer. Irgendwie erinnerte das alles an das Flair einer Jugendherberge. Die Wirtin betrieb nebenan noch eine Sauerkrautfabrik. Klar, dass dort abends deftige Hausmannskost auf den Tisch kam", so Ziegler. Das am nächsten Morgen anberaumte Abschlusstraining fiel aus. Weil Trainer Ulrich Schönbrodt daheim noch bis mittags in der Schule unterrichten musste und anschließend im Privat-Pkw nachreiste, verweigerten einige Spieler kurzerhand das Training. Der TBV betrat eine neue Welt und benötigte lange, bis er in der Eliteliga ankam.

Der Abstieg konnte nur aufgrund der Affäre Klempel und dem Zwangsabstieg von Frisch Auf Göppingen vermieden werden. Weil der TBV Lemgo auswärts auch in der folgenden Saison einfach kein Bein an die Erde bekam, warf der vom Abstiegsstress gezeichnete Hennes Sulk kurz vor Serienende frustriert das Handtuch. Per „Fernsteuerung" bereitete Hotti Bredemeier aus Düsseldorf die Lemgoer Mannschaft auf die letzten Saisonspiele vor. Und das Wunder wurde tatsächlich Wirklichkeit. Mit 25:20 feierte der TBV Lemgo am letzten Spieltag bei der SG Weiche-Handewitt seinen ersten Auswärtssieg nach zwei Jahren Bundesligazugehörigkeit und schaffte aus eigener Kraft den Klassenerhalt. Doch das Zittern ging weiter. Unter Motivationskünstler Günter D. Klein, im Hauptberuf Dozent an der Sporthochschule in Köln, wurde der TBV Lemgo in der Saison 1985/86 von zwei Schicksalsschlägen erschüttert. Torjäger Sigurdur Sveinsson zog sich am fünften Spieltag in Gummersbach einen Kreuzbandriss zu, und Jens Büscher, ein großes Kreisläufertalent, verunglückte tödlich bei einem Verkehrsunfall.

Zum Glück war auf den „achten Mann" Verlass. Die Lemgoer Zuschauer veranstalteten alle zwei Wochen ein 120-Phon-Spektakel, das eigentlich gar nicht dem betulich-bodenständigen Gemüt der Lipper entsprach. „Wir sind unheimlich unfair. Aber wir meinen das nicht so", formulierte es ein stolzer Dauerkarteninhaber einmal in schonungsloser Offenheit. Die sagenhafte Atmosphäre sprach sich schnell herum. Obwohl 1984 und 1986 hinter den Toren zweimal maßvoll erweitert, blieben Eintrittskarten für die Lüttfeldhalle stets ein rares Gut. Lediglich die Plätze auf der Bank erwiesen sich zwischenzeitlich als Schleudersitze. Zweimal musste Co-Trainer Wolfgang Herz den Retter spielen, ehe 1989 mit Lajos Mocsai endlich Kontinuität und Verlässlichkeit Einzug hielten. Der leidenschaftliche Ungar, zuvor mit seinem Heimatland Vize-Weltmeister geworden, stabilisierte den TBV Lemgo Schritt für Schritt. Parallel dazu entwickelte sich auch das Umfeld. Die wesentlich von Rudi Scharf und Paul-Gerhard Reimann geprägte Beiratsarbeit sprach sich in der Szene herum, weshalb der TBV 1994 gleich mehrere Volltreffer in Sachen Personalpolitik verbuchen konnte. Dank dem Schweizer WM-Torschützenkönig Marc Baumgart-

Der nationale Durchbruch: der DHB-Pokalsieg 1995.

ner und den beiden Rheinhausener Nachwuchstalenten Daniel Stephan und Achim Schürmann legte die einstmals graue Maus plötzlich Nerz an. Der Durchbruch war der Deutsche Pokalsieg 1995. Beim 24:18 über den HSV Düsseldorf verwandelten die zahlreich mitgereisten TBV-Fans die Alsterdorfer Sporthalle in ein Tollhaus. Es war der Beginn einer neuen Zeitrechnung, denn schon ein Jahr später – zum Ende der siebenjährigen Ära Mocsai – gewann der TBV durch ein 24:19 und 25:26 gegen Teka Santander mit dem Europacup der Pokalsieger seinen ersten und bislang einzigen internationalen Titel.

Antizyklisch verhielt sich der Verein vor der Saison 1996/97. Während nach dem Bosman-Urteil insgesamt 45 neue Import-Handballer in die Liga strömten, widerstand der TBV Lemgo als einziger Klub dem allgemeinen Kaufrausch. Die wichtigste Personalie betraf den neuen Trainer. Unter dem 36-jährigen Weißrussen Juri Schewzow, zuvor bei Blau-Weiß Spandau in der 2. Liga tätig, mischte der TBV die Liga gewaltig auf und legte mit 32:2 Punkten einen neuen Startrekord hin. Bereits Mitte März, vier Spieltage vor Schluss, wurde die erste Deutsche Meisterschaft mit einem 27:23 über den am Ende mit zwölf Punkten Differenz abgehängten Vizemeister SG Flensburg-Handewitt unter Dach und Fach gebracht. Die Meisterschale gab's aber erst am letzten Spieltag in Essen, wo TuSEM-Boss Klaus Schorn die Grugahalle mit überdimensionalen Glückwunschplakaten geschmückt hatte. 3000 lippische Fans fuhren anschließend im Autokorso über die A2 zurück zur großen Meisterparty, der wenig später sogar noch das Double folgte. Mit 28:23 über die HSG Dutenhofen-Münchholzhausen krönte der TBV beim Pokalfinale in Hamburg eine famose Saison.

Als Gejagter musste sich der TBV 1997/98 „nebenbei" noch zwei weiteren großen Herausforderungen stellen. Erstmals repräsentierten die Schewzow-Schützlinge den

Daniel Stephan mit der Meisterschale 2003.

deutschen Handball in der Champions League. Nach den Vorrundenduellen gegen Initia Hasselt (Belgien), Fotex Veszprem (Ungarn), Jafa Promet Resen (Mazedonien) und HC Zubri (Tschechien) schaffte der TBV durch ein 29:25/26:26 über ABC Braga (Portugal) den Sprung ins Halbfinale. Im Hinspiel vor 8000 Zuschauern im Palau Blaugrana hielten die Lipper die Partie gegen den FC Barcelona eine Halbzeit lang ausgeglichen (12:12), um anschließend noch mit 22:31 unterzugehen. Ärgerlich: Stephan sah in der 40. Minute die Rote Karte, Volker Zerbe zog sich in der 32. Minute einen Bänderriss zu und fehlte auch beim 34:32 im Rückspiel. Die Lüttfeldhalle war inzwischen zur Lipperlandhalle mutiert. 10,2 Millionen Mark kostete die dritte Hallenerweiterung auf 3767 Plätze, die noch nicht die letzte sein sollte. Bis 2005 werden die Bagger noch ein viertes Mal anrücken, um mit einer Erweiterung auf 5200 Sitzplätze sowie der Installierung von 16 VIP-Logen die Heimstätte des TBV Lemgo den gestiegenen Rahmenbedingungen anzupassen.

Rund um den Milleniumwechsel gab es auch personelle Einschnitte. Neben Lutz Grosser (280 Bundesligaspiele) und Jens Lause (273) verabschiedete sich mit Juri Schewzow (160 Erstligaspiele mit 116 Siegen, 10 Unentschieden und 34 Niederlagen) der bislang erfolgreichste Trainer der Vereinsgeschichte Richtung Essen. Für Schewzow übernahm Zbigniew Tluczynski, unter dem der TBV 2002 mit 25:23 über den SC Magdeburg zwar zum dritten Mal DHB-Pokalsieger wurde, der jedoch sieben Tage später vorzeitig gehen musste. Großes Aufsehen verursachte der TBV auch durch die Verpflichtung der drei Nationalspieler Markus Baur (Wetzlar), Christian Ramota (Großwallstadt) und Christian Schwarzer (Barcelona). Gemeinsam mit

Daniel Stephan, Florian Kehrmann und Volker Zerbe bilden sie das Herzstück der Nationalmannschaft. Da mit den beiden Schweizern Marc Baumgartner und Carlos Lima lediglich zwei Ausländer auf dem Lohnzettel standen, wurde aus dem TBV Lemgo der „TBV Deutschland", der in der Saison 2002/2003 in vielen Bereichen neue Maßstäbe setzte. Erstmals in der 26-jährigen Bundesligageschichte überstand eine Mannschaft eine komplette Halbserie mit blütenweißer Weste. Lemgo startete mit 34:0 Punkten in die vermeintlich beste Liga der Welt und löschte damit eine 20 Jahre alte Bestmarke vom VfL Gummersbach aus. Der neue Trainer Volker Mudrow, mit 33 Jahren der jüngste Coach der Liga, animierte seine Schützlinge dank „schneller Mitte" zu einem rasanten TORnado-Handball, der nach 34 Spieltagen mit 1158 Toren und 62:6 Zählern zwei weitere bemerkenswerte Rekorde bereithielt.

Zu seiner Zeit der jüngste Trainer der Liga: Volker Mudrow.

Basis allen Tun und Handelns war beim TBV Lemgo stets ein ausgeprägtes kaufmännisches Geschick. Um sich langfristig zwischen den Traditionsvereinen aus Gummersbach, Großwallstadt und Kiel positionieren zu können, musste häufig quer gedacht werden. Großen Erfolg hatte damit Fynn Holpert, der 1998 vom Tor an den Schreibtisch wechselte und in seiner Eigenschaft als Geschäftsführer das Sponsoring beim TBV Lemgo enorm vorantrieb. Auf ihn ging auch im September 2004 die Spielverlegung in die Arena AufSchalke zurück, als beim Spiel gegen den THW

Geschäftsführer und Ex-Torwart: Fynn Holpert.

Kiel mit 31.000 Zuschauern ein neuer Weltrekord für Vereinsmannschaften aufgestellt wurde. Und zuletzt feierte der TBV Lemgo mit den beiden Siegen gegen Frisch Auf Göppingen den zweiten Europapokalsieg (nun der EHF-Pokal) – und untermauerte damit seinen Ruf, zu den besten Handballmannschaften Deutschlands zu zählen.

Jörg Hagemann

Erfolgsbilanz:
Deutscher Meister: 1997 und 2003
Deutscher Pokalsieger: 1995, 1997 und 2002
Supercupsieger: 1997, 1999, 2002
Europapokalsieger der Pokalsieger: 1996
EHF-Pokalsieger: 2006

▶ Porträt

Daniel Stephan

Ehrgeizig ist er, willensstark, bissig und engagiert. Daniel Stephan, geboren am 3. August 1973 im Sternzeichen des Löwen. Einer, der den Handball lebt und liebt. Auf dem Spielfeld ist er der Antreiber. Der kaum zu bremsende Dynamiker. Und der eiskalte Vollstrecker. Meistens auch der coole Regisseur. Nicht zu vergessen hinten, die Abwehr, wo er sich als veritabler Abwehrspieler häufig selbst die Bälle für seine unwiderstehlichen Soli klaut. Daniel Stephan ist ein Allrounder par excellence. Ein Alleskönner erster Güte. Einer, der auch mal dorthin geht, wo es wehtut. Und zudem ein Mann, der integriert und führt. „Ein Hundert-Prozent-Spieler. Halbe Sachen gibt es bei ihm nicht", weiß Bundestrainer Heiner Brand.

Dies alles ließ sich auch schon vor fünf Jahren über Daniel Stephan schreiben. „Der Mann mit dem goldenen Arm" *(stern)*, „Der Mann, der alles kann" *(kicker)*. Zum Welthandballer 1998 hatte man ihn gewählt. Als ersten Deutschen überhaupt. Da wähnte sich Stephan ganz oben. Seit 1993 hatte er kein einziges Bundesligaspiel verpasst. Alles lief glatt. Doch dann, ganz plötzlich, drehte sich der Wind. Die makellose Karriere nahm eine tückische Wendung. Am Pfingstsonntag 1999 war es, im letzten Testspiel vor der WM in Ägypten. Bei einem Schlagwurf touchierte Stephan mit seiner Hand den Kopf des Dänen Ian-Marko Fog. Bruch des Daumensattelgelenks, diagnostizierten die Ärzte – der Auftakt einer fatalen Misere mit acht Verletzungen innerhalb von vier Jahren. Mal splitterte der Handknochen, dann riss eine Kapsel im Sprunggelenk. Beim nächsten Mal zwickte das Schultergelenk, oder die Bänder im Fuß rissen. Am schlimmsten war jedoch die Achillessehne, die sich 2002 immer wieder entzündete – und schließlich riss.

Immer wieder kämpfte sich Stephan zurück. Unverdrossen. Trotzig. Stets nach vorne schauend. Sicher, es blieben Narben, doch mit jedem Rückschlag gewann der Mann aus dem Duisburger Westen an Tiefgang. „Wenn mich jemand Pechvogel nennt, werde ich wütend", sagt Stephan und beginnt an aufzuzählen: „Ich war zweimal deutscher Meister, dreimal DHB-Pokalsieger, einmal Europacupsieger, dreimal bei Olympia, dreimal Handballer des Jahres und einmal Welthandballer. Wenn das Pech sein soll, dann weiß ich nicht, was Glück ist." Vielleicht dies: Schon als Baby hatte der kleine Daniel einen Stammplatz in der Handballhalle. Sowohl Mutter Gisela als auch Vater Heiner pflegten das Spiel mit der kleinen Lederkugel. Im zarten Alter von sechs Jahren versuchte sich Daniel erstmals selber am Ball. Das war beim VfL Rheinhausen, den er 1980 gemeinsam mit seinem drei Jahre älteren Bruder Thorsten in der D-Jugend Richtung Erzrivalen OSC Rheinhausen verließ. Vom Kreis wechselte er auf die Mittelposition und führte schon bald eine Mannschaft, die zweimal deutscher Jugendmeister und einmal Vizemeister wurde. Schon mit 17 Jahren rückte er im Lizenzspielerkader des Olympischen Sport-Clubs in die Verantwortung – an der Seite des russischen Kreisläufers Aleksandr Rymanow, von dem er sich viel abschaute und der einer der wichtigsten Lehrmeister seiner Karriere war. Nur ein Jahr konnte sich der OSC in der 1. Liga halten, doch Stephan blieb erstklassig. Aus einem halben Dutzend Angebote verschiedener Erstligisten entschied er sich für den TBV Lemgo, bei dem er in zehn Jahren längst heimisch geworden ist. „Hier weiß ich, was ich habe", umdribbelt Stephan bewusst den Vermerk von Bodenständigkeit. Im ersten Jahr unter dem ungarischen Handballprofessor Lajos Mocsai teilte er sich die Mittelposition gemeinsam mit Volker Mudrow – seinem heutigen Trainer. Einen großen Entwicklungsschritt machte Stephan 1996, als Juri Schewzow mit seiner schnellen russischen Spielauffassung schlummerndes Potenzial freilegte. So wurde 1997 sein Jahr. Lemgo rauschte durch die Liga, und die Konkurrenz war besonders beeindruckt vom TBV-Motor. „Wenn ich erklären sollte, wie Daniel seine Tore macht – es würde mir schwer fallen. Er wirft aus Situationen, wo du als Trainer eigentlich verrückt wirst", konstatierte Noka Serdarusic, der Meistermacher des THW Kiel.

Durch das Double mit dem TBV Lemgo

Tiefen – der Achillessehnenriss 2002…

Handball seit 1990

… und Höhen: nach dem ultimativen 7-Meter gegen Spanien im Viertelfinale bei Olympia 2004.

stieg auch abseits des Spielfeldes die Popularität. Stephan war einer der ersten Handballer mit einer eigenen Internetpräsenz. Die Sportartikler „Nike" und „Kempa" nahmen ihn ebenso unter Vertrag wie seinen Spezi Stefan Kretzschmar, den Gegenpol zu Stephan. Mit dem Boulevard hat der mit Vorliebe Pizza und Pasta essende Wahl-Lemgoer aber kaum etwas am Hut. Seine langjährige Lebensgefährtin Ilka, ebenfalls eine Handballspielerin, hat er im Jahr 2005 geheiratet. Mag er das Lausbubenhafte äußerlich gut tarnen, so ist Stephan doch stets ein Mann offener Worte. Wiederholt schon hat er sich eingemischt, kritisch mit dem Verband, der Liga und dem Image des Handballs auseinandergesetzt. Nicht aus Profilierungssucht, sondern allein der Sache wegen. Handball ist für Daniel Stephan eine Herzensangelegenheit. Eine spätere Trainerkarriere hält der Sportstudent für nicht ausgeschlossen. Den schlechtesten Witz seiner Karriere, nie bei einer WM gespielt zu haben, konnte er nicht mehr korrigieren. Die Geschichte mit der Weltmeisterschaft – eine Ironie der Handballhistorie. 1995 in Island saß er als Jungspund nur auf der Tribüne. 1997, bei der WM in Japan, schaute er ebenfalls nur zu, weil sich Deutschland nicht qualifiziert hatte. Und 1999, 2001 und 2003 verbrachte er in Arztpraxen oder in der Reha. Es ist wirklich kurios: Als Daniel Stephan 2006 als 32-Jähriger seine große Karriere als Nationalspieler beendete, hatte der Welthandballer keine einzige Minute bei einer Weltmeisterschaft gespielt. Seinen großen Traum, 2007 bei der WM im eigenen Land das deutsche Team anzuführen, verhinderte sein malader Körper.

Jörg Hagemann

▶ Porträt

Christian Schwarzer – der Vollprofi

Manchmal bietet erst der Epilog die schönsten Geschichten. So, wie bei Christian Schwarzer, dessen ruhmreiche internationale Karriere vollendet erscheint, als er unter dem Eindruck des olympischen Silberglanzes von Athen im September 2004 nach 302 Länderspielen seinen Rücktritt aus der Nationalmannschaft erklärt. Dass der Mann vom TBV Lemgo am 4. Februar 2007 mit dem Gewinn des Weltmeistertitels ein fettes Ausrufezeichen hinter seine Erfolgsgeschichte setzt, erscheint drei Wochen zuvor noch höchst unwahrscheinlich. Während sich die deutsche Nationalmannschaft in der Idylle am Ammersee auf die Heim-WM vorbereitet, gönnt sich Schwarzer einen Kurzurlaub in Dallas. Mit dem Besuch bei seinem Kumpel, dem NBA-Basketballer Dirk Nowitzki, verschafft sich Schwarzer eine willkommene Abwechslung, bevor er seinen Nebenjob als WM-Co-Kommentator für das ZDF antritt. Doch nach gerade mal zwei WM-Einsätzen vorm Mikrofon ereilt den Mann mit dem riesigen Kämpferherzen der S.O.S.-Ruf des Bundestrainers. Heiner Brand muss nach

Leidenschaftlich in der Nationalmannschaft...

… und im Verein.

dem 32:20 gegen Argentinien schnell reagieren, da sich Kreisläufer Andrei Klimovets eine Wadenverletzung zugezogen hat. Auf der Heimfahrt von Halle/Westfalen nach Lemgo erfährt „Blacky" in der Nacht von dem Notfall – und wird fortan zum Glücksfall für das deutsche Team. Mit Nowitzkis Trikotnummer 41 schwingt sich der inzwischen 37-jährige Schwarzer in den folgenden acht WM-Spielen quasi aus dem Stand zum Leitwolf und Motivator des DHB-Teams auf.

„Weniger ist manchmal mehr", lautetete schon immer sein Lebensmotto, mit dem er es aus der Unaufgeregtheit der Provinz zu einem absoluten Weltstar seines Metiers schaffte. Über TSG Bergedorf, Wandsbek 72, VfL Fredenbeck und den TV Niederwürzbach spielte er als zweiter Deutscher nach Erhard Wunderlich zwei Jahre lang für den ruhmreichen FC Barcelona. Mit den Katalanen feierte Schwarzer 2000 das erfolgreichste Handballjahr der Vereinsgeschichte. „Barca" gewann mit „Blacky" sieben von sieben möglichen Titeln, darunter die Champions League, den europäischen Supercup und die spanische Meisterschaft. Dabei hätte ihm der Wechsel nach Barcelona zuvor fast das Herz zerrissen. Der TV Niederwürzbach, bei dem Schwarzer von 1991 bis 1999 eine zweite Heimat gefunden hatte, zog sich wegen plötzlicher Liquiditätsprobleme binnen eines halben Jahres aus der Bundesliga zurück. Obwohl Sohnemann Kian-Maurice gerade erst vier Monate alt war, nahm der gelernte Reiseverkehrskaufmann die Herausforderung des Auslands an. Nach der Ausnahmesaison 1999/2000 kam es im folgenden Jahr jedoch zu Differenzen. Mit der Vorgabe, dass alle über 30 Jahre alten Spieler nicht mehr für ihre Nationalteams auflaufen sollten, traf Trainer Valero Rivera bei „Blacky" mitten ins Herz.

Der Adler auf der Brust zählt für Schwarzer zum Lebenselixier, seit seiner ersten internationalen Berufung, die ihn am 21. November 1989 im Rahmen des Supercups in Wilhelmshaven mit der deutschen B-Auswahl gegen die DDR führte. „Ein Spiel mit historischem Charakter. Es war eine der letzten Begegnungen der DDR-Auswahl mit Leuten wie Wahl, Hauck, Borchardt oder Winselmann im Kader", erinnert sich „Blacky" noch sehr genau an seinen ersten Länderspielgegner. Trainer war seinerzeit Armin Emrich, an dessen Seite Schwarzer 1992 bei der WM in Schweden auch der internationale Durchbruch gelang.

Dass es der kleine und schmächtige Christian später einmal zu einem wahren Koloss und dreifachen Olympiateilnehmer (Atlanta, Sydney, Athen) bringen sollte, war im November 1979 für Niemanden absehbar. Eigentlich wollte Schwarzer lieber Fußball spielen. Doch da die Trainingshalle nur zwei Minuten vom Elternhaus entfernt lag, nahmen ihn ein Freund und sein ein Jahr älterer Bruder Markus mit zum Handball. Exakt hier, in einer kleinen Turnhalle im Hamburger Stadtteil Bergedorf, wurden erstmals die schier unglaublichen Kämpfer-Gene geweckt. Zum einen waren seine Mitspieler allesamt älter, weshalb der schmächtige Jüngling kurzerhand ins Tor abgeschoben wurde. Zweieinhalb Jahre lang hütete er als Keeper ein. Als er dann endlich selbst einmal Tore werfen wollte, blieb für den immer noch körperlich Unterlegenen nur der Kreis übrig. Doch „Blackys" Ehrgeiz war groß, und mit dem Wechsel zu Wandsbek 72 erhielt er einen starken Entwicklungsschub. Zudem wurde er in die norddeutsche Auswahl berufen, in der mit Jan Holpert, Klaus-Dieter Petersen, Volker Mudrow, Wolfgang Schwenke und Thomas Brandes noch weitere namhafte Spieler standen, die den Sprung in die 1. Liga oder die Nationalmannschaft schaffen sollten. Mit 17 Jahren wechselte Christian Schwarzer zum VfL Fredenbeck, mit dem er auf Anhieb den Aufstieg in die Bundesliga schaffte. Viel schaute er sich dabei von dem polnischen Torjäger Zbigniew Tluczynski ab. „Nach dem Training haben wir meistens noch eine Stunde zusammengesessen oder gemeinsam weitertrainiert. Christian hatte schon damals einen unheimlichen Willen", urteilt Tluczynski über Schwarzer, deren Wege sich zehn Jahre später noch einmal in Lemgo kreuzen sollten. Obwohl der gebürtige Pole nur wenige Tage später beim TBV entlassen wurde, errang Christian Schwarzer mit dem DHB-Pokalsieg 2002 seinen ersten nationalen Titel noch an der Seite seines Fredenbecker Mentors.

Schwarzer, mittlerweile ein Kerl wie ein Baum, steht nun in der Blüte seines sportlichen Könnens. Vize-Europameister 2002, Vize-Weltmeister 2003, Europameister 2004, Silbermedaillengewinner bei den Olympischen Spielen 2004, Deutscher Meister 2003 und EHF-Pokalsieger 2006 lauten die großen Mannschaftserfolge des Teamspielers Christian Schwarzer, der sich auch in der Abwehr für keine Kärrnerarbeit zu schade ist. Nebenbei wird der begeisterte Golfer auch mit individuellen Auszeichnungen überhäuft. Bei der WM 2003 in Portugal wählt ihn die Expertenkommission zum Besten Spieler des Turniers. 2001 wird er Handballer des Jahres in Deutschland und 2003 Spieler der Saison in der Bundesliga. Welche Wertschätzung Christian Schwarzer entgegengebracht wird, verdeutlicht auch die Aussage von Bundestrainer Heiner Brand. „Wenn ich noch einmal die Möglichkeit haben sollte, den Jahrhundert-Handballer wählen zu dürfen, ich würde Christian Schwarzer vorschlagen", misst Brand dem Sympathie-Träger aus Lemgo großen Anteil am WM-Triumph von Köln bei.

Jörg Hagemann

▶ Porträt

Volker Zerbe – geerdeter Rekordbundesligaspieler

Mit Volker Zerbe und den Auswahlmannschaften ist das so eine Sache. In jungen Jahren hat man ihn schlichtweg übersehen. Bis zur A-Jugend tauchte er weder in einer Kreisauswahl noch in einem westfälischen Jahrgangskader auf, obwohl er seine Kameraden bereits seit seinem 13. Lebensjahr um Haupteslänge überragte. Im Zenit seines sportlichen Könnens hat sich dieses Bild nun vollständig gewandelt. Nach den Olympischen Spielen 1996 in Atlanta und 2000 in Sydney erklärte er seine Nationalmannschaftskarriere bereits zweimal für beendet. Doch Bundestrainer Heiner Brand und seine Teamkollegen rannten Zerbe immer wieder die Bude ein. Joachim Deckarm, die Handball-Legende, kitzelte den introvertierten Ostwestfalen 2001 sogar mit einem öffentlichen Brief aus der Reserve: „Lieber Volker, wir brauchen Dich." Mit Erfolg. „Ich habe immer versucht, hart zu bleiben. Doch ich bin umlenkbar", steht der ewig Überredete zu seiner kleinen menschlichen Schwäche, wobei ihm das wiederholt angedichtete Image eines Umfallers alles andere als gerecht wird. Volker Zerbe ist ein von Grund auf bodenständiger Mensch. Obwohl reichlich gesegnet mit handballerischen Qualitäten – sowohl in der Abwehr als auch im Angriff –, ist er in seiner gesamten Laufbahn dem Handball in seiner Heimatstadt Lemgo treu geblieben. Dass er zwischenzeitlich Begehrlichkeiten in ganz Europa weckte, mag Zerbe nicht leugnen. Doch sprechen möchte er darüber nicht. Der lange Linkshänder gilt auch in eigener Sache als ein vorzüglicher Verteidiger.

Angespornt durch seinen fünf Jahre älteren Bruder Andreas, mit dem er von 1988 bis 1990 zwei Jahre lang gemeinsam im Lemgoer Bundesligakader stand, ging Volker Zerbe zunächst in den Jugendmannschaften des TV Lemgo auf Torjagd. Fritz Jung hieß sein erster Förderer. 1984 wechselte er als B-Jugendlicher zum TBV Lemgo, dem er auch 20 Jahre später noch die Treue hält. Richtig entdeckt wurde das schlaksige Talent 1982 von Horst Bredemeier, der ihn als A-Jugendlicher bei der „Ersten" mittrainieren ließ und ihn in seiner Eigenschaft als DHB-Nachwuchscoach auch in die A-Jugend-Nationalmannschaft berief. Sein erstes Bundesligaspiel bestritt Volker Zerbe am 15. Januar 1986 beim 20:26 gegen den MTSV Schwabing, als er sich in den Schlussminuten etwas einbringen durfte. Ansonsten verbrachte er die erste Saison mit viel Zuschauen. „Ich sollte ohne großen Druck reinschnuppern und habe mir dabei viel abgeschaut", empfindet Zerbe diesen eher passiven Entwicklungsprozess noch heute als sehr positiv für seinen weiteren Werdegang. Zumal es ihm körperlich noch an Durchsetzungsvermögen mangelte. Bei einer Länge von 2,11 Metern wirkte das schlanke Eigengewächs zerbrechlich wie eine Bohnenstange.

Blumen für den Europameister 2004.

Bundesligaspielpraxis sammelte er eineinhalb Jahre lang lediglich in der Abwehr. Erst 1988, nach dem Weggang von Torschützenkönig Sigurdur Sveinsson, rückte Zerbe auch auf der halbrechten Position in den Blickpunkt. Bundestrainer Petre Ivanescu hatte bereits ein Jahr zuvor ein Auge auf das etwas schüchtern wirkende TBV-Talent geworfen. Am 30. Mai 1987 debütierte er als 18-Jähriger beim Japan-Cup in Tokio gegen Jugoslawien in der A-Nationalmannschaft. Eine Motivationshilfe, die fruchtete. Ein halbes Jahr später war Zerbe bei der Junioren-WM in Jugoslawien nicht nur der jüngste, sondern auch der beste bundesdeutsche Spieler. Mit 32 Treffern in sieben Begegnungen besaß er großen Anteil am sechsten Platz des DHB-Teams. Der internationale Durchbruch gelang ihm 1989 bei der B-Weltmeisterschaft in Frankreich. Eigentlich nur als WM-Tourist mitgefahren, trat Volker Zerbe ausgerechnet in der schwärzesten Stunde des deutschen Handballs wie Phoenix aus der Asche, ohne jedoch den blamablen Abstieg in die Drittklassigkeit verhindern zu können. Dennoch galt er fortan als großer Hoffnungsträger, der sich zu einem der komplettesten Handballer der Welt entwickelte. Sein überragendes Spiel in der zentralen Abwehr, seine Torgefährlichkeit aus neun, zehn Metern und seine hohe Spielintelligenz ließen die Experten mit der Zunge schnalzen. Doch die Kritiker kaprizierten sich auf seine bescheidene Torausbeute.

Gesegnet mit dem Gemüt einer Wasserwaage, die auch in kritischen Phasen ihre Ausgeglichenheit nicht verliert, gilt Volker Zerbe beim TBV Lemgo als unumstrittener Solitär, ohne den die beiden Deutschen Meistertitel (1997, 2003) und die drei DHB-Pokalsiege (1995, 1997, 2002) undenkbar wären. In 30 Jahren eingleisiger Bundesliga hat kein Feldspieler länger auf der Platte gestanden als der Mannschaftskapitän des TBV Lemgo. Die 586 Spiele, die hier am Ende seiner Karriere zu Buche standen, sind ein imposanter Beleg für die Kontinuität und das Beharrungsvermögen des langen Lippers. Auf den großen internationalen Erfolg musste Volker Zerbe jedoch lange warten. Bis 2002 kam er bei den zahlreichen internationalen Wettkämpfen über einen vierten Platz nie hinaus. Erst mit der Silbermedaille bei der Europameisterschaft 2002 in Schweden besiegte der gelernte Bankkaufmann den bösen Fluch. Es folgte die Vize-Weltmeisterschaft 2003 in Portugal, EM-Gold 2004 in Slowenien und Olympia-Silber in Athen 2004. Wurde sein wahrer Wert bis dato zumeist erst dann festgestellt, wenn er nicht dabei war, so erfolgte bei der EM 2004 erstmals auch eine öffentliche Rehabilitation. Die Expertenkommission der EHF wählte Volker Zerbe als besten Linkshänder ins All-Star-Team. Zu einem Triumph geriet im Mai 2006 sein Karriereende. Trugen doch seine Tore aus dem Rückraum entscheidend dazu bei, dass der TBV im Krimi gegen Frisch Auf Göppingen erstmals den EHF-Pokal gewann. An diesem Tag gab es keinen, der ihm, der danach ins Management seines TBV wechselte, diesen bilderbuchreifen Abgang missgönnt hätte.

Jörg Hagemann

▶ Große Vereine

SC Magdeburg

Nur einen weiten Handballwurf von seinem Büro entfernt hat Bernd-Uwe Hildebrandt freien Blick darauf, dass es auch anders hätte kommen können. Gleich nebenan liegt das Ernst-Grube-Stadion, Magdeburgs Fußball-Tempel. Das 1955 erbaute Oval hat, ähnlich wie die darin beheimatete Mannschaft des 1. FC Magdeburg, wahrlich schon bessere Tage gesehen. Nun rieselt der Kalk von den verwitterten Wänden, bröckelt der Putz, tropft es durchs Tribünendach – und der 1. FCM, dereinst stolzer Gewinner des Europapokals der Pokalsieger, wird auch in der nächsten Saison in der Fußball-Oberliga Nordost antreten müssen. Dabei ist die traurige Nachwende-Geschichte von Verein samt Stadion beileibe kein Einzelfall, sondern vielmehr die Regel. Den meisten großen Vereinen des ehemaligen Arbeiter- und Bauernstaates ist es ähnlich traurig ergangen.

Ein paar hundert Meter weiter steht Hildebrandts Werk. Modern und mächtig sieht die Bördelandhalle aus, offiziell 7800 Zuschauer passen hinein. Und wenn die

Sven Liesegang feiert in der Bördelandhalle die Deutsche Meisterschaft 2001.

Handballer des SC Magdeburg, Hildebrandts Verein, dort ihre Heimspiele austragen, ist die Arena so gut wie immer ausverkauft und gleicht dann einem Hexenkessel. Die Bördelandhalle, so könnte man also sagen, ist das krasse Gegenteil des benachbarten Ernst-Grube-Stadions – und der SCM entsprechend jenes des 1. FCM. Die Magdeburger Handballer sind somit quasi der Beweis, dass die Dinge nach der Wende auch durchaus gut haben verlaufen können, bestens sogar, auch wenn es nur selten der Fall war, viel zu selten. Beim SCM aber war es so: Deutscher Meister wurden sie 2001, als erster deutscher Klub die Champions League gewonnen haben sie ein Jahr später. Hinzu kommen ein DHB-Pokalsieg 1996, sowie der Gewinn des EHF-Pokals 1999 und 2001. Der SCM, das lässt sich unschwer daraus ablesen, ist einer der aktuell erfolgreichsten deutschen und europäischen Handballvereine.

Für die Menschen im Bördeland ist der SCM freilich noch mehr: „Neben dem sportlichen Erfolg bietet der Verein auch einen ganz wichtigen Motivationsfaktor. Die Leute sehen, dass auch ein Unternehmen aus der Region, in dem Fall eben ein Sportunternehmen, im Weltmaßstab nicht nur mithalten kann, sondern ihn sogar bestimmt. Da erfüllen wir durchaus eine Vorbildfunktion, weil die Menschen merken, dass man tatsächlich oben mitmischen kann, auch wenn man aus dieser Region kommt und die gleichen Probleme hat wie sie", sagt SC-Manager Hildebrandt nicht ohne Stolz, schon weil er sich als Vater all der Erfolge und des damit verbundenen Aufschwungs sieht.

Der Boden, auf dem er das Werk errichtete, war freilich von Beginn an fruchtbarster Art. Magdeburg war schon immer eine Handball-Hochburg, lange schon bevor der Sportclub Magdeburg im Jahr 1965 gegründet wurde. Bereits 1935 holte der Polizei-Sportverein Magdeburg den ersten deutschen Meistertitel, damals noch im Feldhandball, in die Elbestadt, erster Börderländer Handball-Held war das PSV-Stürmerphänomen Alfred Klingler, der ein Jahr später bei den Olympischen Spielen die deutsche Feldhandball-Mannschaft zur Goldmedaille führte. Ein paar Jahre später hinterließ der Krieg, wie überall sonst nicht minder, auch im Magdeburger Handball seine tiefen Spuren. Die Sportanlagen lagen in Trümmern, viele Magdeburger Handballer hatten ihr Leben lassen müssen oder befanden sich in Gefangenschaft. In der lesenswerten Magdeburger Handballchronik „Tore, Triumphe, Titel" von Volkmar Laube erzählt Hans-Jürgen „Bubi" Wende, einer der vielen weiteren Magdeburger Handball-Helden, wie das nach seiner Kriegsrückkehr 1945 war. Wende: „Auf unserem Sportplatz stand nur ein Tor, weil Baracken eines ehemaligen Kriegsgefangenenlagers den Großteil des Platzes einnahmen. Am 29. Juli 1945 haben wir gegen Sudenburg den ersten Handballvergleich durchgeführt. Meine Truppe verlor mit 4:31, aber das war unwichtig. Wichtig war, dass wir wieder Freude am Handballspiel hatten. 1945 gab es insgesamt acht Handballvergleiche und ein Weihnachtsturnier. Die Organisation war damals nicht einfach, denn für ein Handballspiel brauchten wir die Genehmigung der sowjetischen Kommandantur, um nicht in den Verdacht einer illegalen Versammlung zu geraten." Dennoch bildeten sich in den Magdeburger Stadtbezirken 1946 die ersten Sportgemeinschaften – und die erste Sportart, für die in Magdeburg nach dem Krieg ein regelmäßiger Spielbetrieb organisiert wurde, war Handball.

Bis zur Gründung des Sportclubs Magdeburg sollte es aber noch 19 Jahre dauern, erst 1965 war es soweit. Bis dahin war der SC Aufbau Vorgänger, der 1955 auf Beschluss des staatlichen Komitees für Körperkultur und Sport in allen größeren Städten der DDR gegründet wurde, so auch in Magdeburg. Das Ziel: Die Konzentration der besten Sportler und eine noch intensivere Nachwuchsförderung. Vor allem Letztere zahlte sich schon bald aus, wie Volkmar Laube in seiner Chronik zu berichten weiß: „1961 wurde die A-Jugend des Clubs erstmals DDR-Meister im Hallenhandball. Ein Jahr später und auch 1965 wurde jeweils der Titel auf dem Großfeld und in der Halle gewonnen. 1967 folgte wieder ein Feldhandball-Titel. Die B-Jugend des SC Aufbau brachte es in dieser Zeit auf eine beeindruckende und wohl einzigartige Serie von sechs Feldhandballtiteln in Folge zwischen 1959 und 1964. 1962 wurde der Titel in der Halle gewonnen. Unter der Hand von „Bubi" Wende gediehen Talente wie Wolfgang Lakenmacher, Ernst Gerlach, Udo Röhrig und Lothar Noack." Zwar war der SCM da offiziell noch immer nicht gegründet, die Saat aber war längst ausgesät. Und als 1965 auch noch die ersten Spieler vom bis dahin autonomen und ebenfalls erfolgreichen Lokalrivalen Lok Südost zum Club wechselten, war endgültig der Grundstein für die goldene Ära des SCM, die noch folgen sollte, gelegt.

Und tatsächlich: Bereits zwei Jahre nach der Gründung des heutigen SCM, im Juli 1967, kam es entsprechend zum ersten großen Titel: Im Ernst-Grube-Stadion, wo die Fußballer des 1. FCM kurz zuvor den Wiederaufstieg in die DDR-Oberliga feiern konnten, bezwang der SCM den SC Leipzig mit 16:11 und wurde dadurch überlegen DDR-Meister im Feldhandball. Dass dies just der letzte Feldhandball-Titel war, der in der DDR vergeben wurde, und fortan nur noch in der Halle gespielt wurde, konnte den Höhenflug der Magdeburger nur kurz bremsen. Schon in der Saison 1968/69 kletterte der SCM auch in der Halle auf Rang zwei, ein Jahr später war der erste Hallentitel fällig. Doch damit nicht genug: Der erstmalige Gewinn des DHV-Pokals machte die Saison zur erfolgreichsten in der noch jungen Vereinsgeschichte.

Und doch sollte das Double nur der Anfang einer langen Erfolgsstory sein, die der damalige Trainer Klaus Miesner auf seine zu dieser Zeit spielbestimmende Achse Udo Röhrig und Wolfgang Lakenmacher aufbaute. In den Folgejahren reiften Talente aus dem eigenen Nachwuchs wie Ernst Gerlach, Günter Dreibrod, Ingolf Wiegert, Reinhard Schütte sowie das spätere Torwart-Phänomen Wieland Schmidt heran, die den SCM schier unschlagbar scheinen ließen und die auch in der Nationalmannschaft bald den Ton angaben. National schlug sich das in den weiteren neun Meistertiteln zwischen 1977 und 1991 (sechs allein ab 1980 in Folge) sowie den vier DHV-Pokalsiegen (77, 78, 84, 90) nieder, aber auch auf internationalem Parkett wurde der schnelle Konterhandball der Magdeburger schnell zum Gütesiegel.

Bereits 1977 verlor der SCM das Finale um den Europapokal der Pokalsieger gegen MAI Moskau nur knapp mit 17:18, ein Jahr später aber war es dann soweit: Durch ein deutliches 28:22 gegen Slask Wroclaw aus Polen sicherten sich die Magdeburger erstmals die europäische Handballkrone, den Europapokal der Landesmeister, weitere drei Jahre später, also 1981, wiederholten sie das gleiche Kunststück durch ein 29:18 über Kolinska Slovan (Jugoslawien). Kein Wunder, dass just diese Jahre auch die stärksten der DDR-Nationalmannschaft waren. Bereits 1978 wurde die DDR mit den Magdeburgern Günter Dreibrodt, Ernst Gerlach, Hartmut Krüger, Wiland Schmidt, Reinhard Schütte und Ingolf Wiegert WM-Dritter. Zwei Jahre später halfen bei den Olympischen Spielen in Moskau mit Dreibrodt, Gerlach, Krüger, Schmidt und Wiegert fünf SCM-Heroen mit, die Goldmedaille zu gewinnen.

Zwar blieben die ganz großen internationalen Erfolge in den letzten Jahren vor der Wende aus, den letzten nationalen Meistertitel vor der auch handballerischen Wiedervereinigung aber ließ sich der SCM nicht nehmen. Dass der Verein als erfolgreichster DDR-Klub in die gesamtdeutsche Handball-Bundesliga starten würde, war zuvor schon klar. Dass er der Einzige sein würde, der sich dort auch würde halten können, unkte bereits vor der Saison 91/92 das *Handball Magazin*: „Im Grunde genommen besitzt von den zwölf ostdeutschen Mannschaften nur der SC Magdeburg die Klasse, sich in der Bundesliga zu halten." Es war noch nicht einmal schwarz gemalt, es war leider nur wahr: Bereits in der Saison 1993/94 war der SCM der einzige ehemalige DDR-Klub der Liga, satte vier Jahre sollte das so bleiben. Im Handball war es nicht anders als in den meisten anderen Sportarten: Die DDR verschwand immer mehr aus den obersten gesamtdeutschen Ligen. Der SC Magdeburg, das muss man heute so feststellen, bildete da eine ebenso einmalige wie rühmliche Ausnahme.

Wenn man nach dem Grund für diese Ausnahme sucht, landet man unwillkürlich bei Bernd-Uwe Hildebrandt, jenem Mann, von dem die Berliner Tageszeitung *taz* vor ein paar Jahren festgestellt hat, er sei einer der „raffiniertesten Manager, den der ostdeutsche Sport in den Wendewirren hervorgebracht hat". Während andere Funktionäre noch den alten Zeiten nachgetrau-

Manager Bernd-Uwe Hildebrand im Februar 2004 bei der öffentlichen Vertragsverlängerung von Stefan Kretzschmar.

ert hätten, so das Berliner Blatt, habe sich der damals 37-Jährige längst für den gepflegten Doppelpass mit den neuen Machthabern entschieden, wofür durchaus „ein gehöriges Maß an Opportunismus vonnöten" gewesen sei. Die Führungsmannschaft des Vereins, so heißt es, füllte Hildebrandt vorwiegend mit alten Kadern auf, zum Präsidenten wurde Sachsen-Anhalts Arbeitsminister Werner Schreiber (CDU) gemacht. Hildebrandt selbst, vor der Wende bereits SCM-Vizepräsident, rückte vom FDJ-Sekretär des Sportklubs zum Leiter des Olympiastützpunktes Halle/Magdeburg und zum SCM-Manager auf.

Hildebrandt, das kann man also getrost so feststellen, ist der starke Mann beim SCM, derjenige, der das Sagen hat. Wenn man Hildebrandt danach befragt, warum der Handball im Bördeland blüht, wo gleich nebenan der Fußball danieder liegt, sagt er: „Weil für den Fußball die finanzielle Basis nicht da ist. Handball kommt ja schon mit Etats von 2,6 Millionen Euro aus, im Fußball hingegen sind schon in der Regionalliga Etats von acht bis zehn Millionen an der Tagesordnung. Das ist in strukturarmen Regionen wie hier nicht zu machen." Nun ist es durchaus so, dass auch dem SCM ein zweieinhalb-Millionen-Etat nicht mehr ausreicht, schließlich ist man auch im wiedervereinigten Deutschland längst dort wieder angekommen, wo man schon zu DDR-Zeiten war: in Europas Spitze. Handball boomt im Bördeland, der SCM ist strahlender Sympathie- und Hoffnungsträger, es gibt nicht so sehr viele davon rund um Magdeburg.

Als der SCM im Mai 2001 seinen ersten gesamtdeutschen Titel feierte, strömten die begeisterten Menschenmassen zum Alten Markt und feierten die Helden. „Dass sich am Sonntagabend, nach dem Endspielsieg gegen die SG Flensburg-Handewitt, mehr als 20.000 Menschen auf dem Markt versammelten", stellte die *Berliner Zeitung* fest, „sagt vieles über die Bedeutung dieses Vereins für die anhaltinische Landeshauptstadt. Zuletzt waren in der Wendezeit so viele Menschen aufmarschiert, als es darum ging, mit einem Regime und seinen verkrusteten Strukturen zu brechen. Die DDR ging, doch der SC Magdeburg blieb."

Bewerkstelligt wurde dieses Sportwunder durch eine nach der Wende ziemlich einmalige Mischung der Gepflogenheiten aus Ost und West. Oder, wie es ebenfalls die *Berliner Zeitung* anzumerken wusste: „Hildebrandt macht sich viele Feinde. Aber noch mehr hat er sich Respekt verschafft, weil er wie kein anderer deutscher Sportmanager vermochte, marktwirtschaftliche Prinzipien mit sinnvollen Ansätzen des DDR-Sportsystems zu verbinden." Geholfen hat ihm dabei zweifelsohne der in der Region tief verwurzelte Wille, sich nicht auch noch dies nehmen zu lassen: den Handball. So hatte es Hildebrandt von Beginn an leichter als anderswo, Sponsoren an Land zu ziehen, zumal der SCM bald schon die einzige Attraktion weit und breit war, die sportlichen Strukturen, sprich eine gutklassige Mannschaft, waren ohnehin vorhanden. Dass diese freilich nicht ausreichen würde, um dauerhaft Richtung Gipfel stürmen zu können, war eine zum Teil heftig umstrittene Erfahrung, aber auch hier setzte sich Hildebrandt durch: Nach und nach ergänzte und verstärkte er das bisher weitgehend einheimi-

Einer der vielen ausländischen Stars der Magdeburger: Nenad Perunicic während des Finales um die Vereins-EM 2001 gegen San Antonio Portland.

sche Team durch ausländische Starspieler, die Abatis, Kervadecs, Kuleschows, Stefanssons und wie sie alle heißen und hießen. Hildebrandt wusste, dass der SCM es ohne diese zusätzliche und von außen eingekaufte Weltklasse nicht an die Spitze schaffen würde, nicht immer aber glaubten es ihm die Fans. Zumal der Manager 1999 auch noch mit einer weiteren Tradition brach: Erstmals wurde mit dem Isländer Alfred Gislason ein Ausländer Cheftrainer beim SCM. Seine Vorgänger waren Hartmut Krüger, Ingolf Wiegert, Lothar Doering und, wenn auch nur interimsmäßig, Peter Rost – allesamt Olympiasieger, allesamt „Ikonen des DDR-Handballs" wie Hildebrandt heute sagt. Ziemlich unter Beschuss ist er damals wegen der Verpflichtung Gislasons geraten, heute weiß man, dass auch diese Entscheidung richtig war. Mit dem Isländer zündete der SCM die bislang letzte Stufe seiner Erfolgsgeschichte, was sich in Deutscher Meisterschaft und dem Gewinn der Champions League niederschlug. Gislason galt an der Börde nicht mehr als Ausländer, sondern als Magdeburger, und viele trauerten ihm nach, als er nach sieben Jahren von Hildebrandt entlassen wurde und nach Gummersbach ging. Ihn ersetzte mit Bogdan Wenta ein junger Trainer.

Joel Abati mit dem Supercup 2001.

So sehr Hildebrandt in manchen Dingen auch mit der Tradition brach, so sehr hält er an anderen Punkten an ihr fest. Bestes Beispiel hierfür: die Jugendarbeit des SCM, die in der

Handball-Bundesliga als ziemlich einmalig gilt. Rund 200.000 Euro lässt sich der SCM die Ausbildung seines Nachwuchses kosten, eine Investition, die sich lohnt – und auszahlt: Seit 1996 stand die A-Jugend des Vereins immer im Finale um die deutsche Meisterschaft, die B-Jugend kam in dieser Zeit nur einmal nicht ins Endspiel. Und immer wieder schafft eines dieser Talente den Sprung in den Bundesligakader. Das Ausbildungskonzept ist dabei so einfach wie wirkungsvoll: Schon die Jugendmannschaften spielen jenes System, das auch die Stars spielen, als Bindeglied zwischen den Mannschaften gilt Ghita Licu, als Spieler zweimal Weltmeister mit Rumänien und nun Trainer der A- und B-Jugend. In Zusammenarbeit mit Bogdan Wenta werden so auch weiterhin junge Talente an die erste Mannschaft herangeführt, zuletzt gelangen hier Spielern wie Yves Grafenhorst, Christian Sprenger oder Christoph Theuerkauf der Durchbruch. Sie gewährleisten die Kontinuität im Spitzenhandball. Für die finanzielle Basis sorgt Manager Hildebrandt: Der Ausbau der Bördelandhalle auf rund 12.000 Plätze ist bereits beschlossen.

Trainer Bogdan Wenta, auch erfolgreicher Coach der polnischen Nationalmannschaft.

Frank Ketterer

Erfolgsbilanz:
zu DDR-Zeiten:
DHV-Meister: 1967 (Feld); 1970, 1977, 1980, 1981, 1982, 1983, 1984, 1985, 1988, 1991
DHV-Pokalsieger: 1970, 1977, 1978, 1984, 1990
Europapokal der Landesmeister: 1978 und 1981
Europameister Vereinsmannschaften: 1981
zu BRD-Zeiten:
Deutscher Meister: 2001
Deutscher Pokalsieger: 1996
Supercup-Sieger: 1996 und 2001
Champions-League-Sieger: 2002
Europameister Vereinsmannschaften: 2001 und 2002
EHF-Pokal-Sieger: 1999 und 2001
2. Platz Vereins-Weltmeisterschaft „Golden Globe": 2002

▶ Porträt

Stefan Kretzschmar – vom Revoluzzer zum Vorbild

Das Licht in der Arena ist aus, die Scheinwerfer auf den Eingang der Spieler gerichtet. Die Stimmung ist längst schon am köcheln, auch die Mannschaft des SC Magdeburg steht, versteckt im Halbdunkel, bereits auf dem Feld. Nur einer fehlt noch, und in der Bördelandhalle ist das längst schon Ritual geworden, um nicht zu sagen: Kult. Gleich wird der Hallensprecher die Nummer 73 ankündigen. Es wird dann noch ein bisschen lauter werden in der Halle, noch mehr Halligalli geben – und dann wird endlich Stephan Kretzschmar hereinstürmen, als Letzter und doch Erster seiner Mannschaft. Erst dann kann das Licht wieder angehen und das Spiel endlich beginnen. Nicht selten folgt der ersten dann die zweite Stefan Kretzschmar-Show.

Man kann das sogar in Zahlen festhalten – um nicht zu sagen in Titeln. 1996 wechselte der deutsche Handballer der Jahre 1994 und 1995 vom VfL Gummersbach an die Börde, just im Jahr danach begann die imposante Titeljagd des SCM. 1997 gewannen die Magdeburger den Supercup, zwei Jahre später den Europacup, 2001 gleich nochmal. Im gleichen Jahr wurde der SCM erstmals gesamtdeutscher Meister – und just als keine Steigerung mehr möglich schien, setzte er noch einen drauf: Als erster deutscher Verein gewann der Klub 2002 die Champions League.

Nun kann das ein Spieler alleine nicht machen, schon gar nicht im Handball. Und Stefan Kretzschmar, von Freunden wie Fans allseits nur „Kretzsche" gerufen, wäre der Letzte, der anderes behaupten würde. Andererseits wird man auch kaum jemanden finden, der nicht einen Zusammenhang sieht zwischen der Kretzschmar-Verpflichtung von damals und dem sich anschließenden Höhenflug der Magdeburger. Davor war der SCM nicht viel mehr als ein ziemlich ambitionierter Handball-Bundesligist aus dem Osten des wiedervereinigten Landes, danach bekam er, neben all den Titeln, vor allem bei der Jugend der Region einen Hauch von Kultstatus. Dass dieser in erster Linie von dem 31-Jährigen ausging, lässt sich sogar in einer Sport- und Markt-Umfrage von damals nachlesen. In der wählten Jugendliche in ganz Deutschland „Kretzsche" auf Platz sechs der beliebtesten Sportler, was um so erstaunlicher wirkt, als Handball unter den zehn bekanntesten Sportarten gar nicht vertreten war. Und, das darf nicht vergessen werden, damals waren der SCM und Kretzsche erst am Anfang ihrer mittlerweile achtjährigen Zusammenarbeit. Vorläufiger Endpunkt hingegen war die Änderung des Vereinsnamens vor zwei Jahren. Seither heißt der SCM nicht mehr nur SCM, sondern SCM Gladiators, die Aktion fand in engster Zusammenarbeit mit Kretzschmars umtriebiger Managerin Ciz Schönberger statt. „Wir wollten den Handball anders positionieren und

ihn auch ein wenig vom Staub befreien", sagt SCM-Manager Bernd-Uwe Hildebrandt – und wieder diente Kretzschmar dafür als Vorbild - und Aushängeschild.

Allein mit sportlichen Taten kann man solches freilich nicht bewirken. Dass der gebürtige Leipziger längst zu einem der besten Linksaußen der Welt geworden ist, wird niemand bestreiten, der ihn je in Bestform hat spielen sehen. Dann ist Kretzschmar an Dynamik kaum zu überbieten, aber auch nicht an Finesse und raffiniertesten Wurfvarianten. Was ihn aber zudem von „normalen" Linken abhebt, ist sein spieltaktisches Verständnis. Kretzschmar kann längst nicht mehr nur an der linken Außenseite kleben bleiben und dort warten, bis er den Ball bekommt, sondern versteht es, sich im richtigen Moment von seiner Position zu lösen und ganz aktiv ins Spiel einzuschalten, wenn es sein muss auch in der Spielmacherposition. Und dennoch ist selbst dies nur der eine Teil, der ihn zum ersten deutschen Superstar des Handballs gemacht hat.

Der andere ist, dass an Kretzschmar, um es mit den Worten von SCM-Manager Hildebrandt zu sagen, nun wirklich nicht das geringste Körnlein Staub haftet, stattdessen so manch Piercing-Ring und manches Tattoo. Soll heißen: Wie ein braver Handballer sah Kretzschmar noch nie aus – und es gab Zeiten, in denen er sich auch nicht unbedingt so benommen hat. Für die Medien war er damit schon immer ein gefundenes Fressen, wahlweise als Handball-Punk, Paradiesvogel, Bürgerschreck oder Rebell musste er sich bezeichnen lassen – und das sind nur die freundlichen Umschreibungen. Stefan Kretzschmar lächelt, wenn er damit konfrontiert wird. Dann sagt er mit seiner tiefen, ruhigen Stimme: „Es ist in Deutschland einfach so,

Als fliegender Linksaußen in der Nationalmannschaft.

dass es eine Schublade geben muss, in die man einen reinsteckt und bei Bedarf wieder rausholt. Und in einer dieser Schubladen stecke eben ich, der Handball-Punk." Wahlweise Bürgerschreck oder Paradiesvogel. Anfreunden kann sich Kretzschmar mit keiner dieser Umschreibungen. „Wenn man versucht, mich mit einem Begriff zu beschreiben, liegt man immer falsch. Das geht einfach nicht", sagt er.

Wobei es durchaus nicht so ist, dass er völlig unbedarft in die ein oder andere Schublade reingerutscht ist, dafür ist er viel zu klug – und gut beraten. „Zu 50 Prozent basiert mein Erfolg auf dem Sport, zu 50 Prozent auf meinem Auftreten", hat er einmal gesagt. Und dann wird nicht selten darüber spekuliert, wie viel bei diesem Auftreten Inszenierung ist und wieviel echt. „Mein Aussehen ist auf jeden Fall 100 Prozent echt, da ist kein Tattoo und kein Piercing zu viel – das bin alles ich. Wie ich mich aber in den Medien zu manchen Dingen äußere, gerade im Fernsehen, das bin zu 50 Prozent manchmal nicht ich. Da steckt dann schon auch mal Provokation dahinter", hat er dereinst zur Berliner *Tageszeitung* gesagt. Dass ihm dabei auch der ein oder andere Fehler unterlaufen ist, hat er später dem Interviewmagazin *Galore* verraten. Kretzschmar dort: „Meine Fresse, bis Mitte der 90er war ich im Grunde ein absoluter Vollidiot und habe mit Klischees und Parolen, die ich hin und wieder rausgehauen habe, auf mich aufmerksam gemacht. Da hätte ich einfach ein bisschen mehr nachdenken sollen. Mit den Erfahrungen, die ich jetzt habe, hätte ich damals vieles anders gemacht."

Dabei hätte sein Anderssein durchaus auch karrierehemmend wirken können, schließlich waren die deutschen Sportstars, die zu jener Zeit geboren wurden, allesamt weichgespülte Saubermänner namens Jan Ullrich, Michael Schumacher oder Martin Schmitt. Kretzschmar aber war der einsame Gegenpol zu all diesen sportlichen Gutmenschen, oder, wie es die *Bild-Zeitung* zu vermelden wusste: „Unsere Antwort auf Rüpel-Rodman." Und ähnlich wie Rüpel-Rodman, der bad guy der nordamerikanischen Basketball-Profiliga NBA, kam auch der vermeintliche Rüpel-Kretzsche gerade beim jüngeren Handballvolk an. Kretzschmar war wild und anders, er sagte, was er dachte und tat, was er wollte – und man sah ihm das auch noch an. Für die braven, verstaubten Handball-Verhältnisse war er eine Art Revoluzzer, genau aus diesem Grund gab ihm MTV eine Fernsehsendung, in der er tun und lassen konnte, was er wollte, Anarchie im Fernsehen quasi.

Dass es zu jenen Zeiten nicht immer ganz einfach war für jene, die mit ihm handballerisch zu tun hatten, versteht sich aus alledem fast von selbst. „Die Leute wissen ja gar nicht, wie schwer es ist, mit ihm umzugehen", sollte damals SCM-Manager Hildebrandt gesagt haben, der Mann, der ihn nach Magdeburg geholt hat und mit dem es immer mal wieder Zoff gibt, auch heute noch. Auch Heiner Brand, während Kretzschmars Zeit Trainer beim VfL Gummersbach, ging nicht immer d'accord mit seinem jungen Wilden, zumal dann, wenn der es mit den Trainingszeiten nicht ganz so genau nahm. „Es ist schon ein Kampf", verriet der heutige Bundestrainer damals dem Nachrichtenmagazin *Spiegel*.

Heute sagt Brand: „Der Kretzsche ist ein Glücksfall für den deutschen Handball." Und vielleicht ist es ja so, dass Kretzschmar erst jetzt, da seine Flegeljahre längst vorbei sind, auch als Handballstar so sein kann, wie er eigentlich ist: Ein netter, kluger Kerl, der weiß, was er will, und bisweilen immer noch sagt, was er denkt, nur eben etwas seltener, dafür aber mit mehr Gewicht. An der Börde lieben sie ihn dafür um so mehr, zumal dann, wenn er, der Ossi, sich für sie, die Ossis, einsetzt mit Sätzen wie: „Der Graben zwischen Ost und West wird immer tiefer." Oder: „Ich glaube, dass die Phase des Aufeinander-Zugehens irgendwann vorbei war. Danach sind die Leute alle wieder zurückgegangen." Das hat nichts mehr mit Provokation zu tun, es hat mit Wahrheit zu tun. Und wenn Kretzschmar es sagt, wirkt es durch und durch authentisch; die Leser der *Magdeburger Volksstimme* haben ihn auch dafür zum „Magdeburger des Jahres 2003" gewählt, ihn, den vermeintlichen Bürgerschreck von einst.

Über 30 ist er jetzt, und die Dinge, so hat es den Anschein, haben sich zum Besten gefügt für Stefan Kretzschmar, den Handballer. Sportlich hat er so ziemlich alles gewonnen, was es im Handball zu gewinnen gibt. Als tragisch empfanden es freilich viele, dass er verletzungsbedingt fehlte beim EM-Triumph 2004 in Slowenien, als sich die Nationalmannschaft für ihre grandiosen Auftritte zwischen 2002 und 2004 mit dem verdienten Gold belohnte. Und vielen ist noch diese bewegende Traurigkeit in seinen Augen in Erinnerung, als die Mannschaft im olympischen Finale an Kroa-

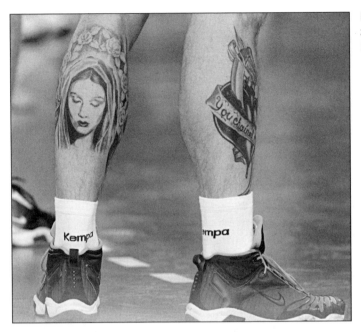

Franzi für ewig – zumindest auf der linken Wade.

tien scheiterte. Wie so viele seiner Freunde aus dieser Mannschaft (Schwarzer, Zerbe) hätte er gern noch eine weitere Weltmeisterschaft gespielt, aber als die WM 2005 nach Tunesien vergeben wurde und nicht wie erhofft nach Deutschland, trat er enttäuscht zurück aus der Nationalmannschaft. Obwohl der Körper von all den Jahren Spitzenhandball geschunden ist, hat er in Magdeburg noch einmal bis 2008 verlängert.

Hingegen ist die öffentliche Romanze zwischen Kretzschmar und Schwimm-Star Franziska van Almsick, die 2000 in Sydney begann, mittlerweile beendet. Überhaupt ist Kretzschmar zwar immer noch präsent, so zum Beispiel als TV-Experte bei der WM in Deutschland, aber seine Auftritte sind weniger schrill, dafür um so nachdenklicher geworden. Dass die Zeit nach dem Leistungssport nicht einfach wird, dessen ist er sich bewusst. Er mache sich keine Illusionen darüber, sagte er schon vor ein paar Jahren im Interview mit der Zeitschrift *Galore*: „Ich weiß auch, dass das, was danach kommt, mir nicht annähernd so viel Spaß und Befriedigung bringen wird, wie das, was ich gerade mache. Aber es ist dann eben vorbei. Und manche Sachen muss ich ehrlich nicht mehr haben. Die Bestätigung in der Halle ist klasse, das Zujubeln und all das – das wird mir fehlen. Aber ich muss nicht die Zeitung aufschlagen und lesen, dass es mit meiner Freundin vorbei ist. Das braucht kein Mensch. Ich habe kein Interesse daran, diesen Status der Popularität, den ich im Moment habe, aufrecht zu erhalten. Ich will das alles nicht mehr. Das ist zu anstrengend, und der Preis, den man zahlt, nämlich der Verlust des Privatlebens, ist einfach zu hoch."

Frank Ketterer

► Große Vereine

SG Flensburg-Handewitt

„Geht doch!", leuchtete auf der großen Videowall vor der Flensburger Campushalle und prangte es auf den unzähligen T-Shirts, die verteilt worden waren. Ein Satz, der alles sagte über die Erleichterung, die von der SG Flensburg-Handewitt abfiel. Mit dem 41:32 gegen die HSG Nordhorn wischte sie in souveräner Manier die letzten theoretischen Zweifel an der ersten Deutschen Meisterschaft weg. 6000 jubelten am 16. Mai in der Halle, ebenso viele vor dem „Handball-Tempel", wo der historische Akt auf einem großen Bildschirm übertragen wurde. 2004 – das war das Jahr der Nordlichter. Neben der Bundesliga-Krone wanderte auch der DHB-Pokal an die dänische Grenze. Und in der Champions League reichte es zu einer beachtlichen Finalteilnahme gegen den slowenischen Spitzenklub Lasko Celje.

Flensburg – eine Handball-Hochburg? Ja. Aber nicht nur heute, sondern seit 80 Jahren. Schon 1924 zog die Flensburger Turnerschaft, der Urahn der heutigen SG, in ein Halbfinale auf nationaler Ebene ein. Damals allerdings noch im Feldhandball. Für eine weitere Befruchtung der lokalen Handball-Szene sorgte 1935 eine Fusion.

Trainer Kent Harry Andersson präsentiert auf der Bühne vor der Campushalle die Meisterschale 2004.

Die Turnerschaft und der Männer-Turnverein vereinigten sich zum Flensburger Turnerbund, kurz FTB – drei Buchstaben, die für eine Menge Handball-Nostalgie stehen. Die Saat ging nach Kriegsende auf. 1946 und 1947 schlitterten die Flensburger nur knapp an der Meisterschaft in der britischen Besatzungszone vorbei. Bis zu 5000 Zuschauer verfolgten die Heimspiele des FTB, der mit Siegfried Perrey und Bernd Kuchenbecker auch zwei überregional bekannte Handballer aufstellte.

So allmählich trat der Hallenhandball neben die Feld-Version. Im Februar 1949 eine erste inoffizielle Meisterschaft. An einem interzonalen Turnier in der Münsterlandhalle nahmen acht Mannschaften aus Berlin, Nord-, West- und Süddeutschland teil. Darunter auch der FTB, der erst im Endspiel am RSV Mülheim mit 6:9 scheiterte. Sportliche Erfolge feierten die Flensburger vorerst aber weiterhin auf dem Rasen, auch wenn zwischenzeitlich ein Streit um ein „zartes" Profitum zur Abwanderung vieler Oberliga-Spieler führte. Trotz der Konkurrenz einiger Lokalrivalen wie Flensburg 08 und VfL Flensburg hielt sich der FTB nicht nur in der höchsten Spielklasse, sondern verteidigte auch seine Vormachtstellung an der Förde.

Als die „Abtrünnigen" 1955 zurückkehrten, sorgte das sportliche Aushängeschild der Hafenstadt wieder für Schlagzeilen. 1957 Landesmeister; 1958, 1959 und 1962 sogar Norddeutscher Meister. In den Endrunden um nationale Lorbeeren erwiesen sich dann aber Leutershausen, Waldhof Mannheim und FA Göppingen als zu stark. Mit Volker Schneller, Trutz Kob und Sönke Voß wirkten schon drei Akteure mit, die später noch einmal Bundesliga-Luft wittern sollten. Vorerst erwies es sich aber als Fehler, dass die „Trumpfkarte" hauptsächlich „open air" hieß. Als 1965 die zweigeteilte Hallenhandball-Bundesliga entstand, fehlte Flensburg.

Der FTB fand sich gemeinsam mit den Lokalrivalen Stern, Flensburg 08 und dem TSV Vorwärts in der zweiten Spielklasse, der Oberliga, wieder. Das sollte sich ändern, das erklärte Ziel lautete: Aufstieg in die Bundesliga. 1968 qualifizierten sich die Mannen von Trainer Ernst Krüger, ein Sport-Dozent, erstmals für die Aufstiegsrunde, rückten nach dem Scheitern aber zumindest in die neu geschaffene Regionalliga auf. Ein Jahr später gesellte sich Flensburg 08 dazu und griff mit Trainer Wilfried Tetens, 1976 Olympia-Schiedsrichter, sowie dem späteren Nettelstedter Bundesliga-Akteur Peter Pickel an. Nach zahlreichen Regionalliga-Doppelveranstaltungen in der 1300 Zuschauer fassenden Idraetshalle hieß der Sieger FTB.

20. März 1971: 1:1 stand es zwischen den Flensburgern und Münster 08. Ein Entscheidungsspiel in der Alsterdorfer Sporthalle zu Hamburg musste klären, wer in die Bundesliga Nord aufsteigen durfte. Sage und schreibe 1300 Nordlichter pilgerten an die Elbe. Die Spieler waren von der Unterstützung überwältigt, Mannschaftsführer Sönke Voß begeistert: „Flensburger, ihr seid 'ne Wucht!" Dem FTB glückte ein 14:13. Flensburg lag im Freudentaumel. Die aus dem Aufstieg resultierende Euphorie verflog jedoch schnell. Ein Sieg gegen Bad Schwartau und ein Unentschieden gegen den Hamburger SV blieben die einzigen Erfolgserlebnisse. Abstieg! Als TSB Flensburg

– der FTB fusionierte mit dem TSV Vorwärts – plante man einen erneuten Vorstoß in die Elite-Liga.

Vorerst regte sich aber das Handball-Leben am Stadtrand und in der Umgebung. Der ETSV Weiche stieg 1969 in die Oberliga auf und erkämpfte sich immer mehr den Status der „zweiten Geige". Die „Eisenbahner" hatten nur ein Problem. Sie verfügten über keine geeignete Spielstätte. In dieser Situation erwies sich der Handewitter SV aus dem westlichen Umland der Stadt Flensburg als geeigneter Partner. 1975 entstand dort die heutige Wikinghalle. Am 17. Juni 1974 bildeten die Vorstände um Manfred Werner, Peter Holpert (beide Weiche), Günter Ahlers und Horst Andresen (beide Handewitt) aus den beiden Handball-Abteilungen bundesweit eine der ersten Spielgemeinschaften überhaupt: die SG Weiche-Handewitt. Bereits im Februar 1976 glückte der Sprung zum TSB Flensburg in die Regionalliga.

Ein Streit 30 Kilometer südlich, beim damaligen Regionalligisten Schleswig 06, sorgte für weiteren, frischen Wind beim jungen Klub. Henning Lorenzen übernahm das Traineramt und ab 1978 auch die Funktion des SG-Leiters. In seinem Schlepptau verstärkten zahlreiche Akteure die Handballer vom Flensburger Stadtrand. Darunter der Torwart Peter Rickertsen, der es später als Trainer stets verstand, aus vermeintlichen, krassen Außenseitern konkurrenzfähige Teams zu formen. Oder Jan Glöe, ein zwar schlaksiger, aber wurfstarker Rückraum-Schütze. Oder Holger Thiesen, ein trickreicher Linkshänder, der auch auf der Spielmacher-Position glänzte. Erste Säulen einer zukünftigen Bundesliga-Mannschaft existierten. Schon in der Serie 1976/77 der erste Achtungserfolg. Mit einer neuformierten Mannschaft gelang auf Anhieb ein dritter Platz in der Regionalliga – vor dem TSB. 1978 kämpfte sich die SG sogar bis ins Halbfinale des DHB-Pokals vor. Beim ruhmreichen VfL Gummersbach gab es eine 13:16-Niederlage. „Das war das schwerste Heimspiel der Saison", gestand hinterher Handball-Legende Joachim Deckarm.

Die Flensburger Konkurrenz vom TSB schlug aber noch einmal zurück. Nach der Norddeutschen Meisterschaft endete die Relegation gegen die Reinickendorfer Füchse am 9. Juni 1979 mit dem Aufstieg in die Bundesliga. Diesmal sollte der Ausflug ins Handball-Oberhaus nicht in einem einjährigen Intermezzo münden. Der Etat stieg auf damals stolze 290.000 DM, auch weil sich der Erotik-Konzern „Beate Uhse" als Trikotsponsor mobilisieren ließ. Die Mannschaft mit eigenen Kräften wie Wilfried Desler, Boy Boysen oder Hans Joachim Krüger wurde mit dem Finnen Ari Halme oder Dirk Sommerfeld verstärkt. Doch Trutz Kob und Dieter Naujeck, die ein Trainergespann bildeten, mussten bald erkennen, dass all diese Bemühungen nicht ausreichten. „Beates Buben" kassierten eine Schlappe nach der anderen. Am Ende mussten die Flensburger mit nur zehn Punkten wieder absteigen.

Danach war es die SG Weiche-Handewitt, die das Handball-Geschehen an der dänischen Grenze dominierte. 1981 errang die neue Macht überraschend die Regionalliga-Meisterschaft. Gegen die finanzstarken Reinickendorfer Füchse ging es um

Noch heute laufen die Flensburger Jungs für (mit) Beate Uhse auf.

den Aufstieg. Die Berliner Presse spottete über „Kanonenfutter" und „Feierabend-Handballer". SG-Regisseur Holger Thiesen konterte: „Durch den Handewitter Forst ist noch kein Fuchs lebend gekommen." Den Berlinern gelang es hauchdünn. Nach Hin- und Rückspiel hatten sie ein Tor mehr auf dem Konto.

Die SG Weiche-Handewitt steckte aber nicht auf. Nach drei Jahren in der neu gegründeten Zweiten Bundesliga leitete ein 33:19 im letzten Derby gegen den TSB den Marsch nach oben ein. Relegation! Nachdem die erste Partie mit einem mageren 19:17 geendet hatte, schlug am 19. Mai 1984 in Griesheim die „große Stunde" der SG: Mit einem 30:26 rückte der „Dorfverein" in das Rampenlicht des bundesdeutschen Handballs.

Die Bundesliga belächelte den Neuling zunächst als exotisches Beiwerk. Dieser revanchierte sich. Der Mythos „Hölle Nord" erwachte. In Handewitt und Umgebung herrschte riesige Begeisterung. Etwa 1500 Handball-Fans wohnten den Heimspielen ihrer SG bei. Sie erlebten eine sensationelle Saison. Bereits „totgesagt", rollte der „potenzielle Absteiger" das Feld von hinten auf, um am letzten Spieltag durch ein 20:25 gegen Mitkonkurrent Lemgo den sicher geglaubten Klassenerhalt fast wieder aus der Hand zu geben. Doch Bergkamen spielte gegen die „Füchse" nur unentschieden. Die SG blieb in der Bundesliga – und das Fassungsvermögen des Sportzentrums wurde auf 2000 Zuschauer erweitert.

Das „Team der Namenlosen" erhielt langsam Auffrischung durch auswärtige Spieler. Milomir Mijatovic war 1985 der erste Star. Ihm folgten Ende der 80er Jahre mit Rainer Cordes, Jörg-Uwe Lütt und Michael Menzel die ersten deutschen Nationalspieler. Einen Abstieg nach der dritten Saison reparierte die SG auf Anhieb. 1989 glückte mit dem sechsten Rang die beste Platzierung überhaupt. Ein Jahr später der große „Katzenjammer": Vier Trainer hatten es versucht, doch letztendlich stiegen die „Nordlichter" 1990 zum zweiten Mal ab.

Parallel zu dieser Entwicklung zeichnete sich immer mehr ab, dass die SG Weiche-Handewitt an „ihre ökonomischen Grenzen" gestoßen war. Der Geldbedarf wuchs stetig, aber die Flensburger Wirtschaft übte sich in Zurückhaltung. Aus einem simplen Grund: Der Stadtname fehlte in der Vereinsbezeichnung. Nach jahrelangen Anregungen hatte man im März 1990 endlich die Lösung parat. Die SG Flensburg-Handewitt wurde ins Leben gerufen, um „die Kräfte im Nordbezirk" zu bündeln. Der neue TSB-Vorsitzende Frerich Eilts und Manfred Werner, Manager des alten und neuen Konstrukts, waren die treibenden Kräfte der „Super-SG". Während sich der ETSV Weiche zurückzog, ging der Handewitter SV mit dem inzwischen in der Drittklassigkeit abgetauchten TSB Flensburg eine neue Ehe ein.

Aller Anfang war aber schwer. Mehr als ein vierter Platz in der Zweitklassigkeit sprang nicht heraus. Vor allem im Spätherbst kriselte es bei der neuen SG. So sehr, dass sogar Manager Manfred Werner das Handtuch warf. „Es ist eine bittere Stunde, die eine Neuorientierung in unserer Vereinspolitik und Vereinsstruktur nötig macht", sagte er, um bald zurückzukehren. Denn schon im Frühjahr 1991 herrschte wieder Aufbruchstimmung. Der Trainer „Noka" Serdarusic forderte Verstärkungen, mit Walter Schubert, Horst Wiemann und Thomas Buchloh heuerten gleich drei erfahrene Bundesliga-Akteure im Norden an. Das Resultat war fantastisch: 52:0 Punkte und die Qualifikation zur Aufstiegsrunde. Dort entwickelte sich ein dramatischer Dreikampf mit Bad Schwartau und Dutenhofen. Jedes Tor zählte. Ein 31:23 in Stuttgart besiegelte schließlich am 22. April 1992 den Bundesliga-Aufstieg. Damit noch nicht genug, rückte die SG in das Finale des DHB-Pokals vor und scheiterte erst am Titelverteidiger TuSEM Essen – nach Siebenmeterwerfen.

Trotz großer Vorschusslorbeeren brachte die kommende Serie eine Enttäuschung: Die SG kämpfte von Anfang an gegen den Abstieg. Selbst ein Trainerwechsel – der Däne Anders Dahl-Nielsen kam – verpuffte. Der Klassenerhalt misslang trotz eines positiven Torverhältnisses. Eigentlich; denn im Sommer 1993 überschlugen sich die Ereignisse. Der Konkurs des TSV Milbertshofen rettete das „Nordlicht". Und als Bonus zog es Nationaltorhüter Jan Holpert von München zurück in seine Heimat. Diese Verpflichtung markierte einen Wendepunkt in der Vereinsgeschichte. Seit der Saison 1993/94 hatte die SG Flensburg-Handewitt ein „Abo" auf einen Platz unter den ersten Vier.

Das Umfeld wurde immer professioneller. Neue ökonomische Größen engagierten sich für den Handball in der Fördestadt, der Etat wuchs, und die Flensburger Fördehalle (3500 Zuschauer) löste die Wikinghalle (2000 Plätze) ab. 1995 legte man den Grundstock für die „Bundesliga GmbH & Co. KG", um die Stammvereine aus der Haftung zu entlassen. Manfred Werner und Dierk Schmäschke wurden als Geschäftsführer benannt. Die Mannschaft reifte mit Akteuren wie Holger Schneider, Jan Eiberg Jörgensen, Matthias Hahn, Jan Fegter, Lars Christiansen, Christian Hjermind oder Roger Kjendalen – es waren viele Dänen, die es nach dem Bosman-Urteil an die

Die „kühlen" Flensburger Fans.

Förde zog. Seit 1995 ist die SG aus den internationalen Wettbewerben nicht mehr wegzudenken. 1996 folgte die erste Vize-Meisterschaft, 1997 die zweite.

„Wenn man einen Titel holt, schreibt man Geschichte", setzte sich Trainer Anders Dahl-Nielsen am 19. April 1997 schließlich selbst ein Denkmal. Der EHF-Pokal wanderte an die Flensburger Förde, der dänische Kontrahent Virum Sorgenfri war beim 30:17 nicht mehr als ein Sparrings-Partner. Für weitere Impulse sorgte Erik Veje Rasmussen, der ab Sommer 1998 sein Glück auf der Trainerbank versuchte. In der Bundesliga fehlte ihm aber die Fortune. 1999 zerstörte der THW Kiel die Titelträume, 2001 verlor die SG das „Endspiel" in Magdeburg. Und 2000? Die wohl „tragischste" Bilanz: In der Meisterschaft fehlten 16 Tore, im EHF-Cup gewann Metkovic Jambo nur aufgrund eines auswärts mehr erzielten Treffers, und im Pokal hatte der THW Kiel in der Verlängerung den längeren Atem. Dreimal Zweiter in wenigen Wochen – der „Ewige Zweite" war in aller Munde.

Durchgreifende Erfolge feierte die SG zunächst „nur" international. 1999 der City-Cup und 2001 sogar der Cup der Pokalsieger. Nach zwei dramatischen Endspielen gegen Ademar Leon hatte Jan Holpert kurz vor Schluss den entscheidenden Siebenmeter pariert. Schöne Momente, aber an der dänischen Grenze träumte man immer mehr vom Bundesliga-Thron. Andrej Klimovets, Christian Berge, Lars Krogh Jeppesen, Joachim Boldsen, Sören Stryger und Marcin Lijewski bereicherten allmählich das Leistungsniveau der SG, die neue, 6000 Zuschauer fassende Campushalle verbesserte die Einnahme-Situation, und eine Geschäftsstelle festigte die Strukturen.

Im Sommer 2002 sahen sich die Gesellschafter Frerich Eilts und Helmut Ermer zu einem weitgehenden Entschluss gezwungen. Sie setzten Thorsten Storm, bislang im Marketingbereich des THW Kiel tätig, als neuen Geschäftsführer ein. Manfred Werner zog sich im Gegenzug aus dem „Alltagsgeschehen" zurück. „Ich möchte in den nächsten drei Jahren die Nummer eins werden", verkündete Thorsten Storm. Gleich die erste Saison mauserte sich zu einem Erfolg. In der Bundesliga war die SG der erste Verfolger des „Jahrhundert-Meisters" Lemgo, ehe am 13. April 2003 der erste nationale Titel gefeiert wurde. In Hamburg markierte Lars Christiansen per Gegenstoß das 31:30 gegen Essen. Die SG Flensburg-Handewitt war DHB-Pokalsieger.

Der „Neue", Thorsten Storm, stand heftig in der Kritik, aber als er den Klub im Sommer 2007 gen Kronau verließ, hatte die SG sich als zweite Kraft hinter Kiel etabliert. Schon in der Saison 2003/04 zeigte sich, dass der eingeschlagene Weg goldrichtig war. Der schwedische Coach Kent-Harry Andersson formte die Truppe zu einem „Kollektiv", das selbst eine 19:30-Heimniederlage gegen Magdeburg kompensierte. Neuzugang Johnny Jensen ließ sich mühelos integrieren. Schon im November setzte die SG die Weichen auf Meisterschaft – mit einem Sieg in der Kieler Ostseehalle. Auch im Pokal und in der Champions League lief alles nach Plan. Der „Tanz auf drei Hochzeiten" endete nur auf internationalem Parkett mit einer kleinen Ernüchterung. Die Slowenen aus Celje hatten in den Endspielen die größeren Kraftreserven. Dafür glückte auf nationaler Ebene der doppelte Triumph. Mit dem „Double" fand der „Ewige Zweite" endgültig Einzug in die Handball-Geschichte.

Jan Kirschner

Erfolgsbilanz:
Deutscher Meister: 2004
Deutscher Pokalsieger: 2003, 2004 und 2005
City-Cup-Sieger: 1999
Supercup-Sieger: 2000
Europacup der Pokalsieger: 2001
Champions-League-Finalist: 2004

▶ Porträt

Lars Christiansen

Lars Christiansen strahlte wie selten. „Es ist etwas Besonderes – ich habe lange darauf gewartet, hier mal wieder zu spielen." Im Sommer 2004, während der „Meister-Tour" der SG Flensburg-Handewitt, begegnete der Linksaußen seiner Vergangenheit. Ein Spiel in der Sonderborger Humelhojhallen, rund 30 Kilometer von seiner Wahlheimat Flensburg entfernt. Dort, wo er im zarten Alter von vier Jahren bei Vidar Sonderborg (Südjütland) mit dem Handballspielen begonnen hatte. Nun freute sich der dänische Weltklasse-Spieler über den großen Bahnhof. Die Familie, viele Bekannte – alle wollten mit dem sportlichen „Aushängeschild" der kleinen Stadt an der Flensburger Förde sprechen. Zum Dank „trickste" der Däne einige Bälle ins Tor.

Überhaupt: Tore sind die Welt von Lars Christiansen, der auf dem Parkett eine Show inszeniert, die bisweilen an Harry Potter erinnert. Seine Raffinesse, sein Torriecher und seine Eleganz sind zusätzliche Würze für das Spiel. „Es sieht lächerlich aus, wenn man verschießt, aber alle jubeln, wenn man trifft", erzählt der Linksaußen von einer reizvollen Gratwanderung, die viel Arbeit erfordert. Schon seit vielen Jahren feilt er an seinem enormen Wurf-Repertoire – auch außerhalb des normalen Trainings. Und die Zahlen sind beeindruckend. Bis Sommer 2006 markierte er in 324 Bundesliga-Partien insgesamt 2111 Tore, auch in Dänemarks Nationalmannschaft zählt er mit seiner Erfahrung von über 200 Länderspielen zu den Stützen.

Klar umreißen lassen sich aber die Anfänge. Der pfeilschnelle Däne stammt aus einer Handball-Familie. Sein Vater war in Sonderborg im Vereinsvorstand, sein Onkel Trainer. „Ich habe den Handball praktisch mit der Muttermilch eingesogen", lacht Lars Christiansen, der 14 Jahre lang in Sonderburg spielte. 1990 verließ der damals 18-Jährige die Insel Alsen, um seine große Karriere zu starten. Zunächst schloss er sich Ribe HK an, ab 1992 reifte er bei Kolding IF zum Klasse-Spieler. Schon im Oktober 1992 absolvierte er sein erstes Länderspiel. Der Wechsel in die Bundesliga, dem Sammelbecken der internationalen Handball-Stars, deutete sich schließlich im Herbst 1995 an, als die SG Flensburg-Handewitt im EHF-Pokal auf den dänischen Nachbarn traf. Mit seinem starken Auftritt weckte der Linksaußen das Interesse beim deutschen Klub, dessen Spielstätte nur 30 Kilometer von Sonderborg entfernt liegt.

Die ersten beiden Spielzeiten in Flensburg waren noch Lehrjahre. Bei der SG spielte auf der Außenposition Holger Schneider die erste Geige. Vor allem in brenzligen Situationen setzte der damalige Coach Anders Dahl-Nielsen auf den Routinier. Doch Lars Christiansen entwickelte sich weiter, verbesserte sich in der Defensive und feilte an seinen Konter-Qualitäten. Seit 1998 ist der Däne bei der SG praktisch Al-

leinunterhalter auf Linksaußen und war an allen nationalen und internationalen Titeln der SG beteiligt. Im „Final Four" 2003 stand der Sympathie-Träger ganz besonders im Brennpunkt. Sein letzter Konter zum 31:30 gegen Essen erlöste seinen Klub. „Manchmal, wenn ich negative Gedanken habe, versuche ich mich an schöne Erlebnisse zu erinnern", erzählt Lars Christiansen. „Die Szene aus dem Finale in Hamburg gehört dazu. Sie ist gut für das Selbstvertrauen."

Längst zählt die dänische „Zaubermaus" zu den Stars der Liga. Sein zweiter Platz bei der Wahl zum Welthandballer 2003 oder Nominierungen als „Spieler des Jahres" in Dänemark sind dafür Ausdruck genug. Aber auch außerhalb seiner „Zauberbühne" ist der Däne stets für Überraschungen gut. Sei es, dass der „Sunnyboy" bei einem Konzert spontan zur Gitarre greift. Da verwundert es nicht, dass Lars Christiansen in seinem Heimatland und bei den Fans der SG Flensburg außerordentlich populär ist. Umso größer war die Entrüstung, als der Däne bei einem Foto-Shooting für einen Erotik-Konzern mit einer barbusigen Schönheit posierte. Diese Kratzer in seinem Image sind aber inzwischen verheilt.

Dazu trugen auch die Erfolge unter dem „Danebrog" bei, der dänischen Nationalflagge. Lars Christiansen spielt liebend gerne für sein Land und heimste in den letzten Jahren auch endlich das lang ersehnte Edelmetall ein. Wie schon 2002 und 2004, kehrte der ‚Harry Potter des Handballs' auch 2006 mit einer Bronzemedaille von der Europameisterschaft zurück. „Es war bemerkenswert, wie wir die Medaille geholt haben", blickt Lars Christiansen auf den internationalen Durchbruch 2002 zurück. „Die Abwehr war unglaublich stark, wir konnten viele Konter fahren."

Inzwischen stehen die „Christiansen-Zelte" seit über zehn Jahren in der Fördestadt. „Umfeld, Sponsoren, Trainer und Manager – alles stimmt", erzählt der Däne. „Ich fühle mich in Flensburg zu Hause." Bis Sommer 2007 läuft sein Vertrag in Flensburg, und nicht unwahrscheinlich ist, dass er auch seine Option bis 2008 wahrnimmt. Spätestens danach aber wird er endgültig nach Dänemark zurückkehren und mit seiner Frau Christina Roslyng, die übrigens 2000 Handball-Olympiasiegerin wurde und ihm an Weihnachten 2005 einen Sohn gebar, ein neues Kapitel seines Lebens aufschlagen. Auch in Dänemark ist sein Ruf sehr gut, hat er doch im Januar 2007 die Marke von Rekordnationalspieler Michael Fenger eingeholt (234 Einsätze) und übertroffen. Eine besondere Erinnerung aber wird immer mit der SG Flensburg-Handewitt verbunden bleiben – diese erste Deutsche Meisterschaft im Jahre 2004: „Als wir während der Meisterfeier vor 10.000 Fans auf der Bühne standen, wusste ich, dass ein Märchen wahr geworden ist." Er hatte lange davon geträumt, nach diesen vielen Vizemeisterschaften.

Jan Kirschner

▶ Porträt

Jan Holpert

Jan Holpert winkte ab. Nach dem Sieg gegen GWD Minden in Hannover wollte der Torwart noch keine Gratulationen annehmen. Zwei Spieltage vor dem Saisonschluss lag seine SG Flensburg-Handewitt vier Zähler vor dem THW Kiel. Eigentlich eine sichere Angelegenheit, doch die letzten Zweifel gaben ihm keine Ruhe. „Wir sind da ein gebranntes Kind", mahnte Jan Holpert, der alle fünf Vizemeisterschaften (1996, 1997, 1999, 2000, 2003) der Nordlichter und das Gerede vom „Ewigen Zweiten" hautnah miterlebt hatte.

Sieben Tage später war der gebürtige Flensburger der Glücklichste von allen. „Es ist einfach überwältigend, zum ersten Mal die Meisterschale in der Hand zu halten", sagte der Keeper mit einem Strahlen in den Augen. Endlich steht auch der wichtigste nationale Titel in seiner Sammlung und krönt eine Karriere, die erst im Alter von 14 Jahren begann. „Bis dahin habe ich Fußball gespielt", erzählt Jan Holpert. „Dann wollte ich aber wie mein Bruder Fynn zum Handball." Glücksburg 09 und TSB Flensburg hießen die ersten Stationen. Noch als A-Jugendlicher hütete er das Flensburger Zweitliga-Gehäuse. Fünf Minuten gegen Altjührden.

Dann verschlug es ihn aus familiären Gründen nach München. Zum gerade in die Bundesliga aufgestiegenen TSV Milbertshofen. Aufgrund der Verletzung eines anderen Torwarts rutschte das große Talent aus dem Norden schon am 13. September 1986 erstmals in den Kader. Als 18-Jähriger! Und dann musste die Nummer eins, Klaus Wöller, eine sechswöchige Sperre abbrummen. Für Jan Holpert die Chance, sich auszuzeichnen. „In einem der ersten Spiele – es war das Derby zwischen Milbertshofen und Schwabing – parierte ich gleich drei Siebenmeter gegen Andreas Dörhöfer", erinnert sich der Schlussmann an seinen ersten Husarenstreich.

In der Anonymität der Großstadt mauserte sich Jan Holpert nicht nur zum Nationaltorwart, sondern war auch einer der Protagonisten der besten „Mil-Zeit". 1990 errangen die Süddeutschen unter Vlado Stenzel den DHB-Pokal und schrammten in der Play-off-Runde gegen Großwallstadt nur knapp an der Meisterschaft vorbei. Ein Jahr später reihte sich der Europapokal der Cupsieger ein. „Ich hatte mich in der

Der junge Jan Holpert, noch in Milbertshofen.

schönen Stadt München sehr wohlgefühlt", erinnert sich Jan Holpert. „Ich wäre nicht gewechselt, wenn der Verein nicht pleite gegangen wäre."

Die Rückkehr in seine Heimatstadt Flensburg bezeichnet Jan Holpert heute als „Fügung". Sein Klub Milbertshofen zog sich aufgrund finanzieller Engpässe aus der Bundesliga zurück. Sofort hatte der Nationalkeeper Anfragen aus Kiel, Hameln und von der SG Flensburg-Handewitt. Der Zufall wollte es, dass der Umworbene gerade auf dem Weg in den Urlaub an der Flensburger Förde einen Stopp einlegte. Noch am gleichen Abend saß er mit den Verantwortlichen an einem Tisch. „Meinen Urlaub musste ich dann verkürzen", schmunzelt Jan Holpert.

Seitdem hat Jan Holpert im hohen Norden feste Wurzeln geschlagen und war maßgeblich am fulminanten Aufschwung der Nordlichter beteiligt. Gleich im ersten Jahr, in der Serie 1993/94, stieß die SG von Rang 16 auf die vierte Stelle vor. Während sein Ex-Klub Milbertshofen in der Verbandsliga vor sich hin dümpelte, verbesserte Jan Holpert seine persönliche Bilanz bis Sommer 2006 auf 587 Bundesligaspiele. Damit hält er seitdem den Rekord in der Handball-Bundesliga, und es sieht nicht so aus, als könnte jemand demnächst diese unglaubliche Marke übertreffen – denn Volker Zerbe beendete mit der Zahl von 586 Spielen im Sommer 2006 seine Karriere. Zugleich komplettierte er seine Titel-Sammlung an der Flensburger Förde mit drei internationalen Trophäen, zwei DHB-Pokalen und nun auch der Meisterschaft.

Wenn Holpert im Sommer 2007 als 39-Jähriger seine Karriere beendet hat, blickt er auf 21 Jahre Bundesliga zurück, eine Zeitspanne, in der sich im Umfeld und auf der Spielfläche viel verändert hat. Jan Holpert kann diese Entwicklung als konstanter Beobachter bestätigen: „Früher waren es zwei oder drei Spieler, die man beachten musste, heute geht eigentlich von jedem Gefahr aus." Nichts geändert hat sich allerdings an seiner grundsätzlichen Einstellung zu seinem Torwart-Kollegen. „Ich lege sehr viel Wert darauf, dass wir uns als Team präsentieren", sagt Jan Holpert. „Ein Konkurrenzdenken muss zwar vorhanden sein, aber auch eine Zusammenarbeit im Sinne der gesamten Mannschaft." So arbeitete er schon in München mit Klaus Wöller zusammen. Und so ist es auch mit Dan Beutler.

Die Länderspiel-Karriere lag zuletzt auf Eis. 235-mal stand Jan Holpert im Gehäuse der DHB-Auswahl, reiste zu drei Olympischen Spielen und hängte sich nach der Europameisterschaft 1998 die Bronzemedaille um den Hals. Und weil seine Leistungen in den letzten Spielzeiten derart überragend blieben, nominierte ihn Bundestrainer Heiner Brand vor der WM 2007 sogar wieder in den 28er Kader. Auch wenn er aber letztlich nicht zum Einsatz kam, hat Holpert seinen Frieden gemacht mit seiner internationalen Karriere: „Es gibt viele bleibende Eindrücke", bestätigt Jan Holpert. „Zum Beispiel mein 200. Länderspiel vor 25.000 Zuschauern in Ägypten." Oder das Negativ-Erlebnis, das unglückliche Ausscheiden bei den Spielen von Sydney im Viertelfinale. Das war im September 2000. Danach nahm sich Jan Holpert eine Auszeit, um neben Handball und Beruf mehr Zeit für seine Familie zu finden. Der Torwart ist inzwischen zweifacher Familienvater.

Auch wenn der Schlussakkord als Aktiver bald gemacht ist – Jan Holpert wird auch danach im Geschäft bleiben. Schon jetzt arbeitet der gelernte Werbekaufmann mit seiner Agentur der SG Flensburg-Handewitt halbtags zu, und diese Zusammenarbeit wird sich nach dem Ende seiner Laufbahn selbstverständlich intensivieren. So bleibt dieser große Name dem deutschen Handball erhalten.

Jan Kirschner

▶ Große Vereine

Der HSV Hamburg – das Großstadtprojekt

Am Anfang war ein Missverständnis. Der Sieg im ersten Punktspiel war geschafft, nach offiziellen Angaben waren 3.700 Zuschauer in die Sporthalle Hamburg gekommen. Aber eine Sache war da noch zu klären: Ob es nicht „die HSV Hamburg" heißen müsse, wurde Werner Nowak in der Pressekonferenz gefragt. Der sonst so redselige Teammanager geriet ins Stocken. Dann sagte er, dass das im Prinzip richtig sei, weil der Verein als Handballspielvereinigung Hamburg eingetragen und somit weiblichen Geschlechts sei. Auch HSV Handball, der ursprüngliche Name des Projekts, sei deshalb Unfug, weil ja doppelt gemoppelt. Man plane aber, den Klub in Handballsportverein Hamburg umzubenennen, so dass künftig von dem HSV Hamburg zu sprechen sei.

Das war im September 2002. Heute sind Klarstellungen wie diese überflüssig geworden. „Wir sind weltbekannt", heißt es ganz und gar unbescheiden im offiziellen Vereinssong. Das ist zwar ein wenig übertrieben. Aber zumindest landesweit ist der HSV Hamburg durchaus ein Begriff, was nicht nur rühmliche Gründe hat. Und in

Trainer Bob Hannings mit der ersten Trophäe: dem Supercup 2004.

Fachkreisen genießt der Verein von jeher hohe Beachtung: als Pilotprojekt, dessen Erfolg richtungsweisend für die Entwicklung des Handballs insgesamt sein könnte.

Die Anfänge gehen auf das Jahr 2000 zurück. Damals reifte die Idee, die notorisch am Existenzminimum taumelnde SG Bad Schwartau-Lübeck ins 60 Kilometer entfernte Hamburg zu verlegen. Dort entstand zu dieser Zeit eine 13.000 Zuschauer fassende Multifunktionsarena, die auf Mieter wartete. Die ganze Stadt schien den Sport neu zu entdecken, was sich auch in der Bewerbung um die Olympischen Spiele 2012 niederschlug. Das beflügelte die Fantasie von SG-Chef Winfried M. Klimek. Der Unternehmer, der zuvor schon als Sponsor Schach und Tischtennis zu großen Nummern in Lübeck gemacht hatte, wähnte an der Elbe ein gewaltiges Zuschauer- und Sponsorenpotenzial: „Der Markt ist in den großen Städten, Handball wird in attraktiven Hallen zum Event, das wollen die Leute sehen."

An abschreckenden Vorbildern war kein Mangel. Versuche, den Profihandball in Metropolen zu verpflanzen, hat es immer wieder gegeben. Nur selten ist die Blüte von Dauer gewesen, wie man in München weiß. Der MTSV Schwabing und der MTSV Milbertshofen, die dort in den 80er und frühen 90er Jahren um die Meisterschaft mitspielten, sind heute in der Bedeutungslosigkeit verschwunden. GWD Minden versuchte vergeblich, in Hannover ein zweites Standbein auf den Boden zu kriegen. Auch in Stuttgart sind mehrere Anläufe gescheitert, den großen Handball zu etablieren. Selbst gewachsenen Gebilden kann die Großstadtluft schlecht bekommen, die Zwangsabstiege der SG Wallau-Massenheim (Frankfurt) und TuSEM Essens 2005 sind traurige Zeugen davon.

Meist haben wirtschaftliche Nöte den sportlichen Erfolg überdeckt. Sie sollten auch dem HSV Hamburg ein treuer Begleiter werden. Schon als der Verein im Sommer 2002 aus Bad Schwartau umzog, waren große Sorgen im Gepäck. Der sportliche Abstieg war zwar mit Mühe und Not vermieden worden. Doch waren Spieler wegen ausstehender Gehälter vor Gericht gezogen. Die Lübecker Staatsanwaltschaft nahm gegen Klimek Ermittlungen wegen des Verdachts der Insolvenzverschleppung auf. Auch für den HSV begann die Saison wirtschaftlich mit einem Fehlwurf. Mangels großer Sponsoren musste der Etat von ursprünglich 4,5 auf 3,8 Millionen Euro reduziert werden. Für den Betrag stand im Wesentlichen Vereinspatron Klimek gerade. Trotzdem konnten er und sein frisch installierter Geschäftsführer Olaf Knüppel zum Start einen ansehnlichen Kader präsentieren. Zu Altstars wie Torhüter Goran Stojanovic und Thomas Knorr gesellten sich die französischen Weltmeisterbrüder Bertrand und Guillaume Gille sowie der schwedische Weltklassekeeper Tomas Svensson. Die teuren Verpflichtungen

Winfried M. Klimek

folgten einer frühen Einsicht: Mittelmaß würde nicht genügen, um den Spitzenhandball wieder in Hamburg zu etablieren.

Die großen Zeiten dieses Sports lagen lange zurück. In den 50ern hatte der Polizei-Sportverein Meisterschaften in Serie gewonnen. Später gehörte der Hamburger SV zu den Gründungsmitgliedern der Handball-Bundesliga. Seit den 70ern war es still geworden um den Männerhandball in Hamburg. Ein Hauch von Weltklasse wehte durch die Hansestadt nur beim alljährlichen Final Four um den DHB-Pokal, das seit den frühen 90er Jahren eine feste Heimat in der Alsterdorfer Sporthalle hatte. Als der HSV im November 2002 dann endlich sein neues Zuhause bezog, war alles angerichtet. Immerhin 8.000 Zuschauer wollten die Premiere in der gerade fertiggestellten Color-Line-Arena gegen die SG Wallau-Massenheim inklusive eines Liveständchens von Mike Krüger erleben. Das Spiel freilich ging verloren. Und im indirekten Vergleich mit dem ebenfalls neu installierten Eishockeyteam der Hamburg Freezers, die aus München transferiert worden waren und in Hamburg auf Anhieb viele Freunde fanden, zogen die Handballer klar den Kürzeren. Dabei hatten sie sich extra für 100.000 Euro jährlich die Nutzung am bekannten Emblem des „großen" HSV gesichert. Trotzdem fremdelte die selbst ernannte Sportstadt Hamburg mit ihrem Findelkind, und es sollte noch lange dauern, bis sie es adoptierte.

Zunächst sackte das Interesse ebenso rasch ab wie der HSV in der Bundesligatabelle. Vor allem auswärts offenbarte der Neuling unerklärliche Schwächen. Mitte Dezember fand man sich auf dem letzten Platz wieder. Trainer Anders Fältnäs, kurz zuvor noch in Personalunion zum Sportdirektor befördert, musste gehen. Nur einen Tag später war der neue Trainer da: Bob Hanning. Er hatte in der Vorsaison die SG Willstätt/Schutterwald vor dem Abstieg bewahrt. Beim HSV würde er den Existenzkampf bald vor allem auf der wirtschaftlichen Ebene ausfechten müssen. Offiziell war Hanning Trainer, tatsächlich gab es kaum eine Funktion, die er nicht an sich riss. Hanning war Teammanager und Marketingchef, Pressesprecher und Maskottchen. Nicht, dass man ihm all diese Aufgaben offiziell übertragen hätte. Hanning nahm sie einfach an. In Hamburg erhielt der 1,65 Meter kleine frühere A-Jugend-Torwart endlich die große Bühne, für die er sich von jeher berufen sah.

Seinem neuen Arbeitgeber verordnete Hanning eine Imageoffensive. Den Schwartauer Provinzmief, den er im Umfeld des HSV immer noch ausmachte, wollte er auslüften. Kredo: „Die Marmelade muss raus aus den Köpfen." In Eigenregie akquirierte er namhafte Sponsoren wie Velux und Faber. Er handelte die Verträge der Spieler mit aus, um das ausufernde Gehaltsniveau auf ein sozialverträgliches Niveau zu drücken. Vor allem aber erkannte er die Möglichkeiten der Medienstadt und versuchte den Klub mit öffentlichkeitswirksamen Auftritten zum Stadtgespräch zu machen. Mal ließ er sich als Napoleon ablichten, mal senkte er vor einem Spiel gegen Magdeburg als Gaius Julius Caesar in Römertoga den Daumen über die „Gladiators". Die Inszenierungen passten durchaus zum Führungsstil Hannings. In der Geschäftsstelle gab

Pascal Hens bei der Euro 2004 in Slowenien.

er bald den Ton an. Klimek ließ ihn gewähren, zumal es auch sportlich in kleinen Schritten voranging. Die Debütsaison wurde mit einer ausgeglichenen Bilanz von 34:34 Punkten auf dem achten Tabellenplatz abgeschlossen. 2003/04 gelang sogar der Sprung auf Platz fünf und ins DHB-Pokal-Finale, in dem man sich in eigener Halle der SG Flensburg-Handewitt geschlagen geben musste. Da die Schleswig-Holsteiner wenig später erstmals auch den Meistertitel einheimsten, durften die Hamburger ihren Startplatz im Europapokal der Pokalsieger einnehmen.

Allmählich begann sich der HSV von seinem schlechten Ruf zu befreien. Die Gehälter, die Klimek nach Gutsherrenart in Scheckform zu überreichen pflegte, kamen zwar unregelmäßig, aber sie kamen, und meistens waren sie auch gedeckt. Mit dem sportlichen Aufschwung wurde der HSV auch für die Stars der Branche interessanter. Im Sommer 2003 wechselten der Wallauer Nationalspieler Pascal Hens und der Nordhorner Linksaußen Torsten Jansen, ein Lieblingsschüler Hannings, an die Elbe. Seine Motivlage beim Wechsel umschrieb Hens seinerzeit so: „Hamburg ist eine geile Stadt und der HSV ein geiles Projekt, auf das ich richtig Bock habe." Das war dem damals 23-Jährigen sogar 35.000 Euro wert, die er aus eigener Tasche berappte, um sich aus seinem bis 2004 laufenden Vertrag bei den Hessen herauszukaufen – ein Novum im deutschen Handball. Den Großteil der Ablöse von insgesamt 125.000 Euro schoss freilich der HSV zu. Eine Investition, die sich lohnen sollte. „Pascal Hens passt gut zu unserer Marke", glaubte Geschäftsführer Olaf Knüppel. Was er damals nicht ahnen konnte: Hens wurde selbst eine Marke. Obwohl oft verletzt und nicht immer auf der Höhe seines Schaffens, war der Kinderschwarm alsbald das sportliche Aushängeschild, ein wichtiges Stück HSV-Identität. Wie Jansen hatte er nur wenig später großen Anteil daran, dass Deutschland im Februar 2004 Europameister wurde. Jansen war erst wenige Wochen zuvor ins Nationalteam zurückgekehrt – nicht zuletzt auf Vermittlung Hannings, der einst Bundestrainer Heiner Brand assistiert hatte.

Knüppel war zu diesem Zeitpunkt bereits HSV-Geschichte. Der chronisch erfolglose Geschäftsführer war im Oktober 2003 von Hauptgesellschafter Klimek entlassen worden, als sechste Führungskraft binnen zwölf Monaten. Den willkommenen Vorwand hatte der frühere kaufmännische Leiter Lothar Harms geliefert, indem er Knüppel öffentlich der Urkundenfälschung bezichtigt hatte. Die Affäre war allerdings nur ein lauer Vorgeschmack auf die Skandale, die den Verein in der folgenden Saison erschüttern sollten. Alles hatte so verheißungsvoll begonnen. Im Herbst 2004 gelang beim Supercupspiel in Dessau der erste Titelgewinn durch einen Sieg über Flensburg-Handewitt. Was folgte, hatte mit Handball nur noch wenig zu tun, dafür aber viel mit undurchsichtigen Paragrafen und kriminellen Machenschaften.

Dass der HSV sich seine Mannschaft nicht leisten könne, hatte die Konkurrenz schon immer geargwöhnt. Nun hagelte es beinahe täglich Beweise, der wirtschaftliche Träger Omni Sport stand vor dem Offenbarungseid. Der Deckel des Schweigens, den auch die lokale Presse auf das wirtschaftliche Pulverfass HSV gedrückt hatte, ließ sich nicht mehr halten. An allen Ecken und Enden hatten sich Verbindlichkeiten angesammelt. Ehemalige Spieler warteten auf Gehälter, in die Arena durften die Handballer nur noch gegen Vorkasse. Zudem flog auf, dass der HSV im Mai unter Auflagen die Lizenz erhalten hatte, obwohl ein Insolvenzantrag vorlag – ein klarer Verstoß gegen die Statuten der Handball-Bundesliga. Deren Geschäftsführer Frank Bohmann nahm alle Schuld auf sich, er habe es „vermasselt", den Vorstand zu informieren. Ein fader Nachgeschmack blieb: Ligachef Heinz Jacobsen hatte die Lizenzvergabe abgenickt – und wechselte kurz darauf auf den HSV-Präsidentenstuhl. In seinem neuen Amt freilich konnte er dem HSV wenig helfen. Anfang Dezember, die Mannschaft bereitete sich in Belgrad gerade auf ihren Europacup-Einsatz vor, war das Spiel für Klimek aus. Nach mehr als zweieinhalbjährigen Ermittlungen wurde er in seiner Firma Galaxis Technology, einem Hersteller von Satellitenanlagen, wegen Betrugs- und Untreueverdacht verhaftet. Vordergründig war die Omni Sport von den Vorwürfen nicht betroffen. Trotzdem drohte der Spielbetriebsgesellschaft die Insolvenz – und dem HSV damit der Zwangsabstieg.

Zu allem Übel verhängt die Liga wenige Tage später einen Abzug von acht Punkten gegen den Klub. Die Omni Sport hatte in ihrem Lizenzantrag Mietschulden von 320.000 Euro an die Color-Line-Arena unterschlagen, zudem stand eine testierte Bilanz des Wirtschaftsjahrs 2003/04 aus. Damit war die Bundesligasaison sportlich gelaufen, aber das war nicht das Schlimmste: Die Existenz des Vereins war in ernster Gefahr, die Einschläge rückten näher.

In der Not wandte sich Trainer Hanning an Matthias Rudolph, einen Weggefährten aus Essener Tagen. Der fragte seinen Bruder: „Magst du denen nicht helfen?" Andreas Rudolph, Diplommineraloge und ehemaliger Handballer, hatte es als Unternehmer in der Medizinbranche zu Millionen gebracht. Und der damals 49-Jährige musste nicht lange überredet werden: „Ich engagiere mich aus Verbundenheit zum Handballsport." Als Kind hatte er in seinem Geburtsort Gummersbach die Heimspiele des VfL erlebt, später brachte er es selbst zum Bundesligahandballer bei Phoenix Essen und Rheinhausen. Beim HSV fand Rudolph sein neues Spielfeld.

Einer von vielen HSV-Stars: Torsten Jansen.

Noch im Dezember 2004 löste er Jacobsen als Präsident ab. Anfang 2005 erfolgte die Trennung von der Omni Sport, die Gehälter und andere Ausgaben wie Hallenmiete kamen nun direkt vom Verein – konkret aus Rudolphs Privatschatulle. Nun galt es nur noch, die Eröffnung des Insolvenzverfahrens gegen die alte Spielbetriebsgesellschaft bis Saisonende hinauszuzögern. Als auch das gelang, war der Lizenzentzug abgewendet. Entschlossen trieb Rudolph nun die Konsolidierung des Vereins voran. „Ich will keine neue Ich-AG schaffen", verkündete Rudolph, „ich war und bin ein Teamplayer." Tatsächlich wuchs die Zahl der Würdenträger unter seiner Ägide beispiellos an. Die Posten des sportlichen Leiters und des geschäftsführenden Präsidiumsmitglieds wurden neu geschaffen, ein Aufsichts- und ein Ehrenrat mit honorigen Vertretern installiert. Mehr Demokratie wollte Rudolph allerdings nicht wagen, an seinem Machtanspruch ließ der Mäzen nie einen Zweifel. „Führung nach Gutsherrenart, das ist der HSV", urteilte die „Frankfurter Allgemeine".

Eine Alternative gab es nicht. „Ohne mich gäbe es den HSV nicht mehr", stellte Rudolph treffend fest. Mehr als drei Millionen Euro hat der Unternehmer („Ich bin nicht der Geldonkel") allein in seinem ersten Amtsjahr in den Klub gepumpt. Die Höhe seiner Zuwendungen wurde auch in den Folgejahren kaum geringer, nur dass sie nun als Sponsorengelder von Rudolph-Firmen aus dem häuslichen Gesundheitsmanagement deklariert wurden. Mit der Sanierung gab sich der neue Vereinsboss bald nicht mehr

**Vereinspräsident
Andreas Rudolph**

zufrieden. Sein Anspruch: „Wir wollen der FC Bayern des Handballs werden." Bob Hanning würde diesen Aufstieg als Trainer nicht mehr erleben, seine schillernde Karriere beim HSV fand im Frühjahr 2005 ein unrühmliches Ende, just als der Sport wieder in den Fokus zu rücken begann. In den Pokalwettbewerben war der Klub gescheitert, jeweils im Viertelfinale und jeweils am späteren Sieger: im Europacup an Ademar León, im DHB-Pokal an Flensburg-Handewitt. Zum Bruch mit dem Trainer aber kam es nach einer 26:31-Heimniederlage gegen Göppingen, bei der die Mannschaft offenbar gegen ihren Trainer spielte. Zwar folgten zwei Siege, doch die Trennung war bereits beschlossen und wurde Anfang Mai vollzogen – „im Dialog", wie es offiziell hieß.

Es war der Preis, den Hanning für seinen engagierten Kampf um die Existenz des Vereins bezahlen musste. Zwischen Sponsorenterminen und Medienauftritten waren seine eigentlichen Aufgaben als Trainer zu lange zu kurz gekommen. In der Mannschaft hatte sich Unmut geregt, weil der Coach das Licht der Öffentlichkeit vor allem auf sich zu lenken, Kritik aber auf die Spieler abzuwälzen pflegte. „Wenn nicht mehr das Erreichte zählt, sondern nur noch das Erzählte reicht, dann muss Schluss sein", kommentierte Hanning verbittert. Es hätte nicht das Ende seines viel zitierten Traums sein müssen, „einmal einen Pokal auf dem Hamburger Rathausbalkon zu präsentieren". Ein Wechsel ins HSV-Management lag nahe. Doch daraus wurde nichts – auch wenn sich beide Seiten später erinnern wollten, diese Lösung angestrebt zu haben. Das Tischtuch zwischen Präsident und Trainer war zerschnitten, zwei Machtmenschen waren offenbar mehr, als der Klub vertragen konnte. Immerhin: Hannings Abgang wurde ihm von Rudolph mit mutmaßlich 400.000 Euro Abfindung versüßt. Hanning hatte nach eigenen Angaben 1,5 Millionen Euro Sponsorengelder für die folgende Saison akquiriert. Und sein Vertrag war erst wenige Wo-

Der neue Trainer Martin Schwalb

chen zuvor um drei Jahre verlängert worden – ein Management-Fehler, den der HSV nun teuer bezahlen musste.

Rudolphs Wunschkandidat auf die Nachfolge war Martin Schwalb. Doch der hoffte zu diesem Zeitpunkt noch auf die Rettung seiner SG Wallau-Massenheim. So fiel die Wahl denn auf Kotrainer Christian Fitzek, der auch von den Spielern favorisiert wurde. Der frühere Nationalspieler schien alle Einstellungsvoraussetzungen zu erfüllen: Er kannte die Mannschaft, hatte er doch über Monate hinweg de facto bereits das Training geleitet. Und er brachte Erfahrung als Erstligatrainer aus Göppinger Zeiten mit. Die Vorbereitung auf die Spielzeit 2005/06 verlief dann so trügerisch gut, dass sogar Bundestrainer Brand den HSV auf den Favoritenschild hob. Die Realität holte die Hamburger alsbald herunter. Nach einem Saisonstart mit 7:11 Punkten waren alle Chancen auf eine vordere Platzierung dahin und Fitzek bereits ein Ex-Trainer. Diesmal ließ sich Schwalb, inzwischen bei der HSG Wetzlar unter Vertrag, von Rudolph kein zweites Mal bitten: „Die Herausforderung ist einfach zu verlockend." Wetzlar erteilte umgehend die Freigabe, und schon am nächsten Tag saß der frühere Nationalspieler in Wilhelmshaven auf der HSV-Bank.

Zwei Tage später wurde Schwalb auch offiziell als neuer Trainer vorgestellt – und zur allgemeinen Überraschung saß Fitzek neben ihm. Den geschassten Coach hatte man kurz entschlossen zum sportlichen Leiter umgewidmet. Auch auf Wunsch seines Freundes Schwalb, der sich im Gegensatz zu Hanning auf seine Trainertätigkeit konzentrieren wollte: „Was Christian macht, schafft kein Trainer im Alleingang: Spielersichtung, Organisation, Vertragsgespräche, Koordination des Hallenneubaus und, und, und." Nach und nach schimmerte Schwalbs Trainerhandschrift durch. Doch die Saison blieb ein Wechselbad der Gefühle. Höhepunkten wie dem Bundesligasieg gegen Magdeburg folgten Abstürze wie die Niederlage beim Tabellenletzten Delitzsch. Die Zuschauerzahl stagnierte. Im Pokal ereilte die Mannschaft im Viertelfinale beim Zweitligisten TSV Hannover-Burgdorf fast das Aus. Wohl auch weil sie wusste, dass es ihre einzige Chance sein würde, eine verkorkste Saison noch zu retten. Entsprechend akribisch bereitete Schwalb sein Team drei Wochen lang auf das Final Four in eigener Halle vor.

Das sollte sich auszahlen, die Mannschaft wuchs über sich hinaus. Nach dem Halbfinalerfolg über Magdeburg behielt der HSV auch im Finale gegen Kronau/Östringen die Oberhand. Vier Jahre nach der Gründung war der erste große Erfolg der Vereinsgeschichte geschafft. Wie zum Beweis, dass man endlich in Hamburg angekommen war, stolzierte die Mannschaft anderntags zum Sektempfang ins Rathaus und präsentierte die Trophäe auf dem berühmten Balkon. Es waren zwar nur 500 Fans gekommen, aber die ganze Stadt sei stolz, versicherte Bürgermeister Ole von Beust. Im Herbst folgte der Supercup-Sieg über Meister THW Kiel.

In Rudolphs Plan war das erst der Anfang. „Meine Vision ist, Meisterschaft und Champions League zu gewinnen." Im September 2006 löste Piet Krebs den glücklosen Dierk Schmäschke als Geschäftsführer ab. Der Kader wurde den gesteigerten Ansprüchen angepasst. 2006 konnte man den Südkoreaner Kyung-Shin Yoon verpflichten, der es in zehn Jahren beim VfL Gummersbach siebenmal zum Torschützenkönig der Bundesliga gebracht hatte. Für 2007 gewann man Magdeburgs Nationaltorhüter Johannes Bitter als Nachfolger Stojanovics. Auch der deutsche Rückraumstar Oleg Velyky und Russlands Kreisläuferdenkmal Dimitri Torgowanow (beide Kronau/Östringen) sowie der dänische Nationalrechtsaußen Hans Lindbergh (Viborg HK) unterschrieben bei den Hamburgern.

Die Großeinkäufe riefen einmal mehr die Zweifler auf den Plan, die im HSV schon immer einen Retortenklub sahen, der über seine Verhältnisse lebt. „Der Neid ist groß, weil es endlich ruhig ist im Verein und Spieler gern zu uns kommen", stellte Rudolph Ende 2006 nicht ohne Genugtuung fest. Wohl und Wehe des Vereins blieben aber von seinem Engagement abhängig. Der Gefahren war sich auch Rudolph bewusst: „Ich spiele gern länger eine tragende Rolle, hoffe aber auf mehr Einnahmen durch Zuschauer und Sponsoren." So gesehen, hat sich gar nicht so viel geändert in den ersten fünf Vereinsjahren. Ob es der oder die HSV heißt, muss allerdings keinem mehr erklärt werden. Nach vielen Irrwegen scheinen Hamburg und Handball zueinandergefunden zu haben.

Achim Leoni

Die Erfolge des HSV Hamburg:
Pokalsieger 2006
Supercup 2004, 2006

Kapitel 9

Die Nationalmannschaft seit 1992

Ein langer Weg zurück in die Weltspitze

Es war oft von positiven Effekten durch die Wiedervereinigung gesprochen worden in den Monaten vor Barcelona 1992. Doch davon war bei den deutschen Handballern, die sich unter Coach Horst Bredemeier so lange wie noch nie auf ein Großereignis vorbereitet hatten, schon nach den ersten drei Spielen des olympischen Turniers nicht mehr die Rede. Nach einem 15:25-Debakel gegen die GUS, einem 20:20 gegen Rumänien und dem 20:23 gegen Frankreich waren alle Medaillenchancen dahin. Am Ende stand Platz zehn. „Nur Thiel erreichte Olympia-Niveau", urteilte die *Handballwoche* streng. Die vier ostdeutschen Spieler Wahl, Winselmann, Hahn und Hauck hatten dem Team keine spielerische Qualität verleihen können (Wahl war ohnehin weit über seinen Zenit hinaus und verletzt), das Niveau war kläglich. Einige Spieler kompensierten ihren Frust in Saufgelagen und warfen Kühlschränke auf die Straße,

Nach einem langen Weg angekommen: Europameister 2004.

woraufhin sie vom NOK beinahe nach Hause geschickt wurden. Noch während des Turniers verkündete Bredemeier, der seit 1989 die Verantwortung getragen hatte, seinen Rücktritt.

Danach kursierte bereits der Name Heiner Brand als neuer Bundestrainer, doch der blieb der SG Wallau treu. So wurde Arno Ehret installiert, Brands Kollege aus der Weltmeistermannschaft von 1978. Da dieser aber ebenfalls seinen bis zur WM 1993 laufenden Vertrag bei den Schweizern erfüllen wollte, musste Armin Emrich, ein geachteter Jugendtrainer, als Interimslösung herhalten. Emrich vollzog einen personellen Schnitt und vertraute fortan auf junge Spieler wie den damals 24-jährigen Christian Schwarzer. Diese Maßnahme bewährte sich: Bei der kommenden WM 1993 in Schweden belegte die spielfreudige Mannschaft, während der Vor- und Hauptrunde nur vom Gastgeber besiegt (16:24), einen hoffnungsvollen sechsten Platz – fast ein Wunder nach dem Desaster von Barcelona. Als Ehret dann im Sommer 1993 als Trainer das Team übernahm und zugleich DHB-Sportdirektor wurde, war eine Aufbruchstimmung zu vernehmen, die sich auch in der Medienpräsenz niederschlug: Beim Supercup 1993 ließen sich 130 Journalisten akkreditieren, beim EM-Qualifikationsspiel gegen Frankreich rund 100.

Doch die Mannschaft war, wie sich herausstellte, zu kontinuierlich starken Leistungen noch nicht fähig. Bei der 1. Europameisterschaft 1994 in Portugal kassierte sie in den ersten beiden Spielen Niederlagen (23:24 gegen Weißrussland, 22:24 gegen Kroatien) und belegte nur Rang 9, auch wenn sich ein Spieler wie der freche Linksaußen Kretzschmar spürbar entwickelt hatte. Die Rückkehr in die Weltspitze wurde dann bei der WM 1995 auf Island gefeiert. Dort scheiterte die deutsche Mannschaft nach 10:0-Punkten in der Vorrunde und deutlichen Siegen im Achtelfinale gegen Weißrussland (33:26) und im Viertelfinale gegen Russland (20:17) erst im Halbfinale gegen den späteren Weltmeister Frankreich (20:22). Obwohl auch das Spiel um den 3. Platz verloren ging (20:26 gegen Schweden), waren Experten und Fans wieder optimistisch. Ein vierter Platz bei einer WM – das war okay für das Mutterland des Handballs.

Doch das folgende olympische Jahr warf die Nationalmannschaft um Jahre zurück. Bei der EM im Mai in Spanien verlor das nervenschwache Team erneut die ersten beiden Partien (22:23 gegen Jugoslawien, 21:26 gegen Kroatien) und belegte am Ende nur Platz acht. Diejenigen, die das nur als Betriebsunfall betrachten, wurden beim olympischen Turnier in Atlanta eines Besseren belehrt. Denn dort war ebenfalls nach einem 20:22 gegen Spanien und einem atemberaubend schlechten 22:24 gegen Ägypten alles vorbei, mit dem siebten Platz verfehlte Ehrets Mannschaft sogar die WM-Qualifikation für Japan. „Wir haben wieder ohne Herz gespielt", fand die *Handballwoche,* doch es sollte sogar noch schlimmer kommen. In der WM-Qualifikationsgruppe mit Portugal, Polen und der Slowakei, die im Herbst 1996 ausgetragen wurde, belegte das Team nach einer Niederlage in Portugal (19:21) und einem skandalös niveauarmen 21:21 bei den drittklassigen Slowaken nur Platz zwei und verpasste endgültig die WM in Japan. Die *Handballwoche* konstatierte ziemlich erschüttert: „Die Auswahl des weltgrößten Handball-Verbandes zählt nicht einmal mehr zu den 24 besten Nationen der Welt – de facto zumindest. Der deutsche Handball ist auf einem Tiefpunkt angelangt – vergleichbar mit dem von 1989, als man in die C-Gruppe abstieg. (…) Das Land mit der attraktivsten Liga der Welt ist in die Bedeutungslosigkeit abgetaucht." Bundestrainer Ehret musste sich harte Worte vom Fachorgan anhören lassen: „Begeisterung und Motivation konnte er dem Team nie einhauchen, aber für das, was sich manchmal auf dem Parkett abspielte, ist er nicht allein verantwortlich." Ein Grund für den Niedergang war schnell zur Hand: Das Bosman-Urteil, das die vielen Ausländer

Die Torhüter Ramota und Fritz als Europameister: Konkurrenten zwar – aber auch ein Team.

in der Liga ermöglicht hatte, sollte verantwortlich sein. Die Zukunft des deutschen Handballs wurde schwarz gemalt wie noch nie. Und dann kam Heiner Brand.

Die folgenden Jahre wirkten ein wenig wie eine Wiederholung der Geschichte, die sich Mitte der 70er Jahre unter Stenzel abgespielt hatte. Nur dass Brand nicht alle älteren Spieler hinauswarf, sondern es mit einer moderaten Umgestaltung der Mannschaft probierte. Er baute in Ruhe eine Mannschaft zusammen und vertraute älteren Spielern, so sie denn unbedingt in der Nationalmannschaft spielen wollten. Dass er auch auf den erst 24-jährigen Hoffnungsträger Daniel Stephan setzte, zahlte sich bereits beim ersten Großereignis unter Brands Regie aus: Bei der EM 1998 gewann das Team, obgleich es nicht mehr gesetzt war, auf Anhieb Bronze. Allein die Niederlage im Halbfinale gegen Spanien (22:29) geriet etwas deutlich, das 30:28 n.V. gegen die Russen hingegen versöhnte wieder alle Fans, die begeistert waren von den Spielmacherqualitäten Stephans. Der Lemgoer wurde zu Recht zum Spieler des Turniers gewählt – die Grundlage zu der sich anschließenden Wahl „Welthandballer des Jahres".

Auch die Handball-Legende Brand hatte freilich Rückschläge zu verkraften, die zumeist den schwachen Nerven seiner Mannschaft und einem großen Verletzungspech zuzuschreiben waren (Stephan etwa fiel bei den WMs 1999 und 2001 sowie während Olympia 2000 aus). Bei der WM 1999 scheiterte das Team nach souveränem und vielversprechendem Start (10:0 Punkte) mit 21:22 im Viertelfinale an den Jugoslawen.

Bei der EM 2000 in Kroatien lief alles schief, was schief gehen konnte, der elfte Platz war die größte Enttäuschung der bisherigen Amtszeit Brands. Und auch der Traum von einer olympischen Medaille 2000 in Sydney war frühzeitig ausgeträumt. Ebenfalls mit großer Sicherheit gestartet, zeigte die Mannschaft im Viertelfinale gegen Angstgegner Spanien in der Schlussphase Nerven und produzierte unnötige Ballverluste. Hinzu kam großes Pech, als Kretzschmar in den Schlusssekunden freistehend mit einem Aufsetzer nur die Latte traf und die Spanier im Gegenzug zum 27:26 einwarfen. Und nach der WM 2001 in Frankreich redete Brand gar schon frustriert von einem „Viertelfinal-Fluch", denn wieder scheiterte die ambitionierte Mannschaft in der Runde der letzten Acht, diesmal mit 23:26 n.V. nach dramatischem Spielverlauf gegen Frankreich. Doch die Perspektive stimmte diesmal, war das Team doch entschlossen und nervenstark aufgetreten. Es fehlte einfach nur ein wenig Glück.

Ein Jahr später zahlte sich die stets unaufgeregte und beharrliche Arbeit Brands dann doch aus. Der endgültige Durchbruch in die Weltspitze gelang bei der EM 2002 in Schweden, und nur Spötter behaupteten nach der gewonnenen Silbermedaille, dass dies, da es kein Viertelfinale gegeben hatte, mit dem Modus zusammengehangen habe. Sie marschierten durch die schwere Vor- und Hauptrunde und qualifizierten sich vorzeitig fürs Halbfinale. Dort schlugen sie die starken Dänen hoch mit 29:24. Und im Finale vor 18.000 im Stockholmer „Globen" verlor das Team gegen den Gastgeber nur aufgrund einer schwachen Schiedsrichterleistung – die mazedonischen Unparteiischen hatten einen an sich regulären Treffer Kehrmanns in der Schlusssekunde zum 27:26 nicht anerkannt. So ging das hochklassige Endspiel mit 31:33 nach Verlängerung verloren, aber die Mannschaft, die von über vier Millionen Fans am Bildschirm begeistert verfolgt wurde, hatte mit einem Schlag enorme Sympathien gewonnen. Endlich war er da, der große Schlag. Der deutsche Handball hatte wieder eine Mannschaft, die ganz oben mitspielen konnte. Und auch wenn der ganz große Wurf noch fehlte, der eine „große" Mannschaft erst dazu macht, war die Mannschaft zu einer sicheren Bank geworden, mit der man rechnen musste und konnte.

Das bestätigte die folgende Weltmeisterschaft in Portugal 2003, als das Team auch ohne Stephan und von Behren spielerisch grandiose Leistungen zeigte. Es war eine Mannschaft, die in allen Teilen funktionierte und harmonierte. Als Antreiber fungierten Kapitän Markus Baur und der großartige Kreisläufer Christian Schwarzer, der später zum wertvollsten Spieler des Turniers gewählt wurde. Die Abwehr stand wie ein Fels, hinter Mittelblock Petersen und Zerbe hielten die Torleute Fritz und Ramota famos. Die beiden Stammaußen Kehrmann und Kretzschmar zählten seit Jahren zur Weltklasse. Und junge und hungrige Akteure wie Pascal Hens und Christian Zeitz brachten das wichtige Überraschungsmoment mit. Das Team drang jedenfalls wie automatisch vor bis ins Finale – weil es nun, nach EM-Silber mit der nötigen Ruhe und einem Gefühl der Stärke ausgestattet, auch enge Spiele wie gegen Jugoslawien (31:31) und Frankreich (23:22 im Halbfinale) überstand. Dass das Finale gegen die

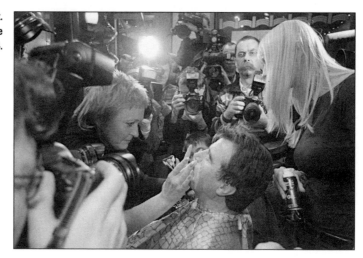

Da war er ab, der Bart. Nach dem EM-Finale 2004.

wie entfesselt auftrumpfenden Kroaten verloren ging, hatte auch mit den Verletzungen Kretzschmars und Zerbes zu tun, die speziell in der Abwehr nicht kompensiert werden konnten. „Wir hatten schon die Hand an Gold", jammerte Brand nach dem Finale. Aber noch mussten sie auf den ganz großen Coup warten.

Als es zur EM 2004 nach Slowenien ging, gehörte Deutschland zwangsläufig zu den hohen Favoriten. Um so größer die Enttäuschung nach der Vorrunde, in der man zum Auftakt sensationell gegen Serbien & Montenegro verlor und gegen Frankreich nur Remis spielte, trotz eines Drei-Tore-Vorsprungs eine Minute vor Schluss. Ernüchtert startete die Mannschaft belastet mit einer 1:3-Punkte-Hypothek in die Hauptrunde und musste nun auf Ausrutscher der Konkurrenten hoffen. Als das mit der serbischen Niederlage gegen Slowenien geschah, war das Team trotz großen Substanzverlustes (Baur verletzte sich gegen Frankreich, Kretzschmar war gar nicht erst angereist) nicht mehr zu stoppen. Sie überrannten nacheinander die Tschechen (37:27), die Slowenen (31:24) und die Ungarn (28:23). Und sie besiegten im Halbfinale die hoch eingeschätzten Dänen nach spannenden 60 Minuten knapp mit 22:20. Und im Finale distanzierten sie Gastgeber Slowenien, auch im Angesicht der 7000 fanatisch mitgehenden Zuschauer in der Hala Tivoli in Ljubljana, klar mit 30:25-Toren. Angesichts der Enttäuschungen der vergangenen Jahre verständlich, fiel der Jubel überschäumend aus. Jetzt war er endlich da, der große Triumph, auf den der deutsche Handball seit 1978 bzw. 1980 hatte warten müssen, der Lohn für die Anstrengungen der letzten Jahre. Das Aushängeschild vielleicht für die nächsten Jahrzehnte. Und Brand musste sein Versprechen einlösen, das er für den Fall eines großen Titels gegeben hatte: Er ließ unter dem Gejohle seiner Spieler seinen markanten Schnauzbart abrasieren. Nach der WM 1978 blieb den Fans die goldene Krone in Erinnerung, die Vlado Stenzel aufgesetzt worden war. Von Ljubljana wird die Rasur Heiner Brands als Insignie des Erfolgs hängen bleiben.

Olympia-Turnier Athen 2004

Es war ein Abschied mit Wehmut. „Jetzt wird Melancholie aufkommen", prognostizierte Stefan Kretzschmar, nachdem er, da die 24:26 (12:11)-Niederlage der deutschen Nationalmannschaft im olympischen Finale gegen Kroatien besiegelt war, minutenlang regungslos auf dem Parkett der Helleniko Indoor Arena gestanden hatte, „um noch einmal die Atmosphäre aufzusaugen". Irgendwann kam Christian Schwarzer zu ihm. Die beiden Freunde, die seit Jahren die Nationalmannschaftszeit als Zimmergenossen verbracht hatten, umarmten sich sekundenlang, ein bewegendes Bild. Als die Spieler ein paar Minuten später mit erhobenem Haupt zur Siegerehrung schritten, spürte jeder den besonderen Moment. Hier endete sie: Die Geschichte einer großen Mannschaft, die wie keine andere für Teamgeist und Zusammenhalt gestanden hatte, den Bundestrainer Heiner Brand, wahrlich kein Freund von Superlativen, stets als „sensationell" und „großartig" bezeichnet hatte. Viele Einzelne würden danach aufhören. „Das war definitiv mein letztes Spiel", sagte Kretzschmar (31) nach dem Finale von Athen, die Rücktritte von Christian Schwarzer (35), Volker Zerbe (36) und Klaus-Dieter Petersen (35) waren lange angekündigt. Als die kroatische Hymne erklang, war dies der Schlusspunkt für eine ganze Generation. Das Ende einer Ära, die von ihren Protagonisten trotz dieser enttäuschenden Niederlage als Happy End begriffen wurde. „In ein paar Stunden werden wir registrieren, dass wir nicht Gold verloren, sondern Silber gewonnen haben", versicherte Daniel Stephan. Sie hatten ja auch den größten Erfolg bei Olympischen Spielen seit 1984 errungen.

Silbermedaillengewinner in Athen 2004.

Alle Spieler wirkten schon Minuten nach dem Abpfiff recht gefasst – jedenfalls im Vergleich zum WM-Finale 2003 in Lissabon, das sie gegen den gleichen Gegner verloren hatten. Olympisches Gold war ein großer Traum gewesen, das ja, aber die Profis wussten das Geschehene auch richtig einzuordnen. Sie hatten dieses Turnier eben nicht so dominiert wie etwa die EM 2002 oder die WM 2003, als sie ungeschlagen in das Endspiel eingezogen waren. Diesmal waren sie trotz zweier deprimierender Vorrunden-Niederlagen in das Finale gelangt – und dieses eine Mal hatte die fantastische Abwehr die zuvor schon schwachen Wurfquoten aus dem Rückraum eben nicht ausgleichen können. „Wir standen ja schon im Viertelfinale gegen Spanien vor dem Aus, das muss man auch mal sehen", sagte Stephan, „alles hing am seidenen Faden." Die Kroaten hingegen hatten ihre Partien alle gewonnen und inspirierten Angriffshandball geboten, das machte es für die deutschen Handballprofis leichter, die Niederlage zu akzeptieren. Darin lag der entscheidende Unterschied zu den Finalniederlagen bei der EM 2002 und WM 2003; damals hatte sich der Europameister als bestes Team gesehen. Also sagte Stephan: „Wir haben hier einiges erreicht und wieder viele Fans dazu gewonnen."

So sah es auch Zerbe: „Für mich ist es ein sehr, sehr positiver Abschied. Ich hatte eine tolle Zeit. Von einer Olympia-Medaille habe ich schon als junger Spieler geträumt." Ein Film lief in diesem Augenblick an seinem inneren Auge vorbei: Der 2,11 m-Riese vom TBV Lemgo hatte nach seinem Debüt 1987 die tiefste Krise der deutschen Handballgeschichte miterleben müssen. Er war dabei, als das Team 1989 in die C-Gruppe (!) abstieg. Petersen und Schwarzer hatten ebenfalls bereits 1989 ihren ersten Einsatz und waren wie Zerbe über 12 Jahre, seit 1992 in Barcelona, hinter dieser olympischen Medaille hinterhergelaufen. Eine kleine Ewigkeit. Nun genossen sie diesen schönen Abschluss und rekapitulierten jeder für sich noch einmal dieses olympische Turnier.

Die ersten drei Spiele der Vorrunde hatten sie überaus souverän bestritten, und mit 6:0-Punkten war das Viertelfinale erreicht. Vielleicht lag es an der mangelnden Spannung, dass das vierte Spiel mit 29:30 gegen die im Rückraum bärenstarken Ungarn verloren wurde – gegen einen Gegner, den die Deutschen in den letzten Jahren stets beherrscht hatten. Die abschließende 22:27-Niederlage gegen den Gruppensieger Frankreich gab indes schon zu denken, denn die deutsche Mannschaft hatte zwar die ersten 45 Minuten mitgehalten, aber in der Schlussphase „körperlich nicht dagegengehalten", wie Petersen frustriert konstatierte. Dennoch machten sich die Spieler gegenseitig Mut und erinnerten sich an die Europameisterschaft in Slowenien, als sie zu Beginn gegen Serbien & Montenegro verloren hatten. „Wenn es darauf ankam, haben wir die entscheidenden Spiele gewonnen", sagte Mannschaftskapitän Markus Baur vor der K.o.-Runde.

Als „Spiel meines Lebens" bezeichnete Kretzschmar dieses Viertelfinale gegen Spanien, schließlich war der Linksaußen mit seinem Fehlwurf vier Jahre zuvor zur tragischen Figur von Sydney geworden. Aber nicht er stand im Zentrum dieses dramatischen Spiels, das alle Facetten bot, die ein Handballfan sich überhaupt wünschen kann, im Gegenteil: Kretzschmar warf kaum auf das Tor Baruffets, dessen Reaktionsvermögen er fürchtet. Es war Henning Fritz, der zum Helden aufstieg bei diesem denkwürdigen 32:30 (27:27, 28:28, 30:30). Gemeinsam mit seinem Gegenüber Baruffet bestimmte er die Geschichte dieses Spiels, beide Keeper kamen am Ende auf sagenhafte 51 (Fritz) und 52 (Baruffet) Prozent gehaltener Würfe. Der unfassbare Spielverlauf und die dichte Atmosphäre wird jedem Zeugen im Gedächtnis haften bleiben: Nach ständig wechselnder Führung erzwangen die Spanier 30 Sekunden vor Schluss mit dem 27:27 durch Romero die Verlängerung. In den ersten zehn Minuten Zusatzspielzeit warfen, da nun die Abwehrreihen kaum noch zu überwinden waren, lediglich die Spanier ein Feldtor – und Daniel Stephan verwandelte eiskalt einen Siebenmeter mit der Schlusssekunde. Als die Spanier in der sechsten Minute der zweiten Verlängerung zum 30:28 erhöhten, glaubte keiner mehr an den deutschen Sieg – aber dann schlug die große Stunde von Kreisläufer Schwarzer, der in einem fabulösen Kraftakt noch zwei Tore erzielte. Im abschließenden Siebenmeter-Werfen hielt dann Keeper Fritz drei Siebenmeter, den vierten warf der Spanier O'Callaghan vor Schreck an den Pfosten. Als Stephan den entscheidenden Siebenmeter verwandelte, rannten alle deutschen Spieler auf ihn zu – bis auf Schwarzer, der weinend an der Mittellinie zusammenbrach und damit das ergreifendste Bild dieses Handballturniers lieferte. Keine andere Szene nämlich verdichtete auf ähnliche Weise den Willen und die Leidenschaft, mit der die deutsche Nationalmannschaft in den Tagen von Athen zu Werke ging.

Im Halbfinale dann entthronte der Europameister den Olympiasieger Russland. Dabei schuf die deutsche Abwehr erneut eine lehrbuchreife Halbzeit, als sie den baumlangen russischen Angreifern beim 21:15 (9:10) in den zweiten 30 Minuten ebenfalls nur fünf Tore genehmigte – und das weitgehend ohne den durch Zeitstrafen belasteten Zerbe, der von Jan-Olaf Immel in den zweiten 30 Minuten hervorragend vertreten wurde. Auch in diesem Spiel hielt Fritz seine famose Form und parierte exakt jeden zweiten Ball. Doch die grandiosen Fähigkeiten der Abwehr täuschten über Defizite im Angriff, speziell im Rückraum nicht hinweg; vor allem der Ausfall von Pascal Hens, für den das Turnier nach der Vorrunde wegen einer Bandscheibenentzündung zu Ende war, machte sich bereits bemerkbar. Die deutschen Spieler wollten davon jedoch nichts hören: „Wir sind noch nicht fertig", sagte Petersen nach dem vierten Finaleinzug in Folge, „die Wurfquote interessiert in fünf Jahren keinen mehr, wenn wir Olympiasieger werden", sagte Rechtsaußen Kehrmann.

Kehrmann gehörte neben Kretzschmar und Schwarzer im Finale zu den stärksten Deutschen. Doch jetzt rächte sich die Schwäche im Rückraum: Der halbrechte Zerbe verwandelte nur einen von sechs Würfen, die Quoten von Mittelmann Markus Baur (0/3) und dem Halbrechten Stephan (3/8, davon ein erzielter Siebenmeter) waren ähnlich miserabel. Und als dann auch noch Abwehrchef Petersen mit Leistenverletzung ausfiel, bröckelte auch noch die Abwehr. In Minute 47 führte die deutsche Mannschaft das letzte Mal, dann setzte sich die individuelle Klasse von Balic, Dzomba und Kaleb durch. Auch die beiden kroatischen Keeper Losert und Sola hatten am Ende höhere Abwehrquoten als Fritz. So platzte in den letzten 13 Minuten des Turniers der große Traum vom Gold, den sie seit dem Gewinn der EM im Januar geträumt hatten. Die letzte Krönung blieb der großen Generation versagt.

Von Athen bis zur Weltmeisterschaft im eigenen Land – ein hürdenreicher Weg

Der Abgang der „goldenen Generation" verlief tränenreich. Über 10.000 Zuschauer wohnten am 19. Oktober 2004 der würdigen Abschiedsfeier in der Kieler Ostseehalle bei, mit der fünf Protagonisten des deutschen Handballs im Rahmen eines Freundschaftsspiels gegen Schweden offiziell verabschiedet wurden. Unter bewegenden Szenen traten Christian Schwarzer, Volker Zerbe (beide Lemgo), Stefan Kretzschmar (SC Magdeburg), Klaus-Dieter Petersen (THW Kiel) und Mark Dragunski (VfL Gummersbach) aus der Nationalmannschaft zurück. Sie alle hatten eigentlich erst 2005 gemeinsam demissionieren wollen, da aber die Internationale Handball-Föderation die WM nach Tunesien vergab und nicht wie erhofft nach Deutschland, war jegliche Motivation abhanden gekommen. „Ich werde nicht in Tunesien Handball spielen", hatte Kretzschmar stellvertretend erklärt.

Ihr letztes Spiel in der Nationalmannschaft (von links): Stefan Kretzschmar, Christian Schwarzer, Mark Dragunski, Volker Zerbe und Klaus-Dieter Petersen.

Der Bruch war also da, früher und radikaler als geplant. Zumal auch der Lemgoer Spielmacher Daniel Stephan, den Brand als Führungsfigur für die nächsten Jahre auserkoren hatte, schon einen Monat später, am 17. November 2004 im mittelschwedischen Ludvika gegen Island, aus gesundheitlichen Gründen sein letztes Länderspiel bestritt – Stephan erklärte im folgenden Jahr seinen endgültigen Rücktritt aus der Nationalmannschaft. Da auch der erfahrene Regisseur Markus Baur und Torhüter Henning Fritz absagten, war Brand also gezwungen, für die WM 2005 in Tunesien eine völlig neue Mannschaft zu formieren.

Die WM 2005 in Tunesien: das schlechteste Turnier seit 1974
Wie sich herausstellte, reichte die Zeit dazu nicht aus. Obwohl dem Bundestrainer mit dem eingebürgerten Ukrainer Oleg Velyky (SG Kronau) erstmals ein erfahrener Weltklasseprofi zur Verfügung stand, ging die Expedition nach Nordafrika gründlich daneben. Unter schlechten äußeren Bedingungen – in den unbeheizten Hallen herrschten, da der kälteste Winter seit 30 Jahren eingebrochen war, teilweise Temperaturen von unter zehn Grad Celsius – fand das Team nie zu sich. Frank von Behren verwarf gleich im ersten Spiel in letzter Sekunde einen Siebenmeter, im Spiel gegen Brasilien gab es chaotische Szenen beim Wechseln, und in der Hauptrunde erwiesen sich der Olympiasieger aus Kroatien und der kommende Weltmeister aus Spanien als deutlich überlegen. Allein Rechtsaußen Florian Kehrmann bewies mit seinem großen Einsatz und seiner positiven Ausstrahlung enorme Führungsqualitäten. Am Ende sprang der neunte Rang heraus, die schlechteste WM-Platzierung seit 1974. Und als Brand nach dem Ausscheiden in der Öffentlichkeit den Auftritt junger Spieler wie Christian Zeitz, Holger Glandorf oder Yves Grafenhorst kritisierte, ließ sich Alt-Star Erhard Wunderlich zu niveaulosen Beleidigungen hinreißen („Wenn Zeitz die Halle betritt, gibt er am Eingang sein Gehirn ab"). Nicht nur Brand war ernüchtert. Zwei Jahre vor dem Großereignis im eigenen Land war die Mannschaft weit entfernt von der internationalen Spitze.

EM 2006 in der Schweiz: die Rückkehr in den Kreis der Besten
Nur ein Jahr später hatte sich die Miene des Bundestrainers jedoch wieder aufgehellt. Zwar notierte die Statistik bei der EM 2006 in der Schweiz „nur" Platz Fünf für Deutschland. Aber letztlich war nur ein einziges Vorrundenspiel verloren worden (gegen den späteren Europameister Frankreich), die Mannschaft hatte gekämpft, dem Weltmeister (und späteren EM-Finalisten) Spanien nach großem Kampf ein Remis abgerungen und war nur äußerst knapp am Halbfinaleinzug gescheitert – obwohl mit Baur (Achillessehnenbeschwerden) und Velyky (Kreuzbandriss) zwei Schlüsselspieler auf der Aufbauposition fehlten und auch Keeper Henning Fritz seiner Form von 2004 nachlief. Da aber Zeitz trotz schwerer Grippe ein gutes Turnier absolvierte und sich mit dem Magdeburger Oliver Roggisch ein Nachfolger Zerbes für die Rolle

Daniel Stephan beendete im Jahr 2005 seine Karriere in der Nationalmannschaft.

des Abwehrchefs empfahl, blickte Brand nun wesentlich optimistischer in die nächste Zukunft. „Das Turnier war ein wichtiger Schritt im Hinblick auf die WM im eigenen Land", freute sich Brand über die unerwartet schnelle Rückkehr in den Kreis der besten Nationen.

Die Testphase vor dem Großereignis: eine Verletztengeschichte ohne Beispiel
Fast unter Ausschluss der Öffentlichkeit begann die Testspielserie vor dem Turnier im eigenen Land: Ein einziger deutscher Journalist hatte den Weg in die mittelpolnische Provinz nach Kielce gefunden. Dass ihnen am 23./24. September 2006 mit Polen der stärkste WM-Vorrundengegner gegenüberstand, störte Brand keineswegs, im Gegenteil, er freute sich über diesen sportlichen Härtetest. Fast alle Stammkräfte waren bei der Saisonpremiere mit dabei, nur der Wetzlarer Kaufmann und der Magdeburger Rechtsaußen Christian Sprenger fehlten verletzungsbedingt – aber im ersten Spiel wurde der Gast beim 29:34 förmlich verprügelt. Gegen die wuchtigen polnischen Angreifer war der deutsche 5:1-Abwehrblock chancenlos, und auch das Comeback Velykys hatte nicht die erhoffte Wirkung. Allein Rückkehrer Markus Baur überzeugte

mit sieben Treffern. „Polen war uns im Zweikampfverhalten überlegen", ärgerte sich Heiner Brand über die mangelnde Einsatzbereitschaft seines Teams – und freute sich tags darauf über die Reaktion seines Teams. Denn beim 28:27-Sieg, den Torsten Jansen trotz Unterzahl besiegelte, wehrten sich die Spieler diesmal gegen die drohende Niederlage, drehten einen 12:16-Rückstand und lagen sich nach der „starken Teamleistung" (Kehrmann) in den Armen. Nicht mit allen Details war Brand einverstanden, aus seiner Sicht hatte die beschwerliche Reise aber allein wegen der Reaktion im zweiten Spiel „ihren Sinn erfüllt". Nur zwei Tage später jedoch war ein herber Dämpfer zu verkraften. In einem Pokalspiel gegen einen Regionalligisten erlitt der Flensburger Abwehrspezialist Frank von Behren einen Kreuzbandriss, damit fiel eine zentrale Figur definitiv für die WM aus. „Das ist ein Rückschlag für die ganze Mannschaft. Alle Positionen in meinem Team sind doppelt oder dreifach besetzt bis auf die Deckungsmitte. Deshalb wiegt diese Verletzung so schwer", kommentierte Brand den Beginn einer beispiellosen Verletzungsserie.

Der ernüchternde WorldCup: „Die Spitzennationen sind ein bisschen weg"
Schon vor dem Ende des WorldCups Ende Oktober, dieses strapaziöse Vorbereitungsturnier mit fünf Spielen in sechs Tagen, fiel das Resümee ernüchternd aus. „Die Spitzennationen sind ein bisschen weg", räumte Brand ein, da seine Mannschaft die beiden Vorrundenpartien gegen den EM-Dritten Dänemark (25:29) und Olympia-

Frank von Behren konnte die WM verletzungsbedingt nicht mitspielen.

sieger Kroatien (27:30) deutlich verloren hatte. Überhaupt legte sich die Stirn des Trainers in Sorgenfalten nach dem mühsamen 24:21-Sieg gegen die zweitklassigen Griechen. Zwar war der angeschlagene Christian Zeitz nach einigen Irrungen und Wirrungen für die letzten beiden Spiele in Schweden doch noch zur Mannschaft gestoßen, nachdem er die Operation an seiner Hüfte auf den Sommer verschoben hatte. Aber es fehlte mit Velyky, der sich Lymphknoten entfernen lassen musste, erneut die Schlüsselfigur im Angriff. Und Torhüter Fritz steckte inmitten seiner größten sportlichen Krise. Zwar hatte der Kieler, der im Klub kaum zum Einsatz kam, speziell gegen Griechenland und auch beim abschließenden 27:22-Sieg in Malmö gegen Serbien, der den fünften Rang unter acht Nationen bedeutete, steigende Form angedeutet. Seine Körpersprache war defensiv, wenig einschüchternd; von der Olympia-Form war Fritz Welten entfernt.

Überhaupt machte das ganze Team einen leidenschafts- und leblosen Eindruck, auch wenn Markus Baur das anders sah: „Die Mannschaft kämpft und hat Geist." Bundestrainer Heiner Brand waren die spieltaktischen Defizite nicht verborgen geblieben. Der Gummersbacher sah „großen Nachholbedarf im Tempogegenstoß", bemängelte das „richtige Timing" und „Ungeduld" im Angriff. Und die klare Körpersprache: Der Mannschaft fehlte die Seele, die nötige Entschlossenheit – was insbesondere der Vergleich mit Kroatien und Tunesien dokumentierte: Im Finale lieferten sich diese Mannschaften einen großen, leidenschaftlichen Kampf, den Kroatien erst im Siebenmeter-Werfen für sich entschied. Der Ruf nach Christian Schwarzer wurde erstmals lauter.

Dreimal Schweden: Kehrmanns Verletzung, aber auch ein paar Lichtblicke

Schweden hieß der Gegner in den nächsten drei Spielen, ein sportliches Schwergewicht. Doch schon die ersten 60 Minuten am 18. November in Dessau hatten die Laune des Bundestrainers gründlich verdorben. Stand nach dem Mittelhandbruch Florian Kehrmanns nun auch der WM-Einsatz einer weiteren Führungsfigur stark in Frage: Der Weltklasse-Rechtsaußen war in der ersten Halbzeit eingelaufen und hatte den Innenverteidiger Tobias Karlsson beim Torwurf getroffen. Niedergeschlagenheit ergriff die Kollegen, als sie nach dem Spiel von der Diagnose hörten. Aber Kehrmann blockte die Mitleidsbekundungen sofort ab: „Ich werde alles tun, um rechtzeitig wieder fit zu werden." Kaum jemand glaubte daran, nur Kehrmann, und der Lemgoer sollte Recht behalten.

In Halbzeit Zwei des 30:24-Sieges deutete der Mittelblock in der Formation Roggisch/Klimovets erstmals in der laufenden WM-Saison an, dass er zu Weltklasseformat in der Lage war, auch das Spielmacher-Trio Baur/Velyky/Kraus verriet sein großes Potenzial. Die 24:30-Niederlage tags darauf in Leipzig aber goss wieder Wasser auf die Mühlen der vielen Pessimisten. Nach dem Ausfall von Hens fehlte dem Rückraum jede Wucht, die Abwehr agierte viel zu unbeweglich und statisch, die Keeper hielten nicht

Der eingebürgerte Ukrainer Oleg Velyky.

auf dem erforderlichen Niveau. „Außer Oliver Roggisch waren nur Stumme da", kritisierte Heiner Brand vor allem, dass die Mannschaft zu wenige Emotionen gezeigt hatte. Kapitän Baur aber behielt die Ruhe und erinnerte an Testspielniederlagen vor der EM 2004. „Das ist kein Weltuntergang, auch solch ein Spiel kann uns einen Schritt nach vorn bringen", sagte der Lemgoer Routinier. Am Ende des Tages gab Brand bekannt, dass er auch die Alt-Stars Kretzschmar, Schwarzer und Keeper Jan Holpert in das 28er-Aufgebot für die WM berufen werde. Eine Nachricht, die viele als Sensation werteten, Brand jedoch als reine Vorsichtsmaßnahme erklärte: „Ich muss mich einfach absichern und die besten vier Leute auf jeder Position benennen. Alles andere wäre fahrlässig."

Nach dem wenig aussagekräftigen 35:22-Sieg gegen Österreich, bei dem am 22. November viele Spieler wegen Verpflichtungen in der Liga fehlten, fand die Testspielserie gegen Schweden am 13. Dezember in Kiel ihren Abschluss. Beim 33:25-Sieg gegen den vierfachen Weltmeister fehlten neben von Behren, Hens und Kehrmann auch Roggisch und Torwart Bitter, die für den SC Magdeburg im Pokal beschäftigt waren. Brand war mit vielen Details einverstanden, speziell mit dem Wetzlarer Halblinken Kaufmann, der auch im Mittelblock mehr als nur ein Notnagel war. Aber spätestens nach Kiel war klar, dass die deutsche Mannschaft nur ein Abwehrkonzept für die WM haben würde. Denn als die Schweden die 5:1-Formation zu Beginn überrannten, stellte Brand flugs um: „Das war nichts, die 5:1 vergessen wir besser mal schnell wieder." Fortan wurde ausschließlich 6:0 verteidigt – international eigentlich zu wenig.

Es hatte also einige Lichtblicke gegeben, und dennoch verfinsterte sich die Miene des Bundestrainers vier Wochen vor dem WM-Start zunehmend. „Wenn ich jetzt meinen Gemütszustand beschreiben müsste, dann ist das eine Mischung aus großer Vorfreude, Nachdenklichkeit und Galgenhumor", sagte Brand bei einem Termin beim Innenminister des Landes Nordrhein-Westfalen, hatte er doch vor Weihnachten die „Fortsetzung der Verletzten-Entwicklung der letzten drei Jahre" zu beklagen. Ob Kehrmann wieder rechtzeitig fit werden würde, stand noch in den Sternen. Der Göppinger Michael Kraus fiel aus wegen einer Handverletzung, Pascal Hens war umgeknickt beim Ligaspiel in der KölnArena, Holger Glandorf beklagte mehrere Brüche im Gesicht, und Velyky hatte sich einen Bänderriss und einen Sehnenanriss unter der Fußsohle zugezogen; sein Einsatz war ebenfalls mehr als fraglich. Brand selbst war nach einer anstrengenden PR-Tour durch Deutschland ebenfalls mit den Kräften am Ende („Das war an der Grenze der Belastbarkeit") – machte aber hinsichtlich der Ziele bei der WM keinerlei Abstriche: „Dass wir trotzdem nach ganz oben wollen, ist klar." Da aber keine vernünftige Vorbereitung mehr möglich war, ließ er zwischen den Zeilen durchblicken, schien ein WM-Titel nicht im Bereich des Machbaren.

Der Kapitän Markus Baur.

Die heiße Testphase im Januar: Licht in Ungarn, Schatten in München

Nur zwei Tage nach der Zusammenkunft im Trainingslager am Ammersee brach ein Rumpf-Team nach Ungarn auf: Neben den Rekonvaleszenten Glandorf, Velyky, Hermann und Kehrmann blieb auch Kapitän Baur wegen Muskelproblemen zu Hause. In der mit 7.500 Zuschauern ausverkauften Fönix-Halle in Debrecen, einer 200.000-Einwohner-Stadt an der rumänischen Grenze, zeigte vor allem die Abwehr um Oliver Roggisch am 6. Januar 2007 bereits gute Form, als sie die ungarischen Angreifer beim 23:20-Sieg kontrollierte, gute Torhüterleistungen von Fritz und Bitter kamen hinzu. Auch Lars Kaufmann agierte im Angriff diszipliniert, dazu verblüffte Zeitz, der in Kiel zuvor kaum gespielt hatte, mit guter Form auf halbrechts. All das stellte Brand zufrieden. Und doch wurden die Sorgen größer und größer. Denn nach der Muskelzerrung von Andrei Klimovets blieben ihm mit Sebastian Preiß und Roggisch nur noch zwei gelernte Innenverteidiger – Kaufmann musste ab sofort hier aushelfen. Einen Tag später, in der Messehalle in Budapest, musste Brand auch noch auf Linksaußen Torsten Jansen verzichten, der sich eine Oberschenkelzerrung zugezogen hatte. Aber auch das kompensierte das kämpferisch eingestellte Team, das einen 20:23-Rückstand noch in ein 23:23-Remis verwandelte, als es in den letzten Minuten noch einmal die Abwehrarbeit intensivierte. Positiv der Eindruck von Dominik Klein, der souverän die Siebenmeter und Tempogegenstöße verwandelte. Den größten Sprung hatte aber Kreisläufer Sebastian Preiß getan; der Lemgoer trat allmählich heraus aus dem Schatten des großen Christian Schwarzer. „Das war das Beste, was man rausholen konnte", meinte Brand nach dem Auftakt in die heiße Vorbereitungsphase – und musste am nächsten Tag erneut einen Tiefschlag einstecken. Denn nun fiel mit Preiß der dritte Innenverteidiger mit einer Wadenzerrung aus.

Schon der „Medientag" im Trainingslager am Ammersee hatte angedeutet, dass die WM große Aufmerksamkeit erregen würde, rund 100 Journalisten hatten den Weg in die oberbayrische Idylle gefunden. Das letzte Testspiel in München gegen Ägypten beeindruckte dann selbst erfahrene Spieler wie Markus Baur, der sein 200. Länderspiel bestritt. „Das war schon ein besonderes Gefühl beim Einmarsch, damit hatte ich nicht gerechnet", sagte der Kapitän, als der Mannschaft fast 11.000 Zuschauer mit schwarz-rot-goldenen Fähnchen zugejubelt hatten – in einer Stadt, die seit 20 Jahren als eine Art handballfreie Zone gilt. „Es war wirklich sehr bewegend, diese Begeisterung in den Augen dieser Menschen zu sehen", sagte Linksaußen Klein nach diesem Spiel, das einen Vorgeschmack auf die Begeisterung während der WM darstellte, „und es war wichtig für unsere Köpfe, so wissen wir, worauf wir uns einzustellen haben." Die Atmosphäre in der veralteten Olympiahalle war also schon weltmeisterlich, ganz im Gegensatz zum Spiel des WM-Gastgebers. Da nur mit einem Kreisläufer (Roggisch) ausgestattet, setzte Brand teilweise Michael Haaß auf dieser Position ein, mit wenig Erfolg. Erfreulich hingegen die Comebacks der Flügelspieler Kehrmann und Jansen – und erneut die erfrischende Spielweise des Wetzlarers Kaufmann, der fünf Tore erzielte und sich auch im Mittelblock als Alternative empfahl; an diesem 13. Januar in München schaffte der unerfahrene 24-Jährige tatsächlich noch den Sprung in den 16er-Kader. Die 29:30-Niederlage gegen Ägypten, den WM-Vierten von 2001, die zahlreiche spielerische Mängel offenbarte, nahm Baur freilich als gutes Omen: „Immer, wenn wir in der Vorbereitung solche schlechten Spiele dabeihatten, kam ein gutes Turnier dabei heraus." Aber nach dieser Leistung hatte so mancher den Glauben an eine gute Weltmeisterschaft im eigenen Land verloren. So kurz vor dem WM-Eröffnungsspiel in Berlin hatte das Bild dieser Mannschaft einfach zu viele Fehler enthalten. „In diesem Moment habe ich den WM-Titel für unmöglich gehalten", sagte Brand später. Die Spieler aber träumten weiter ihren Traum von der Weltmeisterschaft, und sie dokumentierten dies auch, indem sie sich während des Trainings T-Shirts mit dem Aufdruck „Projekt Gold" überstreiften: Das sportliche Wunder nahm seinen Anfang.

Kapitel 10

Handball-Weltmeisterschaft 2007 in Deutschland

Nicht viele hatten nach der Vorrunde an die wundersame Wendung geglaubt. „Das ist die schlechteste deutsche Mannschaft seit 20 Jahren", meinte ein altgedienter polnischer Fachjournalist nach der niederschmetternden 25:27-Niederlage des Weltmeisters am dritten Spieltag gegen Polen. Doch dann besann sich die Mannschaft auf jene Qualitäten, die sie schon zwischen 2002 und 2004 stark gemacht hatten: Auf den unbändigen Kampfgeist. Auf diesen Siegeswillen, den jeder Gegner fürchtet. Und vor allem auf diese Idee von der mannschaftlichen Geschlossenheit, die es jedem Kontrahenten fast unmöglich macht, sich auf wenige Pfeiler des Spiels zu konzentrieren. Fortan ragte immer ein anderer heraus aus dem Gefüge: Gegen Slowenien der Rückraumschütze Hens und Kreisläufer Schwarzer, gegen Tunesien Torhüter Fritz, gegen Frankreich Aufbauspieler Kraus, gegen Spanien und Polen der schweigsame Linksaußen Jansen. Am Ende räumte der Gastgeber bis auf Olympiasieger Kroatien alle Favoriten aus dem Weg – hatte den Panamerikameister (Brasilien), den Afrikameister (Tunesien), den Weltmeister (Spanien), den Europameister gar zweimal (Frankreich) und schließlich mit Polen auch jene Mannschaft geschlagen, die kurzzeitig Zweifel am „Projekt Gold" hatte aufkommen lassen. Die deutsche Nationalmannschaft war verdient Weltmeister – und schuf damit endlich einen neuen Handball-Mythos, der sicher unendlich größer sein wird als der von 1978.

Der WM-Pokal ist in besten Händen bei Klein, Fritz und Zeitz (v. l.).

Ein Märchen in zehn Akten

Die Vorrunde

19. Januar 2007: Deutschland – Brasilien 27:22 (15:12) – der Prolog

Ob er die Atmosphäre genossen habe? Henning Fritz, dem Torwart der deutschen Handball-Nationalmannschaft, entlockte diese Frage nur ein gequältes Lächeln. Das Eröffnungsspiel der XX. Handball-Weltmeisterschaft lag hinter dem 32-Jährigen, die 10.000 Zuschauer in der ausverkauften Berliner Max-Schmeling-Halle hatten den deutschen Handballprofis zugejubelt, eine sehr stimmungsvolle Feier hatte das Großereignis würdig eröffnet, und die Ränge waren ein wogendes Meer aus schwarz-rotgoldenen Fahnen gewesen. Der Rahmen schien perfekt. Doch der Mann vom THW Kiel hatte keinen Blick dafür, und nun wusste er nicht, ob er das jetzt auch so mitteilen konnte. Er zögert ein paar Sekunden, dann sagt er: „Der Druck bei einer WM im eigenen Land ist so groß, man ist so fokussiert auf das Spiel, da ist es schwer, die Atmosphäre drum herum zu genießen." In seinem 200. Länderspiel war seine Konzentration, dieser Blick auf nur das Eine, ausreichend gewesen: Mit 27:22 (15:12)-Toren hatte Deutschland gegen den starken Panamerika-Champion Brasilien den ersten Sieg eingefahren, und Fritz hatte mit einer starken ersten Halbzeit und insgesamt 15 Paraden seinen Teil dazu beigetragen. „Wir können mit dem Sieg zufrieden sein, denn Brasilien hat taktisch und technisch stark aufgeholt, aber wir haben doch noch zu viele Fehler gemacht", sagte ein selbstkritischer Fritz.

„Die Mannschaft ist mit einer guten Einstellung in das Spiel gegangen", freute sich Bundestrainer Heiner Brand über die nötige Wachheit seiner Spieler in der Anfangsphase. Doch hatte er die Schwächen in nahezu allen Mannschaftsteilen nicht übersehen. „Wir hatten Probleme im Positionsangriff, haben viele Abpraller nicht bekommen, und dann haben wir auch viele Bälle sofort wieder weggeworfen, und die Abwehr wurde zunehmend löchriger, weil jeder meinte, einmal spekulieren zu müssen." Da die Brasilianer wie erwartet mit einer unglaublich offensiven 3:2:1-Abwehrformation die deutschen Angreifer teils 13 Meter vor dem Tor empfingen, kam Deutschland nicht zu den erhofften frühen Toren. Vor allem der Halbspieler Pascal Hens scheiterte immer wieder an dem gut aufgelegten brasilianischen Keeper Maik dos Santos und kam bei 13 Versuchen auf nur sechs Tore – eine zu niedrige Quote.

Die Brasilianer motivierte die Kulisse sichtlich: Auf ihre aggressive, unorthodoxe Deckung und ihren beweglichen Angriff stellte sich Deutschland erst allmählich ein, eigentlich erst nach zehn Minuten, als Brand beim Stand von 3:5 seine erste Auszeit

Florian Kehrmann überzeugte nicht nur im Spiel gegen Brasilien.

nahm. Die ruhig vorgetragenen Instruktionen des Trainers brachten den erhofften Effekt; nun spulten die Deutschen ihre Systeme konsequenter ab und spielten bei Tempogegenstößen auch nicht mehr den riskantesten Pass, sondern der Ball wurde schnell und mit Kurzpässen vor allem auf den überzeugenden Florian Kehrmann weitergetragen: Beim 7:5 (17.) durch den Lemgoer führte der Gastgeber erstmals mit zwei Toren – und dennoch, monierte nicht nur Fritz, „haben wir einfach die nötige Ruhe und Sicherheit vermissen lassen". Trotz einer zwischenzeitlichen 12:8-Führung (27.) war der Panamerika-Meister zur Pause beim 12:10 immer noch in Schlagweite.

Wirklich in Bedrängnis geriet das Brand-Team nach der Pause nicht mehr. Den Fünf-Tore-Vorsprung beim 16:11 (35.), den Klein durch einen fulminanten Tempogegenstoß erzielte, verkürzte der Gegner beim 20:17 (48.) letztmals auf drei Tore. Danach strebte Deutschland einem nicht rauschenden, aber doch jederzeit sicheren Sieg entgegen. Spätestens beim 25:20 durch den überzeugenden Spielmacher Markus Baur war diese Partie entschieden, danach versuchten sich Kehrmann und Klein noch an einem Kempa-Trick, doch gelang dieses Kunststück nicht. Zum Abschluss knallte Hens noch einmal einen Sprungwurf in den Torwinkel – zum Jubel der 10.000 Fans.

Die Statistik der deutschen Mannschaft:
Fritz (1.-60. Minute, 13 Paraden), Bitter (bei einem Siebenmeter); Hens (6), Roggisch (1), Klein (3), Preiß (1), Glandorf, Baur (6/2), Zeitz (1), Jansen (1), Klimovets, Kraus (2), Kehrmann (6), Kaufmann.

21. Januar 2007: Deutschland gegen Argentinien 32:20 (17:11) – der Motor stottert weiter

Der Jubel fiel keineswegs überschwänglich aus. Als der klare 32:20 (17:11)- Sieg gegen den krassen Außenseiter aus Argentinien eingefahren war, da schlug der deutschen Handball-Nationalmannschaft im ausverkauften Gerry-Weber-Stadion in Halle zwar eine euphorische Welle auf den Rängen entgegen. Die 11.000 Fans waren nicht enttäuscht vom zweiten Auftritt des Teams bei der XX. Weltmeisterschaft, das sich damit vorzeitig für die Hauptrunde qualifizierte. Doch sie alle wussten, dass dieses Turnier eigentlich erst einen Tag später beginnen würde, mit der Partie gegen die Polen. „Das war jetzt eine gute Möglichkeit, die Mannschaft einzuspielen. Ich hoffe, dass die Entwicklung nun auch weitergeht, wir haben aber sicher noch Steigerungsmöglichkeiten", wollte Bundestrainer Heiner Brand die beiden Siege richtig eingeordnet wissen. „Wir dürfen nicht vergessen, dass drei wichtige Spieler in den zehn Tagen vor dem Turnier nicht trainiert haben."

Aufschluss über die wahre Leistungsstärke lieferte also auch der zweite deutsche Sieg im zweiten Gruppenspiel nicht. Wie die Brasilianer praktizierten auch deren Nachbarn aus Buenos Aires einen extrem unorthodoxen Handball, der chaotisch wirkt im Vergleich zum Leistungshandball der etablierten europäischen Nationen. Jedenfalls erwarteten auch die Argentinier die deutschen Angriffe teilweise bei zwölf Metern, so dass die Deutschen ihre einstudierten Systeme nur schwer durchsetzen konnten. Dass die deutsche Offensive sich zunehmend darauf einstellte und zu gut herausgespielten Toren kam, erfreute den Bundestrainer selbstredend. Aber ihn ärgerten auch die Nachlässigkeiten der 6:0-Abwehrformation.

Einen „kleinen Schock" bekam Brand nach eigener Aussage, als sich Kreisläufer Andrei Klimovets beim Aufwärmen an der Wade verletzt hatte. „Der Verdacht lautet auf Muskelfaserriss, aber ich gehe jetzt erstmal davon aus, dass er uns gegen Polen zur Verfügung steht", sagte Brand. Als aber der gebürtige Weißrusse, der als Mittelblocker eine eminent wichtige Rolle in seinen Konzepten spielte, tatsächlich passen musste, nominierte Brand noch in der Nacht den einzig möglichen Ersatzmann nach: Christian Schwarzer (TBV Lemgo). Diese taktische Möglichkeit schuf sich Brand, als er nur 15 statt der 16 Spieler für die Vorrunde vorsah – und daher jeden Spieler aus dem 28er Aufgebot aus dem November nachordern konnte.

Zwar ist der 37-jährige Schwarzer, der im November 2004 sein 302. und bisher letztes Länderspiel absolviert hatte, kein gelernter Innenverteidiger; er deckt in seinem Klub TBV Lemgo für gewöhnlich auf der halbrechten Position. Aber er sollte seinen Vereinskollegen Sebastian Preiß, der ebenfalls gerade erst seine Wadenverletzung auskuriert hatte, wenigstens als Kreisläufer entlasten. 60 Minuten im Angriff und Abwehr konnte Preiß nicht durchspielen. „Das geht im internationalen Leistungshandball eigentlich ohnehin nicht mehr", ergänzte Brand nach dem Spiel – ein Hinweis, dass das Comeback Schwarzers kurz bevorstand.

Die Statistik:
Fritz (1.-30. Minute, 9 Paraden), Bitter (31.-60., 8 Paraden); Hens (2), Roggisch, Klein (3), Haaß (1), Preiß (5), Glandorf (1), Baur (4/4), Zeitz (5), Jansen (4/2), Klimovets (n.e.), Kehrmann (4), Kaufmann (3).

22. Januar 2007: Deutschland – Polen 25:27 (12:14) – Tiefschlag am Ende der Vorrunde

Die Bilder der Niederlage waren noch frisch, Christian Schwarzer aber versuchte sofort, sie ins Positive umzudeuten. Die deutsche Mannschaft hatte ihr letztes Vorrundenspiel bei der XX. Handball-Weltmeisterschaft mit 25:27 (12:14)-Toren verloren, lähmendes Entsetzen hatte sich unter den 11.000 Zuschauern im ausverkauften Gerry-Weber-Stadion breitgemacht. Die deutschen Spieler verließen mit hängenden Köpfen das Feld, und den Frust machte noch größer, dass sie elf Minuten vor Schluss noch mit 22:20 geführt hatten. Doch der reaktivierte Schwarzer weigerte sich schlicht, nun schon die WM-Kampagne aufzugeben: „Im Endeffekt ist noch nichts passiert. Wir können jetzt auch die nächsten vier Spiele gewinnen", sagte der Rückkehrer nach seinem 303. Länderspiel für Deutschland – und erinnerte an eine vergleichbare Lage vor drei Jahren, bei der EM 2004 in Slowenien: „Da haben wir schon mal ein Vorrundenspiel verloren, und Ihr wisst alle, was danach passiert ist." Damals unterlag Deutschland mit 26:29 gegen Serbien und wurde trotzdem erstmals Europameister. Indes, das räumte auch Schwarzer ein: „Damals waren wir als Team sicher etwas gefestigter."

Bundestrainer Heiner Brand machte ebenfalls keinen allzu niedergeschlagenen Eindruck. „Die Mannschaft hat mit Herz gekämpft, und sie ist eindeutig auf dem Weg nach oben. Außerdem wussten wir alle, wie schwer es wird", sagte er mit fester Stimme. Die Chancen auf das Viertelfinale in Köln waren freilich auch nicht ins Bodenlose gesunken. Zwar startet der WM-Gastgeber mit einer schweren 0:2-Hypothek in die Hauptrunde, da die Minuspunkte gegen die Polen mitgenommen wurden. Doch reichte schließlich schon der vierte Platz unter sechs Mannschaften für den Einzug ins Viertelfinale. „Ich bin trotzdem nicht bang für die nächsten vier

Kapitän Baur verwandelte alle sechs Siebenmeter.

Spiele", meinte ein kämpferischer Florian Kehrmann, „mein Ziel ist weiterhin, Weltmeister zu werden."

Eine spielerische Katastrophe war ja auch nicht zu verzeichnen gewesen, eine kämpferische schon gar nicht: Bis vier Minuten vor der Schlusssirene, als die Polen mit 25:23 führten, besaß der Gastgeber noch Siegchancen. Bis dahin peitschte ein fanatisches Publikum die deutsche Mannschaft bedingungslos nach vorn. Jede Parade der Keeper wurde frenetisch bejubelt, jeder Angriff der Polen gellend ausgepfiffen, ein unglaublicher Lärm begleitete jede Aktion der Spieler. Als entscheidende Szene entpuppte sich aber mit zunehmender Spielzeit die dritte Zeitstrafe von Oliver Roggisch, der in der 51. Minute nach einem Foul gegen Polens Regisseur Tkaczyk mit Rot vom Platz musste. „Die Zahl unserer Leute für den Mittelblock ist sehr übersichtlich", erklärte Brand hinterher. Der junge Lars Kaufmann mühte sich zwar redlich, aber er besaß schlicht nicht die Klasse von Roggisch.

Die Defizite des Gastgebers waren aber auch schon vorher offensichtlich. Im Angriff wurde zu hektisch abgeschlossen. Die Chancenverwertung war ungenügend, aber durchaus erklärbar: Kehrmann etwa absolvierte erst sein viertes Spiel nach seinem auskurierten Mittelhandbruch, auch der Kieler Christian Zeitz hatte zuletzt zu wenig Matchpraxis. Vor allem aber die Abwehr, traditionell das Prunkstück des deutschen Handballs, erreichte nicht jene Güte, die sie noch in den beiden Testspielen in Ungarn an den Tag gelegt hatte. „In den ersten 30, 35 Minuten nicht gleichwertig" (Brand), konnte sie vor allem den wurfgewaltigen Rückraumschützen Karol Bielecki nicht stoppen. Und weder Keeper Johannes Bitter, der begonnen hatte, noch Henning Fritz genügten an diesem Tag allerhöchsten internationalen Ansprüchen: Beide hielten nur rund ein Drittel der polnischen Würfe. Der polnische Keeper Slawomir Szmal hingegen spielte sich in den letzten Minuten in einen Rausch und kam auf sehr gute 43 Prozent gehaltener Würfe. Das war der Unterschied. Auf dieser Grundlage zogen die Polen schließlich kontinuierlich davon. Die Zuschauer reagierten geschockt, die deutsche Mannschaft lag am Boden.

Die Statistik der deutschen Mannschaft:
Fritz (17.-45. Minute, 6 Paraden), Bitter (1.-17., 45.-60.; 7 Paraden); Hens (2), Roggisch, Klein, Haaß, Preiß, Glandorf (3), Baur (6/6), Zeitz (4), Jansen (2), Kraus, Kehrmann (7), Kaufmann (1), Schwarzer.

„Blacky" Schwarzer blieb bei seinem Comeback noch torlos, anders im nächsten Spiel.

Die Hauptrunde

24. Januar 2007: Deutschland – Slowenien 35:29 (17:14) – der Urknall

Der letzte Ball war längst geworfen, der letzte Wurf geblockt, die letzte Parade schon Geschichte. Doch auch rund zehn Minuten nach der Schlusssirene, die durch den infernalischen Lärm übertönt worden war, standen die 11.000 Menschen immer noch im Gerry-Weber-Stadion und jubelten den deutschen Nationalspielern enthusiastisch zu: „Deutschland, Deutschland", skandierten sie über Minuten hinweg nach diesen unglaublich dichten 60 Minuten, die hinter ihnen lagen. Das deutsche Team war wieder zurück bei der XX. Weltmeisterschaft: Als die Profis nach dem 35:29 (17:14)-Sieg gegen Slowenien das Stadion durch ein Spalier hindurch verließen, lächelten viele immer noch entrückt. „Das war unglaublich, so etwas habe ich noch nie erlebt", sagte Florian Kehrmann. „Die Atmosphäre war wirklich sensationell", staunte auch Heiner Brand.

Allein der slowenische Coach Kamen Kamenica war mit dem Zustandekommen des Resultats wenig einverstanden. Er nannte das Spiel „eine Schande für die IHF und den Deutschen Handball-Bund"; die Schiedsrichter hätten „nicht regulär" gepfiffen. Kamenica ist freilich für derlei derbe Kommentare bekannt und hatte seine Meinung recht exklusiv. Bei nun 2:2-Punkten hatte der Gastgeber jedenfalls wieder alle Chancen auf das Viertelfinale in Köln. „Wenn wir diese Leistung gegen Tunesien wieder auf die Platte bringen, werden wir wieder gewinnen", zeigte sich Kapitän Baur nun optimistisch. „An unserer Situation hat sich nicht viel verändert", warnte hingegen Brand davor, nun das Team von Trainerfuchs Sead Hasanefendic zu unterschätzen.

Die Euphorie der Zuschauer und Spieler war nachvollziehbar nach diesem Sieg gegen die verletzungsgeplagten Slowenier (Kavticnik, Vugrinec und Zorman fehlten). Die Handballer nervt der ständige Vergleich zum „großen Bruder" Fußball zwar, aber ein bisschen erinnerte die flirrende Atmosphäre in Halle an diesem Abend an jenen Urknall, den Neuvilles 1:0 im Fußball-WM-Vorrundenspiel gegen Polen bedeutet hatte. Dieses ohrenbetäubende Spiel in Halle wurde allseits als ähnliche Initialzündung wahrgenommen.

Durch die Leidenschaft und Wucht, mit der die deutschen Profis in die Partie gingen, sprang der Funke flugs auf die Ränge und die fachkundigen Zuschauer über. Als Pascal Hens mit zwei Toren in Unterzahl zum 5:3 den Knoten löste und daraufhin Zeitz ein Zuspiel einhändig aufnahm und zum 6:3 ins Tor schmetterte, wuchs der Lärm erstmals zu infernalischer Lautstärke an. Nun klappte alles, was gegen Polen fehlgeschlagen war: Die 6:0-Abwehr bewegte sich atemberaubend schnell hin und her, agierte so in ständiger Überzahl und engte die Räume der slowenischen Angreifer stark ein. Und die Offensive wartete geduldig auf die Chancen, ohne dabei den

Druck zu verlieren. Und als die Slowenen ihren 8:14-Rückstand (24.) auf drei Treffer Abstand verkürzten, sprang auch der bis dato mittelmäßige Keeper Henning Fritz in die Bresche und steigerte sich erstmals in eine bestechende Form. Die deutsche Mannschaft spielte sich in einen Rausch und hatte jederzeit eine Antwort auf die slowenischen Bemühungen.

Insbesondere Kreisläufer Christian Schwarzer raubte den Augenzeugen in seinem zweiten Länderspiel nach seinem Comeback förmlich den Atem: Wie schon in den großen Tagen der „goldenen Generation", die zwischen 2002 und 2004 vier Medaillen in Folge gewonnen hatte, mauserte sich der 37-Jährige in nur 60 Minuten zum heimlichen Kapitän, zum emotionalen Zentrum dieser unerfahrenen Mannschaft. Nicht nur, dass sich der Koloss insgesamt viermal am Kreis durchtankte und den Ball förmlich in die Maschen prügelte. Der Mann, der normalerweise nur auf der halbrechten Position deckt, stand nun auch, für Kenner des Handballs eine Sensation, seinen Mann im Mittelblock – eine Variante, die freilich „aus der Not geboren worden war", wie Bundestrainer Brand hinterher einräumte. Der eigentliche Abwehrchef Oliver Roggisch nämlich war bereits nach der 19. Minute, nach seiner zweiten Zeitstrafe, mit einem Platzverweis bedroht. „Christian hat eine sehr positive Ausstrahlung", lobte ihn Brand, verwies aber auf „eine sehr gute Leistung des gesamten Teams". Nach diesem Spiel wussten alle deutschen Profis jedenfalls eines: Dass sie in dieser Verfassung nur schwer zu schlagen sein würden.

Die Statistik:
Fritz (1.- 44. Minute, 11 Paraden), Bitter (44.-60.; 5 Paraden); Hens (9), Roggisch, Klein, Preiß (2), Glandorf (4), Baur (2), Zeitz (1), Jansen (5/3), Kraus, Kehrmann (8), Kaufmann, Schwarzer (4).

25. Januar 2007: Deutschland gegen Tunesien 35:28 (19:11) – deutsche Dominanz

Fünf Minuten zeigte noch die Uhr, ein Angriff der deutschen Mannschaft lief, aber kaum jemand unter den 12.000 Zuschauern in der Dortmunder Westfalenhalle beachtete ihn. Eine wichtigere Szene nämlich ereignete sich fernab vom Spielgeschehen. In diesem Moment nämlich schritt Henning Fritz zur Außenlinie und wurde ausgewechselt, und weil der Torwart der deutschen Handball-Nationalmannschaft die tunesischen Angreifer förmlich entnervt hatte mit seinen unglaublichen Reflexen, jubelten ihm die Fans nun zu. Jeder seiner Mitspieler klopfte ihm, der so lange seine Form gesucht und endlich gefunden hatte, nach dem Wechsel mit Johannes Bitter auf die Schultern. „Man hat gesehen, wie sehr sich alle für ihn gefreut haben", konstatierte Bundestrainer Heiner Brand nach dem klaren 35:28 (19:11)-Sieg gegen den als

Geheimfavoriten gehandelten Afrikameister: „Henning hat heute eine sehr kämpferische Ausstrahlung an den Tag gelegt und hat aus der guten Leistung der Mannschaft noch ein bisschen herausgestochen."

Mit dem zweiten Sieg in der Zwischenrunde strebte der Gastgeber dem Kölner Viertelfinale der XX. Weltmeisterschaft scheinbar unaufhaltsam entgegen; mit 4:2-Punkten war der vierte Platz, der für den Einzug in die K.-o.-Runde reichte, beinahe schon abgesichert. „Wir haben mit großen Emotionen gespielt", freute sich Fritz über sein Comeback, „jetzt liegen wir wieder gut im Rennen." Zwar lagen die Begegnungen gegen Europameister Frankreich, laut Brand „der stärkste Gegner", und gegen die Isländer noch vor den Deutschen. Aber nun hatten sie das nötige Selbstbewusstsein getankt.

Allein in den ersten Minuten hatte das deutsche Team mit dem WM-Vierten von 2005 einige Probleme, aber nach dem 1:3 (fünfte Minute) steigerte sich das Team erneut in einen Rausch. Fritz hielt nun eine ganze Serie von Würfen, darunter auch drei Siebenmeter, und steigerte sich erstmals in diesem Turnier auf Weltklasseniveau. Auch der Superstar der Nordafrikaner, der hünenhafte Halblinke Wissem Hmam, verzweifelte zusehends an den blitzartigen Reaktionen des Welthandballers von 2004, der eine brutal aggressive Körpersprache ausstrahlte. In den ersten 20 Minuten lag die Quote des 32-jährigen Torwarts teils bei über 50 Prozent, ein überragender Wert. Dabei half ihm auch eine glänzend eingestellte 6:0-Abwehrformation des Gastgebers, die auf die Kreuzungsbewegungen des Gegners glänzend eingestellt war.

Auf dieser Grundlage wuchs nun auch der zunächst nervöse deutsche Angriff. Zuerst übernahm Linkshänder Christian Zeitz Verantwortung. Die gewaltigen Stemmwürfe des 26-jährigen Kielers fanden, begleitet von einem Raunen der fachkundigen Menge, immer häufiger den Weg ins Netz, aber auch seine Anspiele an den Kreis hatten hohen handballerischen Wert. „Christians Spiel hat sich stabilisiert", freute sich Brand. Die gesamte Komposition des deutschen Spiels stimmte jedenfalls nach zehn Minuten, nun strahlte die Mannschaft wieder die große Sicherheit des Vortagessieges gegen Slowenien aus. Als Torsten Jansen (HSV) per Tempogegenstoß einen 5:0-Lauf zur 6:3-Führung einwarf (12.) und die Zuschauer erstmals rasten, versuchte Tunesiens Coach Sead Hasanefendic, das Momentum der Deutschen mit einer Auszeit zu stoppen. Vergeblich. Wie von einer Maschine gesteuert, bauten die Deutschen ihren Vorsprung kontinuierlich aus. Nun traf auch Pascal Hens, wie er wollte. Beim 19:11 zur Pause war die Partie bereits entschieden.

Die zweite Halbzeit geriet zur Kür. Nun zauberten die deutschen Spieler, und dabei gelang ihnen beinahe alles. Als der Kieler Linksaußen Dominik Klein, bedrängt von zwei Gegenspielern, aus vollem Lauf aus spitzem Winkel traf, juchzte die Halle – aber die Schiedsrichter pfiffen dieses Kunstwerk des Handballs ab. Am klaren Sieg änderte auch nichts mehr, dass Brand nun auch einigen Leuten aus der zweiten Reihe die Chance zur Bewährung gab. „Die deutsche Mannschaft wird wachsen", war sich

Die Atmosphäre war überall überwältigend.

danach nicht nur Tunesiens Trainer Sead Hasanefendic sicher. Die deutsche Mannschaft war in die richtige Spur gekommen.

Die Statistik:
Fritz (1.- 55. Minute, 16 Paraden), Bitter (55.-60.; 2 Paraden); Hens (5), Roggisch, Klein (3/1), Preiß (4), Glandorf (1), Baur (2/2), Zeitz (7), Jansen (4), Kraus (3), Kehrmann (3), Kaufmann (1), Schwarzer (2).

27. Januar 2007: Deutschland gegen Frankreich 29:26 (14:9) – die Geburt des Michael Kraus zum Star des deutschen Handballs

Immer wieder dieses eine Wort: „Sensationell." Bundestrainer Heiner Brand benutzt es eigentlich recht selten. Weil die meisten Aktionen, die vor ihm auf dem Handballfeld liegen, eben nicht sein Aufsehen erregen, sondern vielmehr einem ausgeklügelten Plan oder langjähriger Aufbauarbeit entspringen. Doch an diesem Samstagnachmittag vor 12.000 freudetrunkenen Zuschauern in Dortmund, nach diesem glorreichen 29:26 (14:9)-Sieg gegen Europameister Frankreich, der den Einzug in das Kölner

Viertelfinale besiegelte, war alles anders. Die Leistung des 23-jährigen Newcomers Michael Kraus, der bisher ein gruseliges Turnier gespielt hatte, nun aber, da er den verletzten Regisseur Markus Baur ersetzen musste, mit sieben Toren in acht Versuchen geradezu explodiert war? – „Sensationell!" Die famose Performance des Keepers Henning Fritz, der sich förmlich zu einer Wand verdichtet, eine brutale Körpersprache ausgestrahlt und alle drei Siebenmeter der Franzosen pariert hatte? – „Sensationell!" Die brodelnde Atmosphäre in der ausverkauften Westfalenhalle? – „Sensationell!" Auch die 6:0-Deckung hatte sich laut Brand „sensationell bewegt".

In der Tat war aufsehenerregend, mit welcher Wucht der motivierte deutsche Außenseiter die hoch gewetteten Franzosen im „Wembley des deutschen Handballs" vom Parkett gefegt hatte. Die Basis legte die deutsche Deckung, die speziell in der ersten Halbzeit nahezu das Ideal einer Defensive erreichte. Torhüter Henning Fritz, der damit seine jahrelange Formkrise endgültig zu den Akten der Handballgeschichte legte, entnervte die Weltstars Karabatic und Narcisse mit seinen Reflexen (und gewann, welch süßer Triumph, auch klar das Duell gegen seinen Kieler Vereinskameraden Thierry Omeyer). Fast alle Mannschaftsteile, die Brand bei der Niederlage gegen Polen noch große Sorgen gemacht hatten, liefen nun wie geölt: Nun fanden die katapultartigen Stemmwürfe von Christian Zeitz den Weg in die Maschen des französischen Tores, und als der Kieler nach zwei Zeitstrafen von einem Platzverweis bedroht war, sprang Holger Glandorf mit einer Selbstverständlichkeit in die Bresche, als sei dies keine WM im eigenen Land, sondern ein unbedeutendes Vorbereitungsspiel.

Zu einer Sensation geriet indes der Auftritt des noch unerfahrenen Aufbauspielers Michael Kraus – zumal der Göppinger seinen Kapitän Markus Baur, der nach einer Waden-Verletzung ausgefallen war, bereits nach vier Minuten ersetzen musste. Sein erstes Tor aus dem Rückraum, ein frecher Sprungwurf aus halblinker Position, gab ihm einen ganzen Tank voll Selbstbewusstsein, und am Ende hatte er die französische 3:2:1-Deckung, die als aggressivste und beste der Welt galt, mit seiner Schnelligkeit regelrecht auseinander genommen. Beim 8:4 (17.) führte das von ihm nach vorn getriebene deutsche Team erstmals mit vier Toren, immer wieder fanden die ansatzlosen Hüftwürfe von Kraus den Weg in die Maschen.

Einen weiteren großen Tag seines an großen Tagen nicht eben armen Torwartlebens genoss der Kieler Keeper Henning Fritz. Vor allem seine Paraden produzierten in der Westfalenhalle wahre akustische Stürme. Der 32-Jährige beendete auch die Aufholjagd der Franzosen, die mit ihrer aggressiven Manndeckung in der zweiten Halbzeit die Deutschen ein wenig aus dem Konzept gebracht hatten. Als Fritz zwei Minuten vor der Schlusssirene, beim Stand von 28:26, auch den dritten Siebenmeter Frankreichs entschärfte, diesmal gegen seinen Vereinskameraden Nikola Karabatic, war die bis dato größte Überraschung dieses Turniers besiegelt. Den Rest besorgte der verletzte Baur mit einem trockenen Siebenmeter gegen Omeyer. Dieses Spiel war mehr als nur ein Sieg – es brachte die Gewissheit, nun auch das Unmögliche realisie-

"Mimi" Kraus – die Geburtsstunde eines neuen Stars.

ren zu können. „Seit diesem Spiel wusste ich, dass wir dieses Turnier gewinnen können", verriet Linksaußen Torsten Jansen nach der WM.

Die Statistik:
Fritz (1.-53., 57.-60. Minute, 16 Paraden), Bitter (53.-57., keine Parade); Hens (4), Roggisch, Klein (1), Preiß, Glandorf (5), Baur (1/1), Zeitz (4), Jansen (3), Kehrmann (2), Kaufmann (1), Schwarzer (1).

28. Januar 2007: Deutschland gegen Island 33:28 (17:11) – die deutsche Siegesserie hält an

Der letzte Gang des Spiels führte Christian Schwarzer zum Bundestrainer. Noch immer war es krachend laut in der ausverkauften Dortmunder Westfalenhalle, die 12.000 Fans feierten den jederzeit ungefährdeten 33:28 (17:11)-Sieg gegen den Geheimfavoriten aus Island, und die Kollegen bereiteten sich schon auf die obligatorische Welle auf den Rängen vor. Schwarzer aber marschierte inzwischen zu Heiner Brand, klopfte ihm auf die Schulter, beide lächelten sich an, es folgte eine kurze Umarmung. „Wir können alle vier Spiele in der Hauptrunde gewinnen", hatte Schwarzer nach der herben 25:27-Niederlage in der Vorrunde gegen Polen behauptet. Nun hatte die deutsche Mannschaft tatsächlich diese vier Partien in der Hauptrunde gewonnen, dazu alle recht deutlich. Doch Schwarzer verbarg die Genugtuung über seine in Erfüllung gegangene Prognose. „Das liegt vor allem an der positiven Grundeinstellung des Bundestrainers", betont er. Brand selbst wollte den aktuellen Sieg nicht überbewerten: „Man hat gemerkt, dass die letzten neun Tage für beide Mannschaften sehr anstrengend waren."

In Dortmund ging es lediglich darum, mit einem Sieg mindestens den zweiten Platz in der Hauptrundengruppe I zu erreichen und so dem stark eingeschätzten Olympiasieger Kroatien um Superstar Ivano Balic zunächst aus dem Weg zu gehen. Als dies souverän gelungen war, legte selbst der Bundestrainer seine Zurückhaltung für einen Moment ab: „Jetzt bin ich bereit, weiter anzugreifen", sagte er, „und wenn ich die Kommentare meiner Mannschaft höre, sind es meine Spieler auch." Das waren forsche Töne, die man lange nicht gehört hatte von Brand. Auch ohne die Gewissheit, den verletzten Kronauer Rückraumstar Oleg Velyky (Kronau) bei den Finalspielen einsetzen zu können, war das Selbstbewusstsein auch bei ihm gewachsen.

Der letzte Sieg gegen Island geriet zu einem Muster ohne höheren Wert. Denn Islands Coach Alfred Gislason schonte seine Stars Olafur Stefansson, Robert Gunnarsson und Logi Geirsson über weite Strecken der Partie. Dass die deutsche Mannschaft dennoch die Spannung nie verlor und schon früh, beim Stand von 4:4 in der zehnten Minute, innerhalb von fünf Minuten auf 9:4 davonzog und so die Partie entschied, fand das Wohlgefallen des Trainers. „Dass dabei Schwankungen zu verzeichnen waren, das muss man der Mannschaft einfach zugestehen", zeigte Brand Verständnis. Nach der Halbzeit setzte dann auch der Bundestrainer Stars wie Hens, Zeitz oder Jansen auf die Bank und ließ bislang kaum eingesetzte Profis wie Lars Kaufmann oder Dominik Klein spielen. An der deutschen Dominanz änderte das wenig. Zur rechten Zeit hatte sich der Gastgeber in einen Rausch gespielt.

Die Statistik:
Tor: Fritz (1.- 30. Minute, 8 Paraden), Bitter (31.-60., 8 Paraden); Hens (6), Roggisch, Klein (5), Preiß (1), Glandorf (4), Zeitz (2), Jansen (2), Klimovets, Kraus (5), Kehrmann (1), Kaufmann (4), Schwarzer (3).

Das erste Drama im Viertelfinale

30. Januar 2007: Deutschland gegen Spanien 27:25 (15:12)

Die 19.000 Zuschauer standen schon seit Minuten, nicht wenige von ihnen fassten sich ans Herz, andere vergruben den Kopf in ihre Hände, eine solche Dramatik hatte das Viertelfinale der XX. Handball-Weltmeisterschaft zwischen Deutschland und Titelverteidiger Spanien entfacht. In den Schlussminuten brodelte es in der KölnArena, die Masse kochte, und dann kulminierte diese sechzigminütige Ekstase, die Halle barst förmlich durch den lauten Aufschrei, als Torsten Jansen (HSV Hamburg) drei Sekunden vor Schluss in den Wurfkreis sprang und zum 27:25-(15:12)-Endstand einwarf. Nach dem Handball-Krimi, der an das historische olympische Viertelfinale von Athen 2004 heranreichte, lief minutenlang eine Welle durch das weite Rund der riesigen Arena. „Jetzt können wir uns nur noch selbst schlagen", meinte Abwehrchef Oliver Roggisch, der sich gegen Uríos de Fonseca, den „besten Kreisläufer der Welt" (Bundestrainer Brand), packende Zweikämpfe geliefert hatte. Kreisläufer Christian Schwarzer war ebenfalls euphorisiert, hatte das Ziel aber noch nicht aus den Augen verloren: „Wir haben die Sache noch nicht beendet." Der Gastgeber war wild entschlossen, den ersten WM-Titel seit 1978 zu feiern.

Wie schon in den Tagen zuvor empfing erneut ein einziges Meer aus schwarz-rotgoldenen Fahnen die deutsche Mannschaft, dazu eine Lautstärke, die eine Zumutung darstellte für die Trommelfelle. Der gewaltige Druck, der sich auf den Rängen entlud, verunsicherte den Weltmeister spürbar: Die ersten Würfe wurden von Sebastian Preiß, der gemeinsam mit Roggisch überragende Arbeit im Zentrum der 6:0-Abwehrformation leistete, sowie Christian Zeitz geblockt – und als Preiß einen Gegenstoß aus der Nahdistanz zur frühen 2:0-Führung einwarf, tobten die 19.000 Zuschauer erstmals. Drei Minuten später lachte Keeper Henning Fritz, als nämlich Iker Romero einen Siebenmeter nur an die Latte setzte. Dass die deutsche Mannschaft den Gegner nicht schon in den ersten zehn Minuten förmlich überrollte, lag allein am spanischen Keeper David Barrufet – der 36-Jährige vom FC Barcelona wies erneut sein Weltklasseformat nach, als er nacheinander aus kürzester Distanz gegen Florian Kehrmann, Michael Kraus und Preiß parierte. Dennoch sah sich der spanische Coach Juan Carlos Pastor schon in der zwölften Minute, nachdem Kehrmann einen Gegenstoß zum 6:3 verwandelt hatte, zu einer Auszeit gezwungen. Aber auch die folgende Umstellung vom 6:0- auf ein offensiveres 5:1-System irritierte den deutschen Positionsangriff um den sensationell aufgelegten Spielmacher Kraus keineswegs. Der unerfahrene 23-Jährige umkurvte die physisch überlegenen Verteidiger, teils wie er wollte, und erwies sich, wie schon im Spiel gegen Frankreich, als herausragender Ballverteiler.

Obwohl der Titelverteidiger den spanischen 110-kg-Koloss am Kreis, den eingebürgerten Kubaner Uríos des Fonseca, immer besser einsetzte, verlor der Gastgeber

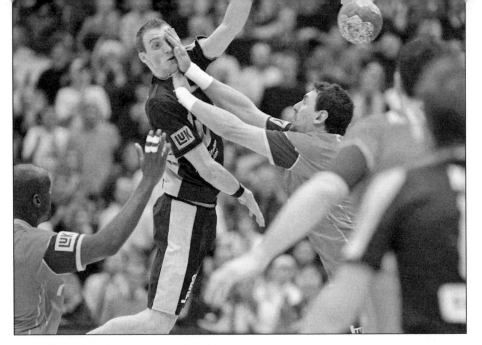

Holger Glandorf und Perez schenkten sich nichts.

seinen Vorsprung zunächst nicht. Daran hatte auch Keeper Fritz immensen Anteil: Beim Stand von 9:7 (17.) parierte er einen Siebenmeter von Tomas, danach freie Würfe von Alberto Entrerrios und Belaustegui. Eine kleine Vorentscheidung verpasste Kehrmann, als er beim Stand von 13:9 (25.) einen Siebenmeter am Tor vorbeizirkelte.

Danach zeigten die spanischen Individualisten, allen voran Iker Romero, wiederholt ihre große Klasse – aber die Deutschen kompensierten diese eigentliche Überlegenheit des Gegners durch exzellent herausgespielte Angriffssysteme und durch eine Verteidigung, die zwar hart, aber im erlaubten Bereich agierte. Nach der Halbzeitpause wehrten sich die Spanier vehement gegen die drohende Entthronung als Weltmeister, vor allem der bärenstarke Uríos, der bis zum 18:16 vier Tore in Folge erzielte. Die deutsche Mannschaft verlor dennoch nie die Nerven, spielte ihre Konzepte im Angriff weiterhin eiskalt zu Ende. Bei jedem Tor der Deutschen bebte die Halle, und jedem spanischen Fehlwurf folgte ein akustischer Sturm. Aber weil die deutschen Fehlwürfe sich nun häuften, konnten die Spanier durch Raul Entrerrios zum 23:23 (52.) ausgleichen. Doch dann triumphierte die schiere Willenskraft: Glandorf und Schwarzer erhöhten postwendend wieder auf 25:23 (54.), und dann sicherte Jansen per Siebenmeter (59.) und von Außen diesen Sieg, der sicher seinen Platz in der Handballgeschichte finden wird.

Die deutsche Statistik:
Fritz (1.-60., 11 Paraden), Bitter (bei einem Siebenmeter), Hens (3), Roggisch, Klein, Haaß, Preiß (2), Glandorf (5), Zeitz (3), Jansen (6/4), Kraus (2), Kehrmann (4), Schwarzer (2).

Das Halbfinale – ein Drama in 80 Minuten

1. Februar 2007: Deutschland gegen Frankreich 32:31 (27:27, 21:21, 11:12)

Ein letzter schwarz-rot-goldener Orkan zog durch die riesige KölnArena nach dieser nervenaufreibenden Schlacht, verwandelte die 19.000 Zuschauer in eine wogende, brodelnde Masse, als der unglaubliche Henning Fritz ein letztes Mal mit einem Sensationsreflex einen Wurf entschärfte und ihn tatsächlich festhielt, diesen deutschen Sieg im Halbfinale der XX. Handball-Weltmeisterschaft. Diese mitreißenden 80 Minuten vor der atemberaubenden, aufreibenden und lärmenden Kulisse von 19.000 fanatischen Zuschauern, dieses 32:31 (27:27, 21:21, 11:12) nach zweimaliger Verlängerung, werden lange Zeit als Synonym für puren Handball in den Geschichtsbüchern gelten. Nicht nur die Mienen der entkräfteten Zuschauer, auch diejenigen der Spieler verrieten danach, welche Gebirge von Emotionen dieser sensationelle Sieg ausgelöst hatte: Fritz schüttelte immer wieder den Kopf, nachdem ihn Oliver Roggisch, sein Abwehrchef, auf den Schultern durch die Arena getragen hatte; Christian Schwarzer heulte

Auf Pascal Hens war in allen Spielen Verlass.

Sturzbäche von Freudentränen, als er zu seiner Familie auf den Rängen eilte und seinen Sohn auf die Spielfläche holte; und auch Florian Kehrmann, der sonst so coole und lässige Weltklasse-Rechtsaußen, hatte noch 20 Minuten danach keine Worte gefunden. „Ich kann nicht viel sagen", sagte er, nachdem er seinen Vater auf der Tribüne lange umarmt hatte, „das war größer als alles andere, noch größer als das in Athen." Er meinte das olympische Viertelfinale, in dem Deutschland den gleichen Gegner erst im Siebenmeter-Werfen bezwungen hatte.

Bundestrainer Heiner Brand hatte ebenfalls erkennbare Probleme, die Dinge einzuordnen. „Ich bin selbst etwas verwirrt, erwarten Sie deshalb bitte keine scharfsinnige Analyse, es sind so viele Dinge auf uns eingestürmt in diesen 80 Minuten", entschuldigte er sich nach der Partie, er betonte nur die „Dominanz der Abwehrreihen". Und natürlich habe er „sehr intensiv gespürt, dass die Zuschauer auf unserer Seite waren", scherzte er mit gewohnt trockenem Humor, weshalb er die Spieler „wegen der Lautstärke überhaupt nicht mehr" habe erreichen können.

Das ganze Spiel war eine einzige Abwehrschlacht, ein Festival der Defensivformationen, die die gegnerischen Angreifer mit einem unglaublich hohen Kraftaufwand förmlich aufrieben – durchaus typisch für Spiele in diesem finalen Turnierstadium. Zunächst erwies sich die deutsche 6:0-Formation um Roggisch, der diesmal den genesenen Klimovets statt Preiß an seiner Seite hatte, als eine Spur erfolgreicher; sie verschob extrem schnell hin und her und nahm den französischen Rückraumschützen die Luft zum Atmen, und wenn dennoch jemand durchkam, entschärfte der sensationell aufgelegte deutsche Keeper Henning Fritz eine Serie von Bällen. Die Deutschen führten schnell mit 3:1 (8. Minute) und 5:3 (12.). Aber die Franzosen spielten allmählich nun durch Nikola Karabatic und Daniel Narcisse ihre individuelle Überlegenheit aus und gingen beim 5:6 (18.) erstmals in Führung. Als Kehrmann aber, gedanklich fix, per direkt verwandeltem Freiwurf noch vor der Pause zum 11:12 verkürzte, war die Kulisse wieder da.

Nach dem Seitenwechsel nahm ein ohnehin schon unglaubliches Handballspiel einen noch unglaublicheren Verlauf. Von jetzt an wurde jeder Block bejubelt, jeder Ballgewinn der deutschen Mannschaft frenetisch gefeiert. Stets aber führten die Franzosen, der Weltmeister von 1995 und 2001. Das ernüchternde 15:17 durch Abati (47.) konterte Kapitän Markus Baur umgehend mit einem Siebenmeter. „Er hat uns durch die Siebenmeter und durch seine bloße Anwesenheit sehr geholfen", freute sich Brand über das Comeback des Lemgoers, der 19 Sekunden vor Schluss aus ungünstiger Position auch die erste Verlängerung erzwang. Sekunden vor Schluss parierte Fritz wie in Trance einen brutalen Hüftwurf seines Vereinskollegen Karabatic. Ab sofort ging es nur noch um eins: Willensstärke.

In der ersten Hälfte der Extrazeit bekam die deutsche Deckung Narcisse nie in den Griff und geriet immer wieder in Rückstand. Aber es ging immer hin und her, nie lag ein Team mit mehr als einem Tor zurück. Sensationell, dass das deutsche Team

Die deutsche Abwehr arbeitete grandios.

sogar unter größtem Druck einen formvollendeten Kempa-Trick durch den Kieler Dominik Klein auspackte, der den völlig ausgepumpten Jansen nun im Angriff ersetzte – die Zuschauer waren entrückt. Die zweite Verlängerung machte schließlich der Nordhorner Holger Glandorf mit einem Gewaltwurf zum 27:27 perfekt.

Am Ende der zweiten Verlängerung brachte Brand dann mit dem unerfahrenen Lars Kaufmann seinen letzten Joker – und der Wetzlarer schlug tatsächlich ein, warf das 31:30 (78.) und erzwang dann durch ein Foul an ihm den entscheidenden Siebenmeter. „Ich habe die ganze Zeit auf diese Chance gewartet", sagte Kaufmann später. Eine Minute vor Ultimo verwandelte Baur eiskalt. Danach wurde es hektisch, und Guigou und Jansen beklagten haarsträubende Ballverluste. Dann pfiffen die schwedischen Schiedsrichter ein reguläres Tor Guigous ab – zum Entsetzen der französischen Bank. Die letzten beiden Sprungwürfe durch Narcisse entschärfte dann Fritz, der damit endgültig zum Helden des Tages avancierte – und ein weiteres Kapitel deutscher Handballgeschichte geschrieben hatte.

Die Statistik:
Fritz (1.-80. Minute, 17 Paraden), Bitter (bei einem Siebenmeter); Hens (4), Roggisch, Klein (3), Glandorf (5), Baur (5/4), Zeitz (3), Jansen (3), Kraus (2), Kehrmann (4), Kaufmann (1), Klimovets, Schwarzer (2).

Das Finale – Krönungsmesse in der KölnArena

4. Februar 2007: Deutschland gegen Polen 29:24 (15:12)

Der schwere Pokal des Weltmeisters war längst übergeben, 19.000 Kehlen hatten die deutsche Nationalhymne mit maximaler Inbrust intoniert und reichlich Champagner war bereits geflossen, als sich Lars Kaufmann die Hauptfigur des Abends und des ganzen Turniers schnappte: Heiner Brand. Geschultert vom hünenhaften Rückraumspieler aus Wetzlar, die Medaille des Siegers um den Hals, empfing der zurückhaltende Bundestrainer nun den frenetischen Dank der Menge in der riesigen KölnArena. „Heiner, Heiner", huldigte die Menge dem 54-jährigen Gummersbacher nach dem 29:24 (17:13)-Erfolg im Endspiel der XX. Weltmeisterschaft gegen die starken Polen, der den dritten deutschen WM-Titel seit 1938 und 1978 gesichert hatte. „Ganz ehrlich, ich habe das vor drei Monaten oder sogar vor drei Wochen nicht für möglich gehalten", räumte Brand hinterher ein und war „sehr stolz auf die Mannschaft".

Er, der allergrößten Wert auf Mannschaftsgeist legt, machte „allen Mannschaftsmitgliedern ein Riesenkompliment", speziell Spielern wie Lichtlein, Hegemann, Hermann und Schröder, die nicht zum Einsatz gekommen waren. „Sie alle haben sich vorbildlich verhalten." Und offenbar war auch die Mannschaft mit ihrem Trainer zufrieden: Alle hatten sich, als Geste des Dankes, einen riesigen Schnauzbart angeklebt, seit Jahren das Markenzeichen des Bundestrainers. Auch Polens Trainer Bogdan Wenta gratulierte Brand und lobte die fantastische Atmosphäre in den zwölf Hallen. „Die Zuschauer waren das Größte bei diesem Turnier", sagte Wenta, „der ganze Handball hat gewonnen." Die Spieler waren ebenfalls außer sich vor Freude nach diesem sensationellen Coup. „Für mich ist heute ein Märchen in Erfüllung gegangen", meinte Torwart Henning Fritz, der beste Torhüter des Turniers, der in der 35. Minute verletzt ausgewechselt – und von Johannes Bitter glänzend ersetzt worden war.

Obwohl die Profis bereits neun schwere Spiele in nur 17 Tagen in den Beinen hatten, ein geradezu mörderisches Programm, waren die Mannschaften mit atemberaubendem Tempo in das Finale gestartet. Anders als bei der 25:27-Vorrundenniederlage ließ sich das deutsche Team diesmal nicht überraschen und war auf den starken polnischen Rückraum (Bielecki, Tkacyk, Lijewski) glänzend eingestellt. Nur einen Rückstand durch Tkacyk zum 2:3 (sechste Minute) ließ das Team zu, danach spielte sich der Gastgeber, angetrieben durch die lärmumtoste, flirrende Atmosphäre in der ausverkauften KölnArena, wie schon in den letzten Spielen in einen Rausch und zog, initiiert durch den Ausgleich von Spielmacher Kraus, innerhalb von nur fünf Minuten auf 8:3 davon, als mit dem Hamburger Linksaußen Torsten Jansen der beste Feldspieler eines seiner acht Tore erzielte. Auch Torhüter Henning Fritz bestätigte seine herausragende Form der letzten Spiele und hielt allein in Halbzeit Eins zehnmal gegen die wuchtigen Rückraumspieler der Osteuropäer. Durch zu viele Fehlversuche

Torsten Jansen spielte das „Spiel seines Lebens".

(Zeitz), unkonzentrierte Abschlüsse und technische Fehler aber blieb der WM-Dritte von 1982 in Schlagdistanz, verkürzte zum 11:8 (19.) durch Jurasik und sogar zum 14:12 (28.) durch Marcin Lijewski. Zur Pause aber waren die Deutschen beim 17:13 wieder davongezogen.

Nach der Pause erhöhte das wie entfesselt wirkende Brand-Team zügig auf 20:14 (33.) – und trotzdem bangte nun die Masse auf den Rängen, als sich nämlich Fritz bei einer Parade gegen Jurasik einen Muskelfaserriss zuzog. „Das war ein kleiner Schock", erklärte Brand die nun folgende, unerklärliche Schwächephase beim WM-Gastgeber: Trotz zwischenzeitlicher 6:4-Überzahl, in der Kapitän Baur einen Siebenmeter vergab, witterten die Polen nun ihre Chance und hatten nach dem 21:14 (37.) nur acht Minuten später, beim 22:21 (45.), den Anschluss wieder hergestellt. Die Wende stand kurz bevor. Den drohenden Ausgleich verhinderte jedoch der nun erstarkende Bitter, der nun zweimal gegen den freistehenden Jurasik und einmal gegen Tkaczyk parierte. Mit einer sagenhaften Quote von 50 Prozent gehaltenen Bällen schwang sich der Magdeburger Keeper zu einem der vielen Matchwinner empor. Dann brach der Hamburger Pascal Hens mit zwei krachenden Sprungwürfen zum 24:21 (50.) den Bann. Zwei Tore durch Linksaußen Jansen, der mit acht Toren aus acht Versuchen das Maximale herausholte, sowie zwei Konter Kehrmanns entschieden das Spiel. Der Rest war nur noch Rausch und ekstatischer Jubel. Ein sportliches Wunder hatte ein märchenhaftes Ende gefunden.

Die deutsche Statistik:
Fritz (1.-35. Minute; 13 Paraden), Bitter (35.-60., 9 Paraden); Hens (6), Roggisch, Klein, Glandorf (2), Baur, Zeitz (3), Jansen (8/1), Klimovets (1), Kraus (4), Kehrmann (4), Kaufmann, Schwarzer (1).

Die 17 Weltmeister 2007 in Kurzporträts

Henning Fritz, THW Kiel, Torwart
(* 21. September 1974, Magdeburg)
Handballprofi, Groß- und Außenhandelskaufmann
Länderspiele/Tore: 209/-
Debüt: 4. November 1994 in Magdeburg gegen Ungarn
Stationen: Dynamo Magdeburg, TuS Fortschritt Magdeburg, SC Magdeburg, THW Kiel (seit 2001)
Sportliche Erfolge: Europameister 2004, Olympia-Zweiter 2004, Vize-Weltmeister 2003, Vize-Europameister 2002, EM-Bronze 1998, 4 x Deutscher Meister (2001, 2002, 2005, 2006), Pokalsieger 1996, 4 x EHF-Pokalsieger (1999, 2001, 2002, 2004), Welthandballer 2004, Handballer des Jahres 2004

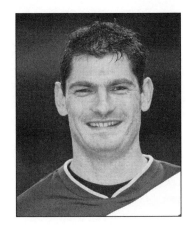

Befand sich vor dem Turnier, da bei seinem Klub THW Kiel nur dritte Wahl, in der größten sportlichen Krise seiner Laufbahn. Dennoch setzte Brand auf ihn. Noch in der Vorrunde waren seine Auftritte reichlich durchwachsen, da haderte er noch sehr mit sich. Im ersten Hauptrundenspiel gegen Slowenien explodierte er, und spätestens mit dem Spiel gegen Frankreich, als er alle drei Siebenmeter hielt und zum Helden des Tages avancierte, haftete ihm wieder diese Aura der Unbesiegbarkeit an. In den Kölner Finalspielen wurde er schließlich zum „Super-Fritz" *(Bild-Zeitung)* – und danach zu Recht zum besten Torwart des Turniers gewählt. Auf dem Feld eine aggressive Körpersprache ausstrahlend, mag es „der Professor", wie ihn die Kollegen wegen seiner Brille nennen, abseits des Sports eher ruhig und beschaulich. Für den zweifachen Vater, ein ausgesprochener Familienmensch, ist mit dem WM-Titel „ein Märchen in Erfüllung gegangen".

Johannes Bitter, SC Magdeburg, Torwart
(* 2. September 1982, Oldenburg)
Handballprofi, Sportmanagement-Student
Länderspiele/Tore: 66/2
Debüt: 4. Januar 2002 in Balingen gegen die Schweiz
Stationen: HSG Neuenburg/Bockhorn, SG Varel/Altjührden, HV Wilhelmshaven, SC Magdeburg, ab 2007: HSV Hamburg
Sportliche Erfolge: WM-Neunter 2005, EM-Fünfter 2006

Spielte lediglich gut 14 Minuten pro Spiel, gehörte aber ebenfalls zu den Senkrechtstartern des Turniers. Als es im Endspiel ernst wurde und er, beim Stand von 20:14, den verletzten Fritz ab der 35. Minute ersetzen musste, schwang er sich nach kurzer Warmlaufphase zu einer Sensationsform auf und parierte zehn von 20 Würfen – vor allem die drei Würfe von Jurasik (2) und Tkaczyk, die den Ausgleich bedeutet hätten. Seine Quote über das ganze Turnier war mit 38 Prozent sogar höher als die von Fritz (36). Da ausgesprochen extrovert, der perfekte Back-up zu Fritz. Machte enorm Betrieb auf der Bank, peitschte seine Mitspieler stets nach vorn. Medientauglich wie kaum ein anderer, wie sein schöner, pathetischer Satz nach dem Finale beweist: „Dieser Titel macht uns nahezu unsterblich."

Carsten Lichtlein, TBV Lemgo, Torwart

(* 4. November 1980, Würzburg)
Handballprofi, Steuerfachangestellter
Länderspiele/Tore: 76/1
Debüt: 27. November 2001 gegen Österreich, in Aichwald.
Stationen: TV Kirchzell, TV Großwallstadt, TBV Lemgo
    (seit 2005)
Sportliche Erfolge: WM-Neunter 2005, EHF-
    Pokalsieger 2006

Gewissermaßen der Günter Hermann des Handballs. Wie 1990 der Fußballprofi von Werder Bremen spielte der Lemgoer bei der WM keine Sekunde und darf sich jetzt dennoch „Weltmeister" nennen. Wurde von Brand für die Hautprunde in den 16er-Kader nominiert, vor dem Viertelfinale jedoch durch Michael Haaß ersetzt, da Baur angeschlagen war. Kennt dieses Prozedere schon seit Jahren, bereits bei der EM 2004 in Slowenien saß er nur auf der Tribüne. Allein in Tunesien 2005 kam er bei einem großen Turnier zum Einsatz. Den Kindern und Jugendlichen im oberbergischen Wiehl machte es nichts. Am Morgen nach dem Finale bestürmten sie ihn geradezu, flehten um Autogramme.

Pascal Hens, HSV Hamburg, Rückraum links

(* 26. März 1980, Daun)
Handballprofi, Bürokommunikationskaufmann
Länderspiele/Tore: 132/388
Debüt: 13. März 2001 in Rostock gegen Norwegen
Stationen: TG Kastel, TV Kostheim, Eintracht Wiesbaden,
    SG Wallau/Massenheim, HSV Hamburg (seit 2003)
Sportliche Erfolge: Europameister 2004, Olympia-Zweiter 2004, Vize-Weltmeister 2003, Vize-Europameister 2002, EM-Fünfter 2006, Pokalsieger 2006, Supercup-Gewinner 2001

Eine der entscheidenden Figuren bei der WM. Nach den für ihn typischen Problemen in der Vorrunde setzte er gegen Slowenien das entscheidende Signal, als er sich in Unterzahl durchtankte und seine zwei sensationellen Sprungwürfe mit gefühlten 300 km/h im Netz einschlugen. Danach zwar stets mit Licht und Schatten, was freilich kein Wunder ist, da er mit seinen 2,03 m der einzige klassische „Shooter" im deutschen Rückraum ist. Im Endspiel aber wieder ein Schlüsselakteur: Seine beiden Treffer zum 24:21 versetzten den Polen den Knock-out. Außerdem deckte er gut auf der linken Außenposition. „Pommes", wie er wegen seiner vergleichsweise dünnen Arme genannt wird, streifte mit diesem Turnier endgültig den Makel ab, sich stets bei großen Turnieren zu verletzen (so wie in Athen 2004 oder bei der WM 2005). Besitzt wegen seiner auffälligen Irokesenfrisur und seines lässigen Auftretens das größte Vermarktungspotenzial aller Weltmeister – und hat mit 26 Jahren noch die besten Zeiten vor sich.

Oliver Roggisch, SC Magdeburg, Kreisläufer

(* 25. August 1978, Villingen)
Handballprofi, Groß- und Außenhandelskaufmann
Länderspiele/Tore: 62/19
Debüt: 15. März 2002 in Dessau gegen die Schweiz
Stationen: TuS Schutterwald, Frisch Auf Göppingen, TuSEM Essen, SC Magdeburg, ab 2007: SG Kronau-Östringen
Sportliche Erfolge: WM-Neunter 2005, EM-Fünfter 2006, EHF-Pokalsieger 2006

Wurde von Trainer Brand zum „Schlüsselspieler" geadelt. Da offensichtlich übermotiviert, überschritt er in der Vorrunde noch zuweilen die Grenzen, so in dem Spiel gegen Polen, als er in der 50. Minute nach drei Zeitstrafen vom Platz musste. Nicht zufällig zerbröselte danach die deutsche Defensive. „Olli schießt manchmal über das Ziel hinaus", mahnte Brand da noch. Danach begeisterte Roggisch mit seiner Beweglichkeit, seinem Antizipationsvermögen und den fantastischen Blocks (diese Wertung führte er gemeinsam mit dem Franzosen Dinart an) nicht nur die Fachleute des Handballs – und irritierte das große Publikum nach dem Viertelfinale gegen Spanien, in dem er sich wahre Ringkämpfe mit Uríos geliefert hatte, mit seinen Kommentaren über sein Veilchen („das hat wirklich Spaß gemacht"). Riss die Mannschaft mit seiner Leidenschaft und Entschlossenheit („Wir können uns nur noch selbst schlagen") förmlich mit. Übertraf insgesamt noch die bereits herausragende Leistung bei der EM 2006. Dass er kaum in der Offensive eingesetzt wird, ist ihm egal: „Ich spiele lieber in der Abwehr um die Weltmeisterschaft als in der 2. Liga im Angriff."

Dominik Klein, THW Kiel, Linksaußen

(* 16. Dezember 1983, Miltenberg)
Handballprofi, Informatikkaufmann
Länderspiele/Tore: 40/83
Debüt: 5. Juni 2005 in Tel Aviv gegen Israel
Stationen: TuS Obernburg, TV Großwallstadt, SG Wallau-Massenheim, TV Großwallstadt, THW Kiel (seit 2006)
Sportliche Erfolge: EM-Fünfter 2006

Der „Benjamin" des Weltmeisters, der auch den Beachhandball liebt, spielte sich mit seiner erfrischenden Spielweise, die naiver wirkt, als sie in Wahrheit ist, in die Herzen der Zuschauer – insbesondere im dramatischen Halbfinale, als er den ausgepumpten Linksaußen Jansen hervorragend ersetzte und die KölnArena mit seinem Kempa-Trick (Vorlage Baur) in der ersten Verlängerung zum Beben brachte. Ein fast idealer Vertreter für den gesetzten Jansen – allein das Manko Kleins, nicht auf der Halbposition verteidigen zu können, verhinderte längere Einsatzzeiten. Aber wenn er kam, war er da. Erzielte mit 18 Toren in 21 Versuchen eine traumhafte Quote im Angriff (86 Prozent). Sein schon früh öffentlich geäußerter Wunsch, mit dem Weltmeistertitel „unsterblich" zu werden, ging tatsächlich in Erfüllung. Ein ausgesprochen cleverer, zugänglicher und offener Typ, der sicher bald zu den bekanntesten Gesichtern des deutschen Handballs gehören wird.

Michael Haaß, SG Kronau-Östringen, Rückraum Mitte

(* 12. Dezember 1983, Essen)
Handballprofi, Student (Elektrotechnik)
Länderspiele/Tore: 18/19
Debüt: 14. April 2006 gegen Dänemark in Paris
Stationen: VfB Frohnhausen, TV Cronenberg, TuSEM Essen, HSG Düsseldorf, SG Kronau-Östringen (seit 2006)
Sportliche Erfolge: EHF-Pokalsieger 2005

Nahm seine Rolle als vielseitig einsetzbarer Vertreter stillschweigend hin. Spielte allein in der Vorrunde gute 20 Minuten, erzielte dabei ein Tor. Zur Hauptrunde nahm ihn Brand wieder aus dem Kader, für die Finalspiele in Köln gehörte er wieder dazu, kam jedoch nicht mehr zum Einsatz, da Baur, dessen Notnagel er darstellte, bis zum Ende durchhielt. Die Zeit des talentierten Mittelmanns wird sicher noch kommen.

Sebastian Preiß, TBV Lemgo, Kreisläufer

(* 8. Februar 1981, Ansbach)
Handballprofi, BWL-Student
Länderspiele/Tore: 63/176
Debüt: 4. Januar 2002 gegen die Schweiz
Stationen: TSV Stein, HG Quelle/Fürth, TSV Zirndorf, HG Erlangen, THW Kiel, TBV Lemgo (seit 2005)
Sportliche Erfolge: WM-Neunter 2005, EM-Fünfter 2006, Deutscher Meister 2002, EHF-Pokalsieger 2006

Bestätigte seine guten Leistungen aus der Vorbereitung. Schon in der Vorrunde war der zurückhaltende Franke, im Gegensatz zu vielen Kollegen, in bestechender Form, verwandelte seine Chancen am Kreis und ackerte neben Roggisch in der Innenverteidigung. Zeigte in der Abwehr gegen Spanien ein herausragendes Spiel. Da er aber im Angriff noch nicht die nötige Präsenz ausstrahlte, um große Mannschaften wie Spanien oder Frankreich zu beeindrucken, musste er, da Brand nun Klimovets vertraute, den beiden letzten Spielen von der Tribüne aus zusehen. Dass er mit dieser Maßnahme nicht einverstanden war, sah man ihm an. Trotzdem hielt er still. Ein Kennzeichen dieser Mannschaft.

Holger Glandorf, HSG Nordhorn, Rückraum rechts

(* 30. März 1983, Osnabrück)
Handballprofi, BWL-Student
Länderspiele/Tore: 58/155
Debüt: 4. Januar 2003 in Stuttgart gegen Ungarn
Stationen: OSC Osnabrück, HSG Nordhorn (seit 1999)
Sportliche Erfolge: WM-Neunter 2005

In der Liga ein gefürchteter Schütze auf halbrechts, hatte er die hohen Erwartungen international bislang nicht erfüllen können. Beim Turnier im eigenen Land aber gelang dem schüchternen Nordhorner auch hier der Durchbruch. Nachdem er im Hauptrundenspiel gegen Frankreich mit fünf Toren zu einem der Matchwinner avancierte, bremste ihn keiner mehr. Warf im Viertelfinale gegen die verblüfften Spanier atemberaubende Tore aus dem Rückraum, als er lange in der Luft stand und die Bälle ins Netz schmetterte – fast wie er wollte. Auch im Halbfinale gegen Frankreich gelang mit dem brachialen Wurf zum Ausgleich am Ende der ersten Verlängerung ein eminent wichtiges Tor. Ein ideales Linkshänder-Gespann mit Zeitz auf halbrechts – zumal er sich auch in der Deckung enorm verbessert zeigte.

Markus Baur, TBV Lemgo, Mittelmann

(*22. Januar 1971, Meersburg)
Handballprofi, Lehramts-Student (Sport und Geografie)
Länderspiele/Tore: 208/642
Debüt: 4. August 1994 in Balingen gegen Marokko
Stationen: TSV Mimmenhausen, VfL Pfullingen, SG Wallau-Massenheim, TV Niederwürzbach, HSG Wetzlar, TBV Lemgo (seit 2001)
Sportliche Erfolge: Europameister 2004, Olympia-Zweiter 2004, Vize-Weltmeister 2003, Vize-Europameister 2002, Deutscher Meister 2003, EHF-Pokalsieger 2006

Als Kapitän der verlängerte Arm des Trainers auf und außerhalb des Platzes. Die Anregung zur entspannenden Klangtherapie, die unter anderem Fritz für den Erfolg verantwortlich machte, kam von ihm. Zeigte am Ende seiner langen Karriere noch einmal eine Energieleistung – und half seinen jungen Kollegen, insbesondere Michael Kraus, mit seinem Selbstbewusstsein und seiner Souveränität in schwierigen Phasen. Zwar warfen ihm Kritiker immer wieder vor, als Mittelmann nicht torgefährlich genug zu sein. Seine enorme Bedeutung für das Team aber bewies er spätestens im Halbfinale gegen Frankreich, als er nach drei Spielen Abstinenz (Wadenprobleme) wieder dabei war. Hier verwandelte er nicht nur eiskalt jeden Siebenmeter, im entscheidenden Moment fasste er sich auch ein Herz und erzielte am Ende der regulären Spielzeit den umjubelten Ausgleich. Die Ansagen des Routiniers waren manchmal riskant (so die zum Kempa-Trick für Klein), aber sie passten zumeist. Ließ mit der Weltmeisterschaft alle Kritiker verstummen.

Christian Zeitz, THW Kiel, Rückraum rechts

(*18. November 1980, Heidelberg)
Handballprofi, Reiseverkehrskaufmann
Länderspiele/Tore: 140/416
Debüt: 13. März 2001 in Rostock gegen Norwegen (damals noch in der Zweiten Liga für Kronau)
Stationen: SG Kronau-Östringen, THW Kiel (seit 2003)
Sportliche Erfolge: Europameister 2004, Olympia-Zweiter 2004, Vize-Weltmeister 2003, Vize-Europameister 2002, Deutscher Meister 2005 und 2006, EHF-Pokalsieger 2004

Verblüffte die Zuschauer erneut mit seinem gewaltigen Armzug, dem die Kraft eines Katapults innewohnt. Begeisterte Team und Zuschauer mit seinen Stemmwürfen, seiner Zweikampfstärke und seiner unnachahmlichen Intuition, die sein enormes Gefühl für das Handballspiel dokumentiert – und ließ sie im nächsten Moment wieder verzweifeln, wenn einer seiner Würfe zwei Meter über das Tor rauschte. Zeigte erneut eine starke Abwehrleistung – und gewann, wie schon 2005 in Tunesien, mit 16 gestohlenen Bällen die Wertung der „Steals" mit großem Vorsprung. Hatte keinerlei Probleme, die Position des Linkshänders im Rückraum mit Glandorf zu teilen, es schien ihn sogar noch zu motivieren. Da extrem introvertiert und beinahe maskenhaft, ist er kein Mann für die großen Emotionen. Aber durch seine unvorhersehbaren Aktionen einer der faszinierendsten Handballer dieses Globus.

Torsten Jansen, HSV Hamburg, Linksaußen

(* 23. Dezember 1976, Adenau)
Handballprofi, Bankkaufman/Student (Geschichte/Politik)
Länderspiele/Tore: 119/318
Debüt: 19. Oktober 1999 in Cottbus gegen Polen
Stationen: TV Witzhelden, TV Wermelskirchen, TuSEM Essen, SG Solingen, HSG Nordhorn, HSV Hamburg (seit 2003)
Sportliche Erfolge: Europameister 2004, Olympia-Zweiter 2004, Vize-Europameister 2002, WM-Neunter 2005, EM-Fünfter 2006, Deutscher Pokalsieger 2006

Der überragende Feldspieler dieses Turniers, was wegen seines sehr zurückhaltenden Charakters leider ein wenig unterging. Warum die Jury den Kroaten Balic und nicht ihn zum wertvollsten Spieler der WM auserkor, wird vielen ewig ein Rätsel bleiben. Denn Jansen, der sich den gesamten Herbst mit Verletzungen herumgeplagt hatte und sich dann in der Vorbereitung in Ungarn noch den Oberschenkel zerrte, spielte das Turniers seines Lebens. Er war mit acht Toren in acht Versuchen nicht nur der beste Werfer des Endspiels: mit seinen 90 Prozent Wurfeffektivität (37 Tore bei 41 Würfen) über das gesamte Turnier hinweg schuf der Linksaußen womöglich eine Marke für die Ewigkeit. Sicherer 7-m-Schütze als Vertreter Baurs. Dazu in der Abwehr ein herausragender Spieler: Trotz seiner nur 1,85 m neutralisierte er seine Gegenspieler fast völlig mit seiner Fähigkeit, die Laufwege und Aktionen der Gegner zu lesen. Phänomenal.

Andrei Klimovets, SG Kronau-Östringen, Kreisläufer

(* 18. August 1974, Gomel)
Handballprofi, Sportlehrer
Länderspiele/Tore: 35/89
Debüt: 26. Oktober 2005 in Bremen gegen Kroatien
Stationen: SK Gomel, SKA Minsk, TuS Spenge, OSC Rheinhausen, SG Flensburg-Handewitt, Kronau-Östringen (seit 2005)
Sportliche Erfolge: EM-Fünfter 2006, Deutscher Meister 2004, dreimal Pokalsieger (2003-2005), fünfmal weißrussischer Meister (1990-1995)

Für den eingebürgerten Weißrussen war mit dem WM-Titel ein Traum in Erfüllung gegangen. In seiner alten Heimat zur sportlichen Bedeutungslosigkeit verdammt, feierte der Kreisläufer nun vor riesigen Kulissen den größen Erfolg seiner Karriere. „Ich bin Heiner dankbar, dass ich für Deutschland spielen darf", sagt der ruhige Familienvater (zwei Kinder). Erstmals bei der EM 2006 für Deutschland auflaufend, schenkte ihm Brand trotz seiner eben erst auskurierten Wadenverletzung das Vertrauen für das Halbfinale und das Finale. Klimovets spielte in der Innenverteidigung spektakulär, im Angriff aber setzte er sich nicht so durch wie gewohnt.

Michael Kraus, Frisch Auf Göppingen, Mittelmann

(* 8. September 1983, Göppingen)
Handballprofi, Auszubildender
Länderspiele/Tore: 37/86
Debüt: 25. März 2005 in Paris gegen Russland
Stationen: TS Göppingen, Frisch Auf Göppingen (seit 2002)
Sportliche Erfolge: EM-Fünfter 2006, EHF-Pokalfinale 2006

Zweifellos der Shooting-Star der WM. Wurde in einem Spiel berühmt: Als Stammkraft Markus Baur im Hauptrundenspiel gegen Frankreich verletzt ausfiel, warf er sofort ein rotzfreches Tor aus dem halblinken Rückraum und zerstörte den überraschten Europameister danach mit seinen blitzschnell abgezogenen Würfen aus der Hüfte. Am Ende hatte er sieben Tore in acht Versuchen erzielt, und die Handballwelt lag ihm zu Füßen – in diesem Moment war vergessen, dass Brand „Mimi" im Spiel zuvor vor laufender Kamera eine Abreibung verpasst hatte („Was spielst Du hier für eine Scheiße?"). Der ehemalige „Bravo-Boy" knüpfte auch gegen Island, Spanien, erneut Frankreich und Polen an seine Sensationsform an. Die WM hatte viele deutsche Gewinner – Kraus war einer der größten.

Florian Kehrmann, TBV Lemgo, Rechtsaußen

(* 26. Juni 1977, Neuss)
Handballprofi, BWL-Student
Länderspiele/Tore: 191/695
Debüt: 6. April 1997 in Erlangen gegen China
Stationen: HG Karst-Büttgen, TuSEM Essen, SG Solingen, TBV Lemgo (seit 1999)
Sportliche Erfolge: Europameister 2004, Olympia-Zweiter 2004, Vize-Weltmeister 2003, Vize-Europameister 2002, Deutscher Meister 2003, EHF-Pokalsieger 2006, Pokalsieger 2002, Handballer der Jahre 2002, 2003, 2006

Litt anfangs noch erkennbar an der fehlenden Matchpraxis, die der Mittelhandbruch aus dem November (und eine Titanschiene in der Hand) zur Folge gehabt hatte. Da einige seiner Trickwürfe das Ziel verfehlten, hatte der bullige Rechtsaußen am Ende eine etwas geringere Quote als üblich, lag aber immer noch bei starken 73 Prozent. War dennoch eine der wichtigsten Stützen der Mannschaft. Allein seine Präsenz produzierte manchmal Siebenmeter, so wie am Ende des Viertelfinals gegen Spanien – diese Aura hat sich „Flo" durch seine sagenhaften Auftritte seit 2002 redlich erarbeitet. Sein unerschütterliches Festhalten am Ziel WM-Titel selbst nach der Niederlage gegen Polen („Mein Ziel bleibt die Weltmeisterschaft") zog die Mitspieler wieder hoch. Außerdem mit unglaublichen 9:34-Stunden Einsatzzeit der „Dauerbrenner" des Teams. Wieder die verlässlichste Konstante in den Planungen Brands.

Lars Kaufmann, HSG Wetzlar, Rückraum links

(* 25. Februar 1982, Görlitz)
Handballprofi, BWL-Student
Länderspiele/Tore: 27/49
Debüt: 4. Januar 2003 gegen Ungarn
Stationen: Koweg Görlitz, Concordia Delitzsch, HSG Wetzlar, ab 2007 TBV Lemgo
Sportliche Erfolge: Bundesliga-Aufstieg 2005

Neben Kraus die vielleicht größte Sensation des Turniers. Vor der WM nur Insidern bekannt, hatte der Wetzlarer die verletzungsbedingten Einsätze in der Vorbereitung eiskalt genutzt und war, auch durch beeindruckende Auftritte im Mittelblock, erst im letzten Moment auf den WM-Zug aufgesprungen. Der international unerfahrenste deutsche Profi kam nur auf elf Minuten Einsatzzeit pro Spiel, erwies sich aber als extrem wertvoller Ergänzungsspieler für Hens. Als der Hamburger nach 75 Minuten des Halbfinal-Thrillers gegen Frankreich schwer pumpte, kam Kaufmann und warf mit unbändiger Kraft die Führung zum 31:30 und holte sogar noch den entscheidenden Siebenmeter heraus. „Auf diese Chance hatte ich die ganzen 75 Minuten gewartet", erklärte der introvertierte Halblinke später. Er hat sie genutzt.

Christian Schwarzer, TBV Lemgo, Kreisläufer

(* 23. Oktober 1969, Braunschweig)
Handballprofi, Reiseverkehrskaufmann
Länderspiele/Tore: 310/949
Debüt: 21. November 1989 in Wilhelmshaven gegen die DDR
Stationen: Bergedorf, Wandsbek, VfL Fredenbek, TV Niederwürzbach, FC Barcelona, TBV Lemgo (seit 2001)
Sportliche Erfolge: Europameister 2004, Olympia-Zweiter 2004, Vize-Weltmeister 2003, Vize-Europameister 2002, EM-Dritter 1998, MVP bei der WM 2003, Deutscher Meister 2003, EHF-Pokalsieger 2006

Schrieb ebenfalls eine unglaubliche Geschichte. Begann das Turnier als TV-Experte beim ZDF. Wurde dann, als Klimovets sich im zweiten Spiel verletzte, von Brand in letzter Minute nachnominiert und feierte nach über zwei Jahren sein Comeback in der Nationalmannschaft. Trotz der frustrierenden Niederlage gegen Polen behielt der routinierte Kreisläufer immer die Ruhe. Entwickelte sich mit seiner Leidenschaft und seinen Emotionen bald zum emotionalen Zentrum der Mannschaft, zum heimlichen Kapitän. Ohne seine Rückkehr wäre Deutschland nie Weltmeister geworden, weshalb Brand ihn, den er für den Prototypen eines Mannschaftsspielers hält, schon mal vorsorglich zum „Welthandballer des 21. Jahrhunderts" vorschlug. Wurde bei der Siegerehrung von den 19.000 fachkundigen Zuschauern am stürmischsten gefeiert. Zu Recht.

Statistik der deutschen Spieler

Nr.	Name	Anzahl Spiele	Einsatzzeit	Tore/ Würfe	Quote %	7m
1	Fritz	10	7:57:32			
2	Hens	10	6:01:46	47/85	55	
4	Roggisch	10	4:36:23	1/1	100	
5	Klein	10	2:19:16	18/21	86	2/2
7	Haaß	2	0:20:19	1/2	50	
8	Preiß	8	4:17:53	15/21	71	
11	Glandorf	10	4:50:06	30/60	50	
12	Bitter	10	2:24:51			
13	Baur	8	4:20:48	27/49	55	20/25
14	Zeitz	10	6:31:52	33/80	41	
15	Jansen	10	8:06:13	37/41	90	9/11
16	Lichtlein					
17	Klimovets	5	2:09:13	1/3	33	
18	Kraus	9	3:43:58	25/44	57	
19	Kehrmann	10	9:34:23	43/73	59	0/1
21	Kaufmann	10	1:52:39	11/24	46	
41	Schwarzer	8	3:12:48	15/23	65	

Torhüter

Nr.	Name	Paraden/ Würfe	Quote %
1	Fritz	106/296	36
12	Bitter	42/112	38
16	Lichtlein		
Total		148/408	36

Fazit einer grandiosen WM

Heiner Brand neigt bekanntermaßen nicht zu Superlativen, er ordnet die Dinge meist mit dem kühlen Intellekt eines Mathematikers ein, aber nach dem Endspiel der XX. Weltmeisterschaft ließ sich auch der Bundestrainer von der allgemeinen Euphorie anstecken. „Diesen Aufschwung hat wirklich niemand für möglich gehalten. Das, was in Deutschland in den letzten Wochen passiert ist, das lässt mich alles ganz ungläubig betrachten. Allein, dass die Leute kilometerlang Spalier standen, als wir heute zum Finale gefahren sind. Und auch die TV-Quoten waren unglaublich. Das alles sind Dinge, die bisher nicht denkbar waren." In der Tat: Noch nie stand der Handball so sehr im Fokus wie in den letzten Tagen des Weltturniers. Obwohl ins Vorabendprogramm versetzt, hatten bereits über zehn Millionen Zuschauer im Schnitt das dramatische Halbfinale im Fernsehen verfolgt, und dieser Rekord wurde im Endspiel noch einmal weit übertroffen – mit 16,17 Mio. Zuschauern im Schnittt (in der Spitze sogar 20,61 Millionen) waren die bisherigen Bestmarken vom olympischen Finale 2004 mehr als verdoppelt worden. Hunderte von akkreditierten deutschen Journalisten schrieben über das Finale gegen Polen, sogar das zweite Halbfinale Polen gegen Dänemark sahen über vier Millionen Zuschauer im DSF. Und noch nie seit der Einführung des Privatfernsehens in den 1980er Jahren hatte der Handball im Fernsehen einen solch hohen Marktanteil erreicht wie mit diesem Finale (58,3 Prozent).

Die exorbitant hohe Aufmerksamkeit äußerte sich nicht nur in den Szenen nach dem Endspielsieg, die, wie vor dem Kölner Rathaus, wo rund 25.000 Fans den neuen Weltmeister feierten, und auch beim Empfang tags darauf in Wiehl, mehr einem Popkonzert glichen. Sondern auch in den Reaktionen aus den Reihen der politischen und sportlichen Prominenz. Bundespräsident Horst Köhler, Augenzeuge der drei deutschen Finalspiele in Köln, vergaß sogar für einige Momente seine diplomatische Zurückhaltung, nicht selten sprang er auf und jubelte, so sehr hatte ihn das Geschehen auf dem Parkett mitgerissen. „Für mich war es ein wunderbares Gefühl", sagte er nach dem Endspiel, das er gemeinsam mit dem polnischen Staatspräsidenten verfolgt hatte – Köhler mit einem Schal in den polnischen, Lech Kaczynski mit einem in den deutschen Farben. Auch gratulierten Fußballstars wie Michael Ballack („Eine tolle Leistung"), Philipp Lahm („Super, was sie für eine Euphorie entfacht haben") oder der Ehrenspielführer Uwe Seeler, auch DFB-Präsident Theo Zwanziger grüßte aus der Frankfurter Zentrale. Mit ihrer sportlichen Leistung hatte die Nationalmannschaft so breite Schichten wie noch nie für ihre Sportart begeistert.

Die Fachwelt war freilich ebenfalls durchweg angetan und deutete diese Weltmesse als Schritt in eine neue Dimension. Die seriöse *Neue Zürcher Zeitung* legte gar das ihr eigene Understatement ab, als sie die Veranstaltung schon nach dem Viertelfinale als „vermutlich atmosphärischste Weltmeisterschaft der Geschichte" feierte. Aber auch die Teilnehmer und Journalisten aus den traditionellen Kernländern des Handballs, wie Dänemark, Norwegen, Russland, Spanien und Frankreich, hatte die stets stimmungsvolle und dichte Atmosphäre in den zumeist ausverkauften zwölf Hallen begeistert. Trotz vieler organisatorischer Mängel im Vorfeld (hier speziell in der Vermarktung) und auch während der Veranstaltung, die letztlich vom sportlichen Erfolg der deutschen Mannschaft überdeckt worden waren, sprach auch der ägyptische IHF-Präsident Hassan Moustafa von der „besten WM aller Zeiten. Dass auch die Spiele ohne deutsche Beteiligung fast alle ausverkauft waren, das gibt es nur in Deutschland." Das Konzept der Organisatoren, etwa die dänische Mannschaft in Kiel spielen zu lassen und so möglichst viele dänische Fans über die deutsche Grenze zu locken, hatte sich ausgezahlt. Freilich profitierte das Organisationskomitee auch davon, dass viele WM-Teilnehmer auch vorher schon in Deutschland bekannt waren, da sie, wie etwa der größte Teil der isländischen oder polnischen Nationalmannschaft, als Profis ihr Geld in der Bundesliga verdienen – mehr als 60 WM-Teilnehmer sind in der HBL aktiv.

Der fanatische Zuspruch der deutschen Fans, die für das Finale teils Schwarzmarktpreise in Höhe von über 1.000 Euro (!) pro Ticket zahlten, war ebenfalls neu. Schon seit Jahren, jedenfalls seit Heiner Brand sie verantwortet, besitzt die Nationalmannschaft extrem hohe Sympathiewerte. Doch diese Hingabe während der WM-Wochen, dieser gewaltige Druck von den Rängen, diese bedingungslose Unterstützung selbst in kritischen Situationen und bei spielerisch manchmal mäßigen Auftritten in der Vorrunde, ist ebenfalls als historisch einzustufen. Die Tatsache, dass die Nationalhymne vom Publikum derart inbrünstig mitgesungen wurde und die Ränge ein einziges Meer aus Schwarz, Rot und Gold waren, ist freilich nur vor dem Hintergrund der Fußball-Weltmeisterschaft im Sommer 2006 zu erklären. „Ich musste erst 37 Jahre alt werden, um so etwas zu erleben", konnte es auch der reaktivierte Christian Schwarzer, kaum glauben. „Die Stimmung war wie in Stuttgart, zur Zeit der Fußball-Weltmeisterschaft, nur dass alle Winterjacken anhatten", zog Michael Kraus den Vergleich. Einigen Handball-Laien, die sich vielleicht im Halbfinale oder im Finale erstmals mit dieser Sportart auseinandersetzten, ging der Fanatismus der durchweg sehr fachkundigen Menge manchmal sogar zu weit; dass es in der Bundesliga durchaus normal ist, den Gegner bei Ballbesitz gellend auszupfeifen, um so die eigene Mannschaft voranzubringen, war diesen Zuschauern freilich auch nicht bekannt. Wenn die meisten Spieler des jeweiligen Gegners die Atmosphäre dennoch keineswegs als feindselig interpretierten, sondern als Zuspruch für den WM-Gastgeber, zeigte das indes, dass die Pfiffe von den Rängen nicht als unfair betrachtet wurden.

Zu den unangenehmsten Nebengeräuschen dieser WM zählten die Äußerungen einiger Trainer hinsichtlich vermeintlicher Fehlentscheidungen bei den Schieds-

La Ola in der KölnArena

richtern, speziell nach Niederlagen gegen den deutschen WM-Gastgeber. Die Beschimpfungen des slowenischen Coaches Kamenica, der von einer „Schande für die IHF und den DHB" sprach, wurden eher belächelt und mit Kopfschütteln quittiert, war Kamenica mit solchen Kommentaren doch schon häufiger aufgefallen. Auch die Spanier reagierten wütend auf ihr Ausscheiden im Viertelfinale. „Das Spiel wurde auf anderer Ebene entschieden, nicht auf dem Parkett", klagte nicht nur der spanische Weltklassekeeper David Barrufet. „In meinen Augen hatten wir keine Chance, das Spiel zu gewinnen. Die Schiedsrichter haben das Spiel entschieden", wollte auch Spaniens Coach Juan Carlos Pastor ganz genau wissen. Neutrale Beobachter wie der erfahrene dänische Coach Anders Dahl-Nielsen, der die deutschen Spiele für das dänische Fernsehen kommentierte, hatten allerdings wenig Verständnis für derlei Konspirationsvorwürfe: „Die Norweger haben vielleicht nicht fehlerfrei gepfiffen, aber sie hatten keine Tendenz. Die Spanier haben verloren, weil sie den schlechteren Handball gespielt haben." Und nach Ansicht von Islands Trainer Alfred Gislason war das Niveau der Schiedsrichter insgesamt viel besser als bei den vergangenen Veranstaltungen.

Insbesondere die Vorwürfe des französischen Nationalcoaches Claude Onesta sorgten dann nach dem Halbfinale für erhebliche Unruhe. Onesta verweigerte die obligatorische Pressekonferenz, da er sein Team wegen des abgepfiffenen Guigou-Treffers kurz vor dem Ende der zweiten Verlängerung betrogen fühlte. Nicht nur Brand wertete dies als „grobe Unsportlichkeit", und er merkte säuerlich an, „dass es so etwas unter seinem Vorgänger Daniel Constantini nicht gegeben hätte, denn der war ein Gentleman". Auch nach der WM legte Onesta noch einmal nach, als er von einer „deutschen Mafia" im internationalen Schiedsrichterwesen sprach. Dafür kein Wort der Entschuldigung für den einmaligen Skandal, dass ein französisches Teammitglied im IHF-Hotel in Königswinter nach dem WM-Ausscheiden das dort untergebrachte norwegische Schiedsrichter-Paar tätlich angegriffen hatte – weshalb die Referees noch in der Nacht umquartiert werden mussten (eine unfreiwillige Pointe, dass in Wirklichkeit zwei Schweden das Halbfinale geleitet hatten). Den Vorwurf, dass die IHF für das Viertel- wie für das Halbfinale zwei unerfahrene Paare auf die Platte geschickt hatte, muss sich der Weltverband freilich gefallen lassen. Aber grundsätzlich wurde Onesta, so sah es jedenfalls die Fachwelt, als schlechter Verlierer ausgemacht, selbst französische Zeitungen wie die *Liberation* merkten in ihrer Analyse an, dass der hohe WM-Favorit spielerisch enttäuscht hatte und vor allem deshalb ausgeschieden sei. Die Fortsetzung der ewigen Schiedsrichter-Debatte zeigt freilich, dass dieses Thema weiterhin zu den heikelsten Punkten des internationalen Handballs zählt. Diese endlich zu beruhigen, wird zu den Hauptaufgaben der Funktionäre gehören.

Heiner Brand versteht das außerordentliche Medieninteresse als Beweis für die Attraktivität seiner Sportart. „Das ist eine sensationelle Entwicklung, die nur mit der sportlichen Entwicklung nicht erklärlich ist", sagt der 54-jährige Gummersbacher, „das macht natürlich ein bisschen stolz." Die Frage, die alle Akteure des Handballs nun umtreibt, ist die nach der Nachhaltigkeit dieses Booms. „Wir wünschen uns, dass aus dem riesigen sportlichen Erfolg ein nachhaltiger Hocherfolg wird", erklärte DHB-Präsident Ulrich Strombach nach der WM im *Handball-Magazin,* mit „guter und sauberer Arbeit" könne man nun „in eine Dimension vorstoßen, die auch dem Fußball nahekommt". Eine Einschätzung, die zu hoch gegriffen scheint angesichts der Erfahrungen aus den letzten Jahren. Die sich nun stellenden Fragen nämlich müssen erst beantwortet werden: Kümmern sich die Medien auch nach der WM um die Handballer, die jede Woche in Wetzlar, Kiel, Magdeburg oder Gummersbach Tore werfen? War während der WM tatsächlich ausreichend Zeit vorhanden, um neue Stars zu kreieren? Treten Kinder und Jugendliche nun in Scharen ein in Sportvereine, um Handball zu spielen? Und sind die Vereine darauf vorbereitet – haben sie genügend qualifizierte Trainer, um das aufkeimende Interesse auch zu bündeln? Das ist nicht die Baustelle von Brand, er ist Trainer. „Da sind jetzt viele Betroffene gefordert", sagt Brand, damit meint er die Manager der Handball-Bundesliga, die Entscheider in den Medien und in der Wirtschaft, wichtige Handball-Vermarkter wie Sportfive, den DHB und seine Landesverbände. Da aber seine Sportart „eine gewisse körperliche Härte, attraktive Zweikämpfe und große Dynamik" biete, sieht er ein „riesiges Potenzial" im Handball. Sollte dieses tatsächlich ausgeschöpft werden, hätten er und die Mannschaft ihren Beitrag dazu geleistet.

Die Debatte um eine Quotenregelung im deutschen Ligahandball, die Brand für unerlässlich hält, um in Zukunft auch genügend Nationalspieler zur Verfügung zu haben, dokumentierte allerdings bereits, wie schwer es sein wird, die teilweise auseinanderdriftenden Interessen der verschiedenen Parteien des Handballs zu synchronisieren. Brands Ansicht nach spielen „zu viele ausländische Spieler in der Bundesliga", die seit 1995, als das berühmte Bosman-Urteil gesprochen wurde, keine Ausländerbeschränkung mehr kennt. „Es kann nicht sein, dass ich nach Oliver Roggisch und Sebastian Preiß keinen Mittelblock finde, wenn ich in der *Handballwoche* danach suche", hatte Brand bereits im Herbst 2006 den fehlenden Nachwuchs kritisiert, war aber bei einer Ligaversammlung mit einem entsprechenden Vorschlag gescheitert. Brand fühlte sich brüskiert – und hatte damals Liga-Geschäftsführer Frank Bohmann, der das Diskussionspapier seiner Meinung nach schlecht vorbereitet hatte, heftig attackiert („Warum hat der mich eigentlich überhaupt eingeladen?"). Die Granden der Liga reagieren recht gereizt auf dieses Thema. „Das ist der falsche Weg von Heiner, der Liga jetzt die Pistole auf die Brust zu setzen", sagt Uwe Schwenker, der Manager des Branchenführers THW Kiel, wie Kollege Thorsten Storm (Flensburg-Handewitt) bekanntermaßen ein Gegner der Quote. Für Schwenker sind „die Klubs der größte Sponsor der Nationalmannschaft und so gesehen überhaupt erst die ökonomische Grundlage". Dass durch eine Quote zugunsten deutscher Spieler die Nationalmannschaft profitiert, bezweifelt er – und gibt zu bedenken, dass „die deutsche Nationalmannschaft zwischen 1984 und 1996, als nur ein Ausländer pro Ligamannschaft zugelassen war, nur zweit- oder gar drittklassig gewesen ist". Auch Fynn Holpert, Manager des TBV Lemgo, ist „für eine qualifizierte Nachwuchsarbeit", aber wie Schwenker gegen eine Quotierung: „Deutsche Handballer wie Michael Kraus haben bei der WM gezeigt, dass sie gut genug sind."

Der sensationelle Erfolg bei der WM im eigenen Land war just Geschichte, da drohte dem deutschen Handball ein Machtkampf um die Zukunft seiner Sportart – mit ungewissem Ausgang.

WM-Statistik

VORRUNDE

Gruppe A (in Wetzlar)
Slowenien - Grönland 35:21
Tunesien - Kuwait 34:23
Grönland - Tunesien 20:36
Kuwait - Slowenien 23:33
Kuwait - Grönland 39:27
Tunesien - Slowenien 27:34

1. **Slowenien** 102:71 6:0
2. **Tunesien** 97:77 4:2
3. Kuwait 85:94 2:4
4. Grönland 68:110 0:6

Gruppe B (in Magdeburg)
Island - Australien 45:20
Frankreich - Ukraine 32:21
Australien - Frankreich 10:47
Ukraine - Island 32:29
Ukraine - Australien 37:18
Frankreich - Island 24:32

1. **Island*** 106:76 4:2
2. **Frankreich*** 103:63 4:2
3. Ukraine 90:79 4:2
4. Australien 48:129 0:6

Gruppe C (in Berlin und Halle)
Deutschland - Brasilien 27:22
Polen - Argentinien 29:15
Brasilien - Polen 23:31
Argentinien - Deutschland 20:32
Deutschland - Polen 25:27
Brasilien - Argentinien 20:22

1. **Polen** 87:63 6:0
2. **Deutschland** 84:69 4:2
3. Argentinien 57:81 2:4
4. Brasilien 65:80 0:6

Gruppe D (in Bremen)
Tschechien - Katar 37:23
Spanien - Ägypten 33:29
Katar - Spanien 18:41
Ägypten - Tschechien 30:31
Ägypten - Katar 35:24
Spanien - Tschechien 35:29

1. **Spanien** 109:76 6:0
2. **Tschechien** 97:88 4:2
3. Ägypten 94:88 2:4
4. Katar 65:113 0:6

Gruppe E (in Kiel)
Norwegen - Angola 41:13
Dänemark - Ungarn 29:30
Angola - Dänemark 20:39
Ungarn - Norwegen 25:22
Ungarn - Angola 34:31
Dänemark - Norwegen 27:25

1. **Ungarn** 89:82 6:0
2. **Dänemark** 95:75 4:2
3. Norwegen 88:65 2:4
4. Angola 64:114 0:6

Gruppe F (in Stuttgart)
Kroatien - Marokko 35:22
Russland - Südkorea 32:32
Marokko - Russland 19:35
Südkorea - Kroatien 23:41
Marokko - Südkorea 19:32
Kroatien - Russland 32:27

1. **Kroatien** 108:72 6:0
2. **Russland** 94:83 3:3
2. Südkorea 87:92 3:3
4. Marokko 60:102 0:6

Die ersten beiden Mannschaften erreichen die Hauptrunde. Die Teams, die in der Vorrunde Platz drei und vier belegt haben, starten im Presidents-Cup.

* Platzierung in der Gruppe ergibt sich nicht aus dem Torverhältnis, sondern aus dem direkten Dreiervergleich der punktgleichen Teams.

PRESIDENTS-CUP

Gruppe I (in Lemgo)
Kuwait - Ukraine	23:33	
Kuwait - Argentinien	25:28	
Ukraine - Argentinien	23:22	

1. Ukraine	56:45	4:0
2. Argentinien	50:48	2:2
3. Kuwait	48:61	0:4

Gruppe II (in Lemgo)
Ägypten - Norwegen	18:27
Ägypten - Südkorea	30:36
Norwegen - Südkorea	34:32

1. Norwegen	61:50	4:0
2. Südkorea	68:64	2:2
3. Ägypten	48:63	0:4

Gruppe III (in Halle und Dortmund)
Grönland - Australien	34:25
Grönland - Brasilien	30:33
Australien - Brasilien	23:30

1. Brasilien	63:53	4:0
2. Grönland	64:58	2:2
3. Australien	48:64	0:4

Gruppe IV (in Halle und Dortmund)
Katar - Angola	27:33
Katar - Marokko	27:44
Angola - Marokko	28:32

1. Marokko	76:55	4:0
2. Angola	61:59	2:2
3. Katar	54:77	0:4

Platzierungsspiele

Spiel um Platz 23
Australien - Katar   22:36

Spiel um Platz 21
Grönland - Angola   28:29

Spiel um Platz 19
Brasilien - Marokko   36:29

Spiel um Platz 17
Kuwait - Ägypten   22:26

Spiel um Platz 15
Argentinien - Südkorea   31:28

Spiel um Platz 13
Ukraine - Norwegen   22:32

HAUPTRUNDE

Gruppe I (in Halle und Dortmund)
Slowenien - Deutschland	29:35
Tunesien - Island	30:36
Frankreich - Polen	31:22
Tunesien - Deutschland	28:35
Polen - Island	35:33
Frankreich - Slowenien	33:19
Frankreich - Deutschland	26:29
Island - Slowenien	31:31
Polen - Tunesien	40:31
Deutschland - Island	33:28
Slowenien - Polen	27:38
Frankreich - Tunesien	28:26

1. Polen	162:147	8:2
2. Deutschland	157:138	8:2
3. Island	161:153	6:4
4. Frankreich	142:128	6:4
5. Slowenien	140:165	2:8
6. Tunesien	142:173	0:10

Gruppe II (in Mannheim)
Spanien - Russland	33:29
Dänemark - Kroatien	26:28
Tschechien - Russland	26:30
Kroatien - Ungarn	25:18
Dänemark - Spanien	27:23
Kroatien - Tschechien	31:29
Ungarn - Spanien	31:33
Dänemark - Russland	26:24
Spanien - Kroatien	28:29
Russland - Ungarn	26:25
Dänemark - Tschechien	33:29

1. Kroatien	145:128	10:0
2. Dänemark	141:134	6:4
3. Spanien	152:145	6:4

WM 2007

4. Russland	136:142	4:6	
5. Ungarn	132:138	4:6	
6. Tschechien	138:157	0:10	

Die ersten vier Mannschaften einer jeden Hauptrundengruppe erreichen das Viertelfinale. Dort treffen die Teams überkreuz im K.-o.-System aufeinander. Das Ergebnis aus der Vorrunde wurde in die Hauptrunde übernommen.

Plätze 9/10 und 11/12

9/10	Slowenien - Ungarn	33:34
11/12	Tunesien - Tschechien	25:21

VIERTELFINALE

Spanien - Deutschland	25:27
Kroatien - Frankreich	18:21
Polen - Russland	28:27
Island - Dänemark	41:42

Platzierungsrunde Plätze 5 bis 8

Spanien - Kroatien	27:35
Russland - Island	28:25

Paarungen Plätze 5 bis 8

7/8	Spanien - Island	40:36
5/6	Kroatien - Russland	34:25

HALBFINALE

Deutschland - Frankreich	32:31 (n. 2V.)
Polen - Dänemark	36:33 (n. 2V.)

Spiel um Platz 3

Frankreich - Dänemark	27:34

FINALE

Deutschland - Polen	29:24

Die besten Torschützen des Turniers

Platz	Spieler	Tore	(7m)
1	Sigurdsson (ISL)	66	(1)
2	Jicha (CZE)	57	(9)
3	Bielecki (POL)	56	(0)
4	Kokscharow (RUS)	55	(22)
5	Balic (CRO)	53	(0)
5	Gudjonsson (ISL)	53	(16)
5	Stefansson (ISL)	53	(19)
8	Karabatic (FRA)	50	(0)
9	Kreutzmann (GRL)	49	(8)
10	Cho (KOR)	48	(13)
10	Geirsson (ISL)	48	(0)
10	Petterson (ISL)	48	(0)
13	**Hens** (BRD)	47	(0)
18	**Kehrmann** (BRD)	43	(0)

Bester Torhüter des Turniers
Henning Fritz (BRD)

Bester Spieler des Turniers
Ivano Balic (CRO)

All-Star-Team
Henning Fritz, Torwart (BRD)
Eduard Koksharov, Linksaußen (RUS)
Michael Knudsen, Kreisläufer (DEN)
Mariusz Jurasik, Rechtsaußen (POL)
Nikola Karabatic, Rückraum links (FRA)
Michael Kraus, Rückraum Mitte (BRD)
Marcin Lijewski, Rückraum rechts (POL)

Die XX. Handball-Weltmeisterschaft 2007

Fotografische Impressionen von Jörg Hagemann und Andreas Walz

Bundespräsident Horst Köhler, der sich als Kenner und Anhänger des Sports erwies, und IHF-Präsident Hassan Moustafa (Mitte) eröffnen das Turnier in Berlin. Im Anschluss startet die deutsche Mannschaft mit einem Sieg gegen Brasilien.

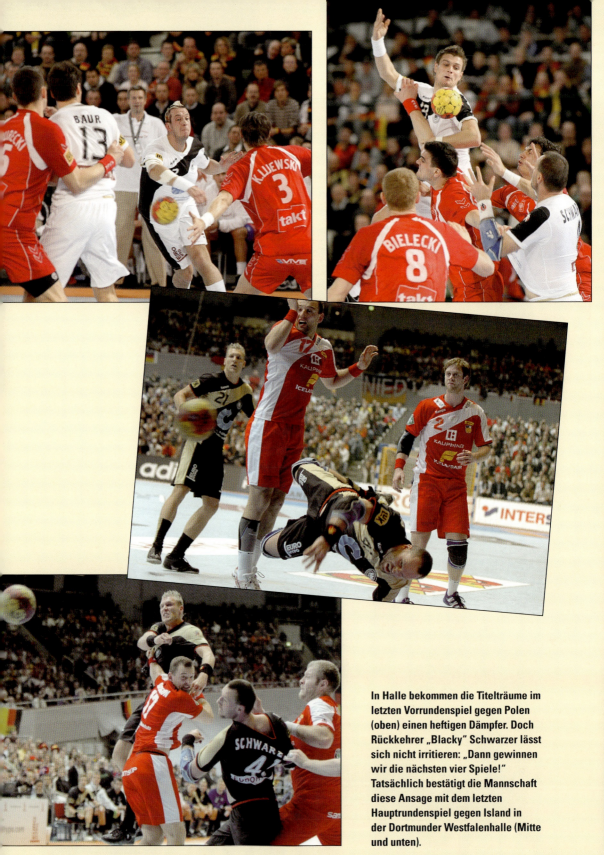

In Halle bekommen die Titelträume im letzten Vorrundenspiel gegen Polen (oben) einen heftigen Dämpfer. Doch Rückkehrer „Blacky" Schwarzer lässt sich nicht irritieren: „Dann gewinnen wir die nächsten vier Spiele!" Tatsächlich bestätigt die Mannschaft diese Ansage mit dem letzten Hauptrundenspiel gegen Island in der Dortmunder Westfalenhalle (Mitte und unten).

Das Viertelfinale in der KölnArena. Die Begegnungen mit Spanien sind mittlerweile ein Klassiker des modernen, hochattraktiven Spiels. Die Partien sind jedesmal unheimlich eng – dementsprechend motiviert sind die Akteure.

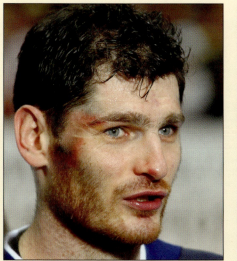

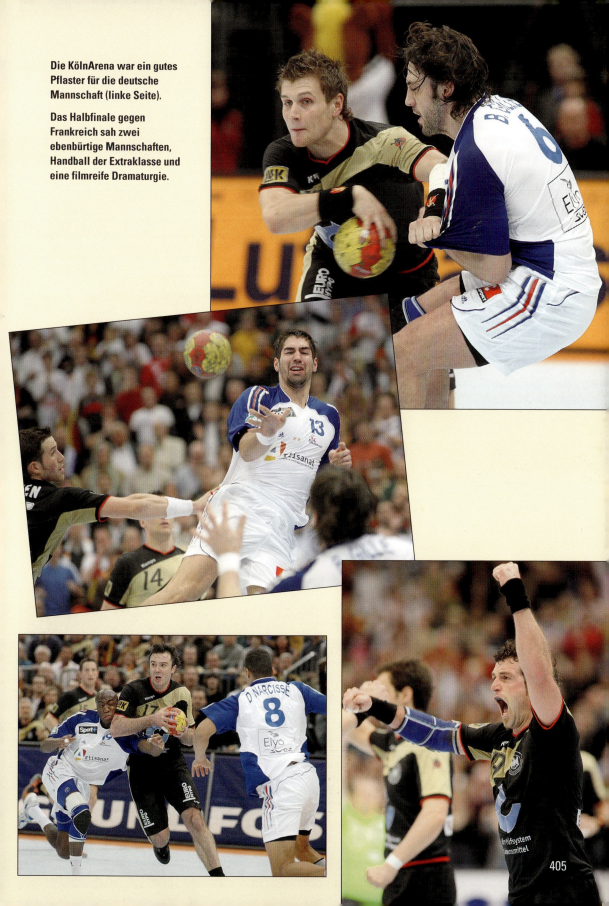

Die KölnArena war ein gutes Pflaster für die deutsche Mannschaft (linke Seite).

Das Halbfinale gegen Frankreich sah zwei ebenbürtige Mannschaften, Handball der Extraklasse und eine filmreife Dramaturgie.

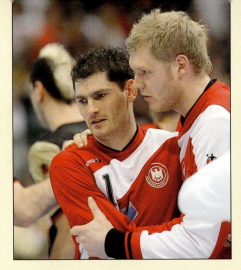

Heiner Brand kann es kaum fassen:
Seine Mannschaft hat das Endspiel erreicht.
Auch „Kretsche" kommt zum gratulieren.

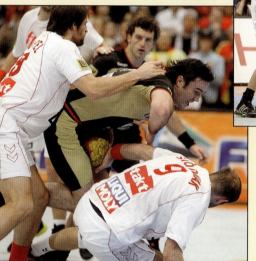

Die Forderung des Publikums war klar – und die Mannschaft wollte das Gleiche. Mit einer grandiosen Abwehrleistung gab sie den polnischen Rückraumspielern nicht den gewohnten Raum. Und selbst nach Fritz' Verletzung kam sie nur kurz aus dem Tritt, ehe Torsten Jansen (unten) alles klar machte.

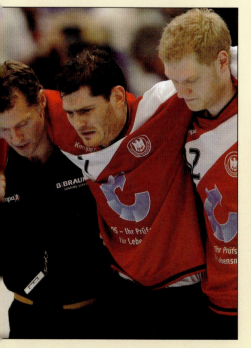

Am Ende war das eingetreten, was viele gehofft, aber nur wenige erwartet hatten. Die deutsche Handball-Nationalmannschaft war wieder Weltmeister geworden.

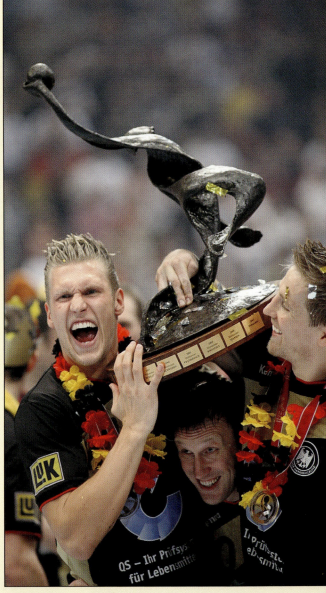

▶ Porträt

Der Trainer Heiner Brand – die Inkarnation des deutschen Handballs

Auch in diesem Hype, in dieser Hysterie um den deutschen Handball und um ihn, der ihn wie kein anderer verkörpert, blieb Heiner Brand sich treu. Dass in den Tagen der XX. Weltmeisterschaft ganz Deutschland auf seine Sportart blickte, dass das Land diskutierte über die Kempa-Tricks eines Dominik Klein oder die Schlagwürfe eines Christian Zeitz, das freute den Bundestrainer sichtlich, aber es versetzte ihn dennoch nicht in Ekstase. „Das macht mich schon ein bisschen stolz", sagte er vor dem Finale in Köln. Der Gewinn dieses Titels, räumte er ebenfalls ein, „wäre schon so eine Art Krönung". Zumal er der erste Handballer der Geschichte ist, der diesen Titel als Spieler wie als Trainer tragen darf. Und natürlich ließ er sich dann feiern in der KölnArena, geschultert von Lars Kaufmann, empfing er die stehenden Ovationen der 19.000. Aber anders als seine Spieler nahm er die Pappkrone bald wieder ab – ein solches Symbol entspricht nun einmal nicht seiner Mentalität.

Bereits in Ljubljana 2004, als er mit dem Gewinn der Europameisterschaft den vorläufigen Höhepunkt seiner Trainerlaufbahn feierte, war sein Jubel nicht ekstatisch ausgefallen. Dazu ist Brand zu sehr Oberberger. Zwar ist es nicht weit zum Rhein, nur etwa 60 Kilometer, aber die Leute in Gummersbach stellen eine Art Gegenentwurf dar zu den extrovertierten und manchmal distanzlosen Rheinländern: Sehr geerdet, stets Distanz wahrend zu den Leuten, die man nicht sehr gut kennt. Auch die gewisse Sturheit und Knorrigkeit, die Brand eigen ist, gilt als typisch für diesen Landstrich. Das dokumentiert auch dieser riesige, etwas altmodische Schnauzbart – von jeher sein Markenzeichen. Wie Brand jedenfalls tickt, welche Idee er hat vom sozialen Miteinander und vom Hochleistungssport, das verriet er damals, als er in der malerischen slowenischen Hauptstadt den Triumph analysierte.

Erst ein paar Minuten waren da vergangen, aber Brand nutzte die Gunst der Stunde keineswegs, um sich vor aller Öffentlichkeit als bester Trainer der Welt zu produzieren, als derjenige, der diese großartige Mannschaft allein geformt hatte. Sondern er stellte seine Figur hintenan und lobte stattdessen die Spieler, ihre Energie, ihren Willen, ihren Mannschaftsgeist über alles: „Mir imponiert die Auffassung von Mannschaftssport, wie die Spieler harmonieren, welchen Spaß die haben, zusammenzuspielen. Das ist einzigartig, so etwas habe ich noch nie erlebt. Nach dem Halbfinale gegen Dänemark hat sich Christian Schwarzer zum Beispiel so gefreut, dass Immel und Weber so gut eingeschlagen haben, obwohl die vorher kaum gespielt haben. Da ist er aufgestanden und hat gesagt, das ist Mannschaftssport, da kommen welche und sind nicht unzufrieden mit ihrer Rolle, kommen aufs Spielfeld und geben das Beste. Da merke ich, welche Stimmung da herrscht." Man merkte ihm die große Freude darüber an, dass dieser Titel, auf den sie so lange hatten warten müssen, als eine verschworene Gemeinschaft gewonnen hatten – eine auffallende Parallele zum „Wunder von Köln".

Das nämlich ist seine Idee von Sport, das hatte er bereits bei seinem Antritt als Bundestrainer im Jahre 1997 in vielen Interviews kundgetan. „Für Egoisten habe ich keinen Platz", sagte er damals. Damit stellte er klar, dass ihm bei den Nationalmannschaften der vergangenen Jahre der Zusammenhalt gefehlt hatte und einige Spieler unberechtigterweise einen Sonderstatus lebten. Was er auch vermisst hatte: Leidenschaft, den unbedingten Willen zum Sieg, der im Leistungshandball eine unfassbar wichtige Rolle spielt. „Ich muss das Feuer in ihren Augen sehen", forderte er nach der missglückten WM-Qualifikation 1996, die ihn vorzeitig ins Amt des Bundestrainers brachte. Und dass die Spieler wieder mehr Verantwortung in kritischen Szenen übernehmen sollten. Und wann immer Brand prinzipielle Forderungen dieser Qualität formulierte, dann wurden sie ernst genommen von den Spielern. Weil er selbst immer nach diesen Maximen gehandelt hatte. Sowohl als Spieler, der jahrzehntelang Weltklasseniveau zu halten vermochte und 1978 Weltmeister geworden war, als auch als junger Trainer. Schon als Spieler war Brand ein Monolith in der großen Landschaft des Handballs gewesen, eine Legende.

Begonnen hatte die Trainerkarriere direkt im Anschluss an seine aktive Karriere 1982. Brand assistierte dem Stenzel-Nachfolger Simon Schobel bei dem Gewinn der olympischen Silbermedaille 1984. Doch er erlebte mit seinem Mentor auch diverse Pleiten, die WM 1986 in der Schweiz etwa oder die verpassten Olympiaqualifikationen 1983 und 1987. Obwohl als Trainer noch unerfahren, wurde er bereits als Nachfolger gehandelt, das sollte sich bis 1997 nicht ändern, wenn ein neuer Coach für die Nationalmannschaft gesucht wurde. Doch schon damals zeigte sich in den Interviews der Charakter des gebürtigen Gummersbachers. Als er vor Los Angeles gefragt wurde, ob er im Falle des Misserfolgs zur Verfügung stehen würde, sagte er ab, schon aus Loyalität zu Schobel. Tatsächlich übernahm er nach der Ära Schobel den VfL Gummersbach als Trainer, „seinen Verein", dessen größte Zeit schon Vergangenheit war. Als Nachfolger seines Bruders Klaus formte er noch einmal zwei Meistermannschaften und feierte 1988 und 1991 die Titel Nummer elf und zwölf für den VfL. Dabei war der erste gesamtdeutsche Titel 1991 „mein schönster", sagt Brand, bevor er 2004 Europameister und 2007 Weltmeister wurde – weil sich ein junges Team zusammengefunden hatte und das Leistungspotenzial ausgeschöpft hatte. Nach diesem Triumph hörte Brand auf. Es war die feste Absicht des studierten Betriebswirts, sich ganz aus dem Handball zurückziehen, weil er sich endlich mit voller Kraft der Versicherungsagentur widmen wollte, die sein Vater nach dem Krieg aufgebaut hatte. Wenn es so gekommen wäre, dann hätte das Märchen, das 1997 mit seiner Amtszeit als Bundestrainer seinen Anfang nahm, nicht geschrieben werden können.

Heiner Brand in typischer Pose am Spielfeldrand.

Aber Brand überlegte es sich schnell wieder und ließ sich nach nur einem Jahr Abstinenz zur SG Wallau lotsen. Als er dort 1993 für das Double verantwortlich war, bezeichnete ihn die Handballwoche als „Mann mit eingebauter Erfolgsgarantie". Doch es kamen auch wieder schlechtere Zeiten. Nach Dissonanzen mit SG-Manager Ströhmann wurde Brand Ende 1993 gefeuert, und nach seiner Rückkehr zum VfL Gummersbach (1994 und 1996) blieben die Erfolge aus – diesmal indes wegen der ungenügenden Strukturen und finanziellen Möglichkeiten. 1996 schließlich bereute Brand dann als Co-Trainer unter Arno Ehret die Nationalmannschaft, die er nach der WM 1997 ohnehin übernehmen sollte. Nach dem Debakel-Jahr 1996 übernahm er aber schon am 1. Januar 1997 die Verantwortung als Cheftrainer.

Eine radikale Verjüngung des Kaders, wie sie vielerorts gefordert wurde, war mit ihm freilich nicht zu machen. Überhaupt lässt Brand nie auch nur den Eindruck zu, dass die öffentliche Meinung in seine Aufstellungen hineinspielen könnte oder seine Gedankenspiele beeinflussen. In all den Konzepten, die Brand für die anstehenden Großereignisse entwirft, spielten die Hierarchien in der Mannschaft stets eine bedeutende Rolle. Wer in die Mannschaft passt, auch charakterlich, das war ihm nicht selten wichtiger als das rein Sportliche. Im Herbst 2006 hat er im Interview mit der Handballwoche dieses Programm noch einmal unterstrichen: „Ein Führungsspieler ist so etwas wie ein Verbindungsstück zwischen Trainer und Mannschaft. Der Führungsspieler weiß und spürt, was ich in diesem Moment des Spiels von der Mannschaft möchte. Im Gegensatz zu mir ist er aber auf dem Spielfeld, mitten im Geschehen, und kann direkt eingreifen. Mannschaftssport ist auf Hierarchie angewiesen, ohne Hierarchien funktionieren Mannschaften nicht. Eine Mannschaft, die aus ‚zwölf Gleichen' zusammengesetzt ist, kommt nicht weit. Also brauchen wir Spieler, die oben stehen, die Verantwortung übernehmen, sich dieser Verantwortung bewusst sind und auch damit umgehen können."

Diese Erkenntnis sei, so erklärte Brand sein Verhalten nicht nur einmal, auch eines der Erfolgsgeheimnisse der frühen Ära Stenzel gewesen, der er ja selbst angehört hatte. Dafür aber brauchte er auch Spieler, die eine gewisse Erfahrung aufwiesen und jüngere Spieler zur Weltspitze führten. Als er etwa für die EM 1998 einen schon angegrauten Bogdan Wenta nominierte, war das also ganz auf seiner Linie. Bei der EM 2004 waren vor allem Henning Fritz, Daniel Stephan und Christian Schwarzer seine Ansprechpartner, bei der WM 2007 neben Fritz und Schwarzer der Kapitän Markus Baur. Wenn Schwarzer oder Baur bei der WM in Deutschland in den Auszeiten die Spielzüge ansagten und Brand ruhig danebenstand, dann war das also mitnichten ein Anzeichen einer Schwäche. In diesem Moment hatte sich Brands Ideal einer funktionierenden Mannschaft erneut verwirklicht. Auch deswegen nennen Spieler wie Jansen ihn schlichtweg als „einzigartig" und als „modernen Trainer". Brand sei zwar „rigoros hinsichtlich der Disziplin", erklärte Jansen während der WM 2007, aber gleichzeitig liberal hinsichtlich der Mannschaftsführung. „Er gibt die Marschroute vor. Aber er lässt uns als Spieler beispielsweise den nötigen Freiraum, um die kleinen Probleme selbst zu lösen. Das wirkt sich jetzt positiv aus, wenn er uns wegen der Lautstärke von der Seitenlinie nicht mehr erreichen kann."

Dieses Puzzle passte schon in der Zeit der sogenannten „goldenen Generation", die zwischen 2002 und 2004 viermal in Folge ein Finale erreichte. Zu diesem Zeitpunkt hatte sich die nachgerade ideale Mannschaft, in der sich viele Freundschaften gebildet hatten, bereits formiert und gefunden. Wenn Brand in dieser Zeit manchmal mit schelmischem Grinsen anmerkte, diese Mannschaft brauche eigentlich gar keinen Trainer mehr, dann drückte das seine große Zufriedenheit über diesen seltenen Zustand aus. Natürlich brauchten seine Spieler, speziell die jungen Wilden wie Hens und Zeitz, noch die taktischen Ratschläge und Korrekturen des Coaches. Was er meinte, war eigentlich dies: Dass er sich um den Erfolgshunger und die Disziplin in der Mannschaft keine Sorgen zu machen brauchte. Wenn es nur zu kleinen Umstim-

migkeiten zu kommen drohte, wusste er, würden die älteren Spieler eingreifen, um den Erfolg nicht zu gefährden. Denn Spieler wie Schwarzer betrachteten den Erfolg nun gewissermaßen als Auftrag. „Wir werden die Sache jetzt zu Ende bringen", sagte der Lemgoer, das Herz des Teams, vor dem EM-Halbfinale 2004 gegen Dänemark, und so sollte es kommen. Dass es seine Mannschaft war, die auf diese großartige Weise den Europameistertitel gewonnen hatte, konnte Brand beinahe nicht glauben: „Dass man das so in Perfektion schafft, dieses Zusammenleben in der Nationalmannschaft, ist schon erstaunlich." Ohne diese erstaunliche Harmonie in der Mannschaft, dieses perfekte soziale Gefüge, wäre auch der WM-Titel nicht möglich gewesen.

Trotz seiner festen Prinzipien hat sich der Trainer Brand auch mit den Jahren verändert. Er sei lockerer geworden, sagen seine Spieler, nicht mehr so verbissen wie früher. Diese Entspanntheit dokumentierte Brand auch vor und während der Weltmeisterschaft in Deutschland, als er seine Pressekonferenzen kurzerhand zu Comedy-Shows umfunktionierte. „Er weiß, dass er seine Arbeit erledigt hat", begründete seine Frau Christel diesen erstaunlichen Wandel. Außerdem sei Brand „offener für neue Dinge geworden", so Florian Kehrmann: „Er ist absoluter Handballexperte, aber er hört sich alles andere wenigstens an." Als Beispiel für die „vielen Kleinigkeiten", die Brand außerhalb des Spielfeldes ausprobiere, nennt Kehrman die Schallwellen-Meditation, die Kapitän Markus Baur ihm vorgestellt habe. Auch mit dem Einsatz des Motivationstrainers Jörg Löhr und der Arbeit mit Fitnesstrainer Klaus Baum war Brand beispielsweise den Fußballern weit voraus. Den Respekt der Trainerkollegen hat Brand allemal. „Wer so ruhig, besonnen und systematisch immer wieder Topmannschaften aufbaut, der hat dieses unglaublich hohe Standing verdient", sagt Bernhard Peters, der ehemalige Hockey-Bundestrainer. Dass er schon so lange erfolgreich sei, ohne sich verschlissen zu haben, zeige „Brands Ausnahmestellung".

Brand selbst bleibt trotz der Lobeshymnen zurückhaltend. „Wir Brands sind nicht zum Star geboren", meinte einst sein Bruder Jochen. Aber spätestens seitdem „das große Ding", das er 2001 bei seiner Vertragsverlängerung angestrebt hatte, mit dem WM-Titel im eigenen Land gelang, gehört Heiner Brand, ob er will oder nicht, zu den bekanntesten Gesichtern der deutschen Sport-Öffentlichkeit, rund 80 Prozent der deutschen Bevölkerung kennen ihn nun. Die bekannteste Figur des Handballs war er auch vorher schon. Seine Sympathiewerte sind auch deswegen so exorbitant, weil Öffentlichkeit wie Umfeld sein Handeln als ehrlich und transparent einschätzen. Nicht selten beweist er Größe und Demut: So räumte er, als die WM 2003 verloren war, seinen Spielern gegenüber ein, während des Endspiels zu falschen Zeitpunkten gewechselt zu haben, nämlich zuweilen zu spät. Diese Einzelheiten zeigen aber auch, dass sein hohes Engagement zuweilen an die Grenzen des körperlich Machbaren stößt. „Man kann im Prinzip nie abschalten", hat Brand die Belastung während des Turniers 2004 in Slowenien beschrieben, „das ist so ein Gefühl, als wenn man dauernd Kopfschmerzen hätte. Man hat so einen ewigen Druck auf dem Schädel." Nach einem wichtigen Turnier benötige er Wochen, bevor er wieder an etwas anderes zu denken vermöge.

Zu einem Sympathieträger macht ihn auch, dass er die Dinge stets einzuordnen weiß. Handball sei sein Leben, räumt Brand ein, das ja, aber es gebe Wichtigeres, das habe ihn der Unfall seines Freundes Joachim Deckarm gelehrt. „Ich lebe seither bewusster und habe auch bewusster gespielt", so beschreibt Brand diese tiefe Zäsur in seiner Biografie. Wie lange er dem Deutschen Handball-Bund noch treu bleibt, das macht Brand nun davon abhängig, in welchem Maße die Liga mit ihm kooperiert, ob sie konform geht mit seinen Vorstellungen. Klar ist derzeit nur, dass er seinen bis 2008 laufenden Vertrag erfüllen wird, das neue Ziel, das er sich gesteckt hat, sind die Olympischen Spiele in Peking. Schon länger liebäugelt er mit einem Wechsel ins Ausland, Frankreich und Spanien nennt er als reizvolle Ziele. Auch ein Engagement in der Hauptstadt Berlin, lange Zeit eine Art Handball-Sperrgebiet, kann er sich vorstellen. Aber andererseits: Heiner Brand nicht mehr in Gummersbach, nicht mehr Bundestrainer? Vorstellen kann sich das irgendwie keiner.

▶ Porträt

Henning Fritz

Er war der Erste, den sie durch die KölnArena trugen. Als Henning Fritz die beiden letzten Rückraumgeschosse des Daniel Narcisse pariert hatte und die Kollegen ihren wild davonrasenden Torwart wieder eingefangen hatten nach diesem Halbfinaldrama gegen Europameister Frankreich, als Abwehrchef Oliver Roggisch den Helden des Tages flugs schulterte und Fritz, mit einer Deutschland-Fahne um die Schultern, frenetisch gefeiert wurde von den enthusiasmierten 19.000, war nicht nur die größte Sensation der WM 2007 perfekt. Es war gleichzeitig der Höhepunkt eines schier unglaublichen Comebacks. Jahrelang hatte Fritz in einer tiefen Krise gesteckt, aber nun in den entscheidenden Momenten einmal mehr den Unterschied ausgemacht mit seinen Paraden – wie auch im folgenden Finale gegen Polen, das er nach 35 Minuten mit einem Muskelfaserriss frühzeitig beenden musste. Wieder traf zu, was Bundestrainer Brand schon im Jahr 2004 über ihn gesagt hatte: „Es gibt Keeper, die halten manchmal fast im ganzen Spiel nichts, sind aber in den entscheidenden Momenten zur Stelle. Daran erkennt man die Großen wie Fritz." Der Mann vom THW Kiel, den der Boulevard während der WM zum „Super-Fritz" stilisierte, konnte es selbst nicht glauben: „Ich habe gehalten wie in Trance." Nach seiner kontinuierlichen Leistungssteigerung im „wichtigsten Turnier meiner Karriere" wurde er zu Recht als bester Keeper dieser WM ausgezeichnet.

Mit diesem Triumph hat er sein großes Vorbild vom SC Magdeburg, die Torhüterlegende Wieland Schmidt, endgültig übertroffen. Geboren am 21. September 1974 in Magdeburg, saugte er das Torhüterspiel seines Idols förmlich auf, wenn er bei den Heimspielen des SCM hinter ihm saß und ihm zujubelte. Die katzenartigen Bewegungsabläufe, die blitzschnellen Reflexe, das sofortige Einleiten des Tempogegenstoßes – all das verinnerlichte Fritz, der Sproß einer sportbegeisterten Familie, bereits in frühester Jugend. Zunächst bei Dynamo Magdeburg, dann bei TuS Fortschritt Magdeburg, ab 1988 schließlich beim großen SCM, eiferte Fritz dem besten Torwart des DDR-Handballs, der ihn auch trainierte, mit großem Ehrgeiz nach – und hatte bald Erfolg. Schon im November 1994 gab er sein Debüt in der Nationalmannschaft, und seit 1996, als er mit dem SCM den Pokal und den Supercup gewann, zählte der außerhalb des Spielfeldes introvertierte Torwart zum Stamm der Nationalmannschaft, die ab 1998 mit EM-Bronze die erfolgreichste Dekade in ihrer Geschichte einläutete.

Den letzten großen Schritt zum Stammkeeper ging Fritz freilich erst 2001, bei der WM in Frankreich. Zunächst noch teils auf der Tribüne verbannt, zeigte er beim Viertelfinal-Aus in Albertville gegen den Gastgeber eine starke Leistung, und als er diesen

Auftritt bei der folgenden Europameisterschaft 2002 in Schweden bestätigte, hatte er seinen Anspruch als Nummer Eins im Tor untermauert. Von nun an schenkte ihm Brand das Vertrauen, was sich auszahlen sollte: Nach dem EM-Silber in Stockholm erreichte das Team, jeweils mit einem herausragenden Fritz im Tor, dreimal in Folge jeweils das Endspiel. Während Fritz, der nach der Deutschen Meisterschaft im Sommer 2001 vom SCM zum THW Kiel gewechselt war, im WM-Finale von Lissabon 2003 wie die ganze Mannschaft nicht das sagenhafte Niveau der vorangegangenen Partien erreichte und das Finale gegen Kroatien verloren ging, steigerte er sich bei der EM 2004 in Slowenien in einen wahren Rausch, ließ etwa die Dänen beim 22:20-Sieg im Halbfinale verzweifeln und war damit der große Rückhalt beim ersten deutschen Titelgewinn seit 1980.

Bei den Olympischen Spielen 2004 in Athen festigte er seinen Ruf als legitimer Nachfolger der großen deutschen Torhüter-Schule, die neben Schmidt von Manfred Hofmann, Andreas Thiel und Stefan Hecker begründet worden war, er galt nun als „der neue Hexer". Vor allem im legendären Viertelfinal-Krimi gegen Spanien, das nach zwei Verlängerungen im Siebenmeter-Werfen entschieden wurde, schrieb Fritz eine Geschichte für die Ewigkeit. Nachdem er wie sein Pendant David Barrufet (FC Barcelona) fast 50 Prozent aller Würfe entschärft hatte, parierte er abschließend die ersten drei Siebenmeter der Spanier, den vierten Wurf setzte der Gegner, geschockt durch Fritz' Aura der Unbesiegbarkeit, vor Schreck an den Pfosten. „Henning Fritz verdichtete sich zur Wand", rühmte die ansonsten so distanzierte *Süddeutsche Zeitung* hernach den „Unglaublichen". Die Krönung aber blieb versagt. Im Athener Finale gegen Kroatien war die Wurfquote schlicht zu niedrig, am Ende blieb „nur" Silber. Auf welch konstant sensationellem Niveau Fritz, der in dieser Zeit vom Back-up Christian Ramota ideal ergänzt wurde, über Jahre hinweg agiert hatte, dokumentierten nicht nur die vier Medaillen in Folge. Auch kürten ihn die Fachjournalisten viermal in Folge zum besten Keeper des Turniers. Dazu wählten ihn die deutschen Handballfans für 2004 zum „Handballer des Jahres". Und im gleichen Jahr wurde ihm, als erstem Torwart der Geschichte, der Titel eines „Welthandballers" verliehen. Mit 30 Jahren stand Fritz im Zenit seines Könnens.

Nach den extremen Belastungen großer Turniere stürzte Fritz, wie er selbst einräumt, ohnehin oft „in ein kleines Leistungsloch", nach 2004 aber stand Fritz die schwierigste Phase seiner Laufbahn bevor. Auf die WM 2005 in Tunesien verzichtete er, um sich freie Gelenkkörper im Arm herausoperieren zu lassen. Aber wie in seinem Verein THW Kiel, so konnte er auch im Nationalteam nicht wieder an sein außerordentliches Leistungsvermögen anknüpfen. Bei der EM 2006 in der Schweiz war er zwar immer noch Brands Nummer Eins, aber er hatte seine Aura verloren und hielt nur 33 Prozent der Bälle – darunter nicht die wichtigen. Im Sommer 2006 dann reagierte sein Verein THW Kiel auf die anhaltende Formkrise des Keepers und setzte ihn mit der Verpflichtung des französischen Internationalen Thierry Omeyer gehö-

Hexer Henning Fritz im WM-Finale gegen Polen.

rig unter Druck. Fritz stellte sich dem Kampf, erhielt aber kaum Einsatzzeiten, und nach einem Konflikt mit Trainer Noka Serdarusic nahm ihn dieser nicht einmal mehr zu den Auswärtsspielen mit. Weihnachten 2006 war Fritz auf dem Tiefpunkt seiner Laufbahn angekommen. Er war verunsichert, zweifelte an sich selbst, hatte keine Spielpraxis. Als Brand in seiner Nibelungentreue dennoch am Kieler festhielt, wurde dem Bundestrainer dies bereits als Fehler ausgelegt. Tatsächlich gaben die Leistungen Fritz' in der Vorbereitung und selbst noch in der Vorrunde wenig Anlass zu Optimismus, obwohl Torwarttrainer Thiel Besserung in Aussicht stellte („Deutschland wird kein Torwartproblem haben").

Erst mit dem ersten Hauptrundenspiel gegen Slowenien explodierte Fritz förmlich, verzeichnete traumhafte Abwehrquoten, und als er dann zur spielentscheidenden Figur in der Hauptrunde gegen Frankreich avancierte (und dabei, welch süßer Nebeneffekt, Vereinskonkurrent Omeyer in den Schatten stellte), hatte Fritz wieder das nötige Selbstvertrauen getankt, besaß „wieder die Ruhe, den entscheidenden Tick länger zu warten" als die Angreifer. Nun hielt er plötzlich wieder wie früher, zeigte seine wilde, aggressive Körpersprache nach den Paraden, die den Gegner einschüchtern sollen, spielte sich in einen Rausch. Dass er die Siegerehrung in der KölnArena wegen seiner Verletzung auf Krücken erleben musste, nahm er selbstredend lächelnd hin. Seine Karriere beenden wollte er, der noch bis 2009 an den THW Kiel gebunden ist, noch nicht. Genauso wie Brand steckte er sich sofort ein neues Ziel. Vier Deutsche Meisterschaften und die Titel bei Europameisterschaften und Weltmeisterschaften hat er bereits. Aber eine Goldmedaille fehlt ihm schließlich noch. Das nächste Märchen will er sich 2008 verwirklichen, bei den Olympischen Spielen in Peking.

▶ **Exkurs**

Von Perspektiven, Chancen und Risiken einer boomenden Sportart – ein Ausblick

Zu Beginn des 21. Jahrhunderts boomt der Handball wie nie. Eine Sportart scheint nach vielen kleinen Metamorphosen ihren endgültigen Charakter gefunden zu haben und begeistert immer mehr Sportliebhaber. Über 31 Millionen Bundesbürger interessieren sich für diese Sportart und ihre Stars wie Kretzschmar, Fritz, Stephan und von Behren. Die Medienpräsenz ist in diesen Zeiten des totalen Fußballs zufriedenstellend, speziell bei Großereignissen. Und noch viele Argumente mehr sprechen für eine verheißungsvolle Entwicklung des Handballs. So etwa die überaus bemerkenswerte Imageveränderung, die sich im letzten Jahrzehnt vollzogen hat. Nach einer repräsentativen Umfrage des Marktforschungsinstituts *Sport + Markt* im Jahre 2003 wurde Handball nur noch von sieben Prozent der Befragten als „brutal" eingestuft, 1997 hatten das noch elf Prozent und 1993 sogar noch 19 Prozent so gesehen. Andere Imagefaktoren hatten sich ebenfalls stark verbessert. 35 Prozent assoziierten mit Handball das Attribut „kämpferisch" (1993: 34 %), genauso viel „dynamisch" (1993: 14 %), und fast ein Fünftel der Befragten findet den modernen Handball unterhaltend (1993: 14 %). Handball wird heute als attraktiv und modern wie nie betrachtet. Insofern haben sich die Regelreformen wie zuletzt die „Schnelle Mitte" offenbar doch bezahlt gemacht. Weitere Regelreformen, wie sie etwa Vlado Stenzel dauernd vorschlägt, scheinen derzeit jedenfalls nicht angebracht – dagegen spricht schon die Geschichte des Feldhandballs, in der sich massive Regeleingriffe eher negativ auswirkten.

Doch auch der vermehrte Zug in die Städte ist für das derzeit erfreuliche Bild des Handballs in der Öffentlichkeit verantwortlich zu machen. Der Mief der dörflichen Dreifachturnhalle, der dieser Sportart ewig anhaftete, scheint beinahe schon vergessen. Ehrgeizig angelegte Hallenprojekte wie die in der supermodernen KölnArena, wo der VfL Gummersbach seit 2001 sechs Heimspiele pro Saison austrägt, oder wie in der Hamburger ColorlineArena, die seit 2002 das Final Four beherbergt und mit den Heimspielen des HSV immer mehr Fans anlockt, lassen den Handball zu einem Großstadtphänomen werden. Diese Vereine führten die Aufstockung der Hallenkapazitäten bzw. Neubauten in Magdeburg (8000 Zuschauer), Kiel (10.250) und Flensburg (6000) fort, und weitere Projekte werden diesem Trend folgen – wie das Aufsehen erregende Auftaktspiel des TBV Lemgo gegen THW Kiel in der geteilten Arena AufSchalke vor rund 31.000 Besuchern belegte. Wenn nicht alles täuscht, wird auf dieser Basis auch der Zuschauerrekord der Saison 2005/06 noch weiter verbessert werden. Rund 1,5 Millionen Zuschauer sahen in der letzten Spielzeit die 306 Bundesligapartien, mehr als eine Verdoppelung seit 1996.

Doch ohne den kontinuierlichen Erfolg der deutschen Nationalmannschaft wäre diese beständige Konjunktur vermutlich nicht zustande gekommen. „Die Jungs machen alles, um den Sport nach vorne zu bringen", sagte Heiner Brand im Februar 2004 nach dem EM-Triumph von Ljubljana. In der Tat: So viele Fans wie nie haben in den letzten Jahren mit der Brand-Mannschaft gefiebert, wenn es um die Medaillen ging, nach *Sport + Markt* geben sogar 8,6 Millionen Deutsche Handball als liebste Fernsehsportart an, dieser Wert hat sich seit 2000 verdoppelt. Im Windschatten dieser Triumphe konnten sich weitere Persönlichkeiten profilieren – in der Nachfolge der Vorreiterfigur Stefan Kretzschmar, der in den 90er Jahren auf MTV als „Handball-Punk" für Furore sorgte. Die Vermarktung des charismatischen Magdeburgers, der sogar von Magazinen in der Handball-Diaspora interviewt wird *(Time-Magazine)*, ist freilich noch unerreicht. Aber Typen wie Florian Kehrmann, Henning Fritz, Pascal Hens und Christian Zeitz verfügen ebenfalls über mediales Potenzial und gehen Schritte in die richtige Richtung. Unerreicht ist der Bekanntheitsgrad von Trainer Heiner Brand. Den berühmtesten Schnauzbartträger der Republik kennen 73 Prozent aller Deutschen, während seine Vorgänger Emrich, Ehret und Bredemeier nur dem Fachpublikum ein Begriff waren. Insbesondere die Erfolge der Nationalmannschaft haben dazu beigetragen, den lange andauernden Mitgliederschwund zu stoppen. Seit Jahren pendelt die Mitgliederzahl des Deutschen Handball-Bundes (DHB) nun schon um 830.000 Mitglieder, zuletzt aber, das macht Hoffnung, ist die Zahl der Kinder- und Jugendmannschaften wieder angestiegen. Offenbar taugen die Hens', Zeitz' und Kretzschmars, die eine lässige Attitüde pflegen, als Vorbilder für die Jugend. Von den pessimistischen Tönen der frühen 90er Jahre, die den Handball auf dem absteigenden Ast sahen, ist momentan jedenfalls nichts mehr zu hören.

Zu uneingeschränkter Euphorie besteht dennoch kein Anlass. Bis heute sind schließlich die Geburtswehen der Kommerzialisierung nicht ausgestanden. Insbesondere diejenigen Vereine, die über einen schlechten Standort (z. B. Nordhorn) oder ungenügende Hallenkapazitäten verfügen, werden in den nächsten Jahren weiter zu kämpfen haben. Der Strukturwandel weg vom Auftritt eines Dorfvereins hin zur Inszenierung eines spektakulären Events in einer Großhalle ist also noch lange nicht bei allen Klubs vollzogen. Auch wenn das lange Zeit sehr wackelige Großstadtprojekt HSV Hamburg sich zuletzt bewährt hat, sind doch noch Leerstellen vorhanden: Wichtige Märkte wie Berlin oder München liegen völlig brach, Bayern ist im Profihandball noch immer fast eine Diaspora. Hier wird es auch darauf ankommen, inwieweit der Liga eine Bündelung der unternehmerischen Kräfte gelingt, die für eine exzellente Zentralvermarktung á la NBA vonnöten ist. Nach langen Jahren der Streitigkeiten und Eifersüchteleien sind sich die wichtigsten Liga-Manager und Funktionäre in diesem Punkt zumindest seit einigen Jahren einig. Und der letzte TV-Vertrag, den die HBL

31.000 Begeisterte Fans 2004 beim Spiel TBV Lemgo gegen THW Kiel in der ArenaAufSchalke bedeuten Weltrekord für Vereinsmannschaften.

mit ARD/ZDF, dem DSF und dem Sportrechtehändler Sportfive im Sommer 2006 abschloss, weist auch in die richtige Richtung.

Eine weitere Gefahr liegt in der extrem hohen Belastung der Spitzenspieler. „Mir tun einige Spieler leid", äußerte Brand bereits im Jahre 2000. Heute hat sich die Si-

tuation noch einmal verschlimmert. Akteure wie Florian Kehrmann und Dominik Klein kommen, wenn sie in allen Wettbewerben (Meisterschaft, Pokal, Champions League) und bei allen Länderspielen antreten, auf annähernd 100 Spiele pro Saison. Besonders dramatisch ist die Lage in den Olympiajahren, in denen mit der Europameisterschaft (die seit 1994 wie die WM im Zweijahrestakt ausgetragen wird) stets zwei Großereignisse anstehen. Aber auch im Handball ist die Situation nicht anders als im Fußball: Keine Organisation will auf ihren Wettbewerb verzichten, weil das Einnahmeverluste nach sich ziehen würde. Ob die Group Club Handball, die im November 2006 gegründete Handball G-14 mit ihrem Geschäftsführer Gerd Butzeck an diesem Zustand etwas ändern kann, wird erst die Zukunft erweisen. Auf jeden Fall schufen hiermit die 14 wichtigsten europäischen Klubs, die schließlich den Profisport im Wesentlichen finanzieren, damit ein notwendiges Gegengewicht zu den internationalen Verbänden. Das mehr als frostige Verhältnis zwischen Europäischer Handball-Föderation (EHF) und Internationaler Handball-Föderation (IHF) hatte die Terminnöte zuletzt noch verschärft, als die IHF für das olympische Turnier und für die Weltmeisterschaften eigene Qualifikationsturniere und damit noch mehr Termine im Kalender beschloss.

Und schließlich, last but not least, wäre es überaus hilfreich, wenn die Handball-Bundesliga endlich das alte Problem der asynchronen Tabellen beheben könnte. Allzu oft sind einige Bundesligisten einige Spiele im Rückstand, weil die Frage der Hallenbelegung weiterhin schwer zu organisieren ist. Ein schneller Überblick über die Bundesligatabelle wird so verhindert. Zudem kann sich der Handballfan, da von Dienstag bis Sonntag gespielt wird, nicht auf regelmäßige Spieltage einstellen. All diese Mängel dokumentieren, dass der Handball zwar derzeit erfolgreich eine Nische besetzt, aber noch lange nicht über den Zuschauerzuspruch verfügt, den der Fußball sich über Jahrzehnte geschaffen hat.

Aber die momentanen Ausgangsbedingungen des Handballs dürfen dennoch als gute Grundlage für einen weiteren Boom angesehen werden, zumal im Vergleich mit Sportarten wie Basketball oder Eishockey: Die Zuschauerzahlen steigen, die Kommerzialisierung trägt vielversprechende Früchte, Gesichter wie Heiner Brand und Stefan Kretzschmar sorgen für Öffentlichkeit. Wichtige Leitfiguren wie Florian Kehrmann, Christian Zeitz und Pascal Hens sind nachgewachsen, und die WM im eigenen Land hat die Popularität der Stars dieser Szene noch einmal befeuert. Die Zuschauer strömen auch deshalb in Scharen zu den Spielen, weil die Bundesliga neben der spanischen Asobal die besten Spieler der Welt präsentiert: Von den 28 Profis in den Startformationen des WM-Halbfinals 2007 verdienten immerhin 22 ihre Brötchen in der HBL, mit Spitzengehältern von bis zu 500.000 Euro jährlich. Auch die langjährigen Erfolge in den Europapokalwettbewerben untermauern den Anspruch der deutschen Funktionäre, die beste Liga der Welt zu organisieren und zu vermarkten. Und vor allem wirkt das Spiel, das wie kein anderes Dynamik, Athletik, Schnelligkeit und Telegenität verkörpert, so attraktiv wie nie zuvor auf den Betrachter. Es ist sozusagen nach langer Suche endlich modern geworden.

Statistik

Internationale Länderwettbewerbe

Weltmeisterschaften

Jahr	Austragungsland	Anzahl Teiln.	Goldmedaille	Deutsche Platzierung BRD	DDR
1938	Deutschland	4	Deutschland	Weltmeister	
1954	Schweden	6	Schweden	zweiter Platz	
1958	DDR	16	Schweden	dritter Platz (ges.deutsche Manns.)	
1961	BR Deutschland	12	Rumänien	vierter Platz (ges.deutsche Manns.)	
1964	CSSR	16	Rumänien	vierter Platz	ausgeschieden
1967	Schweden	16	CSSR	sechster Platz	ausgeschieden
1970	Frankreich	16	Rumänien	fünfter Platz	zweiter Platz
1974	DDR	16	Rumänien	neunter Platz	zweiter Platz
1978	Dänemark	16	BRD	Weltmeister	dritter Platz
1982	BR Deutschland	16	UdSSR	siebter Platz	sechster Platz
1986	Schweiz	16	Jugoslawien	siebter Platz	dritter Platz
1990	Tschechoslowakei	16	Schweden	nicht qualifiziert	achter Platz
1993	Schweden	16	Russland	sechster Platz	
1995	Island	24	Frankreich	vierter Platz	
1997	Japan	24	Russland	nicht qualifiziert	
1999	Ägypten	24	Schweden	fünfter Platz	
2001	Frankreich	24	Frankreich	achter Platz	
2003	Portugal	24	Kroatien	zweiter Platz	
2005	Tunesien	24	Spanien	neunter Platz	
2007	Deutschland	24	BRD	Weltmeister	
2009	Kroatien	24	??	??	

Europameisterschaften

Jahr	Austragungsland	Anzahl Teiln.	Goldmedaille	Deutsche Platzierung
1994	Portugal	12	Schweden	neunter Platz
1996	Spanien	12	Russland	achter Platz
1998	Italien	12	Schweden	dritter Platz
2000	Kroatien	12	Schweden	neunter Platz
2002	Schweden	16	Schweden	zweiter Platz
2004	Slowenien	16	BRD	Europameister
2006	Schweiz	16	Frankreich	fünfter Platz
2008	Norwegen	16	??	??

Olympische Spiele

Jahr	Austragungsland	Anzahl Teiln.	Goldmedaille	Deutsche Platzierung BRD	DDR
1936	Deutschland	6 (Feld)	Deutschland	Olympiasieger	
1972	Deutschland	16	Jugoslawien	sechster Platz	vierter Platz
1976	Kanada	11	UdSSR	vierter Platz	nicht qualifiz.
1980	Moskau	12	DDR	nicht teilgen.	Olympiasieger
1984	USA	12	Jugoslawien	Silber	nicht teilgen.
1988	Korea	12	UdSSR	nicht qualifiz.	siebter Platz
1992	Spanien	12	GUS	zehnter Platz	
1996	USA	12	Kroatien	achter Platz	
2000	Australien	12	Russland	fünfter Platz	
2004	Griechenland	12	Kroatien	Silber	

Feldhandball-Weltmeisterschaften

Jahr	Ort	Weltmeister
1938	Deutschland	Deutschland
1948	Frankreich	Schweden
1952	Schweiz	BRD
1955	BRD	BRD
1959	Österreich	Deutschland
1963	Schweiz	DDR
1966	Österreich	BRD

1959 traten DHB und DHV mit einer gemeinsamen Mannschaft an, die aus je 8 Spielern eines Verbandes bestand und holten so einen gesamtdeutschen Titel. 1963 gewann die DDR im Endspiel gegen die BRD (14:7).

Welt-Handballer des Jahres

1988: Veselin Vujovic (YUG)
1989: Kang Jae-Won (KOR)
1990: Magnus Wislander (SWE)
1991 – 1993: keine Wahl
1994: Talant Duishebaev (RUS)
1995: Jackson Richardson (FRA)
1996: Talant Duishebaev (ESP)
1997: Stephane Stoecklin (FRA)
1998: Daniel Stephan (BRD)
1999: Rafaell Guijosa (ESP)
2000: Dragan Skrbic (YUG)
2001: Kyung-Shin Yoon (KOR)
2002: Bertrand Gille (FRA)
2003: Ivano Balic (CRO)
2004: Henning Fritz (BRD)
2005: Arpad Sterbik (Serbien/Montenegro)

Welt-Handballer des Jahrhunderts Magnus Wislander (SWE)

Rangliste deutsche Nationalspieler
(Stand: 15.2.2007)

Einsätze

	Spieler	Spiele
1.	Wahl, Frank Michael	344
2.	Petersen, Klaus-Dieter	339
3.	Schwarzer, Christian	310
4.	Zerbe, Volker	284
5.	Thiel, Andreas	257
6.	Hauck, Stephan	240
8.	Holpert, Jan	235
7.	Winselmann, Holger	234
9.	Kretzschmar, Stefan	218
10.	Ehret, Arno	209
	Fritz, Henning	209
12.	Baur, Markus	208
13.	Schwalb, Martin	193
14.	Kehrmann, Florian	191
15.	Fraatz, Jochen	185
16.	Stephan, Daniel	183
17.	Fuhrig, Mike	165
18.	v. Behren, Frank	158
19.	Hecker, Stefan	157
20.	Borchardt, Rüdiger	154
21.	Roth, Ulrich	151
22.	Spengler, Horst	147

Torjäger

	Spieler	Tore	Spiele
1.	Wahl, Frank Michael	1412	344
2.	Schwarzer, Christian	949	310
3.	Kretzschmar, Stefan	821	218
4.	Fraatz, Jochen	809	185
5.	Zerbe, Volker	783	284
6.	Kehrmann, Florian	695	191
7.	Borchardt, Rüdiger	689	154
8.	Lübking, Herbert	650	139
9.	Baur, Markus	642	208
10.	Schwalb, Martin	594	193
11.	Stephan, Daniel	590	183
12.	Ehret, Arno	535	209
13.	Hauck, Stephan	522	240
14.	Wunderlich, Erhard	504	140
15.	Roos, Bernd	500	130
16.	Schmidt, Hans-Günther	484	98
17.	Winselmann, Holger	483	234
18.	Zeitz, Christian	416	140
19.	Hens, Pascal	388	132
20.	Deckarm, Joachim	381	104
21.	v. Behren, Frank	351	158
22.	Neitzel, Rüdiger	334	124

Deutsche Vereinswettbewerbe

Feldhandball

Deutsche Meister 1921-1933

Deutsche Sportbehörde für Leichtathletik
1921: –
1922: Polizeisportverein Berlin
1923: PSV Berlin
1924: PSV Berlin
1925: PSV Berlin
1926: PSV Berlin
1927: PSV Berlin
1928: D.H.C. Berlin
1929: PSV Berlin
1930: PSV Berlin
1931: PSV Berlin
1932: Polizei VfL Weißenfels
1933: SV Waldhof Mannheim

Deutsche Turnerschaft
1921: TSV 1860 Spandau
1922: TSV 1860 Spandau
1923: TuRa-Union Düsseldorf
1924: TV Seckbach Frankfurt/M.
1925: Turngemeinde Stuttgart
1926: Polizeisportverein Rastatt
1927: PSV Rastatt
1928: Turnverein Chemnitz-Gablenz
1929: TV Friesenheim Ludwigshafen
1930: TV Friesenheim Ludwigshafen
1931: TV Krefeld-Oppum
1932: TSV Herrnsheim-Worms
1933: Allg. Turngemeinde Gera

Deutsche Meister 1934-1971

1934: PSV Darmstadt
1935: PSV Magdeburg
1936: MSV Hindenburg-Minden
1937: MTSA Leipzig
1938: MTSA Leipzig
1939: MTSA Leipzig
1940: Spielverein Lintfort
1941: Polizeisportverein Hamburg
1942: Ordnungspolizei Magdeburg
1943: Polizei Hamburg
1944: Polizeisportverein Berlin
1945: ausgefallen
1946: ausgefallen
1947: Rasensport Mülheim/Ruhr
1948: THW Kiel
1949: RaSpo Mülheim/Ruhr
1950: THW Kiel
1951: PSV Hamburg
1952: PSV Hamburg
1953: PSV Hamburg
1954: Frisch Auf Göppingen
1955: Polizei SV Hamburg
1956: Bayer Leverkusen
1957: Frisch Auf Göppingen
1958: Hamborn 07
1959: TuS Lintfort
1960: TSV Ansbach
1961: TuS Lintfort
1962: TSV Ansbach
1963: VfL Wolfsburg
1964: TuS Wellinghofen
1965: BSV Solingen 98
1966: TV Krefeld-Oppum
1967: GW Dankersen
1968: TV Krefeld-Oppum
1969: SG Leutershausen
1970: GW Dankersen
1971: GW Dankersen
1972: wegen Olympia nicht ausgetragen
1973: TV Großwallstadt
1974: TSV Birkenau
1975: TSG Haßloch

Hallenhandball BRD

DHB-Meister seit 1948

1948: Berliner SV [inoffiziell]
1949: RSV Mühlheim [inoffiziell]
1950: Polizei-SV Hamburg
1951: Polizei-SV Hamburg
1952: Polizei-SV Hamburg
1953: Polizei-SV Hamburg
1954: Frisch Auf Göppingen
1955: Frisch Auf Göppingen
1956: Berliner SV 92
1957: THW Kiel
1958: Frisch Auf Göppingen
1959: Frisch Auf Göppingen
1960: Frisch Auf Göppingen
1961: Frisch Auf Göppingen
1962: THW Kiel
1963: THW Kiel
1964: Berliner SV 92
1965: Frisch Auf Göppingen
1966: VfL Gummersbach
1967: VfL Gummersbach
1968: SG Leutershausen
1969: VfL Gummersbach
1970: Frisch Auf Göppingen
1971: Grün-Weiß Dankersen
1972: Frisch Auf Göppingen
1973: VfL Gummersbach
1974: VfL Gummersbach
1975: VfL Gummersbach
1976: VfL Gummersbach
1977: Grün-Weiß Dankersen
1978: TV Großwallstadt
1979: TV Großwallstadt
1980: TV Großwallstadt
1981: TV Großwallstadt
1982: VfL Gummersbach
1983: VfL Gummersbach
1984: TV Großwallstadt
1985: VfL Gummersbach
1986: TUSEM Essen
1987: TUSEM Essen
1986: TUSEM Essen
1988: VfL Gummersbach
1989: TUSEM Essen
1990: TV Großwallstadt
1991: VfL Gummersbach
1992: SG Wallau-Massenheim
1993: SG Wallau-Massenheim
1994: THW Kiel
1995: THW Kiel
1996: THW Kiel
1997: TBV Lemgo
1998: THW Kiel
1999: THW Kiel
2000: THW Kiel
2001: SC Magdeburg
2002: THW Kiel
2003: TBV Lemgo
2004: SG Flensburg-Handewitt
2005: THW Kiel
2006: THW Kiel

DHB-Pokalsieger seit 1974

1975: Grün-Weiß Dankersen
1976: Grün-Weiß Dankersen
1977: VfL Gummersbach
1978: VfL Gummersbach
1979: Grün-Weiß Dankersen
1980: TV Großwallstadt
1981: TuS Nettelstedt
1982: VfL Gummersbach
1983: VfL Gummersbach
1984: TV Großwallstadt
1985: VfL Gummersbach
1986: MTSV Schwabing
1987: TV Großwallstadt

1988: TuSEM Essen
1989: TV Großwallstadt
1990: TSV Milbertshofen
1991: TuSEM Essen
1992: TuSEM Essen
1993: SG Wallau-Massenhein
1994: SG Wallau-Massenheim
1995: TBV Lemgo
1996: SC Magdeburg
1997: TBV Lemgo
1998: THW Kiel
1999: THW Kiel
2000: THW Kiel
2001: SG VfL Bad Schwartau-Lübeck
2002: TBV Lemgo
2003: SG Flensburg-Handewitt
2004: SG Flensburg-Handewitt
2005: SG Flensburg-Handewitt
2006: HSV Hamburg

DHB-Supercup-Gewinner seit 1994

1994: SG Wallau-Massenheim
1995: THW Kiel
1996: SC Magdeburg
1997: TBV Lemgo
1998: THW Kiel
1999: TBV Lemgo
2000: SG Flensburg-Handewitt
2001: SC Magdeburg
2002: TBV Lemgo
2003: TBV Lemgo
2004: HSV Hamburg
2005: SG Flensburg-Handewitt
2006: HSV Hamburg

LaOla in der ArenaAufSchalke.

Hallenhandball DDR

DHV-Meister (DDR) seit 1950

1950: SC Berlin-Weißensee
1951: Volkspolizei Halle
1952: Volkspolizei Halle
1953: Motor Rostock
1954: Motor Rostock
1955: Motor Rostock
1956: SC Empor Rostock
1957: SC Empor Rostock
1958: wegen WM nicht ermittelt
1959: SC DHfK Leipzig
1960: SC DHfK Leipzig
1961: SC DHfK Leipzig
1962: SC DHfK Leipzig
1963: Lok Magdeburg
1964: ASK Vorwärts Berlin
1965: SC DHfK Leipzig
1966: SC DHfK Leipzig
1967: SC Dynamo Berlin
1968: SC Empor Rostock
1969: SC Dynamo Berlin
1970: SC Magdeburg
1971: SC Dynamo Berlin
1972: SC Leipzig
1973: SC Empor Rostock
1974: ASK Vorwärts Frankfurt/Oder
1975: ASK Vorwärts Frankfurt/Oder
1976: SC Leipzig
1977: SC Magdeburg
1978: SC Empor Rostock
1979: SC Leipzig
1980: SC Magdeburg
1981: SC Magdeburg
1982: SC Magdeburg
1983: SC Magdeburg
1984: SC Magdeburg
1985: SC Magdeburg
1986: SC Empor Rostock
1987: SC Empor Rostock
1988: SC Magdeburg
1989: ASK Vorwärts Frankfurt/Oder
1990: 1. SC Berlin
1991: SC Magdeburg

DHV-Pokalsieger seit 1975-1991

1975: ASK Vorwärts Frankfurt/Oder
1976: ASK Vorwärts Frankfurt/Oder
1977: SC Magdeburg
1978: SC Magdeburg
1979: ASK Vorwärts Frankfurt/Oder
1980: SC Empor Rostock
1981: SC Empor Rostock
1982: SC Leipzig
1983: ASK Vorwärts Frankfurt/Oder
1984: SC Magdeburg
1985: SC Empor Rostock
1986: SC Empor Rostock
1987: SC Empor Rostock
1988: SC Empor Rostock
1989: SC Empor Rostock
1990: SC Magdeburg
1991: Preußen Berlin

Ewige Bundesliga-Torschützenliste

(Seit der ersten eingleisigen Bundesliga-Saison 1977/78, Stand: 1.8.2006).

	Spieler	Spiele	Tore/7m
1.	Jochen Fraatz	438	2683/867
2.	Kyung-Shin Yoon	339	2481/474
3.	Martin Schwalb	428	2272/945
4.	Lars Christiansen	324	2111/889
5.	Andreas Dorhöfer	430	2003/593
6.	Volker Zerbe	586	1997/3
7.	Christian Schwarzer	498	1901/19
8.	Bernd Roos	392	1856/795
9.	Daniel Stephan	364	1848/502
10.	Stefan Kretzschmar	389	1609/328
11.	Thomas Knorr	468	1512/198
12.	Markus Baur	364	1458/512
13.	Magnus Wislander	373	1388/17
14.	Uwe Schwenker	366	1346/361
15.	Sven Lakenmacher	348	1333/16
16.	Joel Abati	286	1302/511
17.	Jan Filip	198	1297/301
18.	Mikael Källmann	313	1278/214
19.	Arno Ehret	194	1275/541
20.	Marc Baumgartner	270	1261/179

Top-Liste Einsätze Bundesliga

	Spieler	Einsätze
1.	Jan Holpert	587
2.	Volker Zerbe	586
3.	Stefan Hecker	561
4.	Andreas Thiel	528
5.	Christian Schwarzer	498
6.	Siegfried Roch	475
7.	Thomas Knorr	468
8.	Klaus-Dieter Petersen	466
9.	Jörg-Uwe Lütt	464
10.	Lars-Hendrik Walther	456
11.	Michael Krieter	450
12.	Jochen Fraatz	438
13.	Steffen Stiebler	436
14.	Mike Bezdicek	432
15.	Andreas Dörhöfer	430
16.	Frank Löhr	429
17.	Andreas Rastner	428
17.	Martin Schwalb	428
19.	Jan Fegter	417
20.	Christian Ramota	416

Deutsche Handballer des Jahres

1978: Heiner Brand
1979: Manfred Hofmann
1980: Arno Ehret
1981: Erhard Wunderlich
1982: Erhard Wunderlich
1983: Andreas Thiel
1984: Andreas Thiel
1985: Andreas Thiel
1986: Andreas Thiel
1987: Andreas Thiel
1988: Jochen Fraatz
1989: Andreas Thiel
1990: Stefan Hecker
1991: Jochen Fraatz
1992: Mikael Källman
1993: Andreas Thiel
1994: Stefan Kretzschmar
1995: Stefan Kretzschmar
1996: Martin Schwalb
1997: Daniel Stephan
1998: Daniel Stephan
1999: Daniel Stephan
2000: Markus Baur
2001: Christian Schwarzer
2002: Markus Baur
2003: Florian Kehrmann
2004: Henning Fritz
2005: Florian Kehrmann
2006: Florian Kehrmann

Internationale Vereinswettbewerbe

Pokalwettbewerb der Landesmeister

(Seit 1994 Champions League)

1957: Stadtauswahl Prag (CZE)
1959: Redbergslid Göteborg (SWE)
1960: Frisch Auf Göppingen (BRD)
1961: nicht ausgetragen
1962: Frisch Auf Göppingen (BRD)
1963: Dukla Prag (CZE)
1964: nicht ausgetragen
1965: Dinamo Bukarest (ROM)
1966: SC DHfK Leipzig (DDR)
1967: VfL Gummersbach (BRD)
1968: Steaua Bukarest (ROM)
1969: nicht ausgetragen
1970: VfL Gummersbach (BRD)
1971: VfL Gummersbach (BRD)
1972: Partizan Bjelovar (YUG)
1973: MAI Moskau (UdSSR)
1974: VfL Gummersbach (BRD)
1975: ASK Vorw. Frankfurt/Oder (DDR)
1976: Borac Naja Luka (YUG)
1977: Steaua Bukarest (ROM)
1978: SC Magdeburg (DDR)
1979: TV Großwallstadt (BRD)
1980: TV Großwallstadt (BRD)
1981: SC Magdeburg (DDR)
1982: SC Honved Budapest (HUN)
1983: VfL Gummersbach (BRD)
1984: Dukla Prag (CZE)
1985: Metaloplastica Sabac (YUG)
1986: Metaloplastica Sabac (YUG)
1987: SKA Minsk (UdSSR)
1988: ZSKA Moskau (UdSSR)
1989: SKA Minsk (UdSSR)
1990: SKA Minsk (UdSSR)
1991: FC Barcelona (ESP)
1992: RK Zagreb (CRO)
1993: Badel Zagreb (CRO)
1994: Teka Santander (ESP)
1995: Bidasoa Irun (ESP)
1996: FC Barcelona (ESP)
1997: FC Barcelona (ESP)
1998: FC Barcelona (ESP)
1999: FC Barcelona (ESP)
2000: FC Barcelona (ESP)
2001: Portland San Antonio (ESP)
2002: SC Magdeburg (BRD)
2003: HB Montpellier (FRA)
2004: Celje Pivovarna Lasko (SLO)
2005: FC Barcelona (ESP)
2006: BM Ciudad Real (ESP)

Vereins-EM

1979: VfL Gummersbach (BRD)
1980: TV Großwallstadt (BRD)
1981: SC Magdeburg (DDR)
1982: SC Empor Rostock (DDR)
1983: VfL Gummersbach (DDR)
1984-1995: nicht ausgespielt
1996: FC Barcelona (ESP)
1997: FC Barcelona (ESP)
1998: FC Barcelona (ESP)
1999: FC Barcelona (ESP)
2000: Portland San Antonio (ESP)
2001: SC Magdeburg (BRD)
2002: SC Magdeburg (BRD)
2003: FC Barcelona (ESP)
2004: Celje Pivovarna Lasko (SLO)
2005: BM Ciudad Real (ESP)
2006: BM Ciudad Real (ESP)

Pokalwettbewerb der Pokalsieger

1976: Balonmano Granollers (ESP)
1977: MAI Moskau (UdSSR)
1978: VfL Gummersbach (BRD)
1979: VfL Gummersbach (BRD)
1980: Calpisa Alicante (ESP)
1981: TuS Nettelstedt (BRD)
1982: SC Empor Rostock (DDR)
1983: SKA Minsk (UdSSR)
1984: FC Barcelona (ESP)
1985: FC Barcelona (ESP)
1986: FC Barcelona (ESP)
1987: ZSKA Moskau (UdSSR)
1988: SKA Minsk (UdSSR)
1989: TUSEM Essen (BRD)
1990: Teka Santander (ESP)
1991: TSV Milbertshofen (BRD)
1992: Bramac Veszprem (UNG)
1993: OM Vitrolles (FRA)
1994: FC Barcelona (ESP)
1995: FC Barcelona (ESP)
1996: TBV Lemgo (BRD)
1997: Elgorriaga Bidasoa Irun (ESP)
1998: Cantabria Santander (ESP)
1999: Prosesa Ademar Leon (ESP)
2000: Portland San Antonio (ESP)
2001: SG Flensburg-Handewitt (BRD)
2002: BM Ciudad Real (ESP)
2003: BM Ciudad Real (ESP)
2004: Portland San Antonio (ESP)
2005: Ademar Leon (ESP)
2006: Medvedi Tschechow (RUS)

IHF-/EHF-Pokal

1982: VfL Gummersbach (BRD)
1983: Sil Sarporoshje (UdSSR)
1984: TV Großwallstadt (BRD)
1985: HC Minaur Baia Mare (ROM)
1986: Raba ETO Györ (HUN)
1987: Granitas Kaunas (UdSSR)
1988: HC Minaur Baia Mare (ROM)
1989: TURU Düsseldorf (BRD)
1990: SKIF Krasnodar (UdSSR)
1991: Borac Banja Luka (YUG)
1992: SG Wallau-Massenheim (BRD)
1993: Teka Santander (ESP)
1994: Alzira Avidesa (ESP)
1995: BM Granollers (ESP)
1996: BM Granollers (ESP)
1997: SG Flensburg-Handewitt (BRD)
1998: THW Kiel (BRD)
1999: SC Magdeburg (BRD)
2000: Metkovic Jambo (CRO)
2001: SC Magdeburg (BRD)
2002: THW Kiel (BRD)
2003: FC Barcelona (ESP)
2004: THW Kiel (BRD)
2005: TuSEM Essen (BRD)
2006: TBV Lemgo (BRD)

City-Cup/Challenge-Cup

1994: TUSEM Essen (BRD)
1995: TV Niederwürzbach (BRD)
1996: Drammen HK (NOR)
1997: TuS Nettelstedt (BRD)
1998: TuS Nettelstedt (BRD)
1999: SG Flensburg-Handewitt (BRD)
2000: TV Großwallstadt (BRD)
2001: RK Jugovic Kac (YUG)
2002: Skjern HB (DEN)
2003: Skjern HB (DEN)
2004: IFK Skövde (SWE)
2005: Wacker Thun (CH)
2006: Steaua Bukarest (ROM)

Quellen und Literatur

Archivalien:
Carl- und Liselott-Diem-Archiv (Köln):
Korrespondenzen: Mappe 1252 (Schelenz); Sachakten: Mappe 188 (Tätigkeitsberichte der DHfL), Mappe 609 (Handball, Basketball).

Zeitschriften:
Deutsche Handball-Woche. Bundesfachzeitschrift und amtliches Organ des Deutschen Handball-Bundes (Jahrgänge 1954-1993).
Deutsche Handball-Zeitung. Organ des Deutschen Handball-Bundes (Jahrgänge 1949-1953).
Deutsche Turnzeitung. Blätter der Deutschen Turnerschaft (Jahrgänge 1910-1933).
Handball. Amtl. Reichsorgan des Nationalsozialistischen Reichsbundes für Leibesübungen, Fachamt Handball; die Reichszeitschrift der deutschen Handball- und Basketballspieler (1932-1943).
Handball. Organ des Deutschen Handball-Verbandes im Deutschen Turn- und Sportbund (1953-1990).
Handball-Woche. Mit den amtlichen Nachrichten des Deutschen Handball-Bundes (1993-2004).
Nationalsozialistischer Reichsbund für Leibesübungen, NS-Sport (Jahrgänge 1939-1944).
Nationalsozialistischer Reichsbund für Leibesübungen, Reichssportblatt. Amtl. Organ des Reichssportführers und des Deutschen Reichsbundes für Leibesübungen (Jahrgänge 1934-1943).
Start und Ziel. Monatsschrift des Deutschen Leichtathletik-Verbandes (Jahrgänge 1925-1934).

Literatur:
Amrhein, Klaus, Biographisches Handbuch zur Geschichte der deutschen Leichtathletik 1898-1998, Darmstadt 1999.
Apfel, Hans, Der Feldhandball wird weiter leben, in: Zeitschrift Praxis für Leibesübungen 10(1969)7, S. 135.
Beckmanns Sportlexikon, Leipzig/Wien 1933.
Bernett, Hajo, Sportpolitik im Dritten Reich. Aus den Akten der Reichskanzlei, Schorndorf 1971.
Bernett, Hajo, Der Weg des Sports in die nationalsozialistische Diktatur, Schorndorf 1983.
Bernett, Hajo, Geschichte des Handballspiels. Vom lokalen Experiment zum Weltsport, in: Meynert, Joachim (Hrsg.), Und auch der Handball ist rund... Beiträge zur Geschichte des Handballsports im Kreis Minden-Lübbecke, Bielefeld 1995, S. 19-48.

Bernett, Hajo, Die Metamorphose des Handballspiels, in: SZGS 10 (1996), Heft 1, S. 7-26.

Braungardt, W., Handball und Faustball. Lernen und Lehren zweier deutscher Volkskampfspiele, Braunschweig 1922.

Brüggemeier, F.-J. (Hrsg.) u.a., Der Ball ist rund. Katalog zur Fußballausstellung im Gasometer Oberhausen, Essen 2000.

Cavalier, Heinz, Sportler erzählen, Berlin 1939.

Daferner, Rolf, Frisch Auf Göppingen: Höhen und Tiefen – 30 Jahre Handballgeschichte 1946-1976, Göppingen 1976.

Dauben, Ulrich, Die geschichtliche Entwicklung der Regeln des Handballsports – verbunden mit einer Befragung über den gegenwärtigen Stand der Regelpraxis (Staatsarbeit), Düsseldorf 1987.

Deutsche Sportbehörde für Leichtathletik, Das Handballspiel, München 1926/28 (3. Auflage).

Deutsche Sportbehörde für Leichtathletik, Handball. Das Spiel für alle. Ein Werbe- und Lehrheft, München [1930].

Deutscher Reichsbund für Leibesübungen (Hrsg.), Handball. Feld- und Hallenhandball. Deutsche Handball-Ordnung, Berlin 1935.

Deutscher Handball-Bund (Hrsg.), Handball '72. Handbuch des deutschen und internationalen Handballsports (1917-1972), Dortmund [1972].

Deutscher Handball-Bund (Hrsg.), Jahrbuch '92. Amtliches Jahrbuch des Deutschen Handball-Bundes, Dortmund 1992.

Deutscher Sportverlag (Hrsg.), 25 Jahre Handball-Bundesliga, Köln 2002.

Dohndorf, Ernst, Um die Krone des Handballs. 10 Jahre Kampf um die Meisterschaft. Ein Tatsachenbericht, Berlin 1939.

Grandjean, Paul, Westdeutsche Handball-Chronik, Düsseldorf 1960.

Eberding, Knut, Das Handballspiel und sein Training, Leipzig [o.J.].

Handball-Almanach (bearb. von Horst Wagner), Offenbach 1963.

Handball-Verband Saar (Hrsg.), Die Geschichte des Handballsports an der Saar, Saarbrücken 1996.

Heger, Robert, Handball für Schule und Verein, Wien 1970.

Heggen, Rolf, Stenzel, Vlado. Handball Faszination, München 1978.

Heggen, Rolf, WM 1982. Handball in Deutschland. Offizielle Bilddokumentation des Deutschen Handball-Bundes, München [1982].

Heldt, Uwe, 125 Jahre Turn- und Sportbund Flensburg. 1865-1890. Flensburg 1991 (Kleine Reihe der Gesellschaft für Flensburger Stadtgeschichte, Heft 21, Bd. 1).

Internationale Handball-Föderation (IHF), Geschichte des internationalen Handballs, Basel 1960.

Internationale Handball-Föderation, 50 Jahre IHF, [Basel] 1996.

Intzandt, Michael, Die deutsche Handballgeschichte (unter besonderer Berücksichtigung des Linken Niederrheins zwischen 1917 –1945), Examensarbeit an der Universität Düsseldorf, Düsseldorf 1986.

Kaundinya, Otto Günter, Das Handballspiel. Technik, Taktik, Spielregeln, Training, Leipzig [1935].

Kempa, Bernhard, Ball ist Trumpf, [o. O.] 2002.

Kienapfel, Kurt (Bearb.), Köhlers Illustrierter Sport-Kalender 1950, Minden/Frankfurt 1949.

Kirschner, Jan: Die SG-Story – 25 Jahre Spitzenhandball im Norden, Flensburg 1999.

Kohlmey, Willy (Hrsg.), Kohlmeys Handballfibel. Das Buch des Handballspiels, Berlin [1930].

Kreisel, Wolf, Welt-Handball im Umburch. Eine Analyse von 1970 bis 1990, in: Müller, Hans-Joachim (Hrsg.), Beiträge zur Trainings- und Wettkampfentwicklung im Hallenhandball, Band 44, o.O. [1990].

Krüger, Eduard, Handball – ein deutsches Spiel. Ein Beitrag zur Geschichte des Handballspiels bis zu den Olympischen Spielen 1936, DSHS Köln 1957.

Lämmer, Manfred (Hrsg.) Deutschland in der Olympischen Bewegung. Eine Zwischenbilanz, Frankfurt/Main 1999.

Laube, Volkmar, Tore, Triumphe, Titel. Handballhochburg Magdeburg, Magdeburg [o.J.].

Lemcke, Helmut (Bearb.), Das Handballspiel. Theorie, Technik, Taktik und Training nebst Spielregeln der Deutschen Turnerschaft, Berlin 1921.

Markovits, Andrei S./Hellerman, Steven L., Im Abseits. Fußball in der amerikanischen Sportkultur, Hamburg 2002.

Metz, Dirk, Von der deutschen Meisterschaft haben wir nicht mal geträumt, Wiesbaden-Erbenheim 1993.

Meynert, Joachim (Hrsg.), Und auch der Handball ist rund... Beiträge zur Geschichte des Handballsports im Kreis Minden-Lübbecke, Bielefeld 1995.

Münch, Günther, Die gegenwärtige Situation des Handballspiels. Eine Untersuchung über Wesen und Stand dieser Sportart, Diplomarbeit an der DSHS Köln 1965.

Nationalsozialistischer Reichsbund für Leibesübungen, Wettspielbestimmungen für Handball, Berlin 1941.

Neuendorff, Edmund, Geschichte der neueren deutschen Leibesübungen, Band 4: Die Zeit von 1860 bis 1932, Dresden [o.J.]

Neuendorff, Edmund, Die deutschen Leibesübungen. Großes Handbuch für Turnen, Spiel und Sport, Berlin/Leipzig [o.J.].

Organisationskomitee für die XI. Olympiade Berlin 1936 e.V. (Hrsg.), XI. Olympiade Berlin 1936. Amtlicher Bericht, Band 2, Berlin 1936.

Otto, Karl, Handball, Barlauf, Schleuderball, Stuttgart (u.a.) 1924.

Perenda, Hilde, Werden und Wesen des deutschen Handballspiels, Wien 1944.

Perleberg, Heinz (Hrsg.), Siegen und Verlieren. Soprtgeschichten. Mit einem Nachwort von Siegfried Lenz, München 1995.

Planck, Karl, Fusslümmelei. Über Stauchballspiel und englische Krankheit, Stuttgart 1898 (Neudruck: Münster 1982).

Propaganda-Ausschuss für die Olympischen Spiele Berlin 1936 (Hrsg.), Handball, Berlin [1935].

Reents, Kurt, Die neuere Entwicklung des Handballspiels in Deutschland, Diplomarbeit an der DSHS Köln 1951.

Reinhardt, Harald, Die deutschen Leibesübungen in ihrer Außengeltung, 19. Jahrhundert bis 1939. Inaugural-Dissertation zur Erlangung des Doktorgrades der Philosophischen Fakultät der Ruprecht-Karl Universität zu Heidelberg, Heidelberg 1944.

Rehling, Detlev, Handball, Köln 1981.

Schelenz, Carl, Das Handballspiel. Bearbeitet für Theorie und Praxis, München 1922.

Schelenz, Carl, Lehrbuch des Handballspiels, Berlin 1943.

Schelenz, Carl, Handball.Training und Leistung, Lübeck 1949.

Schönbrodt, Ulrich, Untersuchungen über die durch Reglеänderungen bedingte Entwicklung der Technik und Taktik im Feldhandball von 1920 bis 1971 und die Gründe für den Rückgang des Interesses am Feldhandball, DSHS 1972.

Schoenfelder, Roland (Hrsg.), 15 Jahre Deutsche Polizei-Sportbewegung, Berlin 1936.

Schulze, Max, Das Handballspiel (Bibliothek der Leibesübungen, Heft 26), Leipzig 1927.

Stapelmann, Friedhelm, Handball und Fußball in der Gegenüberstellung, DSHS 1956.

Struck, Bernd, Hein Dahlinger – ein Idol wird 65, Tangstedt 1987.

Thinius, Daniela, Die Geschichte des Handballspiels bei Olympischen Spielen, Köln 1994.

Turnverein Hassee-Winterbek e.V. (Hrsg.), 100 Jahre THW Kiel (1904-2004), Kiel 2004.

Weichert, Willibald (Bearb.), Handball. Unterrichtsmaterialien zur Sportlehrerausbildung für den schulischen und außerschulischen Bereich (Texte zur Theorie der Sportarten, Band 1), Schorndorf 1978.

Wendt, Stefan, Kleine Schritte, große Sprünge. Der Neuaufbau des Sports in Schleswig-Holstein nach dem Zweiten Weltkrieg 1949-1955, Neumünster 1999.

Werheid, Hans, VfL Gummersbach. Spitzenmannschaft des Welthandballs, Gummersbach 1983.

Werheid, Hans, VfL Gummersbach., Spitzenmannschaft des Welthandballs, Bd. 2, Gummersbach [o. J.].

Werheid, Hans, VfL Gummersbach., Spitzenmannschaft des Welthandballs, Bd. 4, Gummersbach [o. J.].

Wisbar, Hans, Das Handballspiel in seiner geschichtlichen und spielgestaltenden Entwicklung, DA an der DSHS Köln 1954.

Autorenliste

Christoph Bertling, Jahrgang 1974, ist Diplom-Sportwissenschaftler im Bereich Medien und Kommunikation. Arbeitet seit über einem Jahrzehnt als freier Journalist (u.a. Süddeutsche Zeitung, Financial Times Deutschland, Tagesspiegel). Seit 2003 tätig im Institut für Sportpublizistik an der Deutschen Sporthochschule Köln.

Jens Bierschwale, Jahrgang 1975, ist Sportredakteur der WELT/WELT am Sonntag in Berlin. Neben Handball gehören Fußball und Radsport zu seinen Themenschwerpunkten. Der studierte Sportwissenschaftler berichtet seit Jahren über Großereignisse wie Europa- und Weltmeisterschaften und war zuvor für die Süddeutsche Zeitung, das Handball-Magazin und die Böhme-Zeitung Soltau tätig.

Nicole Bliesener, Jahrgang 1965, hat bereits mit 16 Jahren über Mindener Handball geschrieben. Sie volontierte 1995-1997 bei der Neuen Westfälischen in Bielefeld. Seitdem arbeitet sie bei dieser Zeitung als Redakteurin, derzeit in der Lokalredaktion in Bad Oeynhausen.

Stefan Boysen, Jahrgang 1972, ist freier Journalist. Er studierte an der Westfälischen Wilhelms-Universität in Münster Politik-, Sport- und Kommunikationswissenschaft und volontierte danach bei der Braunschweiger Zeitung. Langjähriger freier Mitarbeiter beim Handball Magazin und dem Sport seit der Fußball-Europameisterschaft 1980 in Italien auf Gedeih und Verderb verfallen.

Stefan Ehlers, Jahrgang 1965, ist seit 1993 als Sportredakteur bei der Ostsee-Zeitung tätig, wo der gelernte Schriftsetzer und Anzeigengestalter zuvor auch volontiert hatte. Der gebürtige Rostocker ist verheiratet und Vater von zwei Söhnen.

Fritz Fischer, Jahrgang 1929, gilt als einer der besten Kenner der frühen Geschichte des Handballs. Er arbeitete jahrzehntelang als Pressewart für den hessischen Landesverband, für das Darmstädter Tagblatt und die Deutsche Handballwoche. Berät den DHB bei historischen Fragen. Sein Archiv über die Geschichte des Handballs gilt als das beste in Deutschland. Fischer lebt in Rintheim/Odenwald.

André Fuhr, Jahrgang 1971, selbst aktiver Handballer, studierte Germanistik und Sport in Bielefeld. Er sammelte journalistische Erfahrung als langjähriger freier Mitarbeiter für das Mindener Tageblatt. Derzeit arbeitet der ausgebildete Lehrer an einer Hauptschule und als Trainer des Frauenhandball-Zweitligisten HSG Blomberg-Lippe.

Jörg Hagemann, Jahrgang 1962, verfolgt die nationale und internationale Handballszene bereits seit 25 Jahren hautnah. Als Sportredakteur der Lippischen Landes-Zeitung (Detmold) berichtet der gelernte Verlagskaufmann in Wort und Bild speziell über den Bundesligisten TBV Lemgo.

Rolf Hantel, Jahrgang 1958, studierte Deutsch und Sport in Bochum. 1987 Volontariat bei der WAZ, seit 1993 fester Redakteur, zunächst in Marl, seit 1993 in Essen. Dort ist er seitdem zuständig für den TuSEM Essen.

Frank Ketterer, Jahrgang 1966, ist ausgebildeter Musiklehrer. Er arbeitet aber nach seinem Volontariat bei dem Badischen Tagblatt (1990) als freier Journalist, u.a. für die Süddeutsche Zeitung und die Stuttgarter Zeitung. Seit 2001 fester Sportredakteur bei der Tageszeitung in Berlin.

Jan Kirschner, Jahrgang 1972, ist seit seinem Geografiestudium im Jahre 1999 als freier Journalist tätig. Im gleichen Jahr schrieb er die „SG-Story", die die bewegte Geschichte der SG Flensburg-Handewitt schildert. Jan Kirschner verfolgt seit Jahren das Geschehen um den nördlichsten Bundesliga-Klub und ist ständig in der Campushalle zu Gast.

Dieter Lange, Jahrgang 1943, ist gelernter Kaufmann und arbeitete seit Beginn der 70er Jahre zunächst als freier Journalist. Begleitet den Weg des VfL Gummersbach seit über 30 Jahren. 1973 wurde er Redakteur der Oberbergischen Volkszeitung in Gummersbach, seit 1999 ist er dort Redaktionsleiter.

Achim Leoni, Jahrgang 1968, studierte Geschichte und Archäologie in Hamburg und Perugia. Er schreibt seit 1999 für die Sportredaktion des Hamburger Abendblatts.

Jürgen Roos, Jahrgang 1967, studierte Politik, Geschichte und Sport an der Universität Stuttgart und volontierte von 1987 bis 1989 bei der Esslinger Zeitung. Von 1995 bis 2001 Redakteur beim Schwäbischen Tagblatt in Tübingen, seit 2001 Redakteur bei der Sonntag Aktuell. Daneben freie Mitarbeit u.a. bei der Stuttgarter Zeitung, Frankfurter Rundschau und Tagesspiegel.

Lorenz Völker, Jahrgang 1970, Studium an der Universität Münster und der FU Berlin. Nach dem Studium Mitarbeiter am Arbeitsbereich Zeitgeschichte des Sports der Universität Potsdam, heute Lehrer für Sport und Geschichte an einem Berliner Gymnasium. Ehemals aktiver Handballspieler in Minden, Münster und bei den Reinickendorfer Füchsen.

Herausgeber

Erik Eggers, Jahrgang 1968, studierte Geschichte, Volkswirtschaft und Sportgeschichte an den Universitäten Kiel und Köln sowie an der Deutschen Sporthochschule in Köln. Früher selbst aktiver Handballer. Schreibt seit 2000 von Köln aus als freier Sportjournalist (u.a. Financial Times Deutschland, Frankfurter Rundschau, Tagesspiegel, Neue Zürcher Zeitung, Kölner Stadt-Anzeiger, Handballwoche, SPIEGEL Online, ZEIT Online) über vornehmlich sportliche Themen, berichtet seit 2002 regelmäßig über die deutsche Handball-Nationalmannschaft, zuletzt auch bei der XX. Handball-Weltmeisterschaft in Deutschland. Außerdem Buchautor (u.a. „Die Stimme von Bern. Das Leben der Reporterlegende Herbert Zimmermann").

Fotonachweis

Fotoagentur Bongarts, Fotoagentur Horst Müller, Fotoagentur Andreas Walz, Jörg Hagemann, Rainer Schulz, Archiv Fritz Fischer, Archiv Bernhard Kempa, Archiv Helge Kaundinya, Archiv VfL Gummersbach, Archiv SG Wallau-Massenheim, Archiv SC Magdeburg, Archiv THW Kiel, Archiv GW Dankersen-Minden, Archiv TV Großwallstadt, Archiv TuS Lintfort, Archiv Erik Eggers, Archiv Verlag Die Werkstatt, Archiv Lorenz Völker

Coverfoto: picture-alliance/dpa

SPORTBÜCHER IM VERLAG DIE WERKSTATT

Schulze-Marmeling / Dahlkamp
Die Geschichte der Fußball-Weltmeisterschaft
672 Seiten, gebunden, ISBN 978-3-89533-531-0, € 26,90

„Das Werk kann für sich in Anspruch nehmen, die abwechslungsreiche Historie des Turniers erstmals ausführlich und fundiert zu erzählen." (Reviersport)

Schröder / Dahlkamp
Nicht alle Helden tragen Gelb
Die Geschichte der Tour de France
416 Seiten, gebunden, ISBN 978-3-89533-510-5, € 24,90

Ein Erfolgsbuch, das seit seinem Erscheinen 2003 bereits mehrere Auflagen erfuhr: Über 100 Jahre Tour de France als „ein Lesegenuss" (Neue Zürcher Zeitung).

Besuchen Sie uns im Internet:
www.werkstatt-verlag.de